BUSINESS ETHICS

기업윤리

이론과 사례

◆◆◆

강보현 지음

박영사

이 세상에서 가장 존경하고 사랑하는 朴順愛 할머니께 이 책을 바칩니다.

할머니의 끝없는 정성과 사랑 덕분에 이 책이 세상에 나올 수 있었습니다.

할머니, 너무나 그립고 사랑합니다.

저자소개

저자는 현재 경북대학교 경영학부 교수로 재직 중이고, 학생들에게 기업윤리, 기업윤리세미나, 마케팅, 마케팅관리, 경영학연구방법론, 유통경로세미나, 관계마케팅 등을 가르치고 있다. 그는 성균관대학교 경영학과에서 경영학 학사, 고려대학교 대학원 경영학과에서 경영학 석사, 그리고 연세대학교 대학원 경영학과에서 경영학 박사 학위를 취득하였다. 그는 한국경영학회와 한국마케팅학회의 평생회원이고, 미국마케팅학회의 정회원이다. 그는 대학졸업 후 현대전자에서 3년간 근무했고, 연세대학교 경영연구소에서 전문연구원으로 근무했으며, 연세대학교, 한국항공대학교, 광운대학교 경영대학에서 시간강사로 학생들을 가르쳤고, 중소기업연구원의 책임연구원을 거쳐 2010년에 경북대학교 경영학부 교수로 임용되었다. 그는 기업윤리와 마케팅 분야에서 노력한 그동안의 연구업적을 인정받아 세계 3대 인명사전 중의 하나인 Marquis Who's Who in the World에 2016년부터 계속해서 등재되어 오고 있다. 또한, 그는 2017년에 Marquis에서 수여하는 Albert Nelson Marquis Lifetime Achievement Award를 수상하였다.

그의 연구관심 분야는 기업윤리, 기업의 사회적 책임, 마케팅전략, 마케팅관리, 유통관리, 그리고 관계마케팅 등이다. 그는 Journal of Business Research, Industrial Marketing Management, Journal of Small Business Management, Journal of Marketing Theory & Practice, Journal of Marketing Channels, Journal of Applied Sciences, Indian Journal of Marketing, 경영학연구, 마케팅연구, Asia Marketing Journal, Korea Business Review, 유통연구, 마케팅논집, 연세경영연구, 한국IT서비스학회지, 그리고 경북대학교경상논집 등에 수십 편의 논문을 게재했고, Journal of Business-to-Business Marketing, European Journal of Marketing, 경영학연구, 마케팅연구, Asia Marketing Journal, 유통연구, 한국경영과학회지, 마케팅논집, 마케팅관리연구, 경영교육연구, 생산성논집, POSRI경영경제연구, 품질경영학회지, 경영과학, 지역산업연구, 경영경제, 소비자학연구, 그리고 농촌경제연구 등의 학술지 논문 심사위원으로 활동하고 있다.

할머니와의 약속

저자의 할머니께서는 저자에게 어머니셨고, 아버지셨고, 누나셨고, 때로는 동생이셨고, 언제나 가장 친한 친구셨고, 이 세상 전부셨다. 할머니께서는 저자를 아끼고, 사랑하셨고, 열심히 공부해서 훌륭한 사람이 되어야 한다고 격려하셨다. 때로는 자상하셨고, 때로는 엄격하셨다. 저자 역시 할머니를 사랑했고, 존경했고, 저자의 목숨을 바쳐 할머니를 지키려고 노력했다. 안타깝게도, 저자의 할머니께서는 향년 98세인 2007년에 신촌 세브란스병원 중환자실에서 노환으로 별세하셨다. 할머니께서 돌아가신 순간, 하늘이 무너졌고, 땅이 꺼졌다. 저자는 이미 그때 할머니와 함께 죽은 것이다. 저자와 항상 함께 하셨던 할머니께서 돌아가신 것은 저자에게는 이 세상이 한꺼번에 사라진 것과 같은 충격과 슬픔이었다.

할머니께서는 1910년에 태어나셨고, 격동의 세월을 사시느라 학교에 다니신 적이 없어서 비록 한글은 모르셨지만, 해박하셨고, 많은 지혜와 경험을 가지고 계신 분이셨다. 저자는 할머니와 많은 대화를 했고, 그것을 통해 인생에 관한 많은 지혜와 경험을 얻을 수 있었다. 저자가 지금 가지고 있는 모든 지식과 지혜는 모두 할머니께 배운 것이라고 해도 과언이 아니다. 그 어려운 환경에서도 저자를 공부시키신 할머니의 정성과 사랑이 없었다면, 저자가 과연 오늘날과 같이 경영학박사이고, 교수이고, 이 책의 저자일 수 있었을까? 결코 그렇지 않을 것이다.

저자는 지금도 할머니를 많이 그리워하면서 살고 있다. 저자는 할머니 생전에 할머니께 세 가지 약속을 했다. 첫 번째 약속은 저자가 이 세상에 도움이 되는 훌륭한 사람이 되는 것이고, 두 번째 약속은 할머니와 저자가 서로 얼마나 사랑했는지 책으로 세상에 알리는 것이고, 세 번째 약속은 공부를 소중히 여기신 할머니의 뜻을 받들어 할머니의 성함으로 된 장학금을 만드는 것이다. 저자는 오늘도 할머니와의 세 가지 약속을 지키기 위해 최선을 다하며 살고 있다.

서문

　　그동안 대학교에서 학생들에게 기업윤리를 강의해오면서 '기업윤리 강의를 위한 적합한 교재가 없을까?'에 대해서 늘 고민해왔다. 윤리학 또는 철학을 중심으로 기술한 교재들은 기업과 관련된 내용이 터무니없이 부족했고, 경영학을 중심으로 기술한 교재들은 기업윤리의 이론적인 부분인 윤리학 또는 철학과 관련된 내용이 터무니없이 부족했다. 그리고 이론을 중심으로 기술한 교재들은 사례에 대한 논의가 부족했고, 사례를 중심으로 기술한 교재들은 이론에 대한 설명이 부족했다.

　　강의를 해오면서 느꼈던 적합한 교재에 관한 이런 갈증이 컸음에도 불구하고 저자가 기업윤리에 대한 지식이 부족하고, 글 쓰는 재주까지 없어서 시간만 보내고 있었다. 그러다가 드디어 오랜 시간을 망설이고 고민한 끝에 용기를 내 본서를 저술하게 되었다. 본서는 저자가 그동안 대학교에서 기업윤리를 강의해오면서 탐색하고, 정리하고, 토론하며, 학생들에게 강의한 내용을 정리한 것이다. 본서를 쓰기 위해 자료를 정리하는데 5년, 그리고 사례를 찾는데 3년의 시간이 소요됐다. 즉, 본서가 세상에 나오기까지 8년 동안 저자의 피와 땀이 들어간 것이다. 따라서 저자는 다음의 두 가지를 당당히 요구할 권리가 있다.

첫째, 학교 근처 인쇄소들이 본서를 제본해서 팔아서는 안 된다. 둘째, 다른 책의 저자들이 본서의 내용 중 일부를 이용하는 것은 얼마든지 환영하지만 반드시 출처를 인용해야 한다.

기업윤리라는 과목의 특성상 기업윤리를 제대로 가르치고 배우기 위해서는 경영학, 윤리학, 그리고 철학에 대한 깊은 이해와 더불어 동양철학과 서양철학에 대한 융합적인 고찰이 반드시 필요하다. 또한 이론과 사례를 함께 공부해야 비로소 기업윤리를 완전히 이해할 수 있다. 이론만 배우게 되면, 피상적이고 추상적으로 이해하게 되고, 사례만 배우게 되면, 그 이해가 체계적이지 못하고 산만하게 된다. 흔히, 기업윤리를 가리켜 정답이 없는 학문이라고 한다. 어느 의미에서는 맞는 말이라고 생각한다. 그러나 기업윤리를 가르치고 배우는 목표가 기업윤리에 대한 지식을 가르치고, 그 지식을 암기하는 것이 아니라 기업과 관련된 모든 상황에서 올바른 윤리적 판단을 하고, 윤리적 행동을 하며, 나아가 윤리적 존재가 되기 위함이라는 것을 깨닫는다면 기업윤리에 정답이 없다고 좌절할 필요는 전혀 없을 것이다.

여러분이 본서를 읽으면서 잘 이해가 되지 않는 부분이 있다면, 그 부분을 몇 번이고 반복해서 읽는 방법을 추천한다. 여러분이 이 책을 완전하게 이해하는데 많은 도움이 될 것이다. 저자가 여러분이 이해하기 쉽도록 최대한 자세하고, 쉽게 내용을 풀어 썼음에도 불구하고, 본서가 담고 있는 내용 자체가 본질적으로 워낙 어렵기 때문에, 여러분이 한 번 읽어서 그 뜻을 완전히 이해하기는 결코 쉽지 않을 것이다. 이해가 잘 되지 않는 부분은 몇 번이고 반복해서 읽고, 깊이 생각해보면, 저자가 전하고자 하는 의미를 완전히 이해할 수 있을 것이다.

저자가 뼈를 깎는 노력을 기울였음에도 불구하고, 본서에 미흡한 부분이 존재할 수 있다. 꼭 다루어야 할 중요한 내용이 누락되었을 수도 있고, 정확하지 못한 표현이 존재할 수도 있으며, 오자나 탈자가 존재할 수 있다. 본서의 내용 중에서 미흡한 부분, 부정확한 부분, 그리고 궁금한 부분이 있거나, 오자 또는 탈자를 발견하거나, 본서를 위한 개선점을 조언해줄 독자는 언제라도 저자의 이메일 bohyeonkang@knu.ac.kr로 연락을 해주기 바란다. 여러분의 협조는 저자에게 여러모로 부족한 본서를 더욱 발전시킬 수 있는 소중한 계기가 될 것이다.

본서의 내용이 시간이 흐를수록 본서를 아끼고 사랑하는 독자들의 피드백을 받아 보완되고 개선되기를 기대하면서 부족하지만 용기를 내 본서를 이 세상에 내놓는다. 본서가 지금은 비록 여러모로 부족하고 보잘 것 없지만, 앞으로 계속해서 본서를 아끼고 사랑하는 독자들의 지적과 의견을 반영하여 개선하고 보완함으로써 기업윤리를 가르치는 교수님들과 배우는 학생들에게 많은 도움이 될 수 있기를 희망한다. 저자로서 한 가지 바라는 것은 일반인들도 본서를 많이 읽고 공부해서 기업윤리를 이해하고, 본서가 가지고 있는 다양한 관점과 내용을 배워 각자의 인생을 살아가는데 조금이나마 도움이 되는 것이다. 본서에 대한 독자 여러분의 많은 관심과 사랑을 기대한다. 끝으로, 본서의 출판에 많은 도움을 주신 박영사 관계자분들께 진심으로 감사를 드린다.

2018년 경북대학교 캠퍼스에서 강 보 현

차례

제 1 장

기업윤리의 필요성

○ 학습목표

이 장을 읽은 후 여러분은
- 기업윤리의 중요성을 이해할 수 있다.
- 기업윤리와 관련된 문제를 설명할 수 있다.
- 윤리와 가치의 차이점을 설명할 수 있다.
- 윤리와 법의 차이점을 설명할 수 있다.
- 윤리와 관습의 차이점을 설명할 수 있다.
- 개인의 도덕, 미덕, 그리고 사회윤리를 설명할 수 있다.
- 윤리적 딜레마의 상황에서 핵심논점을 파악할 수 있다.
- 기업윤리를 확립하기 위해서 왜 정치윤리가 먼저 확립되어야 하는지를 설명할 수 있다.

1.1 서론

여러분에게 기업윤리는 어떤 의미를 가지는가? 기업윤리는 기업과 윤리의 합성어이다. 그렇다면, 기업은 도대체 무엇이고, 윤리는 도대체 무엇이란 말인가? 1976년 노벨경제학상 수상자인 밀턴 프리드먼(Milton Friedman)이 말한 것처럼 기업은 '이익추구를 목적으로 하는 조직'이다. 즉, 기업은 본질적으로 사업행위를 통해 이익을 남기는 것을 최우선으로 한다는 뜻이다. 그리고 '아침에 도를 들으면, 저녁에 죽어도 좋다(朝聞道夕死可矣)'는 공자(孔子)의 말처럼 윤리는 '우리가 인생을 어떻게 살아야 하는가?'라는 질문에 대한 답을 탐구하고, 무엇이 옳고, 무엇이 그른지를 판단하는 기준을 정립하는 것이다. 참고로, '아침에 도를 들으면, 저녁에 죽어도 좋다'는 공자가 말해서 사람들에게 널리 알려졌으나, 사실은 공자보다도 먼저 공자의 스승인 계찰(季札)이 말했다. 공자에게 스승이 있었다니 놀랍지 않은가? 계찰은 중국 춘추전국시대의 오(吳)나라 왕자로서 왕위를 네 번 사양한 것으로 유명한 사람이며, 공자의 스승이었다. 공자의 본명은 공구(孔丘), 자는 중니(仲尼)로 중국 춘추전국시대의 노(魯)나라 사람이다. 공자는 노나라 상장군인 공숙량과 술을 빚어 파는 안징재의 아들로 태어났다. 공자의 어머니가 술을 파는 주막을 운영할 때, 계찰이 우연히 그 주막에 들러 술을 마셨는데, 계찰의 비범함을 눈치챈 안징재는 그에게 공자의 스승이 되어 줄 것을 요청했다. 계찰은 흔쾌히 안징재로부터 세 항아리의 향기로운 술을 받고 공자를 제자로 삼았다.

그렇다면, 우리는 왜 기업윤리를 공부해야 하는가? 여러분이 기업윤리를 배우는 것은 단지 기업윤리 자체를 학습하는 것이 목적이 아니라, 기업윤리를 통해 배운 내용들을 바탕으로 여러분이 윤리적으로 행동하고 나아가 여러분이 윤리적인 존재가 되기를 바라기 때문일 것이다. 즉, 기업윤리는 단순히 기업을 운영하고 사업을 하면서 일어나는 여러 가지 상황에 대해 가르치고 배우는 것 그 이상을 목표로 한다. 더 나아가 기업윤리는 우리 개개인이 더욱더 윤리적인 존재가 되도록 돕거나 윤리적인 사회 제도를 만들도록 장려한다. 또한 기업윤리 학습의 목표는 윤리적 쟁점을 이해하는 능력을 높이고, 정교한 분석으로 윤리적 쟁점을 더 자세히 평가하고, 윤리적인 생활의 중요성을 인식하는 지적능력을 발달시키는 것이다. 우리는 한 기업의 비윤리적 경영이 어떤 참혹한 결과를 불러 올 수 있는 지에 대해 2014년에 일어난 세월호 사고를 통해 뼈저리게 느낄 수 있었다. 우리는 사고를 일으킨 청해진해운을 제대로 관리·감독하지 못하고, 사고가 발생한 뒤에도 적절한 구조조치를 하지 못한 정부의 책임을 묻지 않을 수 없다. 그리고 우리는 세월호 사고를 통해 기업이 규정을 위반하고, 기업의 이익만을 추구한 결과가 얼마나 많은 생명을 앗아가고, 모든 국민을 충격에 빠뜨릴 수 있는지 잘 알게 되었다. 기업의 이익추구 행위가 단지 기업에게 국한된 것이 아니고, 그 기업과 관련된 소비자, 협력업체, 관련단체, 지역사회, 나아가 국가 전체에 얼마나 큰 영향을 줄 수 있는 지에 대해서도 충분히 알게 되었다.

우리는 기업의 잘못된 사업 활동으로 인해 많은 사람이 피해를 입는 사례를 자주 보게 된다. 정경유착, 탈세, 분식회계를 비롯한 회계조작, 중요한 정보의 누락 또는 왜곡, 뇌물수수, 뒷거래, 사기, 횡령, 배임, 유용, 인사 청탁, 과장광고, 허위광고, 소비자 기만, 부당한 대우, 임금연체, 부당한 해고, 유해물질의 배출, 위험한 원료의 사용 또는 소비자에게 피해를 주는 제품의 생산, 제품의 결함 은닉, 경쟁업체에 대한 음해, 불공정한 관행, 부당한 지시, 담합, 갑과 을의 관계에서 갑의 횡포, 경쟁업체의 비밀유출, 자동차 회사의 연비 부풀리기와 배출가스 조작 등 기업의 비윤리적 행위는 그 종류를 일일이 열거하기도 힘들다.

1990년대 중반까지만 해도 미국의 주요 언론에서 과연 기업윤리가 가르치고 배울만한 가치가 있는지에 대해 의문을 제기했다. 우리 사회는 1980년대와 1990년대에 기업윤리의 필요성에 대해 대체로 회의적인 태도를 가졌었다. 학생들은 대학교에 개설된 기업윤리 수업의 필요성에 회의를 느꼈었다. 많은 학생이 기업이란 원래 이익을 추구하는 조직이므로 기업에 대해 윤리를 논한다는 것 자체가 모순이라고 생각했다. 또한 윤리를 비즈니스의 효율성을 떨어뜨리는 쓸모없는 것으로 폄하했다. 기업과 윤리는 본질적으로 서로 어울리지 않는 상호모순의 관계라고 보는 관점도 존재한다. 이런 관점을 가진 사람들의 주장은 기업의 다양한 활동에 대하여 무엇이 옳은지, 그리고 무엇이 잘못되었는지 어느 누가 판단할 수 있느냐는 것이다. 여러분은 어떻게 생각하는가?

그럼에도 불구하고, 그동안 기업윤리를 바라보는 사회적 분위기에 많은 변화가 있었다. 2000년대 초에는 미국에서 엔론(Enron)과 아서 앤더슨(Arthur Andersen)이 도덕적 해이로 인해 붕괴된 것을 시작으로 대기업의 윤리적 스캔들이 연이어 언론에 보도되었다. 사기 및 부정 등의 윤리적 스캔들이 업계를 휩쓸었고, 월드콤을 비롯한 많은 기업이 관행이라는 이름으로 행한 비윤리적 사업행위가 언론을 통해 사람들에게 알려졌다. 또한 미국금융업계의 서브프라임모기지(비우량주택담보대출)관행이 세계경제에 큰 피해를 주기도 했다. 위험한 투자와 대출관행이 리먼브라더스 등의 기업의 부도를 초래하여 세계금융위기를 일으키기도 했다. 세계적 유통업체인 월마트가 멕시코에서 뇌물을 제공했다고 공식적으로 인정했고, 골드만삭스의 한 고위 간부는 골드만삭스의 부패한 기업문화를 언론에 폭로함으로써 공식적으로 해고되었으며, 영국에서는 주요 은행이 리보(LIBO: 영국 런던에서 결정되는 은행 간 거래 금리) 스캔들에 연루되기도 했다. 우리나라에서는 최근 들어 갑과 을의 관계에서 갑의 횡포(본사 직원의 고압적 자세, 라면상무, 땅콩회항 등)가 크게 문제 되고 있다.

그렇다면, 어떤 윤리이론이 기업의 의사결정에 지침을 제공할 수 있는지, 다양한 윤리이론이 하나로 통합될 수 있는지, 그리고 윤리가 어떻게 경영의 한 부분이 될 수 있는지에 대한 의문이 제기될 수 있다. 학생들은 기업에서 다루는 회계와 재무에 익숙하지 않은 것처럼, 기업의 경영활동과 관련된 여러 가지의 윤리적 쟁점을 다루는데 익숙하지 않을 것이다. 학생들은 회계, 재무, 인적자원관리, 마케팅, 경영정보, 생산, 유통, 그리고 경영학의 여러 분야에서 발생하는 윤리적 쟁점에 대해서도 잘 알지 못하고, 윤리적 쟁점을 다루는 데에도 전혀 익숙하지 않을 것이다. 회계, 재무 또는 다른 경영학 분야에서 어떤 일이 발생하고, 그 일의 윤리적 쟁점이 무엇인지 잘 모른다면, 여러분은 아직 해당 분야에서 직장생활을 할 준비가 충분히 되어있지 않은 것이다.

그렇다면, 이 시점에서 우리는 다음과 같은 질문을 할 수 있을 것이다. 왜 기업윤리를 바라보는 시각이 변화되었는가? 이 질문에 대답하기 위해서 AIG를 비롯한 대형 금융기업의 몰락을 생각해보자. 지금까지 '큰 말은 결코 죽지 않는다'는 의미로 사용된 대마불사(大馬不死)라는 표현이 널리 사용되어져 왔다. 즉, 대기업은 결코 망하지 않는다는 것이다. 왜냐하면, 대기업이 망할 경우, 국가경제에 주는 영향이 너무나 크기 때문에 정부는 공적자금을 투입하는 등의 노력을 할 수밖에 없어서 대기업은 결코 망하지 않는다는 것이다. 이 표현은 2008년과 2009년 사이에 미국 경제가 붕괴되는 걸 막기 위해서 미국 정부가 마련한 긴급구제책과 보증의 필요성을 정당화하기 위해서 사용되기도 했다. 우리나라의 경우도 이 믿음은 기업들 사이에 널리 퍼져 있다. 그러나 기업의 윤리에 대한 무관심과 비윤리적 행위로 인해 지난 수십 년 동안 많은 기업이 몰락했고 역사의 뒤안길로 사라져갔다. 주요 기업의 실패는 결과적으로 국가경제 전체를, 나아가 세계경제 전체를 위태롭게 만들었다.

그러면, 리보(LIBO: 영국 런던 은행들 간 거래의 기준금리) 스캔들에 의해 피해를 입은 사람들을 한 번 생각해보자. 수백만 명의 소비자, 수많은 기업, 금융기관, 심지어 여러 국가가 이 사건으로 인해 피해를 입었다. 정직하지 못한 사람이 정직한 사람의 돈을 이용해서 부당하게 엄청난 이익을 얻었다. 사기꾼이 많은 이익을 보는 동안에 정직하게 행동한 금융기관은 엄청난 손실을 입었다. 이 사건을 통해 금융기관이 전반적으로 사기와 부정행위를 하고 있었다는 것이 사람들에게 널리 알려졌다. 우리는 이와 유사한 사례로부터 발생하는 다양한 피해를 통해서 왜 윤리가 경영과 밀접한 관계를 가지고 있는지 잘 알 수 있다. 비윤리적 행동과 비윤리적 비즈니스의 결과를 간과하기에는 지금까지의 사례가 보여준 상황이 너무나 심각하다.

오늘날 경영자가 기업의 윤리적 기준을 마련하기 위해 많은 노력을 기울이는 데에는 여러 가지 이유가 있다. 그 중 한 가지는 법이 경영자에게 기업의 윤리적 기준을 마련하고, 준수하도록 강제하는 것이다. 2002년에 미국의회는 기업스캔들과 회계스캔들이 급증하는 문제를 처리하기 위해 사베인즈―옥슬리법(Sarbanes-Oxley Act)을 통과시켰다. 이 법의 406조 '기업의 재무담당자를 위한 윤리강령'은 기업이 재무담당자, 회계감사, 회계담당자, 또는 이와 관련된 유사직무를 하는 사람들에게 적용할 윤리적 기준을 아래와 같이 마련할 것을 요구한다.

- 1. 개인관계와 직무관계에서의 이익을 둘러싼 갈등을 윤리적으로 처리하는 것과 관련된 정직하고 도덕적인 행동기준
- 2. 기업의 정기공시에서 완전하고, 타당하고, 정확하고, 즉시 이해할 수 있는 기업정보를 공개할 것
- 3. 해당 국가와 정부의 규칙과 규정준수

구체적이고 합법적인 요구 이상으로 경영자가 윤리적 사안에 관심을 가지는 데에는 타당한 이유가 있다. 비윤리적 행동은 기업에게 법적 위험을 불러올 뿐만 아니라 재무적 위험도 불러오기 때문이다. 이런 위험을 다루기 위해서는 경영자가 기업

의 윤리와 관련된 사안에 대해 계속해서 주의를 기울이고, 방심하지 말아야 한다. 기업이 윤리적 규범을 준수하지 않을 때, 그 기업의 실적은 부진할 것이고, 심한 경우에는 폐업할 것이며, 최악의 경우에는 경영자가 교도소에 갈 수도 있다는 사실을 그 누구도 부인할 수 없을 것이다. 기업의 윤리적 행동과 도덕적 평판은 시장에서 기업의 경쟁우위(Competitive Advantage)로 작용할 수 있다. 비윤리적 경영으로부터 비롯된 소비자의 불매운동을 남양유업, 대한항공, 나이키, 맥도날드, 홈디포우, 갭, 쉘오일, 리바이스, 도나카렌, 케이마트, 그리고 월마트와 같은 세계적인 기업이 모두 경험했다. 물론, 윤리적으로 기업을 경영하는 것은 효율성 측면에서 기업으로 하여금 많은 비용을 추가로 지불하게 만든다. 반면에, 윤리적인 기업은 소비자로부터 신뢰와 충성심과 같은 긍정적인 측면의 성과를 기대할 수 있다.

경영학을 배우는 학생이 경영학의 하위 분야인 회계, 재무, 마케팅, 경영정보, 생산관리, 그리고 인사조직 등을 배울 필요가 있는 것처럼 기업윤리도 반드시 배울 필요가 있다는 것을 이해하고 명심해야 한다. 왜냐하면, 기업윤리는 경영학의 하위 분야이자 경영학의 핵심 분야이기 때문이다. 여러분이 기업윤리와 관련된 배경지식이 없거나, 윤리적 사안에 대해 사고하는 능력을 충분히 배우지 않으면, 여러분은 기업에서 역할을 충분히 수행할 수 없을 것이다. 우리는 기업윤리를 모르는 한 직원이 기업을 어떻게 파산시키고, 나아가 국가와 세계경제를 어떻게 충격에 빠뜨릴 수 있는지 리먼브라더스의 사례를 통해 이미 잘 알고 있다. 또한 앞으로 기업에 취직해서 일할 계획이 전혀 없는 사람이라고 할지라도 기업윤리를 배우는 것은 매우 중요하다. 기업과 관련된 윤리적 스캔들은 해당 기업의 비윤리적 사업행위로 인해 고통 받는 직원에게만 국한되지 않기 때문이다. 소비자로서, 그리고 시민으로서, 우리의 삶은 기업의 의사결정에 의해 직접적으로, 그리고 간접적으로, 많은 영향을 받을 수밖에 없으므로 우리 모두는 경영자의 윤리적 수준을 포함한 기업윤리에 적극적으로 관심을 가져야 한다.

지금까지의 논의를 바탕으로 우리는 다음과 같이 질문할 수 있다. 기업은 윤리를 고려해야 하는가? 기업은 윤리를 기업구조에 통합시켜야 하는가? 학생들은 기업윤리를 공부해야 하는가? 윤리는 무엇인가? 기업윤리는 무엇인가? 윤리는 기업에게 반드시 필요한가?

1.2 가치와 윤리

　　우리는 엔론, AIG, 리먼브라더스 등의 사례를 통해 기업의 비윤리적 행위가 곧 사업실패로 이어진다는 사실을 잘 알고 있다. 그렇다면, 윤리적으로 훌륭한 기업은 반드시 사업적으로도 성공을 할까? 제임스 콜린스(James Collins)와 제리 포라스(Jerry Porras)는 성공한 기업이 가지고 있는 습관에 대해 조사했다. 성공한 기업은 단기적으로는 경쟁자들보다 더 높은 경쟁우위를 가지고 있었고, 장기적으로는 경쟁자들보다 더 높은 재무적 성과를 얻는 것으로 나타났다. 그들이 연구한 기업들은 평균적으로 우수하고, 오랜 역사를 가지고 있었으며, 고유한 핵심가치를 강조한다는 것이 밝혀졌다. 기업의 고유한 핵심가치는 그 기업을 규정하는데 도움을 주고, 기업의 재무이익을 가능하게 하고, 장기적인 안정과 성공을 가능하게 만드는 필수적이고, 지속적인 가치를 말한다.

　　콜린스와 포라스는 IBM과 같은 기업의 설립자와 경영자에 의해 표명되고 강조되는 핵심가치의 많은 예를 들고 있다. 어떤 기업은 핵심가치로 고객에게 집중했다. 다른 기업은 직원에게 집중하거나, 제품에 집중하거나, 혁신에 집중하거나, 위험관리에 집중하기도 했다. 즉, 기업의 활동에 전반적인 방향성을 제시하는 핵심가치는 기업이 성공하기 위한 필수요소라는 것이다.

　　이것은 여러 가지 다양한 가치가 존재한다는 것을 잘 보여준다. 우리는 가치를 우리의 행동과 선택에 영향을 주는 신념이나 기준으로 정의한다. 예를 들면, 교육에 가치를 둔 사람은 게임 대신에 공부를 할 것이다. 휴식보다는 먹을 것을 더 가치 있게 생각하는 사람은 휴가보다는 식료품을 구입하는데 비용을 지출할 것이다. 기업의 핵심가치는 기업의 의사결정에 궁극적인 지침을 주는 신념과 원칙이다. 여러분이 이것을 이해했다면, 이 세상에는 다양한 가치가 존재한다는 사실을 깨닫게 될 것이다. 이 세상에는 경제적, 종교적, 역사적, 정치적, 과학적, 그리고 미학적 가치 등이 존재한다. 개인은 개인적 가치를 가질 수 있고, 기업도 기업의 가치를 가질 수 있다. 기업문화는 기업이 가지고 있는 여러 가지 가치를 표현하는 방식이다. 콜린스와 포라스가 언급한 성공한 기업들은 확고한 기업문화와 가치를 가지고 있었다.

　　언뜻 보기에, 콜린스와 포라스의 결론이 여러분에게 매우 매력적인 것처럼 보일 것이다. 성공적인 기업은 모두 공통적으로 핵심가치를 가지고 있고 그것에 전념한다는 결론은 모든 기업이 기업윤리에 전념하도록 할 타당한 이유를 제시하는 것처럼 보인다. 장기적 성공을 위해서는 핵심가치가 필수이기는 하지만, 어느 기업에게나, 어느 상황에서나, 항상 적합한 핵심가치는 없다는 사실을 인식할 필요가 있다. 필립모리스의 경영자인 마이클 마일스(Michael Miles)는 "내가 보기에 담배사업은 도덕적으로 아무런 문제가 없다. 나는 사람들이 필요로 하지 않는 제품을 파는 사람이 더 잘못이라고 생각한다."라고 말했다. 여러분은 그의 말에 동의하는가? 동의하지 않는가? 그 이유는 무엇인가? 참고로, 천연담뱃잎에 함유된 니코틴은 인체에 흡수와 전달이 잘 되지 않는다. 이런 이유 때문에 담배회사는 담배를 제조할 때 니코틴이 인체 내에서 흡수와 전달이 빠르게 될 수 있도록 우리가 상상할 수 없을 정도로 많은 수백 종의 화학첨가물을 담배에 추가한다. 이런 방식으로 더 많은 사람을 니코틴에 중독시켜서 그들의 이익을 극대화해온 것이다. 이것이 윤리적이란 말인가?

기업이 확고한 핵심가치를 가지는 것이 기업의 성공에 중요하다는 것은 의심할 여지가 없는 것으로 보인다. 하지만 기업의 핵심가치가 필립모리스 경영자의 생각과 같다면, 그리고 그 가치가 흡연을 부추기는 광고로 표현된다면, 여러분은 어떻게 생각하는가? 다양한 가치를 판단하는 한 가지 좋은 방법은 기업이 추구하는 목표를 살펴보는 것이다. 경제적 가치는 재무이익을 추구하고, 미학적 가치는 아름다움을 추구한다. 그렇다면, 우리는 윤리적 가치와 다양한 가치를 어떻게 구별할 것인가? 윤리는 기업으로 하여금 무엇을 추구하게 하는가?

가치는 우리로 하여금 어떤 방식으로 행동하게 만드는 신념이나 기준이다. 기업의 행동이나 선택은 다양한 결과를 불러온다. 윤리적 가치는 인간에게 정신적 편안함과 행복을 준다. 인간이 잘 산다는 것은 정신적 편안함과 행복을 느끼며 사는 것이다. 잘 살기 위한 인간의 행동과 선택은 윤리적 가치를 필요로 한다. 인간의 행복이 무엇인지에 대해 정확하게 정의하는 것은 어렵지만, 행복이 인간에게 소중하고, 가치가 있고, 고결하고, 의미가 있다는 것은 어느 누구도 부인할 수 없을 것이다. 또한 자유와 자율성은 인간이 잘 살기 위해 꼭 필요하고 중요한 조건이다. 물론, 윤리적 가치는 개인적이거나 이기적인 것은 아니다. 대부분의 윤리적 가치는 개인보다는 전체를 위하고, 이기적이기 보다는 이타적이다. 자신만의 행복을 위해 이기적으로 행동하는 사람들 때문에 금융스캔들과 같은 바람직하지 않은 일이 발생한다. 이기적인 행복의 추구는 타인의 행복을 침해하거나 방해하기 때문이다. 윤리는 개인의 행복이 공정하게 실현되도록 요구한다. 윤리적 관점에서는 어느 한 사람의 행복이 다른 사람의 행복보다 더 가치가 있을 수 없다. 윤리적 행동과 선택은 타당한 관점에서 허용되어야 하고, 누구에게나 합당해야한다. 이와 같이, 윤리적 가치는 공정한 방식으로 인간의 행복을 추구하도록 하는 신념과 원칙인 것이다.

우리는 제2장에서 윤리철학의 본질에 대해 자세하게 살펴볼 것이다. 다양한 윤리이론 중에서 어떤 이론이 여러분을 매료시킬지 저자는 몹시 궁금하다. 물론, 다양한 윤리이론이 제시하는 지침이 어떤 결과를 초래하는지에 대한 다양한 의견이 존재한다는 것을 우리는 인정할 필요가 있다. 윤리적 가치가 충돌하는 사례가 수 없이 많고, 그런 윤리적 딜레마를 다루는 것이 기업윤리의 중요한 주제이기도 하다. 예를 들어, 필립모리스의 흡연권장이 개인의 자유와 자율성을 높인다고 볼 수도 있을 것이다. 반면에, 흡연권장이 많은 사람에게 치명적인 질병과 죽음을 가져온다고 비난할 수도 있다. 그렇다면, 필립모리스는 윤리적인 기업인가? 여러분은 어떻게 생각하는가?

필립모리스의 사례를 평가하기 위해서는 건강이라는 가치와 개인의 자유라는 가치를 동시에 고려해야 한다. 또한 필립모리스의 경영자가 진심으로 소비자의 개인적 자유를 중시했는지, 아니면 기업의 이익만을 추구한 것인지 알기 위해서는 필립모리스 경영자의 마음속 진정한 동기를 알아야 할 것이다. 윤리적 논란은 윤리철학의 핵심이다. 그러므로 본서의 주요 목표 중의 하나는 기업윤리와 관련된 지식이나 정보를 제공하는 것과 함께 기업윤리와 관련된 쟁점에 대해 추론하는 방법과 분석하고 무엇이 옳은지 판단하는 방법을 제공하는 것이다.

윤리는 기업에게 도움이 되는가? 잘 알려진 미국의 사례인 몰든밀즈(Malden Mills)를 생각해보자. 1995년에 미국 매사추세츠에 있는 로렌스의 한 섬유 공장에서 화재가 발생했다. 섬유제조기업인 몰든밀즈의 공장시설 대부분이 화재로 소실되었다. 그 화재는 기업, 직원, 고객, 그리고 인근 주민에게는 엄청난 참사였다. 몰든밀즈는 가족이 소유하는 기업이었고, 1906년도에 설립되었으며, 창업자의 손자인 애론 포이어슈타인(Aaron Feuerstein)이 경영하고 있었다. 몰든밀즈는 섬유를 생산하는 기업으로서 화재가 발생하기 전까지 연간 약 4억 달러의 매출을 올리고 있었다. 그 화재는 기업, 직원, 거래회사, 그리고 지역주민에게 큰 재앙이 되었다.

몰든밀즈가 속해 있는 도시는 오랫동안 섬유생산의 본고장으로 유명했다. 섬유산업은 19세기에 생겨났고, 강을 따라 뉴잉글랜드에서 백여 년 동안 번창해 왔다. 공장의 시설이 낡고, 증가하는 인건비로 인해 여러 기업이 노동조합이 없는 남쪽으로, 멕시코와 대만과 같은 외국으로 떠났을 때, 그 영향으로 일자리와 세금이 급격히 감소했고, 회복이 불가능할 만큼 장기간의 경기침체가 이어졌다. 몰든밀즈는 그 도시에 남은 마지막 섬유제조업체였고, 2,400여 명의 직원과 함께 지역사회에 많은 경제적 공헌을 해왔다. 몰든밀즈의 급여지불총액과 지역정부에 납부하는 세금을 제외하고도, 몰든밀즈는 지역경제를 위해 일 년에 약 1억 달러를 별도로 기부해왔다. 화재사고는 몰든밀즈와 직접적으로 관련이 있는 사람과 기업은 물론이고 직접적으로 관련이 없는 사람과 기업에게도 엄청난 재앙이었다.

몰든밀즈의 경영자이자 회장인 애론 포이어슈타인은 기업의 핵심가치와 관련된 몇 가지 중대한 결정을 해야만 했다. 그는 경제적으로 더 매력적인 지역으로 이전하기 위해 화재를 기회로 이용할 수도 있었다. 낮은 세금과 값싼 노동력을 제공하는 지역을 찾아 공장을 이전함으로써 이익을 극대화할 수도 있었다. 화재보험금만 챙기고 사업을 폐업하기로 결정할 수도 있었다. 그러나 그는 화재의 불씨가 채 꺼지기도 전에, 그 지역에 공장을 다시 건설하겠다고 약속했고, 그 지역의 일자리가 유지될 수 있도록 적극적으로 노력하겠다고 약속했다. 하지만 더 놀라운 것은 그가 새 공장이 건설될 때까지 직원들에게 임금을 계속 지급하고, 직원들이 근무지로 복귀할 때까지 의료보상혜택을 지속하겠다고 약속했다. 이런 놀라운 결정 때문에 그는 윤리적 경영자로 유명해졌다. 그는 주요 언론에도 등장했고, 클린턴 대통령으로부터 내빈으로서 대통령 연두교서를 발표하는 장소에 초대되었다. 그는 윤리적 경영자의 전형적 모범으로서 많은 사람들로부터 찬사를 받았다.

처음엔 모든 것이 순조롭게 진행되는 것처럼 보였다. 몰든밀즈는 공장을 다시 지었고, 일 년 이내에 모든 활동이 정상적으로 재개되었다. 직원들은 직장으로 돌아왔고, 지역사회도 회복되는 것 같았다. 그러나 불행하게도, 몰든밀즈는 화재사건 이전으로 완전히 회복될 수는 없었다. 보험회사가 재건축비용의 거의 4분의 3만을 지급했고, 몰든밀즈는 여러 가지 이유로 인해 2001년에 파산신청을 하게 되었다. 2004년 여름에 몰든밀즈는 파산 상태에서 벗어났지만, 채권자들이 몰든밀즈의 경영을 통제했다. 포이어슈타인이 필요한 자금을 조달하면, 경영권을 되찾을 수 있었음에도 불구하고, 채권자들은 그의 복귀를 허용하지 않았고, 그를 대신해서 회사를 경영했다. 결과적으로, 포이어슈타인은 그가 아끼고 사랑하는 기업을 떠나야만 했다. 이런 결과가 그의 윤리적 경영에 대한 보답이란 말인가? 여러분은 어떻게 생각하는가?

이 시점에서 우리는 다음과 같은 질문을 할 수 있다. 윤리는 기업에게 도움이 되는가? 안타깝게도, 현실적으로 솔직한 대답은 윤리가 기업에게 도움이 되기도 하고, 도움이 안 되기도 한다는 것이다. 콜린스와 포라스가 연구한 성공한 기업은 윤리적 기준을 따르면서도 재무적 성공을 얻었다. 필립모리스와 같은 기업은 명백하게 바람직하지 않은 윤리적 가치로도 성공을 이루었다. 한편, 비윤리적 기업 중에서 엔론은 윤리적 경영을 이행하지 않았기 때문에 몰락했다. 현실적으로, 윤리적인 기업이 성공할 수도 있고, 실패할 수도 있다. 또한 비윤리적인 기업이 실패할 수도 있고, 성공할 수도 있다. 만일 윤리적인 기업이 항상 성공하고, 비윤리적인 기업이 항상 실패한다면 얼마나 좋겠는가? 그렇다면, 굳이 기업윤리를 가르치고 배우지 않아도 될 것이다. 왜냐하면 모든 기업이 성공하기 위해서 항상 윤리적인 기업이 될 것이기 때문이다. 그러나 현실은 냉정하고 그리 간단하지 않다. 포이어슈타인과 같은 훌륭하고 윤리적인 경영자가 그가 아끼고 사랑하는 기업을 떠나야만 했다. 윤리적으로 기업을 경영할 것인가? 아니면, 비윤리적으로 경영할 것인가? 기업의 성공여부와 관계없이 기업을 어떻게 경영할 것인가에 대한 선택은 경영자의 몫이다. 윤리적으로 기업을 경영하려고 결정한 경영자는 비록 기업이 실패하더라도 자신의 결정을 후회하지 않을 것이다. 물론, 기업이 성공한다면, 그것보다 더 바람직한 것은 없을 것이다. 여러분이 기업의 경영자라면 어떤 결정을 할 것인가?

1.3 기업윤리의 본질과 목표

우리는 기업윤리를 어떻게 정의할 수 있을까? 기술적 의미로 기업윤리는 기업의 경영활동에서 사용되는 가치, 기준, 그리고 원칙이라고 정의할 수 있다. 하지만 기업윤리는 기준, 가치, 그리고 원칙에 대해 탐구할 뿐만 아니라 기업의 경영에서 반드시 실천해야 하는 것을 설명하고 제시하는 것과도 관련이 있다. 기업윤리는 체험에 근거한 사실적 요소뿐만 아니라 규범적 요소도 포함한다. 기업윤리의 목표는 기업의 활동과 관련된 윤리문제를 서술하고, 검토하며, 평가하는데 있다.

기업윤리는 정답이 없고, 옳고 그름에 대한 판단을 위해 필요한 충분한 정보가 없으며, 판단에 도움을 주는 절대적인 이론이나 사고의 체계 역시 존재하지 않는다. 기업윤리는 철학, 경영학, 경제학, 법학, 그리고 공공정책을 포함한 다양한 학문 분야가 결합된 종합적 영역이다. 이런 다양성을 고려할 때, 기업윤리를 가르치고 배우는 하나의 절대적으로 옳은 방식이 존재할 수 없다. 하지만 이것이 기업윤리의 공통적 목표와 개념, 원칙, 그리고 체계가 없다는 의미는 아니다. 기업윤리와 관련된 문헌이 증가하는 추세에 있기 때문에 적어도 학문적으로는 기업윤리와 관련된 주요 이론과 실증적 사례가 충분하다. 회계사에게 일반회계원칙(GAAP)이 있듯이 기업윤리와 관련해서 공통된 원칙, 기준, 개념, 그리고 가치가 존재한다. 우리는 제2장에서 일반적으로 널리 알려진 기업윤리와 관련된 이론과 원칙을 살펴볼 것이다. 학문적 측면을 넘어서 기업윤리는 올바른 판단과 행위를 목표로 한다는 점에서 실용적인 측면을 가지고 있다. 우리는 기업윤리와 관련된 책과 수업을 통해 비즈니스 관련자들이 더 윤리적으로 행동하기를 희망한다.

윤리적 판단과 윤리적 행위에는 큰 차이가 있다. 소크라테스(Socrates), 플라톤(Platon), 그리고 아리스토텔레스(Aristoteles)로부터 서양철학은 옳은 행위를 판단하는 것과 실천하는 것의 차이를 인정해 왔다. 그러나 좋은 것과 나쁜 것, 옳은 것과 옳지 않은 것의 차이를 분명히 아는 것은 생각처럼 그리 쉽지 않다. 또한 아는 것과 실천하는 것은 전혀 다른 문제이고, 모든 사람이 우리가 옳다고 믿고, 최선이라고 생각하는 방식으로 행동할 수 있는 불굴의 정신, 의지, 그리고 동기를 가지고 있는 것은 아니다.

기업윤리의 바람직한 목표는 윤리의 인식적 측면과 지식적 측면에 중점을 두는 것이다. 학문적 규율로서의 기업윤리는 윤리적 행동의 문제라기보다는 윤리적 추론과 사고의 문제이다. 학생들에게 주입식으로 기업윤리를 가르치는 교수님은 많지 않을 것이다. 많은 교수님이 학생들에게 정답을 얘기하거나, 무엇을 생각해야 하고, 어떻게 살아야 할 것인가를 제시하는 것이 기업윤리 수업의 역할이라고 생각하지는 않을 것이다. 기업윤리 수업의 역할은 수동적 청중에게 정보를 전달하는 것이 아니라, 학생들이 능동적인 학습자로서 적극적으로 생각하고, 질문하고, 판단할 수 있도록 만드는 것이다. 소크라테스는 관례나 규범의 맹종 또는 단순한 추종은 바람직한 윤리적 관점이 아니라고 말했다. 이 관점에서 올바르게 윤리를 가르치는 것은 학생들이 스스로 생각하게 만드는 것이다. 소크라테스는 반성하지 않는 삶은 살 가치가 없다고 말했다. 공자 역시 자신의 행동을 돌아보고 잘못된 것이 있으면 반드시 고쳐야 한다고 말했다.

물론, 사람들의 생각과 판단은 서로 다를 수 있고, 대부분의 경우에 자신의 의견과 다른 타인의 의견에 동의하는 것은 매우 어려울 것이다. 기업윤리를 강의하는 교실에서 담당 교수가 학생들에게 무엇이 옳은가에 대한 정답을 가르치지 않는다면, 많은 학생들은 기업윤리에는 옳은 답이 없다고 생각할 것이다. 더 나아가 윤리적 관점에서는 어떤 답이든지 허용된다고 믿을 것이다. 따라서 기업윤리 수업을 담당하는 교수는 학생들을 수동적 청취자로 간주해 절대적인 정답이 있다고 일방적으로 지식을 가르치는 것과 모든 의견은 윤리적으로 동등하다는 윤리적 상대주의의 두 양극 사이에서 적절한 균형점을 찾아야 한다. 대부분의 기업윤리 수업이 가지는 공통목표는 윤리적 추론과정을 통해 윤리적 딜레마의 상황을 해결하는 것이다. 기업윤리는 어떤 결론에 도달했는지가 중요하기보다는 어떻게 그 결론에 도달했는지에 대한 추론과정이 더 중요하다. 우리가 신뢰할 수 있도록 추론은 정확하고, 공정한 사실로부터 출발해야 한다. 열린 마음을 가지고 모든 측면에 귀를 기울여야 하고, 문제와 관련된 모든 정보를 잘 이해해야 하며, 문제에 대한 타당한 분석을 해야 한다. 기업윤리는 본질적으로 윤리적 분석과 추론과정이 핵심이다. 윤리적으로 철저한 분석이 없다면, 결론이 왜곡되거나 독단에 빠질 위험이 증가한다. 또한, 우리는 윤리적으로 철저한 분석을 통하여 윤리적 상대주의를 극복할 수 있다. 윤리적으로 철저한 분석은 우리로 하여금 바람직하지 못한 윤리적 독단과 윤리적 상대주의로부터 벗어나도록 해줄 것이다.

1.4 기업윤리와 법

    어떤 사람들은 윤리적 딜레마를 벗어나기 위한 방법으로 합법적 규정을 만들고 준수해야 한다고 주장한다. 경영자에게 기업윤리는 법과 밀접한 관계를 갖는다. 경영자에게 윤리적 경영은 기업의 사업수행과 관련된 법적 기준을 지키는 것이고, 법적 기준을 준수하는지 감시할 윤리담당자 또는 윤리부서를 만드는 것이다. 하지만 유감스럽게도 기업이 법적 기준을 잘 지키는 것만으로는 윤리적으로 충분하다고 할 수 없다. 우리는 흔히 법적 기준은 언제나 명확하고, 어떤 상황에서도 그 위반여부를 쉽게 판단할 수 있을 것이라고 생각한다. 예를 들어, 교통법규는 자동차가 신호등의 빨간색에 멈추고, 초록색에 진행하며, 제한속도를 넘기지 않도록 규제한다. 그러나 모든 법이 교통법규와 같이 언제나 명확하다고 생각한다면, 여러분은 법에 대해 잘못 이해하고 있는 것이다. 더군다나 특정한 행동을 요구하거나 금지하는 명확한 법적 규정조차도 언제나 모호한 측면이 존재한다. 법이 언제나 명확하다면, 수많은 변호사의 존재를 어떻게 설명할 것인가?

    예를 들어, 다음과 같은 경우를 생각해보자. 두 명의 기업변호사가 미국장애인보호법이 규정한 경영자의 법적 책임에 대해 논쟁을 벌인다. 이 법은 기업이 장애를 가진 직원을 위해 편의시설을 구비할 것을 요구한다. 이 법은 모든 직원이 아니라 장애를 가진 직원이라고 명시하고 있다. 한 경영자가 본인의 직원 중 천식을 앓고 있는 직원이 있는데 천식이 법에서 규정한 장애에 해당하는지 질문한다. 그 두 명의 변호사는 잠시 동안 상의한 결과 '상황에 따라서 다르다'고 대답한다. 장애에 대한 법적 정의는 장애가 얼마나 심각한지, 직장에서의 활동에 얼마나 제약을 주는지, 그리고 약물요법으로 쉽게 고칠 수 있는지 여부를 포함해야 한다. 경영자는 천식을 앓고 있는 직원을 어떻게 대우해야 하는지를 판단해야만 한다. 이 경영자는 윤리적으로 옳은 일을 하려고 노력하고, 윤리적 책임이 단지 법을 준수하는 것이라고 믿는다고 가정해보자. 이 경영자는 어떻게 해야 하는가? 대부분의 경우, 경영자의 결정은 쉽지가 않고, 법은 직접적으로 도움이 되지 않으며, 따라서 결과적으로 경영자는 임의적으로 판단할 수밖에 없다.

    일반적으로, 기업을 규제하는 상법과 민법의 대부분이 세세한 규정을 두지 않고, 원론적인 수준의 법적 규정을 두고 있으며, 기존의 판례를 참고로 판단한다. 왜냐하면, 현실에서 발생할 수 있는 수많은 경우의 수를 모두 법으로 규정하는 것은 현실적으로 불가능하기 때문이다. 어떤 측면으로는 법전에 세세한 규정을 정하는 성문법이 경우에 따라 다르고 모호한 판례법보다 훨씬 명확하지만 세상의 모든 발생 가능한 사안에 대해 일일이 하나도 빠뜨리지 않고 미리 규정한다는 것은 현실적으로 불가능하다. 실제로, 법정에서 최종판결이 나기 전까지는 기업의 모든 활동은 무죄 추정의 원칙에 따라 무죄 또는 합법으로 간주된다. 예를 들어, 지금은 역사 속으로 사라진 미국의 에너지와 물류 서비스 기업인 엔론(Enron)의 경우에 변호사와 회계사 모두 엔론의 공격적 경영방법이 합법의 범위를 넘어선다고 알고 있었다. 그러나 엔론의 변호사와 회계사는 엔론의 사업 활동과 관련된 기존 판례가 없다는 점을 고려할 때, 법정에서 무죄판결을 받을 수 있다고 최고경영자에게 의견을 제시했다. 법조계는 기업의 어떤 행위가 법정에서 유죄로 확정되기 전까지는 합법적이라고 간주하는 경향이 있다. 그리고 리보를 조작해서 엄청난 물의를 일으킨 영국의 바클레이은행 (Barclays Bank) 사례는 법이 명확하더라도 업계의 오래되고 잘못된 관행으로 인해 법을 지키지 않을 수 있다는 사실을 잘 보여준다.

위에서 언급된 사례는 우리가 무엇이 옳고, 무엇이 그른지를 결정하는데 법에만 의존할 수 없다는 점을 잘 보여준다. 천식을 앓고 있는 직원을 어떻게 대우해야 하는지에 대해서는 경영자가 자신의 가치관과 소신에 의해 결정해야 한다. 법이 모든 것을 결정해줄 수는 없다. 때때로 많은 일을 결정하는데 있어 법은 우리에게 윤리적으로 검토하도록 요구한다. 따라서 엔론에 대한 법적 판단은 기존의 판례에 의지하기보다는 엔론의 행위가 불공정한지, 비윤리적인지에 대한 판사들과 배심원들의 윤리적 판단에 의해 결정되었다. 결과적으로, 엔론은 역사의 뒤안길로 쓸쓸히 사라져 갔다.

기업윤리를 공부하는 주요 목적 중의 하나는 경영자로 하여금 기업의 활동과 관련된 문제를 윤리적으로 면밀히 검토해서 최종 의사결정을 하도록 만드는 것이다. 우리는 엔론의 경영자들이 주주와 직원을 속여서 자신들의 개인적 이익을 얻으려고 하지는 않았을 것이라고 믿고 싶다. 우리가 왜 윤리를 공부해야 하는지에 대해 소크라테스는 '반성하지 않는 삶은 살 가치가 없다'라고 철학적으로 명확히 규정했다. 인간은 완벽한 존재가 아니다. 때로는 경솔하고, 때로는 무심하며, 때로는 무지하다. 따라서 항상 잘못된 판단과 결정을 할 가능성이 매우 높다. 그렇기 때문에 인간은 항상 자신의 삶을 되돌아보고, 반성해야 하는 것이다.

　　무엇이 옳고, 무엇이 그른지 쉽게 판단할 수 없는 윤리적 딜레마 상황에서 옳은 판단을 하기 위해서 도움이 될 수 있는 좋은 방법을 하나 제시하면 다음과 같다. 바로 윤리성과 합법성을 동시에 고려하는 것이다. 윤리성과 합법성을 두 축으로 하는 네 가지 영역에 대해 살펴보자. 이 접근방법은 윤리적 딜레마 상황에서 우리가 어떻게 판단해야 하는지에 대해 많은 도움을 준다. [표 1-1]과 같이 수평축의 왼쪽은 비윤리적 영역이고, 오른쪽은 윤리적 영역이다. 그리고 수직축의 위쪽은 합법적 영역이고, 아래쪽은 불법적 영역이다.

표 1-1　윤리적 딜레마 상황에서의 판단

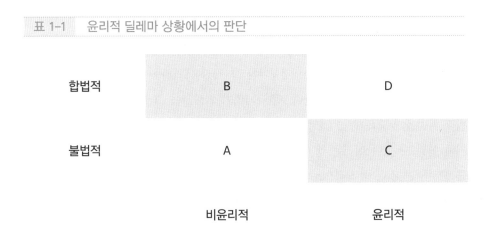

[표 1-1]과 같이 우리는 4가지 영역을 얻게 된다. 이 세상에 존재하는 모든 윤리적 딜레마 상황은 반드시 위 4가지 영역 중 어느 한 영역에 속하게 된다. 이제 4가지 영역의 의미에 대해 하나씩 살펴보자.

　　첫째, A 영역은 윤리적으로도 옳지 않고, 법적으로도 옳지 않다. 예를 들어, 소비자의 건강에 해를 끼치는 불량식품을 생산 및 유통하는 것, 제품의 중대한 결함을 사전에 알았음에도 불구하고 리콜조치를 외면하는 것, 높은 가격을 책정하기 위해서 담합행위를 하는 것 등이 이 영역에 속한다. 사실 이 영역은 4가지 영역 중에서 판단하기가 가장 쉽다. 윤리성과 합법성, 두 조건 모두를 충족시키지 못하므로 결코 옳은 일이 아니기 때문에 이 영역에 속하는 일을 절대로 해서는 안 된다. 윤리적으로도 책임이 있고 법적으로도 책임이 있기 때문이다.

둘째, B 영역은 법적으로는 문제가 없지만 윤리적으로는 옳지 않다. 예를 들어, 경영자와 친분이 있다고 해서 다른 지원자보다 능력이 없는 사람을 직원으로 채용하는 것, 회사의 경영성과가 큰 적자를 냈는데도 불구하고 임직원들이 거액의 상여금을 나눠 갖는 것 등이 이 영역에 속한다. 이런 행위는 법적으로 처벌을 받지는 않지만 윤리적으로 옳은 일이 아니다. 이 영역에 속하는 윤리적 딜레마는 4가지 영역 중에서 판단하기가 약간 어렵다. 윤리성과 합법성, 두 가지 기준 중 합법성 한 기준만을 충족하기 때문이다. 이 상황에서 여러분이 윤리성과 합법성, 둘 중 어느 것에 더 가치를 두느냐에 따라 여러분의 결정은 달라질 것이다.

셋째, C 영역은 윤리적으로는 옳지만 법적으로는 옳지 않다. 예를 들어, 회사의 직원이 공금을 횡령한 사실을 알았는데 그 이유가 배우자 또는 자식의 불치병을 치료하기 위해서 한 행위임을 알고 경영자가 그 직원을 경찰에 고발하지 않고 죄를 숨겨주는 것 등이 이 영역에 속한다. 법을 지키기 위해서는 그 직원을 경찰에 신고해서 법적 처벌을 받도록 하는 것이 옳다. 그러나 그 직원의 범법행위가 죽어가는 가족을 위해 어쩔 수 없이 저지른 행위임을 측은하게 생각해서 경찰에 신고하지 않고 그 죄를 숨겨주는 것은 윤리적으로 옳은 일이다. 이 영역에 속하는 윤리적 딜레마는 4가지 영역 중에서 판단하기가 가장 어렵다. 이 상황에서는 여러분이 윤리성과 합법성, 둘 중 어느 기준에 더 가치를 두느냐에 따라 여러분의 결정은 달라질 것이다. 합법성에 가치를 둔다면, 여러분은 그 직원을 경찰에 공금횡령으로 신고할 것이다. 윤리성에 더 가치를 둔다면, 여러분은 그 직원의 공금횡령 사실을 숨길 것이다.

넷째, D 영역은 윤리적으로도 옳고, 법적으로도 옳다. 예를 들어, 좋은 원료로 만든 좋은 제품을 생산 및 유통하는 것, 능력이 우수한 직원을 채용하는 것, 성과가 우수한 직원에게 승진과 교육의 기회를 제공하는 것, 기업의 사회적 책임활동을 하는 것 등이 이 영역에 속한다. 이 영역에 속하는 윤리적 딜레마는 4가지 영역 중에서 판단하기가 가장 쉽다. 윤리적으로도 옳고, 법적으로도 옳으므로 반드시 해야 한다.

위의 4가지 영역 중에서 A와 D 영역은 윤리적 딜레마 상황에서 크게 문제가 되지 않는다. 어느 누구라도 A 영역은 옳지 않고, D 영역은 옳다고 판단할 수 있기 때문이다. 항상 윤리적 딜레마 상황에서 문제가 되는 영역은 B와 C 영역이다. 이 두 영역은 판단자의 가치관에 따라 윤리성에 더 가중치를 두거나 합법성에 더 가중치를 둠으로써 결정이 달라지기 때문에 대부분의 기업스캔들은 이 두 영역 중 하나에 속한다. 즉, B와 C 영역이 올바르게 판단하기가 어려운 영역이다.

1.5 윤리와 관습

　　윤리는 우리가 어떻게 인생을 살아야 하는가에 대한 답을 탐구하고 제시하는 방대한 학문이다. 인간의 행복에 대한 질문은 궁극적으로 우리가 어떻게 살아야 하는지에 초점이 맞춰져 있다. 이것은 누구나 물을 수 있는 가장 기본적인 질문이다. 윤리철학의 본질을 살펴보면, 서구의 철학적 전통에서 윤리의 기원은 고대 그리스의 철학자인 소크라테스까지 거슬러 올라간다. "작은 문제에 연연하지 말고, 우리가 어떻게 살아야 하는지를 탐구하라."는 소크라테스의 말과 같이 윤리에 대한 좋은 정의는 없을 것이다. 그리스인들은 삶을 이끄는 신념, 태도, 그리고 가치를 가지고 있었다. 윤리는 '관습적인' 또는 '전통적인'을 의미하는 그리스어 에토스(Ethos)에서 파생되었다. 대부분의 그리스인들은 윤리적 삶을 살아야 한다고 생각했다. 다른 문화에 속한 사람들처럼 그리스인들도 윤리적 인생을 자신의 문화에서 관습적 신념, 태도, 그리고 가치에 따라 사는 것으로 이해했다. 관습적 가치는 문화의 종교적 세계관과도 연결된다. 에토스가 의미하는 윤리는 일반적으로 용납되는 것을 따르고, 사회의 관습과 규칙에 순응하고, 나아가 종교적 신념을 따르는 것이다. 이런 의미에서 윤리는 에토스와 동일하다. 바클레이은행의 경영자가 영국은행의 관습 또는 에토스에 순응했다고 주장한다면, 이것은 에토스의 관점에서는 타당할 것이다.

　　소크라테스의 가르침에 따르면, 윤리철학은 우리가 어떻게 살아야 하는지에 대한 특정한 답을 받아들이고 순종하는 것을 의미하지는 않는다. 그러나 많은 사람들은 그들이 속한 문화의 관습 또는 에토스를 따르면서 무조건적으로 행동한다. 바클레이은행의 사례가 보여주듯이 윤리철학에서는 관습 또는 에토스를 단순히 복종하는 것과 순종하는 것이 우리가 인생을 어떻게 살아야 하는지에 대한 최상의 대답이라는 것을 인정하지 않는다. 윤리철학은 우리가 관습 또는 에토스에 대해 분석하고, 우리가 인생을 어떻게 살아야 하는지에 대해 관습 또는 에토스를 참고할 것을 요구한다.

　　윤리철학은 인간이 중시해야 할 것과 경시해야 할 것을 구분한다. 이런 점에서 윤리는 사회학, 심리학, 그리고 인류학처럼 사회과학의 한 분야라고 할 수 있다. 하지만 철학의 한 분야로서 윤리학은 우리에게 한 걸음 물러나 생각하고, 인간이 가지는 관습적 신념과 가치에 대해 이성적으로 평가할 것을 요구한다. 윤리철학은 우리로 하여금 보편타당한 방법으로 행동했는지, 우리가 행동하는데 있어 중요하게 고려해야 할 것을 고려했는지 되돌아볼 것을 요구한다. 즉, 중시하는 것과 중시해야 하는 것의 차이가 바로 관습 또는 에토스와 윤리의 차이라고 할 수 있다.

이런 차이점에 주목하면, 우리는 기업윤리에서 다루어지는 주요 문제에 대한 회의적 시각을 해소할 수 있을 것이다. 윤리철학의 한 부분으로서 기업윤리는 매일 발생하는 기업의 의사결정 과정에서 우리로 하여금 기업의 관습 또는 에토스로부터 한걸음 물러나 기업의 의사결정이 우리의 삶에 어떤 영향을 주는지 생각하도록 만든다. 기업의 의사결정과 실행이 어떤 방식으로 인간의 행복을 장려하거나 방해하는가? 이러한 의문의 제기는 기업에서 이루어지는 통상적 의사결정이 윤리적으로 이루어져야 한다는 것을 의미한다. 윤리철학이 우리에게 요구하는 것은 우리의 의사결정을 반성하고, 우리의 신념과 가치에 대해 분석하고 평가하는 것이다.

1.6   도덕, 미덕, 그리고 사회윤리

　　우리는 인생을 어떻게 살아야 하는가? 우리는 윤리와 관련된 이와 같은 기본적인 질문을 개별적으로, 그리고 총체적으로 질문할 수 있다. 개별적 질문은 인생을 어떻게 살아야하고, 어떤 행동을 해야 하며, 어떤 사람이 되어야 하는가에 관한 질문이다. 총체적 질문은 우리 사회가 어떻게 구조화 되어야 하고, 지역사회에서 어떻게 함께 살아가야 하는지에 관한 질문이다.

　　윤리에서 우리가 인생을 어떻게 살아야 하는지에 대한 질문은 도덕과 관련이 있다. 도덕은 우리가 무엇을 해야 하는지를 결정하는데 도움을 주는 원칙과 규칙이다. 도덕은 우리의 성격, 특성, 그리고 가치 있는 삶을 구성하는 미덕과 관련이 있다. 우리가 어떻게 행동해야 하고, 어떤 유형의 사람이 되어야 하는지 결정하는 의미에서 도덕은 매우 중요하다. 개인이 아니라 집단과 관련된 윤리를 사회윤리라 정의한다. 사회윤리는 공공정책, 법, 봉사, 그리고 정치철학에 대한 질문을 다룬다.

　　기업윤리는 개인의 도덕과 사회윤리, 두 가지 모두를 강조한다. 개인적 도덕에 대한 논의는 앞으로도 계속해서 할 것이다. 기업윤리의 가장 기본적 목표 중 하나는 학생들이 일상생활에서 당면하는 일로부터 한걸음 물러나 생각해보고, 다음과 같은 질문을 하도록 만드는 것이다. 나는 어떤 사람이 되어야 하는가? 나는 어떻게 행동해야 하는가? 나는 어떻게 살 것인가?

　　우리는 인생을 살아가면서 가끔씩 당면한 문제에서 한걸음 뒤로 물러나 객관적이고 이성적인 관점에서 당면한 문제를 살펴봐야 할 때가 있다. 나중에 여러분이 어떤 인생을 살았는지 되돌아보고 다음과 같은 질문을 한다고 상상해보자. 나는 가치 있는 인생을 살았는가? 내가 살아온 인생은 자랑스러운가? 나는 자랑스러운 사람인가? 아니면, 부끄러운 사람인가? 내가 살아온 인생은 의미 있는 인생인가? 이런 질문은 개인의 도덕에 대한 기본적인 질문이다.

　　또한 기업윤리는 사회윤리와 공공정책에 대한 문제를 강조하기도 한다. 이런 관점을 이해하는 것은 인간이 기업을 비롯한 다양한 사회기관을 만들었으므로 기관의 활동과 결과에 대한 책임을 회피할 수 없음을 인식하는 것으로부터 시작할 수 있다. 기업을 비롯해 인간이 만든 기관은 관련된 많은 사람들의 삶에 큰 영향을 준다. 우리의 직장, 식량, 건강관리, 집, 그리고 생계가 우리가 일하는 기업에게 달려있다. 공공정책은 '기업이 어떻게 조직되어야 하는가?'와 같은 질문을 다룬다. 우리가 만약 무엇이든지 할 수 있다면, 어떻게 기업을 조직하고 구성할 것인가? 이런 관점에서 공공정책이 다루는 문제는 우리로 하여금 사회가 어떻게 구성되어야 하고, 운영되어야 하는지에 대해 시민의 결정과 합의를 요구한다. 기업은 당연히 사회에 속해 있는 사회의 한 부분이다. 많은 사람들이 리보스캔들은 개인의 윤리적 실패라기보다는 은행산업의 실패라고 지적한다. 또한 은행의 경영자라면, 위험성이 비록 높지만 수익성이 큰 비우량주택담보대출(서브프라임모기지)을 시행하려고 하겠지만 시민은 은행의 위험한 대출관행을 규제해야하고, 무리한 사업 활동으로 인해 실패한 은행을 구제해서는 안 된다고 생각할 것이다.

1.7 다양한 윤리적 관점

　　도덕과 공공정책에 관한 문제와 기업윤리에서의 윤리적 문제를 다룰 때, 우리는 다양한 관점을 가질 수 있다. 기업윤리의 주요한 부분은 기업의 의사결정과 관련된 관점을 다루는 것이다. 기업윤리는 기업의 의사결정과 사업행위와 관련된 윤리를 의미한다. 다양한 상황에서 기업의 경영자는 무엇을 해야 하고, 어떤 결정을 해야 하는가?

　　기업윤리의 관점에서 기업의 의사결정은 경영자의 관점과는 다른 문제를 제기할 수 있다. 은행의 대출결정은 은행의 직원, 지역사회주민, 자국경제, 세계경제, 소비자, 관련 기업, 그리고 나아가 전 세계의 주택산업에 큰 영향을 미친다. 따라서 경영자의 옳고 그름에 대한 판단과 어떤 행위를 할지, 하지 않을지에 대한 판단이 각자 처해 있는 입장과 관점에 따라 달라질 수 있다는 것을 명심해야 한다. 즉, 기업의 경영자, 직원, 주주, 소비자, 공급업체, 그리고 일반 시민의 관점에서 경영자의 사업 활동과 관련된 의사결정이 옳은지에 대한 질문이 제기될 수 있다는 것이다. 우리는 다양한 관점에서 기업의 의사결정에 대해 판단할 필요가 있다.

　　재무, 마케팅, 경영정보, 회계, 생산관리, 그리고 조직 및 인사관리에 이르기까지 경영자가 내려야 하는 모든 의사결정은 사회적으로 바람직하고, 합법적이어야 한다. 경영자뿐만 아니라 일반 시민도 자신의 결정에 대해 책임을 져야 한다. 성숙하고 책임 있는 사람이라면, 중요한 의사결정을 할 때, 당면한 사안에서 한걸음 뒤로 물러나 선택해야 하는 사안과 결정이 이 사회에 전반적으로 미치게 될 영향을 고려해야 한다.

　　윤리에 대한 근본적, 규범적 질문을 위해서 기업윤리는 우리로 하여금 통상적이고 관습적으로 행해온 일로부터 한걸음 뒤로 물러나 다음과 같은 질문을 할 것을 요구한다. 우리는 인생을 어떻게 살아야 하는가? 한 개인으로서 나는 어떻게 살아야 하는가? 나는 지역사회의 일원으로서 어떻게 살아야 하는가? 나는 어떤 사람이 되기를 원하는가? 우리는 어떤 사회를 만들어야 하는가?

1.8 윤리적 의사결정을 위한 모형

　지금까지의 논의를 통해 윤리는 우리에게 엄격한 규칙 또는 원칙을 주면서 특정한 행동을 하도록 설교하기보다는 우리로 하여금 책임 있는 의사결정을 하도록 요구한다는 것을 알 수 있다. 어떻게 행동하고, 어떻게 살아가며, 어떤 사람이 될지 결정하는 것은 윤리적인 삶을 살기 위한 핵심과제이다. 다음에 소개하는 윤리적 의사결정모형이 여러분에게 많은 도움을 줄 것이다.

　윤리적으로 책임 있는 의사결정을 위해서 먼저 상황에 대해 올바르고 정확하게 이해하는 것이 필요하다. 즉, 사실을 정확히 파악하는 것이 필요하다. 윤리문제는 종종 너무 복잡해서 우리가 쉽게 판단하기가 어렵고, 감정적으로 판단할 수 있는 요소를 다수 가지고 있기 때문에 단순히 감정을 드러내는데 그치거나, 편파적이고 불완전한 이해에 그치기가 쉽다.

　책임 있는 의사결정을 위한 두 번째 단계는 현재의 상황에서 윤리적 쟁점이 무엇인지를 정확하게 파악하는 것이다. 특정한 사안이 윤리적인지, 비윤리적인지에 대하여 사람들의 판단이 다른 경우는 비일비재하다. 한 사람에게는 단순한 경제적 또는 법적 문제로 생각되는 일이 다른 사람에게는 심각한 윤리적 사안으로 생각되기도 한다. 따라서 현재의 상황에서 무엇이 윤리적으로 문제가 되는지 그 쟁점을 정확히 파악하고, 설명하는 것은 윤리적 의사결정을 위한 필수단계이다.

　윤리적 쟁점이 확정되면, 그 다음 단계는 현재의 상황으로부터 누가 영향을 받고, 어떤 영향을 받을지를 생각하는 것이다. 기업이 의사결정을 할 때, 결정된 일의 집행에 의해 영향을 받는 이해관계자가 누구이고, 어떤 영향을 받을지를 파악하는 것은 매우 중요하다. 어떤 이해관계자가 피해를 입거나 혜택을 받을 것인가? 예를 들어, 경영자는 성과가 부진한 협력업체와의 관계를 해지하려고 한다. 관계가 해지될 경우, 해당 협력업체는 엄청난 경제적, 정신적 피해를 입을 것이다. 반면에 성과가 부진한 협력업체와의 관계를 정리하고, 더 우수한 협력업체와의 새로운 관계를 정립하고 발전시킴으로써 기업의 성과가 향상되면, 주주와 직원은 더 많은 이익을 얻을 것이다.

　다음 순서는 선택 가능한 여러 가지 대안을 생각하는 것이다. 어떤 선택이 가능한가? 이 단계에서 도움이 되는 방법은 의사결정자 자신을 자신의 결정으로 인해 영향을 받는 다른 사람의 객관적 입장에 두고 자신의 결정이 그 사람에게 어떻게 받아들여질지, 그리고 자신이 자신의 결정으로 인해 영향을 받을 당사자라면, 자신의 결정이 어떤 느낌이 드는지를 상상해보는 것이다. 즉, 역지사지(易地思之)의 입장을 취해보라는 것이다. 다양한 선택 대안을 찾아내는 상상력을 활용해서 다른 관점에서는 여러분의 결정이 어떻게 이해되고 해석되는지를 생각해보는 것이다.

결정을 할 단계에 근접했다면, 한걸음 뒤로 물러나서 신문테스트(Newspaper Test)를 활용해보자. 여러분의 결정이 신문의 1면에 상세히 소개된다면, 사람들의 반응은 어떨 것인지 상상해보자. 이것은 의사결정이 사람들로부터 어떤 반응을 얻을지 예측해보는 한 가지 좋은 방법이다. 여러분의 결정은 과연 공개적으로 사람들로부터 지지를 얻을 것인가? 이 방법은 투명성을 확보하게 함으로써 윤리적으로 책임 있는 의사결정을 하도록 만드는 좋은 방법이다.

기업의 경영자는 결국 최종 의사결정을 해야 한다. 판단에 필요한 사실과 모든 이해관계자, 그리고 그들이 받을 영향을 충분히 이해하고, 가능한 대안에 대해 고려하고, 사람들로부터 지지를 얻을 것인지, 그리고 자신의 결정이 투명한 결정인지에 대하여 심사숙고한 후 최종결정을 해야 한다. 최종결정을 하고, 그 결정을 실행한 뒤에도 윤리적으로 책임 있는 의사결정은 경영자로 하여금 발생한 결과를 살펴보고, 그 결과로부터 교훈을 얻을 것을 요구한다. 따라서 윤리적으로 책임 있는 의사결정은 생각하고 → 선택하고 → 행동하고 → 다시 생각하는 반복과정이라고 할 수 있다. 윤리적으로 책임 있는 의사결정은 다음과 같은 과정을 필요로 한다.

- 판단에 필요한 객관적인 사실을 이해할 것
- 윤리적 쟁점을 확인할 것
- 모든 이해관계자를 파악할 것
- 이해관계자가 어떤 영향을 받을지 고려할 것
- 가능한 여러 가지 선택대안이 무엇인지 알기 위해서 상상력을 최대한 활용할 것
- 다른 사람들이 여러분의 결정을 어떻게 판단할지 예상할 것
- 최종의사결정을 하고, 결과를 살펴보고, 그것으로부터 반드시 교훈을 얻을 것

1.9 정치윤리와 기업윤리

　정치(政治)는 무엇인가? 정치는 우리 사회 구성원들의 다양한 이해관계를 조정하거나, 통제하고, 국가의 정책과 목적을 실현시키는 일이다. 여러분은 정치라는 단어를 들으면, 무엇이 떠오르는가? 대통령, 국회의원, 선거, 정경유착 등 다양한 단어가 여러분의 머릿속에 떠오를 것이다. 공자는 "정치는 바른 것이고(政者正也), 모든 사람이 각자 자신의 본분을 지킬 때, 국가는 저절로 바르게 된다."고 말했다. 공자는 또한 올바른 정치는 힘과 무력을 앞세워 다스리는 것이 아니라, 어진 마음과 올바른 마음으로 다스리는 것이라고 말했다. 현대의 정치인들이 반드시 명심하고, 새겨들어야 할 명언이다. 정치인이 자신의 사사로운 욕심과 이기심을 극복하고, 남을 배려하고, 존중하는 예의 또는 자신을 낮추는 겸손한 마음으로 돌아갈 때(克己復禮), 우리 사회는 저절로 바르게 설 것이다. 정치인이 올바른 모범을 보이면, 국민은 저절로 감화되어 바르게 행동한다. 정치인이 자신의 사사로운 욕심을 채우려고 급급하고, 매일 싸움이나 하고, 추태를 보이면, 아무리 국민을 바르게 이끌려고 해도 국민이 따르지 않는다. 따라서 정치는 바른 것이고, 모든 사람이 각자의 본분을 지키면, 국가는 저절로 바르게 된다고 한 공자의 말씀은 진실이고, 진리이다.

　전통적으로, 가장 이상적인 정치를 실현한 시대로 많은 사람들이 중국의 요순시대(堯舜時代)를 꼽는다. 요임금과 순임금은 백성을 사랑하는 어진 정치를 펴서, 지금까지도 성군(聖君)으로 평가받는다. 요순시대에는 백성이 자신들의 임금이 누군지도 몰랐을 정도로 태평한 세월을 보냈다고 한다. 우리나라에는 어진 임금의 대명사로 세종대왕이 있다. 저자가 지금 사용하고 있는 한글은 바로 세종대왕이 만든 것이다. 세종대왕은 한글을 창제하면서, 우리나라의 말이 중국과 달라, 중국의 문자인 한자(漢字)와 서로 어울리지 않는 까닭에, 어리석은 백성이 자신들의 뜻을 잘 전달할 수 없는 것을 안타깝게 생각해, 백성이 쉽게 글을 배우고, 익혀서 생활하는데 편하게 사용하기를 원한다고 했다. 이 얼마나 백성을 사랑하고 아끼는 성군의 모습인가?

　대한민국이 건국된 이래, 지금까지 1대 이승만 대통령을 시작으로 19대 문재인 대통령에 이르기까지 여러 명의 대통령이 대한민국을 이끌어 왔다. 이승만 대통령은 학생들에 의한 4·19혁명으로 대통령직에서 사퇴한 후, 대한민국을 떠나 하와이에서 운명했고, 윤보선 대통령은 5·16군사정변으로 물러났고, 박정희 대통령은 10·26사건으로 부하에게 시해 당했고, 최규하 대통령은 신군부 세력에 의한 12·12쿠데타로 물러났고, 전두환 대통령과 노태우 대통령은 내란과 막대한 비자금을 조성한 죄로 재판을 받고, 투옥되었다. 김영삼 대통령과 김대중 대통령은 측근의 비리로 인해 대국민사과를 해야만 했다. 노무현 대통령은 스스로 목숨을 끊었고, 이명박 대통령은 각종 비리의혹으로 국민의 지탄을 받고 있고, 박근혜 대통령은 '최순실 국정농단 사건' 때문에 대통령직에서 탄핵되어, 수감되고, 재판을 받고 있다. 이 얼마나 불행한 역사인가?

우리는 이 시점에서 다음과 같은 질문을 해야만 한다. 과연, 정치에 윤리는 존재하는가? 우리가 옛날의 요순시대와 같은 태평성대를 바라는 것이 현실적으로 무리라고 하더라도, 지금까지 정치가 우리에게 보여준 모습은 너무나 안타깝고, 실망스럽다. 과연, 정치인들이 윤리의식을 가지고 있는가? 그들은 무조건 정권을 잡기 위해서만 노력하는가? 그들이 진정으로 국민을 아끼고, 사랑하고, 국가의 발전에 헌신할 마음이 있는가? 우리가 정치윤리에 대해 고려하는 이유는 정치가 경제를 지배하기 때문이다. 정치는 국가를 이끌고, 지배하는 힘인 권력을 가지고 있다. 국가를 이끌고, 통치하며, 법과 제도를 만들어 경제를 통제한다. 따라서 정치윤리가 바로 서지 않으면, 기업윤리를 논하는 것이 아무런 의미가 없게 된다.

이것과 관련해서, 다음과 같은 가정을 해보자. 한 경영자가 있다. 그 경영자는 매우 도덕적이고, 윤리적이다. 그 경영자는 사사로운 이익을 취하려고 하지 않고, 오로지 기업의 이해관계자를 위해 자신의 책임과 의무를 다하려고 한다. 그런데 문제는 그 경영자가 사업활동을 하는 국가의 정치지도자가 이기적이고, 사사로운 이익을 추구하고, 도덕과 윤리는 무시하고, 오로지 자신의 정치적 권력을 유지하고, 강화하는 것에만 관심을 두어 막대한 비자금을 조성하려고 한다면, 여러분은 어떤 일이 발생할 것으로 예상하는가? 과연, 윤리적인 경영자가 윤리적인 기업운영을 할 수 있겠는가? 지금까지, 우리나라를 비롯하여 세계 각국은 정치와 경제의 비윤리적인 결탁을 의미하는 정경유착이 만연해왔다. 왜 정치와 경제는 비윤리적으로 결탁을 하는가? 정치인은 권력을 가지고 있고, 경제인은 막대한 돈을 가지고 있다. 정치인은 정치자금이 필요하고, 경제인은 원활한 사업 활동을 위해 권력의 도움이 필요하다. 악어와 악어새의 공생관계처럼, 정치인과 경제인은 비윤리적인 결탁을 해왔던 것이다.

따라서 우리는 다음과 같은 결론을 내려야만 한다. 올바르게 기업을 윤리적으로 운영하기 위해서는 반드시 올바른 정치윤리가 확립되어야만 한다. 비윤리적인 정치적 환경에서는 아무리 윤리적인 경영자라도 윤리적으로 기업을 운영할 수 없다. 현실적으로, 그것은 전혀 불가능하기 때문이다. 따라서 저자가 굳이 별도로 정치윤리와 기업윤리라는 주제를 다루고 논의하고 있는 것이다. 올바른 기업윤리의 정착을 위해서 우리는 반드시 올바른 정치윤리를 먼저 확립해야 한다. 즉, 정치윤리는 기업윤리의 전제조건이다.

동양의 고전인 중용(中庸)에 따르면, 하늘의 명령, 즉 천명(天命)을 본성 즉, 성(性)이라고 하고, 성(性)을 따르는 것을 바른 길, 즉 도(道)라 하며, 도(道)를 닦는 것을 가르침, 즉 교(敎)라고 한다. 우리가 윤리적인 존재가 되고, 나아가 윤리적인 경영자가 되는 것이 천명이라면, 우리는 천명을 따라야 한다. 우리가 천명을 따르는 것이 곧 우리가 올바른 길로 나아가는 것이다. 또한 우리가 올바른 길로 나아가기 위해서 우리는 끊임없이 배우고, 익혀야 한다. 이 책은 여러분에게 기업윤리에 대해 끊임없이 생각하고, 배우고, 익히게 함으로써 여러분을 기업윤리라는 올바른 길로 인도할 것이다. 여러분이 올바른 길에 들어서면, 여러분은 천명을 따르게 되고, 비로소 우주의 법칙에 부합하는 윤리적인 존재가 될 것이다.

저자는 어려서 부모님을 여의고, 할머니 슬하에서 경제적으로 매우 어렵게 성장했다. 저자가 성장한 1970년대는 현재와 같은 복지제도가 거의 없어서 최소한의 생활을 위해 필요한 도움을 받지 못했다. 따라서 어려운 경제형편 때문에 저자는 영어사전이나 참고서 한 권 살 수 없었고, 학원을 다니거나 과외를 받는 것은 꿈조차 꾸지 못했다. 월세와 등록금을 낼 때가 되면, 저자와 할머니는 함께 걱정과 고민으로 밤을 꼬박 새우곤 했다. 항상 경제적으로 어려웠고, 늘 모든 것이 부족했다. 심지어 친척의 잘못으로 인해 초등학교 2학년과 중학교 1학년에는 학업을 중단할 만큼 절망적인 위기를 맞기도 했다. 이런 어려움 속에서도 저자가 학업을 계속해서 대학교수가 된 것은 모두가 할머니 덕분이다. 저자의 할머니께서는 어려운 상황에서도 결코 용기를 잃는 법이 없으셨고, 아무리 어려운 상황에서도 훌륭한 사람이 되기 위해서는 공부를 해야 한다고 저자를 늘 격려하시고, 저자에게 용기를 주셨다. 할머니께서는 항상 저자를 사랑하셨고, 믿으셨으며, 저자가 훌륭한 사람으로 성장하기를 매일 새벽 맑은 물 한 사발을 떠 놓으시고 간절히 조왕신께 기원하셨다. 옛 어른들은 밥을 하는 아궁이에 불을 관장하고 가족의 길흉을 관장하는 조왕신이 있다고 믿으셨기 때문이다. 당연히, 저자 역시 할머니를 저자의 목숨보다 더 사랑했고 존경했다. 저자와 할머니는 둘이 서로 믿고, 의지하며 어려운 환경을 극복해왔다. 따라서 지금 저자가 박사학위를 받고, 책을 쓰고, 대학교에서 학생들을 가르치는 것은 모두 할머니 덕분이다. 저자는 할머니의 학업을 향한 숭고한 뜻을 기리기 위해 할머니의 성함으로 된 장학금을 만들겠다고 할머니와 약속했다. 할머니께서는 저자에게 이 세상 전부와 같으셨다. 저자의 할머니께서는 2007년에 향년 98세로 노환으로 별세하셨고, 벌써 오랜 세월이 흘렀다. 저자는 할머니가 너무나 그립고 보고 싶어서 아직도 눈물로 밤을 지새우는 날이 많다. 여러분에게 가장 소중한 사람은 누구인가? 여러분은 누구를 가장 사랑하고 존경하는가? 그 이유는 무엇인가?

이 사진은 저자의 연구실이 위치한 건물 앞에서 우연히 발견해 찍은 것이다.

이 얼마나 놀라운 생명의 신비인가? 단단한 아스팔트를 뚫고 자라나는 이 풀을 볼 때마다 저자는 생명의 위대함과 신비로움을 느낀다. 통계자료에 따르면, 우리나라는 OECD 회원국 중에서 자살률 1위를 기록하고 있다. 참으로 안타까운 현실이다. 세상을 살다보면 많은 어려운 일과 난관이 있고, 자신의 뜻대로 되는 일보다는 뜻대로 되지 않는 일이 훨씬 더 많다. 저자 역시 어려서 부모님을 여의고, 할머님과 함께 살면서 많은 어려운 일을 겪었고, 할머니께서 세상을 떠나셨을 때는 더 이상 버틸 수 없을 정도로 삶의 의욕마저 잃었다. 50년을 살아온 저자의 인생을 돌아보면, 성공보다는 실패가 훨씬 더 많았다. 할머니께서 함께 계실 때에는 할머님과 서로 의지하고, 위로를 하면서 견딜 수 있었지만 할머니께서 세상을 떠나신 후부터 저자는 이 세상에서 철저히 혼자였다. 외로웠고, 쓸쓸했고, 힘들었다. 할머니께서 돌아가시기 얼마 전에 저자에게 하신 말씀이 아직도 생생하다. "보현아, 내가 없더라도 너는 너의 인생을 살아가야 한다. 내 뜻을 받들어서 훌륭한 사람이 되어다오."

세상을 살아가면서 이런 저런 많은 이유로 힘들어하는 사람이여! 생명은 위대하고, 신비롭다. 그리고 무엇보다도 소중하다. 단 한 번뿐인 생명이다. 비록 불교에서 얘기하는 것처럼, 윤회사상에 입각해서 죽은 뒤에 다시 다음 세상에서 태어난다고 해도 그것은 지금의 여러분은 아니다. 사람들은 경제적 어려움, 좌절, 실패, 사랑하는 사람을 잃는 것 등 많은 이유 때문에 자살을 생각한다. 저자는 그런 사람들에게 간곡하고, 간절하게 부탁한다. 단단한 아스팔트를 뚫고 자라나는 풀을 보라고. 그리고 용기를 내서 자신의 삶을 당당하게 살아가라고. 영원히 끝나지 않을 것 같은 고통과 괴로움도 언젠가는 지나간다. 저자 역시 할머니를 잃은 슬픔과 그리움으로 인해 수 없이 자살을 생각했다. 할머니는 저자에게 이 세상 전부였기 때문이다. 할머님을 잃은 후 식음을 전폐하면서 슬퍼하던 어느 날이었다. 밤새 할머니를 생각하며 울다가 문득 창문으로 하늘을 쳐다봤다. 새벽에 하늘이 서서히 밝아오는 것을 보면서 저자는 문득 깨달았다. '밤이 지나면 아침이 온다. 사람이 태어나면 죽는다. 이것이 엄연한 자연의 이치다. 내가 아무리 슬퍼해도 어쩔 수 없는 것이다' 동양의 고전인 주역(周易)의 가르침은 낮이 가면 밤이 오고, 겨울이 가면 봄이 오는 것처럼, 이 세상은 항상 변한다는 것이다. 인간은 이 변화에 순응하면서 때에 맞게 행동해야 한다. 이것이 시중(時中)의 가르침이다.

밝아오는 새벽하늘을 보며 크게 깨달은 저자는 용기를 내, 다시 삶을 살아가기 시작했다. 그래서 대학교수도 되었고, 학생들도 가르치게 되었고, 이 책도 쓰게 되었다. 여러분도 저자처럼 수 없이 많은 삶의 어려움과 좌절에 굴복하지 말고, 여러분의 소중한 삶을 당당하게 살아가기를 진심으로 바란다. 우리 중에서 어느 누구도 이 세상에 태어나고 싶어서 태어난 사람은 없을 것이다. 그렇지만 이 세상에 태어난 만큼 주어진 시간동안 열심히 살아야 하지 않겠는가? 이 세상에서 가장 소중한 자신의 생명을 스스로 끊는 것은 전혀 윤리적이지 않다. 저자는 여러분이 여러분의 소중한 인생을 당당하고, 성실하게 살아가기를 바란다. 그래서 여러분이 이 세상을 조금 더 나은 곳으로 만드는데 기여하기를 진심으로 바란다.

일본의 전국시대를 통일한 도쿠가와 이에야스는 "인생은 무거운 짐을 지고, 먼 길을 떠나는 것과 같다. 절대로 서두르지 말라."고 말했다. 여러분의 인생은 100m 달리기가 아니라, 장거리 마라톤이다. 서두르지 말고, 꾸준하게 나아가기를 바란다. 2018년 2월 중순쯤, 저자가 근무하는 대학교의 컴퓨터학부 교수님께서 어느 날 저자에게 깊은 깨달음을 주는 한마디 말씀을 하셨다. "작은 배는 파도가 어느 방향으로 치는지 신경 써야 하지만, 항공모함과 같은 큰 배는 그럴 필요가 없어요. 물결이 어느 방향으로 치든지 상관없이, 그저 원래 의도했던 목표를 향해 나아가지요." 저자는 이 말씀을 듣고, 깊은 감명과 깨달음을 얻었다. 여러분이 앞으로 세상을 살아가면서, 많은 시련과 좌절을 겪을 것이고, 여러분이 애초에 의도한 바와는 다르게 사람들로부터 많은 비난과 비판을 받을 것이다. 그러나 이것을 반드시 명심하라. 여러분의 마음과 의지가 바르다면, 여러분의 목표가 옳다면, 그리고 여러분이 그 목표를 이루기 위해 최선을 다한다면, 그것으로 이미 여러분의 인생은 훌륭한 것이다. 세상의 평가는 중요하지 않다. 오히려, 세상으로부터 좋은 평가를 받기 위해서 여러분의 순수성과 진실성을 수정하거나, 포기하는 것이 옳지 않은 것이다. 여러분은 어떤 사람이 되기를 원하고, 어떻게 여러분의 인생을 살아가기를 원하는가?

여러분은 모두 마음속에 각자의 윤리적 나침반을 하나씩 가지고 있다. 그 나침반은 보통의 나침반처럼 북쪽을 가리키는 것이 아니라, 윤리적인 방향을 가리키는 것이다. 어떤 사람의 나침반은 고장이 나있고, 어떤 사람의 나침반은 부정확하고, 어떤 사람의 나침반은 정반대를 가리킬 것이다. 이제 여러분이 할 일은 각자의 나침반이 정확하게 윤리적인 방향을 가리키도록 작동하게 갈고 다듬는 일이다. 우리 모두가 성인과 군자가 될 수는 없지만, 적어도 성인과 군자가 옳은 말씀을 할 때, 그 말씀이 옳은 줄은 알아야 하지 않겠는가?

연습문제

01   기업과 윤리가 어떤 관련이 있는지 설명하시오.

02   가치란 무엇인가? 윤리와 가치의 차이점은 무엇인가?

03   윤리와 관습의 차이점은 무엇인가?

04   기술적 기업윤리와 규범적 기업윤리는 어떻게 다른가?

05   도덕, 미덕, 그리고 사회윤리의 차이점을 설명하시오.

06   기업의 소유주와 경영자를 비롯하여 기업의 의사결정에 이해관계를 가지고
     있는 사람들은 누구인가?

07   여러분의 인생목표는 무엇인가?

08   여러분은 어떤 사람이 되고 싶은가?

09   여러분이 존경하는 사람은 누구인가? 왜 그 사람을 존경하는가?

10   여러분이 기업윤리를 수강하기로 결심한 이유는 무엇인가?

11   기업윤리의 확립을 위해서 왜 정치윤리가 먼저 확립되어야 하는가?

📖 사례 1-1. 위기의 폭스바겐

출처: 헤럴드경제, 2015. 9. 26

독일의 자동차 제국 폭스바겐이 창립 77년 만에 최악의 위기 맞았다

　올 상반기 도요타를 제치고 자동차 판매 1위를 탈환하며 승승장구했던 폭스바겐은 디젤엔진 배기가스 조작 파문으로 존립 자체까지 위협받고 있다. 사건 발생 3일 만에 주가가 33% 빠지며 시가총액이 260억 유로(34조 3,640억 원) 증발했다. 이는 역대 최고 실적을 기록했던 지난해 영업이익 127억 유로(16조 7,500억 원)의 두 배를 넘어선 것이다.

독일 볼프스부르그에 위치한 폭스바겐그룹 사옥
(헤럴드경제 자료사진)

　독일 국민 역시 공분을 감추지 못하고 있다. 폭스바겐은 독일인들이 가장 사랑하는 기업이었던 만큼 배신감은 컸다. 폭스바겐은 최근 영국 리서치회사 '유고브'가 독일인 1,081명을 대상으로 한 '독일 대표 상징물' 설문조사에서 1위에 오르기도 했다. 대문호 괴테(2위)와 앙겔라 메르켈 총리(3위)를 제치고 63%의 압도적인 지지를 받았다. 독일 국민이 폭스바겐을 국가의 대표 상징물로 꼽은 이유로는 "부자의 전유물이던

자동차를 일반인에까지 널리 보급한 것"이 높이 평가됐다. 폭스바겐 관계자는 "당초 모든 독일인들이 탈 수 있는 차를 개발하며 출발한 브랜드이므로 독일인들에게는 존재 자체가 자부심"이라고 설명했다.

그랬던 폭스바겐이 단순 결함이 아닌 배기가스 사기극으로 독일인의 자존심까지 산산조각 냈다. 제조업 강국이라는 국가 위상에도 치명상을 입혔다. 메르켈 총리는 "완전한 투명성을 보여주는 것이 중요하다."며 폭스바겐에 철저한 정보공개를 요구했다.

車브랜드만 '한 다스' = 독일의 '국민차(Volks 국민 · Wagen 차)'

폭스바겐의 기원은 2차 대전 이전으로 거슬러 올라간다. 폭스바겐은 아돌프 히틀러가 이끌던 나치정권의 자동차 대중화 정책에 따라 1938년 설립됐다. 당시 딱정벌레차로 유명한 '비틀'이 최초의 국민차 역할을 했다. 폭스바겐그룹은 1990년대 공격적인 인수합병을 통해 몸집을 불렸다.

폭스바겐그룹 12개 브랜드
(헤럴드경제 자료사진)

현재 폭스바겐그룹이 보유한 브랜드는 12개다. ● 최고급 고성능차 브랜드인 람보르기니, 부가티, 벤틀리 ● 프리미엄 브랜드 포르쉐, 아우디 ● 대중 브랜드 폭스바겐 ● 저가 브랜드 세아트, 스코다 ● 상용차 브랜드 폭스바겐상용차, 만, 스카니아 ● 모토사이클 브랜드 두카티가 그것이다.

이같은 '폭스바겐 제국'을 완성한 인물은 20년 넘게 폭스바겐 황제로 군림해온 페르디난트 피에히(78세) 전(前) 회장이다. 피에히는 창립자 페르디난트 포

폭스바겐그룹 전(前) 회장 페르디난트 피에히(왼쪽),
포르쉐SE 회장 볼프강 포르쉐(오른쪽)
(헤럴드경제 자료사진)

르쉐의 외손자다. 그러나 그는 지난 4월 사촌지간인 볼프강 포르쉐와의 권력다툼에서 밀리면서 경영일선에서 물러났다. 미 경제전문방송 CNBC는 "피에히가 지난 수년간 폭스바겐의 대부분의 성공을 이끈 '건축가'였다."고 평가했다.

포르쉐 VS 피에히 집안싸움

폭스바겐은 포르쉐와 피에히 두 가문이 이끌고 있다. 히틀러의 요구로 '비틀'을 제작한 오스트리아 출신 자동차공학박사 페르디난트 포르쉐의 후손들이다. 두 가문은 공동투자로 '포르쉐SE'라는 지주회사를 설립하고 폭스바겐그룹 의결권 50.73%를 쥐고 있다.

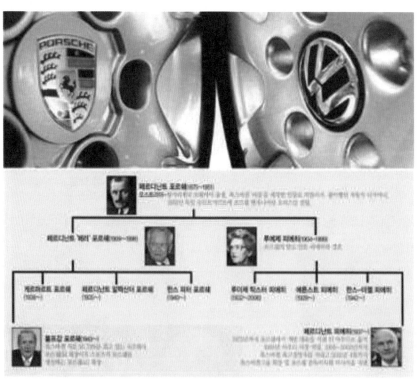

폭스바겐그룹 일가 가계도
(헤럴드경제 자료사진)

폭스바겐 가문이 두개로 나뉜 연유는 이렇다. 1세대 포르쉐는 슬하에 남매 페리 포르쉐와 루이제 포르쉐를 뒀다. 딸 루이제는 폭스바겐 공장을 운영하던 안톤 피에히와 결혼해 포르쉐의 경영에도 지속적으로 참여해 왔다. 한편 아들 페리는 아버지의 뒤를 이어 포르쉐의 경영에 집중해 포르쉐를 세계적인 스포츠카 제조기업으로 성장시키는 데에 공헌했다. 이들 포르쉐 남매도 경쟁적인 관계였지만, 포르쉐와 피에히 집안의 권력다툼은 3세대에서 분수령을 맞았다. 루이제의 아들 페르디난트 피에히(폭스바겐그룹 전 회장)와 페리의 아들 볼프강 포르쉐(포르쉐AG 회장이자 포르쉐SE 감독이사회 회장)는 지난 4월 마르틴 빈터콘 최고경영자(CEO) 재신임 여부를 놓고 내분을 겪었다. 결과는 피에히의 참패로 끝났다. 사촌인 볼프강 포르쉐는 폭스바겐그룹의 지분을 보유한 니더작센주(州) 등 주요 주주들과 손잡고 빈터콘을 지지하면서 피에히를 고립시켰다. 그 결과 피에히는 2017년 4월까지인 임기를 채우지 못하고 회사의 모든 보직에서 물러났다. 아내인 우르술라 피에히도 이사직을 잃었다.

폭스바겐그룹 주주구성과 브랜드별 실적
(헤럴드경제 자료사진)

두 가문의 자산은?

　　포르쉐와 피에히 가문의 자산은 448억 유로(59조 7,330억 원 · 2014년 7월 현재)로 알려졌다. 흥미로운 사실은 현재의 폭스바겐그룹을 일군 페르디난트 피에히가 오스트리아 국적이라는 것이다. 반면 볼프강 포르쉐는 독일 국적이다. 피에히는 1937년 오스트리아 비엔나 출생으로 취리히 공대를 졸업했다. 1963년 포르쉐에서 포퓰러1 엔진을 연구하고 1972년 아우디로 이직해 1988년 아우디 사장에 취임했다. 피에히는 세번 이혼하고 4명의 부인 슬하에 12명의 자식을 뒀다. 부인조차 "한 시간 후 무엇을 할 지 모르는 사람"이라고 할 정도로 예측 불가능한 인물로 유명하다. CNBC 방송은 "피에히가 비록 감독이사회 일원은 아니지만, 폭스바겐 성공을 이끈 인물로서 여전히 포르쉐 SE의 많은 지분을 보유하고 있다."며 "그의 존재감은 수요일(23일) 열린 이사회에서 감지될 것"이라고 전했다. 실제로 피에히와 갈등 관계에 있었던 마르틴 빈터콘 폭스바겐그룹 회장은 이날 배기가스 조작 사건의 책임을 지고 회장직에서 사임했다.

배기가스 조작 파문 책임을 지고 사임한 마르틴 빈터콘 폭스바겐그룹 회장
(헤럴드경제 자료사진)

📖 사례 1-2. 벤츠, 혼다, 마쓰다, 미쓰비시 디젤차도 배출가스기준 초과

출처: 연합뉴스, 2015. 10. 10

가디언, "도로주행 시험 결과 최고 허용치 20배도 배출"

메르세데스-벤츠, 혼다, 마쓰다, 미쓰비시가 생산한 디젤 자동차도 독일 자동차업체 폴크스바겐(폭스바겐)처럼 도로 주행시 기준치를 초과하는 유해 배출가스를 내뿜는다는 실험 결과가 나왔다.

9일(현지시간) 영국 일간 가디언은 자동차 배출가스 검사 업체 '이미션스 애널리틱스'(EA)의 최근 실험 결과 이들 회사의 디젤차가 실제 도로 주행에서는 유럽연합(EU) 허용 기준치의 최고 20배에 달하는 질소산화물(NOx)을 방출하는 것으로 나타났다고 보도했다.

메르세데스-벤츠와 혼다
(연합뉴스 자료사진)

보도에 따르면 이 회사는 실험실에서 이뤄지는 현행 EU 배출가스 검사(NEDC)를 통과한 디젤 차량 200대를 대상으로 도로 주행시 배출가스량이 기준과 부합하는지 조사했다. 조사 대상 디젤차 가운데 150대는 기존 배출가스 기준 EU5를 충족시켰고 50대는 최근 강화된 기준인 EU6를 통과했으나 실제 도로에서는 불과 5대만이 이 기준치를 충족시킨 것으로 나타났다. 나머지 대부분의 실험 대상 차량은 허용 기준치를 초과했다.

혼다의 일부 모델은 NOx 배출량이 기준치의 6배였고 제조사가 명시되지 않은,

일부 사륜구동 모델은 기준치의 20배에 달하는 NOx를 내뿜었다. 구체적으로는 메르세데스-벤츠 디젤차량의 평균 NOx 배출량이 1km당 0.406g로 EU5 기준치의 2.2배, EU6 기준치의 5배였다. 혼다 차량 역시 평균 1km당 0.484g을 방출해 공식 기준치의 2.6~6배인 것으로 나타났다. 이밖에 마쓰다는 평균 1km당 0.298g, 미쓰비시는 1km당 0.274g으로 질소산화물 배출량이 유럽연합 기준치의 1.5~3.6배를 기록했다. 다만, 조사 대상 차량의 엔진에 폭스바겐 차량과 같이 불법적인 '속임수 장치'가 장착됐다는 증거는 없었다고 가디언은 전했다.

전 세계적 비난을 받고 있는 폭스바겐
(연합뉴스 자료사진)

이미션스 애널리틱스의 닉 몰든 대표는 "이 문제(배출가스 기준 초과)는 업계 전체에 걸쳐진 것"이라고 말했다. 이에 대해 메르세데스-벤츠는 "실제 도로주행 시 조건은 일반적으로 실험실과 다르므로 배출가스 수치는 기준과 다를 수 있다."고 밝혔고 혼다 측은 "혼다의 차량은 유럽 법제를 준수하고 있다."고 해명했다. 마쓰다도 자사 차량이 관련법을 따르고 있다고 강조했고 미쓰비시는 실험실에서 이뤄지는 현행 NEDC 검사가 실제 도로 주행 상황을 반영하지는 않는다는 입장을 밝혔다. 한편, 가디언은 독일 교통부를 인용, 유럽에서 판매된 폭스바겐 디젤 차량 가운데 거의 절반이 배출가스 조작장치를 장착한 것으로 파악된다고 전했다. 독일 교통부는 이 가운데 1.6ℓ 엔진을 탑재한 360만 대는 소프트웨어 조작보다 훨씬 큰 리콜 비용을 감당해야 하는 하드웨어 측면의 수리가 필요하다고 전했다.

📖 사례 1-3. 저커버그가 선언한 기부액은 거의 전 재산

출처: 연합뉴스, 2015. 12. 2

저커버그 부부
"모든 부모들처럼 우리는 네가 지금보다 더 나은 세상에서 자라기를 바란다."

마크 저커버그(31세) 페이스북 최고경영자(CEO)가 1일(현지시간) 선언한 기부액은 그의 전 재산에 육박하는 것으로 나타났다. 저커버그와 소아과 전문의 프리실라 챈(30세) 부부는 이날 딸 맥스(Max)를 낳았다고 발표하며 '챈 저커버그 이니셔티브' 재단을 설립해 보유한 페이스북 지분의 99%를 기부하겠다고 밝혔다. '살아 있을 때' 기부하기로 한 것이라 기부 시점의 액수는 알 수 없으나 이는 현 시가로 따졌을 때 450억 달러(약 52조 2천 720억 원)다.

마크 저커버그 페이스북 CEO와 소아과 전문의 프리실라 챈 부부가 딸 맥스를 안고 있다
(연합뉴스 자료사진)

이들은 페이스북 게시물을 통해 출산 소식을 알리고 딸에게 보내는 공개편지를 썼다. 저커버그 부부는 "모든 부모들처럼 우리는 네가 지금보다 더 나은 세상에서 자라기를 바란다."(Like all parents, we want you to grow up in a world better than ours today)며 보유 중인 페이스북 지분 중 99%를 살아 있을 때 챈 저커버그 이니셔티브에 기부할 예정이라고 밝혔다. 이는 현 시가로 따져서 450억 달러(약 52조 원)다. 저커버그는 세계 7위의 부호다.

이는 경제전문지 포브스와 블룸버그가 1일 현재 468억 달러(약 54조 3천 628억 원)로 추정한 저커버그의 개인 전 재산의 약 96.15%를 차지하고 있다. 세계 10위 이내 부호인 저커버그의 전 재산 액수는 방대한 규모만큼이나 주가 등 시황에 따른 변동이 큰 편이어서 정확한 추산이 쉽지 않다. 억만장자들의 일일 재산 변동 추이를 보여주는 '블룸버그 빌리어네어'가 저커버그의 재산이 전날과 비교해 하루 만에 13억 달러(약 1조 5천 100억 원) 늘어났다고 전할 정도다. 저커버그의 자산 구성은 주식을 제외하면 알려진 것이 많지 않다. 그는 2011년 미국 캘리포니아 주 팰로앨토의 고급 주택가인 크레슨트파크 지역에 있는 자택을 700만 달러(약 81억 원)에 구입했다. 2013년엔 당시 소아과 레지던트이던 아내의 출퇴근을 위해 1천만 달러(약 116억 원)를 주고 샌프란시스코 시내 돌로리스 하이츠 지역의 집을 샀다. 사생활 보호를 위한 투자도 있었다. 부동산 개발업체가 팰로앨토에 있는 저커버그의 이웃집 중 한 채를 사서는 '저커버그의 이웃집'이라는 마케팅을 하려 하자 저커버그는 3천만 달러(약 349억 원)를 들여 이웃집 4채를 사들였다.

2012년 마크 저커버그와 프리실라 챈 부부의 모습
(연합뉴스 자료사진)

이외에는 3만 달러(약 3천 489만 원)로 평가되는 어큐라 TSX 중형 승용차 정도가 그의 자산으로 꼽힌다. 저커버그는 만 26세이던 2011년 재산 중 절반 이상을 자선사업에 쓰겠다는 기부 공약을 했다. 저커버그와 챈 부부는 에볼라 퇴치 사업, 저소득층 거주 지역 교육 지원, 공공병원 확충 등 공익사업에 지금까지 16억 달러(약 1조 8천 500억 원)를 기부했다.

📖 사례 1-4. '누구나 대출' 믿었다 큰 코…
불법 사금융 조심하세요 출처: 머니투데이, 2016. 1. 11

금감원, 고금리 피해 감시망 강화…
"상식 벗어난 광고, 불법가능성 높아 주의해야"

　　이미연 씨(가명)는 갑작스러운 어머니의 병환으로 수술비가 필요해 미등록 대부업자로부터 200만 원을 대출받았다. 선수수료 20%를 공제하고 약 160만 원을 받아 최근까지 매달 40만 원씩 이자로 내왔다. 이 씨는 이자를 한 달 연체한 후 매일 30~40회의 전화와 함께 채무 독촉에 시달렸으며, 초과 납부한 원리금만 600만 원에 달한다. 금융감독원은 불법 사금융에 따른 서민들의 피해를 차단하기 위해 '민생침해 5대 금융악 시민감시단' 및 전국 소비자단체 등과 연대해 고금리 피해에 대한 감시망을 강화할 예정이라고 11일 밝혔다.

　　최근 대부업법 개정안이 국회를 통화하지 못하면서 법정 최고금리 한도 규제가 실효됐다. 금감원은 이 틈을 타 일부 대부업자가 종전 최고금리(34.9%)를 초과하는 고금리를 받을 우려가 커지고 있다고 분석했다. 특히 미등록 대부업자들의 불법금융 행위가 기승을 부릴 우려가 높아짐에 따라 서민들의 금전적 피해 증가가 우려된다.

　　금감원은 고금리의 이자를 요구하는 미등록 대부업자에 대한 적극적인 신고를 유도하고, 불법금융행위에 대해서는 수사기관에 즉시 통보키로 했다. 또 미등록 대부업자가 불법대부광고에 사용한 전화번호는 다시 사용할 수 없도록 신속하게 이용중지 조치를 할 예정이다. 아울러 은행 및 서민금융회사들의 서민대출 취급 확대를 통해 대부이용자의 자금수요를 흡수할 수 있도록 유도하고, 새희망홀씨, 햇살론 등 서민금융상품 및 공적중개기관(한국이지론)을 활성화할 방침이다. 이밖에 대부이용자들의 자금조달에 어려움이 나타나지 않도록 대부업계 영업동향에 대한 모니터링을 강화할 계획이다.

　　금감원 관계자는 "대부업자를 이용하기 전에 반드시 제도권 금융회사로 대출을 받을 수 있는지 여부를 우선 알아볼 필요가 있다."며 "'누구나 대출', '신용불량자 가능' 등 상식수준을 벗어난 광고를 하고 있는 대부업자는 불법행위를 자행할 가능성이 높은 미등록 업자이므로 이들에 대한 이용을 자제해 달라."고 당부했다.

한편 미등록 대부업자의 불법 대부행위의 피해를 당했을 경우에는 가까운 경찰서(112)나 금감원 불법사금융 피해신고센터(1332, http://s1332.fss.or.kr)에 신고하면 된다. 또 대출계약서, 이자지급 내역서 등을 첨부해 대부금융협회(02-3487-5800, http://www.clfa.or.kr)의 채무조정 제도를 이용할 수도 있다.

가연율리

📖 사례 1-5. 40만 원짜리 아웃도어 80만 원 택붙여 50% 할인하는 아울렛 출처: 머니투데이, 2016. 4. 1

백화점보다 비싼 경우도 있어… 제품 생산연도·이월상품 품목 확인해야

신세계 여주 프리미엄 아울렛 전경
(사진제공 신세계사이먼 머니투데이)

주부 A 씨는 지난달 처음으로 친구들과 함께 프리미엄 아울렛을 찾았다. 유명 브랜드들이 한꺼번에 모여있는 데다 곳곳에서 할인행사를 하고 있었다. 백화점 가격을 고려할 때 아울렛 제품이 훨씬 싸다고 느껴졌다. A 씨는 이날 부모님 선물로 아웃도어 재킷과 신발을, 본인이 입을 원피스를 각각 사왔다. 일주일 후 백화점에 갔던 A 씨는 깜짝 놀랐다. 자신이 산 제품과 똑같은 제품이 백화점에서 가격차이도 없이 그대로 할인행사를 하고 있었던 것이다. A 씨는 뭔가 속은 기분이 들어 불쾌했다.

봄맞이 새옷을 장만하려는 쇼핑객들이 늘고 있다. 최근엔 수도권 외곽에 이월상품들을 저렴하게 구입할 수 있는 프리미엄 아울렛이 생겨나면서 쇼핑객들의 선택권도 넓어졌다. 하지만 아울렛이라고 무조건 싸게 팔 것이란 인식은 금물. 아울렛에서 '바가지'를 쓰지 않으려면 어떻게 해야 할까? 프리미엄 아울렛은 국내·외 유명 브랜드의 이월상품을 큰 폭으로 할인해서 판다. 이 때문에 품질과 디자인이 상대적으로 우수한 제품을 사고 싶어도 가격이 비싸 엄두를 못 냈던 알뜰족에게 인기가 높다.

하지만 일부 상품의 경우 백화점과 아울렛 가격이 크게 차이가 없다는 게 전문

가들의 평가다. 국내 대형 의류업계 관계자는 "아울렛이라고 해서 무조건 싸게 파는 것은 아니다."며 "제품의 생산일자와 브랜드의 지난해 제품 목록 등을 꼼꼼히 살펴보고 구매를 결정해야 한다."고 설명했다.

브랜드 의류 유통 구조

유통 단계	유통 형태	할인율	누적 판매율
1차 유통	백화점	정상가격 판매	30%
	대리점	20~30% 할인	60~70%
	대형마트		
2차 유통 (재고시장)	아울렛	1차 30~50% 할인	75~85%
	홈쇼핑	2차 50~80% 할인	85~95%
	인터넷 쇼핑	3차 80~90% 할인	3~5%
기타 처리	사회단체 기부	-	2~10%
	제3국 수출	-	
	땡처리	-	
	소각	-	

그래픽: 김지영 디자이너

브랜드 의류의 유통 구조
(머니투데이 자료사진)

대표적인 예가 아웃도어 상품이다. 최근 아울렛에 다녀온 김 씨(33세)는 "다른 상품보다 유독 아웃도어 제품가격이 백화점과 큰 차이가 없었다."며 "제품을 싸게 구입할 수 있을 것이란 기대를 했는데 결국 그냥 돌아왔다."고 말했다. 아웃도어 상품 가격이 크게 할인되지 않는 데에는 그만한 속사정이 있다. 아웃도어 의류나 등산화는 비교적 유행을 타지 않는데다 디자인에 큰 차이가 없는 제품들이다. 아울렛 아웃도어 제품을 지나치게 할인할 경우 백화점 상품의 경쟁력이 크게 떨어지게 된다는 것이다.

또 다른 의류업계 관계자는 "국내 프리미엄 아울렛이 신세계, 롯데, 현대 등 대형 백화점 유통망 회사와 동일하기 때문에 백화점에서 파는 제품과 아울렛에서 파는 상품과의 가격차이가 많이 날 경우 불리할 수 있다."며 "아울렛 제품 중 아웃도어 상품들이 크게 차이 나지 않는 이유"라고 설명했다.

아울렛용으로 나오는 기획상품의 가격과 품질도 꼼꼼히 따져봐야 한다. 이 관계자는 "의류업체에서 대부분 아울렛 용 기획상품을 따로 만드는 경우가 있다."며 "40만 원짜리 제품을 80만 원으로 부풀린 후 50% 할인해 준다며 판매하기도 한다."고 귀띔했다. 기획상품의 경우 제품 품질이나 디자인을 꼼꼼히 살피고 '가성비(가격 대비 성능)'를 잘 따져야 한다. 피해를 줄이기 위해선 제품 태그에 붙어 있는 생산시기를 잘 살펴봐야 한다는 의견이다.

녹색소비자연대 관계자는 "최근에 생산된 제품이 아울렛으로 들어와 할인되는 경우는 대부분 기획상품일 공산이 크다."며 "제품 정보를 스스로 확인하지 못할 경우 해당 의류점 직원에게 직접 확인해봐야 한다."고 말했다.

📖 사례 1-6. 김영란법 국무회의 의결··· 28일부터 '3·5·10만 원' 적용

출처: 연합뉴스, 2016. 9. 6

정부, '김영란법'(부정청탁 및 금품 등 수수금지법)·시행령 최종 의결

　정부가 오는 28일 '부정청탁 및 금품 등 수수금지법'(김영란법) 시행을 22일 앞두고 시행령을 최종 의결했다. 이로써 국민권익위원회가 지난 2012년 8월 처음 김영란법을 발표한 지 4년 1개월만에 법적절차가 사실상 마무리됐다. 또 권익위가 지난 5월 13일 시행령안을 입법예고한 이후 4개월만이다. 정부는 6일 황교안 국무총리 주재로 국무회의를 열어 '부정청탁 및 금품 등 수수금지법'(김영란법) 시행령을 심의·의결했다.

김영란법 시행령 심의·의결 모습
(연합뉴스 자료사진)

　제정안은 공직자 등이 원활한 직무수행, 사교·의례 또는 부조의 목적 등으로 제공받을 수 있는 가액범위를 음식물은 3만 원, 선물은 5만 원, 경조사비는 10만 원 이하로 정했다. 농림수산식품부, 해양수산부, 중소기업청 등 3개 부처가 관련 업종의 피해를 최소화하기 위해 가액기준을 상향해야 한다고 주장했지만, 원안대로 확정한 것이다.

　또 공무원과 공직유관단체 임직원이 받을 수 있는 시간당 외부강의 등에 대한 사례금 상한액을 장관급 이상은 50만 원, 차관급과 공직유관단체 기관장은 40만 원, 4급 이상 공무원과 공직유관단체 임원은 30만 원, 5급 이하와 공직유관단체 직원은 20만 원으로 정했다.

　단 사례금 총액은 강의 시간과 관계없이 1시간 상한액의 150%를 초과해서는 안 된다. 사립학교 교직원, 학교법인 임직원, 언론사 임직원의 외부강의 등의 사례금 상한액은 시간당 100만 원이다.

김영란법 시행령 심의 · 의결 모습
(연합뉴스 자료사진)

　다만, 국제기구, 외국정부, 외국대학, 외국연구기관, 외국학술단체 등에서 지급하는 외부강의 등에 대한 사례금 상한액은 사례금 지급 기관의 기준을 따르도록 했다. 또 수사기관에서 범죄 혐의가 있다고 판단하고 수사를 개시 · 종료한 때에는 열흘 내에 그 사실을 공직자 등의 소속 기관에 통보하도록 했다.

　이밖에 시행령에는 공직자 등이 부정청탁을 받거나 금품 등을 수수한 경우 신고 방법과 처리절차, 청렴자문위원회의 구성과 운영 방안 등에 대한 내용도 담겼다. 정부는 가액기준 설정에 따른 집행성과 분석과 타당성 검토 등을 오는 2018년 실시할 예정이다.

📖 사례 1-7. 참을 만큼 참았다
본사 甲질에 폭발한 乙

출처: 뉴시스, 2017. 9. 20

시민사회단체의 '갑질피해사례 발표대회'
(뉴시스 자료사진)

가맹 · 대리점주들, '갑질피해사례 발표대회' 폭로 봇물
광고비 떠넘기고 원 · 부재료 특정업체 거래 강요 대표적
본사에 항의하면 대리점 사찰, 블랙리스트 작성까지
공정위에 신고해도 '증거부족 무혐의' 예단에 무력감

인테리어비 · 광고비 떠넘기기, 특정 거래업체 물품구입 강요, 사찰 등 불공정 행위는 물론 이에 항의하는 점주단체의 활동까지 방해하는 본사에 대해 '을(乙)'인 점주들이 참다 못해 본격적인 문제 제기에 나섰다. 20일 전국가맹점주협의회연석회의, 전국을살리기국민운동본부, 참여연대 민생희망본부 등 5개 시민사회단체가 마련한 '가맹 · 대리 분야의 갑질피해사례 발표대회'에서는 본사의 갑질 · 횡포에 고통을 호소하는 가맹 · 대리점주들의 불만이 봇물처럼 터져 나왔다.

광고비, 인테리어비용 떠넘기고… 재료 · 물품 거래선도 '제한'

피자 전문 프랜차이즈업체인 '피자에땅'의 한 가맹점주는 본사에서 광고비 부담을 떠넘기고 물품구입을 강요한 것도 모자라 일종의 사찰을 하고 블랙리스트까지 작성했다고 폭로했다.

김경무 피자에땅가맹점주협회 부회장은 "본사는 가맹점주들에게 일방적으로 광고비를 부과하면서 점주들에게 거래상지위를 이용해 계약서에 광고비 조항을 두어 일방적으로 광고비를 징수했다."며 "시중에서 구입이 가능한 원·부재료도 고가로 (본사에서) 지정한 업자에게만 구입하도록 강제하고 있다."고 주장했다.

시민사회단체의 '갑질피해사례 발표대회'
(뉴시스 자료사진)

피자에땅 본사 측은 2013년의 경우 광고비와 판촉비를 전혀 부담하지 않았고, 광고비를 징수해도 매년 2개월 정도만 한시적으로 광고해 가맹점주들의 불만이 많다고 김 부회장은 전했다. 신규 가맹점과 가맹점 양수인이 전단지를 구입하지 않는 경우에는 계약을 맺지 않았다.

피자헛은 광고비를 명시적으로 매출액의 5%씩 징수하고 있지만 상생협약과 달리 집행내역을 투명하게 공개하지 않아 가맹점주들의 불만이 커지고 있다. 매장 리뉴얼 공사는 가맹사업법에서도 규정한 지원금을 제대로 지급받지 못하는 실정이다.

문상철 피자헛가맹점주협의회 부회장은 "가맹점주들은 재계약 시점에 본사에서 추진하는 리뉴얼 제안을 거부할 수 없는 것이 현실인데 가맹사업법에서 법으로 지원해야 하는 지원금을 주지 않은 채 가맹점주 스스로 리뉴얼 한다."며 "이에 대한 정확한 조사가 필요하다."고 촉구했다.

교촌치킨 브랜드를 보유한 교촌F&B는 중국 시장 진출목적으로 설립한 교촌찬음관리유한공사(교촌상해공사)의 주식을 인수한 한 가맹점사업주는 "본사와 마스터프랜차이즈 계약을 체결했으나 이후 신메뉴 적용에 본사가 비협조적이어서 매출에 영향을 미쳤다."고 주장했다.

이어 "광고나 판촉활동을 집행한 적이 없음에도 불구하고 한국에서 모델교체 시 광고비 분담으로 4만 달러를 지급하라고 요구한다."며 "중국에서 가맹본부가 광고를 집행한 적이 없는데도 국내광고비 분담을 요구한다."고 불만을 나타냈다.

엄격한 매장점검, 어용단체 결성 독려… 대리점주 '사찰'도

이러한 본사의 행태에 반발한 가맹점주에 대해서는 보복이나 다름없는 제약이 가해졌다. 피자에땅 본사 측은 엄격한 매장점검을 실시하거나 운영메뉴얼(P·E·S·E·R)을 적용해 집단적으로 문제를 제기하는 가맹점주단체 활동을 제약했다. 또 피자에땅 가맹점주협의회 모임을 수 차례 본사 직원들이 감시하며 모임에 참여한 가맹점주들의 사진을 촬영하고 점포명 및 성명 등 개인정보를 수집, 블랙리스트를 작성한 것으로 알려졌다. 블랙리스트에는 가맹점주협의회에서 활동하는 점주들을 협의회에 참여 정도에 따라 '포섭', '폐점', '양도양수 유도'로 분류하는가 하면 '양도양수 유도 → 포섭', '양도양수 → 폐점' 등의 형태로 관리했다고 김 부회장은 전했다. 피자헛은 본사에서 가맹점주단체 결성을 우회적으로 지원해 기존 가맹점주 단체를 견제하도록 했다. 문 부회장은 "피자헛 본사는 어용단체를 내세워 기존의 가맹점주 단체를 무력화 시키려는 시도를 진행 중"이라며 "본사 직영점에서 근무하는 직원들에게 매장을 전부 매각하고 직영점 출신 점주들을 내세워 또 하나의 가맹점주단체를 지난 6월 결성했다."고 전했다.

김상조 공정거래위원회 위원장
(뉴시스 자료사진)

현대모비스 부품대리점을 운영했던 박 씨는 본사에서 거래상대방을 제한해 항의하자 일방적인 계약해지는 물론 사찰까지 당했다.

현대모비스 본사는 대리점주에게 수출업자 또는 제3자를 통한 해외판매 및 수출을 금지하는 규정을 계약서에 명시하고 있다.

박 씨는 "수출금지 규정을 유지하기 위해 현대모비스 사업소 담당자들은 사찰을 감행하고 있다."면서 "계약해지 과정에서 채증 영상을 제시하지 않고 영상이 있다고 구두로 말한 뒤 일방적으로 계약해지 통보하고 있다."고 주장했다. 실제로 2015년 자동차부품대리점이 밀집한 모 지역 일대에서는 대리점 4곳이 수출금지 위반으로 계약해지됐다. 지난해에도 대리점 8곳이 수출금지 위반으로계약이 해지됐다.

점주들, 본사 고발 잇따라… 신고해도 접수하자마자 "무혐의" 예단

프랜차이즈 본사의 갑질이 사회적 논란으로 불거지자 법에 기대어 처벌을 호소하는 점주들도 늘어나는 추세다.

피자에땅 경영진을 고발하는 전국가맹점주협의회
(뉴시스 자료사진)

전국가맹점주협의회연석회의와 참여연대 민생희망본부는 가맹점주 단체선거에 개입한 의혹을 받고 있는 미스터피자 창업주인 MP그룹 정우현 전 회장 등 전·현직 경영진을 지난 11일 서울중앙지검에 고발했다.

20일에는 전국가맹점주협의회·전국을살리기국민운동본부 등에서 가맹점주 사찰 및 블랙리스트 작성 의혹을 제기하며 피자에땅 경영진을 서울중앙지검에 고발했다.

그럼에도 점주들이 본사의 갑질 횡포를 법의 심판대에 세우는 건 현실적으로 쉽지 않다.

박명호 남양유업 무안점 대리점주는 부친에 이어 2대째 유통업을 해 웬만한 업계 사정은 잘 알고 있지만 본사의 '밀어내기' 횡포에 더 이상 못이겨 검찰과 공정위를 찾아가 처벌을 요구했다. 하지만 모두 증거불충분으로 무혐의 결과가 나오자 자료를 보강해 지난해 1월 공정위에 다시 신고했다.

박 씨는 "신고를 하고 한 달 후 공정위로부터 '남양유업은 주문시스템을 변경했고 거래약정서에 반품을 할 수 있게 했기에 밀어내기는 없다. 신고인이 반품을 하지 않은 이유와 증거를 가지고 오라'는 회신문을 받았다."며 "이후 공정위 사무관에게 여러 번 호소하고 증거도 재수집해 보내드렸지만 연락이 없었다."고 억울함을 토로했다.

박 씨는 최근 공정위에 3차 신고를 했지만 반응은 냉담했다. 그는 "최근에 신고 접수받은 사무관에게 증거목록을 보여주며 성실하게 설명했는데 이 사무관은 증거목록을 설명할 때마다 부족하다고 했다."면서 "평생 유통업을 하며 성실하게 영업한 일개 대리점주다. 어떤 증거를 가지고 오란 말씀인지 이해할 수 없다. 공정위는 제 피해 주장을 뒷받침할 어떤 증거를 가지고 와야 조사를 하느냐."고 개탄했다.

📖 사례 1-8. 하루 17시간 춤 · 노래 연습
'마음의 병' 돌볼 시간도 없다 출처: 조선일보, 2017. 12. 20

성공에만 초점 맞춘 아이돌 육성… 중압감 시달리는 연습생들
학교 대신 온종일 연습실 생활

종현 유서엔 '알려져서 힘들어… 난 속에서부터 고장났다'

아이돌 그룹 '샤이니' 멤버 종현(27세)은 2005년 대형 연예 기획사 SM엔터테인먼트에서 연습생 활동을 시작했다. 열여섯 살 때였다. 교내 밴드부 베이시스트였던 종현은 청소년 가요제에 나갔다가 기획사 눈에 띄어 3년간 연습생 생활을 한 후 2008년 데뷔했다. 하지만 18일 그는 스스로 목숨을 끊었다. 종현은 유서에 '난 속에서부터 고장 났다', '부딪혀서, 알려져서 힘들더라, 왜 그걸 택했을까'라고 썼다. 한국 특유의 '주입식', '찍어내기식' 아이돌 배출 시스템에 문제가 있다는 지적이 나온다.

아이돌의 현실

한 대형 기획사에서 연습생 생활을 했다는 A 씨(24세)는 "아이돌 가수나 연습생은 '창살 없는 감옥'에서 사는 것과 마찬가지"라고 했다. A 씨가 공개한 연습생 시간표에는 오전 6시부터 다음 날 오전 1시까지 일정이 빡빡하게 차 있었다. 오전 6시에 숙소에서 기상해 8시부터 9시 30분까지 안무 연습을 한다. 오전 10시부터 두 시간 동안은 연기 수업을 받는다. 오후에는 보컬 수업, 개인 안무 연습, 언어 교육 등이 이어진다. '하루 20시간 뺑뺑이 연습'은 수년간 반복된다. A 씨는 2년 전 연습생 생활을 그만뒀다. A 씨는 "종현도 이렇게 3년을 보내고 데뷔한 것으로 안다. 국내 기획사는 대부분이 비슷한 스케줄로 연습생을 훈련시킨다."고 했다.

아이돌 연습생들은 기획사가 마련한 '행동 규범'도 지켜야 한다. 페이스북 등 소셜 미디어 전면 금지, 연애 금지 등이다. 어기면 벌점을 받고 누적되면 강제 퇴사된다. 한 기획사 관계자는 "국내 기획사는 모두 '아이돌'이라는 상품에 투자하는 회사다.

아이돌이 사고를 치면 광고 계약이 취소되고 위약금을 회사가 떠안아야 되기 때문에 사생활 관리는 필수적"이라고 했다.

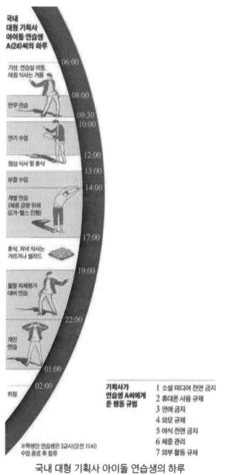

아이돌 가수들은 성공에 대한 강박, 사생활 노출에 대한 두려움, 악성 댓글 등에 시달리며 심한 중압감을 느끼는 경우가 많다. 10대 때부터 기획사로부터 감시와 통제를 당하고, 학교생활을 제대로 하지 않아 사회화 과정을 겪지 못한 경우가 많기 때문이라는 지적이 있다. 스트레스 상황이 오면 스스로 헤쳐나가기 힘든 경우가 많은 것이다.

아이돌 가수가 다수 재학 중인 서울의 한 고교 교감은 "기획사 쪽에서 공문을 보내오면 연습생이 학교를 빠지더라도 공결이나 현장 학습을 한 것으로 처리한다."고 했다. 종현도 연습생 생활 도중 고교를 자퇴하고 검정고시를 봤다.

국내
대형 기획사
아이돌 연습생
A(24)씨의 하루

06:00 기상, 연습실 이동, 여럿 식사는 거름

08:00 안무 연습

09:30
10:00 연기 수업

12:00 점심 식사 및 휴식

13:00 보컬 수업

14:00 개별 연습 (체중 감량 위해 요가·헬스 진행)

17:00 휴식. 저녁 식사는 거르거나 샐러드

19:00

촬영 자체점검 대비 연습

22:00

개인 연습

01:00

02:00 취침

기획사가 연습생 A씨에게 준 행동 규범
1 소셜 미디어 전면 금지
2 휴대폰 사용 규제
3 연애 금지
4 외모 규제
5 야식 전면 금지
6 체중 관리
7 외부 활동 규제

※학생인 연습생은 3교시(오전 11시) 수업 종료 후 합류

국내 대형 기획사 아이돌 연습생의 하루
(조선일보 자료사진)

우려의 시선

외국에도 연예 기획사와 아이돌이 있다. 그러나 미국의 기획사는 '중개자' 역할만 할 뿐 스타의 활동이나 사생활 영역은 관여하지 않는다. 이들은 애초에 재능이 있는 '원석'을 발굴해 데뷔시키는 경우가 많다. 국내 기획사가 오디션을 통해 뽑은 연

습생에게 수년간 노래와 춤을 단기간에 교육해 가요 시장에 내보내는 것과는 다르다.

미 저널리스트 유니 홍은 2014년 저서 '코리안 쿨의 탄생'에서 "한국 연예 기획사는 '스타를 만드는 기계'"라며 "케이팝은 기획사가 음주 운전, 마약, 성추문 스캔들로부터 스타를 보호해야 살아남는 구조"라고 했다. 일본에서 아이돌 가수 준비를 하다 한국으로 건너와 연습생 생활을 했다는 일본인 B 씨(25세)는 "일본도 초등학생 때부터 연습을 하지만 학교가 먼저라고 생각해 수업을 마치고 나머지 시간에 연습하게 한다."고 했다.

우울증을 겪는 한국 가수들이 일탈을 하거나 스스로 목숨을 끊는 일은 과거에도 있었다. 대마초를 피운 '빅뱅' 멤버 탑의 변호인은 재판에서 "탑이 평소 공황장애와 우울증으로 치료를 받아왔다."고 했다. 2011년 'SG워너비' 출신 가수 채동하 씨가 안타깝게 운명을 달리하자 소속사는 "팀 탈퇴 후 솔로 활동에 대한 부담, 성공에 대한 압박 때문에 우울증을 앓은 것으로 추정된다."고 밝혔다.

📖 사례 1-9. 해괴한 명칭, 자동차의 '순정품'을 버려라

출처: 오토헤럴드, 2018. 1. 21

김필수 자동차연구소 소장, 대림대 교수

자동차 브랜드별 순정부품 패키지
(오토헤럴드 자료사진)

자동차 부품은 다양하다. 종류도 많지만 제작 단계에서 사용하는 부품이 있지만 수리용으로 사용되거나 심지어 대체품이나 리사이클링을 거쳐 재활용된 부품 등 구분해야 할 것도 많다.

자동차 부품은 그러나 여러 문제를 안고 있다. 특히 100만 원 짜리 중고차에 200만 원 짜리 부품을 교체하는 등 배보다 배꼽이 큰 경우가 문제다. 신제품과 비교해 품질에 큰 차이가 없는 공식 인증 부품으로 재활용, 비용 절감이 가능하지만 여러 문제로 활성화되지 않고 있다. 선진국에서는 사고 시 망가지기 쉬운 부품의 경우, 메이커가 디자인 등록 등을 완화해 중소기업에서 만든 저렴한 인증 대체품을 공급하도록 돕는다. 미국이나 유럽은 이런 대체품이 자동차 사고 이후 수리에 약 30~40% 정도가 사용된다.

우리나라도 4년 전, 관련 대체부품을 사용하기 위해 관련 법규가 마련됐지만 개점 휴업상태다. 소비자가 사고 차의 수리에 신품만 고집하거나 메이커 및 수입사의 디자인 등록으로 중소기업이 같은 부품을 생산하지 못하도록 막고 있기 때문이다. 대체품을 검증할 수 있는 인증 시험 기준이 부족한 부분도 있다. 소비자의 신뢰를 얻지 못하는 이유다. 보험 처리를 하면 차주 본인의 비용이 들어가지 않는다는 인식도 한몫을 한다. 법적인 미비, 메이커와 소비자 인식의 후진성이 모든 보험가입자의 공동 부담으로 전가되는 악순환이 되풀이되고 있다. 신품을 제외한 모든 자동차 부품이 B품이라는 인식도 바로 잡아야 한다. 여기에는 일명 '순정품'이라는 용어가 자리를 잡고 있다. 굳이 '순정품'을 정의하면 제작 단계에서 양산차에 들어가는 부품을 언급하는 회사의 브랜드명 정도다.

문제는 순정품 자체가 유일하게 순수한 정품의 의미로 홍보되면서 소비자에게 잘못된 정보로 각인되고 혼동을 일으킨다는 것이다. 양산차에 장착되는 부품이 최고의 부품을 의미하는 것도 아니다. 생각을 바꿔보면 누구나 순정품보다 좋은 부품을 만들 수 있다. 따라서 순정품은 최고의 제품이 아니라 완성차 제작 과정에서 경제적인 논리로 탄생한 괜찮은 정도의 부품에 불과하다. 대기업은 물론 기술력을 갖춘 중소기업 제품도 최고가 될 수 있는 이유다.

그런데도 순정품이 각종 매스컴에 걸러지지 않고 사용되고 있고 상대적인 이름인 '비순정품'은 나쁜 부품으로 인식되게 하고 있다. 대체품이 법적 제도적으로 구축돼 있지만 소비자가 외면하는 것도 이 때문이다. 'OEM 부품'이나 '정품' 또는 '규격품' 등 마땅한 용어가 있는데도 순정품을 브랜드명으로 사용하는 것은 문제의 소지가 크다. 약 10년 전 공정거래위원회도 '순정품'의 이름을 사용하지 못하도록 하는 소송을 진행했지만 무슨 이유인지 흐지부지됐다.

자동차 정비소
(오토헤럴드 자료사진)

이런 상황이 최근 더 악화되는 일이 발생했다. 국토교통부가 자동차 튜닝 관련 법을 제정하면서 법적인 이름으로 '순정품'을 공식 사용하는 오류를 저질렀다. 국토부의 한쪽에서는 대체품 사용을 권장하고 다른 한쪽은 '순정품'을 사용하는 웃지 못할 상황이 벌어진 것이다.

　얼마 전에는 지상파 공영방송 뉴스 앵커가 '순정품' 이름을 여과 없이 사용하면서 최고의 부품이라는 뉘앙스를 주는 문제까지 발생했다. 이러다 보니 쓸 수가 있는 자동차 부품에는 '순정품'만 존재한다는 생각마저 들고 있다. 이러한 왜곡 현상은 국내 자동차 부품 산업 발전에 지대한 영향을 주는 것은 물론이고 독일식 히든 챔피언인 강소기업 육성에도 걸림돌이 될 수 있다. 강소기업형 자동차 부품 기업 활성화는 자동차 메이커와 상생 개념으로 발전해야만 가능하다.

　따라서 '순정품'이라는 이름을 공식적으로 사용할 것인지 아니면 글로벌하게 통용되는 부품명으로 다양한 부품 생산 기업을 양성해 소비자의 선택권을 넓힐 것인지 고민해야 할 시기다. 지금의 상황이 계속된다면 순정품은 좋고 비순정품 나쁜 것이라는 이분법적 기준만 남는다.

　'비순정품'은 사용하면 안 되는 불량 부품으로 남게 되고 당연히 소비자도 그렇게 알고 세뇌될 것이다. 이렇게 되면 뛰어난 기술력으로 우수한 부품을 만들고 있는 중소 기업은 도태될 수밖에 없다. 따라서 순정품이라는 이 해괴한 이름을 당장 떼어 버려야 한다.

📖 사례 1-10. 서울에서 평창까지! 자율주행으로 달리다

출처: HMG저널, 2018. 2. 5

차세대 수소전기차와 제네시스 G80
서울에서 평창까지 이어진 고속도로를 자율주행으로 달립니다

시험 운행 중인 자율주행 수소전기차
(HMG저널 자료사진)

자율주행으로 고속도로를 달리는 시대가 다가옵니다.

머지않은 미래에 마주하게 될 자율주행차, 어디까지 왔을까요? 운전자 제어 없이 운행하는 완전 자율주행차가 서울에서 평창으로 가는 고속도로 위에 등장합니다. 현대자동차그룹은 미국자동차공학회(SAE) 기준 4단계 자율주행 기술을 갖춘 차세대 수소전기차 3대와 제네시스 G80 2대를 활용해 서울─평창 간 약 190km 고속도로 구간에서 자율주행을 시연합니다.

평창으로 달리는 차세대 수소전기차와 G80

서울 - 평창 약 190km 구간
자율주행 운행

도착 대관령 TG

출발 만남의 광장

신갈JC

자율주행으로 달릴 코스
(HMG저널 자료사진)

자율주행으로 달릴 코스의 모습입니다

자율주행에 나선 차세대 수소전기차와 제네시스 G80에 적용된 4단계 자율주행 기술은 정해진 조건에서 운전자가 전혀 개입하지 않고, 시스템이 차량의 속도와 방향을 통제하는 수준입니다. 이번 자율주행 시연을 통해 고속도로 요금소, 나들목, 분기점 통과를 비롯해 차선유지 및 자율 차선변경, 교통 흐름과 연동한 자연스러운 전방차량 추월 등 실제 고속도로에서 운전 중 발생할 수 있는 다양한 상황들을 자율주행차 스스로 판단하고 움직이는 모습을 경험할 수 있습니다. 그동안 국내 고속도로 일부 구간에서 제한된 속도로 자율주행이 시연된 적은 있었지만, 수백 km에 달하는 장거리 코스를 구간별 법규가 허용하는 최고 속도(100km/h~110km/h)까지 구현해 내며 자율주행 기술을 선보인 것은 처음입니다. GPS 수신이 어려운 터널 상황에 대비해 정밀지도를 기반으로 차량 외부에 장착된 센서를 활용, 차량 위치를 정밀하게 인식하는 기술을 넣은 것도 주목할만한 점입니다.

시험 운행 중인 자율주행 수소전기차
(HMG저널 자료사진)

　이번 자율주행 시연에는 문재인 대통령이 직접 시승자로 참여하기도 했습니다. 문재인 대통령은 2월 2일 서울 양재동 만남의 광장에서 판교IC까지 약 7km 고속도로 구간을 4단계 자율주행 기술이 탑재된 차세대 수소전기차에 탑승해 이동했습니다.

　현대자동차그룹은 지난 CES 2017에서 자율주행 기능이 탑재된 아이오닉으로 도심 속 야간자율주행을 성공적으로 진행한 바 있습니다. 라스베이거스 컨벤션 센터 주변 도심 4km 구간 내 교차로, 지하도, 횡단보도, 차선 합류 구간 등의 복잡한 도로 환경을 특정한 통제 조건 없이 완벽하게 자율주행으로 달리며 자율주행차의 상용화가 가까웠음을 전 세계에 알렸죠. 그런 의미에서 이번 서울-평창 간 고속도로 장거리 자율주행 시연은 큰 의미가 있습니다. 도심의 짧은 구간뿐 아니라 장거리 구간에서도 자율주행이 가능한 기술력이 갖춰졌음을 증명함으로써 자율주행차 시대가 한층 가까이 왔음을 시사한 겁니다.

새로운 ADAS 기술, BVM 등장

BVM 기능은 차로 변경 시 클러스터에 후측방 사각영역을 영상으로 표시합니다. 이번 서울—평창 간 주행에 사용될 차세대 수소전기차에는 새로운 ADAS 기술의 하나인 BVM(Blind-Spot View Monitor)이 탑재됐습니다. BVM은 차로 변경 시 클러스터에 후측방 사각지대 영상을 표시해 운전자의 판단을 돕는 안전 기능입니다. 차로 변경을 위해 방향 지시등을 켜면 클러스터에 후측방 영상이 표시돼 더 넓은 시야를 확보할 수 있습니다.

BVM(Blind-Spot View Monitor) 기능
(HMG저널 자료사진)

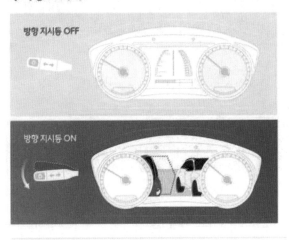

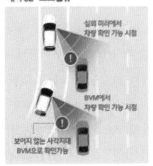

BVM은 충돌사고를 미연에 방지할 수 있습니다. BVM이 적용되면 운전자는 차로 변경 시 아웃사이드미러 주시로 인해 발생하는 전방 추돌 위험을 미연에 방지할 수 있습니다. 클러스터 영역에 후측방 모습이 표시돼 사각지대를 직접 눈으로 확인할 수 있기 때문입니다. 보이는 영역이 넓어져 더 이른 시점에 후측방에서 오는 차량을 확인할 수 있다는 것도 큰 장점입니다.

속도 내는 현대자동차그룹의 자율주행 기술 개발

시험 운행 중인 자율주행차
(HMG저널 자료사진)

완전 자율주행의 시대가 머지 않았습니다. 현대자동차그룹은 자율주행차 상용화를 위한 기술개발에 박차를 가하고 있습니다. 라스베이거스 야간 주행, 서울—평창 간 장거리 주행을 통해 4단계 자율주행 기술을 점검하고, 보다 완벽한 자율주행차의 개발을 도모하고 있는 겁니다. 올해 개최된 CES 2018에서는 미국의 자율주행 전문 기업 오로라(Aurora)와 협력체계도 구축했습니다. 양사는 지속적인 기술 교류를 통해 2021년까지 스마트시티에서 레벨4 수준의 도심형 자율주행 시스템 상용화를 위한 연구개발에 매진하고 있습니다. 계획대로 된다면, 우리는 조만간 완전 자율주행차의 등장을 직접 목격할 수 있을 겁니다. 모빌리티의 세대교체가 멀지 않았습니다.

제 2 장

기업윤리의 이론적 배경

학습목표

이 장을 읽은 후 여러분은
- 다양한 윤리이론의 기본개념을 이해할 수 있다.
- 윤리적 상대주의가 가진 문제점을 이해할 수 있다.
- 공리주의와 관련된 다양한 주장을 설명할 수 있다.
- 공리주의가 현대의 시장경제와 기업경영을 어떻게 뒷받침하는지 설명할 수 있다.
- 공리주의가 가지는 몇 가지 주요 한계점을 설명할 수 있다.
- 권리와 의무를 바탕으로 한 의무론에 대해 설명할 수 있다.
- 미덕윤리에 대해 설명할 수 있다.

2.1 서론

　　기업의 경영자에게 지급되는 높은 임금, 상여금, 스톡옵션 등 지나치게 많은 보상은 경영활동의 공정성, 정의, 미덕, 그리고 의무와 권리에 대한 근본적 문제를 제기한다. 윤리적으로 책임 있는 의사결정을 위해서는 경영자가 경제학과 경영학뿐만 아니라 윤리학의 개념을 잘 이해할 필요가 있다. 우리는 본장에서 몇 가지 윤리이론이 기업경영과 어떻게 관련되어 있으며 왜 중요한지 살펴볼 것이다.

　　우리는 제1장에서 '우리는 인생을 어떻게 살아야 하는가?'와 같은 질문에 대한 추론과정으로서 윤리를 이해했다. 하지만 이런 질문은 전혀 새로운 것이 아니다. 인류역사에서 중요한 철학적, 문화적, 정치적, 그리고 종교적 분야에서는 이런 질문에 대해 늘 고민해왔다. 따라서 기업의 경영활동과 관련된 윤리문제를 검토하면서 이런 역사적 전통을 생각하지 않는 것은 비합리적이다. 대부분의 학생은 윤리철학이 경영에 직접적으로 도움이 되기에는 너무 추상적이라고 생각한다. 예를 들어, 윤리이론에 대한 한 가지 비판은 윤리이론을 경영에 적용하기에는 윤리이론이 너무나 추상적이라는 것이다. 대부분의 학생은 윤리는 너무나 추상적이고, 경영은 너무나 현실적이라고 생각한다. 즉, 두 가지 분야는 서로 어울리지 않는다는 것이다. 그러나 윤리에 대한 이해를 통해 경영자는 당면한 현실적 문제에 실용적이고, 실질적으로 적용할 수 있는 해결의 실마리를 얻을 수 있다.

　　윤리이론 또는 윤리적 사고체계는 윤리와 관련된 문제에 대한 체계적 해답을 제공한다. 인간은 인생을 어떻게 살아야 하는가? 윤리는 우리가 어떻게 살아야 하는지 제시하고 그 근거를 제시한다. 윤리는 우리가 왜 그렇게 행동해야 하고, 왜 그런 결정을 해야 하는지에 대한 합리적 정당성을 부여한다.

　　미국의 AIG가 부진한 경영성과에도 불구하고, 경영자에게 엄청난 상여금을 지급한 것이 윤리적으로 문제가 되었다. 이런 종류의 문제는 우리나라에서도 특히, 공기업에서 흔하게 발생한다. AIG가 부진한 경영성과에도 불구하고 경영자에게 지급한 엄청난 상여금에 대해 살펴보고, 경영자에게 주어지는 과도한 상여금을 지지하거나 비난하는 이유에 대해 생각해보자. 먼저, 상여금 지급으로 인해 발생할 결과에 대해 살펴보자. 탁월한 경영성과와 미래의 수익성에 미칠 긍정적 영향을 생각하여 경영자에게 상여금을 줄 수 있을 것이다. 또 다른 경우는 부진한 경영성과를 냈지만 경영자에게 상여금을 지급하기로 약속한 이상 약속을 어겨서는 안 되기 때문일 수도 있다. 그러나 상식적으로 판단하면, 경영자는 자신의 잘못으로 인해 초래된 부진한 경영성과를 책임져야 하므로 고액의 상여금이라는 윤리적으로 부당한 이익을 취해서는 안 된다. 우리가 살펴볼 또 다른 측면은 경영자 개인의 성격에 관한 것이다. 부진한 경영성과에도 불구하고 엄청난 상여금을 받는 것은 탐욕스럽고 혐오스러운 행동이다. 청렴한 경영자라면, 사람들의 비난을 개의치 않고 엄청난 상여금을 받는 것을 마땅히 거절해야 옳을 것이다.

본장에서 우리가 살펴볼 일반적으로 널리 알려진 윤리철학의 세 가지 이론은 결과를 중시하는 공리주의, 원칙을 중시하는 의무론, 그리고 개인의 성격적 특징을 중시하는 미덕윤리이다. 이 이론들은 비즈니스에서 발생하는 윤리적 사안을 평가하는데 매우 효과적이고 도움이 된다고 밝혀졌다. 우선, 공리주의는 행동의 전반적 결과에 근거해서 그 행동이 옳은지 여부를 판단한다. 즉, 공리주의는 결과를 중시하는 이론이다. 미래의 탁월한 업무성과를 위해 경영자에게 엄청난 상여금을 제공하는 것이 정당화될 수 있다는 판단은 결과를 중시하는 공리주의적 관점이다. 경영자에게 지급한 엄청난 상여금을 경영자가 주주를 대신해서 기업의 발전과 이익을 추구하기 위해 열심히 일하도록 하는 인센티브의 역할을 강조하는 것이다. 이런 관점에서, 미래에 주식을 특정한 가격으로 사거나 팔 수 있는 권리인 스톡옵션은 경영자의 탁월한 경영으로 인해 향후에 기업이 좋은 성과를 얻을 수 있을 것으로 예상될 때 흔하게 사용되는 방식이다.

다음으로, 윤리적 원칙과 권리를 바탕으로 하는 의무론은 약속, 의무, 책임, 또는 인간의 정당한 권리와 관련된 도덕적 원칙을 바탕으로 행위의 옳고 그름을 결정한다. 경영자에게 지급된 엄청난 액수의 상여금에 대해 그것을 지지하는 사람들은 경영자와 기업 사이에 합의한 협약 또는 계약을 근거로 제시한다. 기업은 협약 또는 계약에 따라 경영자에게 상여금을 지급할 의무와 권리가 있고, 상여금의 지급을 전략적으로도 활용할 수도 있다고 주장한다. 그들은 경영자에게 지급된 막대한 금액의 상여금이 경영자의 노력에 의해 성취한 경영성과에 대한 정당한 대가이고, 탁월한 경영성과를 얻기 위해 위험을 감수하고, 극복한 경영자에게 주어지는 당연한 몫이라고 주장한다. 경영자에게 지급된 막대한 상여금이 계약상의 의무로 정당화될 수 있는 이유는 그것이 원칙에 관한 문제이기 때문이다. 원칙, 약속, 의무, 받을만한 가치가 있는 보상, 그리고 권리는 원칙을 바탕으로 하는 의무론의 핵심이다.

　미덕윤리는 우리로 하여금 개인의 도덕적 특성을 생각하게 하고, 다양한 개인의 성격적 특성이 어떻게 우리의 행복과 의미 있는 삶에 기여하거나 방해하는지에 관해 생각하게 한다. 경영자에게 주어지는 높은 상여금이 탐욕스럽고, 혐오스러운 것이며, 개인의 이해관계에 의해 발생되었다고 지적하는 것은 바로 미덕윤리의 관점이다. 이 판단은 혐오스럽고, 이기적인 행동을 하는 사람은 도덕적으로 충만한 삶을 살 수 없다는 의미를 내포한다.

　우리는 이런 논란에 대해 조금 더 깊이 있게 다룰 것이다. 우리가 지금부터 반드시 알아야할 것은 이런 논란에 사용되는 윤리철학의 개념이다. 경영자에게 지급된 엄청난 상여금을 둘러싼 논란은 근본적으로 윤리철학에 관한 논란이다. 한 사람이 그것을 받을만한 가치가 있는가? 그것은 어떤 결과를 불러올 것인가? 의무와 권리란 무엇인가? 무엇이 공정하고, 무엇이 불공정한가? 무엇이 옳고, 무엇이 그른가? 이기심과 탐욕은 왜 윤리적으로 문제가 되는가?

　본격적으로 윤리이론을 알아보기 전에 윤리적 추론의 타당성에 문제를 제기하는 철학적 관점에 대해 생각해보자. 윤리적 상대주의란 윤리적 판단이 그것을 형성하는 사람이나 문화와 깊은 관련이 있다고 믿는 이론이다. 우리는 이 관점이 현실세계에서 우리의 생각보다 깊이 자리 잡고 있음을 발견한다. 윤리적 상대주의에 대한 분석은 우리로 하여금 우리가 윤리와 관련된 문제에 대해 어떻게 판단하는지를 이해하는데 많은 도움이 될 것이다.

2.2 윤리적 상대주의와 윤리적 추론

　저자는 여러 해 동안 대학교에서 기업윤리를 강의하면서 가끔 당황스러운 상황을 접하게 된다. 학생들은 가끔 자신의 과제물 또는 시험답안에 대한 평가에 의문을 제기한다. 학생들이 생각할 때, 자신의 과제물은 본인의 생각에 최선을 다해서 작성했으므로 흠 잡을 수 없을 정도로 훌륭하고, 시험답안은 완벽하다고 생각하는 것 같았다. 적어도 정답이 존재하지 않는 기업윤리라는 과목에서 왜 자신이 낮은 성적을 받았는지 전혀 이해하지 못하는 것 같았다. 학생들은 자신의 의견이 왜 잘못되었는지에 대해 따지기도 했다. 자신도 다른 사람들과 마찬가지로 자신의 의견을 가질 권리가 있는데 자신의 의견이 왜 낮게 평가되는지에 대해 이해할 수 없다는 태도였다. 물론, 모든 사람이 자신의 의견을 가질 수는 있지만 우리는 모든 의견이 똑같이 훌륭할 수 없다는 사실을 인정해야만 한다. 어떤 의견은 이치에 맞고, 어떤 의견은 틀렸고, 어떤 의견은 타당하고, 어떤 의견은 부당하고, 어떤 의견은 사려가 깊고, 어떤 의견은 사려가 깊지 않다. 우리가 중국음식점에 가면 늘 하게 되는 고민이 있다. 그것은 바로 '짬뽕을 먹을 것인가, 짜장면을 먹을 것인가'이다. 여러분이 짬뽕을 선택하든 짜장면을 선택하든 그것은 옳고 그름의 문제와는 아무런 상관이 없다. 여러분의 취향과 입맛에 따라 선택하면 된다. 그러나 기업의 공금을 개인적인 목적으로 사용하는 것은 개인의 취향과 입맛과는 전혀 상관이 없는 옳고 그름의 문제이다. 이와 같이, 여러분은 단순한 선택과 윤리적 판단을 구분할 필요가 있다.

　윤리문제에 대한 사람들의 판단은 참으로 다양하다. 사람마다 자신이 처한 상황이 다르고, 성장해온 배경이 다르고, 나이, 성별, 경험, 그리고 교육수준 등이 다르기 때문에 윤리문제에 대한 판단이 다양하고, 그 이유 또한 다양하다. 즉, 답의 정확성과 그 답에 대한 이유의 깊이가 다르다. 윤리학은 수학, 과학, 그리고 회계학 등과는 다르다. 쉽게 정답을 판단할 수 없고, 정답을 계산할 수도 없다. 기하학처럼 윤리적 판단의 옳고 그름을 증명할 수 없다. 윤리적 의견을 지지하거나 반박하는 실험을 할 수 없다. 다른 학문과 달리 윤리학은 토론이나 의견제시가 모든 것을 결정하는 것처럼 보인다. 사람들은 각자 다른 윤리적 판단을 가지고 있기 때문에 논란을 종료시킬만한 합리적 방법이 없는 것처럼 보인다. 간혹, 윤리문제는 개인의 기분과 감정에 좌우되는 것처럼 보인다. 한 경영자가 일 년에 수천억 원 이상을 번다는 사실은 많은 사람들의 분노와 질투를 일으킨다. 그러면 이것이 단지 부러움과 질투의 문제인가? 경영자가 지나치게 탐욕스럽다고 할 수 있을까? 여러분이 경영자에게 지급된 엄청난 금액의 상여금에 대해 무언가 잘못되었다고 생각할 합리적인 이유는 무엇인가? 여러분의 주장을 증명하기 위한 좋은 방법이 있는가?

윤리적 상대주의는 윤리적 가치와 판단이 궁극적으로 개인이 속한 문화, 사회, 또는 개인의 특성과 관련이 있다고 주장한다. 이 맥락에서 윤리는 단순히 개인적 의견에 관한 문제이고, 문화적, 사회적, 그리고 종교적 문제이다. 윤리적 상대주의는 우리가 합리적이거나 객관적인 윤리적 판단을 내릴 수 없다고 주장한다. 또한 특정한 문화나 사회의 영향을 떠나서는 옳음과 그름, 도덕과 비도덕이 아무런 의미가 없다고 주장한다.

기업윤리 수업을 수강하고, 낮은 성적을 받은 학생들이 자신의 성적에 불만을 가지는 것은 자신도 모르게 무의식적으로 윤리적 상대주의를 따르고 있다고 볼 수 있다. 윤리적 상대주의를 따르는 학생들은 그들이 답한 윤리적 판단은 그들의 의견이고, 모든 사람은 자신의 의견을 가질 수 있는데, 왜 자신의 답이 낮게 평가되는지 도저히 이해를 하지 못하는 것이다. 물론, 윤리적 상대주의 관점에서는 두 사람이 서로 다른 의견을 가지고 있을 때, 두 의견 중 어느 의견이 옳은 지를 결정할 수 있는 적절한 방법이 없다. 윤리적 상대주의 관점에서는 각 개인이 자신의 의견을 가질 권리를 존중할 뿐, 어느 의견이 다른 의견보다 더 타당하거나 옳다고 결론내릴 수 없기 때문이다.

여러분이 언뜻 보기에 매력적으로 보이는 윤리적 상대주의는 기업윤리를 포함한 윤리학에 심각한 문제를 일으킨다. 왜냐하면 윤리적 상대주의가 진리라면, 우리는 윤리학을 공부할 필요가 없을 것이다. 모든 의견이 동등하게 타당하다면, 우리가 경영자로 하여금 기업의 의사결정과정에서 반드시 윤리적 판단을 하도록 요구할 수 없다. 윤리적 상대주의가 옳다면, 기껏해야 기업윤리는 우리의 윤리적 판단의 근거가 되는 문화적 또는 사회적 가치를 설명하는데 도움을 줄 뿐이고, 경영자의 판단이 옳은지, 그른지에 대한 판단을 할 수 없다. 윤리적 상대주의관점에서 볼 때, 윤리철학은 우리의 가치를 명확하게 하고, 설명하는 가치명확화의 과정에 지나지 않는다.

윤리적 상대주의는 세계의 다국적기업이 윤리문제에 연루될 때 특히 중요하다.

세계적인 스포츠 브랜드인 나이키의 어린이노동스캔들에 대해 생각해보자. 브랜드 운동화와 같은 비싼 소비재를 생산하기 위해 낮은 임금을 주고, 장시간 동안 가혹한 조건에서 일하는 어린이를 고용한 나이키를 비롯한 세계적인 기업들이 사람들로부터 많은 비난을 받았다. 그런 비난에 대해 다국적기업이 흔히 하는 변명은 선진국에서 볼 때는 매우 열악한 근로조건이 현지국가에서는 널리 받아들여진다는 것이다. 그러므로 어린이노동을 비난하는 사람들의 문화규범을 다른 국가에게 강요할 타당한 이유가 없다고 주장한다. 간단하고, 명료하게 말해서 이것이 바로 윤리적 상대주의이다. 여러분은 어떻게 생각하는가? 여러분에게 윤리적 상대주의가 아직도 매력적으로 보이는가?

그러면, 기업윤리에서 중요하게 다루는 성희롱문제에 대해 생각해보자. 성희롱의 한 형태는 고용을 조건으로 성관계를 요구할 때 발생하고, 이것을 대가성성희롱이라고 한다. 한 남성 고용자가 한 여성 지원자에게 그녀가 그와 '성관계를 해야만 고용될 수 있다'라고 말했다고 가정해보자. 윤리적 상대주의를 지지하는 학생들의 생각처럼, 성희롱에 대한 우리의 윤리적 판단이 개인의 단순한 의견의 문제이고, 모든 의견은 동일하고, 논리적으로 타당하다고 가정해보자. 그렇다면, 지원자인 여성은 성희롱이 윤리적으로 옳지 않다고 생각하는 반면, 그 고용자는 성희롱이 옳다고 생각할 수 있는 것이다. 한편, 그 고용자는 고용을 전제로 한 성관계의 요구가 성희롱이 아니라고 생각할 수도 있을 것이다. 여러분은 어떻게 생각하는가? 윤리적 상대주의에 동의하는가? 윤리적 상대주의 관점에서 볼 때, 사람들의 의견은 모두 동등하게 타당하다. 이 관점에서는 성희롱과 같이 타인을 괴롭히는 행위가 비윤리적이라고 주장할 수 있는 근거는 없을 것이다. 이것이 바로 윤리적 상대주의가 가지고 있는 가장 큰 문제점이다.

직장에서 발생하는 성희롱은 주로 여성에게 가해지는 윤리적으로 불공평한 차별 중 하나이다. 직장에서 남성과 여성이 가지고 있는 권력의 불균형이 여성으로 하여금 생계와 성적 자율권 사이에서 갈등하게 만들고, 두 가지 중 어느 하나를 선택해야 하는 받아들이기 어려운 상황에 처하게 만든다. 그 강요된 선택은 완전히 강압적이고, 위협적이다. 윤리적 상대주의를 지지하는 사람들은 남성 경영자가 여직원에게 부당한 위협을 행사하는 것이 정당화될 수 있다고 주장할 것이다. 이런 구체적 사례에 대한 논란을 통해 우리는 단순한 추측에서 이치에 맞는 결론으로 나아갈 수 있다. 물론, 윤리적 상대주의를 지지하는 사람들은 평등, 공정성, 고결성, 자존감, 그리고 강압과 위협으로부터의 자유와 같은 가치가 개인의 의견, 문화적, 그리고 사회적 문제라고 주장한다. 그러나 우리는 모든 사람이 차별과 위협이 없는 직장생활을 해야 하고, 힘 있는 사람이 약한 사람을 괴롭히는 것은 잘못된 것이라고 생각해야만 한다. 안타깝지만, 우리는 직장에서 발생하는 성희롱과 같은 괴롭힘이 윤리적으로 부당하다는 것을 윤리적 상대주의자들에게 납득시킬 방법이 없다. 마찬가지 논리로, 정답이 없는 기업윤리 과목을 수강하면서 자기 나름대로의 답을 제시했는데 자신의 성적이 자신의 예상보다 낮게 나왔다고 불평하는 학생들을 납득시키는 것은 매우 어려운 일이다. 조금 더 솔직하게 말하면, 그것은 하늘의 별을 따오는 것만큼이나 불가능한 일이다.

우리는 지원자와 고용자 사이에 존재하는 힘의 불균형과 같은 특수한 상황에서 발생하는 성희롱과 같은 사례를 논의했다. 우리는 우리의 인생에서 직업이 가지는 중요성과 함께 일자리를 잃었을 때 발생할 수 있는 여러 가지 어려움에 대해서도 주목할 필요가 있다. 우리는 자존감과 성적 자율권이라는 미덕 그 자체에 가치를 둘 수도 있고, 개인적 자율성이 중요하다는 점을 강조할 수도 있다. 우리는 사회적 관점을 취할 수도 있고 직장에서 여성의 사회적 지위와 차별이 원인이 되는 사회적 해악에 대해서 생각할 수도 있다. 그리고 우리는 이 문제에 대한 윤리적 추론을 위해 자세하고, 엄격한 논리적 원칙을 이용할 수도 있다. 우리가 이런 모든 과정을 거친 후에 도달하는 결론은 단순한 추측보다는 더 타당하고, 합리적일 것이다.

이와 같은 윤리적 추론에도 불구하고 윤리적 상대론을 지지하는 사람들은 그들의 주장을 계속 고집할 것이다. 윤리적 상대론을 지지하는 사람들은 성희롱이 윤리적으로 잘못이라는 결론뿐 아니라 모든 사람이 동등한 대우를 받아야 하고, 자존감을 잃어서는 안 된다는 신념과 가치를 거부할 것이다. 윤리적 상대론을 지지하는 사람들을 충분히 납득시킬 만한 논리적 설명은 매우 어렵다.

우리는 윤리문제에 대해 추론할 수 있고, 다른 관점에 맞서 한 관점을 합리적으로 지지하는 것이 가능하다고 생각한다. 우리는 평등, 공정성, 그리고 강압과 위협으로부터의 자유, 자존감, 차별받지 않을 권리, 그리고 정직성과 같은 가치가 단순한 개인의 기분이나 의견의 문제가 아니라고 생각한다. 신중한 논리적 분석과 윤리적 추론을 통해 도출된 결론은 단순한 개인의 주장이나 의견보다는 더 합리적이고, 타당하다. 우리가 평등, 공정성, 그리고 강압으로부터의 자유와 같은 가치를 주장하고 지지하는 것은 단순한 개인의 주장이나 의견보다 더 합리적일 것이다.

흥미로운 사실은 두 가지 또는 그 이상의 가치가 충돌할 때, 윤리적 논란은 더욱 치열해진다. 윤리적 논란이 치열할수록, 더 엄격하고, 세심한 윤리적 추론이 필요하다. 우리는 윤리적 상대주의로부터 많은 것을 배울 수 있고, 윤리적 상대주의의 한계점에 대해 알 수도 있다. 윤리적 상대론을 지지하는 사람들은 항상 다음과 같은 질문을 한다. '이 세상에서 어느 누가 무엇이 옳고, 무엇이 그른지 판단할 수 있는가?' 이것은 우리가 고민하고, 대답할 만한 가치가 충분히 있는 문제이다.

윤리적 상대주의를 지지하는 사람들의 질문에 대한 답을 고민하는 것은 윤리철학의 오랜 과제였다. 우리가 뒤에 배울 몇 가지 윤리이론은 윤리적 상대론을 지지하는 사람들에게 근본적 대답을 제시하려는 철학적 노력의 종합적 산물이다. 본격적으로 윤리이론을 다루기 전에 학생들을 윤리적 상대주의의 함정에 빠뜨리는 몇 가지 점에 대해 살펴보자. 첫 번째 함정은 이미 앞에서 언급한 것처럼 우리가 윤리적 판단의 근거를 논할 때, 그 기준을 너무 높게 잡으면, 윤리적 판단이 확실하고 의심할 여지가 없이 입증되어야하기 때문에 대부분의 윤리이론은 그 기준을 충족시키지 못한다. 수학, 물리학, 공학, 그리고 화학은 그런 기준을 충족시킬지 모르지만, 윤리학을 포함한 여러 분야에서도 엄격하고 지나치게 높은 기준을 통과하는 일은 매우 어렵다. 경영학 분야 중에서 마케팅과 같은 분야는 의심할 여지없이 절대적으로 특정한 결론을 내리지 않는다. 즉, 정답이 없다는 말이다. 다만, 그 답을 선택한 논리적 근거가 매우 중요하다. 따라서 윤리를 단순한 억측에 지나지 않는 것으로 치부하지 말고, 인간의 지식과 관련된 대부분의 분야에서와 같이 결론에 치중하지 않고, 논리적 판단의 과정과 근거를 중시한다는 점에 주목할 필요가 있다.

두 번째 함정은 사람들의 가치는 다양하므로 사람들의 가치가 일치하는 것은 불가능하고, 가치의 다양성이 초래하는 가치의 불일치가 항상 존재한다는 점이다. 이 관점은 종종 문화적 상대주의로 불린다. 문화적 상대주의는 다양한 문화와 사회가 가지고 있는 서로 다른 차이를 동등하게 존중하는 이론이다. 윤리문제에 대해 사람들의 의견이 일치되기는 매우 어렵다. 사람들이 살아온 문화적 특성이 다르기 때문이다. 사람들은 윤리문제에 대해 폭넓은 다양성을 가지고 있다. 놀랍게도, 어떤 문화는 아이들의 노동을 당연하게 간주하기도 한다. 하지만 본질적으로 사람들의 의견이 일치하기 어렵다고 해서 사람들의 모든 의견이 똑같이 옳다고 결론 내릴 수는 없다. 이점을 이해하기 위해서 과학적 문제에 대해 일치하지 않는 사람들의 다양한 의견에 대해 생각해보자. 어떤 사람들은 지구가 평평하고, 탄생한 지 겨우 수천 년이 지났고, 진화론은 거짓말이고, 정기적으로 외계인이 지구를 방문하고, 행성과 별의 방향을 기록하면 미래를 예측할 수 있다고 믿을 것이다. 물론, 사람들이 외계인이 존재한다고 믿는다고 해서 정말로 외계인이 존재한다는 것을 의미하지는 않는다. 윤리 문제에 대한 사람들의 다양한 의견 또한 이와 같을 것이다. 사람들이 서로 다른 의견을 갖는다고 해서 모든 의견이 동등하게 가치 있고, 옳은 것은 아니다.

이 세상에는 분명히 다양한 문화적 신념, 관습, 가치, 그리고 관행이 존재한다. 또한 많은 가치에 대해 사람들의 폭넓은 합의가 존재한다. 아동학대, 고문, 학살, 그리고 노예제도는 윤리학에서 보편적으로 비판하는 관행이다. 우리는 개인과 사회가 이런 잔혹한 행위에 관여하는 경우를 가끔 발견하지만, 이 관행이 정당하다거나 또는 개인적 의견의 문제일 뿐이라고 지지하는 사람을 찾기는 힘들 것이다. 어떤 문화에서는 아동노동을 합법화하지만 그것은 굶주림을 극복하기 위한 불가피한 대책인 경우가 많다. 슬픈 현실에 대한 어쩔 수 없는 선택을 윤리적으로 정당화할 수는 없는 것이다.

세 번째 함정은 존중, 관용, 그리고 공정함과 같은 가치를 윤리적 상대주의와 혼동하는 것이다. 다른 사람의 의견에 대한 존중은 분명히 근본적이며, 윤리적인 가치이다. 누군가를 존중한다는 의미는 그 사람의 의견을 경청하고, 우리 자신과 다른 의견을 포용하거나 용인하는 것을 보여주는 미덕이다. 그러나 다양한 의견과 가치를 포용하거나 용인하는 것은 윤리적 상대주의와는 다르다. 관용, 존중, 그리고 공정함이 단순한 개인적 의견인가? 그렇다면, 편협한 사람은 그 태도를 바꿀 이유가 전혀 없다. 편협함을 규탄하는 것 또한 단순한 의견이기 때문에 편협함을 비판할 이유가 없다. 반면, 관용이 단순한 개인적 의견이 아니라 보편적으로 존중받는 합리적이고, 타당한 가치라면, 우리는 적어도 윤리적 상대론을 지지하는 사람의 편협함을 부끄럽게 만들 수 있는 가치인 관용을 가질 수 있을 것이다.

2.3 공리주의

우리가 살펴볼 첫 번째 윤리철학은 공리주의다. 공리주의는 현대사회에 많은 영향을 미쳤는데 특히, 정치, 경제, 그리고 공공정책에 많은 영향을 미쳤다. 따라서 공리주의는 앞으로도 우리 사회에 많은 영향을 미칠 것으로 예상된다. 공리주의의 역사를 살펴보면, 공리주의적 사고의 뿌리는 토마스 홉스(Thomas Hobbes), 데이비드 흄(David Hume), 그리고 애덤 스미스(Adam Smith)의 업적에서 찾을 수 있는데, 공리주의를 체계화시킨 대표적 인물은 제레미 벤덤(Jeremy Bentham)과 존 스튜어트 밀(John Stuart Mill)이다. 공리주의는 17세기와 18세기에 유럽에서 발생한 민주혁명으로부터 탄생되었다.

공리주의는 행동의 결과를 통해 행동에 대한 윤리적 판단을 결정할 수 있다고 주장한다. 공리주의는 우리 사회 전체의 행복을 극대화해야 한다고 주장하고, 최대다수의 최대행복을 목표로 한다. 따라서 공리주의관점에서는 목표를 이루는데 도움이 되는 행동은 선한 것이고, 도움이 되지 않는 행동은 나쁜 것이다. 전체의 이익과 최대다수를 위한 최대의 이익을 강조하기 때문에 공리주의는 정치적 특권층에게 혜택을 주는 어떤 정책도 반대한다. 따라서 공리주의는 민주주의나 대중을 위한 공공정책을 지지한다. 정부를 비롯한 모든 사회 기관은 군주, 귀족, 또는 몇몇 기득권층의 이익을 도모하기 보다는 다수의 국민 또는 모든 사람의 행복을 추구해야 한다. 마찬가지로, 공리주의 관점에서는 경제도 특권층의 부를 추구하는 것을 목표로 하기 보다는 다수 국민의 삶의 수준을 높이는 것을 목표로 한다.

그러므로 공리주의는 결과를 중시하는 윤리라고 할 수 있다. 결과에 따라 행동의 선과 악이 결정된다. 그러면, 공리주의와 같이 결과를 생각하지 않고, 행동을 판단할 수 있는 방법이 있는가? 우리는 때때로 결과와는 관계없이 원칙에 따라 하거나 하지 말아야 할 것을 결정하기도 한다. 우리는 다음 절에서 이 접근법에 대해 상세히 살펴볼 것이다. 공리주의자는 또한 실용주의자이다. 그들은 어떤 행동이 모든 상황에서 옳다고 믿지 않는다. 선과 악에 대한 판단은 모두 결과에 따라 결정된다. 예를 들어, 공리주의자들은 거짓말이 그 자체로는 옳거나 나쁘다고 판단할 수 없다고 생각한다. 공리주의자들은 진실을 얘기할 때 보다 거짓말을 하는 것이 결과적으로 더 좋은 상황을 얻을 수 있다면, 거짓말을 하는 것이 윤리적으로 옳다고 주장할 것이다.

　앞에서 살펴본 경영자에게 지급된 엄청난 상여금에 대해 다시 생각해보자. 정부는 경영자가 받을 수 있는 상여금의 한도를 법으로 제한해야 하는가? 이 문제에 대한 공리주의적 접근은 법의 제정이 가져올 결과를 생각하는 것이다. 경영자의 상여금을 제한하는 것은 기업으로 하여금 경영자에게 높은 상여금을 지불하지 못하도록 제한할 것이다. 기업의 자원은 한정적이기 때문에 절약된 자원은 직원의 임금을 높이거나 고객을 위해 제품가격을 낮추는데 사용될 수 있다. 그러나 경영자에게 주어지는 상여금이 제한됨으로써 유능하고, 자격을 가진 경영자는 기업을 떠날 것이고, 결과적으로 기업은 경쟁력을 잃게 될 것이다. 기업의 감소된 경쟁력은 결과적으로 직원과 고객을 포함한 기업의 모든 이해관계자에게 막대한 피해를 줄 것이다.

　예상되는 결과를 근거로 의사결정을 할 때, 우리는 어떤 결과가 좋은지, 어떤 결과가 나쁜지에 대한 판단의 근거를 가지고 있어야 한다. 과연, 어떤 방법으로 좋은 결과와 나쁜 결과를 구별할 수 있을까? 우리는 좋거나 나쁜 결과를 결정하기 위해 독자적인 기준을 반드시 가지고 있어야 하지만, 공리주의자들조차도 전체의 이익을 극대화해야 한다고 주장하면서도 이익이 무엇을 의미하는지에 대해서는 각자 다른 해석을 하고 있다. 일반적으로, 공리주의 입장은 행복이 최종선(最終善)이라는 것이다. 공리주의자들은 행복이 그 자체만으로 중요시 될 수 있는 유일한 것이라고 주장한다. 그들은 개인과 공공정책의 윤리적 목표가 전체의 행복을 최대화하는데 있다고 한다. 그러면 행복이란 무엇인가?

　제레미 벤덤은 즐거움 또는 적어도 고통이 없는 상태가 행복이라고 주장했다. 벤덤에 의하면, 행복은 즐겁고, 고통이 없는 상황이다. 불행은 고통이거나 즐거움이 부족한 상태다. 벤덤의 관점에서 즐거움과 고통은 인간의 본성을 지배하는 2가지 기본적 동기인 것이다. 그러면 벤덤의 공리주의이론을 생각해보자. 즐거움 또는 고통이 없는 상태는 물론 인간에게 중요하다. 즐거움 또는 고통이 없는 상태는 본질적으로, 객관적으로, 그리고 명백하게 인간에게 좋은 것이다. 즐거움 또는 고통이 없는 상태가 인간에게 좋은 것이라면, 더 많이 즐거우면 (또는 덜 고통스러우면) 더 좋고, 최대의 기쁨은 (또는 최소한의 고통은) 가장 좋은 것이다. 그러므로 공리주의 관점에서는 기쁨을 최대화 (또는 고통을 최소화) 하는 것이 윤리적 목표가 된다.

　기쁨을 최대화하는 것이 쾌락주의자들 또는 이기주의자들의 주장과 비슷하게 들리겠지만, 공리주의는 쾌락주의 또는 이기주의와는 근본적으로 다르다. 쾌락주의 또는 이기주의는 오직 개인의 행복에 초점이 맞춰져 있다. 그러나 공리주의에서 인간의 행동은 보편적이어야 하고, 선악의 여부는 전체행복의 결과에 따라 결정된다. 존 스튜어트 밀은 벤덤의 공리주의에 대한 보편적 체계에 동의하면서도 행복에 대해서는 벤덤과 다르게 해석했다. 밀은 즐거움에 초점을 둔 벤덤의 행복이 행복과 관련된 질적 차원을 간과했다고 비판했다. 밀이 보는 인간의 행복은 쾌락주의에서 얘기하는 쾌락과는 분명히 다르다. 밀은 인간이 자신을 행복하게 하는 다양한 체험을 즐길 수 있다고 인정했다. 밀은 벤덤이 언급한 즐거운 기분 이상으로 인간은 단순한 기분보다는 더 상위차원의, 질적으로 다른 사회적 즐거움과 지적 즐거움도 경험할 수 있다고 주장했다. 밀은 '만족한 돼지보다는 불만족한 인간이 더 좋고, 만족한 바보보다는 불만족한 소크라테스가 더 좋다'고 말했다.

즐거운 기분보다는 질적으로 더 좋은 상태의 행복이 있다는 주장은 논란의 여지가 있다. 또한 만족한 바보보다는 불만족한 소크라테스가 더 좋다는 것을 우리가 어떻게 증명할 수 있을까? 밀에 의하면, 어떤 유형의 즐거움과 행복이 더 좋은지를 결정하기 위해서 우리는 경험이 풍부한 사람과 의논해야 한다. 경험이 풍부하고, 능숙한 전문가는 최상의 행복을 결정하는데 있어서 가장 좋은 안내자가 될 수 있기 때문이다.

따라서 밀은 모든 사람의 의견이 동등하게 타당하거나 중요하지 않다는 사실을 주장했다. 무엇이 좋은지 판단하는데 어떤 사람은 더 능숙하고, 판단에 필요한 지식을 더 많이 갖추고 있다. 밀의 공리주의는 선이 무엇인가에 대해 모든 의견을 동일하고, 유효하게 처리하는 무비판적 다수결의 원칙을 지지하지는 않는다. 그렇다고 해서 우리가 민주주의를 포기해서는 안 된다. 능숙한 전문가가 될 수 있는 좋은 방법은 경험과 교육이다. 밀에 의하면, 모든 사람이 풍부한 경험을 하고, 충분한 교육을 받은 후에야 비로소 다수결의 원칙을 따르는 민주주의가 의사결정을 위한 최선의 방법이 될 수 있다는 것이다.

그러므로 우리는 존 스튜어트 밀의 주장에서 자유민주주의와 교육의 중요성을 발견할 수 있다. 공리주의가 제시하는 가장 기본적이고, 윤리적인 원칙은 최대다수의 행복을 최대화하는 방법으로 사회를 구성하고, 조직하는 것이다. 이 목표를 달성할 수 있는 최선의 방법은 충분한 경험과 교육을 가진 시민이 다수결의 원칙에 따라 결정하는 민주주의이다. 훌륭한 시민을 확보하는 최선의 방법은 각 개인에게 자신의 목표를 추구하기 위한 선택의 자유를 주는 것이다. 선택의 자유는 결국 모든 개인으로 하여금 비록 그 결정이 현명하지 않더라도 좋고, 나쁘고, 높고, 낮은 수준의 즐거움을 구별하기 위해 필요한 경험을 얻을 수 있도록 만들 것이다. 이 관점은 기업과 환경에 대해서도 가치 있는 시사점을 제공한다. 시장경제에서 소비자의 수요는 절대적이다. 각 개인이 원하는 것을 얻어 행복을 추구하기 때문에 시장에서는 거래가 발생한다. 비록 개인이 실수로 자신을 만족시키지 못하는 제품을 구매했더라도 그 개인은 더 이상 그 제품을 사지 않을 것이고, 수요와 공급의 원칙에 따라 시장은 소비자를 만족시키지 못한 제품을 퇴출시킬 것이다.

공리주의가 우리 사회와 정치에 크게 기여하고, 영향력을 발휘할 수 있었던 이유는 공리주의의 경제학에 대한 영향 때문이었을 것이다. 벤덤과 밀 외에도 애덤 스미스의 저서를 바탕으로 한 20세기의 신고전주의경제학은 공리주의를 바탕으로 확립되었다고 해도 과언이 아니다. 시장경제에서 경제활동은 소비자의 수요를 만족시키는 것을 목표로 한다. 수요와 공급의 원칙에 따라, 공급업자인 기업은 수요자인 소비자가 원하는 상품과 서비스를 생산해야 한다. 희소성과 치열한 경쟁으로 인해 모든 사람이 원하는 것을 가질 수는 없기 때문에 시장경제의 목표는 전체적으로 소비자의 욕구를 최적으로 만족시키는 것이다. 각 경제 주체들은 자신들이 가장 원하는 것을 선택하고, 경쟁적인 시장에서 거래를 흥정함으로써 시장의 목표를 실현한다. 개인이 가장 선호하는 조건을 추구하고, 시장에서 경쟁하는 과정을 통해 시간이 흐를수록 시장은 시장전체의 욕구를 최적으로 만족시킬 수 있게 된다.

시장경제가 왜 공리주의적 사고체계에 적합한지에 대해 다음과 같이 간략하게 설명할 수 있다. 행복과 복지는 경제활동의 결과 또는 목표이다. 그리고 행복과 복지는 소비자의 만족을 최대화할 때 비로소 가능해진다. 최대한 많은 사람이 자기가 원하는 것을 최대한 많이 가지게 될 때, 우리는 최대다수를 위한 최대행복을 실현한 것이다. 행복은 욕구를 충족시키는 상태로 정의될 수 있다. 하지만 우리는 자원의 부족과 치열한 경쟁으로 인해 우리가 원하는 모든 것을 가질 수는 없으므로 불가피하게 우리의 욕구에 우선순위를 두거나 선호도를 결정해야만 한다. 그러므로 시장경제는 개인의 선호도를 최적으로 만족시키기 위한 선호적 공리주의라고 볼 수 있다.

시장경제는 우리의 목표를 이룰 수 있는 가장 효율적 방법이 시장경제의 원칙 또는 자본주의의 원칙에 따라 우리의 경제를 조직하고, 운영하는 것이라고 강조한다. 개방되고, 자유로운 경쟁시장에서 우리는 우리를 만족시키는 제품을 싸게 사기 위해 자유롭게 흥정할 수 있다. 자신의 이익을 추구하는 사람은 항상 자신의 경제적 상황을 개선시킬 방법을 찾을 것이다. 계약은 두 경제적 주체가 거래로 인해 자신의 경제적 상황을 개선할 수 있다고 믿는 조건에서만 발생한다. 이 조건에서 이성적으로 자신의 이익을 추구하는 사람들 사이에서 일어나는 경쟁은 최대다수의 최대행복을 실현하는데 효과적으로 작용할 것이다. 시장에서 다른 사람의 행복을 감소시키지 않고, 자기의 행복을 더 추구할 수 있는 상황이 발생할 때마다 최대다수의 최대행복은 가능해진다. 그러므로 자본주의와 개방적이고, 자유로운 시장은 행복을 최대화하는 공리주의의 목적을 달성하기 위한 가장 효과적인 수단으로 볼 수 있다.

공리주의의 한계점

위에서 살펴본 것처럼, 공리주의는 장점도 가지고 있지만, 한계점도 분명히 가지고 있다. 이 세상 모든 것은 밝은 면과 어두운 면을 동시에 가지고 있다. 그러면, 공리주의가 가지고 있는 한계점에 대해 살펴보자. 우리는 공리주의가 가지고 있는 한계점을 크게 두 가지 유형으로 분류할 수 있다. 한 가지는 공리주의를 지지하는 사람들에 의해 제기된 한계점이고, 다른 한 가지는 공리주의를 반대하는 사람들에 의해 제기된 한계점이다.

우선 공리주의 내부에서 제기된 한계점은 다음과 같다. 첫째, 공리주의의 목표인 행복을 측정할 수 있는 적절한 방법이 존재하지 않는 것이다. 전체의 행복을 극대화하는 것이나 최대다수를 위한 최대행복과 같은 표현은 측정방법을 필요로 한다. 어떤 방법으로 한 상황이 다른 상황보다 최대다수의 최대행복을 극대화 시켰다고 확인할 것인가? 벤덤은 기쁨을 측정하기 위해서 쾌락주의미적분학을 개발하기 위해 많은 시간을 투자했다. 밀은 경험이 풍부하고, 충분히 교육받은 다수의 사람이 판단해야 한다고 주장했다. 경제학자들은 전체의 행복을 결정하기 위해 국민총생산과 같은 수치를 사용한다. 벤덤, 밀, 그리고 신고전주의 경제학자들은 모두 과학적이고, 측정이 가능한 윤리를 추구했다. 그러나 공리주의자들 사이에서도 전체의 행복을 측정하고, 결정하는 방법에 대한 합의가 아직까지 이뤄지지 않고 있다.

이와 같은 측정과 관련된 한계점은 공리주의가 결과에 초점을 맞추어 윤리적 판단을 한다는 점에서 더욱 심각하다. 기업윤리에서 다루는 많은 문제는 우리가 결과를 측정하는 것이 얼마나 어려운지 잘 보여준다. 예를 들어, 재생이 가능한 에너지 자원을 사용한 경우와 재생이 불가능한 화석연료를 사용한 경우의 결과에 대해 생각해보자. 재생이 가능한 에너지 자원에 투자하는 것과 석탄과 석유와 같은 재생이 불가능한 화석연료를 사용하는 현재의 상태를 지속하는 것의 결과를 공리주의자들이 측정하는 것은 매우 힘들다. 하지만 이런 결과의 측정은 바로 공리주의가 요구하는 것이다.

공리주의 내부에서 제기되는 두 번째 문제점은 행복과 개인의 자유에 대한 다양한 견해이다. 공리주의자는 정치적으로 자유주의자이다. 즉, 그들은 개인의 자유에 매우 높은 가치를 둔다. 하지만 좋은 것과 개인의 자유 사이에는 항상 갈등이 존재한다. 자유를 가진 사람들이 항상 그들에게 좋은 것을 선택하지는 않는다. 공리주의자들이 자유를 강조하면 강조할수록 행복에 대해 더욱 상대주의적 입장을 취할 가능성이 높아진다. 이 관점에서 행복은 단순히 개인적 의견, 욕망, 선호도, 그리고 욕구에 대한 문제일 뿐이다. 인간은 때때로 윤리적으로 옳지 않고, 비도덕적이고, 나쁜 것을 선택하기 때문에 결국 공리주의는 윤리에 대한 모든 판단을 포기할 수밖에 없게 된다. 반면에, 공리주의자들이 윤리적으로 옳은 삶에 대한 내용을 구체화하면 할수록 개인의 자유를 포기해야 할 것이다. 만약, 우리가 진정으로 선한 것이 무엇인지 안다면, 비록 우리가 그것을 행하고 싶지 않더라도 우리는 선을 극대화하기 위해 행동해야 한다. 개인의 자유와 전체의 선 사이에서 균형점을 찾는 것은 공리주의자들이 직면하게 되는 가장 큰 한계점이다.

다음으로, 공리주의 외부에서 제기된 공리주의의 한계점에 대해 살펴보자. 공리주의의 본질은 결과주의이다. 공리주의에 따르면, 선과 악은 행동의 결과에 의해 결정된다. 공리주의에 따르면, 결과는 수단을 정당화시킨다. 즉, 좋은 결과를 위해서는 어떤 수단도 사용할 수 있다는 것이다. 하지만 이것은 많은 사람들이 알고 있는 가장 근본적인 윤리원칙인 '결과는 수단을 정당화할 수 없다'를 부정한다. 즉, 아무리 좋은 결과를 얻더라도 그 수단이 옳지 못하면 안 된다. 이 문제는 원칙으로 설명할 수 있다. 결과는 수단을 정당화할 수 없다고 할 때, 우리가 말하려고 하는 점은 어떤 결과가 나오든지 우리가 따라야할 원칙이 있다는 것이다. 다른 방식으로 말하면, 우리가 반드시 따라야 하는 의무와 책임이 있고, 우리가 그 의무와 책임을 따른다 하더라도 반드시 전체의 행복이 증가하지는 않는다. 우리가 따라야 할 의무와 책임에는 부모, 자식, 배우자, 학생, 친구, 또는 시민으로서의 역할에 주어지는 의무와 책임이 있고, 인간에게 보편적으로 요구되는 정직, 진실, 근면, 신뢰, 충성, 정의, 박애, 존중과 같은 의무가 있다.

공리주의는 사회전체의 결과에 초점을 두기 때문에 전체의 행복을 위해서 개인 또는 소수의 행복을 희생시킬 수도 있다고 주장한다. 예를 들어, 우리가 만약 강제로 소수의 주민을 노예로 만든다면, 전체의 행복은 증가될 것이다. 그러나 이것이 옳은 일인가? 공리주의자들은 원칙에 따라 옳은 일이 아니기 때문에 노예제도를 반대하는 것이 아니고, 노예제도를 실행함으로써 전체의 행복이 감소될 경우에만 노예제도를 반대할 것이다. 노예제도가 전체의 행복을 증가시킬 것으로 예상되면, 공리주의자들은 노예제도를 지지할 것이다. 많은 사람들이 생각할 때, 공리주의자들의 결정은 정의, 공정성, 그리고 존중이라는 보편적 원칙을 위반한다. 그렇기 때문에 원칙을 바탕으로 하는 의무론은 공리주의가 윤리적 원칙을 위반한다고 비판한다. 비록 전체의 행복이 증가할지라도 우리가 훼손하거나 위반할 수 없는 윤리적 원칙이 존재한다. 경영자에게 지급된 과도한 보상을 제한하는 법을 반대하는 사람들은 기업이 경영자에게 얼마를 보상할지 스스로 결정할 권리가 있다고 주장한다. 경영자에게 지불되는 임금과 상여금은 정부가 결정할 문제가 아니라 기업이 결정할 문제이기 때문에 그런 법은 개인의 소유권을 침해한다고 비판한다. 개인의 권리는 개인의 이익을 보호하는 기능을 한다. 공리주의자들은 개인의 권리를 사회전체의 행복에 기여하는 범위에서 지지한다.

공리주의에 제기되는 또 다른 한계점은 우리가 형성하는 관계에서 발생하거나 요구되는 헌신에 관한 것이다. 예를 들어, 우리는 부모로서 자식을 사랑해야 하고, 자식에 대한 책임과 의무를 갖는다. 우리가 자식과 의사, 둘 중 하나만을 구해야 하는 위기상황에 처해 있다고 가정해보자. 공리주의자들은 이 상황에서도 선택의 결과를 계산하고, 전체의 행복을 극대화시킬 수 있는 결정을 내려야 한다고 주장할 것이다. 자식을 구하는 것과 유능한 의사를 구하는 것, 둘 중 어느 것이 더 옳은 일인가? 어떤 결정이 이 사회를 위해 도움이 될 것인가? 여러분의 자식이 성장해서 이 사회에 도움을 줄 것인가? 해를 끼칠 것인가? 유능한 의사를 살리는 것이 분명 사회전체의 행복에 기여한다고 할지라도 아이의 부모로서 우리는 어떤 판단을 해야 하는가? 여러분은 어떤 결정을 할 것인가?

공리주의자들은 부모의 사랑과 의무를 판단할 때, 그것이 사회전체의 행복에 기여하는 정도까지만 그 가치를 둘 것이다. 공리주의자들에 따르면, 부모가 자식을 사랑하는 것이 사회전체의 행복에 기여하기 때문에 부모는 자식을 사랑해야 한다. 그러나 이 관점은 분명히, 명백하게, 부모의 사랑이 가지는 본질을 잘못 이해하고 있는 것이다. 한편으로, 자식을 사랑하는 부모의 마음을 모욕하는 것이다. 부모는 사회전체의 행복에 미칠 결과 때문에 자식을 사랑하지는 않는다. 원칙을 바탕으로 하는 의무론을 지지하는 사람들은 비록 사회전체의 행복을 증가시키는 것과 관계없이 우리는 반드시 따라야 할 헌신과 같은 책임과 의무를 갖는다고 주장한다. 따라서 경영자에게 지급되는 엄청난 상여금을 비판하는 사람들은 경영자에 대한 지나치게 높은 보상은 원칙적으로 불공정하고 부당하다고 주장한다.

2.5 공리주의와 공공정책

　　원칙을 바탕으로 하는 의무론에 대해 살펴보기 전에 공리주의와 공공정책의 관계를 전반적으로 살펴보자. 기본적으로, 공리주의는 기업과 같은 윤리적 결정을 필요로 하는 사회기관의 판단에 윤리적 기준을 제공하는 철학이다. 공리주의에 의하면, 기업과 같은 사회기관은 우리 사회의 전체행복을 극대화하도록 조직되어야 한다. 공리주의를 비판하는 사람들은 공리주의가 제공하는 사회윤리가 적절하거나 완전하지 않다고 주장한다. 또한 공리주의자들 사이에서도 공리주의의 목표를 이루기 위한 최선의 방법에 대해서는 의견이 일치되지 않고 있다. 일반적으로, 공리주의자들은 어떤 수단을 사용하든지 최대행복을 얻기 위해서 노력한다.

　　공리주의적 공공정책을 지지하는 사람들은 다양한 정책결과를 예측하고, 목표를 달성하기 위해 정책을 실행할 수 있는 많은 전문가가 있다고 주장한다. 경제학과 같은 사회과학의 훈련을 받은 전문가는 사회가 어떻게 작동해야 하는지 잘 알고 있으며, 어느 정책이 전체의 행복을 극대화시킬 수 있을지 결정할 수 있는 능력을 가지고 있다. 공공정책 접근법은 정부의 행정적, 관료적 측면에 대한 이론이고, 이 관점에서는 대법원에서 지방법원에 이르기까지 사법부는 공공의 목표를 세우고, 행정적 측면인 대통령, 국무총리, 장관, 그리고 지방자치단체장은 이 목표를 달성하기 위해 정책을 실행한다. 행정기관에서 일하는 사람들은 관료로서 사회적, 정치적 시스템이 어떻게 작동하는지 어떻게 실행되고 있는지 알아야 한다. 정부는 전형적으로 경제, 법, 사회과학, 공공정책, 그리고 정치 분야에서 교육받은 사람들로 가득 차 있다. 이 접근방법은 정부의 정책이 우리 사회 전체의 행복에 기여할 수 있도록 정부가 각 기업의 활동을 규제하는 것이 정당하다고 생각한다.

　　한국은행이 어떻게 이자율을 결정하는지 생각해보자. 한국은행은 우리나라의 최대이익을 위한 공공정책이라는 목표를 가지고 있다. 이 목표는 최소한의 인플레이션으로 가능한 최고의 경제성장률을 달성하는 것이다. 한국은행에 근무하는 사람들은 경제와 관련된 다양한 자료를 검토해서 현재와 미래의 경제 상황에 대한 판단을 내린다. 만약, 경제활동이 둔화될 것이라고 판단하면, 한국은행은 경제성장을 자극하기 위한 수단으로 이자율을 낮추기로 결정할 것이다. 경제가 너무 급격히 성장하고, 물가상승률이 높아질 것으로 판단하면, 한국은행은 이자율을 높이기로 결정할 것이다. 이자율을 낮추거나 높이는 것, 그 자체는 좋지도 나쁘지도 않지만, 이런 결정의 옳고 그름은 전적으로 그 결과에 달려있다. 공공정책을 결정하고, 실행하는 사람들의 역할은 그들이 가진 전문지식을 활용해서 결과를 예측하고, 최고의 결과를 얻을 수 있는 의사결정을 하고, 그것을 실행하는 것이다.

공리주의적 공공정책을 지지하는 사람들은 애덤 스미스의 주장과 같이 개방된 경쟁시장이 공리주의적 목표를 달성하기 위한 최고의 방법이라고 주장한다. 그들은 기업에 대한 정부의 규제를 배제하고, 개인의 재산권을 보호하며, 자유로운 경쟁과 거래를 허락하고, 경쟁을 촉진시키는 정책을 추진한다. 마치 애덤 스미스의 말처럼, 사람들은 보이지 않는 손(Invisible Hand)에 이끌려 개인의 이익을 추구함으로써 개인의 행복을 극대화하기 위해 노력할 것이다. 공리주의적 공공정책과 관련해서 전문가와 시장, 두 가지 주제에 대한 논란은 우리가 기업윤리에서 다루는 많은 논란과 그 특성을 같이 한다. 예를 들어, 위험한 작업현장에 대한 규제를 생각해보자. 어떤 사람들은 기업이 따라야 할 기준을 설정할 수 있는 전문가가 안전과 위험에 대한 문제를 해결해야 한다고 주장한다. 정부의 규제담당자는 작업현장에서의 안전기준을 마련하고, 감독할 책임이 있다. 다른 사람들은 작업현장에 대한 안전과 위험에 대해 판단할 수 있는 사람은 현장에서 일하는 사람이라고 주장한다. 자유롭고, 경쟁적인 노동시장은 반드시 사람들이 원하는 안전수준을 유지하게 되어 있다. 사람들은 위험을 감수하고, 안전 대신에 더 높은 임금을 받을지 여부에 대해 스스로 선택할 것이다. 안전한 작업환경을 요구하는 사람보다 위험을 감수하면서 임금을 더 많이 받기를 원하는 사람이 분명히 존재할 것이다. 여러분은 전문가와 시장, 둘 중 어느 것이 공리주의적 공공정책에 더 효과적이라고 생각하는가?

정책입안자와 정책집행자에게 공리주의가 큰 영향을 주는 것은 아무 문제가 없다. 모든 결정에서 정책전문가는 정책의 집행이 불러올 결과에 초점을 둔다. 이것은 결과에 초점을 두는 공리주의가 특히 경제, 경영, 그리고 정부와 같은 영역에서 볼 때, 매우 매력적으로 보인다는 것을 잘 보여준다. 정책과 관련된 결정은 정책의 결과와 영향에 의해 판단되어져야 한다. 측정, 비교, 그리고 수량화에 관심을 둔 공리주의는 정책입안자가 중립적이어야 한다고 강조한다. 정책목표는 사람들의 민주적 결정에 의해 결정되어야 한다는 것이다. 사회정책의 역할은 가능하면 효율적 방법으로 목표를 달성하도록 돕는 것이다. 효율성은 행복을 극대화하는 것을 표현하는 또 다른 단어이다.

공리주의자들처럼 정책전문가들은 우리 사회 전체의 행복에 대해 고민한다. 정책전문가들은 집단의 이익 또는 총이익에 초점을 맞춘다. 그들의 특성상, 정책전문가들은 폭 넓은 사회적 관점을 갖는다. 이것 역시 전체의 행복을 강조하는 공리주의자들의 주장과 일치한다.

2.6 원칙을 바탕으로 하는 의무론

원칙을 바탕으로 하는 윤리 또는 권리와 의무를 바탕으로 하는 윤리인 의무론 (Deontology)은 옳고 그름에 대한 판단을 결과에 따라 결정하지 않고, 보편적 원칙 또는 의무에 의해 결정한다. 원칙을 바탕으로 하는 윤리적 접근법은 우리의 행동을 전체이익의 결과에 따라 판단하는 공리주의를 비난하고, 결과가 수단 또는 방법을 정당화한다는 공리주의적 신념을 부정한다. 원칙을 바탕으로 하는 윤리적 접근법은 결과에 관계없이 우리가 해야 할 것이 있고, 하지 말아야 할 것이 있다고 주장한다.

결과가 수단을 왜 정당화할 수 없는지 이해하기 위해서 우리는 공리주의가 전체이익에 초점을 맞추는 것을 강조할 필요가 있다. 공리주의는 전체의 행복 즉, 전체의 이익과 관계가 있다. 이런 이유로 공리주의가 공공정책 입안자들에게 매력적으로 보이는 것이다. 하지만, 우리는 개인의 존엄성, 타인에 대한 존중, 정의, 도덕, 신뢰, 공정성, 그리고 타당성과 같은 것이 매우 중요한 가치가 있다고 생각한다. 또한, 우리는 개인이 전체의 이익을 위해 단순히 수단으로 이용되어서는 안 된다고 생각한다. 즉, 개인은 집단 이익의 증가를 위해 희생되지 않을 존엄한 권리를 가지고 있다.

우리가 앞에서 논의한 개발도상국의 어린이노동에 대해 다시 생각해보자. 빈곤한 국가의 정책입안자는 국민의 삶의 수준을 높이기 위한 최고의 방법이 수출이라고 생각했을 것이다. 수출은 그 나라에 식량, 약품, 그리고 필요한 재화를 가져다준다. 수출을 증가시키면, 모든 국민의 삶의 수준은 향상될 것이고, 결국 집단의 전체이익을 증가시키려는 공리주의적 목표를 달성할 것이다. 그러나 수출의 증가를 위해서 국가는 경쟁국보다 낮은 가격으로 제품을 생산하고, 판매해야 한다. 노동력의 대가로 지급하는 임금은 중요한 생산비용 중 하나이기 때문에, 저임금수준을 유지하는 것은 국가 전체의 이익에 도움이 된다. 불행하게도, 저임금을 유지하는 좋은 방법은 어린이를 고용하는 것이다. 개발도상국을 중심으로 어린이노동이 흔하게 이용되고, 운동화 제조업체나 의류 제조업체에서 어린이노동을 이용하는 경우는 널리 알려져 있다.

그렇다면, 어린이노동은 윤리적인가, 비윤리적인가? 어린이노동은 옳은가, 옳지 않은가? 어린이노동의 관행을 지지하는 사람들은 일반적으로 직업이 없는 것보다 직업을 가지는 것이 아이들의 생활에 더 도움이 되고, 아이들이 가족의 소득에 기여할 수 있으며, 사회전체의 복지에 크게 기여한다고 주장한다. 그러나 원칙을 바탕으로 하는 의무론을 지지하는 사람들은 어린이노동을 통해 비록 경제적 이익을 얻는다고 할지라도 아이들을 노동자로 이용하는 것은 명백하게 비윤리적이라고 비판한다. 이 관점에서 어린이노동은 윤리적으로 아동학대 또는 아동노예화와 같은 것이다. 어린이노동, 어린이학대, 그리고 어린이노예화는 원칙적으로 옳지 않다.

원칙을 바탕으로 하는 의무론은 독일의 철학자 임마누엘 칸트(Immanuel Kant)에 의해 집대성되었고, 정언명령(Categorical Imperative)이라는 절대적 개념으로 설명될 수 있다. 정언은 예외가 없음을 의미하고, 명령은 우리로 하여금 반드시 이행하게 만드는 절대적인 의무를 의미한다. 칸트에 따르면, 우리의 가장 기본적인 의무는 우리의 행동이 전 세계적으로 통용되는 보편적 법칙에 따라 일반원칙을 따르는 방식으로 행동하는 것이다. 이것은 상당히 직관적이고, 매우 추상적인 내용이다. 또한, 우리의 행동원칙은 우리의 행동을 일으키는 동기로 이해할 수 있다. 예를 들어, 나는 왜 이 행동을 하는가? 나는 지금 무엇을 하고 있는가? 나의 행동은 옳은가? 이와 같은 질문에 스스로 답해보는 것이다.

칸트는 전 세계적으로 통용되는 보편타당한 방식으로 사람들이 따라야 하는 원칙에 의해서 행동해야 한다고 주장한다. 모든 인간의 행동은 개인의 사리사욕의 추구라는 동기가 부여된다고 주장하는 이기주의자들은 칸트의 주장에 대해 어떻게 반응할지 생각해보자. 예를 들어, 칸트는 진실을 말하는 것이 전 세계적으로 통용되는 보편타당한 법칙이 될 수 있고, 거짓말을 하는 것은 그렇지 않다고 주장한다. 이 세상 모든 사람이 거짓말을 한다면, 우리 사회에서의 합리적 의사소통은 불가능할 것이다. 그렇기 때문에 거짓말을 하는 것은 비윤리적이다. 보편타당한 법칙이란 '내가 상대방에게 원하는 대로 상대방을 대하라'는 황금률이나 '내가 하기 싫은 일을 남에게 시키지 말라'는 공자의 말과 같이, 내가 다른 사람보다 더 특별하거나 더 중요하다고 생각하지 않는 것이다. 공정과 평등은 원칙을 바탕으로 하는 의무론에 있어서 매우 중요한 개념이다.

칸트는 추상적 정언명령에 대해 주관적 범주와 객관적 범주의 두 가지 유형을 제시했다. 칸트는 우리가 모든 인간을 수단으로 대하지 말고, 목적으로 대해야 한다고 주장한다. 우리는 인간을 객체가 아닌 주체로 대해야 한다는 것이다. 즉, 인간은 자기 자신을 위해 생각할 수 있고, 선택할 수 있는 존재라는 사실을 명심하라는 의미이다. 인간은 주관적이다. 인간은 다른 사람의 행동에 의해 객체로서 영향을 받기보다는 자기가 가진 주관적 또는 객관적 범주를 이용하여 스스로 행동하려고 한다. 인간은 스스로의 목적을 가지고 있기 때문에 다른 사람의 목적을 위한 수단으로 취급되어서는 안 된다. 우리는 제3장에서 칸트의 의무론을 바탕으로 한 기업의 사회적 책임에 대해 면밀히 살펴볼 것이다. 기업의 사회적 책임은 기업의 경영자가 기업의 활동으로부터 영향을 받는 모든 이해관계자에게 윤리적인 책임을 갖는다는 개념이다.

칸트의 이론에서 우리의 근본적인 윤리적 의무는 타인을 존중하는 마음을 가지고 대해야 하고, 자주적 삶을 살아가는 주관적인 존재로서 남을 나와 동등하게 대하는 것이다. 인간이 근본적인 윤리적 의무를 가지고 타인을 대하기 때문에 우리 모두는 인간으로서 존중받을 권리가 있고, 수단이 아닌 목적으로 대우받을 권리가 있다. 우리가 타인을 우리의 목표를 달성하기 위한 수단으로 대하지 않는 전제하에 우리는 우리가 선택한 목표를 추구할 권리를 갖는다.

이 설명은 우리로 하여금 권리와 의무를 잘 이해하도록 만든다. 철학자들은 권리와 의무가 밀접한 관계를 가지고 있다고 본다. 왜냐하면, 나의 권리는 상대방의 의무를 확정하고, 나의 의무는 상대방의 권리를 확정하기 때문이다. 원칙을 바탕으로 한 의무론은 나의 행동에 대한 윤리적 제약을 설정하는 의무에 초점을 맞추고 있다. 나의 의무는 내가 다른 사람을 위해 이행해야 하는 부담 또는 부채라고 할 수 있다. 다른 사람은 나의 행동에 대해 기대할 자격이 있다. 즉, 다른 사람은 나의 행동에 대해 특정한 권리를 가지고 있는 것이다.

따라서 앞에서 언급한 어린이노동의 사례로 돌아가 보면, 어린이노동의 관행이 아이들을 존중해야 하는 우리의 신성한 의무를 위반한 것이므로 칸트는 어린이노동을 철저히 반대할 것이다. 우리가 아이들을 생산과 경제성장의 목표를 달성하기 위한 수단으로 대한다면, 그것은 우리가 아이들의 뛰어 놀 권리와 미래를 위해 공부를 할 권리를 박탈한 것이다. 개발도상국의 정책입안자와 어른들은 아이들을 경제목표를 달성하기 위한 수단으로 취급한 것이다.

원칙을 바탕으로 하는 의무론 또는 권리와 의무를 바탕으로 하는 의무론은 우리가 생각하는 것보다 훨씬 더 복잡하다. 우리가 어떤 권리를 가졌고, 우리가 가진 권리가 어떻게 정당화되어야 하고, 권리의 범위를 어떻게 명확히 정하고, 권리에 우선순위를 어떻게 설정하는지, 그리고 서로 다른 권리 사이의 갈등을 해결하는 과정 등을 일일이 살펴봐야 한다. 권리를 이해할 수 있는 한 가지 방법은 권리가 이익을 보호하는 것이라는 것을 이해하는 것이다. 우리는 개인의 욕구와 이익을 구별한다. 욕구는 개인의 심리적 상태이다. 사실 욕구는 모든 사람이 추구하는 것이다. 욕구는 자신이 원하는 것이 무엇인지에 대한 개념이기 때문에 다소 주관적이다. 무엇을 원한다고 말하는 사람의 말에 동의하지 않을 수 있는가? 이에 반해, 이익은 객관적으로 그 사람에게 무엇이 좋은지와 관련된 개념이다.

예를 들어, 자유로운 선택권이 주어진다면, 아이들은 매일 아침 설탕으로 범벅이 된 달콤한 시리얼이나 패스트푸드를 먹고 싶어 할 것이다. 이것은 욕구이다. 이런 종류의 음식을 먹는 것이 아이들의 건강에 나쁘기 때문에 아이들의 부모는 아이들의 욕구를 허용하지 않을 것이다. 이것이 이익이다. 이 경우에는 욕구와 이익이 서로 상충된다. 마찬가지로, 대부분의 학생들은 수업을 빠지고 싶어 하지만, 그것이 학생들에게 이익이 되지는 않는다. 한편, 욕구와 이익은 경우에 따라 서로 일치할 수도 있다. 여러분은 훌륭한 교육과 건강을 원할 것이고, 그것은 모두 여러분에게 이익이 될 것이다.

우리가 앞에서 살펴본 것처럼, 공리주의는 윤리의 최종목표를 욕구의 만족으로 이해하고 행복을 추구한다. 공리주의자들은 전체이익을 우선하기 때문에 다수를 위해 때로는 소수가 희생될 수도 있다고 주장한다. 공리주의자들은 이익을 그저 강한 욕구라고 보기 때문에 욕구와 이익의 차이를 부정하거나 무엇이 이익인지를 결정하는 최고의 방법은 스스로 결정하는 것이라고 주장한다. 즉, 사람들이 모두 자유롭게 자신의 욕구를 추구하도록 내버려 두어야 한다고 주장한다. 공리주의자들은 욕구와 이익이 전체행복을 증가시키는 한, 모두 똑같이 존중되어야 할 가치라고 주장한다. 만약, 위험한 작업현장에서 안전을 원하는 욕구와 높은 임금을 원하는 욕구가 존재하다면, 둘 다 동등하게 존중될 가치라는 것이다.

이와 같이, 가능하면 많은 욕구를 만족시키려는 공리주의자들의 주장은 타당한 것처럼 보인다. 그러나 의무론을 주장하는 사람들은 욕구와 이익이 같지 않다고 주장할 것이다. 적어도, 어떤 이익은 개인의 행복을 결정하는데 너무나 중요하기 때문에 전체행복의 증가를 위해 희생될 수 없다고 주장할 것이다. 권리는 희생을 요구받는 상황에서 이익을 보호하는 역할을 한다. 인터넷을 통해 음악과 영화파일을 무료로 다운받거나 공유하는 경우를 생각해보자. 우리는 무료로 다운로드를 허가하는 공공정책을 채택함으로써 우리전체의 행복을 증진시킨다고 주장할 수 있다. 이 경우, 아마도 예술가나 제작자와 같은 비교적 소수의 사람들만이 불행해질 것이다. 공리주의 관점에서는 무료로 다운로드를 허가하는 것이 공공의 최대 이익에 가장 잘 부합할 것이다. 소수를 희생하더라도 다수가 행복하다면, 그것은 윤리적으로 옳은 것이라는 공리주의자들의 주장을 상기해보자. 하지만, 예술가와 제작자는 자신들에게 무료 다운로드정책을 금지시킬 수 있는 사유재산권이 있다고 주장할 것이다. 공짜로 음악을 듣거나, 무료영화를 보는 것으로부터 사람들이 가질 수 있는 이익은 예술가와 제작자가 가지고 있는 사유재산권이라는 권리와 서로 충돌한다. 사람들이 무료로 음악이나 영화를 감상하는 이익이 예술가와 제작자의 사유재산권이라는 권리보다 더 중요하거나 우선한다고 볼 수는 없다. 이 경우에 권리는 공동의 이익을 추구하려는 것에 맞서는 최후의 수단이자 보루이다. 권리는 두 가지 이익이 서로 상충되는 상황에서 더 중요한 이익을 보호하기 위한 최후의 보루이자 안전장치다. 욕구와 이익을 구분하는 것은 우리가 가진 권리를 밝히는데 매우 중요한 역할을 한다. 우리가 가진 중요한 이익을 확인하고, 단순한 욕구로부터 중요한 이익을 구별함으로써 우리는 인간이 가진 권리를 명확하게 규정할 수 있다.

우리는 어떤 권리를 가지고 있는가? 도로계획과 관련된 다음의 상황을 생각해보자. 정부가 어느 도시의 삼림지대 사이로 새로운 도로를 건설할 것이라고 발표했다고 가정해보자. 도로를 새로 내기 위해서는 어쩔 수 없이 삼림지대를 파괴해야만 한다. 계획이 발표되자 지역주민들은 다양한 환경적 이유를 들어 도로건설을 반대할 것이다. 정부는 지역사회의 시민이 붐비지 않는 도로를 가질 권리가 있다고 주장할 것이다. 만약, 사람들이 붐비지 않는 도로를 가질 권리가 있다면, 누군가는 도로가 붐비지 않도록 할 의무를 갖는다. 바로 중앙정부와 지방 자치단체이다. 그러나 이 의무를 이행하기 위해서는 세금을 올리고, 삼림을 파괴하고, 재산을 압수하는 등 많은 사람들의 행복을 손상시켜야만 한다.

이것은 우리가 무엇을 간절히 원한다고 해서 항상 그것을 얻을 수는 없다는 사실을 잘 보여준다. 사람들은 이것을 권리와 의무를 바탕으로 한 의무론의 한계점이라고 비판한다. 그러나 권리와 의무를 바탕으로 한 의무론은 인간의 이기적 욕구를 권리라고 부르지 않고, 개인의 욕구에 특권을 주면서까지 우리를 자기중심적 개인주의로 이끌지는 않는다. 우리가 권리에 대해 협소한 관점을 가질 필요는 없다.

우리는 타인에 대한 존중을 기본으로 한 인간의 자율성과 자존감에 대해 살펴봄으로써 권리에 대한 전반적인 이해를 향상시킬 수 있다. 인간의 어떤 특성 때문에 인간이 짐승과 달리 자존감을 가지고 있다는 사실을 정당화할 수 있는가? 타인을 목표 또는 주체가 아니라 단순한 수단 또는 객체로 취급하는 것이 왜 윤리적으로 옳지 않은가? 윤리적 이론이 제공하는 가장 흔한 대답은 인간이 가진 선택을 할 수 있는 이성적 능력이 인간과 짐승을 구별하는 가장 중요한 특성이라는 것이다. 인간은 단순히 본능이나 조건에 따라 행동하지 않고, 어떤 삶을 살 것인지, 즉 자신의 인생목표를 자유롭게 선택한다. 이런 점에서 인간은 자율성을 가지고 있다. 인간은 자신의 목표를 달성하기 위해 스스로 선택하고, 행동한다. 타인을 수단이나 객체로 대하는 것은 본질적인 인간의 특성을 인정하지 않는 것과 같다. 이것은 인간의 자율성을 부정하는 것이다.

자율성이 인간본성의 근본적 특성이라면, 선택을 위한 자유는 인간이 가진 기본적 권리로서 보호받을 가치가 충분히 있다. 모든 인간은 이런 근본적 특성을 가지고 있기 때문에 동등하게 대우를 받는 것 역시 인간의 근본적 권리가 된다. 요약하면, 우리가 가지는 권리는 전체행복을 증가시키기 위해 인간의 기본적 이익이 희생되지 않도록 보호한다. 하지만, 욕구와 달리 이익은 객관적 시각에서 인간의 행복과 관련되어 있다. 자유롭고, 자율적인 선택으로 특징되는 인간의 본성은 단순한 욕구와 구별되어야 한다.

2.7 미덕윤리

　　대부분의 경우, 공리주의 또는 원칙을 바탕으로 한 의무론은 개인으로서 또는 시민으로서 무엇을 해야 할지 결정하는데 반드시 따라야 할 규칙이나 원칙을 가지고 있다. 하지만, 우리는 이미 제1장에서 '우리는 어떤 사람이 되어야 하는가?'와 같은 문제가 윤리에서 매우 중요한 주제라는 것을 배웠다. 미덕윤리(Virtue Ethics)는 인간의 삶이 충만하고, 선하게 되기 위해 필요한 인간의 성격적 특성 또는 미덕에 대해 완전하고, 상세한 설명을 탐구하는 윤리철학이다. 미덕윤리를 잘 이해하기 위해서, 기업윤리와 밀접한 관련이 있는 몇 가지 인간의 미덕과 그에 상응하는 악덕에 대해 생각해보는 것이 도움이 될 것이다. 공자는 바람직한 인간상으로 군자(君子)를 제시했다. 군자는 훌륭한 인격을 가지고, 항상 배우고 익히며, 반성하고, 진리를 탐구하기 위해 꾸준히 노력하는 사람을 의미한다. 공자는 군자가 갖추어야 할 네 가지 덕목으로 인(仁), 의(義), 예(禮), 지(智)를 제시했다. 인(仁)은 만물을 측은하게 생각하는 어진 마음을 의미하고, 의(義)는 옳고 그름을 구별하는 마음을 의미하고, 예(禮)는 자신을 낮추어 상대방을 존중하는 마음을 의미하고, 지(智)는 슬기로움을 의미한다. 여러분이 이 네 가지 덕목을 갖춘다면, 여러분은 비로소 완전한 군자라고 할 수 있다. 여러분은 이 네 가지 덕목을 다 가지고 있는가? 이 네 가지 덕목 중에서 여러분에게 부족한 것은 무엇인가? 어느 날, 한 제자가 공자에게 물었다. "스승님은 군자이십니까?" 공자는 잠시 생각하더니 다음과 같이 대답했다. "나는 군자가 아니다. 다만, 나는 항상 배우기를 좋아할 뿐이다." 여러분은 공자가 군자라고 생각하는가, 군자가 아니라고 생각하는가? 그 이유는 무엇인가?

　　미덕윤리가 공리주의 또는 의무론과 어떻게 다른지 이해하기 위해서 자기중심적 이기주의에 대해 생각해보자. 자기중심적 이기주의는 모든 사람이 모두 자신의 이익을 위해서 행동한다고 보는 관점이다. 예를 들어, 많은 경제학자들은 모든 사람이 항상 자신의 이익을 추구하기 위해서 행동한다고 생각한다. 실제로, 많은 사람들은 자신의 이익에 따라 행동한다. 그러나 본질적으로 윤리는 우리에게 다른 사람을 위해 행동하도록 요구한다. 사람들이 자신의 이익을 추구하는 것은 맞지만, 인간의 동기는 훨씬 더 복잡하다. 어떤 사람은 이기심에 의해 행동하지만, 어떤 사람은 이타심에 의해 행동한다. 즉, 다른 사람에 대한 깊은 관심, 동정, 연민, 그리고 존중이라는 동기에 의해 행동하기도 하는 것이다. 모든 부모가 알고 있듯이 이런 고귀한 동기는 가르칠 수 있고, 학습될 수 있다. 사람은 태어나면서부터 친절하고 동정심이 있을 수 있다. 어떤 사람은 우리가 생각하는 것만큼 이기적이거나 탐욕스럽지 않다. 인간은 이기적이거나 이타적인 두 가지 태도를 동시에 가지고 있다.

이런 사실을 소크라테스, 플라톤, 그리고 아리스토텔레스 시대의 철학자들은 이미 알고 있었다. 우리는 불행한 삶으로 이끄는 동기와 선하고 의미 있는 삶으로 이끄는 동기를 구분할 수 있다. 우리를 선하고 의미 있는 삶으로 이끄는 동기 또는 성격적 특성을 미덕이라고 정의하고, 우리를 불행한 삶으로 이끄는 성격적 특성을 악덕이라고 정의한다. 미덕윤리는 우리를 의미 있고, 행복한 삶을 살도록 이끄는 성격적 특성과 습관을 발전시키는 것을 목표로 한다. 미덕윤리에서는 좋은 성격적 특성을 습득하는 것이 윤리의 근본적 목표가 된다. 우리가 사람들로 하여금 정직하고, 믿을 수 있고, 충직하고, 공손하고, 겸손하며, 다른 사람을 존중하고, 인정이 많아야 한다고 가르치는 것이 가능한가? 여러분은 어떻게 생각하는가?

부모들은 이런 질문을 매일 스스로에게 묻곤 한다. 아마도 부모들은 자신의 자녀들이 탐욕스럽지 않고, 남의 장점을 시기하지 않으며, 우울해하지 않고, 거만하지 않고, 이기적이지 않고, 정직하고, 남을 존중할 수 있으며, 쾌활하고, 온건하다면, 자녀들이 더 행복하고, 의미 있는 삶을 살 수 있을 것이라고 생각할 것이다. 하지만, 아이들에게 정직하고, 욕심을 부리지 말라고 단순히 얘기하는 것만으로는 충분하지 않다. 좋은 성격적 특성이 자연스럽게 생기도록 가만히 앉아서 기다릴 수는 없는 일이다. 좋은 성격적 특성과 습관을 심어주는 것은 시간이 지나면서 발전될 수 있는 장기적 과정이고 많은 노력을 필요로 하기 때문이다.

기업 역시 기업을 구성하는 사람들의 좋은 성격적 특성이 필요하다. 그러나 좋은 성격적 특성의 형성은 매우 어렵고, 긴 시간과 노력을 필요로 한다. 직원은 이미 형성된 성격과 습관을 가지고 기업에 들어오고, 그들이 가지고 있는 성격과 습관은 직장에서 다시 형성되거나 변화될 것이다. 나쁜 성격이나 습관을 가진 사람을 고용한다면, 기업은 아마도 많은 문제에 직면할 것이다. 미덕을 강화시키기 위해 또는 악덕을 교정하기 위해 기업은 기업 전체를 새롭게 디자인하고, 기업문화를 창조 및 변화시킬 필요가 있으며, 이것은 윤리적 기업이 당면한 가장 큰 과제 중의 하나이다.

미덕윤리는 '인간은 인생을 어떻게 살아야 하는가?'라는 질문에서 '인간은 어떤 사람이 되어야 하는가?'라는 질문으로 윤리적 초점을 이동시켰다. 이런 변화는 윤리에 대한 다른 관점뿐만 아니라 우리 자신에 대한 다른 관점을 필요로 한다. 이런 차이 속에 함축된 내용은 우리의 욕구, 신념, 동기, 가치, 그리고 태도에 의해 우리의 정체성이 형성된다는 것이다. 인간의 성격 즉, 일반적으로 인성 또는 개성이라고 불리는 성질, 태도, 가치, 그리고 신념은 인간의 정체성을 형성한다. 성격은 양복을 입거나, 벗는 것처럼 자신의 의지에 따라 가지거나, 버릴 수 있는 것이 아니다. 자아는 인간의 가장 근본적이고, 오래가는 성질과 태도이고, 개인이 가지는 가치 또는 신념에 의해서 형성된다.

앞에서 살펴본 경영자에게 지급된 엄청난 상여금에 대해 다시 생각해보자. 일단, 모든 경영자가 지나치게 높은 보상을 요구하지 않는다는 사실을 명심할 필요가 있다. 미덕과 악덕에 관련된 판단은 경영자에 대한 과도한 보상과 관련된 동기에 대해 생각하는 것이다. 어떤 사람들은 적은 임금을 받으면서도 행복하게 잘 사는데 왜 경영자는 일 년에 수천억 원을 필요로 할까? 과도한 보상을 요구하지 않는 경영자를 생각하면, 우리는 겸손함, 온건함, 자제심, 이타심, 그리고 배려와 같은 미덕이 떠오른다. 과도한 보상을 요구하는 경영자를 생각하면, 방종, 탐욕, 냉혈, 경쟁, 이기심과 같은 악덕이 떠오른다. 겸손하고, 자신의 욕구를 절제할 줄 아는 경영자에게는 과도한 보상이 그의 성격에 잘 맞지 않을 것이다.

미덕윤리는 우리가 기업의 상황을 더 잘 이해할 수 있도록 해준다. 미덕윤리는 경영자가 '착하다, 나쁘다, 옳다, 또는 그르다'라고 단순히 말하는 것보다 더 정확한 설명을 가능하게 한다. 예를 들어, 우리는 몰든밀즈의 경영자인 포이어슈타인을 책임감 있고, 용감한 사람으로 설명할 수 있다. 그는 청렴한 사람이고, 직원에게 동정과 연민을 가지고, 직원의 행복에 관심을 가진 사람이다. 과도한 상여금을 받은 경영자는 탐욕스럽고, 무자비하고, 오만하고, 경쟁적인 사람이라고 설명할 수 있다. 우리는 무엇이 옳은지 쉽게 결정할 수 없는 윤리적 딜레마에 빠졌을 때, '청렴한 사람이라면, 이 상황에서 어떻게 할 것인가?'라고 스스로에게 질문할 수 있다. 정직한 사람은 이 상황에서 어떻게 할 것인가? 나는 내가 옳다고 믿는 것을 실행할 수 있는 용기가 있는 사람인가?

미덕윤리는 기업에서 발생하는 여러 가지 상황에 대한 상세한 설명, 그 이상을 추구한다. 모든 윤리이론과 같이, 미덕윤리는 우리가 인생을 어떻게 살아야 하는지에 대해서도 조언을 제공한다. 미덕윤리는 우리에게 심오한 두 가지 질문에 대해 생각하도록 요구한다. 윤리적 행동에 대한 여러 가지 미덕 중에서 과연 어느 미덕이 완전하고, 만족스럽고, 의미 있고, 풍요롭고, 가치 있는 인생을 살도록 할 것인가? 기업은 우리가 관대하고, 탐욕스럽고, 무자비하고, 인정이 많고, 공정하고, 불공정하게 행동할 많은 기회를 제공한다. 그런 기회가 주어졌을 때, 우리는 어느 미덕이 우리로 하여금 윤리적으로 바른 삶을 살도록 돕거나 방해할 것인지 스스로에게 질문해야 한다. 여러분은 어떤 사람이 되기를 원하는가?

충만한 인생과 미덕을 연결시키는 것뿐만 아니라, 미덕윤리는 우리의 성격적 특성이 어떻게 형성되는지에 대해서도 고찰하도록 만든다. 우리의 성격은 부모님, 학교, 친구, 그리고 사회에 의해서 영향을 받아 형성된다. 그리고 기업과 같은 사회기관에서 요구되는 특정한 사회적 역할(예를 들어, 경영자, 담당직원, 연수생)은 우리의 성격형성과 변화에 많은 영향을 준다. 비현실적으로 높은 판매목표를 설정하는 기업과 판매는 소비자에 대한 서비스라고 인식하는 기업은 서로 다른 판매형태를 보일 것이다. 미덕윤리는 기업에서 발견할 수 있는 실제의 사례를 살펴보고, 그 사례로 인해 직원이 어떤 유형의 사람이 되어가고 있는지 살펴보도록 요구한다. 기업윤리에서 다루는 개인의 윤리적 딜레마는 우리가 어떤 유형의 사람이 되기를 원하는지, 기업이 우리에게 어떤 사람이 되기를 요구하는지와 밀접하게 관련되어 있다.

광고업계에서 발생한 한 가지 사례에 대해 생각해보자. 한 광고업체의 직원은 자신의 회사가 제작하고 있는 TV광고를 그의 자녀들이 절대 시청하지 못하도록 한다고 말했다. TV광고는 아이들로 하여금 불필요한 제품을 사도록 유도하고, 제품을 사기위해 아이들이 부모를 조르게 만들기 때문이다. TV에서 광고하는 제품은 당장 필요가 없거나, 앞으로도 필요하지 않은 제품이 대부분이다. 즉, 아이들이 구매할 필요가 거의 없는 제품인 경우가 많다. 우리는 맥주의 구입과 음주를 부추기는 광고의 광고주들이 너무나 비윤리적으로 청소년을 광고표적으로 정한다는 사실에 놀라움을 금할 수 없다. 물론, 그 비윤리적인 광고와 판매촉진 프로그램은 맥주의 판매량 증진에 매우 성공적이었다.

아이들을 겨냥한 광고에 대해 그 광고가 윤리적인지를 따지는 것과는 별도로, 미덕윤리의 접근방법은 우리가 우리의 가치를 우리의 직장, 사회기관, 또는 우리의 관습으로부터 분리해서 생각할 수 있는지에 대해서 질문한다. 과연, 어떤 사람이 자신의 아이에게는 보여주지 않을 TV광고를 다른 사람의 아이에게 보여줄까? 그 사람은 정직성과 양심이 결여된 사람이다. 어떤 기업이 직원으로 하여금 비윤리적 방식으로 아이들을 이용하도록 하는가? 그 기업에서 일하는 사람들은 도대체 어떤 사람들인가?

저자의 할머니께서는 항상 '선한 끝은 있다'라고 말씀하셨다. 부연하자면, 인간이 착하게 행동하면, 당장은 또는 그 과정에서는 여러 가지로 힘들고 어려워도 결국에는 그에 상응하는 좋은 결과가 반드시 있다는 의미이다. 저자의 인생 50년을 돌아보면, 할머니의 말씀이 신기하게도 꼭 맞는 것 같다. 저자는 어려운 환경에 태어나서 갖은 고초를 겪으면서도 할머니의 뜻을 받들어 착하고 바르게 살려고 노력해왔는데, 그 결과, 지금 저자는 경영학박사 학위도 취득하고, 국립 대학교에서 학생들도 가르치고, 이렇게 기업윤리라는 책도 쓰고 있으니, 이만하면 좋은 결과라고 할 수 있지 않을까? 인간의 본성에 대해, 인간은 본래 선하다는 맹자의 성선설, 인간은 본래 악하다는 순자의 성악설, 그리고 인간은 본래 선하지도 악하지도 않다는 고자의 성무선악설이 있다. 여러분은 어떻게 생각하는가? 저자는 할머니의 가르침대로 인간은 본래 선하다는 생각을 가지고 있다. 할머니께서는 늘 말씀하셨다. 나쁘게 행동하는 사람도 좋게 대하면, 언젠가는 그 잘못을 뉘우치고 좋은 사람이 될 수 있다고. 물론, 할머니의 가르침대로 50년을 살아오면서 저자는 다양한 종류의 사람들을 만나고, 많은 상처를 받다보니 인간이 과연 선한가에 대한 약간의 회의가 드는 것은 어쩔 수 없다. 살다보면, 상식적으로 정말 이해가 안 되는 행동을 하는 사람들을 종종 만나게 된다. 여러분은 어떻게 생각하는가? 인간은 과연 선한가?

2.8 요약

　　윤리철학 이론을 살펴보는 것이 매우 추상적이고, 비즈니스 세계와는 전혀 동떨어진 것처럼 보인다. 그럼에도 불구하고, 윤리철학은 기업윤리에서 다루는 윤리적 문제를 생각하고, 판단하고, 결정하도록 하는 근본적 사고체계이다. 우리는 윤리이론을 특정한 결정을 위해 필요한 규칙으로 생각하려는 유혹에서 벗어나야 한다. 윤리이론은 보편적 사고방식의 정확하고, 분명한 기본원칙이다. 일단 원칙이 제시되면, 철학자의 역할은 원칙에 근거한 결정을 내리고, 그 결정을 도출하기 위해 사용된 타당한 근거를 제시하는 것이다. 원칙은 우리가 실제적 의사결정을 하는데 많은 도움을 준다. 따라서 윤리이론은 우리가 처음에 생각한 것만큼 추상적이거나, 모호하지 않다. 윤리이론은 우리의 사고방식을 이끌도록 발전된 만큼 보편적 사고방식의 형태를 갖는다.

　　공리주의에 대해 생각해보자. 공리주의적 사고방식의 근본은 우리가 무엇을 할 것인지 결정하기 전에 우리의 행동이 불러올 모든 결과를 생각하는 것이다. 또한 우리는 행동의 결과뿐만 아니라 우리의 행동으로 인해 다른 사람들이 받을 영향도 함께 고려해야 한다. 공리주의를 지지하는 사람들은 이것을 실제상황에 적용하려고 노력한다. 그렇게 함으로써, 공리주의는 근본적인 윤리적 질문에 답하는 접근법이다. 우리는 삶을 어떻게 살아갈 것인가?

　　대부분의 경제와 관련된 결정이 공리주의를 토대로 정당화된다. 공리주의의 장점과 단점을 모두 이해하는 것은 많은 경제적 문제를 이해하고, 해결하기 위해 반드시 필요하다. 공리주의는 시장경제, 주식회사, 공공정책, 금융, 고용, 소비주의, 그리고 세계무역에 이르기까지 다양한 분야에 이론적 근거를 제공하는 중요한 역할을 수행해왔다.

　　원칙을 바탕으로 한 의무론은 목적이 수단을 정당화시키지 않는다는 보편적 관점이다. 공리주의가 행동의 결과에 초점을 맞춰 판단한다면, 의무론은 원칙에 입각해 결과와 상관없이 결정한다. 인간의 어떤 행동은 원칙과 관련된 것으로 그 자체로서 옳거나 그르다. 비록, 유익한 결과가 나오지 않는다 하더라도 원칙적으로 옳다면, 반드시 행동해야 하는 것이 의무이고, 책임이다. 개인의 권리를 존중하고, 윤리적 의무를 이행하는 것은 좋은 결과를 생산하려는 목적과는 관계가 없는 것이다. 즉, 옳은 일은 행동해야 하고, 그 행동의 결과가 좋게 나오면 좋지만, 좋지 않은 결과가 나오더라도 옳은 일은 반드시 행동해야 한다는 관점이다.

권리와 의무는 앞으로 우리가 다룰 모든 윤리문제에서 중요한 역할을 할 것이다. 칸트의 윤리학이 기업에서 직원이 어떻게 대우받아야 하는지에 대한 토론에 많은 기여를 할 수 있다고 확신한다. 만약, 우리가 직원이 받아야 할 적절한 대우에 대해 토론하면서 인적자원관리라든지 생산요소로서의 노동력과 같은 말을 사용한다면, 이것은 직원을 단순히 생산성을 향상시키기 위한 목적을 위한 수단으로 취급하는 것이다. 회계사, 감사, 변호사, 재무분석가, 그리고 경영자 등 감독직을 수행하는 역할과 관련이 있는 전문가로서의 책임은 비즈니스 활동에 대한 일종의 윤리적 제약이라고 할 것이다.

미덕윤리는 우리로 하여금 '나는 어떤 사람인가?'라는 질문을 통해 어떤 특정한 결정이나 행동으로부터 우리 스스로를 돌아보도록 만든다. 우리는 어떤 사람이 될 것인가? 우리는 삶의 과정을 통해 믿고, 판단하고, 원하고, 행동하고, 성격을 형성한다. 성격은 우리의 습관, 성질, 그리고 태도에 의해 형성된다. 미덕윤리는 개인적 습관과 성격적 특성이 우리의 삶을 의미 있고, 행복하게 할 수 있다고 강조한다. 정직, 고결, 겸손, 그리고 신뢰와 같은 미덕이나 욕심, 물질주의, 호전성, 그리고 무례함과 같은 악덕을 통해 미덕윤리는 기업윤리에서 다루는 많은 윤리문제의 판단에 중요한 역할을 한다. 본장에서 소개된 기본적인 윤리적 접근방법은 여러분으로 하여금 기업윤리를 잘 이해하고, 향후에 여러분이 비즈니스를 할 때, 책임 있는 윤리적 결정을 하도록 도와줄 것이고, 여러분에게 많은 중요한 교훈과 깨달음을 제공할 것이다.

한 가지 예를 들어 세 가지 주요 윤리이론의 차이점에 대해 알아보면서 본 장을 마치고자 한다. 배 한 척이 태평양을 횡단하고 있다고 가정하자. 이 배에는 선장, 선원, 그리고 승객을 포함하여 100명의 사람들이 타고 있다. 불행하게도, 배의 부력을 조절하는 장치에 문제가 생겨서 배는 오직 90명을 태울 수 있는 상태가 되었다. 즉, 즉시 10명이 배에서 내리지 않으면, 배는 곧 침몰한다. 이 절박한 상황에 대해 세 가지 주요 윤리이론은 어떻게 판단할까? 먼저, 공리주의자들은 최대다수의 최대행복을 위해 10명이 희생되어야 한다고 주장할 것이다. 그러나 이 주장에는 두 가지 문제가 있다. 첫째, 희생될 10명을 어떻게 선발할 것인가? 둘째, 10명은 소수이기 때문에 나머지 90명을 위해서 희생되어도 좋은가? 다음으로, 의무론자들은 동일한 상황에 대해 모든 생명은 똑같이 고귀하므로 10명을 선택해서 희생시키는 것은 옳지 않고, 죽든 살든 100명 모두가 운명을 함께 해야 한다고 주장할 것이다. 그러나 이 주장에도 문제는 있다. 왜 90명이 살 수 있는데 100명이 모두 죽어야 하는가? 마지막으로, 미덕윤리자들은 동일한 상황에 대해 희생적이고, 용기 있는 10명이 스스로 희생하는 것이 옳다고 주장할 것이다. 그러나 이 주장에도 문제가 있다. 스스로 희생하기로 선택한 10명은 그 100명 중에서 가장 희생적이고, 용기 있는 사람들이다. 왜 윤리적으로 가장 훌륭한 사람들이 희생되어야 하는가?

연습문제

01   윤리적 상대주의에 대해 설명하고 윤리적 상대주의가 가지는 철학적 문제점을 설명
하시오.

02   공리주의, 원칙을 바탕으로 한 의무론, 그리고 미덕윤리에 대해 설명하시오.
세 가지 이론 중에서 여러분은 어느 것을 가장 선호하는가?
그 이유는 무엇인가?

03   공리주의가 가진 문제점을 설명하시오.

04   원칙을 바탕으로 한 의무론은 인간의 기본권과 인간본성에 대해 어떻게
설명하는가?

05   미덕과 악덕의 종류를 생각나는 대로 모두 나열해 보시오. 여러분이 나열한
다양한 미덕과 악덕은 어느 시대에서나 어느 장소에서나 항상 미덕이나
악덕으로 평가되는가? 그 이유는 무엇인가?

📖 사례 2-1. 점입가경(漸入佳境): 롯데그룹 형제의 난

출처: 매일경제, 2015. 8. 3

지난 7월 27일 아버지 신격호 롯데그룹 총괄회장을 앞세워 장남인 신동주 전 일본 롯데홀딩스 부회장이 일으킨 '반란'을 차남인 신동빈 롯데그룹 회장이 다음 날 아버지를 퇴진시키며 마무리되는 듯했던 형제간 경영권 다툼이 격화하는 양상이다. 신동주 전 부회장이 최근 부친이 자필 서명한 신동빈 회장(일본 롯데홀딩스 대표) 해임 지시서를 전격 공개하자, 한국 롯데그룹 측도 '적법절차 없어 무효'라고 정면대응하면서 형제는 말 그대로 사활을 건 전면전에 들어갔다. 두 사람은 일본 롯데홀딩스 확보 지분과 경영권 분쟁 배경, 부친 신격호 총괄회장의 건강 상태 등에서 완전히 엇갈린 주장을 펴며 '진실 공방'이 달아오르고 있다.

왕자의 난, 경위는? 전모는 여전히 베일

지난 7월 27~28일 이틀간 벌어졌던 롯데그룹 '1차 형제의 난'의 전모는 여전히 베일에 가려져 있다. 신동주 전 부회장이 27일 신격호 총괄회장을 전세기로 일본에 데려가 일본 롯데홀딩스 주요 이사들을 구두 해임했으나 신동빈 회장이 다음 날 정식 이사회를 열어 이를 뒤집었다는 게 드러난 모습이다. 하지만 신 전 부회장이 이후 밝힌 내용은 사정이 조금 다르다. 신 총괄회장이 신동빈 회장에게 직접 '일본 롯데그룹 직책에서 물러나라'고 지시했으나 신동빈 회장은 사퇴 지시를 거부했다. 그러자 신 총괄회장이 '내가 직접 가서 해임을 명령하겠다'며 일본으로 갔다는 게 신 전 부회장의 설명이다. 지시서 공개 역시 신 총괄회장의 뜻이라는 점을 보여주기 위한 행동으로 보인다. 반면 신동빈 회장 측은 '판단이 어려운 아버지를 형이 부추겼다'고 주장한다. 신 전 부회장 측이 고령으로 건강 상태가 좋지 않은 부친을 이용하고 있다는 것이다. 롯데그룹 고위 관계자는 "신 총괄회장이 건강상의 이유로 판단력이 흐려진 상태다. 신 전 부회장 측이 신 총괄회장 측에 장막을 치고 이 점을 악용하고 있다. 지시서 역시 정식 이사회 의결을 거치지 않아 무효"라고 반박했다.

제 2 장 기업윤리의 이론적 배경

서로의 주장이 첨예하게 맞서면서, 롯데 사태는 가족 간 대결 양상마저 띠고 있다. 신동빈 회장에게 반기를 든 일부 친척이 신동주 전 부회장 측에 가세하면서다. 롯데그룹 측에선 신격호 총괄회장의 셋째 남동생인 신선호 일본 산사스 사장, 신영자 롯데복지재단 이사장, 신동인 롯데자이언츠 구단주 직무대행 등이 신동빈 회장에게 맞서고 있다고 본다.

배경은 무엇? 정리 안 된 형제간 지분

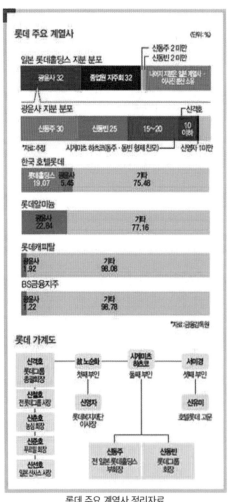

롯데 주요 계열사 정리자료
(연합뉴스 자료사진)

수그러들지 않은 후계 다툼에서 1차 관문은 한국과 일본 롯데 지배구조의 정점에 있는 일본 롯데홀딩스를 누가 장악하느냐다. 신 전 부회장과 신 회장은 롯데홀딩스의 주도권을 서로 쥐고 있다고 주장한다.

롯데그룹은 계열사들이 꼬리에 꼬리를 물고 순환출자고리를 형성하고 있어, 오너 일가가 소수 지분으로 그룹 전체를 지배하고 있다. 공정거래위원회에 따르면 롯데그룹은 지난 4월 기준 416개의 순환출자고리를 갖고 있다. 다른 대기업들이 순환출자구조를 단순화하거나 지주사 체제로 전환하고 있는데 롯데만 여전히 총수 일가 소유 회사가 수백 개의 계열사를 거느리는 구조를 유지하고 있는 셈이다. 이 때문에 핵심 계열사를 뺏으면 전체 경영권을 차지할 수 있는 취약한 특성이 이번 분쟁을 낳았다는 분석이다. 특히 한국과 일본 계열사들의 지분이 뒤섞여 있고 지배구조 정점에 있는 롯데홀딩스, 광윤사는 베일에 감춰져 있었다.

따라서 롯데그룹의 후계구도 2라운드는 롯데홀딩스와 광윤사를 누가 장악하느냐에 따라 판가름 날 가능성이 높다. 지금까지 알려진 바로는 롯데홀딩스의 지분 중 신 전 부회장과 신동빈 회장 지분은 2% 미만으로 미미하다. 반면 광윤사 32%, 종업원 지주회가 32%로 최대 주주다. 나머지는 일본 이사진과 계열사들이 분산 소유하고 있다. 신 전 부회장 측은 "광윤사 지분 33%와 종업원 지주회를 더하면 3분의 2를 장악하고 있다."고 주장한다. 광윤사는 신 전 부회장이 30% 정도로 최대 지분을 갖고 있고, 신동빈 회장이 25% 안팎을 보유하고 있는 것으로 알려졌다. 나머지는 신격호 총괄회장과 부인인 하츠코 여사, 신영자 이사장 등이 주식을 갖고 있다. 신 전 부회장은 광윤사의 최대 지분을 갖고 있는데다 부친과 누나의 지지를 받고 있어 롯데홀딩스도 장악할 수 있다는 논리를 펴는 것이다.

롯데그룹 측은 그러나 종업원 지주회나 일본 내 롯데 계열사들이 신동빈 회장을 지지한다고 강조한다. 한국 롯데를 일본의 20배 이상으로 키운 신 회장의 경영 능력을 높이 산다는 것이다. 롯데그룹 최고위 관계자는 "일본 롯데홀딩스 이사회나 종업원들은 일본과 한국이 신동빈 회장 아래 하나의 롯데로 가야 한다는 점에 대체로 동의하고 있다."고 강조했다. 신 회장 측은 광윤사 지분 없이도 60% 이상의 지지를 얻고 있다는 주장을 펴는 셈이다.

향후 전망은 안갯속, 롯데그룹 쪼개질 수도…

이런 흐름에 비춰볼 때 롯데그룹 후계자 다툼은 롯데홀딩스의 주주총회로 연결될 가능성이 커지고 있다. 신 전 부회장 측은 주총에서 신 회장을 대표이사 자리에서 해임시키겠다고 벼른다. 반면 롯데그룹 측은 주주총회까지 가는 일을 바라지는 않는다. 이미 신동빈 회장이 대표이사로 이사회를 장악한 상태에서 주총 개최로 표 대결이 벌어지는 상황은 원치 않는 것이다. 앞의 롯데그룹 최고위 관계자는 "신 전 부회장 측에서 아직 주주총회를 신청하지도 않았다. 우호 지분이 열세이기 때문"이라 주장했다.

문제는 동주―동빈 두 형제 중 한쪽에 힘이 실리더라도 경영권 분쟁이 쉽게 끝나지 않을 것이라는 점이다. 그간 승계 작업을 해왔던 신 회장의 승리로 끝나게 되더라도 신 총괄회장과 신 이사장, 신 전 부회장 라인에 대한 제거 작업이 불가피할 것으로 보인다. 신 전 부회장 측에 힘이 실리면 문제는 더 복잡해진다. 소송 가능성도 있다. 일단 신 전 부회장과 신동빈 회장 측 지분이 큰 차이를 보이지 않는 만큼, 회사 소유권을 둘러싸고 법적 다툼으로 이어질 공산이 크다. 알려진 대로 신격호 총괄회장의 건강이 좋지 않다면, 하츠코 여사의 의중이 어디에 있는지가 중요한 변수로 떠오를 가능성도 있다.

어찌 됐든 승계의 정당성을 놓고 형제간 다툼으로 민낯을 드러내면서 후유증은 심각할 전망이다. 한국과 일본 롯데가 각각 독자 경영을 한다고 했지만 실제로는 일본에서 한국 롯데를 지배하는 모양새가 드러났기 때문이다. 한 재계 관계자는 "롯데는 재계 서열 5위다. 실체도 불분명한 일본 기업들이 한국 롯데를 좌지우지하는 상황은 국민 정서상 용납되기 힘들다."고 지적했다.

롯데 '왕자의 난' 끝나지 않았다… 향방 '안갯속' (연합뉴스, 2015. 10. 18 기사)

- "롯데그룹 왕자의 난이 끝났습니까?"
  (지난 9월17일 국회 국정감사에서 새정치민주연합 김영환 의원의 질문)

- "네, 끝났습니다."
  (국감에 증인으로 출석한 신동빈 롯데그룹 회장의 답변)

롯데그룹 경영권 분쟁은 지난 8월 신동빈 회장의 일본 롯데홀딩스 주주총회 승리로 일단락되는 듯했다. 그러나 신동주 전 일본 롯데홀딩스 부회장이 이달 초부터 전방위적인 공세에 나서면서 분쟁은 재점화됐다. 신 전 부회장은 소송전, 지분 확보, 여론전 등 각종 수단을 동원해 한·일 경영권을 장악한 동생 신동빈 회장을 상대로 파상 공세를 이어가고 있다.

신동주 일본 롯데홀딩스 부회장(왼쪽)과 신동빈 롯데그룹 회장(오른쪽)
(연합뉴스 자료사진)

롯데그룹은 신동빈 회장이 경영능력을 인정받아 상법상 절차인 주주총회와 이사회를 거쳐 경영권을 확보한 만큼 신 전 부회장 측 공세에 흔들리지 않고 차분하게 그룹 사업과 개혁 과제를 이행해나간다는 방침이다. 형제간의 경영권 다툼이 장기화하면서 롯데면세점 재승인, 호텔롯데 상장(IPO) 등 당면 과제가 차질을 빚을 우려가 커지고 있다.

신격호, 장남 공개 지지에도 판단력 논란 여전

롯데그룹 창업주이자 신동주·신동빈 형제의 부친인 신격호 총괄회장은 16일 롯데호텔 34층 집무실에서 기자들과 만나 "후계자는 장남이 될 것"이라고 밝혔다. 신 총괄회장이 공개적으로 장남 지지 발언을 한 것은 처음으로, 경영권 관련 소송전 등에 일정 부분 영향을 끼칠 가능성이 있어 보인다. 신동주 전 부회장을 돕는 민유성 전 산은지주 회장(SDJ코퍼레이션 고문)은 18일 연합뉴스와의 통화에서 "신 전 부회장이 그동안 신격호 총괄회장의 지지를 받고 있다고 말해온 것이 입증된 셈"이라고 말했다. 그러나 롯데그룹은 "신동주 전 부회장이 주도하는 대로 일시적이고 단기적인 상황에서 나온 발언"이라며 "신 총괄회장에게 맥락을 자세하게 보고하고 그때 가서 어떻게 생각하는지 물어보는 절차가 필요하다."고 반박했다.

신 총괄회장은 경영권 분쟁 후 첫 인터뷰를 통해 입장을 표명했지만, 94세라는 고령의 나이로 인해 끊임없이 제기되는 판단력 논란을 완전히 불식시키지는 못했다. 신 총괄회장은 인터뷰에서 "아직 10년, 20년이고 더 일할 생각"이라고 말했다. 이 발언만 보면 90세가 넘는 나이에 경영 활동을 10년, 20년 더 하겠다는 것이 과연 상식적이고 명확한 판단에 의한 것이냐는 지적이 나올 수 있다. 민 전 회장은 "롯데그룹을 지난 70년간 성공적으로 끌어온 분이기에 그렇게 이야기할 수 있는 것 아니냐."며 "판단력의 문제까지 연결할 사안이 아니다."라고 잘라 말했다. 이종현 롯데그룹 상무는 "롯데는 상법의 지배를 받는 기업으로서 주주총회, 이사회 등의 의사결정을 통해 운영돼야 한다."며 "누군가의 지시가 아니라 이같은 절차에 따라 기업을 운영하는 기본 틀은 앞으로도 변함없다."고 말했다.

한·일 소송전… 양측 모두 '자신'

신동주 전 부회장은 신격호 총괄회장의 위임을 받아 일본 법원에 '신 총괄회장의 일본 롯데홀딩스 대표이사 해임에 대한 무효소송'을, 한국 법원에는 '호텔롯데와 롯데호텔부산의 이사 해임에 대한 손해배상 청구소송' 및 '롯데쇼핑 회계장부 열람 등사 가처분 신청' 등을 제기한 상태다. 신 전 부회장 측은 "이제 전쟁의 시작"이라며 추가 소송을 예고했다. 신 전 부회장은 롯데그룹 지배구조 정점에 있는 일본 롯데홀딩스 최대주주 자격을 발판삼아 롯데 계열사 회계자료 요청이나 이사 및 경영진에 대한 민형사상 고소 등을 검토하고 있다.

또한, 신 총괄회장이 장남 공개 지지를 한 만큼 의료진이나 진단서 등을 동원해 신 총괄회장의 판단력 문제를 거론해 온 롯데그룹 측을 상대로 명예훼손 소송 등을 제기할 가능성도 제기된다. 여러 소송이 동시다발적으로 진행되기에 소송의 향방을 가늠하기 어려운 상황이지만, 양측은 승리를 자신하고 있다. 신동주 전 부회장 측 김수창 변호사는 지난 8일 기자회견에서 소송 승산에 대해 "저희는 당연히 100% 이긴다."고 말했다. 롯데그룹 고위 관계자는 앞서 지난 8월 연합뉴스에 "결국 소송으로 갈 것"이라며 "법리적으로 우리가 유리하기에 완승할 것"이라고 말한 바 있다.

롯데홀딩스 종업원지주회 지지 어디로 향할까

롯데 경영권 분쟁에서 또 다른 핵은 일본 롯데홀딩스 종업원지주회다. 부장급 이하 직원으로 구성된 종업원지주회는 롯데홀딩스의 지분 중 27.8%를 차지하는 주요주주다. 종업원지주회를 우호지분으로 확보하느냐가 향후 주주총회 승리의 결정적 변수로 작용한다. 나머지 지분은 ● 광윤사 28.1% ● 관계사 20.1% ● 투자회사 LSI(롯데스트레티지인베스트먼트) 10.7% ● 가족(신동주 1.62%, 신동빈 1.4% 등) 7.1% ● 임원 지주회 6.0% ● 롯데재단 0.2% 등이 나눠 갖고 있다. 신동주 전 부회장은 개인 지분 1.62%에 광윤사 지분 28.1%를 더해 29.72% 만큼의 지배력을 행사할 수 있는 상태다. 신동빈 회장은 개인 지분이 1.4%지만 종업원지주회와 임원지주회 등의 지지를 바탕으로 과반이 넘는 우호지분을 확보하고 있다고 주장하고 있다. 이는 신 회장이 지난 8월 롯데홀딩스 주주총회에서 승리하면서 어느 정도 입증된 부분이다.

문제는 앞으로다. 신동주 전 부회장이 '신격호 총괄회장의 지지'와 '신동빈 회장의 경영능력 부족'을 내세워 종업원지주회 설득에 총력을 기울이고 있기 때문이다. 신동빈 회장 측에선 현재 일본 롯데홀딩스 대표이사로서 내부 직원 결집에 유리한 이점을 활용해 종업원지주회를 붙잡아두려는 노력이 있을 것으로 예상된다.

📖 사례 2-2. 대형마트 3사 '갑질'에 칼 빼든 공정위

출처: 연합뉴스, 2015. 11. 1

공정거래위원회, 대형마트 3사 불공정행위 혐의 적발

공정거래위원회가 이마트·홈플러스·롯데마트 등 대형마트 3사가 납품업체들을 상대로 불공정행위를 한 혐의를 적발하고 곧 제재 절차에 들어갈 예정이다. 신영선 공정위 사무처장은 지난달 29일 기자간담회에서 "올해 상반기 대형마트 3사를 조사한 결과, 불공정행위가 확인됐다."며 "12월 중 안건을 전원회의에 올려 제재 여부를 결정할 예정"이라고 밝혔다.

신영선 공정거래위원회 사무처장
(연합뉴스 자료사진)

공정위는 올해 2월부터 대형마트 3사를 대상으로 직권조사를 벌였다. 직권조사란 피해 당사자의 신고 없이 공정위가 자체적으로 불공정행위 의심 사업장을 조사하는 것이다.

직권조사를 통해 공정위가 잡아낸 혐의는 크게 세 가지다. 첫 번째는 대형마트

기업윤리

들이 부서별로 설정한 영업이익 목표를 달성하기 위해 납품업체에 지급해야 할 대금을 덜 준 경우다. 상품대금에서 판촉비와 광고비 명목으로 일정액을 빼고 주는 방법을 썼다. 두 번째는 매월 채워야 하는 영업이익을 달성하려고 미래에 발생할 수 있는 광고비, 판매장려금, 판매촉진비 명목으로 납품업체들에 미리 돈을 받아낸 것이다. 세 번째는 새로운 점포를 열거나 기존 점포를 재단장할 때 납품업체에 직원 파견을 강요하고 파견 온 직원에게 상품 진열 등을 시키고도 인건비를 주지 않은 혐의다.

대형마트가 납품업체에 인건비를 전가하는 등 '갑질'을 한다는 지적은 지난해부터 국회에서 제기됐다. 공정위가 제재를 예고한 대형마트 3사 가운데 롯데와 신세계는 다음 달 초 면세점 입찰전을 앞두고 있다. 면세점 특허 심사 기준에는 사업역량과 입지조건 외에도 사회기여도가 포함된다. 신 사무처장은 "대형마트들이 3년 이내에 위법행위를 한 횟수를 봐서 가중처벌 여부를 고려할 것"이라고 말했다.

📖 사례 2-3. "지구촌 환경보호 위해 뛰어라" 온난화에 맞서는 슈퍼리치들

출처: 연합뉴스, 2015. 12. 4

- 디카프리오, 영화제작으로 기후변화 해결촉구
- '괴짜 억만장자' 리처드 브랜슨, 환경운동가 변신
- 빌 게이츠 · 리카싱 · 비노드 코슬라 등 부호들
  메탄 감축 위해 '식물성 인공고기' 투자
- 손정의, IT활용 아산화질소 최소화 농업진출

　　"이제는 환경 보호를 위한 행동을 취할 때입니다." 지난해 9월 미국 뉴욕에서 열린 유엔(UN) 기후변화 정상회담 개막날, 할리우드 배우 레오나르도 디카프리오(Leonardo DiCaprio · 41세)가 'UN 평화대사' 자격으로 참석해 이같이 말했다. 그는 이 자리에서 "사람들은 기후 변화를 남의 일처럼 생각하지만 기후 변화는 가속화하고 있다."며 기후변화의 심각성을 지적했다. 기후변화의 주범인 석탄 · 석유 등 화석연료의 대량 사용으로 지구온난화가 갈수록 심각해지고 있다. 최근에는 지구온난화로 인해 전 세계적으로 폭우와 홍수, 해수면 상승, 빙하 해빙 등 기상 이변 현상까지 빈번하게 발생하는 상황이다.

　　이에 따라 지난달 30일 약 150개국 정상이 한자리에 모이는 유엔기후변화협약 당사국총회(COP21)가 프랑스에서 개막했다. 이번 총회에서는 지구 온난화를 막기 위해 2020년 이후부터는 선진국이나 개발도상국 가리지 않고 모두 온실가스 배출량을 줄이도록 하는 것을 목표로 논의가 진행 중이다. 지구온난화의 심각성을 인지한 슈퍼리치들의 행보도 덩달아 빨라지고 있다. 다양한 분야의 부호들은 각자 새로운 방식으로 기후변화를 해결하기 위해 나서는 중이다.

리처드 브랜슨 버진그룹 회장과 앨 고어 전 美부통령,
지난해 UN기후변화 정상회담에서 기후변화 해결을 촉구하는 레오나르도 디카프리오
(연합뉴스 자료사진)

'영화 제작'으로 기후변화 해결 촉구

세계적인 톱스타이자 2억 4,500만 달러(한화 약 2,800억 원)의 자산가로 유명한 디카프리오는 할리우드의 대표적인 환경 운동가이다. 그는 2004년 반(反)환경 정책을 이유로 조지 W. 부시 전 대통령의 재선을 적극적 반대하고, 하이브리드 차량 구매를 독려하는 등 활발한 환경운동을 해왔다. 특히 디카프리오가 지구온난화의 위험성을 대중에 알리는 방법은 영화 제작을 통해서다. 2007년 환경 다큐멘터리 영화 '11번째 시간'을 제작한 경험이 있는 그는 최근 불거진 유럽 최대 자동차업체 폴크스바겐의 배기가스 조작 스캔들에 대해서도 직접 영화 제작에 나설 계획이다.

1998년에는 환경보호를 위해 자신의 이름으로 된 공익 재단을 설립해 수백만 달러를 기부했다. 또 탄소 배출을 줄이기 위해 전세 비행기를 이용하지 않고 민간 여

객기를 이용하고 있으며, 평소 하이브리드차를 몰고 집에는 태양광 패널을 설치했다. 최근에는 숲이 파괴된 무인도의 생태환경을 복원하는 작업을 시작했다. 그는 카리브해 벨리즈 연안에 있는 무인도 '블랙어도르 카에'(Blackadore Caye)에 인공 산호초와 물고기 쉼터 등 친환경 시설을 조성 중이다. 이 섬은 사람들로 인해 맹그로브숲이 파괴되는 등 환경훼손이 심각했다.

디카프리오는 약 42만㎡ 크기의 이 섬을 2005년 175만 달러에 매입했다. '괴짜 억만장자'로 알려진 영국의 리처드 브랜슨(Richard Branson · 64세) 버진그룹 회장도 2006년 앨 고어(Al Gore · 67세) 전 미국 부통령을 만난 이후 '환경운동가'로 변신했다. 고어 전 부통령은 2006년 제작한 다큐멘터리 '불편한 진실'을 통해 지구 온난화로 인해 기상 이변 현상이 나타나고 있다며 기후 변화 문제를 해결하기 위한 행동을 촉구한 바 있다. 앨 고어를 만나 지구온난화에 관심을 가진 그는 2006년 향후 10년간 버진항공과 버진철도의 순이익 전액을 지구온난화를 해결하는 데 쓰기로 약속했다. 예상되는 10년간의 순이익은 30억 달러에 달한다. 또 2007년에는 대기에서 상당한 양의 탄소를 제거하거나 이동시키는 기술을 개발하는 사람에게 2,500만 달러의 상금을 주겠다는 공약을 내걸기도 했다. 특히 그는 지구 해양 보전을 위한 '오션 엘더스', 지구온난화 방지를 위한 '카본 워룸' 등 비영리단체에 막대한 금액을 기부하고 있다. 브랜슨 회장은 평소 열기구를 타고 세계 일주를 하는 등 각종 탐험을 즐기면서 환경 보호의 필요성을 온몸으로 느꼈다. 선천적 난독증으로 고교를 중퇴한 브랜슨은 일찌감치 창업에 뛰어들어, 항공과 철도 등 여러 사업에 도전한 끝에 억만장자의 반열에 올라섰다. 브랜슨의 자산은 49억 달러로 평가된다.

메탄 배출 줄일 '인조고기' 개발

최근 축산업이 기후변화의 주범 중 하나라는 비판 여론이 커지고 있다. 실제 소나 염소 등 가축이 내뿜는 방귀와 트림으로 엄청난 양의 메탄이 발생한다. 유엔 식량농업기구(FAO)에 따르면 전 세계 축산업에서 발생하는 연간 온실가스 배출량은 71억 이산화탄소톤(tCO₂ · 온실가스 배출량을 이산화탄소 기준으로 환산한 값)로, 전체 배출량의 14.5%에 달하는 것으로 추산된다.

결국 기후변화를 억제하려면 전 인류가 육류 소비를 줄여야 하지만 고기 소비량을 감소시키는 게 쉽지 않다. 이런 상황에서 IT 업계 슈퍼리치는 육류를 대체할 '인공 고기' 생산 기업에 투자를 늘리고 있다. 마이크로소프트(MS) 창업자 빌 게이츠와 코슬라 벤처스 대표인

최근 인공 고기를 만드는 스타트업 여러 곳에 거액의 투자를 한, 리카싱 CKH홀딩스 회장
(연합뉴스 자료사진)

비노드 코슬라, 홍콩 최대부자 리카싱(李嘉誠) CKH홀딩스 회장 등은 '식물성 고기'를 만드는 신생 벤처기업(스타트업) 임파서블푸드(Impossible Foods)에 총 1억 800만 달러를 투자했다.

스탠포드대학 생물학자인 패트릭 브라운(Patrick Brown)이 2011년 설립한 임파서블푸드는 식물성 원료만으로 고기 맛이 나는 패티와 인공 치즈를 개발해 '식물성 치즈 햄버거'를 파는 기업이다. 인조 치즈는 아몬드와 마카다미아 오일 등으로 제조한다. 인공 계란을 개발한 햄튼크릭(Hampton Creek)은 빌 게이츠를 비롯해 리카싱, 야후 창업자 제리 양, 비노드 코슬라, 페이팔 창업자 피터 틸, 페이스북 공동 설립자 왈도 세브린 등으로부터 1억 2,000만 달러의 투자를 받았다. 햄튼크릭은 농작물을 원료로 달걀과 똑같은 맛과 향기를 가진 인공계란을 만들어 마요네즈, 쿠키도우 등의 제품으로 만들어 판매하고 있다.

트위터 공동 창업자인 에반 윌리엄스, 비즈 스톤은 콩으로 고기를 만드는 비욘드미트(Beyond Meat)에 투자했다. 에단 브라운(Ethan Brown) 교수 등 미국 미주리 대학 교수들이 2009년 설립된 비욘드미트는 콩 단백질을 이용해 인공 소고기 · 닭고기를 만드는 스타트업이다. 비욘드미트의 목표는 식물 단백질을 이용해 동물 단백질을 대

체할 수 있는 고기 소비 시장을 만들어내는 것이다.

숲 파괴 막을 '어그테크'

농업 활동에서도 온실가스가 다량 배출된다. 토양에 뿌려진 비료 등으로 인해 발생하는 아산화질소도 기후변화를 유발하는 대표적인 물질이다. 특히 경작지가 확장되면서 이산화탄소를 흡수하는 숲이 파괴되고, 이와 동시에 화석연료의 사용이 늘어나는 것도 큰 문제로 꼽힌다. 이런 문제를 해결하기 위해 슈퍼리치는 농업에 첨단 IT를 접목해, 기존 경작지에서 나오는 수확량을 획기적으로 늘리는 기술에 투자하고 있다. 바로 '어그테크'(AgTech)의 데이터 분석 기술을 활용해, 토양에서 나오는 아산화질소 배출을 최소화하겠다는 것이다. 또 어그테크의 자동화기술을 이용하면 화석연료 사용도 대폭 줄일 수 있다.

에릭 슈미트 알파벳(구글의 지주회사) 회장
(연합뉴스 자료사진)

에릭 슈미트(Eric Schmidt · 60세) 알파벳(Alphabet, 구글의 지주회사) 회장은 자신이 설립한 벤처 캐피탈 업체 '이노베이션 엔데버'(Innovation Endeavors)를 통해 최근 어그테크 스타트업에 대거 투자하고 있다. 실제 이노베이션 엔데버는 올해 초 토양에 따라 필요한 물의 양을 알려주는 스마트 센서 시스템을 개발한 '크롭엑스'(CropX)에 900만 달러를 투자하고, 지난해 3월에는 어그테크 신생기업 '블루리버 테크놀로지'(Blue River Technology)에 1,000만 달러를 투자했다. 블루리버는 클라우드 서비스와 로봇기술을 이용해 토양에 영양분을 적절히 공급하는 시스템을 개발한 업체다.

지난해 말에는 식량 제조 컨소시움 '팜2050'(Farm2050)도 조직해, 2050년까지 농작물 생산을 70% 증산하겠다고 밝혔다. 소프트웨어와 하드웨어 결합을 통해, 물 사용량을 획기적으로 줄이면서도 수확량을 대폭 늘리겠다는 계획이다. 팜2050 컨소시움에는 종자 · 비료 등을 생산하는 화학기업 듀폰(DuPont), 전자제조서비스(EMS) 전문기업 플렉트로닉스(Flextronics) 등이 참여했다. 구글은 현재 플렉트로닉스와는 농작물 모니터링 센서를 개발 중이며, 향후 여러 기업들과 다양한 어그테크 시스템 개발에 나설 계획이다.

재일교포 3세 손정의(손 마사요시·58세) 회
장이 이끄는 일본 최대 IT 투자 기업 소프트
뱅크도 첨단 IT 기술을 활용해, 아산화질소
배출을 최소화하는 농업 활동에 나선다. 소
프트뱅크는 내년 봄 홋카이도(北海道)에 농업
생산법인을 설립, 농업에 본격 진출할 것이라
고 밝혔다. 또 향후 수년 내 혼슈(本州)·규슈

손정의 소프트뱅크 회장
(연합뉴스 자료사진)

(九州) 등 농산물 생산기지를 전국 10여 곳으로 확대할 예정이다. 소프트뱅크는 습도
와 일사량 등을 측정하는 센서 등을 이용해 농작물의 생육상황을 파악하고, 분석하
는 방법으로 최적의 재배 방법을 도출해낼 계획이다.

📖 사례 2-4. 총허용어획량 줄이면 오징어 보호될까?

출처: 이데일리, 2016. 11. 23

올해 총 어획량 전년보다 14% 감축실효성 없는 TAC제도 점진적 개선
中 불법조업 있어 TAC만으로 한계

　　오징어는 우리나라에서 멸치에 이어 두 번째로 많이 잡히는 수산물이다. 주로 밤에 집어등을 밝힌 채 낚시로 잡는 오징어채낚기 어선이 조업을 했지만, 2000년 이후 자루모양의 그물을 던져 잡는 대형 트롤어선의 조업이 늘었다. 일부 채낚기 어선들이 불을 밝혀 오징어를 끌어 모으면 트롤어선이 쓸어 담는 불법공조조업으로 어자원고갈의 위협을 받고 있는 현실이다.

　　해양수산부가 올해 총허용어획량(TAC)을 전년보다 14% 감축하기로 한 것은 이처럼 급격하게 고갈 위협을 받고 있는 오징어, 대게 등 어족 보호 차원이다. TAC는 어종의 연간 잡을 수 있는 어획량을 설정해 그 한도 내에서만 어획을 허용해 자원을 관리하는 제도를 말한다. 오징어의 경우 지난해 TAC는 18만 6,000톤이었지만 올해는 14만 1,760톤으로 23.8% 감축됐다.

실효성 떨어진 TAC제도… 개선되나?

　　TAC제도는 1999년 도입됐지만 실효성은 떨어졌다. 물속에 있는 수자원을 정확하게 측정을 하긴 어렵지만, TAC는 최근 어획동향 및 자원 평가 등을 고려해서 수산자원관리위원회 심의를 거쳐 결정된다. 문제는 그간 TAC가 실제 어획량에 비해 과도하게 설정돼 있었다는 점이다. TAC 자체가 워낙 높다 보니 실제 현장에서는 제한 없이 마음껏 조업활동을 할 수 있었다. TAC를 넘어 제재를 받은 어선은 단 한 곳도 없다. 하지만 남획으로 어획량은 매년 줄어들기만 했다. TAC제도의 신뢰성이 크게 떨어진 것이다.

　　다행히 해수부는 자원관리라는 당초의 정책 목적을 달성하는 데 한계가 있다는 지적에 따라 앞으로 TAC를 실어획량 수준까지 단계적으로 감축하기로 했다. 올

해 오징어 허용어획량인 14만 1,760톤은 최근 어획량의 95% 수준까지 감축된 것이다. 이를 상한선으로 수산자원관리공단이 개별어선의 최신 어획량을 기준으로 연간 어획량을 분배하는 방식으로 이뤄진다. 각 위판장에서 수산자원조사원이 일일이 어획량을 조사해 만약 TAC를 넘게 어획할 경우 2년 이하의 징역과 2,000만 원 이하의 벌금이 부과된다.

하지만 130여 개 위판장에서 어획량을 확인하는 수산자원조사원은 70여 명에 불과해 정확한 어획량을 일일이 확인하기 어려움이 있어 여전히 실효성이 떨어지고 있다. 기본적으로 TAC대상 어종에 대한 자원 평가 신뢰성부터 높여야 하는 상황이다. 해수부 관계자는 "과거 TAC제도가 지나치게 어획최대량을 중심으로 운영되다보니 자원관리라는 정책 목표가 실현되지 못한 한계가 있었다."면서 "앞으로 실효성을 키우기 위해 TAC제도를 점진적으로 개선할 방침"이라고 말했다.

한·중·일 공동관리제, ITQ제도 필요

문제는 TAC제도가 개선되더라도 수자원 보호에 걸림돌은 여전히 많다. 무엇보다 중국 어선이 배타적경제수역(EEZ)를 침범해 불법 조업을 하고 있기 때문이다. 특히 대형 트롤 어선으로 '쌍끌이' 조업을 하면서 우리나라의 수산자원을 고갈시키고 있다. 한국 어선들이 TAC제도를 아무리 지키더라도 중국의 불법 조업을 막지 못하면 효용이 없는 것이다. 이런 이유로 한중일 공동어업위원회를 열어 '불법어업방지'에 대한 근본적인 개선책이 마련돼야 한다는 지적이 나오고 있다.

수산업 강국인 아이슬란드가 채택하고 있는 개별양도성어획할당량(ITQ) 도입도 필요하다는 주장도 나온다. ITQ는 어업인들이 자신들의 할당량을 매매할 수 있는 제도다. 본인에게 할당된 TAQ가 남는다면 조업 여력이 남는 어선에게 파는 방식이다. 어업인들이 자유롭게 할당어획량을 매매하면서 전체 수자원양은 유지할 수 있게 된다. OECD 수산위원회에서도 ITQ제도를 효과적인 자원관리수단으로 평가하고 권고하고 있다. 해수부 관계자는 "정부도 ITQ제도 도입에 대해 긍정적으로 보고 있다." 면서도 "다만 TAC제도의 신뢰성이 우선돼야 가능한 만큼 이를 개선하는 데 중점적으로 역량을 쏟겠다."고 말했다.

📖 사례 2-5. 식품 이물질 10건 중 1건 제조과정서 혼입

출처: 이데일리, 2016. 4. 4

벌레 〉 곰팡이 〉 금속 많아… 면·과자류 저온보관 필요

지난해 식품에서 발견된 이물질 10건 중 1건 이상은 제조과정에서 혼입된 것으로 나타났다. 식품 제조과정에서 들어간 이물질은 벌레와 곰팡이, 머리카락, 금속 등이 많았다. 4일 식품의약품안전처에 따르면 작년 한 해 식품에서 이물질 신고가 접수된 6천 17건의 사례 중 원인 조사가 끝난 건은 4천 328건이었다. 이 중 제조 단계에서 이물이 혼입된 사례는 11.1%(481건)에 달했다.

식품 제조 과정에서 이물질이 들어간 경우는 2014년(597건·12.5%)과 비교해 줄었으나 여전히 높다는 평가다. 식약처는 머리카락, 비닐 등의 이물질이 확인되면 해당 업체에 시정명령 조치를 하고, 금속, 유리 등이 나오면 품목 제조정지 7일 및 해당 제품 폐기 조치를 한다. 식품 이물질 중 소비·유통단계에서 들어간 경우는 27.7%(1천 199건)였고 소비자가 건조야채나 원료가 뭉쳐 있는 것 등을 오인 신고한 사례도 15.0%(650건)나 됐다. 그러나 46.2%에 달하는 1천 998건은 이물질 유입 경로를 명확히 판정하지 못했다.

한편 전체 식품 이물질 신고 중 벌레는 2천 251건(37.4%)으로 가장 많았고 이어 곰팡이(622건·10.3%), 금속(438건·7.3%), 플라스틱(285건·4.7%) 등이었다. 식약처는 살아있는 벌레 대부분은 식품을 보관·취급하는 과정에서 혼입되고 곰팡이는 유통 단계에서 용기·포장 파손, 공기 유입 등에 의해 발생한 것으로 파악했다.

식품 유형별로는 면류가 823건(13.7%)으로 신고 건수가 가장 많았고 과자류(774건·12.9%), 커피(654건·10.9%), 빵·떡류(451건·7.5%) 등이 뒤를 이었다. 면류, 과자류, 커피에서는 벌레가 나왔다는 이물 신고가 많았지만, 음료류, 빵·떡류에서는 곰팡이가 발생했다는 신고 건수가 더 많은 편이었다. 식약처는 포장에 비닐류를 주로 사용하는 면류, 과자, 커피 등은 화랑곡나방(쌀벌레) 애벌레가 포장지를 뚫고 침입할 수 있

어 보관할 때 주의하라고 조언했다. 식약처는 "면류, 과자 등은 밀폐용기에 보관하거나 냉장·냉동실 등 저온 보관하라."며 "이물 발견 시 제품과 이물질을 조사 공무원에게 꼭 전달해달라."고 당부했다.

❏ 연도별 이물 신고(보고) 현황

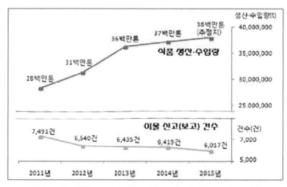

<연도별 식품 생산·수입량 및 이물 신고 건수 추이>

❏ 2015년 이물 종류 및 식품유형별 이물발생 신고 현황

식품종류	계	벌레	곰팡이	금속	플라스틱	유리	기타
계	6,017	2,251 (37.4%)	622 (10.3%)	438 (7.3%)	285 (4.7%)	95 (1.6%)	2,326 (38.7%)
면류	823	404 (49.1%)	45 (5.5%)	74 (9.0%)	54 (6.6%)	6 (0.7%)	240 (29.1%)
과자류	774	214 (27.6%)	71 (9.2%)	79 (10.2%)	28 (3.6%)	0 (0.0%)	382 (49.4%)
커피	654	384 (58.8%)	4 (0.6%)	27 (4.1%)	27 (4.1%)	4 (0.6%)	208 (31.8%)
빵 또는 떡류	451	56 (12.4%)	135 (29.9%)	58 (12.9%)	19 (4.2%)	4 (0.9%)	179 (39.7%)
음료류	354	68 (19.2%)	105 (29.7%)	8 (2.2%)	7 (2.0%)	23 (6.5%)	143 (40.4%)
기타	2,961	1,125 (38.0%)	262 (8.8%)	192 (6.5%)	150 (5.1%)	58 (2.0%)	1,174 (39.6%)

※ 각 조사 결과 비율은 전체 신고 건수(6천 17건) 기준으로 낸 것으로,
조사 불가를 제외했을 때의 비중과 차이가 있음.
(이데일리 자료사진)

📖 사례 2-6. 삼성, 갤럭시 노트7 위기극복 신의한수 보여줄까?
'위기를 기회로' 실리보다 명예 선택…
위기상황 여전

출처: 뉴스포스트, 2016. 9. 11

- 갤럭시노트7 폭발악재 '실리'보다 '명예' 선택
- 전세계 250만 대 전량 리콜로 2조 5,000억 손실
- 갤럭시 노트7 배터리 문제되자 조기진화 나서
- 리콜제품 사후처리, 후반기 경쟁사와 각축 관심

삼성전자
(뉴스포스트 자료사진)

　　삼성전자가 자사의 야심작인 갤럭시노트7의 배터리폭발 이슈에 대해 즉각적인 리콜조치를 취하는 것으로 급한 불을 껐다. 예약판매 대수만 40만 대를 기록하면서 전 세계적으로 250만 대 이상의 판매고를 올리며 역대급 흥행을 예고했던 갤럭시노트7은 배터리 폭발 이라는 뜻하지 않은 암초를 만나면서 스마트폰 업계에서 그동안 쌓아온 명예를 모두 잃어버릴 위기에 놓이게 됐다.

　　이에 삼성측은 지난 2일 고동진 삼성전자 사장이 직접 나서 제품의 결함을 인정하고 전량리콜에 나서겠다고 밝혔다. 업계에서는 이번 리콜로 인해 삼성 측이 부

기업윤리

담해야 하는 비용이 1조 5,000억 원에서 최대 2조 5,000억 원에까지 이를 것으로 보고 있다. 그러나 삼성은 이 비용을 감수하면서까지 리콜을 단행함으로 명예 실추를 최소화하기 위해 애쓰고 있다.

삼성의 신속한 대응에 이를 바라보는 전 세계 IT업계 및 재계 반응은 일단 긍정적인 반응이 우세하다. 1등기업 답게 당장의 손해를 감수하더라도 더 큰 기업의 이미지를 고려한 명예를 선택한 전략적 판단에 우호적인 점수를 주는 분위기다.

그러나 문제는 여기서 끝이 아니다. 우리의 국토교통부가 이틀 만에 입장을 바꿔 갤럭시노트7을 항공기 내에서 사용하지 말 것을 권고하는 등 악재가 이어지고 있다. 미국 등 다수의 국가가 이같은 조치에 동참하는 분위기다. 삼성의 고민이 깊어지는 순간이다.

삼성이 위기국면을 어떻게 극복할 것인가 많은 이들이 관심있게 지켜보고 있다. 이제 전 세계적으로 리콜 처리된 250만 대에 가까운 회수제품에 대한 사후처리 문제, 하반기 애플과 LG등 휴대폰 경쟁사와 치를 신제품 경쟁에서 이번 사태를 추스르고 어떻게 대응해나가느냐가 삼성 앞에 놓인 또 다른 과제가 되고 있다.

국내·외 39건 폭발사고 발생, 판매중단이 최선의 조치

삼성전자가 밝힌 갤럭시노트7 폭발 원인은 배터리셀 자체 이슈다. 제품개발 과정에서는 문제가 없었지만 공정 과정에서 일부 문제가 발견됐다는 것이 삼성전자 설명이다. 삼성전가 발표한 내용에 따르면 갤럭시노트7 배터리 결함은 제조 과정에서 빚어졌다.

배터리 결함을 설명하는 고동진 삼성전자 사장
(뉴스포스트 자료사진)

배터리 내에서 음극(-)과 양극(+)이 만나게 되는 경우가 거의 불가능한데 갤럭시노트7 배터리는 음극과 양극을 나누는 극판이 눌리면서 폭발을 일으켰다는 것이다. 또한 배터리 내부의 절연 테이프가 건조하는 과정에서 일부 수축이 된 점도 폭발 요인으로 조사됐다. 이럴 경우 전류가 흐르는 전지가 골고루 퍼지지 않으면서 취약한 부분으로 전류가 쏠려 폭발 원인이 된다.

고 사장은 "배터리를 개발할 때는 문제가 없었는데 공정상 품질에 허점이 생기면서 100만 분의 24 확률로 배터리 폭발이 일어났다. 배터리 셀(cell) 자체의 문제"라며 "특정 배터리 개발사를 언급하긴 어렵다. 전적으로 총괄을 맡은 나의 탓"이라고 설명했다. 고 사장은 "배터리 공급사와 함께 불량 가능성이 있는 물량을 특정하기 위한 정밀 분석작업을 진행 중이나 소비자 안전을 최우선으로 생각해 판매를 중단하고 구입시기와 상관없이 갤럭시노트7 신제품으로 교환해 드리기로 결정했다."고 설명했다.

삼성전자에 따르면 지난 1일 기준으로 국내외에서 총 35건이 서비스센터를 통해 접수됐다. 이는 100만 대 중 24대가 불량인 수준이다. 갤럭시노트7 교환은 오는 19일부터 시작될 예정이다. 소비자가 원할 경우 환불 또는 다른 삼성 스마트폰과 교환도 가능하다. 교환 기간 이전이라도 폭발 가능성 등에 대한 점검을 받을 수 있다. 고 사장은 "자재 수급과 제품 준비에 2주 정도 소요될 것으로 예상된다."며 "한국에서는 19일부터 교환이 가능하다. 국가별로 조금씩 차이가 있다. 최대한 빠른 시일내에 신제품으로 교환해드릴 계획"이라고 설명했다.

이어 "한국에서는 14일 이내에 소비자가 당연히 환불을 요구할 수 있다."면서 "이동통신사와 이야기해서 환불 기간을 연장하겠다."고 했다. 아울러 "내일부터 소프트웨어를 통해 이상 유무를 체크할 수 있다. 그것도 불편한 경우 다른 폰을 일시적으로 사용할 수 있게 하거나 갤럭시7 엣지 등과 교환할 수 있게 하겠다."고도 했다. 삼성전자에 따르면 그간 생산된 갤럭시노트7 물량은 250만 대 정도다. 이중 소비자에게 인도된 갤럭시노트7이 교환 대상이다.

고 사장은 "현재 250만 대가 나갔는데, 고객의 손에 인도된 제품에 대해서 전량 교환한다."며 "소비자에게 전달은 안됐지만 해외법인에 재고를 갖고 있다. 그런 것도 전부다 쉽백해서 교체할 예정"이라고 했다.

삼성전자는 중국을 제외한 대부분 국가에서 갤럭시노트7 판매를 중단한다. 중국 공급 물량은 문제가 된 배터리가 장착되지 않아 정상 판매된다. 갤럭시노트7은 한국과 미국, 중국 등 10여 개국에 출시됐다.

고 사장은 "기존 구매자에 대한 교환이 어느 정도 이뤄지고 난 후에 국가별로 판매가 재개될 것"이라고 밝혔다. 다만 국가별 판매중지 현황과 재개 시점, 미출시 국가 출하 연기 여부 등에 대해서는 말을 아꼈다.

기업윤리

삼성전자는 리콜 결정이 늦었다는 지적에 대해 "제품 자체에 문제가 없는 것을 확인하느라 시간이 걸렸다. 그래서 언론에 보도 됐음에도 시간을 확보할 수밖에 없었다."며 "근본적인 원인을 밝혀서 소비자께서 안심할 수 있게 하는 것이 우리 제품에 대한 무너졌던 신뢰를 회복할 수 있는 유일한 방법이라고 생각했다. 그래서 시간이 걸렸다. 셀 자체의 문제로 이해해주면 감사하겠다."고 고개를 숙였다.

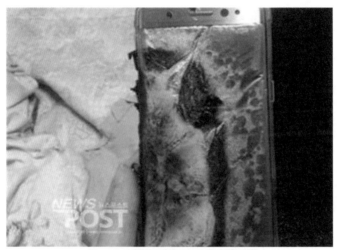

100만 분의 24 확률의 갤럭시노트7 배터리 폭발
(뉴스포스트 자료사진)

폭발적인 초기 흥행부터 대규모 리콜까지

삼성전자 갤럭시 시리즈 중 가장 많은 찬사를 받았던 갤럭시노트7은 잇따른 폭발 논란 끝에 사상 초유의 대규모 리콜이란 불명예를 안게 됐다. 삼성전자는 갤럭시노트7을 리콜한다고 2일 공식 발표했다. 삼성전자는 이번 리콜은 갤럭시노트7이 출시된 우리나라를 비롯 미국 등 10여 개국에서 진행된다.

앞서 갤럭시노트7은 지난달 2일 미국에서 언론 등에 첫 공개되며 유려한 디자인과 그립감, 정교해진 S펜 기능 등으로 호평을 받았다. 갤럭시노트7은 지난달 19일 국내 공식 출시 당시 예약판매만 40만 대 가량을 기록하며 침체된 스마트폰 시장에 활기를 불어넣었다. 휴대폰 유통망에서는 밀려드는 주문으로 갤럭시노트7 품귀 현상을 빚기도 했다.

하지만 출시 일주일이 안 되어 갤럭시노트7은 배터리 폭발 논란에 휩싸였다. 지난달 24일 국내에서 한 이용자가 갤럭시노트7을 충전하던 중 배터리가 폭발했다는 사진을 올린 뒤 국내외 곳곳에서 폭발 제보가 잇따랐다. 결국 국가기술표준원이 갤럭시노트7 기술 결함 조사에 나선 가운데 삼성전자는 갤럭시노트7 전량 리콜이란 극단의 조치를 취하기로 결정했다. 갤럭시노트7의 폭발사고가 심각한 상황에 처하면서 해외에서도 이에 대한 대책마련에 고심하고 있는 모습이다. 일단, 호주 항공사들은 삼성전자 갤럭시노트7의 기내 충전을 금했다고 시드니 모닝 헤럴드, 비즈니스 인사이더 호주 등 외신들이 8일(현지시간) 보도했다. 콴타스 항공, 제스타 등 호주 항공사들이 7일 모든 노선에서 갤럭시노트7의 배터리 화재를 우려해 기내에서 휴대폰 충전을 금지했다. 콴타스항공 대변인은 비즈니스 인사이더 호주에 삼성전자의 리콜 발표 후 승객에게 갤럭시노트 7의 기내 충전을 하지 말라고 지시하고 있다고 확인했다.

한 콴타스 항공 승객도 이날 자신의 트위터에 기내 승무원이 기내에서 갤럭시노트7을 충전하지 말라고 요청했다고 전했다. 미국에서도 갤럭시노트7의 폭발사고에 대해 예의주시하고 있다. 미국의 정보·기술(IT) 전문지 '기즈모도(Gizmodo)'가 배터리 폭발 문제를 일으킨 갤럭시노트7의 항공기 내 반입이 금지될 수 있다고 전했다. 기즈모도는 지난 며칠간 미국 연방항공청(FAA)와 교통안전청(TSA) 외에도 미국 민간항공사들에게 갤럭시노트7의 소지허용 여부를 수소문한 결과 "이번 사태에 관련해 가이던스를 마련하고 있다."는 답변만 얻었을 뿐 금지 여부에 대한 답변은 얻지 못했다.

다만 FAA는 "일반적으로 배터리가 리콜되면 항공기 승무원과 승객들이 해당 배터리가 들어간 전자제품을 항공기 내에 반입하지 못하게 한다."고 밝혔다. 그럼에도 불구하고 갤럭시노트7의 반입이 금지되지 않은 것은 삼성전자의 리콜이 자발적인 결정이었기 때문이다. 미국 내에서 리콜이 공식적으로 받아들여지려면 미 소비자제품안전위원회(CPSC)를 통해야만 한다. 즉 제품이 소비자의 안전을 위협한다는 공식적인 근거가 있어야한다는 뜻이다.

갤럭시노트7은 아직 소비자 안전위협이라는 단계에 있지 않을 뿐만 아니라 삼성전자가 제품판매를 중단했음에도 미국내 일부 매장에서는 여전히 정상적으로 판매되고 있다.

발빠른 리콜조치로 명예실추 막아

지난달 24일 인터넷상에 첫 갤럭시노트7 폭발 사고가 보고된지 열흘만에 사고 원인을 규명하고 리콜에 돌입한 삼성전자의 신속한 조치에 시장의 반응은 매우 호의적이다. 삼성전자가 소비자 안전과 보호를 위해 선제적으로 대처했다는 긍정적 평가가 쏟아지고 있다.

증권가에선 조(兆) 단위의 손실을 무릅쓰고 고객의 신뢰를 선택한 삼성전자의 결단이 장기적으로 호재로 작용할 것이란 전망이 우세하다. 또한 시장에선 이번 삼성의 통 큰 리콜을 계기로 IT 업계에서 되풀이 되어 온 '문제 있는 제품의 배터리만 바꿔준다'는 식의 리콜 관행에도 적잖은 변화가 있을 것으로 기대하고 있다.

한 증권업계 관계자는 "만약 (전량 리콜 대신) 배터리 교체 결정을 내놓았다면 단기적 비용은 축소됐겠지만 소비자의 신뢰를 잃어 갤럭시노트7뿐 아니라 차세대 플래그십 스마트폰 판매가 감소하는 등 소탐대실로 연결됐을 수도 있다."고 분석한 뒤, "이번 결정으로 삼성전자 제품은 믿고 쓸 수 있다는 신뢰가 확산돼 프리미엄 브랜드 가치가 강화될 것"이라고 강조했다.

다른 증권사 관계자는 "단기적 관점에서는 막대한 손실이 불가피하지만 중장기적으론 품질 논란에 대한 소비자 불만을 완화시키고 추락하고 있던 신뢰도를 높일 수 있다는 점에서 긍정적 조치"라고 진단했다.

또 그는 이번 사태로 삼성전자의 주가의 추가 하락은 제한적일 것으로 예상했다. 갤럭시노트7 폭발 이슈가 제기된 지난달 24일 이후, 삼성전자 주가는 고점(168만 7천 원)대비 5.3% 하락하는 등 시장의 우려를 이미 상당부분 반영했다는 설명이다.

또 다른 증권사 연구원도 "이번 리콜 사태가 아이폰 신제품 발표를 앞둔 시점에서 불거졌다는 점에서 시기적으로 매우 미묘한 것은 사실이나, 지난 이틀간 애플을 비롯한 경쟁사들의 주가 움직임이 미미했다는 점에서 이번 배터리 게이트가 중장기적인 산업 구도 변화로 이어질 가능성은 높지 않다."는 분석을 제시했다.

실제로 삼성전자가 갤럭시노트7 전량 교환, 환불해주기로 결정한 이후 지난 5일 삼성전자 주가는 전일보다 0.6% 오른 160만 6천 원에 거래를 마쳤다. 6일에는 164만 3천 원으로 주가는 더 뛰었다. 배터리 문제가 본격화하기 전 수준으로 회복된 것이다.

리콜 비용이 조 단위에 달해 주가가 하락할지 모른다는 우려가 나왔으나 삼성전자의 전량 교환·환불 대응이 긍정적으로 작용한 것으로 분석됐다.

리콜이후, 수거된 갤럭시노트는 어떻게?

한편, 리콜을 통해 수거된 제품의 처리방안에 대해서도 업계의 관심이 집중되고 있다. 일부에서는 '전량폐기'에 대한 루머도 나오고 있으나, 실질적으로 이를 실행하기는 쉽지 않다는 것이 일반적인 반응이다. 출고가로 단순 계산해도 2조 5천억 원에 달하는 갤럭시노트7 250만 대를 전량 폐기처분하기는 어렵다는 관측이 힘을 얻고 있는 상황이다.

삼성전자는 1995년 구미사업장에서 불량으로 드러난 애니콜 휴대전화 15만 대 (500억 원 어치)를 불태우는 화형식을 한 전례가 있긴 하다. 그러나 갤럭시노트7의 내장 배터리를 제외한 부품을 재활용하는 방법과 관련, 품질에 문제가 없기 때문에 불량 배터리를 제외한 부품을 재활용하거나 신흥시장 공급용 리퍼폰 제조 등의 방안이 대안으로 급부상하고 있다.

지금까지 유통된 갤럭시노트7 제품 250만 대 중 실제 고객에게 판매되지 않은 100만 대는 내장 배터리만 교체한 뒤 새 제품으로 판매해도 문제가 없을 것으로 보인다. 이럴 경우, 리콜 비용을 절감할 수 있다.

리퍼폰 제조 가능성도 있다. 리퍼폰은 중고 스마트폰을 수리해 원래보다 싼 값에 파는 재생폰을 말하는 것으로, 갤럭시노트7을 회수해 이상이 없는 제품에 대해서는 신흥시장에 기존 출고가보다 저렴한 가격에 판매하는 방식이다.

국내 유일의 삼성 휴대전화 생산기지인 삼성전자 구미 스마트시티는 문제를 해결한 새 배터리를 탑재한 갤럭시노트7 생산을 재개하고 있다. 갤럭시노트7 신제품 교환은 물량이 준비되는 오는 19일부터 내년 3월까지 가능하다. 출시 열흘 만에 국내에서 판매된 갤럭시노트7만 40만 대 이상에 달해 신제품 교환 요청이 몰릴 수 있는 만큼 삼성전자는 물량 부족 사태 등을 감안해 신제품 교환 기간을 파격적으로 늘렸다.

삼성전자 관계자는 "전국 서비스센터 등을 통해 회수되는 갤럭시노트7의 양을 봐 가며 어떻게 처리할지 등이 결정될 것으로 보인다."고 말했다.

📖 사례 2-7. 발길 끊긴 전통시장…
조금 비싸도 대형마트 간다
출처: 세계일보, 2017. 7. 29

　불볕더위와 오락가락한 비가 반복되는 요즘 전통시장(이하 시장)의 체감경기지수는 영하권을 맴돈다. 이러한 상황은 매년 여름이면 반복돼 지난해 7월과 8월 소상공인과 전통시장의 체감경기지수는 연중 최저치 기록하며 올해도 계속되고 있다.

　대형마트(이하 마트)를 찾은 시민들은 전통시장은 덥고, 냄새나고, 주차도 못 하고, 더구나 가격 차이가 크지 않아서 마트를 찾는다고 입을 모은다.

　이에 시장상인들은 전통상업보존구역 범위를 넓히고, 마트를 강제로 쉬게 한다고 해서 문제가 해결되진 않는다고 한숨 쉰다.

　*전통상업보존구역(이하 전상구역)은 전통시장과 전통상점가 상권 보호를 위해 준·대규모 점포의 등록을 제한하는 제도다. 이 구역에서는 3,000㎡ 이상 규모의 대형마트와 기업형 슈퍼마켓 개설이 제한된다.

문닫은 시장 상점. 비를 가릴 수 없는 동네 시장은 상황이 더 심각하다.
(세계일보 자료사진)

서민들이 태양을 피하는 방법

한낮기온이 30도를 넘어서는 요즘 에어컨을 강하게 틀어 춥기까지 한 마트는 손님들로 넘쳐 난다.

특별히 살 것이 없어도 인근에 볼일이 있으면 주차를 위해 마트를 찾기도 하고, 지나는 길 더위를 식히기 위해 마트에 들르기도 한다. 물건을 사지 않는다고 해서 눈치 주는 사람 없고, 일부 마트는 1시간 이내는 주차요금을 받지 않으며, 주차요금이 발생하더라도 필요한 물건을 구매하면 무료가 된다.

이처럼 마트는 서민들의 일상 휴식공간이자 생필품을 채우는 공간이 되며, 도시 마트는 문화센터를 시작으로 어린이 놀이터, 엔터테인먼트, 먹을거리, 의료서비스 등 있어야 할 건 다 있고 없는 건 없다.

이러한 결과 여름철은 설, 추석을 제외하고 가장 큰 대목으로 꼽히며, 마트는 몰려드는 손님을 잡기 위해 폭염과 열대야가 이어지는 여름이면 자정까지 영업을 이어간다.

실제 A 마트는 지난달 1~20일 야간시간대 매출이 지난해 같은 기간 대비 5.6% 증가했고, B 마트도 매출 비중이 늘며 폭염이 절정이던 지난 19일과 20일에는 야간시간대 매출이 30%까지 뛰었다.

마트의 여름은 설·추석 다음으로 큰 대목이다.
(세계일보 자료사진)

조금 비싸도 대형마트

전통시장은 저렴한 가격을 앞세워 경쟁해 왔지만 한국소비자원이 채소·정육류, 가공식품, 음료·주류 등 식재료의 가격을 조사한 결과 채소·정육류를 제외하고는 마트가 더 저렴한 것으로 나타났다.

마트가 유통단계를 축소하고 대량구매, 할인행사, 산지 직거래 등으로 가격 차이를 줄인 결과 알뜰한 주부가 시장을 찾아 장을 보는 가장 큰 이유가 일부 사라지며, 차이가 나더라도 불편을 고민해보면 발길은 자연스레 마트로 향한다.

전상구역 지정으로 마트가 멀리 떨어진 건 큰 문제가 아니다. 왜냐하면, 버스 등 대중교통을 이용할 경우 마트 근처까지 편하게 갈 수 있을뿐만 아니라 요즘은 많은 여성들이 운전을 하기 때문이다.

또 마트가 쉰다고 전통시장을 찾는 것도 아닌데, 꼼꼼한 주부들은 마트가 쉬는 날을 체크해 미리 식재료를 구매해 놓거나 인터넷 쇼핑 또는 조금 멀더라도 다른 지역 마트로 드라이브 삼아 다녀올 수 있다.

어린아이를 업고 마트를 찾은 젊은 엄마는 "더운 날 아이를 업고 장을 보는 건 매우 힘들뿐더러 아기도 더위에 짜증 내고 힘들어한다."며 "카트도 없는 시장에서 장바구니를 두 손에 들고 다니는 건 중노동과 같다."고 말했다.

남편과 마트에 온 한 주부는 "짐꾼 김기사(남편)도 사람이지 않나?"라는 우스갯소리를 하며 "남편과 마트 오는 게 힘들어서 이 정도 배려는 필요하다."고 말했다. 이에 남편이 운전하고 짐을 들어주면 조금이나마 저렴한 시장이 더 좋지 않겠냐라는 기자의 질문에 카트를 지키던 남편은 "얼마 차이도 안 나는데 고생해야 갰나?"라고 반박했다.

한편 시장물가는 뉴스나 서울시가 운영하는 물가정보 홈페이지, 인터넷 쇼핑몰 등을 보면 차이를 금방 알 수 있어서 전통시장을 찾는 이유가 더 줄었다.

◎ 품목별 가격 현황 ◎

채소·정육류 (12개)	전통시장 (21,176원)	대형마트 (23,851원)	SSM (25,487원)	백화점 (37,315원)
가공식품 (16개)	대형마트 (51,695원)	백화점 (58,878원)	전통시장 (59,315원)	SSM (61,476원)
음료·주류 (11개)	대형마트 (27,711원)	백화점 (30,489원)	SSM (30,509원)	전통시장 (31,551원)

한국소비자원이 발표한 '품목별 가격 현황' SSM은 슈퍼마켓이다.
(자료= 한국소비자원)

시장에 물방울을 뿌리는 '양무시스템' 설치한다고 해서 에어컨보다 시원하지 않을뿐더러
동네 시장에는 이러한 장치조차 없다.
(자료= 한국소비자원)

기자가 만난 상인들인 한결같이 "힘들다."고 입을 모았다. 과일을 파는 한 60대 할머니는 "물건을 팔아야 하는데 손님은 없고, 오래 놔둘 수 없어서 떨이로 팔아치워 손해를 봐야 한다."고 고민했다.

또 생선가게 주인은 "손님이 없어서 얼음 값이 감당하기도 힘들지만 신선도가 생명이라 어쩔 수 없다."는 반응을 보였다. 비가 내린 28일에는 문을 닫은 곳도 여러 곳이었다.

정부는 2012년 마트 의무휴업과 전상구역 지정으로 시장상인들은 보호한다고 하지만 효과는 미미한 수준이다. 소상공인시장진흥공단에 따르면 전통시장 하루 평균 매출은 대형마트 의무휴업일이 도입된 2012년 4,755만 원에서 2015년 4,812만 원으로 60만 원가량 늘어나는 데 그쳤다.

　한 상인은 "날씨가 맑으면 더워서 장사가 안되고, 비 오면 비 와서 장사가 안 된다."며 "다 늙어서 다른 일 할 수도 없고 앞날이 막막하다."고 푸념했다.

　정부 정책이 실효성을 거두지 못하는 지금. 상인들의 한숨을 덜어줄 현실적인 대안이 필요해 보인다.

상인들은 날씨가 맑으면 더워서 장사가 안 되고, 비 오면 비 와서 장사가 안 된다고 하소연한다.
(세계일보 자료사진)

📖 사례 2-8. 환경부, '전기차 보조금 선착순'은 루머일 뿐

출처: 카미디어, 2018. 1. 2

국내 전기차
(카미디어 자료사진)

환경부가 "올해(2018년) 전기차 보조금을 '선착순 지급'할 것"이라는 일부 언론의 보도에 '사실무근'이라고 밝혔다. 전기차 등록 순으로 보조금을 지급할 것이라는 일부 보도에 대해서도 "말도 안 된다."며 부정했다.

환경부 관계자는 본지와 통화에서 "(전기차 보조금) '선착순 지급'은 혼란을 야기할 수 있어 바람직하지 않고, (보조금 지급 방식을) 환경부가 정하는 것도 아니다."라며, "전기차 보조금은 예년과 마찬가지로 지자체별 상황에 따라 (지자체 별로) 집행할 것"이라고 설명했다.

일부 언론이 올해 전기차 보조금은 선착순으로 지급된다는 보도에 환경부는 황당하다는 입장이다. 환경부는 "전기차 동호회나 일부 단체들 사이에서 떠돈 얘기가 기사화된 것 같다."고 말했다. 환경부가 전기차 보조금을 선착순으로 일괄 지급할 수 없는 이유는 여러 가지가 있다.

가장 큰 이유는 전기차 보조금 구조 때문이다. 전기차 보조금은 환경부가 단독으로 집행하는 예산이 아니다. 환경부가 지자체에 예산(2018년도에는 대당 1,200만 원 정액 지원)을 내려주면, 지자체는 자신들의 예산과 합친다. 그 후 지자체가 자체적으로 연간 일정을 짜서 선착순으로 지급하거나, (신청 대수가 공모 물량을 초과하는 경우에는) 추첨을 통해 보조금을 지급해 왔다. 결국 지자체가 '알아서' 지급하는 구조다. 환경부는 일정 금액의 예산을 내려줄 뿐, 지자체에 이래라 저래라 할 수 있는 구조가 아니라는 얘기다.

올해 전기차 보조금 지급 대상으로 확정된 수량은 2만 대다.
이 중 환경부가 예산을 직접 집행하는 500대를 제외하고는
19,500대가 지자체에 할당된다.
(카미디어 자료사진)

　　보조금을 선착순으로 지급하면 수요가 연초에 대거 쏠리는 문제도 생긴다. 환경부 관계자는 "관련 루머가 나왔을 때 수요가 상반기로 몰리는 것을 (업계에서) 우려를 많이 했다."며, "선착순으로 보조금을 지급한다면 하반기에 출시가 예정된 전기차 신모델들은 된서리를 맞게 된다."고 지적했다.

　　전문가들도 "지금까지는 전기차 수요가 많지 않아 선착순으로 해도 쏠림현상이 문제될 것이 없었다."면서, "그러나 현재는 전기차 저변이 확대되고 충전시설이 확충됐기 때문에 상황이 다르다."고 지적했다. 전문가들은 선착순으로 보조금을 지급하면 수요가 상반기로 쏠릴 수밖에 없기 때문에 좋은 방법이 아니라고 판단하고 있다.

　　그렇지 않아도 이미 전기차 공급이 수요를 못 따라가 문제가 생기고 있다. 환경부 관계자는 작년에 최장 6개월까지 인도가 지연됐던 아이오닉 일렉트릭을 예로 들

었다. "아이오닉 일렉트릭의 경우 배터리 공급이 지연되면서 출고가 늦어졌다."면서, "이것을 제작사의 문제로 돌릴 수도 없는 문제여서 보조금 지급을 두고 지자체가 많은 애로를 겪었다."고 말했다. 상황이 이렇다 보니 수요가 상반기로 극심하게 쏠릴 수밖에 없는 선착순 지급 방식은 시행되기 어렵다는 것이 환경부의 입장이다.

우리나라서 40% 넘는 점유율을 가지고 있는 아이오닉 일렉트릭은
지난해 배터리 공급문제로 출고가 대폭 지연됐다.
(카미디어 자료사진)

차량을 등록한 순서대로 보조금을 받는다는 보도에 대해서도 환경부는 "말도 안 된다."는 입장이다. 등록 순으로 보조금을 받는다는 것은 지금처럼 보조금을 뺀 금액만 지불하고 차를 출고받는 게 아니라, 출고 후 번호판을 단 다음 보조금을 직접 받게 된다는 뜻이다. 그러면 전기차를 사고도 보조금을 못받는 경우가 생기게 된다.

예를 들어, 아무개 씨는 1,500만 원의 보조금을 받아 2,500만 원에 살 수 있는 전기차를 구매했다. 일단 4,000만 원 전액을 지불하고 출고받아 번호판을 등록했다. 그리고 나서 보조금을 요구했는데, 보조금이 이미 소진됐다고 한다. 이렇게 되면 다른 소비자는 보조금을 지원받아 2,500만 원에 산 차를 아무개 씨는 '울며 겨자먹기'로 4,000만 원을 주고 사는 꼴이 된다. 이미 등록을 했기 때문에 차를 무를 수도 없다. 또한 일찍 계약을 했다 하더라도 출고가 지연돼 등록이 늦어지면(보조금이 소진된 상태라면) 이 역시 보조금을 받지 못할 수도 있다.

환경부 관계자는 "지금과 같이 등록 이전에 보조금 지급 대상자를 확정한 뒤,

보조금을 뺀 금액만 지불하고 사도록 해야만 문제가 발생하지 않는다."고 설명했다.

결론적으로, 전기차 보조금 지급 방법은 지자체별로 '각자 알아서' 시행한다. 또한 쏠림현상이 일어나지 않도록 공모 일정을 적절히 분산시키는 것이 대세를 이룰 것으로 보인다. 따라서 보조금 때문에 전기차 구입을 굳이 연초에 서두를 필요가 없다. 1월 말 전후로 발표되는 지자체별 공모 일정을 확인하고 전기차 구입계획을 '찬찬히' 세우면 된다는 얘기다.

2018년 전기차 보조금은 환경부 예산이 1,400만 원에서 1,200만 원으로 줄었지만 (지자체별 보조금은 아직 확정되지 않았다) 세제혜택은 확대된다. 따라서 최종 구입가는 2017년과 비슷한 수준이 될 것으로 보인다. 개별소비세(공장도 가격의 5%)를 최대 200만 원까지 감면해

충전하는 전기차
(카미디어 자료사진)

주던 것을 올해는 300만 원까지 감면해 준다. 교육세(개별소비세의 30%)도 자동적으로 기존 60만 원 한도에서 90만 원까지 감면된다. 취득세 7% 감면 혜택(200만 원 한도)은 올해와 동일하다.

한편, 환경부는 이달 말 2018년 전기차 보조금 지급 규정을 확정해 발표할 예정이다. 여기에는 배터리 용량과 주행거리, 기온에 따른 주행거리 편차 등에 따라 보조금을 차등지급하는 안 등이 새롭게 포함된다.

📖✎ 사례 2-9. 더 강화되는 환경규제, 자동차업계 바빠진다

출처: 글로벌오토뉴스, 2018. 1. 22

미세먼지의 주범으로 지목 당한 배기가스
(글로벌오토뉴스 자료사진)

연일 계속되는 미세먼지로 한국은 재난 상황이다. 그것을 해결하기 위해 버스 이용료를 면제 해 주는 것이 얼마나 효과가 있느냐 와는 별도로 대기오염은 심각한 상황이다. 온실가스와 함께 당장에 체감할 수 있는 폐해인데 여전히 목소리만 높고 현실적인 대응책은 없다. 우선은 그 모든 책임을 자동차에 돌리는 것이 과연 옳은 것인가에 대한 논의라도 있었으면 싶다. 자동차 파워트레인의 변화가 근본적으로 대기 중의 유해가스와 물질을 줄일 수 있을지 정확한 근거에 의한 데이터라도 보고 싶다. 물론 자동차회사는 배기가스를 줄이기 위해 지금보다 더 많은 투자와 노력을 해야 한다. 글로벌 시장의 배기가스 규제에 대한 전반적인 상황을 짚어 본다.

자동차 파워트레인 기술은 규제에 의해 발전해 왔다. 배기가스와 연비 규제가 기술 발전을 유도했고 앞으로도 그런 추세는 계속될 것이다. 19세기 말, 20세기 초 내연기관은 어떻게든 더 빨리 더 멀리 가기 위해 경쟁했다. 자동차에 대한 인식이 없어 자동차 경주라는 이벤트를 통해 부유층들에게 어필했다. 끝없는 속도 경쟁이 이어졌고 1910년 22리터 배기량의 블린쳇 벤츠가 211.94km/h의 속도 기록을 세웠다.

무작정 커지지는 않았다. 경주차를 만들면서 더 빨리 달리기 위해서는 더 가볍고 작아야 한다는 것을 깨달았다. 그 결과 1912년 프랑스 그랑프리에서 피아트의 14.1리터 차를 제치고 푸조의 7.6리터 차가 우승을 차지했다. 자동차 경주장에서의 엔진은 1926년 그랑프리 레이스에 참가한 머신이 배기량 1.5리터 이하, 차체 중량은 600kg까지 낮아졌다.

그 과정에서 할부금융이 도입되는 등 부유층의 전유물에서 벗어나 대중화가 진행됐다. 그것을 거대 산업으로 만든 것은 미국이다. 헨리 포드는 대량 생산 기법을 동원했고 GM의 알프레드 슬론은 배기량 다양화와 모델체인지 등 마케팅 기법을 동원해 판매를 극적으로 늘렸다. 석유로 돈을 벌어 부자가 된 미국이 자동차를 산업화하는데 성공하며 자동차는 커져갔다. '모든 지갑과 목적에 맞는 차'를 내 세우며 다양한 대 배기량의 고급차들을 만들어 팔기 시작하며 미국은 자동차 대국이 됐다.

언제나 그렇듯이 정치적인 지원이 있었다. 1938년 루즈벨트 대통령이 고속도로 9만 Km를 건설해 인구 5만 명 이상의 도시를 연결했다. 미국 정부가 거대한 철도망 대신 자동차산업을 지원하며 자동차 대국이 된 중요한 계기였다. 1950년대까지 전세계 자동차의 80% 이상이 미국에서 생산됐다.

배터리 전기차의 엔진룸
(글로벌오토뉴스 자료사진)

대중화와 더불어 도로 위에 자동차가 넘쳐 나면서 각종 문제가 발생했다. 그래서 안전에 대한 인식이 확산됐고 환경문제도 부상했다. 1970년대 미국의 소위 '가솔린 금지법'이라고 일컬어졌던 머스키 법(Muskie Act)이 가장 대표적이다. 탄화수소와 질소산화물을 1/7 수준으로 대폭 저감해야 한다는 것이 주요 골자였다. 그것을 혼다가 CVCC라는 엔진으로 해결해 주목을 끌었다. 그러나 미국차들은 그에 대응하지 못하고 내리막길을 걷기 시작했다.

1992년에는 완전 무공해법에 의해 캘리포니아에서 자동차를 판매하려면 1998년부터 완전무공해차를 전체 판매대수의 2% 이상 판매해야 한다는 규제가 등장했다. 이때 에너지 안보에 더해 환경문제에의 관심이 고조되면서 배터리 전기차가 부상했다.

현 시점에서의 환경 규제는 크게는 파리협정을 중심으로 한 이산화탄소를 중심으로 한 온실가스와 질소산화물을 중심으로 한 입자상 물질, 즉 미세먼지 저감이다. 유럽은 이산화탄소에 대한 규제가 더 강하고 미국과 일본은 입자상 물질(PM) 규제가 더 강한 것이 지금까지의 추세였으나 앞으로는 그 차이가 줄어들 것으로 전망된다.

이산화탄소 규제는 파리 협정을 중심으로 전 세계적으로 이루어지고 있다. 2017년 미국 트럼프가 탈퇴를 선언하면서 삐그덕 거렸지만 큰 틀에서의 변화는 없을 것으로 보인다. EU는 2030년까지 온실가스 배출량을 1990년보다 40%, 일본은 2013년보다 26% 낮춘다는 목표를 설정하고 있다. 10년 후인 2040년에는 일본은 80%, EU는 80~95% 저감한다는 계획이다.

유럽은 2017년 9월부터 국제기준 조화를 목적으로 개발한 배기가스 및 연비의 시험방법 WLTP(Worldwide harmonized Light vehicles Test Procedure)를 개시했다. EU의 이산화탄소 배출저감 목표는 2018년에는 130g/km, 2020년에는 95g/km를 설정했고 2025년에는 68~78g/km를 검토하고 있다.

미국은 평균연비(CAFE: Corporate Average Fuel Economy)와 온실가스(GHG: Green House Gas) 규제를 통해 배출가스 저감을 유도하고 있다. 2015년에는 LEVⅢ가, 2017년에는 Tier3가 도입됐으며 캘리포니아주에서는 2018년 올 해 더 강화된 법안이 나온다. 2020년부터는 LEVⅢ가 전 차종에 적용되며 Tier3와 LEVⅢ를 통해 질소산화물과 입자상 물질의 규제를 더 강화한다. 이산화탄소 배출량은 2018년 126g/km, 2020년에는 113g/km가 목표치다.

일본은 실제 도로에서 통상 주행시의 배기가스 상태로 측정하는 RDE(Real Driving Emission)의 일본 버전의 도입으로 디젤차의 배기가스 대응을 더욱 강화한다. 2018년 올해에는 WLTP 도입과 규제가 시행된다.

전기차 충전소
(글로벌오토뉴스 자료사진)

무엇보다 주목을 끄는 것은 중국의 움직임이다. NEV(New Energy Vehicle)규제의 향방이 중국이 정부차원에서 시행하고 있는 전동화 전략에 크게 영향을 미칠 것으로 보인다. 우선 2018년에는 유로6에 해당하는 국VI가 2017년 북경시에 이어 도입이 확대된다. 2018년 평균 연비 목표치는 6리터/100km 로 이산화탄소로 환산하면 139g/km다. 중국 전체적으로는 유로5에 해당하는 국V가 전역으로 확대 적용된다.

중국에서는 1년 유예된 NEV규제가 2019년 도입 개시된다. 이는 미국의 ZEV(Zero Emission Vehicle) 규제와 비슷한 것이다. 생산대수에 따라 일정 비율의 전동화차를 의무화한다는 것이다.

중국 정부는 지금까지 보조금이라고 하는 당근으로 전동화차 판매 증대를 꾀해왔다. 그런데 2015년~16년 사이 빈발한 보조금 관련 사기로 인해 채찍을 들고 나오게 됐다. 더불어 보조금은 단계적으로 축소해 2020년에는 종료한다.

NEV 규제의 크레딧 요구치는 당초 2018년에서 1년 유예되어 2019년 8%로 되어 있다. 예를 들어 연간 100만 대의 엔진차를 생산해 온 자동차회사라면 8만 대의 NEV차를 생산해야만 한다. 2020년에는 10%, 2021년에는 12%로 높아진다.

이 규제는 NEV의 차종과 EV모드 주행거리에 따라 크레딧 수치가 바뀐다. 예를 들어 1회 충전으로 250~350km 주행 가능한 BEV라면 4점을 얻을 수 있다. PHEV

는 50km 이상의 EV모드 주행거리가 필요하며 2점이 주어진다. 8만 대를 채우려면 BEV 2만대, PHEV 4만 대가 필요하다는 계산이 나온다. 하이브리드 전기차는 NEV 에 포함되지 않는다.

중국은 2020년에는 유로6a에 해당하는 국VIa를, 2023년에는 국VIb를 도입한 다. 연비는 5리터/10km. 4리터/100km다. 이산화탄소로 환산하면 116g/km, 93g/km다. 2030년에는 3.2리터/100km(74g/km)까지 강화할 계획이다.

지금 각 자동차회사들이 전동화를 추진하고 있는 것은 결국 이런 규제에 대응하기 위함이다. 언제나 그렇듯이 규제가 기술 발전을 유도하고 있다. 배터리 전기차가 폭스바겐 디젤 스캔들로 급부상했지만 당장에 급격한 판매 증가는 어려울 것으로 보인다. 때문에 내연기관의 효율성을 높이고 거기에 전동화를 더해 대응하는 것이 추세다. 그 대응도 국가와 지역, 자동차회사마다 다르다.

사례 2-10. 한국GM 군산공장 지난달 이어 8일부터 두 달간 또 가동중단

출처: 뉴스원, 2018. 2. 5

한국GM 생산라인
(뉴스원 자료사진 김재수 기자)

한국GM은 오랜 기간 준비한 글로벌 브랜드
준중형 세단 '올 뉴 크루즈(All New Cruze)'
군산공장 생산라인에서 본격 양산에 돌입

한국지엠 군산공장이 지난달 가동 중단에 이어 또다시 8일부터 두 달가량 가동을 중단키로 함으로써 지역사회의 불안감이 고조되고 있다.

5일 군산시와 한국지엠 협력업체 등에 따르면 지난해 12월부터 지난달까지 한 달여간 설비점검을 이유로 가동을 중단한데 이어 잠정적으로 8일부터 4월 중순까지 두 달여 간 생산가동조절(TPS: TemPorary Shutdown) 등의 이유로 또다시 가동을 중단키로 했다.

이를 두고 일각에서는 결국 군산공장이 폐쇄수순으로 들어가는 것 아니냐는 조심스러운 관측마저 흘러나오고 있다.

군산공장은 지난해 준중형 스포츠 유틸리티 차량(SUV)인 '올란도'와 준중형 차량인 '올뉴 크루즈'의 내수와 수출 판매가 줄면서 가동률이 떨어져 한 달에 10일 정도 조업을 이어왔다. 지난해 크루즈 판매량은 1만 554대로 2016년 1만 847대보다 2.7% 줄었으며, 수출도 지난해 9,469대에 그치며 1만 대를 밑돌았다.

최근에는 판매 저조로 재고물량이 쌓이면서 가동중단 사태까지 맞게 됐다. 군산공장의 판매 감소는 협력사의 경영난과 무관하지 않다. 군산공장의 1차 협력업체는 35곳으로 2차 협력업체 100곳까지 합하면 135곳이 운영되고 있다. 관련 직원들만 1차 5,700여 명과 2차 5,000여 명으로 총 1만 700여 명으로 추산되고 있다.

하지만 부품업체의 후폭풍은 이미 시작된 상태다. 군산공장에 자동차부품을 납품하고 있는 A 업체는 250여 명의 직원 중에 이미 지난해 12월 100명의 직원이 희망 퇴직했다. 그런데다 엎친 데 덮친 격으로 또다시 가동중단에 들어가면서 추가 인력을 줄여야 하는 상황을 맞고 있다.

이 같은 상황은 다른 업체도 마찬가지. B 업체도 판매 부진으로 인한 납품물량이 감소하면서 100여 명의 직원을 최소 인력인 10명으로 줄였다.

한 협력업체 관계자는 "군산공장의 재고물량으로 인한 가동중단이 이어지면서 협력업체의 구조조정이 잇따르고 있다."며 "신규 물량을 추가로 받지 않을 경우 연쇄도산은 불을 보듯 뻔하다."고 말했다.

군산경실련은 이날 보도자료를 통해 "창원공장은 소형차로 명맥을 유지하고 있고 부평공장은 본 조합으로 명맥을 유지하고 있지만 군산공장은 어떻게 명맥을 유지해 나갈 것인지 걱정스럽다."며 "군산공장을 살릴 불씨는 전기차인 볼트 20만 대 분을 우선 배정하는 것 외엔 뚜렷한 대안이 없는 만큼 정치역량을 총 동원해 물량을 배정받을 수 있도록 해야 한다."고 밝혔다.

한편, 한국지엠은 가동중단 기간 동안 직원들에게 평상 근무의 80%에 해당하는 급여와 잔업, 특근 보전금 등을 지급한다는 방침이다.

제 **3** 장

기업의
사회적 책임

O 학습목표

이 장을 읽은 후 여러분은
- 기업의 사회적 책임에 대한 경제모형을 설명하는데 공리주의와 의무론이 타당한 이유를
  이해할 수 있다.
- 경제모형이 최소한의 도덕이론에 의해 어떻게 설명되는지 이해할 수 있다.
- 기업의 사회적 책임에 대한 이해관계자이론을 설명할 수 있다.
- 이해관계자이론의 윤리적 토대를 설명할 수 있다.
- 기업의 사회적 책임에 대한 자선모형을 설명할 수 있다.
- 기업의 사회적 책임에 대한 전략모형을 설명할 수 있다.
- 기업이 어떻게 지속가능성을 전략적으로 활용할 수 있는지 설명할 수 있다.

세계적인 유통업체 월마트(Walmart)는 저렴한 원가로 공급받은 양질의 제품을 낮은 가격으로 소비자에게 판매함으로써 공급업체에게는 좋은 구매자이고, 소비자에게는 좋은 판매자이고, 정부에게는 좋은 납세자이며, 지역사회에는 많은 일자리 제공자로서의 역할을 훌륭히 하고 있다. 한편, 월마트는 원가를 낮추기 위해 공급업체를 핍박하고, 직원에게는 낮은 임금을 지급하고, 때로는 불법이민자를 고용하는 비윤리적 활동을 하기 때문에 많은 사람들로부터 비난을 받기도 한다. 적어도 월마트의 경우, 월마트가 윤리적 기업인지, 비윤리적 기업인지 판단하기가 쉽지 않다. 이 세상에 존재하는 모든 기업은 100% 완벽하게 윤리적이지도, 100% 완벽하게 비윤리적이지도 않다. 모든 기업은 완벽하게 윤리적인 한쪽 끝과 완벽하게 비윤리적인 다른 쪽 끝으로 이루어진 연속성 상의 어느 지점에 존재할 것이다. 윤리적인 끝에 가까운 기업은 윤리적이라고 평가받을 것이고, 비윤리적인 끝에 가까운 기업은 비윤리적이라고 비난받을 것이다. 월마트의 사례는 기업에서 매일 결정하는 의사결정의 중요성을 보여준다. 하지만 기업윤리는 사실을 묘사하는 것에 그칠 뿐만 아니라 바람직한 규범을 제시해야 한다.

　윤리적으로 책임 있는 결정을 내리기 위해 기업의 적절한 역할은 무엇인가? 사회에서 기업의 역할은 무엇인가? 월마트와 같은 기업이 사회에 이익 중 일부를 환원해야 하는 이유는 무엇인가? 경영자가 사회이익을 위해 행동하기 전에 주주에게 이익을 제공하려고 애쓰는 것은 윤리적으로 옳은가? 경영자가 주주에게 이익을 제공하는 것이 결과적으로 사회에 이익이 되는가? 경영자는 법에 규정된 책임을 넘어 직원, 공급업자, 그리고 고객에 대해 윤리적인 책임을 가지는가? 주주의 이익은 직원, 공급업자, 고객, 그리고 지역사회 공동체와 같은 다른 이해관계자의 이익보다 더 중요한가? 우리는 기업의 사회적 책임(CSR: Corporate Social Responsibility)에 대한 주요 이론을 살펴보면서 이런 질문에 대해 자세히 검토할 것이다.

3.2 　기업의 사회적 책임에 대한 경제모형

　우리가 알고 있는 기업의 사회적 책임에 대한 경제모형은 자유시장과 신고전주의경제이론에 바탕을 두고 있다. 이 관점은 아마도 지난 수십 년 동안 기업의 사회적 책임과 관련된 가장 영향력 있는 이론일 것이다. 이 관점에서 보면, 기업경영의 역할은 법이 허용하는 범위 안에서 이익을 극대화하는 것이다. 기업경영의 역할은 자유시장 경제에서 기업에게 주어진 자원을 최대한으로 효율적이고, 효과적으로 사용해 이익을 극대화하는 것이다. 결국, 이 경제이론은 두 가지 윤리적 관점을 이끌어낸다. 하나는 공리주의이고, 다른 하나는 개인의 자유와 사유재산권이다. 기업의 사회적 책임에 대한 경제모형의 지지자들 중에서 가장 널리 알려진 사람은 노벨경제학상을 수상한 경제학자 밀턴 프리드먼이다. 프리드먼은 기업의 사회적 책임에 대한 경제모형에 대해 기업은 법을 준수하는 범위에서 이익을 극대화하기 위해 어떤 일을 해도 된다고 주장했다. 그의 말처럼, 기업의 본질적 목표가 이익의 추구와 극대화라는 것에 이의를 제기할 사람은 아마도 없을 것이다. 더군다나, 프리드먼은 기업의 경영활동은 반드시 법을 준수해야 한다고 전제했다. 어느 누가 여기에 반론을 제기할 수 있는가? 하지만, 이 시점에서 우리는 다음의 질문을 생각해볼 필요가 있다. 과연, 기업이 법을 지키는 것만으로 사회적 책임을 다했다고 볼 수 있는가? 법은 때때로 현실에 적용하기가 매우 모호하다. 그렇다면, 이 상황에서 기업은 어떻게 할 것인가? 우리는 이미 앞에서 윤리와 법의 관계에 대해 자세히 살펴보았다. 과연, 법을 준수하기만 하면, 기업은 그 책임을 다했고, 윤리적이라고 평가받을 수 있을까?

　어떤 사람들은 프리드먼이 기업의 사회적 책임을 너무 협소하고, 이기적으로 이해한다고 비판한다. 경영자의 책임은 주주를 위해 가능한 많은 이익을 추구하는 것이다. 이 책임은 자유경제의 특성 및 본질과 일치한다. 그러므로 자유시장이론이라고 할 수 있는 이 경제이론은 기업경영의 역할에 튼튼한 근거를 제공한다. 하지만, 우리가 왜 이런 경제이론을 받아들여야 하는가? 물론, 경영자는 주주에 대해 이익을 극대화해야 할 책임을 갖는다. 이것을 위임받은 책임 즉, 신탁책임(Fiduciary Duty)이라고 부른다. 즉, 경영자는 주주로부터 기업의 모든 자원의 사용권한을 위임받은 것이다. 따라서 경영자가 가져야 할 가장 중요한 목표는 자신에게 권한을 위임한 주주의 이익을 위해 일하는 것이다. 시장은 현대사회의 경제문제에 가장 큰 영향을 미친다. 환경보호에서 의료서비스 분배에 대한 문제뿐만 아니라, 기업윤리에서 다루는 모든 윤리적 문제도 시장이 결정하게 하라는 주장을 쉽게 찾아볼 수 있다. 직원의 건강과 안전, 기만적인 광고, 상품의 안전성, 고용자의 권리와 책임, 그리고 환경보호와 같은 다양한 문제에 대해 시장을 중심으로 하는 해법을 주장하는 것을 쉽게 찾아볼 수 있다. 우리는 이 관점에 대해 좀 더 깊게 검토해볼 필요가 있다.

　기업의 사회적 책임에 대한 이 경제모형의 관점에서 월마트의 사례를 살펴보자. 월마트의 엄청난 성공은 '매일 최저가격 정책(Everyday Low Price Policy)'을 실시한 경영전략 덕분이다. 월마트는 다양한 경영전략을 통해 업계에서 가장 낮은 판매가격을 유지할 수 있었다. 인건비를 낮추기 위해 공격적 전략을 사용했다. 낮은 가격을 유지하기 위해 공급업자에게 월마트의 우월적 힘을 이용해 강제협상을 했고, 그 결과, 공급업자에게 중국과 같이 인건비가 싼 국가에서 생산하도록 요구했다. 외부업체에 청소용역서비스를 위탁했고, 공급업자에게는 가장 낮은 가격으로 제품을 공급하도록 우월적 지위를 이용해 압력을 가하기도 했다. 월마트는 최저원가를 달성한 효율성으로 경쟁사를 이길 수 있었고, 새로운 시장에 진입해서 성공했으며, 지역사회 또는 정부와는 유리한 세율과 장려금을 얻을 수 있도록 협상했다. 적어도, 월마트는 기업을 규제하는 법을 준수하는데 전념해 왔다. 요약하면, 월마트의 경영자는 법을 지키는 범위 안에서 주주의 이익을 극대화하기 위해 열심히 일을 했다.

　시장은 월마트의 기업전략을 어떻게 평가할까? 월마트는 프리드먼의 경제모형에서 설명하는 것처럼, 기업의 사회적 책임을 다하는 기업으로 보인다. 지난 수십 년 동안 월마트의 투자대비 이익은 경쟁사와 비교해서 엄청나게 높은 것으로 나타났다. 월마트가 속해 있는 유통업이 자유롭고 열린 시장이라는 점과 월마트가 사기나 속임수와 같은 비윤리적 활동을 한 적이 없다는 것을 고려할 때, 시장의 관점에서는 월마트의 경영전략이 윤리적 목표를 달성해 왔다고 할 수 있을 것이다. 아마도 가장 중요한 것은 월마트가 낮은 가격으로 제품을 판매함으로써 더 많은 고객이 원하는 제품을 더 많이 살 수 있도록 도왔다는 점일 것이다. 사회는 효율적으로 운영되는 기업에 의해 더 낮은 가격으로 거래가 이루어지고, 결과적으로, 기업은 높은 이익을 얻는다. 가능하면, 가장 낮은 인건비와 저렴한 가격으로 공급하는 공급체인을 구축함으로써 월마트는 더 많은 직원을 고용하고, 소비자로 하여금 같은 가격으로 더 많은 상품을 살 수 있도록 만들었다. 월마트의 경영전략은 청소용역에서부터 비누와 가전제품에 이르기까지 효율성이 가장 높은 공급업체와 거래하는 것이다. 더 높은 효율성은 기업에게 더 높은 성과를 가져 온다. 결국, 월마트의 높은 효율성은 더 많은 투자자를 유인하고, 증가된 자원을 월마트의 사업을 확장하는데 사용한다. 일반적으로 말해서, 우리 사회 전체는 월마트의 이익추구로 인해 많은 혜택을 보고 있는 것이다.

우리가 생각할 필요가 있는 또 다른 관점은 기업이 소유주의 사유재산이라는 것이다. 이 관점에서 보면, 한 기업은 사유재산이므로 다른 사유재산처럼 기업의 소유주는 기업과 기업이 소유한 자원을 어떻게 사용할 것인지 자신의 뜻에 따라 결정을 내릴 수 있다. 몰든밀즈의 최고경영자였던 포이어슈타인은 그의 재산을 직원과 지역사회의 주민을 위해 사용하기로 결정한 것이다. 그것은 그의 자유로운 선택이었다. 하지만, 월마트의 경영자가 주주의 재산을 직원과 지역사회의 주민을 위해 사용하기로 결정한다면, 경영자는 주주로부터 위임받은 책임을 저버리고 무책임하게 행동하는 것이다. 이 경우에 월마트의 경영자가 주주를 위한 이익의 극대화가 아닌 다른 사회적 목표를 추구하기로 선택하는 것은 마치 여러분이 여러분의 목적을 위해 다른 사람의 돈을 지출하는 것과 같은 것이다. 경제모형을 지지하는 사람들에 의하면, 이 것은 윤리적으로 절도 또는 횡령과 같은 것이다. 경영자는 주주로부터 권한을 위임받은 것일 뿐, 기업의 소유주가 아니기 때문에 주주의 이익을 극대화시키는 목적 이외에 다른 목적을 위해 기업의 자원을 사용하는 것은 절도 또는 횡령인 것이다.

이런 이유로, 기업의 사회적 책임에 대한 경제모형은 경영자가 주주의 이익을 극대화하도록 만든다. 경제모형에서는 그것이 바로 경영자가 가진 윤리적 책임이다. 경제모형은 정부로 하여금 기업의 활동에 간섭하지 말라고 주장하고, 우리 사회가 이런 주장을 받아들이게 되면, 정부는 기업의 활동에 대해 자유방임주의를 택해야만 한다. 자유방임주의란 기업이 법을 준수하는 한, 정부는 기업의 활동에 간섭하지 않는다는 경제적 관점이다. 자유방임주의를 가진 정부는 시장이 항상 효율적으로 작동한다고 믿기 때문에 기업은 정부의 규제와 통제로부터 자유로워질 수 있다. 그렇다면, 우리는 이 시점에서 다음과 같은 질문을 할 필요가 있다. 과연, 시장은 언제나 효율적인가? 시장은 모든 경제적 거래와 상황에 대해 완벽하게 작동하는가? 정부의 개입은 항상 필요가 없는가? 기업의 이익이 시장에서 서로 상충한다면 어떻게 할 것인가? 기업이 우리 사회가 반드시 필요로 하는 제품 또는 서비스를 수익성이 없다는 이유로 생산하지 않는다면, 우리 사회는 어떻게 되는가? 각 기업에게 좋은 것이 우리 사회 전체에도 반드시 좋은 것이 될 수 있는가?

기업의 사회적 책임에 대한 경제모형은 꾸준하게 다양한 윤리이론으로부터 비판과 도전을 받아왔다. 기업의 사회적 책임에 대한 경제모형은 공리주의관점과 개인의 사유재산권의 관점에서 방어될 수 있다. 우리가 2장에서 살펴본 공리주의의 내용으로 다시 돌아 가보자. 공리주의는 방법과 수단, 그리고 행동과 결과에 대해 고려한다. 경영자는 그의 역할을 수행함으로써 기업이 좋은 결과를 얻을 수 있도록 노력하기 때문에 자유시장경제에서는 경영자에게 막중한 책임과 권한을 준다. 우리는 두 가지 일반적 유형의 문제를 제기할 수 있다. 고객의 욕구를 최대한으로 충족시킬 수 있는 방법으로 자유시장의 적절성에 초점을 둔 문제와 정당하고, 윤리적인 목표로서 결과의 타당성에 초점을 둔 문제가 그것이다. 시장경제는 우리의 수단이 타당한지, 윤리적으로 옳은지 질문한다.

경제학자들은 경제모형을 바탕으로 하는 이익의 극대화가 우리 사회의 전체를 고려할 때, 바람직하지 않은 결과를 가져올 수 있다는 사실을 잘 알고 있다. 우리는 이런 상황을 시장실패(Market Failure)라고 부른다. 왜냐하면, 시장실패의 상황에서는 시장이 해야 할 역할을 제대로 하지 못하기 때문이다. 경제학에서 이미 잘 알려진 일반적인 시장실패 사례 세 가지에 대해 살펴보자. 환경의 오염과 자원고갈과 같은 결과는 아마도 가장 잘 알려진 시장실패 사례일 것이다. 이 결과는 효율적으로 작용하는 시장이 최적의 결과를 얻는데 실패할 수도 있다는 것을 잘 보여준다. 이 결과의 예로서 공기오염, 지하수 오염, 천연자원의 고갈, 토양침식, 핵폐기물 처리 등과 같은 것이 있다. 이 문제를 해결하기 위한 비용은 판매자와 구매자 사이의 경제적 교환행위에 참여하지 않은 저소득계층, 이웃, 그리고 미래세대가 부담하게 된다. 이 사람들은 경제적 교환행위의 외부에 있기 때문에 이런 효과를 외부효과(External Effect)라고 부른다. 이 상황에서 문제가 되는 비용이 외부의 사람들에게 부담되기 때문에 경제적 교환거래에서 사용되는 교환가격은 실제 비용과 이익 사이의 최적균형을 나타내지 못한다. 요약하면, 시장은 최적균형을 통해 최적의 결과를 얻는데 실패한 것이다. 우리가 최적의 분배를 원한다면, 시장은 이런 외부효과를 내부화하기 위해 정부규제와 통제가 필요할 것이다.

두 번째로 잘 알려진 시장실패 사례는 공공재 영역에서 발생한다. 우리 사회에는 가격을 정하는 적절한 장치가 없는 공공재가 많이 있다. 시장은 깨끗한 공기, 지하수, 수산자원, 경치 좋은 전망, 지지해주는 친근한 이웃과 지역사회, 안전한 도로 등에 대해 이 상품의 가치를 가장 높게 지불할 사람에게 이 상품을 배분하도록 보장할 어떤 수단도 가지고 있지 않다. 그러므로 시장이 공공재에 대해서는 우리 사회의 이익을 위한 최적의 만족을 가져올 것으로 확신할 수 없다. 우리가 이 재화를 보존하고, 보호하기 원한다면, 시장 대신에 효과적인 다른 사람 또는 기관이 공공재를 다루도록 해야 하고, 이를 위해 우리는 적절한 제도적 보완장치를 필요로 한다.

세 번째로 잘 알려진 시장실패 사례는 개인이 경쟁시장에서 사리사욕을 추구하는 상황에서 일어난다. 각 개인이 개별적으로 이익을 추구하는 경우는 결과적으로 전체적 협동이나 적절한 규제를 가했을 때보다 못한 결과를 가져온다. 죄수의 딜레마(Prisoner's Dilemma)라고 불리는 이 개념은 공동을 위한 협업이 개인의 이익을 위한 경쟁보다 더 좋은 결과를 가져온다는 것을 의미한다.

우리가 정책결정을 각 개인에게 맡긴다면, 중요한 윤리적, 정책적 고려사항을 간과하기가 쉽다. 이와 관련된 논란이 기업윤리에서 많이 다루어지는데 특히, 건강에 해로운 화학물질에 노출되고, 살충제가 몸에 묻고, 몸에 해로운 첨가물이 든 음식을 먹고, 질산염과 화학물이 포함된 물을 마시고, 개인적 선택에 의해 일어난 환경오염과 관련된 건강상의 위험이 문제가 된다. 예를 들어, 저연비의 스포츠유틸리티차량(SUV: Sport Utility Vehicle)과 관련된 문제를 살펴보자.

경유를 연료로 사용하는 저연비의 SUV는 동일한 배기량의 가솔린을 연료로 사용하는 승용차와 비교할 때, 운전 시 배출되는 공기오염물질의 양이 훨씬 더 많다. 생산부터 폐차까지 SUV가 약 134톤의 이산화탄소(CO_2)를 배출하는데 비해, 승용차는 약 48톤의 이산화탄소만을 배출한다. 만약, 여러분이 자유시장경제 관점에서 개인의 이익을 위해 이성적으로 행동한다면, SUV를 운전할 때 예상되는 이익, 부담하는 비용, 그리고 오염으로 인해 초래되는 건강상의 위험을 모두 계산할 것이다. 승용차보다 SUV를 운전할 때, 여러분이 부담하는 비용은 여러분이 얻을 이익에 비해 적기 때문에, 여러분이 SUV를 구입하기로 결정하는 것은 자유시장경제 관점에서는 매우 합리적이라고 볼 수 있다.

이번에는, 같은 사실을 개인관점이 아닌 우리 사회 전체의 관점에서 살펴보자.

여러분의 계산이 보여주듯, SUV를 운전하기로 선택하는 것이 합리적이기 때문에 시장에서 발생하는 문제의 해결과는 상관없이 여러분의 개인적 관점에서는 타당한 것이다. 그러나 개인적 계산에 따른 의사결정으로 인해 초래되는 우리 사회 전체의 결과는 공기오염과 공기오염으로 인한 질병인 천식과 알레르기의 발생을 증가시킬 것이다. 물론, SUV의 판매를 금지하고, 경유에 대한 유류세금을 증가시키고, SUV의 이산화탄소 배출량을 엄격히 규제하는 등 공기오염과 공기오염으로 인한 질병의 발생을 낮출 수 있는 대안도 많이 있다. 하지만 이 대안은 개인관점이 아닌 사회관점에서 문제를 바라볼 때만 가능하다. 이 문제는 매우 중요한 윤리문제이고, 우리는 시장이 공익과 관련된 문제를 다루기 위한 수단으로서는 매우 불완전하다고 결론을 내려야만 한다. 다르게 말하면, 개인에게 합리적이고, 좋은 것이라 해서 반드시 우리사회 전체에도 좋은 것은 아니라는 것이다. 우리 사회가 이런 종류의 문제를 적절히 해결하고자 한다면, 시장과 같은 사적 의사결정이 아니라, 공적 의사결정이 필요하다는 점을 명심해야 한다.

시장은 너무나 복잡하기 때문에 개인의 이익추구가 시장전체에도 반드시 좋은 영향을 주는 경우는 매우 드물다. 우리가 2장에서 살펴보았듯, 공리주의는 매우 실용적인 이론이다. 공리주의 관점에서는 행동에 대한 윤리적 판단이 행동 후에 일어날 결과에 초점을 맞춘다. 우리는 항상 변화하는 복잡한 세상의 미래를 알 수 없으므로 공리주의자들은 항상 변화하는 결과를 생각해 그들의 원칙을 수정 할 준비가 되어 있어야 한다. 기업의 사회적 책임에 대한 경제모형보다 공리주의가 시장을 더 정확하게 설명할 수 있다면, 각 개인이 자신의 이익을 최대한 추구하면서 최대다수를 위한 최대이익을 얻을 수 있을 것이다.

우리는 가격이 정해져 있지 않은 공공재의 가격을 정하는 법을 만들 수도 있을 것이다. 이 법은 개인의 선택영역을 벗어난 공공재를 통제하고, 관리할 수 있는 필요한 장치가 될 것이다. 이 법은 시장실패로 인해 초래되는 사회적 피해를 해결하기 위한 것이다. 프리드먼의 관점에서는 기업이 법을 준수하는 한, 효율성을 바탕으로 낮은 원가로 좋은 품질의 제품을 공급함으로써 고객의 요구에 잘 대응하면, 기업이 가진 모든 사회적 책임을 다했다고 할 수 있다. 그러나 모든 기업이 프리드먼의 관점을 취하게 되면, 우리 사회는 시장실패라는 엄청난 재앙에 직면하게 된다. 따라서 불가피하게 정부가 개입해야 하지만 시장실패를 해결하기 위한 시도는 몇 가지 문제점이 있다. 우선, 첫 세대 문제(First Generation Problem)가 있다. 시장은 시장실패에 의해 얻은 정보를 통해서 시장실패를 해결한다. 즉, 북극해에서 수산자원이 고갈되었을 때, 비로소 시장은 세계수산업의 자유롭고, 열린 경쟁이 황새치와 대구와 같은 어종의 멸종위기를 불러온다는 것을 깨달았다. 그러나 시장이 이 사실을 알았을 때는 이미 늦은 것이다. 물론, 지금부터라도 노력하고, 엄청난 자원을 투입하고, 오랜 시간이 지나면, 멸종위기에 처한 어종이 복원되겠지만, 지금의 세대 즉, 첫 세대는 이미 해당 어종의 멸종위기를 겪었다. 시장은 시장실패를 반드시 겪어야만 무엇이 문제인지를 깨닫고 대응할 수 있다는 것이 바로 첫 세대 문제이다. 석탄재와 석면과 같은 오염물질이 직원의 생명을 앗아 갔을 때, 가스탱크 폭발과 오염된 음식으로부터 소비자가 목숨을 잃었을 때, 비로소 시장은 이 상황의 위험성과 심각성을 깨닫고, 대책을 세우게 된다. 우리가 시장실패에 대한 정보를 얻기 위해서는 첫 세대의 희생을 통해 시장실패를 배울 수 있고, 미래의 피해를 막을 수 있는 것이다.

우리가 시장실패를 해결하기 위해 정부로 하여금 기업의 경영활동을 규제하는 기준을 세우게 하는 방법 역시 문제가 있다. 기업은 정부규제와 소비자의 요구, 양쪽 모두에게 영향을 주는 능력을 가지고 있다. 기업의 사회적 책임에 대한 경제모형은 기업으로 하여금 법을 준수하고, 소비자의 요구에 응하도록 요구한다. 이 관점에서 시장실패에 대해 보상하고, 시장실패를 막는 것은 전적으로 정부의 책임이다. 일단, 시장실패가 적절히 해결되면, 기업은 법을 준수하고, 시장의 요구에만 응하면 된다. 하지만 이것은 기업이 법에 부당하게 영향을 미칠 수 없거나, 영향을 미치지 않을 때에만 의미가 있다. 여기에서 부당한 영향이란 기업이 시장의 목표인 전체이익의 극대화를 목표로 하지 않고, 기업의 이익보호를 목표로 하는 모든 영향을 말한다. 예를 들어, 미국에서 대형 자동차회사가 SUV를 승용차가 아닌 트럭으로 간주하도록 벌인 치열한 로비활동이 그것이다. 그렇게 함으로써, 자동차회사는 승용차에 적용되는 엄격한 연비기준을 따르지 않아도 되었다.

우리는 기업이 정부정책에 영향을 줄 수 있는 능력이 있다는 것과 함께 기업이 소비자의 인식과 요구에 영향을 줄 수 있다는 것을 명심할 필요가 있다. 결론적으로, 기업이 법을 지키면서 소비자의 요구에 응답하는 것만으로 기업의 사회적 책임을 다 했다고 하는 것은 여론을 움직일 수 있는 기업의 능력을 과소평가한 것이다. 미국의 광고 산업규모는 1년에 약 2조 원에 달한다. 이것은 기업이 소비자에게 영향을 줄 수 있다는 것을 잘 보여주고, 기업이 전달하는 메시지에 의해 소비자가 영향을 받는다는 것을 의미한다. 기업이 제품을 소비자에게 광고하고, 정부에 하는 로비활동을 멈추지 않는 한, 기업의 사회적 책임에 대한 경제모형에서 주장하는 시장중심의 접근방법은 적절하지 않다.

이 시장모형의 공리주의적 방어에 대한 두 번째 문제는 효율적으로 작동하는 시장에서 나온 결과가 윤리적 측면에서는 불만족스러울 수도 있다는 것이다. 시장의 목표는 전체행복의 극대화, 소비자 욕구의 최대만족, 최대다수를 위한 최대이익, 인간이 가진 다양한 욕구 만족의 극대화, 소비자 선호의 최대만족 등으로 이해할 수 있다. 효율적으로 작동하는 시장의 결과에 대한 분석을 조금 더 정확하게 해보자. 공리주의는 우리의 행복을 극대화하도록 요구한다. 어떻게 시장이 이 목표를 충족할 수 있을까? 사람들이 원하는 것을 얻고, 시장이 소비자가 원하는 것을 만족시킬 때, 우리 사회는 전체적으로 행복해 보인다. 그러나 이 상황에 대해 더 정확히 표현하면, 시장은 오직 시장에서 표현되는 소비자의 욕구만을 충족시키고 있다는 것을 알 수 있다. 시장에서 표현되는 이런 욕구를 소비자의 욕구 또는 소비자의 선호라고 부른다. 그러나 소비자로서 사람들이 요구하는 것과 그들을 행복하게 하는 것이 항상 일치하지는 않는다. 우정, 정신적 건강, 그리고 사랑은 행복한 삶을 위해 모두 중요하지만, 시장에서는 이것을 살 수 없다. 소비자가 원하는 마약, 포르노, 술, 그리고 담배는 윤리적 의미에서 사람들을 행복하게 만들지는 못한다. 실제로, 시장에서 많은 제품을 구입하는 사람이 적은 제품을 구입하는 사람보다 더 행복하지 못하다는 증거가 있다. 즉, 사람들이 소비자로서 자신이 원하는 모든 제품과 서비스를 얻었다고 해도 더 행복해질 것이라고 장담할 수 없는 것이다.

시장경제를 지지하는 사람들은 소비자만족도가 사람의 행복을 완전히 보여주지 못할지라도 부분적으로 보여줄 수 있다고 주장한다. 사랑, 우정, 신뢰와 같은 가치 있는 것은 구매할 수 없지만, 적어도 제품을 적게 구매하는 것보다 제품을 많이 구매하는 것이 사람들의 행복에 기여한다고 주장한다. 이 문제에 대해 알아보기 위해 한 걸음 뒤로 물러나서 생각해보자. 시장경제에서는 많은 기관이 생산성과 경제성장을 추정하고, 측정한다. 경제성장이란 더 많은 사람이 원하는 것을 더 많이 얻을 수 있는 상태를 의미한다. 구체적으로, 시장에서 표현되는 욕구가 더 충족되고 있다는 것이다. 하지만 시장에서 사고, 파는 것을 더 많이 가지는 것이 과연 좋은 것인가? 소비자의 선호를 충족시키는 것이 항상 윤리적으로 옳은 것인가? 경제성장은 항상 좋은 것인가?

이 질문에 대한 대답은 경제성장이 항상 윤리적으로 좋은 것은 아니라는 것이다. 경제성장은 소비자가 소비하는 양만을 측정하고, 삶의 질은 측정하지 않는다. 시장관점에서는 자동차 사고로 병원에 100만 원을 지출하는 것과 사고를 예방할 안전장비를 구입하기 위해 100만 원을 지출하는 것은 아무런 차이가 없다. 하지만 윤리적 관점에서는 두 가지 선택과 선택을 한 이유는 매우 큰 차이가 있다. 경제성장은 시장에서 오직 소비자가 원하는 것을 더 얻고 있다는 것을 의미한다. 소비자가 원하는 영양가 있는 음식, 교육, 건강 같은 것은 윤리적으로도 좋고, 가치가 있다. 그러나 사람들이 원하는 어떤 것은 윤리적으로 하찮은 것이다. 때로는 비도덕적이고, 수치스러운 것이다. 여러분의 이해를 돕기 위해 예를 들어 보자. 유감스럽게도, 신생아를 사고, 파는 시장이 존재하고, 이것은 윤리적으로 볼 때, 전혀 옳지 않다. 물론, 이것을 아기를 가지지 못한 사람들의 욕구를 충족시킬 수 있다는 이유로 윤리적이라고 주장하는 사람들도 있다. 아마도, 아기를 사거나 파는 사람, 또는 그 거래를 중개하는 사람이 그런 주장을 할 것이다. 하지만, 그런 주장은 궤변(詭辯)에 불과하다. 또한, 마약, 핵무기, 화학무기, 군사비밀을 사고, 파는 시장이 존재한다. 간략히 말하면, 시장은 윤리적 내용이나 소비자가 한 선택의 질을 평가하지는 않는다. 최적으로 소비자의 욕구를 만족시키는 것 외에는 관심이 없는 효율적 시장은 윤리적으로 가치 있는 결과가 나오도록 보장하지 못한다.

물론, 프리드먼은 이익을 추구하는 것에 반드시 '법을 지켜야 한다'는 전제조건이 필요하다고 주장했다. 그에 따르면, 기업은 오직 경쟁의 규칙 안에서 이익을 추구해야 한다. 법을 지켜야 한다는 것을 조금 더 확장해서 생각해보면, 사기나 기만을 하지 않고, 개방되고 자유로운 경쟁에 참여하고, 사회의 기본적 규칙에 순응하고, 법과 윤리적 관습을 준수하는 것을 의미한다. 따라서 프리드먼의 주장처럼 법을 지키기 위해서는 윤리적 규제 역시 따라야 한다. 물론, 경제모형을 지지하는 사람은 윤리적 규제가 미미하다고 주장한다. 그러나 우리는 실제로 윤리적 규제가 얼마나 광범위한지 이 책에서 계속해서 살펴볼 것이다. 자유시장경제의 경제적 결과물은 기업의 사회적 책임에 대한 경제모형이 왜 정당한지에 대한 충분한 이유를 제공하지 못한다. 그러므로 우리가 이 경제모형에 대한 공리주의적 방어를 의심하는 충분한 이유가 있다. 다양한 시장실패 사례는 시장이 결과적으로 공리주의적 목표를 얻을 수 없다는 것을 잘 보여준다.

3.4   경제모형에 대한 비판과 사유재산권

　　기업의 사회적 책임에 대한 경제모형의 두 번째 윤리적 방어는 개인의 사유재산권에 호소한다. 이 관점에서는 기업의 소유주가 자신의 이익을 극대화하는데 기업의 자원을 사용할 수 있기 때문에 경영자는 기업의 소유주에게 가장 큰 의무를 갖는다고 본다. 이 관점에서는 주주의 이익을 극대화하는 목적 이외에 다른 목적을 위해 기업의 자원을 사용하는 것은 소유주의 재산권에 대한 경영자의 불법사용으로 간주된다. 예를 들어, 월마트의 경영자가 직원에게 더 좋은 의료혜택을 제공하기로 결정했다면, 이 결정은 기업의 자원을 잘못 사용하는 것이 된다. 즉, 경영자가 소유주의 이익을 극대화하기 위해 최선을 다해야 하는 의무를 버리고, 소유주의 사유재산을 부당하게 사용한 것이기 때문에 절도 또는 횡령과 같은 것으로 간주된다.

　　우리가 윤리이론에 대한 일반적 논의에서 개인의 사유재산권을 살펴보았던 2장으로 다시 돌아가 보자. 우리는 경제모형의 사유재산권에 대한 두 가지 중대한 문제를 살펴볼 필요가 있다. 첫째, 우리는 개인의 사유재산권이 절대적인 것이 아니라는 사실을 인정해야 한다. 한 사람의 재산을 사용할 권리는 다른 사람의 권리에 의해 제약받을 수 있다. 예를 들어, 만약에 여러분이 총을 가지고 있고, 그 총이 여러분의 소유라 하더라도 그 총을 다른 사람에게 함부로 쏘아서는 안 된다. 비록, 여러분이 소유하고 있는 총이지만 여러분이 마음대로 사용할 수 있는 것은 아니다. 여러분은 함부로 다른 사람의 생명을 빼앗을 수 없다. 그런 행위는 명백히 불법이고, 비윤리적이다. 예를 들어, 미국의 토지사용제한법은 개인의 재산권이 공공의 목적을 위해 어떻게 규제되어야 하는지를 잘 보여준다. 여러분은 여러분의 집을 가게로 사용할 수 없다. 왜냐하면, 토지사용제한법은 주거공간을 상업적으로 사용하는 것을 금지하기 때문이다. 그리고 개인의 집을 서로 모르는 넷 이상의 학생에게 빌려주는 것도 안 된다. 또한, 뒷마당을 쓰레기나 고물차를 두기 위한 창고로 사용할 수도 없다. 집의 원목을 비닐이나 강철로 바꿀 수도 없다. 일반적으로, 자유민주주의 사회에서도 개인의 재산권과 관련된 일정한 규제가 널리 받아들여진다. 물론, 경제모형을 지지하는 사람들은 개인의 사유재산권과 관련된 제한이 존재한다는 것을 인정하면서도 제한을 두는 것은 잘못이라고 주장할 것이다. 경제모형을 지지하는 사람들의 주장은 개인의 사유재산권이 다른 권리보다 더 우선하고, 더 존중되어야 한다는 것이다. 그러나 프리드먼은 이와 같은 극단적인 주장을 하지는 않았다. 프리드먼은 사유재산권이 법과 윤리적 관습을 바탕으로 한 사회규칙과 충돌할 때, 제한될 수 있다고 인정했다.

두 번째 문제는 주주의 이익에 관한 것이다. 우리는 기업의 재산권이 개인의 사유재산권과 다르다는 것을 인정해야 한다. 기업과 관련된 주주의 권리와 책임은 특정한 사회적 목표를 지닌 법적 장치이다. 주주는 기업의 재산에 대해 법적으로 제한적 책임을 갖는다. 이 제한된 책임은 기업의 경영실패로 인해 주주가 전 재산을 잃는 것을 방지한다. 이런 법적인 보호는 기업의 경제활동을 지원하기 위해 많은 자본을 유치할 수 있도록 하는 효율적인 수단이기도 하다. 따라서 이것은 기업의 소유권이 기업에 대한 주주의 절대적인 권리와 특혜를 의미하지 않는다는 것을 잘 보여준다.

이 문제는 우리에게 소유주와 투자자의 차이를 이해할 필요성 역시 제기한다. 어떤 기업은 소수의 개인이 사적으로 주식을 소유한다. 하지만, 삼성, 현대, LG와 같이 공개적으로 주식을 거래하는 기업은 기업의 소유권이 수많은 주식으로 나눠진다. 이런 기업의 주주는 소유주라기보다는 일종의 투자자이다. 주주는 투자대비 이익의 극대화를 원하기 때문에 경영성과가 좋은 기업의 주식을 매입한다. 기업은 투자자로부터 자본을 공급받아야 한다. 경영자는 주주의 투자에 대한 높은 이익을 보장함으로써 투자자가 주식을 매입하고, 보유하도록 만든다. 이와 같은 시장의 요구와 압력은 경영자로 하여금 높은 임금과 다양한 복지를 제공하게 해서 유능한 직원이 기업에 계속 남아 열심히 일하도록 만든다. 노동시장처럼 자본시장도 있다. 투자자는 투자를 통해 이익을 얻는 것이 허용되고, 직원은 높은 임금과 복지를 누리는 것이 허용된다. 만약, 투자자가 경영자의 경영이 마음에 들지 않으면, 자신이 투자한 자본을 회수해서 다른 기업으로 옮겨갈 수 있다. 만약, 직원이 경영자의 경영이 마음에 들지 않으면, 직원은 자신의 노동력을 다른 기업으로 옮겨갈 수 있다. 따라서 투자자와 직원이 경영자의 경영을 마음에 들어 하지 않으면, 경영자는 어쩔 수 없이 자신의 경영 방식을 수정하거나 포기해야 한다.

이것은 경영자라고 해서 기업의 자원을 마음대로 할 수 없다는 것을 의미한다. 우리는 나중에 경영자가 누리는 특혜 또는 특권에 대한 윤리적 제한에 대해서도 살펴볼 것이다. 경영자의 특혜 또는 특권에 대한 윤리적 제한은 주주의 이익, 직원의 이익, 소비자의 이익, 나아가 사회의 이익을 보호해야 한다는 명분 때문에 가능하다.

기업의 사회적 책임에 대한 경제모형은 주주의 이익이 마치 다른 모든 이해관계자의 이익보다 우선하는 것처럼 간주한다.

우리가 프리드먼의 주장 중에서 살펴볼 필요가 있는 마지막 주제는 법을 따라야 한다는 것만이 기업의 이익추구에 대한 유일한 제한이라는 점이다. 이런 프리드먼의 주장은 윤리프로그램과 윤리담당자를 가지고 있는 많은 기업이 선호한다. 기업의 윤리담당자는 주로 법의 준수에 초점을 맞춘다. 물론, 기업윤리의 상당부분이 법의 준수라는 것을 부인할 수는 없다. 하지만 우리가 1장에서 살펴보았듯, 법을 준수한다고 해서 반드시 윤리적 행동이라고 할 수는 없다.

기업의 윤리적 책임이 법의 준수라고 말하는 것은 우리가 법적 규제를 더 많이 만들어야 한다는 말과 같다. 미국에서 엔론과 월드콤같은 기업의 비윤리적 경영이 사베인즈—옥슬리법의 제정과 같은 많은 법적 규제를 불러온 것처럼 만약, 기업의 윤리적 책임을 법의 준수로 한정한다면, 이전에 기업의 자발적 행위로 간주된 많은 일이 새롭게 법적 규제의 대상이 되어야 할 것이다. 더 중요한 점은 기업의 윤리적 책임이 법의 준수로 충분하다는 견해는 법에 대한 불충분하고, 잘못된 이해에서 비롯된다. 여러분은 법이 명백하고, 분명하며, 어떤 상황에도 쉽게 적용될 수 있다고 생각하지만 사실은 그렇지 않다. 우리가 1장에서 살펴보았듯, 법은 현실에 적용하려는 순간 대부분 명확하지 않고, 모호하다. 만약, 법이 항상 명백하다면, 변호사와 검사, 그리고 법원의 역할이 지금처럼 활발하지는 않을 것이다. 논란의 여지가 없기 때문이다.

우리는 1장에서 배운 몇 가지를 기억할 필요가 있다. 최근에 발생한 기업의 스캔들에는 많은 변호사가 연루되었다. 예를 들어, 엔론의 경우 기업변호사와 회계사는 경영자에게 뇌물을 주도록 조언했고, 이것은 당시로서는 처벌 받은 전례가 없는 합법적인 것이었다. 특히, 과거의 판례에 따라 법을 적용할 때는 항상 애매모호한 부분이 존재한다. 더 나아가 법정에서 유죄라고 판결을 내리기 전까지는 기업의 어떠한 행위도 불법이라고 말할 수 없다. 만약, 프리드먼이 주장했듯, 법이 허용하는 범위에서 기업의 경영자는 이익을 극대화할 사회적 책임이 있다는 말을 따른다면, 경영자는 기업변호사나 회계사에게 법이 허용하는 범위에 대해 물어볼 것이다. 능숙한 변호사나 회계사는 분명히 비윤리적이지만 합법적으로 행동할 수 있는 범위에 대해 조언할 것이다. 이 관점에서, 경영자는 이익추구를 위해 법에서 허용하는 정도의 뇌물을 줄 책임과 의무가 있는 것처럼 보인다. 과연, 그럴까? 여러분은 어떻게 생각하는가?

프리드먼의 관점에서는 명백히 불법이 아닌 것은 무엇이든 사회적으로 책임이 있는 행동이 된다. 최근에 일어난 기업의 스캔들 대부분에 회계사와 변호사가 연루되어 있고, 그들은 그 행위가 비록 비윤리적이지만 법정에서 충분히 방어할 수 있다고 믿었다. 엔론과 아서 앤더슨의 붕괴는 법정에서 이길 가능성이 높다고 생각한 변호사의 무책임한 조언 때문에 발생했다. 엔론과 아서 앤더슨의 경영자에게 뇌물은 윤리적 문제라기보다는 위험평가와 관리, 그리고 편익과 비용의 문제였다. 그들에게는 법정에서 방어할 가능성, 재판에 질 가능성, 그리고 행동에 대한 이익과 비용을 비교하고, 손실을 해결할 가능성을 평가하는 것이 윤리적 판단보다 우선한 것이다. 법은 모호하고, 명백하지 않기 때문에 경영자는 그의 윤리적 판단에 의지해서 결정을 내려야한다. 따라서 법을 준수하는데 전념하는 경영자도 근본적으로 윤리문제에 직면하게 된다. 우리는 어떻게 해야 하는가? 우리는 인생을 어떻게 살아야 하는가?

3.5   기업의 사회적 책임에 대한 자선모형

  기업의 사회적 책임에 대한 자선모형의 관점에서 기업의 사회적 책임은 어렵고, 불쌍한 사람들을 돕고, 후원하고, 지원을 필요로 하는 예술 또는 문화행사를 지원하는 등 자선활동을 통해 사회적 대의(Social Cause)에 참여하는 것이다. 이 관점에 따르면, 기업은 사회적 대의에 반드시 참여할 의무를 갖지는 않지만, 기업이 자선활동에 참여하는 것이 윤리적으로 바람직하다고 본다. 사람들은 자발적으로 자선단체에 기부하고, 지역사회를 위해 봉사를 하지만, 사람들이 반드시 그렇게 해야 할 의무는 없는 것처럼, 기업도 반드시 자선활동에 참여하거나 봉사를 해야 할 의무는 없다. 그러나 자선활동이 좋은 것이고, 윤리적으로 옳은 것이며, 우리 모두가 바람직하다고 여기기 때문에 기업 또한 법적, 경제적 의무를 넘어서 사회에 다양한 방식으로 기여할 필요가 있다. 이 관점은 특히, 중소규모의 지역기업 소유주에게서 흔히 볼 수 있다.

  어떤 기업은 자선활동이 기업홍보에 도움이 되고, 세금이 공제되며, 기업이 좋은 평판을 얻을 수 있고, 사람들에게 호의를 베풀 수 있기 때문에 자선활동을 한다. 많은 기업이 예술과 지역행사를 후원하는 것은 이런 부수적인 효과를 얻기 위한 이유도 간과할 수 없다. 하지만 좋은 평판이나 대가를 얻으려 하지 않고, 순수하게 사회적 대의에 동참하는 기업도 많다. 많은 기업이 익명으로 자선단체에 기부하는 것이 그 좋은 예다. 많은 기업이 지역사회에 환원하고, 사회적 대의에 참여하는 것은 잠재적 이익을 얻기 위한 것이 아니라 기업의 경영자나 소유주가 자선활동이 옳고, 바람직한 것이라고 믿기 때문이다.

  기업이 자선활동으로 인한 잠재적 이익을 얻기 위해 자선활동을 한다고 말하는 것은 기업의 사회적 책임에 대한 경제모형의 주장과 같다. 이 관점에서 기업의 경영자는 자선활동이 불러올 경제적 이익에 오직 관심이 있을 것이다. 이 관점에서 자선활동으로 인한 사회적 기여는 기업의 잠재이익을 얻기 위한 일종의 투자이다. 심지어 기업의 사회적 책임에 대한 경제모형을 지지하는 사람도 이런 이유로 기업의 사회적 책임을 지지한다. 그러므로 좋은 평판을 얻기 위한 자선활동은 기업의 사회적 책임에 대한 경제모형과 매우 흡사하다.

  좋은 평판을 얻기 위해서 또는 잠재이익을 얻기 위해서 하는 자선활동과 달리

아무런 대가를 바라지 않고, 순수한 동기에서 단지 그것이 옳기 때문에 하는 자선활동도 많다. 여러분에게는 이것이 사소한 차이로 보일 수도 있다. 어떤 경우에는 사회적 공익을 위한 기업의 활동이 기업의 경제적 목적을 위한 수단으로 행해지고, 다른 경우에는 아무런 대가를 바라지 않고, 순수한 목적으로 행해진다. 우리가 여기에서 반드시 명심해야 할 것은 동일한 자선활동이라 하더라도 그 행동을 하게 된 동기가 무엇이냐에 따라 우리는 그 행동이 윤리적이고, 책임 있는 행동인지 판단해야 한다. 기업의 사회적 책임에 대한 경제모형의 관점에서 보면, 오직 좋은 평판과 재무적 이익을 위해 행해지는 자선활동이 윤리적으로 옳은 것이다. 왜냐하면, 기업의 경영자는 소유주의 대리인이므로 소유주를 위한 이익을 추구하는 것 이외에는 기업의 자원을 사용할 권리가 없다. 그러나 기업의 사회적 책임에 대한 자선모형의 관점에서 보면, 대가를 바라고 행한 자선활동은 비윤리적일 뿐만 아니라 진정한 기업의 사회적 책임활동이 아니다.

3.6 경제모형의 보완: 최소한의 도덕이론

이론적으로, 기업의 사회적 책임에 대한 경제모형은 매우 매력적이다. 그것은 공리주의, 개인의 자유, 그리고 사유재산권 같은 중요한 도덕적 기준에 호소하는 이론이다. 경제모형은 자유경제, 자유시장, 그리고 자본주의에 탄탄한 이론적 근거를 제공한다. 그러나 사실 기업의 사회적 책임에 대한 경제모형을 지지하는 사람들조차 경제모형이 가진 한계점을 인식한다. 이익을 극대화시키는 것은 법의 테두리 안에서 사기나 속임수를 사용하지 않고, 법과 윤리적 관습을 바탕으로 한 사회의 기본규칙을 지킬 때 가능하다. 이런 제한은 이익추구를 위해 법을 지키는 것을 넘어서 윤리적 제한을 둘 필요성이 있다는 합법성을 부여한다. 철학자인 노만 보위(Norman Bowie)는 기업의 사회적 책임과 관련해서 분명한 합의가 이뤄졌다고 주장했다. 보위는 이 합의를 기업의 사회적 책임에 대한 신고전주의모형이라고 불렀다. 이 관점에서 기업의 이익추구는 최소한의 도덕을 지킬 의무라는 제약을 받는다. 기업의 경영자는 우선 최소한의 도덕적 의무를 지켜야 비로소 이익을 추구할 수 있다.

최소한의 도덕이라는 개념을 설명하기 위해 보위는 몇 가지 전통적 윤리이론을 이용해 표준적인 사상체계를 만들었다. 사실, 보위의 접근방법은 칸트의 이론과 매우 비슷하다. 간단히 말하면, 보위의 사상체계는 '피해를 입히지 말 것, 피해를 예방할 것, 그리고 좋은 일을 할 것'의 세 가지 도덕적 명령으로 구성되어 있다. 인간은 남에게 피해를 입히지 않고, 피해를 예방하기기 위한 노력을 하고, 한 걸음 나아가 좋은 일을 할 윤리적 책임을 갖는다. 좋은 일이란 사람들이 그 일을 하도록 권장되고, 그 일을 한 사람은 칭찬을 받을 수 있는 것을 의미한다. 하지만 그것은 강요되지 않아야 한다. 강요를 한다면, 그것은 부당한 부담을 주는 것이다. 보위의 관점에서, 피해를 입히지 않을 의무는 다른 윤리적 사항보다 우선한다. 그리고 이익추구는 합법적으로 윤리적 의무에 의해 제한될 수 있다. 한편, 보위는 경영자가 주주 또는 소유주의 대리인이기 때문에 주주의 이익을 추구할 의무가 있다는 경제모형의 주장을 받아들인다. 그러므로 경영자가 피해를 예방하거나, 좋은 일을 하는 것이 윤리적으로 옳은 일이지만, 경영자가 가지는 주주에 대한 의무는 모든 것에 우선한다. 경영자가 최소한의 도덕을 지키고, 남에게 피해를 입히지 않는 한, 경영자는 이익을 극대화할 책임을 갖는다. 이처럼 신고전주의모형은 기업의 사회적 책임에 대한 경제모형의 수정 또는 보완이라고 할 수 있다.

남에게 피해를 입히지 않는 것, 피해를 예방하는 것, 그리고 좋은 일을 하는 것의 경계가 분명한 것처럼 보이지만, 복잡한 경영환경에서 이 세 가지를 분명히 구분한다는 것은 현실적으로 매우 어렵다. 또한 여러분에게는 피해를 입히지 않는 것과 피해를 예방하는 것의 차이가 윤리적으로 중요하게 보이지 않을 것이다. 신고전주의모형이 경제모형과 얼마나 다른지는 이 구분을 어떻게 해석하는가에 달려 있다. 만약, 우리가 해를 입히지 않는 것을 좁은 의미로 해석하면, 신고전주의모형에 근거한 책임의 범위는 경제모형과 별 차이가 없게 된다. 우리가 피해를 입히지 않는 것과 피해를 예방하는 것에 대해 확실하게 구분하면, 기업의 경영자가 가진 윤리적 책임의 차이는 더욱 커지고, 두 모형의 차이도 그에 따라 커질 것이다. 이 문제를 더 깊이 알아보기 위해 다음의 예를 살펴보자.

법정에서 보상을 요구하기 위해 기업의 법적 책임을 물을 때, 기업이 피해를 입힌 것과 기업이 피해예방을 하지 않은 것의 차이는 중요한 논란거리이다. 미국에서 벌어진 소송인 팔스그라프와 롱아일랜드 철도회사 소송은 이 문제에 대해 자세히 살펴볼 수 있는 대표적인 사례다. 팔스그라프 부인은 먼저 온 기차가 떠나려 할 때, 승강장에 서서 그녀가 탑승할 기차가 오기를 기다리고 있었다. 그 기차가 출발할 때, 늦게 도착한 승객 한 명이 기차에 타기 위해 철도회사직원의 도움을 받아 기차로 뛰어 오르면서 상자 하나를 아래로 떨어뜨렸다. 그 상자에 들어있던 불꽃놀이용 화약이 기차에 눌려 폭발했다. 그 폭발로 인해 팔스그라프 부인이 화상을 입었다. 철도회사가 그녀의 화상에 대한 책임이 있는지 여부를 결정하기 위해 법정은 철도회사 직원의 행동이 팔스그라프 부인에게 화상을 초래했는지를 심각하게 고민했다.

첫 번째 해석은 직원의 행동이 팔스그라프 부인이 화상을 입은 원인이라는 것이다. 하지만, 이 해석을 따르면, 우리가 예상할 수 없는 많은 원인이 나타난다. 늦게 온 승객, 불꽃놀이용 화약, 기차바퀴, 철도회사 직원의 행동, 기차를 타기로 한 팔스그라프 부인의 결정 등이 모두 화상의 원인이라고 할 수 있다. 흥미롭게도, 더 많은 것이 팔스그라프 부인의 화상에 대한 원인이 될 수 있다. 철도회사는 늦게 온 승객이 기차에 뛰어 오르는 것, 상자가 움직이는 기차에서 떨어지는 것, 기차역을 떠나기 전 기차의 문을 닫거나 승객의 접근을 막는 것, 그리고 승객이 폭발물을 가지고 열차에 탑승하는 것 모두를 예방하지 못했다.

요점은 피해를 초래하는 행동과 그 피해를 막는 행동의 경계가 행동 자체보다는 행동의 묘사에 달려있다는 것이다. 이 같은 질문은 안락사에 대한 논의의 중요한 쟁점이기도 하다. 인공호흡기를 제거하는 결정이 적극적으로 환자의 죽음을 초래하는가? 아니면, 죽음을 막는 것을 실패했기에 그저 환자가 죽는 것을 수동적으로 받아들이는 것인가? 여러분은 어떻게 생각하는가? 몇 년 전, 신촌의 한 대학병원에 입원한 김모 할머니의 가족들이 연명치료가 무의미하다고 판단해서 할머니의 인공호흡기를 제거하기로 결정했고, 의사들은 가족의 결정에 따라 인공호흡기를 제거했다. 하지만 놀랍게도, 그 할머니는 인공호흡기를 제거했음에도 불구하고, 몇 달을 더 생존했다. 인공호흡기를 제거한다는 것은 곧 죽음이라는 우리의 편견에 충격을 준 사례였다. 사람의 목숨은 하늘에 달려있다고 한 옛 어른들의 말씀이 생각난다. 당시 나는 할머님을 잃고, 깊이 슬퍼하고 있을 때라 이 사례가 더 충격적으로 느껴졌다.

다시 본론으로 돌아가 보자. 피해를 예방하는 것과 좋은 일을 하는 것 사이의 구분에 대해서도 비슷한 문제가 제기될 수 있다. 하이브리드차나 전기차에 투자를 하는 자동차회사의 경우를 살펴보자. 이 회사의 결정이 칭찬할 가치가 있을 만큼 윤리적으로 옳은 것인가? 그렇지 않으면, 다른 사람들이 환경오염과 자원고갈로 인한 피해를 입지 않도록 윤리적으로 당연히 지킬 의무인가? 요점은 좋은 것과 피해를 예방하는 것 사이에 경계가 없다거나 피해를 끼치거나 주지 않는 것 사이에 경계가 없다는 것을 의미하지는 않는다. 기업의 사회적 책임에 대한 이론으로서 경제모형의 변형된 형태가 기업의 사회적 책임에 가해지는 구체적 제약과 충돌하는 것을 피할 수 없다는 것이다. 이 관점에 따르면, 우리는 주주의 이익이 기업의 경영자, 직원, 공급업자, 그리고 소비자의 이익과 충돌하는 모든 사건에 대해 책임 있는 윤리적 결정을 위해 조심스럽고, 면밀하게 상황을 분석해야 한다.

최소한의 도덕이론이 중요한 이유는 윤리적으로 책임 있는 기업이 되기 위해서 법을 준수하는 것만으로는 충분하지 않다는 인식을 했기 때문이다. 기업의 사회적 책임에 대한 적절한 결론은 윤리적 기업이 되기 위해서는 법을 단순히 지키는 것을 넘어서 윤리적 책임과 의무를 인식하고 행동해야 한다는 것이다. 기업의 경영자는 윤리책임자를 임명하는 것이 기업과 윤리를 통합하는 첫 걸음이라는 것을 인식할 필요가 있다. 기업의 경영자가 가져야 하는 윤리적 의무를 인지하고, 기업의 이익 극대화에 제약을 둔다는 점에서 최소한의 도덕이론은 우리로 하여금 기업의 사회적 책임을 더 폭넓게 이해하도록 만들었다.

3.7 　기업의 사회적 책임의 이해관계자모형

　기업의 사회적 책임의 이해관계자모형은 기업의 의사결정이 어떤 사람들에게는 이익을 가져다주고, 어떤 사람들에게는 비용을 지불하게 만들며, 결과적으로, 다양한 사람들에게 영향을 준다는 통찰에서 비롯되었다. 엔론과 월마트의 사례가 보여주듯, 기업의 경영자가 내리는 의사결정은 사회 전반에 다양한 방식으로 영향을 준다. 경제학자들이 밝혀왔듯, 모든 기업의 의사결정은 다른 기회를 포기하는 의미인 기회비용을 수반한다. 기업의 사회적 책임에 대한 모든 이론은 다음의 질문에 답변해야 한다. 각 기업의 결정에 의해 누가 이익을 얻고, 누가 비용을 지불해야 하는가? 경제모형과 최소한의 도덕이론 모두 주주에게 유리한 대답을 할 것이다. 기업의 활동이 일단 최소한의 법적 또는 도덕적 제약을 충족하면, 주주는 기업의 결정으로 인한 최대의 수혜자가 될 것이다.

　그러나 기업의 사회적 책임에 대한 이해관계자이론은 모든 이해관계자의 이익보다 우선하는 혜택을 주주에게 주는 것을 인정하지 않는다. 주주는 경영자의 결정에 대해 윤리적 요구를 할 수 있고, 이 요구는 경영자의 의무를 확정한다. 그러나 주주의 윤리적 요구는 기업의 의사결정에 의해 영향을 받는 다른 이해관계자의 윤리적 요구와 균형을 이뤄야만 한다. 최소한의 도덕이론은 기업의 의사결정이 주주의 윤리적이고, 합법적인 요구에 의해 제약되어야 한다는 것을 인정한다. 이해관계자이론 역시 이런 논리를 받아들이지만, 오직 주주만이 윤리적이고, 합법적인 요구를 경영자에게 할 수 있다는 것은 거부한다. 만약, 다른 이해관계자의 윤리적 요구가 주주의 요구와 상충된다면, 경영자는 주주의 요구를 일방적으로 따라서는 안 되고, 여러 요구에 대해 중립적이고, 균형을 갖춘 태도를 취해야 한다. 경영자는 여러 요구 중에서 가장 윤리적으로 옳은 요구를 수용하고, 이행해야 한다. 이해관계자이론은 주주의 요구 외에도 다양한 이해관계자에 의해 제기되는 윤리적이고, 합법적인 요구가 존재한다고 주장한다.

　이해관계자이론은 주주를 기업의 소유주로 보지 않고, 투자자나 자본가로 본다. 투자자는 기업의 활동을 위해 꼭 필요한 자본을 제공한다. 하지만, 자본이 다른 요소 보다 더 중요하다고 할 수는 없을 것이다. 경영자의 역할은 기업이 모든 이해관계자에게 가치를 계속 제공하는 방향으로 기업이 경쟁우위를 갖도록 이익의 균형을 유지하는 것이다. 이해관계자이론을 주장하는 에드워드 프리먼(Edward Freeman)은 기업의 경영자는 소비자, 공급업자, 직원, 지역사회, 그리고 주주를 위해 가치를 창조해야 한다고 주장한다. 그에 따르면, 경영자의 가장 중요한 책임은 이해관계자를 위해서 가능한 많은 이익을 만드는 것이다.

기업의 사회적 책임에 대한 경제모형은 월마트의 경영자에게 직원, 공급업자, 소비자, 그리고 지역사회의 희생을 통해 주주의 이익을 극대화하는 의사결정을 하도록 요구한다. 즉, 경제모형에 따르면, 기업의 소유주로서 주주가 모든 기업의 이익에 대한 우선적인 권리를 갖는다는 것이다. 하지만, 이 설명은 윤리적으로 전혀 설득력이 없다. 왜냐하면, 우리는 기업의 의사결정에 의해 영향을 받는 모든 관련자의 이익이 경영자의 의사결정 과정에서 동등하게 고려되어야 한다고 믿기 때문이다. 우리가 이해관계자이론의 관점으로부터 여러 이해관계자의 이익을 생각한다면, 그것은 우리가 경영자의 윤리적 책임에 대해 매우 넓은 범위를 인정하는 것이다. 이해관계자이론은 월마트의 경영자가 직원, 공급업자, 소비자, 그리고 지역사회의 이익에 대해 주주에 대한 책임과 동등하게 윤리적 책임을 가져야 한다고 주장한다.

윌리엄 에반(William Evan)과 에드워드 프리먼(Edward Freeman)은 이해관계자의 개념에 대해 좁은 관점에서는 이해관계자가 기업의 성공과 생존에 꼭 필요한 단체 또는 개인이고, 넓은 관점에서는 이해관계자가 기업에 의해 영향을 주고, 받는 모든 단체 또는 개인이라고 정의했다. 우리는 이해관계자에 대한 두 가지 정의를 모두 명심할 필요가 있다. 에반과 프리먼은 기업의 사회적 책임에 대한 경제모형이 실패했다고 주장했다. 백 년 전만 해도 경영자가 주주에게 가지는 의무가 다른 무엇보다 더 중요했는지 모르지만, 현재는 소비자, 직원, 공급업자, 경쟁자, 환경, 그리고 장애인 같은 기업의 의사결정에 의해 영향을 받는 이해관계자에 대한 경영자의 의무는 주주에게 가지는 경영자의 의무와 동등하게 중요하다.

기업의 결정에 의해 영향을 받는 다양한 이해관계자의 권리와 이익을 위해 경영자의 주주에 대한 신탁의무를 제한해야 한다는 것이 민주주의 사회의 행정부, 입법부, 그리고 사법부의 공통된 판단이다. 널리 알려진 시장실패 사례는 기업의 경영자가 주주의 이익을 추구하는 것이 공공을 위해서나, 결국은 주주를 위해서도 이익이라는 보장이 없다는 것을 잘 보여준다. 시장이 실패한다면, 우리 사회가 주주에 대한 경영자의 신탁의무를 다른 모든 것보다 중요하게 생각해서 우선시할 이유가 전혀 없는 것이다.

기업의 사회적 책임에 대한 경제모형은 윤리적 근거를 두 가지 기본적 윤리규범에 두는데, 바로 사회복지와 인권에 대한 공리주의적 주장이다. 그러나 경영자의 윤리적 고려는 기업의 의사결정에 의해 영향을 받는 모든 이해관계자에게 동등하게 주어져야 한다. 경영자는 모든 이해관계자의 이익에 균형을 맞추고, 각각의 이익에 동등한 고려를 할 필요가 있다. 기업의 사회적 책임에 대한 이해관계자이론은 경영자가 모든 이해관계자의 이익에 대해 균형을 가질 것을 요구한다. 공리주의는 기업의 의사결정에 의해 영향을 받는 단체의 복지를 생각할 것을 요구한다. 이해관계자이론도 공리주의와 같은 것을 요구한다고 볼 수 있다. 다만, 두 이론의 차이점은 공리주의가 전체결과를 파악하기 위해 모든 이해관계자의 이익에 관심을 갖는 것에 비해, 이해관계자이론은 이해관계자 각각의 이익을 동시에 균형을 가지고 고려한다는 점이다.

도덕적 권리에 대한 모든 이론은 우리 모두를 위한 평등한 권리를 주장한다. 칸트는 다른 무엇보다 더 중요한 도덕적 의무가 모든 사람을 수단으로 대하지 말고, 목적으로 대하는 것이라고 주장했다. 주주의 이익을 추구하기 위해 직원과 다른 이해관계자의 권리를 간과하는 경영자는 주주의 이익을 얻기 위한 목적의 수단으로 직원과 다른 이해관계자를 대하고 있는 것이다. 칸트의 입장에서, 이것은 윤리적으로 전혀 옳지 않다. 물론, 주주의 이익을 간과하는 것 역시 마찬가지 논리로 윤리적으로 전혀 옳지 않다.

그러므로 기업의 사회적 책임에 대한 이해관계자이론은 기업의 사회적 책임에 대한 경제모형에서 주장하는 동일한 근거를 바탕으로 기업의 사회적 책임에 대한 이해관계자이론이 더 우수하다고 주장한다. 에반과 프리먼은 한 집단의 비용으로 다른 집단이 혜택을 보는 경우는 윤리적으로 옳지 않다고 주장한다. 일반적으로, 기업의 경영은 이해관계자의 이익 사이에서 균형을 유지해야 한다. 그러나 기업의 사회적 책임에 대한 이해관계자이론에도 문제점이 존재한다. 예를 들어, 실제로 다양한 이해관계자의 이익을 어떻게 균형 있게 고려할 것인지, 기업의 소유주인 주주의 권리와 다른 이해관계자의 권리가 과연 동등한지, 그리고 이해관계자이론이 너무 일반적이고, 모호해서 경영자에게 과연 실질적인 지침이 되는지 등이다.

이해관계자이론을 공격하는 경제모형의 지지자들은 경영자가 가지는 주주에 대한 책임은 항상 다른 이해관계자에 대한 윤리적 책임보다 우선한다고 주장한다. 그들은 공리주의적 이익극대화의 사회적 결과가 항상 다른 이해관계자의 이익을 동등하게 생각한 사회적 결과보다 더 좋다고 주장한다. 이해관계자이론에 대해 제기되는 실질적 문제에는 두 가지 종류가 있다. 누가 우리 기업의 이해관계자인지, 그리고 그들의 이익이 무엇인지 확인하는 문제와 이해관계자의 이익에 대해 균형을 맞추려면, 경영자는 어떻게 결정하고, 행동해야 하는지에 대한 문제이다.

우리가 이해관계자를 기업의 의사결정에 의해 영향을 받는 집단으로 넓게 해석하면, 경영자는 기업의 모든 의사결정에 영향을 받거나, 받을지도 모르는 모든 집단을 고려해야 하는데, 이것은 현실적으로 불가능할 것이다. 만약, 우리가 이해관계자를 좁은 의미로 해석하면, 경영자의 선택이 조금 더 쉬워질 것 같지만, 실제로 경영자가 이해관계자 중 일부를 배제하거나, 포함시키지 못할 가능성이 존재한다. 경영자가 기업의 의사결정으로 인해 영향을 받는 모든 집단과 그들이 받게 될 영향의 크기를 파악할 수 있다고 하더라도, 이해관계자이론은 경영자에게 실질적으로 도움이 되지 못하는 것 같다. 경영자는 다양하고, 때로는 서로 상충되는 이해관계자의 이익 사이에서 어떻게 균형을 잡을 수 있을까? 이해관계자이론을 비판하는 사람들에게는 이 이론이 경영자에게 실질적으로 지침을 주지 못하는 쓸모없는 이론으로 보일 것이다. 그럼에도 불구하고, 이 이론을 반대하는 사람들은 너무나 지나친 요구를 하고 있는 것이다. 여러분은 아마도 경영자의 책임에 대한 규범적 이론은 경영자에게 구체적이고, 실질적인 지침을 제공해야한다고 생각할 것이다. 그러나 우리는 모든 상황에서 의미가 분명하고, 구체적인 조언을 제공하는 실질적인 이론이 필요하다고 생각해서는 안 된다.

기업의 사회적 책임에 대한 이해관계자이론과 경제모형, 두 가지 이론에서 주장하는 원칙을 한 번 비교해보자. 이해관계자이론은 경영자가 이해관계자의 다양한 이익을 동등하게 고려해서 균형을 갖도록 요구하는 반면, 경제모형은 경영자가 주주의 이익을 극대화하도록 요구한다. 이 두 가지 이론 중에서, 어떤 이론이 경영자에게 더 실질적이고, 구체적인 지침을 제공하는가? 심지어, 경제모형은 의사결정과정에서 경영자에게 무제한의 자유를 허용한다. 이익극대화라는 의무에 대해서는 일반적 지침을 제공하지만, 경영자의 의사결정에 대한 정확하고, 실질적인 지침은 제공하지 않는다. 결국, 경제모형은 경영자가 주주와 신탁관계를 갖는다고 호소함으로써 타당성을 확보한다. 경영자가 내리는 모든 의사결정은 그의 전문적 판단에 의존하는데, 어떤 의사결정이 주주의 이익을 극대화시키는지 미리 아는 것은 현실적으로 불가능하다. 경영자의 의사결정 과정에는 다양한 대안이 존재하고, 그 중 어떤 대안을 선택할 때, 주주의 이익이 극대화되는지 판단하는 것은 매우 어려운 일이다. 현실에서 경영자가 주주의 이익을 극대화시키는지 여부를 판단하는 것은 다음과 같은 질문을 통해 확인할 수 있다. 주주가 계속해서 자본을 이 기업에 투자하기를 원하는가?

경영자가 모든 이해관계자의 이익을 동등하게 고려하는 의사결정을 하는 것이 불가능하지 않다고 하더라도, 현실적으로 매우 어렵다. 우리는 이것을 파악하기 위하여 다음과 같은 질문을 할 수 있다. 다양한 이해관계자가 이 기업과 관계를 지속하기를 원하는가? 이 기업과의 거래가 불만족스러운 거래업체, 피해를 입은 소비자, 그리고 떨어지는 주가는 경영자가 기업의 이해관계자의 이익 사이에서 균형을 잡지 못하고 있다는 명백한 증거다. 성공한 기업이 보여주는 것처럼, 경영자가 다양한 이해관계자의 이익에 대해 적절한 균형을 잡을 수 있다는 명백한 증거가 있다. 물론, 이 증거가 이해관계자이론은 경영자에게 실질적 지침을 제공할 수 없다는 비판을 전적으로 부인하지는 못한다. 다만, 이해관계자이론이 전혀 도움이 안 되거나, 이상한 이론은 아니라는 점은 분명하다. 기업의 사회적 책임에 대한 경제모형처럼, 이해관계자이론 역시 경영자로 하여금 여러 가지의 선택적 대안 중에서 어떤 대안을 배제하도록 함으로써 실질적으로 도움을 줄 수 있다. 그리고 이해관계자이론 역시 경제모형과 마찬가지로 시장에서 엄중한 검증을 받아야 한다. 이해관계자이론은 우리의 걱정과 우려보다는 훨씬 더 경영자에게 실질적으로 도움이 될지도 모른다.

기업의 사회적 책임에 대한 전략모형: 지속가능성

　기업의 사회적 책임에 대해 우리가 살펴볼 마지막 모형은 기업의 사회적 책임을 기업의 의무, 기업의 전략, 그리고 기업의 일부분으로 생각하는 지속가능성이론이다. 이 관점에서는 사회적 목적과 사적인 목적을 구분한다. 즉, 기업이 사회적 목적을 달성하는 것과 주주의 이익을 극대화하는 목적을 달성하는 것을 구분한다. 이 관점은 주주의 이익을 극대화함으로써 사회적 목적을 달성할 수 있다는 경제모형과는 정반대의 입장을 취한다.

　우리는 모든 사회기관을 두 가지 범주로 나눌 수 있다. 즉, 우리는 사회적 목적을 달성하기 위한 비영리기관과 이익추구를 위한 영리기관으로 구분할 수 있다. 자선단체, 시민단체, 교육기관, 의료기관, 그리고 보건기관은 모두 비영리기관이다. 하지만, 기업과 같은 영리기관도 그 기관의 목적 중에 사회적 목적이 차지하거나 포함되는 비중이 점점 더 증가하고 있다. 구체적으로, 기업가정신과 지속가능성의 두 가지 영역에서 우리는 사적 이익과 사회적 책임을 적절히 조화시키는 영리기관을 찾아볼 수 있다. 이런 기업의 목적이 가진 특징은 이익이 아니라 이익 이상의 것을 추구하는 것으로 표현할 수 있다.

　기업의 사회적 책임에 대한 대부분의 논의는 기업이 사회적 목표를 위해 자신의 이익을 희생할 것이라고 요구하지는 않는다. 물론, 기업의 사회적 책임과 관련된 문헌 중 대부분이 기업의 이익추구와 사회적 책임은 상충관계에 있다고 가정한다. 그러나 기업의 목표를 설정할 때, 목표의 중심에 사회적 목표를 포함시킴으로써, 기업의 이익추구와 사회적 책임 사이에 존재하는 상충관계 또는 긴장관계를 해소하는 기업이 많이 있다. 비정부기구, 병원, 시민단체, 재단, 전문기관, 학교, 그리고 정부기관과 같은 비영리기관은 모든 운영활동의 중심에 사회적 목표를 가지고 있다. 마케팅, 인적자원, 그리고 회계에 이르기까지 학교에서 배우는 지식과 기술은 영리기관뿐만 아니라, 비영리기관에도 적용될 수 있다. 이런 이유 때문에, 경영학을 가르치고, 배우는 교육과정을 통해 학생들은 비영리기관에도 익숙해질 수 있다. 우리가 가르치고, 배우는 기업윤리가 단지 기업에게만 적용되는 이론이 아니고, 비영리기관에도 동일하게 적용될 수 있다.

노벨상 수상자인 모하메드 유누스(Mohammad Yunus)에 의해 설립된 방글라데시의 그라민은행(Grameen Bank)은 사회적 기업가정신을 잘 보여주는 대표적인 사례이다. 그라민은행은 가난한 사람들에게 소액대출을 실현시킴으로써, 사회적으로 문제가 되는 빈민층을 구제했다. 또한, 기업의 목적을 환경적 지속가능성을 중심으로 설정하는 기업이 있다. 이러한 기업은 사회적 목적을 그들의 핵심전략으로 통합하기 때문에, 우리는 이것을 기업의 사회적 책임에 대한 전략모형이라고 부른다. 전략모형을 채택하는 기업은 윤리문제를 일으키지 않을 것이다. 심지어 프리드먼과 같은 기업의 사회적 책임에 대한 경제모형의 지지자들도 기업의 소유주가 사회적 목적추구를 경영전략의 핵심부분으로 설정하는 것에는 흔쾌히 동의할 것이다. 물론, 경제모형의 지지자들은 사회적 목적을 모든 기업의 의무로 해야 한다는 것에는 절대로 동의하지 않을 것이다.

모든 기업이 사회적 기업가의 원칙을 받아들일 것이라고 기대하는 것은 무리이다. 그러나 지속가능성과 관련된 기업의 윤리적 책임을 모든 기업이 주목하고 있다. 지속가능성이 기업의 사회적 책임에 대한 이론으로 그 중요성이 커지는 데에는 몇 가지 이유가 있다. 지속가능성은 기업의 사회적 책임을 설명하는 중요한 이론으로서 경영자로 하여금 환경적 요인에 대해 신중히 고려하도록 요구한다. 이 접근방법을 지지하는 사람들은 기업의 모든 경제활동은 우리의 환경을 바탕으로 수행되므로, 기업의 경영자는 환경을 생각해서 의사결정을 해야 한다고 주장한다. 그들은 우리의 삶을 지속하게 하는 환경 때문에 현재의 경제모형과 경제성장을 추구하는 거시적 경제목표가 이미 그 한계에 이르렀다고 주장한다. 깨끗한 공기, 맑은 물, 영양가 있는 음식, 그리고 온화한 기후와 같이 인간의 생존을 위해 기본적으로 필요한 것이 역설적으로 인간의 경제활동에 의해 위협받고 있다. 이 관점에서는 기업의 성공이 재무적 이익뿐만 아니라, 생태학적이고, 지속가능한 요인에 의해 평가되어야 한다. 비록 재무적으로 이익을 얻는다 하더라도, 지속가능성에 나쁜 영향을 주는 화학연료 같은 자원을 사용하고, 지구의 수용한계를 넘어서는 이산화탄소와 같은 폐기물을 배출하는 기업은 기본적으로 사회적 책임을 이행하지 않는 것이다. 장기적으로 볼 때, 환경적으로 지속가능성이 없는 기업은 재무적으로도 지속가능성을 기대할 수 없을 것이다.

지속가능성이론의 영향이 증가하는 것은 많은 기업이 재무보고서를 지속가능보고서로 대체하는 추세를 통해서도 확인할 수 있다. 전통적으로 사용되는 재무보고서는 오랜 역사를 가지고 있다. 다양한 법과 규제는 기업으로 하여금 전년도 기업의 경영활동에 대한 포괄적인 회계정보를 재무보고서를 통해서 제출하도록 요구해왔다. 기업의 재무보고서는 주주에게, 투자한 기업의 재무성과에 대한 정보를 공개적으로 제공하기 위한 것이다. 재무보고서는 다양한 정보를 포함하고 있지만, 주로 재무성과에 대한 내용이고, 전형적으로 수익과 지출의 요약사항을 포함한 보고서이다.

지난 수십 년 동안, 많은 기업이 재무보고서를 환경적, 사회적 문제에 대해 기업의 수행능력을 보여주는 지속가능보고서로 대체해왔다. 지속가능보고서는 기업의 경제적, 환경적, 그리고 사회적 수행능력을 평가하는 하나의 포괄적 보고서로 통합됨으로써 완전히 기업의 재무보고서를 대체한다. 업계에서 널리 받아들여지는 지속가능보고서의 체계를 만든 비영리기관인 글로벌 리포팅 이니셔티브(Global Reporting Initiative)에 따르면, 지속가능보고서는 한 기업 또는 기관의 경제적, 환경적, 그리고 사회적 수행능력을 잘 보여준다.

이 장에서 우리는 기업의 사회적 책임을 이해하기 위한 기본적 이론 몇 가지를 살펴보았다. 이 이론들은 기업이 왜 그리고 어떻게 사회적 책임을 수행해야 하는지 이해하기 위한 규범적 틀을 제공한다. 규범적 모형이기 때문에, 이 이론들이 얼마나 정확히 기업을 설명할 수 있는지에 따라 평가돼서는 안 된다. 분명한 점은 이 이론들이 기업이 매일 의사결정을 하고, 수행하는 활동에서 발생하는 윤리문제에 대해 어떻게 의사결정을 하고, 행동해야 하는지 도움이 되는 지침을 준다는 것이다.

우리는 기업이 소비자의 요구에 잘 응답함으로써, 기업의 이익을 증가시키는 목적에 기업의 사회적 책임이라는 윤리적 제약을 둘 필요가 전혀 없다고 주장하는 이론을 생각할 수 있다. 즉, 기업이 사회적 책임을 질 이유가 전혀 없고, 오직 기업은 기업의 본질적 목표인 이익극대화를 위해 행동하면 된다는 주장이다. 기업의 사회적 책임에 대한 협소한 관점이 바로 프리드먼의 신고전주의경제학이다. 기업의 사회적 책임은 소비자의 요구를 충족시킴으로써 이익을 극대화하는 것이고, 이익추구에 가해질 수 있는 유일한 제약은 법을 준수하는 것이라는 주장이다. 그들의 주장에 따르면, 경영자가 따라야 하는 법은 개인의 사유재산을 보호하고, 사기와 기만을 하지 않는 것에 국한된다. 그러나 이 주장은 별로 타당해 보이지 않는다. 현대 정부는 효율적이고, 작은 정부를 추구하고, 예산의 부족 때문에 늘 고민한다. 즉, 정부가 모든 것을 할 수 없기 때문에, 정부의 도움을 필요로 하는 많은 일들이 전혀 해결되지 못하고 있다. 이에 비해, 기업의 규모는 과거에 비교해 놀랄 만큼 커졌고, 기업의 영향력은 갈수록 증가하고 있다. 기업이 사회를 위해 책임을 져야 할 부분이 있다면, 하지 않을 이유는 무엇인가? 만약, 기업이 사회적 책임을 저버리고, 오직 이익극대화에만 전념한다면, 우리는 어떤 결과를 예상할 수 있는가? 사회가 붕괴되면, 기업은 누구를 상대로 제품을 판매하고, 누구로부터 원료를 공급받고, 누구에게 제품을 만들도록 할 것인가? 우리는 이 점에 대해 신중히 생각해야 한다. 기업은 우리 사회와 분리되어 홀로 존재할 수 없다.

기업의 사회적 책임에 대한 몇 가지 이론은 기업의 이익극대화에 제한을 두는 범위를 넓히려고 한다. 보위는 칸트의 이론을 바탕으로 기업은 법에 복종하는 것을 넘어 피해를 주지 않을 윤리적 의무를 갖는다고 주장한다. 윤리적으로 인식되는 피해는 다른 사람의 권리를 침해하는 것이다. 하지만 피해에 대한 폭넓은 이해는 기업의 사회적 책임의 개념을 더 확장시킨다. 이해관계자이론은 경영자로 하여금 투자자의 이익극대화에 전념하는 것보다 모든 이해관계자를 확인하고, 그들의 이익을 동등하게 고려하게 함으로써, 기업의 사회적 책임이라는 개념을 더욱 확장시켰다.

　　기업의 이익추구는 기업으로 하여금 소비자의 욕구를 최대한 만족시키도록 하는 역할을 한다. 하지만 이런 공리주의적 목표는 기업의 활동에 의해 영향을 받는 사람들에 대해 경영자가 가져야 할 의무를 제한한다. 이 제한은 법을 지키는 최소한의 의무에서부터 이해관계자이론과 같이 매우 폭넓은 의무까지 다양한 범위를 갖는다. 기업의 사회적 책임에 대한 여러 이론 중에서 우리는 기업에 의해 영향을 주거나, 받는 모든 이해관계자를 고려해야 한다는 이해관계자이론을 가장 적합한 이론으로 선택해야 할 것이다. 주주가 경영자에게 기업의 자원을 사용하여 주주의 이익을 극대화시키도록 요구하는 것은 논란의 여지가 없을 만큼 당연하다. 하지만 주주의 이익이 경영자의 모든 의사결정에 의해 영향을 받는 다른 집단의 이익과 함께 동등한 윤리적 권리를 갖는다고 보는 것이 윤리적으로 더 타당하고, 더 바람직할 것이다. 만약, 경영자가 모든 이해관계자의 이익에 대해 균형적 태도를 가질 의무를 갖는다면, 우리는 비로소 기업을 하나의 완전한 독립체로 이해할 수 있다. 기업은 이익을 극대화해야 한다는 프리드먼의 주장은 주주의 이익을 최우선으로 생각해야 한다는 의미이다. 프리드먼의 주장을 틀렸다고 비난할 수는 없다. 기업의 사회적 책임에 대해 협소한 관점을 갖는다면, 법을 준수하는 범위에서 기업은 주주의 이익을 극대화할 책임이 있다는 그의 주장은 옳다. 그러나 기업의 사회적 책임을 조금 더 넓은 관점에서 보면, 프리드먼의 주장은 너무 주주의 이익에 치우쳐 있다. 기업의 목표가 이익을 극대화하는 것이 아니라면, 과연 기업의 목표는 무엇이 되어야 하는가? 경영자는 다양한 이해관계자의 요구를 균형 있게 맞추면서 어떻게 기업을 경영해야 하는가?

　　시어도어 레빗(Theodore Levitt)은 기업의 목적이 소비자를 획득하고, 유지하는 것이며, 기업은 소비자가 원하는 제품을 적절한 가격에 제공해야 한다고 주장했다. 레빗의 주장은 지금까지 다른 학자들에 의해 제기된 기업의 목적이 돈을 버는 것이라는 주장과 매우 다른 의미이다. 즉, 레빗은 기업의 목적을 단순히 돈을 버는 것에서 소비자의 욕구를 파악해서 만족시키는 것으로 확장시켰다. 우리는 본장을 마무리하

기업윤리

면서 레빗에 의해 확장된 기업의 목적을 다시 한 번 더 확장시킬 수 있다. 기업은 사회적 책임을 갖는다. 기업은 사회를 바탕으로 운영되고, 필요한 자원을 사회로부터 조달받는다. 다양한 이해관계자와의 협력을 통해 기업은 제품을 생산하고, 유통시키며, 판매한다. 사회가 존재하지 않으면, 기업은 존재할 수 없다. 기업은 필요한 노동력, 자본, 그리고 부품이나 원재료와 같은 생산에 필요한 것을 얻을 수 없으면, 제품을 생산할 수 없다. 도매상이나 소매상과 같은 유통업체가 존재하지 않으면, 기업은 생산한 제품을 유통시킬 수 없다. 소비자가 존재하지 않으면, 기업은 생산한 제품을 판매할 수 없다. 지역사회나 정부의 도움이 없이, 기업의 생산과 판매는 불가능하다.

따라서 기업은 사회적 책임을 갖는다. 고아원이나 양로원과 같은 복지시설에 기부를 하고, 문화 및 예술행사를 지원하며, 병원이나 학교를 만들어 사회의 복지를 향상시키는데 기여해야 한다. 물론, 이 모든 사회적 책임은 기업이 이익을 얻은 후에나 가능하다. 기업이 이익을 내지 못하는 상황에서 기업에게 사회적 책임을 다 하라고 강요한다면, 그것은 윤리적으로 타당하지도 않고, 불합리하다. 기업이 망한다면, 무슨 소용인가? 현실적으로 기업의 사회적 책임은 대기업 위주로 실천되고 있다. 중소기업은 경쟁과 생존에 전념하는 것도 힘에 벅차기 때문이다. 물론, 일부 중소기업은 어려운 형편에도 불구하고, 사회적 책임을 모범적으로 실천한다. 우리나라의 유한양행은 그 대표적인 사례이다. 저자는 유한양행의 창업자인 유일한 박사를 진심으로 존경한다.

2017년 8월 23일, 저자는 갑자기 정신을 잃고, 쓰러져서 병원에 입원을 하게 되었다. 원인은 당뇨병으로 인한 급성합병증이었다. 참고로 저자는 그때까지 당뇨병이 없었다. 그리고 당뇨병이 그렇게 무서운 병이고, 생명까지 위협할 수 있다는 사실을 모르고 있었다. 입원 당시 검사에서 공복혈당이 600에 가까웠고, 3개월의 평균 혈당을 볼 수 있는 수치인 당화혈색소(HbA1c)가 16.5로 나왔으니, 저자가 안 죽은 게 오히려 이상한 상황이었다. 쓰러지기 전 3개월 동안, 손 하나 까딱할 수 없을 정도로 많이 피곤하고, 체중이 17kg이나 급격히 빠졌고, 시력이 떨어졌고, 입맛이 없어 밥을 거의 먹지 못했고, 전반적으로 온 몸의 기능이 떨어지다가, 마침내 온 몸에 고혈당으로 인한 충격이 와서 정신까지 잃은 것이었다. 저자의 할머니께서 2007년에 돌아가신 이후 저자는 계속 피곤했고, 슬펐고, 우울했기 때문이기도 했고, 여러분이 들으면 웃을 얘기지만, 대구의 여름이 참으로 끔찍하게 덥기 때문에 저자는 더위를 먹은 줄 알고 있었고, 가을이 오면 괜찮아질 거라고 생각하며 버티고 있었다.

지금 생각해보면, 참으로 미련했다. 아마도 치료를 받지 않고, 그런 상태가 며칠만 지속되었더라면, 당뇨합병증의 최종단계인 당뇨성심장마비가 와서 저자는 이미 이 세상 사람이 아니었을 것이다. 그러면, 여러분이 읽고 있는 이 책도 세상에 나오지 않았을 것이다. 아마도, 이 책을 쓰기 위해서 저자가 여러 해 동안 지나치게 몸을 혹사시키고, 무리를 했던 것이 원인이었던 모양이다. 기업만 사회적 책임이 있는 것이 아니다. 개인도 사회적 책임이 있다. 저자는 교수이므로 교육과 연구에 책임을 가지고 있다. 저자는 기업윤리에 관한 책이 필요하기 때문에 책을 써야 한다는 책임의식을 가지고 이 책을 썼다. 사실, 책을 쓴다는 것이 저자에게 경제적으로 그렇게 도움이 되는 일은 아니다. 최근에는 학생들이 책을 잘 사지 않을 뿐만 아니라, 학교주변 인쇄소에서 책을 복사한 후 제본해서 저렴한 가격으로 학생들에게 팔기 때문에 더더욱 책이 잘 팔리지 않는다. 저자에게 돌아오는 인세는 10%인데 여기에서 세금을 제외하면, 정말 얼마 되지 않는 적은 금액이다. 그럼에도 불구하고, 저자는 교수로서의 책임 때문에 이 책을 썼다. 이 책을 읽고 있는 여러분이 복사한 제본이 아니라 정당한 금액을 지불하고 이 책을 구입했다면, 저자로서 여러분에게 진심으로 감사드린다. 앞으로 여러분의 앞날에 행운이 함께 하기를 진심으로 기원한다.

저자의 할머니께서 돌아가신지 꼭 10년의 세월이 흘렀다. 그 10년 동안 슬퍼하고, 그리워하며 몸을 돌보지 못한 것이 저자가 쓰러진 원인이었는지도 모를 일이다. 아무튼, 병원에 입원해서 긴급하게 치료를 받고, 생명을 건졌고, 인슐린 주사와 약을 한보따리 받아서 퇴원을 했다. 저자는 지금도 힘겹게 당뇨병과 싸우고 있다. 여러분도 다른 무엇보다 여러분의 건강에 신경을 써야 할 것이다. 건강을 잃으면, 다 잃는 것이다.

연습문제

01   기업의 사회적 책임에 대한 경제모형, 자유시장모형, 그리고 신고전주의경제모형
      사이의 관련성을 설명하시오.

02   기업의 사회적 책임에 대한 경제모형이 윤리적으로 타당한 이유는 무엇인가? 또한
      제기되는 문제점은 무엇인가?

03   기업의 사회적 책임에 대한 자선모형을 설명하시오. 이 관점은 기업의 사회적 책임에
      대한 경제모형과는 어떻게 다른가?

04   기업의 사회적 책임에 대한 최소한의 도덕이론과 경제모형은 어떻게 다른가?

05   기업의 사회적 책임에 대한 이해관계자이론을 설명하고 이해관계자이론이 윤리적인
      이유와 이 이론이 가지고 있는 문제점에 대해 설명하시오.

06   기업의 사회적 책임에 대한 이해관계자이론은 경제모형과 어떻게 다른가?

07   지속가능성은 왜 기업의 전략이 될 수 있는가?

📖 사례 3-1. 미국에서 정신질환 전과자에게 팔리는 총기 한해 3천 500정

출처: 연합뉴스, 2015. 10. 10

또 한 번 미국민을 충격에 빠뜨린 오리건 주 커뮤니티 칼리지 총기 난사로 미국에서 총기 규제 목소리가 높게 이는 가운데 정신질환 이력자와 전과자에게 팔리는 총기가 한해 평균 3천 490정에 달한다는 보도가 나왔다. 미국 시사 주간지 타임은 9일(현지시간) 미국 연방수사국(FBI)과 국립신속범죄신원조회시스템(NICS) 등의 자료를 인용해 신원 조회의 허점을 살폈다. 이를 보면, 1998년부터 2014년 사이 범죄 전과자나 정신 질환 이력자에게 판매된 총기는 5만 5천 887정으로 이를 1년 기준으로 바꾸면 3천 490정이라는 결과가 나온다.

총기를 둘러보는 미국인들
(연합뉴스 자료사진)

올해 사우스캐롤라이나 주의 유서 깊은 흑인 교회에 난입해 성경을 공부하던 흑인 9명을 총으로 살해한 백인 우월주의 청년 딜런 루프, 오리건 주 엄프콰 칼리지에서 기독교인만을 골라서 9명이나 살해한 크리스 하퍼 머서 역시 정신질환을 앓은 것으로 경찰 조사에서 드러났다. 특히 자폐증이 있는 은둔형 외톨이 머서가 합법적으로 총기를 14정이나 구매한 사실이 밝혀지면서 신원 조회 확대 요구가 정치권을 중심으로 분출했다. 타임은 현행 법률과 시스템으로는 정신질환 이력자나 전과자의 총기 소지를 막기 어려운 현실을 지적했다. 연방과 주(州) 정부는 NICS를 통해 1998년 이래 총기 거래에서 잠재적인 총기 소유자를 대상으로 2억 2백 만 건의 신원 조회를 진행했다. 이 중 91%에 대해 정상적인 총기 거래를 승인한 데 반해 9%는 추가 신원 조회를 했다. 신원 조회로 총기 거래를 아예 승인하지 않은 건수는 전체 조회 건수의 0.5%인 120만 건 정도다. 미국령 5개 지역과 36개 주, 워싱턴D.C.는 NICS 자료를 활용한 FBI에 총기 구매자의 신원 조회를 의탁한다. 이에 반해 14개 주는 NICS 자료를 바탕으로 자체 신원 조회 시스템을 시행한다. 14개 주의 총기 판매 불허율, 총기 회수와 같은 정보는 FBI의 자료에 포함되지 않는다. 이처럼 신원 조회 기초부터 주마다 다르기에 여러 허점이 생길 수밖에 없다. 정확한 자료 집계도 어렵다.

FBI는 총기 구매를 불허한 추가 신원 조회자를 대상으로 사흘간 조사에 돌입한다.

3일, 72시간 내에 총기 판매에 대한 FBI의 최종 답변을 듣지 못하더라도 총기 판매 자격증을 지닌 총기상은 구매자에게 총을 팔 수 있다. 이렇게 총기를 파는 것을 디폴트 프로시드(Default Proceed)라고 부른다. FBI는 신원 조회 기한 3일을 넘더라도 자체적으로 계속 구매자의 총기 소지 가부를 판단하고자 조사를 지속한다. 최종적으로 부적격 판정을 내리면, 총기 판매상에게 전화를 걸어 구매자에게 총기를 팔았는지를 따진 뒤 팔았다면 다른 연방기관인 주류·담배·화기 단속국(ATF)에 요청해 해당 구매자에게서 총기 회수에 나선다. 하지만, FBI와 ATF마다 집계 방식이 달라 얼마나 총기를 회수했는지 구체적인 자료도 없는 실정이다.

연방과 주 정부 기관의 엇박자로 생기는 신원조회 시스템의 구멍은 사우스캐롤라이나 총기 참사 용의자인 루프의 사례에서 이미 드러났다. 루프는 지난 2월 말 아편 의존증 치료제인 '서복손'(Suboxone)이라는 약을 처방전 없이 소지한 혐의로 경찰에 체포돼 4월에 총을 살 수 없는 처지였지만, 현지 경찰이 이를 발견하지 못한 탓에 NICS, FBI에 잘못된 정보가 올라갔다. 루프는 아무런 제지 없이 구매한 총을 범행에 사용했다. FBI의 최종 판단 없이도 총을 판매할 수 있는 '디폴트 프로시드'의 문제점도 크다. 이 제도는 총기 구매자의 신원 조회를 법제화한 1993년 브레디 법안이 의회를 통과할 때 함께 가결 처리됐다. FBI는 구매자의 신원을 더 추적하려면 3일로는 모자라다며 조회 기한을 늘려달라고 요청했으나, 총기 판매의 자유를 옹호하는 미국총기협회(NRA)의 로비에 밀려 여전히 기한은 3일로 묶여 있다. 제임스 클라이번 (민주·사우스캐롤라이나) 연방 하원의원은 신원 조회 기한을 3일로 못박은 법의 철폐를 촉구하는 대체입법에 나섰고, 민주당의 유력 대권 주자인 힐러리 클린턴 전 국무장관도 대통령에 당선되면 행정명령으로 기한을 삭제할 방침이라고 천명했다.

📖 사례 3-2. 나는 '현대판 삐에로' 대한민국 감정노동자입니다

출처: 파이낸셜뉴스, 2015. 11. 2

'빨간 모자를 눌러쓴 난 항상 웃음 간직한 삐에로, 파란 웃음 뒤에는 아무도 모르는 눈물…' 1990년 인기를 끈 대중 가요인 '삐에로는 우릴 보고 웃지'의 첫 소절이다. 언제나 웃는 얼굴과 상냥한 목소리로 고객을 대해야 하는 감정노동자. 자신의 감정을 숨긴 채 일을 해야 하는 이들이 '현대판 삐에로'로 불려지는 이유다. 감정노동자는 업무 시 자신의 감정을 숨기고 회사에서 요구하는 외모나 표정을 유지해야 하는 근로자를 말한다.

경제 발전으로 서비스 산업이 발달하면서 감정노동자에 해당하는 직종도 늘고 있다. 판매, 유통, 음식, 관광, 간호 등 대인서비스 근로가 여기에 해당한다. 폐단도 만만치 않다. 얼마 전 백화점 점원이 고객에게 무릎을 꿇은 일은 대표적인 사례다. '손님은 왕'이라고 하지만 감정노동자들의 고충 중 하나가 바로 고객의 '갑질'이다. 욕설은 기본이고, 무시, 성희롱은 덤이다. 이로 인해 우울증, 대인기피증 등을 호소하는 감정노동자가 늘고 있다.

늦은 감이 없진 않지만 정부가 감정노동자도 산업재해 혜택을 받을 수 있도록 하는 방안을 추진하는 것도 이 때문이다. 파이낸셜뉴스는 감정노동자로 일하고 있는 캐셔(계산원) 김지현 씨(52세·가명), 텔레마케터(전화통신판매원) 이현주 씨(32세·가명), 호텔업 종사자 박종철 씨(48세·가명)를 만나 이들의 고충을 들어보고, 감정 노동의 실태에 대해 진단해봤다.

욕설, 성희롱, 무시… 감정노동자의 고충

"X 같은 X아, 오늘밤 어때? XXX아"

텔레마케터로 일하고 있는 이현주 씨가 업무 중 가끔 듣는 고객들의 말이다. 이 씨는 통화중 고객이 욕설을 하면 그냥 "죄송합니다."라고 얘기 하고 전화를 끊는다. 이 씨의 업무가 전화를 통해 고객에게 상품 홍보와 판매 활동을 해야 하기 때문이다. 고객이 욕설을 해도 참아야 하는 이유다. 텔레마케터 4년 차인 그녀도 고객으로부터 욕설을 들을 때는 하루 종일 기분이 좋지 않다. 욕설은 그나마 나은 편이다. 가끔 성희롱을 일삼는 고객을 대할 때는 여성으로서 정말 수치스럽다. 전화로 신음 소리를 내면서 "오늘밤 어때?", "오늘 내가 죽여줄게." 등 입에 담기도 낯부끄럽다. 이런 이유로 이 씨는 한때 우울증까지 앓았었다. 이 씨는 "고객들이 성희롱할 때는 정말 심장이 '쿵' 하는 느낌"이라며 "업무 특성상 고객이 욕설을 한다거나 성희롱적인 발언을 해도 참을 수밖에 없다."고 토로했다.

딸 같은 고객에게 무시당할 때 기분 아세요

대형마트 캐셔로 일하고 있는 김지현 씨는 얼마 전 일만 떠올리면 아직도 가슴이 두근거린다. 물건을 계산하는 과정에서 20대로 보이는 한 여성 고객이 계산이 잘못됐다며 대뜸 소리를 지르는 것이다. 진열대에 붙어 있던 물건 가격보다 계산 시 물건 가격이 더 높게 책정된 탓이었다. 상품을 진열하는 과정에서 생긴 착오 같다며 연신 "죄송하다."고 사죄했지만 이 고객은 오히려 더 역정을 냈다. 다른 물건으로 다시 갖다 드리겠다고 했지만 책임자를 불러오라고 소리를 질렀다. 주변의 시선이 계산대로 몰렸고, 관리 매니저가 와서 함께 사과한 뒤에야 이 고객은 발길을 돌렸다. 김 씨는 "딸 같은 고객에게 무시를 당할 때는 정말이지 일을 그만 두고 싶을 때가 한두 번이 아니다."며 '대인기피증이 생길 정도'라고 말했다.

'업신여김' 생활화… 웃음 뒤 심각한 정신질환

호텔업종사자 박종철 씨는 '자존감'을 아예 바닥에 내려놓고 일한다. '호텔업 종사자 = 벨보이'라는 잘못된 인식이 사람들의 뇌리에 자리 잡으면서 '업신여김'을 당하는 일이 잦다. 나이 어린 고객의 반말은 기본이고, 물건 들어주기, 문 열어주기는 덤이다. 박 씨는 "나이가 지긋하게 든 분들은 오히려 존댓말을 쓰는데 오히려 나이 어린 고객들이 반말하는 일이 잦다."며 "상대방을 배려하는 시민의식이 자리 잡았으면 좋겠다."고 말했다.

웃음 뒤에 숨겨진 감정노동자들의 속앓이는 심각한 정신질환으로 이어진다. 서비스업 비중이 점차 커지면서 앞으로 감정노동자는 더 많아질 것으로 예상된다. 안전보건공단이 발표한 보고서에 따르면 감정노동자 2,652명 중 58.3%가 우울증을 겪고 있다. 이중 8%는 자살을 시도하거나 생각한 적이 있는 것으로 나타났다. 또 새정치민주연합 한명숙 의원실이 백화점 직원, 콜센터 상담원, 승무원 등 감정노동자 2259명을 상대로 실시한 심리 조사 결과에서는 30%가 자살 충동을 경험한 것으로 조사됐다. 이는 전체 국민 평균 16%보다 두 배 가까이 높은 수치다.

또 전국 민간서비스산업 노동조합연맹이 서비스업에 종사하는 노동자 3,096명을 대상으로 감정노동 실태를 조사한 결과, 26.6%가 심리상담이나 정신과 치료가 필요한 우울증 증세를 겪는 것으로 나타나기도 했다.

한편 한국고용정보원이 지난해 6월부터 10월까지 730개 직업 종사자 2만 5,550명을 대상으로 감정노동 강도를 분석한 결과, 국내 주요 직업들 중 텔레마케터(전화통신판매원)가 감정노동의 강도 가장 센 것으로 조사됐다. 이어 호텔관리자, 네일아티스트, 중독치료사, 주유원, 항공권발권사무원, 취업알선원 등의 순이다. 일을 하면서 불쾌하거나 화난 고객 또는 무례한 사람을 대하는 빈도가 높아 정신적 스트레스가 높은 직업은 텔레마케터, 경찰관, 보건위생 및 환경검사원, 항공기객실승무원 등의 순으로 나타났다.

박상현 한국고용정보원 연구위원은 "최근 서비스 관련 직업군의 비율이 빠르게 늘고 있는 상황에서 '고객만족'이라는 소비문화가 만들어 낸 그늘이 감정노동"이라며 "자신의 감정을 숨긴 채 웃는 낯으로 고객을 대해야만 하는 감정노동 직업인을 위한 관심과 배려, 정책적 지원이나 예방책이 필요하다."고 말했다.

📖 사례 3-3. 검찰, 뒷돈 챙긴 KT&G 협력업체 임직원 무더기 기소

출처: 이데일리, 2015. 12. 18

KT&G, 1차 협력업체와 2차 협력업체에 뒷돈 챙겨
담배 필터 거래내역 조작해 비자금 조성

　　KT&G 협력업체가 다른 협력업체에게 납품 편의를 봐주겠다며 뒷돈을 주고받다가 검찰에 적발됐다. 서울중앙지검 특수3부(부장 김석우)는 자사로 원료를 공급하는 협력업체로부터 수억 원을 챙긴 혐의(배임수재 등)로 담배필터 제조업체 C사 회장 유 씨(66세)와 대표이사 설 씨(70세), 상무이사 박 씨(58세)와 전무이사 류 씨(65세), 담배필터 제조업체 D사 대표 황 씨(69세)를 불구속 기소했다고 18일 밝혔다. 아울러 유 씨 등에게 뒷돈을 챙겨준 혐의(배임증재)로 담배필터 원료 납품업체 S사 대표 김 씨(66세)도 재판에 넘겼다.

　　검찰에 따르면 KT&G 2차 협력업체를 운영하는 김 씨는 2002년 1차 협력업체인 S사 전무 류 씨 등에게 "다른 회사보다 더 많이 (담배필터 원료를) 납품하도록 도와달라."고 청탁했다. 류 씨는 청탁을 들어주는 대가로 김 씨에게 213차례에 걸쳐 약 3억 6,300만 원을 받았다. 류 씨 등은 2000년 담배필터에 사용하는 경화제(트리아세틴) 납품업체 대표로부터 납품 청탁을 받고 은행 계좌로 127차례에 걸쳐 5억 7,700여만 원을 받았다. 이외에도 포장용 골판지 박스 납품업체 J사로부터 1억 4,700여만 원을 챙겼으며 활성탄소 납품업체 H사에서 2억 200여만 원을 받았다.

　　검찰 조사 결과 류 씨 등은 협력업체로부터 납품 대금 일부를 되돌려 받은 방식으로 꾸며 협력업체 네 곳으로부터 약 12억 9,000여만 원을 챙긴 것으로 드러났다. 황 씨로부터 김 씨로부터 납품 청탁을 받고 38차례에 걸쳐 1억 3,700여만 원을 받았다. 김 씨는 1차 협력업체 세 곳에 자사 제품을 납품하는 대가로 6억 7,200여만 원을 건넸다.

　　유 씨와 설 씨 등은 필터를 생산한 뒤에 남은 필터권지를 다시 사들인 것처럼 꾸며 비자금을 조성한 혐의도 받았다. 유 씨 등은 서류를 위조하는 수법으로 약 2억 원을 비자금으로 조성한 것으로 드러났다.

📖 사례 3-4. BMW 코리아, 연이은 화재에 안전사고 종합대책 발표

출처: 아시아경제, 2016. 2. 4

- 공식 서비스센터 대상 BMW 마이스터 랩 제도 도입
- 외부수리업체에 기술 정보 공개와 기술 노하우 전수
- 노후차량 대상 무상 안전점검 및 수리금액 20% 지원
- 고객이 안심할 수 있는 프리미엄 기술 안전 시스템 확립

BMW 코리아는 4일 최근 화재에 대한 조사결과 보고와 함께 고객 신뢰 제고를 위한 대책을 발표했다. 내부적으로 기술역량 강화 프로그램을 운영하고 외부적으로는 부품과 차량 정비를 위한 기술 정보를 온라인에 전면 공개해 사고 방지에 적극 나설 방침이다. BMW는 국립과학수사연구원(이하 국과수), 독일 본사 화재감식팀과 BMW 코리아 기술팀이 최근 화재 건에 대해 면밀히 조사한 결과 상당수 차량들이 완전히 전소돼 명확한 원인을 파악할 수 없었다고 밝혔다.

BMW는 원인불명으로 밝혀진 사례들 중 공식 서비스센터에서 정기적 관리와 정비를 받은 고객에게 모두 보상을 완료했다. BMW 관계자는 "이들의 경우 차량이 모두 전소돼 화재의 원인은 미상으로 나왔으나 사회적으로 도의적인 책임을 다하고 고객들의 불편을 최소화하기 위해 적극적인 고객 보상을 결정했다."고 설명했다.

이외 사고는 외부수리업체에서의 불량 부품 사용과 차량 개조로 인해 화재가 난 것으로 추정된다고 밝혔다. 주요 원인으로는 차량 전손처리 후 부활, 보조 배터리 장착 및 배선 개조, 엔진 개조, 불량 DPF(디젤미립자필터) 부품 사용 등의 수리 문제로 드러났다. 1월 말 자유로에서 발생한 사고는 국과수에 적극 협조해 조사할 예정이다.

BMW 코리아는 직접적인 원인 도출이 힘든 화재 사고뿐 아니라 다양하게 발생할 수 있는 차량 안전사고를 미연에 방지하기 위해 대내외적인 기술 안전 캠페인을 실시한다.

먼저 내부적으로는 공식 서비스센터 현장에서 고객들이 더욱 안심할 수 있는 기술역량 강화 프로그램을 운영한다. BMW 마이스터 랩은 검증된 업계 최고의 국가공인 기능장으로 구성된 기술팀을 딜러사 서비스센터에 배치하는 제도다. 기술적 접

근이 난해하고 안전을 요하는 많은 전자계통 장비와 진단, 빠른 정비를 전문으로 취급함으로써 관련 문제점을 집중 해결하는 역할을 한다. BMW는 마이스터 랩 제도를 올 한해 전 딜러사로 확대해 나간다는 방침이다. 외부적으로는 올 상반기 내에 부품과 차량 정비를 위한 기술 정보를 온라인에 전면 공개하기로 했다. 이는 자동차관리법(자동차 정비기술 공개 의무 법안)에 따라 사고를 사전에 방지하기 위해 실시하는 것으로 그동안 대외비로 관리해왔던 기술 노하우를 외부에 투명하게 공개하는데 의미가 있다.

또한 4월부터는 외부 자동차 수리업체를 대상으로도 정기적인 BMW 기술 교육을 진행할 계획이다. 올바른 부품 사용법과 수리 품질 향상을 위한 다양한 기술 공유, 순정 부품 공급 채널 등의 교육 프로그램이 진행된다. 기술 자문을 받고자 하는 전국의 외부수리업체를 대상으로 정기적인 교육 세미나를 제공할 예정이며 이는 외부 수리 업체를 이용하는 고객들까지 고려해 예기치 않은 안전사고를 최대한 방지하기 위한 조치다. 아울러 노후 차량을 대상으로 한 무상 안전 점검 캠페인도 진행된다. 이는 연식이 오래되거나 마일리지가 긴 차량, 혹은 차량 안전에 영향을 줄 수 있는 외부 장비를 장착한 차량일수록 사고 예방을 위해 정기적이고 검증된 점검이 필요하기 때문이다. 이번 캠페인은 최소 5년 또는 10만㎞ 무상 소모성부품 제공기간(BSI)이 만료된 차량을 대상으로 하며 무상 안전 점검, 차량 수리 금액의 20% 할인 혜택이 제공된다. 이는 3월 말부터 전국 BMW 공식 서비스센터에서 진행된다.

김효준 BMW 코리아 대표는 "BMW는 프리미엄 브랜드로서 자체적인 기준을 더욱 강화하고 고객들이 더욱 안심할 수 있도록 현실적인 제도를 신속하게 적용할 것"이라며 "만에 하나 일어날 수 있는 사고에 대해서도 기술적 지원과 적극적인 보상 조치를 통해 브랜드가 고객을 끝까지 책임질 수 있는 고객 만족 시스템을 강화해 나가겠다."고 말했다.

BMW는 향후 적극적인 안전사고 방지를 위한 대내외 프로그램들을 통해 고객이 안심할 수 있고 신뢰할 수 있도록 프리미엄 기술 공유를 사회적으로 점차 확대해 나갈 예정이다.

📖 사례 3-5. 공매도 많이 한 종목, 주가 올랐다

출처: 조선비즈, 2016. 4. 7

상장 주식 0.5% 이상 공매도 때 '매도자 정보 공시' 하반기 시행

개인, "공매도가 주가 하락 부추겨"

업계, "급등락 완화 등 순기능도"

금융 당국이 최근 올 하반기부터 공매도 잔액이 전체 상장 주식의 0.5%를 초과하면 매도자의 정보를 공시하는 제도를 시행하겠다고 밝히자 공매도 논란이 재점화되고 있다. "공매도가 주가 하락을 부추긴다."고 주장하는 개인 투자자들은 정보 공시제도 도입에 환영했지만, 자산운용업계에서는 "운용 정보가 다 드러나 펀드를 제대로 운영하기 힘들다."는 볼멘소리가 나오고 있다.

"주가 하락" VS "거품 방지" 논란

개인 투자자들은 공매도 비율이 높아지면 오르던 주식은 상승세가 둔화하거나 꺾이고, 내리는 주식은 하락 속도가 더욱 빨라져 피해를 본다고 주장한다. 셀트리온 소액 주주 오 씨(32세)는 "사실상 공매도 기법을 사용할 수 없는 개인들은 주가 하락으로 피해를 보고, 기관과 외국인은 앉아서 돈을 버는 구조"라면서 "공매도 공시가 강화돼 부담을 느낀 기관·외국인의 공매도가 줄어들면 개인투자자들이 피해를 보는 일이 없을 것"이라고 말했다. 실제 주가 상승 여력이 있는 종목마저도 공매도 세력의 투기적 거래로 주가가 내려간 사례도 없지 않았다는 게 공매도 반대론자의 주장이다.

반면 금융투자 업계에서는 공매도가 주가가 본가치를 벗어나 급등락하는 현상을 완화해주는 순기능이 있는 데다 운용 정보가 드러나면 곤란하다는 입장이다. 강송철 한국투자증권 연구원은 "롱숏(상승 예상 종목을 사고, 하락 예상 종목을 공매도하는 것) 전략을 주로 사용하는 한국형 헤지펀드 등 기관과 외국인 투자자들의 반발이 예상

되고 최악의 경우에는 시장 이탈로 이어질 가능성도 우려된다."고 말했다. 한 자산운용사 관계자는 "주가가 하락하면 무조건 공매도 탓으로 모는 것은 이해하기 어렵다."며 "과대평가된 주가를 적정 가격으로 돌려놓는 등 장점도 많은데 공매도를 이렇게까지 규제하는지는 솔직히 모르겠다."고 말했다.

황세운 자본시장연구원 연구위원은 "장기적인 시장 발전을 위해 시장 관련 정보 공개는 필수적"이라면서도 "정보 공개에서 익명성 보장은 매우 중요한 요소"라고 말했다. 그는 "개별 투자자에게 공매도 포지션(투자자 재산의 현재 상태)에 관한 정보를 금융 당국에 보고하는 의무는 부과하더라도 정보 공시 기준은 높게 설정해 개별 투자자들의 투자 전략이 직접적으로 시장에 노출되는 부담은 덜어줄 필요가 있다."고 지적했다.

1분기 공매도 상위 종목의 공매도 평균가 대비 주가 상승률

공매도량 순위	공매도량	공매도 평균가 대비주가 상승률
1위 두산인프라코어	2102만2477주	▲ 44.31%
2위 삼성중공업	2077만3557	▲ 0.68
3위 현대상선	1518만5232	▼ -22.54
4위 BNK금융지주	1222만6580	▲ 15.72
5위 LG디스플레이	1157만22	▲ 14.82
6위 대우건설	1141만3403	▲ 8.86
7위 대우조선해양	1135만4055	▼ -0.63
8위 SK하이닉스	1080만7764	▼ -3.66
9위 두산중공업	1006만5577	▲ 23.61
10위 메리츠종금증권	973만4064	▲ 0.99

ETF(상장지수펀드)제외, 공매도 평균가=공매도 거래대금/공매도 거래량   자료: 키움증권

상위 종목의 공매도 평균가 대비 주가
(조선비즈 자료사진)

공매도 집중 종목들 대체로 주가 올라

공매도가 주가 하락을 부추긴다는 주장에도 올해 1분기(1~3월)에는 공매도가 집중된 종목들은 대체로 주가가 오른 것으로 나타났다. 올해 1분기 공매도량 상위 20개 기업 중 17사의 주가는 공매도 평균가보다 올랐다. 예컨대 두산인프라코어는 올해 1분기에만 2,100만 주의 공매도 물량이 쏟아졌지만, 주가는 1월 초 4,400원에서 1

기업윤리

분기 말 6,510원까지 47.95%나 급등했다. 이 기간 공매도를 활용한 투자자들은 두산 인프라코어 주식을 주당 평균 4,511원에 샀다. 만약 이 기간 빌려서 거래한 주식을 1분기 말에 시장에서 되사서 갚았다면 주당 평균 1,999원(44.31%) 손해를 봤다는 의미다. 공매도량 순위 4위 BNK금융지주와 5위 LG디스플레이는 각각 1,000만 주 이상 공매도가 쏟아졌지만, 공매도 평균가와 비교해 주가가 10% 이상 올랐다. 공매도 투자자들은 주가가 오르면 손실을 보기 때문에 주가가 오를 것으로 전망되는 경우 손실을 줄이기 위해 주식을 되사는 쇼트 커버링(공매도 환매수)에 나서는데, 이 때문에 오히려 주가가 올랐다는 것이 전문가들의 분석이다.

공매도(**空賣渡**)란?

'없는 걸 판다'는 뜻으로, 주가가 떨어질 것으로 예상하는 주식을 빌려서 판 뒤 낮아진 값에 되사서 갚아 차익을 얻는 투자 기법이다. 공매도 물량이 늘어난다는 것은 앞으로 주가 하락을 예상하는 투자자가 많다는 뜻이다.

📖 사례 3-6. 담배판매 33억 갑 ↗ 38억 갑
정부세수 7조 13조로 급증

출처: 헤럴드경제, 2016. 9. 12

현재 44% 수준인 성인 남성 흡연율을 2020년에는 29%까지
낮추겠다는 목표를 가지고 종합적인 금연 대책을 추진
담배 소비량이 단기적으로 3분의 1 이상 감소할 것으로 예상

순위	OECD 회원국	총세수 중 담뱃세 비중(%)
1	터키	10.1
2	헝가리	6.2
3	폴란드	6.1
4	그리스	4.86
5	체코	4.85
	한국(2016년)	4.58
6	슬로바키아	4.31
7	칠레	4.26
8	슬로베니아	4.04
9	에스토니아	3.96
10	포르투갈	2.9
11	룩셈부르크	2.51
12	한국(2013년)	2.43 (2.63)
13	스페인	2.32
14	이탈리아	1.95
15	아일랜드	1.78
16	멕시코	1.72
17	뉴질랜드	1.67
18	영국	1.56
19	일본	1.53
20	벨기에	1.52
21	호주	1.4
22	독일	1.33
23	오스트리아	1.14
24	스위스	1.12
25	캐나다	1.08
26	프랑스	1.07
27	핀란드	1.03
28	미국	1
29	네덜란드	0.94
30	아이슬란드	0.77
31	덴마크	0.6
32	스웨덴	0.39
33	노르웨이	0.38
34	이스라엘	

2013년 기준 OECD 회원국의 총세수 중 담뱃세 비중
(헤럴드경제 자료사진)

정부가 담뱃값 인상을 추진하던 지난 2014년 9월 문형표 당시 보건복지부 장관이 애연가들의 반발에 대응해 내놓은 해명의 일부다. "담뱃값 인상은 세수 증가를 위한 것이 아니라, 국민건강 증진을 위한 것"이라는 이야기다. 이후 2015년 1월부터 담뱃값은 기존 2,500원에서 4,500원으로 껑충 뛰어올랐다. 담뱃값의 대부분을 차지하는 담뱃세가 큰 폭으로 인상된 탓이다. 과연 담뱃값 인상의 과실은 흡연가(금연효과)와 정부(세수증대), 둘 중 누구에게 돌아갔을까.

담배 판매량 1년 반 만에 90% 회복
세수 6조 2,000억 원 증가

12일 한국납세자연맹에 따르면, 정부의 담뱃값 인상 논리는 상당부분 무너진 상태다. 담배 판매량이 지난해 33억 3,000만 갑에서 올해 38억 갑으로 14%이상 증가할 전망이기 때문이다. 이는 담뱃값 인상 전인 2014년 판매량(43억 5,000만 갑)의 87.4% 수준이다. 정부가 당초 담뱃값 인상의 이유로 내세웠던 '금연효과'가 사실상 허구로 드러난 셈이다.

기업윤리

반면 이로 인한 세수는 정부의 예측(2조 7,800억 원)보다 2배 이상 늘어났다.

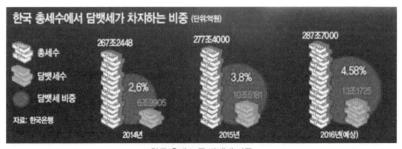

한국 총세수 중 담뱃세 비중
(헤럴드경제 자료사진)

납세자연맹이 기획재정부의 '2016년 상반기 담배 판매 및 반출량' 자료를 토대로 (윤호중 더불어민주당 의원 제공)로 추산한 정부의 올해 담배 세수는 총 13조 1,725억 원에 이른다. 담뱃값 인상 전인 2014년(6조 9,905억 원)보다 2배 가까이 수입이 늘었다. 납세자연맹은 이에 따라 "박근혜 정부가 3년간 총 15조 8,916억 원의 세수를 추가로 확보했다."고 분석했다. 오는 2018년 출범하는 새 정부는 집권기인 5년간 총 31조 원 가량의 세수를 추가로 확보할 수 있을 것으로 관측된다.

서민 돈으로 부족한 재정확충? 총 세수 중 담배 세수 비중 '급증'

문제는 담뱃세가 대표적인 '역진세'라는 점이다. 국민건강보험공단이 지난 2014년 19세 이상 흡연 남성 265만 명의 건강보험 진료비 자료를 분석한 결과에 따르면, 월평균 소득이 127만 원 이하인 소득하위 1분위 흡연자는 월평균 소득 391만 원의 흡연자보다 총 653갑의 담배를 더 피웠다. "정부가 조세저항이 적

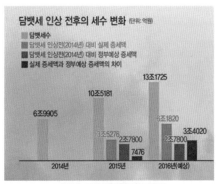

담뱃세 인상 전후의 세수 변화
(헤럴드경제 자료사진)

은 담뱃세나 근로소득세, 주민세 인상을 통해 저소득층의 지갑을 얇게 만들고 있다. 소득이나 재산이 많은 사람에게서 세금을 더 걷기보다는 서민의 돈으로 복지와 부족한 재정을 확충하는 것"이라는 비판이 나오는 이유다.

📖 사례 3-7. 김영란법 시행 1년, 엇갈리는 명암

출처: 뉴시스, 2017. 9. 17

접대 줄고 청렴문화 정착·서민경제 위축 우려도…
3·5·10 규정 상향 필요성 제기, 사문화 위기 지적

이른바 김영란법(부정청탁 및 금품 등 수수의 금지에 관한 법률)이 오는 28일 시행 1년을 맞는다. 법 시행에 따라 부당한 청탁과 과도한 접대 관행이 사라지고, 청렴한 사회를 위한 각계각층의 노력이 이어졌다는 평가다. 반면 농수축산물 소비 위축, 식품 접객업·유통업·화훼업계 매출 감소 등 서민 경제의 발목을 잡는다는 우려도 나오고 있다. 법 시행 1년을 맞아 청탁금지법의 명암과 개정 여론을 살펴본다.

어떤 변화 있었나… 청렴문화 정착기여

17일 국민권익위원회(권익위)에 따르면 지난해 9월 28일부터 지난 14일까지 권익위에 접수된 청탁금지법 위반 신고 건수는 총 393건이었다. 유형별로는 금품 등 수수 202건, 부정청탁 172건, 외부강의 등 기타 19건이다. 지난 3월 10일(시행 6개월) 기준 2만 3,852개 공공기관에 접수된 청탁금지법 위반 신고 건수는 총 2,311건이었고, 이 가운데 금품 등 수수 신고는 412건으로 집계됐다. 특히 공직자들이 금품 수수 시 반환·자진 신고한 건수가 255건(62%)에 달했고, 지난해 징계를 받은 공무원 3,015명 중 123명만 금품·향응을 제공받은 것으로 나타났다.

공공기간 전체 신고 건수 가운데 수사 의뢰는 19건, 과태료 부과대상 위반행위 통보는 38건으로 확인됐다. 공정위는 이 같은 조사 결과를 토대로 공직사회에서 관행처럼 여겨졌던 청탁·접대·금품수수 등의 행위가 적발·근절되고 있는 것으로 보고 있다. 실제 광주지역 공무원들과 교육계 종사자들도 "청렴문화 정착을 위한 긍정적 전기를 마련했다."고 입을 모았다.

법 시행 전 과도기에는 민원인, 학부모, 학생들이 음료수·화환·간식 등을 건

네는 경우가 있었지만 시행 이후로는 이 같은 문화가 근절됐다는 설명이다.

공직자들은 지위를 남용해 사익을 추구하는 사례가 근절됐고, 지인의 부탁을 받고 다른 부서의 업무 추진 상황을 살펴보던 관행도 사라졌다고 밝혔다. 또 회식이나 저녁 약속이 줄고, 점심시간 구내식당 이용이 늘었다. 광산구 일부 부서는 "직무 관련성이 있는 사람에게 선물 받은 것 아니냐."는 괜한 오해를 사지 않기 위해 명절 때 선물을 주고받지 않고 있다.

대학 교수들은 논문 심사비를 받지 않고 있고, 초·중·고교 교사들은 스승의 날 친목비(교사 자체 모금)로 카네이션을 구입하고 있다. 광주 모 초교에서는 학부모 총회 기간인 이번 주에 청탁금지법과 관련된 수업을 진행 중이다. 민간영역의 접대 문화도 개선된 것으로 보인다.

금융감독원 조사 결과 제약사 10개 중 8개사의 접대비가 19% 가량 감소했다. 대기업 홍보 부서 직원들도 술자리가 줄었다고 설명했다. 각자 계산하는 더치페이 문화도 정착되는 추세다. 지난해 11월 한국행정연구원이 17개 광역 시·도에 거주하는 만 19세 이상 성인남녀와 기업인, 법 적용 대상자(1,750명) 등 2,950명을 상대로 설문조사를 한 결과 식사·선물·경조사에 쓰는 금액이 줄거나 지불방식이 달라지고 있다고 응답한 비율이 69.8%에 달했다. 또 법 적용 대상자 가운데 68.3%가 인맥을 통해 이뤄지던 부탁·요청이 줄었다고 응답했다.

일부 산업 매출 하락… 서민경제 위축 우려도

청렴문화 정착에 기여한 점과 달리 농축산업·화훼업·자영업·유통업계는 청탁금지법의 직격탄을 맞았다. 한국농촌경제연구원은 지난 5월 발표한 '청탁금지법 시행에 따른 농식품 분야 영향과 정책 패러다임 전환 보고서'에서 올해 설 농축산물 선물세트 판매실적(주요 백화점·대형마트·소매유통업체 기준 4,585억 원)은 지난해 설 명절(5,256억 원)보다 14.4% 감소했다고 밝혔다.

특히 올해 설 '국내산 농축산물 설 선물세트 판매액'은 1,242억 원으로 지난해 설과 비교하면, 25.8% 감소했다. 품목별로는 과일 31%, 쇠고기 24.4%, 수산 19.8%, 가공식품 7.1% 순으로 줄었다. 화훼업계도 매출이 급감했다. 분화류의 가격은 지난해 대비 13.2% 줄었고, 난류도 24.3% 감소했다.

농촌경제연구원은 한우 2,286억 원, 과일 1,074억 원, 화훼 390억~438억 원 순으로 매출이 줄 것으로 내다봤다. 청탁금지법에 따라 외식업계 생산·고용 지표도 감소세를 보였다. 지난해 4사분기와 올해 1분기 일반음식점 생산지수는 91.5와 86.4로 지난해 대비 각각 5.3%, 4.7% 하락했다. 한정식, 육류구이(특히 한우)집, 일식·해산물전문 식당의 매출액도 각각 18%, 9.1%, 6.5% 가량 감소했다. 광주지역 1만 6,000여 개의 일반음식점도 김영란법 시행 뒤 평균 34% 가량 매출이 떨어졌고, 일부 한정식·일식집도 폐업하거나 업종을 변경한 것으로 알려졌다.

유통업계에서는 5만 원을 넘지 않는 선물세트를 만들기 위해 수량을 줄이거나 수입품으로 대체하면서 관련 업체가 문을 닫는 경우가 이어지고 있다. 외식업협회 광주시지회 총무부장은 "경기불황, 김영란법 등의 영향으로 자영업자 가운데 30% 가량이 폐업을 고려하고 있는 실정"이라고 설명했다. 광주 광산구에서 20년째 화훼업에 종사하고 있는 사장 이 씨(66세)도 "김영란법 시행 뒤 선물·이벤트용 생화 소비가 급격히 줄면서 매출이 반토막난 상황"이라며 "화훼농가들도 재배 작물을 바꾸는 추세"라고 말했다.

전남 장성의 한우농가도 740여 개 중 300여 개가 폐업한 것으로 전해졌다. 한우협회 장성군지부장 김 씨(63세)는 "17년 동안 한우 사육 농가와 식당을 운영해왔는데, 이 같은 경제적 피해는 처음이다."며 "한우 가격은 떨어지고, 수입 소고기는 10% 가까이 증가했다. 손실만 커지고 있어 폐업을 고려 중"이라고 토로했다.

3·5·10 규정 논란 여전⋯ 법 사문화 목소리도

청탁금지법에서 상한선으로 정해놓은 '3만 원(식사)·5만 원(선물)·10만 원(경조사비) 규정'의 상향 필요성에 대한 논란은 진행형이다. 생계 위협을 주장하는 농축산업자와 영세 상인들은 법 개정을 촉구하고 있고, 일부 시민사회단체들은 법 완화를 반대 중이다. 정부와 정치권은 시행령에 명시돼 있는 3·5·10 규정 한도를 상향하는 방안을 검토하고 있고, 김영록 농림축산식품부 장관도 개정 필요성을 제기하고 있다.

하지만 지난 7월 박은정 국민권익위원장이 "정부의 반부패정책 기조에 맞지 않고 국가 이미지 제고에도 손상을 가져올 것"이라며 법 개정에 부정적 견해를 나타내

기업윤리

면서, 사회적 합의와 관계부처 간 협의가 필요할 것으로 보인다. 청탁금지법이 사문화될 위기에 처했다는 목소리도 나오고 있다. 위반 사항 적발·처벌의 어려움, 최순실 게이트에 따른 박근혜 전 대통령의 구속으로 인한 입법 취지 훼손, 법에 대한 무감각 등이 그 배경이다.

이에 청탁금지법 위반을 감시하는 실효적 수단을 마련해야 한다는 의견이 나온다. 또 국민 생활을 지나치게 규제하는 측면이 있는지, 법 시행 효과·영향은 어떤지 면밀히 살펴 반부패 정책의 틀을 확고히 다져야 한다는 지적이다.

한국행정연구원 박준 박사는 "사회 각 주체들이 관행에서 결별해야 하는 변화의 압력을 받고 있지만 청탁금지법이 주는 긍정적 측면이 더 많은 것으로 보인다."며 "규정상 불합리하고 과도한 부담을 주는 부분들을 수정·보완할 필요가 있고, 여러 계층에 법이 공평하게 적용될 수 있도록 다양한 의견 수렴이 중요하다."고 말했다.

📖 사례 3-8. '낮은 요금제' 이용자가 호갱? 데이터 제공량 차이 324배

출처: 한겨레, 2018. 1. 4

이통사, 보편요금제 막으며 '고가 마케팅',
고가요금제 혜택 키워 소비자 유혹
정부 '2만 원대 적정요금제' 추진엔 이통사들 "과도한 시장개입" 반발

언제 어디서든 사용하는 통신 데이터
(한겨레 자료사진)

- SK텔레콤 '밴드 데이터 세이브' 3만 2,890원에 데이터 300MB
- KT '엘티이(LTE) 데이터 선택 32.8' 3만 2,890원에 데이터 300MB
- LGU⁺ '데이터 일반' 3만 2,890원에 데이터 300MB

이동통신 3사의 데이터중심 요금제 중 최저가요금제다. 가격과 데이터 제공량이 '짠 것처럼' 똑같다.

'2만 원에 데이터 1GB, 음성 200분, 문자 기본' 정부가 추진하고 있는 보편요금제 예시다. 이통사들의 최저가요금제보다 가격은 낮고 데이터 제공량은 많다.

정부가 올해 보편요금제 도입을 추진하겠다고 나서면서 정부와 이통사들의 대립이 거세지고 있다. 이통사들은 "보편요금제가 정부의 과도한 시장개입"이라고 주장한다. 정부는 "저가요금제 구간에서 경쟁이 실종되면서 이용자들이 역차별을 받고

있다."고 지적한다. 해법에는 이견이 있을 수 있지만, 국내 이통사들이 저가요금제 혜택을 줄이고 고가요금제에 혜택을 몰아주는 전략을 통해 이용자들이 어쩔 수 없이 고가요금제에 가입하도록 유도하는 현상은 가계통신비 부담을 높이는 주범으로 꼽히고 있다.

이통 3사의 데이터중심 요금제는 저가요금제 구간에서는 혜택이 미미하다가 고가요금제에서 혜택이 급증하는 구조다. 정보통신정책연구원이 '전기통신사업법 개정방안—통신산업 진입규제 개선 및 보편요금제 도입' 보고서에서 '엘티이 바스켓별 100원당 데이터 이용량'을 추정한 자료를 보면, 소량그룹(500MB 사용)은 100원당 이용량이 5.1MB밖에 안 되지만, 다량그룹(8.2GB 사용)에서는 494MB나 된다. 보고서는 "이통사들이 수익 극대화를 위해 고가요금제 가입자에 혜택을 집중하고 있다."며 "저가요금제 가입자는 시장평균 단위요금보다 비싸게 사용하면서 고가요금제 가입자를 보조하는 결과를 낳고 있다."고 지적했다.

과학기술정보통신부 자료를 보면 우리나라의 최저요금과 최고요금의 요금 차이는 3.3배, 데이터제공량 차이는 324배다. 독일 8배−51.2배, 영국 3.5배−65.5배, 미국 9.4배−100배 등과 비교해보면 혜택 차이가 훨씬 크다는 것을 알 수 있다.

전성배 과학기술정보통신부 통신정책국장은 "이통사들이 이용자들을 더 높은 요금구간으로 유도하기 위해 저가요금제 데이터를 의도적으로 적게 주고 있다."며 "이통사들은 정부 개입을 하지 말라고 하지만, 이통시장의 과점구조 탓에 저가요금제 구간에서 '시장 실패'가 일어나고 있다."고 말했다. 이용자들은 저가요금제를 쓰다 자칫 데이터 한도를 초과하면 초과요금이 아주 비싸기 때문에, 결국 한 단계 높은 요금제로 가는 경우가 많다.

데이터는 점점 더 많이 사용하는 추세인데 요금제는 이런 구조로 고착화된 탓에 고가요금제 가입 비중은 계속 늘고 있다. 데이터중심 요금제 가입자 가운데 6만 원대 이상 비중은 2015년 12월 28%에서 지난해 4월 42.3%로 증가했다.

정부는 이런 문제점을 해소하는 방안의 하나로 보편요금제 도입을 추진하고 있다. '적정 요금으로 기본적인 수준의 음성·데이터를 이용할 수 있도록 1위 사업자(에스케이텔레콤)에 정부가 제시한 기준의 요금제 출시를 의무화한다'는 것이 골자다. 가계통신비 절감을 위한 사회적 논의기구인 '가계통신비 정책협의회'는 지난달 23일 보편요금제에 대한 논의를 시작했고, 오는 12일 두 번째 회의를 연다. 정부는 관련

절차를 거친 뒤 올해 상반기 안에 국회에 법안을 제출하겠다는 계획이다.

이에 대해 이통사들은 "보편요금제는 정부의 과도한 시장개입이고 시장의 경쟁을 제한할 소지가 있으며, 이통사의 경영악화를 초래해 투자가 위축될 우려도 있다." 며 강력히 반대한다. 반면 경실련·소비자시민모임·참여연대·한국소비자연맹 등 협의회에 참여하고 있는 시민단체 4곳과 추혜선 의원(정의당)은 3일 기자회견을 열어 "정부가 제안한 수준(2만 원, 1GB, 200분)은 국민들에게 보편적 통신권을 보장하기에 턱없이 부족한 수준"이라며 "기본 제공량을 대폭 확대하는 방향으로 논의가 진행돼야 한다."고 주장했다. 추 의원은 '2만 원대, 2GB, 음성·문자 무제한'을 대안으로 제시했다.

이통사들은 여전히 고가요금제 마케팅에만 몰두하고 있다. 케이티는 지난 2일부터 데이터중심 요금제 가운데 월 8만 7,890원과 월 10만 9,890원 요금제 고객에 대해 스마트기기 월정액 무료 등 혜택을 늘렸고, 엘지유플러스는 지난달 20일부터 월 8만 8천 원짜리 요금제의 혜택을 기존 11만 원짜리 수준으로 확대했다.

안진걸 참여연대 사무처장은 "외국에는 정부가 강제하지 않아도 2만~3만 원대에 더 많은 데이터를 제공하는 요금제가 많이 출시돼 있다."며 "정부가 현재 추진하고 있는 스마트폰 가격 국제비교뿐 아니라 외국 주요 이통사들의 요금제를 조사해 공시한다면 국민들이 국내 이통사들의 요금 수준을 정확하게 판단하는 데 도움이 될 것"이라고 말했다.

보편요금제란?

적정 요금으로 기본적인 수준의 음성·데이터를 이용할 수 있도록 1위 사업자에게 정부가 제시한 기준의 요금제 출시를 의무화하는 것.

기업윤리

📖 사례 3-9. 현대차그룹, 2·3차 협력사 최저임금인상 1,500억 지원

출처: 이데일리, 2018. 1. 24

현대차그룹이 급격한 최저임금 인상으로 어려움을 겪고 있는 2·3차 중소 부품 협력사 5,000여 곳에 1,500억 원을 지원한다. 기존 1차 협력사에 대한 5,800억 원 지원에 더해 상생경영을 확대하는 것이다. 이로써 현대차그룹의 1·2·3차 협력사 지원 규모는 총 7,300억 원으로 늘어났다.

현대차그룹은 24일 서울 구로동 대중소기업농어업협력재단에서 중소벤처기업 부·대중소협력재단과 함께 최저임금 인상 관련 2·3차 협력사 지원을 위한 3자 간 '상생협력 협약'을 체결했다.

현대차그룹은 2·3차 중소 부품협력사의 최저임금 인상에 따른 경영 안정 자금 지원을 위해 '상생협력기금' 500억 원을 출연하고, 올해 상반기 내 전액 집행하기로 했다. 또 1,000억 원 규모의 '2·3차 협력사 전용 상생펀드'를 신규 조성해 저금리 대출 지원 프로그램도 본격 시행한다.

상생협력기금 500억 원은 최저임금 인상 관련 2·3차 중소 부품협력사의 근로자 임금 지원을 위해 사용된다. 다음주 중으로 안내문 발송과 홈페이지 공지를 통해 지원 대상을 모집한다. 이후 기업 규모, 재무 상태 등 합리적인 기준에 따른 공정한 선발 과정을 거쳐 올해 상반기 내로 500억 원 기금 전액을 집행할 계획이다.

1,000억 원 규모의 2·3차 협력사 전용 상생펀드도 이달 시행에 들어갔다. 상생 펀드는 최저임금 인상 지원은 물론 긴급한 회사 운영 자금을 저리로 지원하는 데 사용된다. 현대차그룹이 예탁한 자금을 활용해 시중 금리 대비 2.0%포인트 가량 저렴한 우대 금리로 대출을 지원한다. 현재 신한은행과 우리은행을 통해 대출 신청을 받고 있다.

현대차(005380)그룹 관계자는 "상생협력기금과 상생펀드는 5,000곳에 달하는 2·3차 중소 협력사에 특화된 진일보한 동반성장 프로그램으로써 최저임금 인상으로 인한 영세한 중소 부품협력사들의 경영 부담을 해소하는데 기여할 것으로 예상된다."며 "또한 경영 안정화를 통한 부품산업의 발전을 견인하고, 전후방 연관 효과가 막대한 국내 자동차산업의 질적 도약에 밑거름이 될 것"이라고 기대했다.

선순환형 동반성장 5대 전략 가동

이번 협약은 현대차그룹이 지난해 발표한 '선순환형 동반성장' 5대 전략의 일환으로 추진된다. 5대 전략은 ● 경영 개선 ● 경쟁력 강화 ● 해외 진출 ● 고용 지원 등 4대 분야에 대한 2·3차 협력사 지원과 ● 1·2·3차 협력사 간 상생협력 관리체계 강화를 골자로 한다.

정몽구 현대차그룹 회장은 지난 2일 신년사에서도 "협력사 동반성장을 강화하고 일자리 창출과 사회공헌 활동에도 적극 앞장 서서 더 나은 미래를 함께 만들어 나가자."고 말한 바 있다.

현대차그룹은 상생협력기금과 상생펀드를 통해 협력사 경영 개선을 지원하는 데 이어 '선순환형 동반성장' 5대 전략의 구체적인 상생협력 지원 프로그램 가동을 시작한다.

우선 협력사 경쟁력 강화를 위해 경주 인근에 내년 말 '상생협력센터'(가칭)를 세우고, 2·3차 협력사 임직원들의 품질·기술 역량 향상을 위한 핵심 거점으로 활용할 계획이다. 또 연구개발(R&D) 분야의 경쟁력 제고를 위해 신기술 개발방법, 부품개발 프로세스, 기술·표준 관리 등 교육 지원 프로그램도 대폭 확대한다.

아울러 2·3차 협력사가 글로벌 수출 기업으로 성장할 수 있도록 안정적인 해외 진출 기회를 제공하고, 해외 투자 리스크를 최소화할 수 있도록 돕는다. 이와 함께 2·3차 협력사 전용 채용 박람회 개최를 통해 고용 지원도 강화할 예정이다. 1·2·3차 협력사 간 동반성장을 위해선 '상생협력 5스타 제도'를 새롭게 도입하고, 1차 협력사의 자금 지급, R&D·생산·경영 지원 등 상생 활동 실적을 평가해 등급별로 입찰 시 가산점을 부여할 계획이다.

1차 협력사 매출액 15년간 3.7배 성장

현대·기아차(000270)는 지난 2002년 자동차부품산업진흥재단을 설립한 것을 시작으로 2006년 상생협력추진팀 구성, 2008년 공정거래협약 체결, 2012년 협력사 채용박람회 등을 통해 협력사를 지원하고 있다.

이 결과 1차 협력사의 2016년 평균 매출액은 2,722억 원으로, 2001년(733억 원)

대비 15년 만에 3.7배 증가했다. 연평균 성장률은 9.1%에 달한다. 협력사 기업 규모의 경우 중견기업과 대기업 수는 2016년 137곳로 2001년(46곳) 대비 3배 증가했다. 이 중 연 매출 5,000억 원 미만의 중견기업 숫자는 37곳에서 111곳으로 3배 늘었다. 이에 따라 중견기업이 전체 1차 협력사 가운데 차지하는 비중은 2001년 13%에서 2016년 41%까지 높아졌다. 이에 비해 중소기업 협력사 비중은 같은 기간 84%에서 49%로 크게 낮아졌다.

동반성장의 지속성을 보여주는 평균 거래기간은 국내 중소 제조업 평균(11년)을 3배 가까이 웃도는 30년에 달한다. 10년 이상 거래 협력사가 97%를 차지하고 있으며, 1967년 현대차 설립 당시부터 40년 이상 거래 관계를 유지하고 있는 협력사도 47개사에 이른다.

협력사들의 해외 진출도 늘었다. 현대 · 기아차가 해외에 처음 진출한 1997년 해외 동반진출 1 · 2차 협력사는 34곳에 불과했으나 2016년에는 736곳에 이른다. 협력사의 해외거래 금액도 2002년 3조 8,000억 원에서 2016년 39조 1,000억 원으로 10.3배 증가했다.

📖 사례 3-10. 나는 '금수저'들의 들러리였나

출처: 주간경향, 2018. 2. 7

공공기관 80% 채용비리⋯ 서류 안 냈는데 채용
자식 면접에 부모가 심사위원

"나는 금수저들의 들러리였나?"

이는 지난 1월 29일 정부가 발표한 공공기관 채용비리와 잇따라 들려오는 은행권의 채용비리 소식에 취업준비생들 사이에서 나오는 말들이다. 취업준비생들 사이에서 암암리에 인맥이 있어야만 들어갈 수 있다고 소문난 공공기관의 취업비리가 사실로 드러났다.

조사 결과를 발표하는 금융감독원
(주간경향 자료사진)

탈락자에게 점수 알려주는 민간기업도

정부가 지난해 10월부터 중앙과 지방 공공기관, 기타 공직 유관단체 등 1,190곳의 지난 5년간 채용과정을 조사한 결과, 946개 기관에서 4,788건의 문제가 적발됐다. 채용과정에서 문제점이 드러난 공공기관은 조사대상의 80%에 달했다. 금융감독원도 지난 1월 26일 11개 국내은행을 대상으로 현장검사한 결과 채용비리 정황이 22건 적발됐다고 밝혔다.

정부와 금감원이 발표한 채용비리 행태는 특정인을 합격시키기 위한 '들러리 절차'에 가까웠다. 임직원 자녀에겐 필기시험을 면제해주거나, 청탁 받은 고위인사가 면접에 직접 개입했고, 지원서류도 내지 않은 고위직 인사의 지인 자녀를 특별채용하거나, 자녀의 임원 면접에 부모가 면접위원으로 참여한 사례까지 나왔다.

국가수리과학연구소와 국립중앙의료원은 고위인사의 지시로 특정인을 내정한 상태에서 채용절차를 형식적으로 진행했다. 한국석유관리원 역시 합격자를 내정한 상태에서 나머지 응시자들의 면접점수를 내정 순위에 맞게 배정했다. 근로복지공단은 가점을 받아야 할 다른 응시자들을 탈락시키고 지역 유력인사의 자녀를 채용했다. 한국원자력의학원은 인사위원회에서 특정인 채용이 부결되자 고위인사 지시로 위원회를 다시 열어 최종 합격시켰다.

애당초 서류조차 내지 않은 사람을 합격시킨 경우도 있었다. 한식진흥원에서는 해당분야 경력이 없고 관련서류를 제출하지 않은 고위인사 지인의 자녀를 서류·면접심사를 거쳐 특별채용했다. 국제금융센터도 채용시험에 지원하지 않은 사람에게 최종면접 응시 기회를 줬다. 동남권원자력의학원에서는 업무 관련 자격증이 없는 직원 자녀에게 필기시험을 면제시켜주고 합격시켰다.

특혜채용 의혹은 민간기업인 은행에서도 제기됐다. 금감원은 KEB하나은행(13건), KB국민은행(3건), DGB대구은행(3건), BNK부산은행(2건), JB광주은행(1건) 등에서 채용비리 정황이 발견됐다고 밝혔다. 금감원은 KB국민은행과 하나은행은 별도로 관리해야 할 지원자 명단을 작성한 것으로 보고 있다. 현재 해당 은행들이 강력하게 반발 중이다. 최흥식 금감원장은 그러나 1일 "검사 결과가 정확하다."며 맞서고 있다.

금감원에 따르면 KB금융지주 윤종규 회장의 종손녀(친누나의 손녀)는 2015년 국민은행 채용과정에서 840명 중 813등, 1차 면접 300명 중 273등이라는 최하위 성적을 기록했다. 2차 면접에서 경영지원그룹 부행장과 인력지원부 직원이 최고 등급을 줘 120명 중 4등으로 합격했다. KB 측은 블라인드 채용이었고, 지역안배 차원에서 뽑았다며 특혜가 아니라고 반박하고 있다.

가장 특혜채용 의혹을 많이 받은 곳은 하나은행이다. 하나은행 사외이사와 관련된 지원자는 필기전형과 1차 면접에서 최하위 수준이었는데도 전형공고에도 없는 '글로벌 우대' 전형을 통과했다. 임원면접 점수도 임의로 3.8점에서 3.9점으로 조정해 최종 합격했다. 하나은행에서는 사실이 아니라고 반박했다.

광주은행은 인사담당 부행장보가 자녀의 2차 면접에 면접위원으로 참여해 최종 합격시켰다.

공공기관 채용비리 백태

채용계획과 달리 채용 후보자 추천배수 바꿔 특정인 채용	수출입은행
서류전형 합격배수 조정	서울대병원
고위인사가 특정인 채용 위해 면접과정 모니터링하고 면접관에게 의견 전달	국립해양생물자원관
채용서류 내지 않았는데 고위인사 지인 자녀 특별채용	한식진흥원
고위인사 자녀 계약직 채용 후 면접에서 최고점 부여해 정규직 전환	한국광해관리공단

(자료 : 기획재정부)

공공기관 채용비리 백태
(주간경향 자료사진)

내부고발자 보호하고 포상 강화해야

정부는 채용비리와 관련해 '한 번 걸리면 끝'이라는 취지로 채용비리에 연루된 임원은 즉시 해임을 추진하고 금품수수 등이 결부돼 유죄판결이 확정되면 해당 인사를 공개하는 방안을 추진한다. 앞으로 내부감사를 강화하고 주무부처의 조사를 정례화하겠다고도 했다. 전형별 응시자격과 평가기준, 합격배수 등 채용 전 과정을 의무적으로 공시하고 하반기부터 소규모 채용은 전문대행기관을 통하도록 할 방침이다.

그러나 이 같은 대책만으로는 여전히 부족하다는 지적이 나온다.

최근 청와대 청원에는 지방자치단체 출연기관의 경우 제대로 감사가 진행되지 않았다는 글이 올라왔다. 기관장이 대부분 고위공무원 출신이다보니 감사로 누가 나올지 다 아는 상황에서 '눈 가리고 아옹' 식의 감사가 진행됐다는 것이다. 감사기간도 5일에서 실제는 하루에 그쳤다고 언급했다.

취업준비생들은 전형별 점수까지 공개를 의무화해달라고 청원했다. 정부가 채용과정을 공시한다지만 무너진 신뢰를 회복하기 위해서는 결과를 납득할 수 있도록 점수를 공개해야 한다는 요구다.

탈락자 점수 공개는 민간에서 이미 시행 중이다. 롯데그룹은 지난 2014년부터 면접 탈락자들에게 개별적으로 이메일을 보내 '전체 지원자 평균', '합격자 평균', '본인 평균' 등을 그래프로 알려준다. 지난해 하반기부터는 인적성 검사인 'L-TAB' 성적도 그래프로 보여준다. 구체적인 점수를 알려주는 것은 아니지만 다른 지원자들에

기업윤리

비해 자신이 어느 수준이었는지, 무엇이 부족했는지 등을 시각적으로 보여주는 것이다. 롯데그룹 관계자는 "채용이 끝나면 항상 왜 탈락했는지 문의가 많아서 시작하게 됐다."고 말했다.

박진 한국개발연구원(KDI) 국제정책대학원 교수는 내부고발자에 대한 보상을 높이고 탈락자에게 점수 공개를 하는가 하면 근본적으로 학연·혈연·지연 등 배타적인 문화를 바꿔야 한다고 지적했다.

박 교수는 "채용비리는 내부 사람 아니면 알기가 어렵고 윗선에서 지시하면 인사담당자 등 몇몇 사람은 알게 된다."면서 "내부고발자를 보호하고 문제를 제기할 수 있는 힘을 주도록 내부고발자 보상을 보다 파격적으로 높여야 한다."고 말했다. 그는 이어 "탈락자들이 이의신청을 하려면 무엇이 불합리한지 알도록 자기 점수를 확인할 수 있어야 한다."면서 "채용비리는 사실 우리나라 전반적인 관행, 이를 테면 끼리끼리 끌어주고 밀어주는 배타적인 네트워크를 타파해야 바뀔 것"이라고 지적했다.

제 **4** 장

기업문화, 지배구조, 윤리리더십

○ 학습목표

이 장을 읽은 후 여러분은
- 기업문화를 정의할 수 있다.
- 기업문화가 기업의 윤리적 의사결정을 하는데 어떻게 영향을 주는지 설명할 수 있다.
- 기업에서 리더십의 역할을 설명할 수 있다.
- 효과적 경영자와 윤리적 경영자의 차이를 설명할 수 있다.
- 윤리적 기업문화를 조성하는데 행동규정과 기업사명의 역할을 설명할 수 있다.
- 윤리문제의 해결을 위해 직통전화와 옴부즈맨제도와 같은 다양한 장치가 어떻게 도움이 되는지 설명할 수 있다.
- 기업문화에 윤리를 통합시킬 수 있다.
- 기업문화와 윤리프로그램에 대한 평가, 감시, 그리고 감사의 역할에 대해 설명할 수 있다.
- 정부규제를 통해 어떻게 윤리적 기업문화를 촉진할 수 있는지 설명할 수 있다.

4.1 　서론

　　우리는 3장에서 기업의 외부관점에서 기업이 제품, 서비스, 직업, 그리고 이익을 제공하는 경제적 책임을 넘어서 어떤 사회적 책임을 가지는지에 대해 살펴보았다. 본 장에서는 기업의 내부관점에서 기업이 가지고 있는 윤리적 책임에 대해 살펴볼 것이다. 윤리적 결정과 행동을 위해 기업이 어떻게 관리되고, 운영되어야 하는가? 기업의 윤리적 행동을 촉진시키는데 있어 기업의 이사회와 경영자의 역할은 무엇인가? 기업의 윤리적 책임은 소유주나 경영자 개인에게 있는가, 아니면 기업에게 있는가? 기업의 의사결정과 행위가 윤리적으로 옳지 못할 때, 그 책임은 누구에게 있는가?

　　우리가 3장에서 살펴본 것처럼, 기업의 사회적 책임에 대한 경제모형은 기업의 사회적, 윤리적 책임을 기업이 가진 외부적 제약으로 간주한다. 즉, 기업이 사회적으로 책임 있는 행동을 해야 할 이유가 외부적 이유라는 것이다. 하지만, 많은 기업은 기업의 사회적 책임을 기업의 비즈니스모형에 본래부터 포함된 요소로 받아들인다. 이 사실은 그렇게 놀랄만한 일은 아니다. 기업에 종사하는 사람들도 윤리적일 수 있다. 경영자가 사회적으로 책임 있고, 윤리적인 방식으로 기업을 운영하고자 한다고 가정하고, 윤리적으로 책임 있는 기업을 만들고, 유지하는 것에 대해 생각해보자. 특히, 기업이 윤리적 문화를 발전시키고, 직원이 윤리적으로 책임 있는 의사결정을 하도록 격려하고, 지지하는 문화를 발전시키는 것에 대해 알아보자. 윤리에 대한 보편적 관점에서, 기업의 의사결정에 대한 경영자 개인의 책임을 강조하는 것은 쉽다. 의사결정을 하는 것은 사람이고, 의사결정을 하는 사람이 개인적으로 정직하고, 윤리적이라면, 이 사람이 한 의사결정은 기업과 기업의 이해관계자를 위해 윤리적인 결과를 가져올 것이다.

　　하지만, 개인의 윤리적 의사결정과 윤리적 행동은 외부와 단절된 상태에서 고립되어 존재할 수 없다. 기업에서 결정한 것은 기업문화에 의해 영향을 받고, 제한되며, 형성될 것이다. 경영자는 그가 생활하고, 일하는 기업의 기대, 믿음, 가치, 그리고 구조에 의해 의사결정에 많은 영향을 받는다. 기업문화의 발전과 영향, 그리고 기업문화와 관련된 주요 문제와 기업의 경영자가 기업의 윤리적 문화를 만들고, 보존하기 위해서 어떤 역할을 하는지에 대해 논의해보자.

4.2 기업문화

　기업문화란 무엇인가? 모든 기업은 기업의 구성원이 생각하고, 행동하는 지침이 되고, 영향을 주는 신념, 기대, 그리고 가치로 이루어진 공유된 행동방식을 가지는데, 이것이 바로 기업문화이다. 기업문화는 기업의 구성원이 생각하고, 행동하는데 많은 영향을 준다. 기업문화는 기업의 구성원을 형성한다. 여러분의 학교, 기숙사, 그리고 동아리와 기업이 무엇이 비슷하고, 무엇이 다른지 한 번 생각해보자. 여러분의 학교, 기숙사, 그리고 동아리에 속한 사람들에게서 나타나는 특정한 유형이 존재하는가? 기업에서 암묵적이지만 직원에게 영향을 주는 기준이나 기대가 존재하는가? 여러분이 현재의 학교가 아닌 다른 학교, 다른 기숙사, 다른 동아리에 속해 있다면, 여러분의 사고와 행동방식은 지금과 다를 것인가?

　여러분이 속해 있는 학교와 마찬가지로 기업 역시 구성원에 대하여 암묵적이고, 영향력 있는 기준과 기대를 가지고 있다. IBM(International Business Machines)은 예전에 직원들로 하여금 하얀 와이셔츠와 넥타이를 반드시 착용하도록 하는 기업문화를 가진 것으로 유명했다. 이것은 지배적 남성문화의 상징과도 같은 것이었다. 반면, 애플(Apple)과 같이 캐주얼문화로 유명한 기업을 비교해보자. 어떤 기업은 오전 9시부터 오후 6시까지 근무하고, 어떤 기업은 직원이 더 늦게까지 일하고, 심지어 주말에도 일한다. 오전 9시부터 오후 6시까지 일하는 기업문화에 적응된 사람이 더 늦게까지 일하고, 심지어 주말에도 일해야 하는 기업에서 일한다면, 그는 새로운 기업문화에 적응하는데 많은 어려움을 겪을 것이다. 기업문화를 구성하는 한 요소인 기업의 가치도 마찬가지다. 만약, 여러분이 편하고, 자유롭게 일하는 가치를 가진 기업에서 일하다가 엄격하고, 위계질서를 존중하는 가치를 가진 기업에 들어간다면, 적응하는데 엄청난 어려움을 겪을 것이다.

　우리나라의 대표적 맞수 기업인 현대와 삼성의 기업문화와 관련된 재미있는 유머가 있다. 정체불명의 괴물이 갑자기 나타났을 때, 현대와 삼성의 직원은 어떻게 할 것인가? 먼저, 현대의 직원은 일단 괴물을 때려잡고 본다. 반면, 삼성의 직원은 회의를 소집해서 괴물의 정체, 크기, 길이, 무게, 나타난 목적 등을 세밀히 검토하고, 파악한다. 여러분은 어떤 기업문화가 더 마음에 드는가? 저자가 현대에서 근무하면서

기업윤리

경험한 바로는 확실히 현대는 저돌적이고, 공격적인 기업문화를 가지고 있다. 때로는 무모하다 싶을 정도였다. 반면, 삼성은 철저히 계획을 세워 꼼꼼히 관리하는 기업문화를 가지고 있다고 한다. 기업문화는 보통 창업주의 개인적 신념에 따라 만들어진다. 현대의 기업문화가 창업주인 정주영 회장의 신념을, 삼성의 기업문화가 창업주인 이병철 회장의 신념을 따라 만들어졌다고 해도 과언이 아니다.

기업문화는 고정된 것이 아니라 역동적이고, 항상 변화하는 특징을 갖는다. 또한 한 번 형성된 기업문화는 그리 쉽게 바뀌지 않는 특징을 갖는다. 즉, 기업문화는 항상 변화하지만, 한 번 형성된 기업문화를 고치는 것은 매우 어렵다. 그리고 한 직원이 혼자의 힘으로 기업문화를 바꾸는 것은 어렵지만, 경영자는 기업문화의 형성과 변화에 상당한 영향을 줄 수 있다. 기업문화는 기업을 지탱하는 가치이다. 그 가치는 기업이 힘든 시기에 기업이 나아갈 방향을 제시한다. 기업문화는 기업의 위기를 극복할 수 있는 힘을 제공한다. 그러나 기업문화는 때로는 기업의 직원이 어떤 문제를 해결하는데 특정한 방식을 사용하도록 강요한다. 예를 들어, '우리 회사는 이 문제를 항상 이렇게 처리해왔다' 또는 '그것이 우리 회사의 방식이다'와 같은 것이다. 우리가 한 가지 명심해야 할 것은 한때는 기업에게 이익이 될 수 있었던 문화적 특징이 다른 시기에는 장애물로 작용할 수도 있다는 점이다.

기업문화는 왜 중요한가? 기업이 가진 성공적 습관을 탐구한 제임스 콜린스와 제리 포라스의 연구결과, 성공한 기업은 경제적 측면에서도 경쟁자들보다 뛰어날 뿐만 아니라 장기적으로도 경쟁사보다 여러 측면에서 좋은 성과를 낸 것으로 나타났다. 성공하고, 장수하는 기업은 핵심가치를 강조한다는 것이 연구의 핵심 결과이다. 기업의 핵심가치는 기업을 규정하는 데 도움을 주고, 단순한 재무적 이익이나 단기간의 유리함을 추구하지 않고, 필수적이고, 지속적인 교리로서 작용한다. 콜린스와 포라스에 따르면, 성공한 기업은 모두 설립자와 경영자에 의해 표명되고, 촉진되는 핵심가치가 존재한다는 공통점이 있었다. 어떤 기업은 고객에 대한 헌신을 핵심가치로 삼았다. 어떤 기업은 직원을, 제품을, 혁신을, 또는 위험감수를 핵심가치로 삼았다. 기업의 핵심가치와 명확한 목표는 재무적으로 성공적인 기업을 유지하기 위한 필수요소이기도 하다.

기업은 지속되는 일련의 가치를 갖는다. 콜린스와 포라스가 논의한 모든 기업은 강력한 기업문화와 명백한 가치를 가지고 있었다. 물론, 기업가치 그 자체는 윤리적 비판의 여지가 있다. 즉, 기업의 모든 가치가 윤리적으로 옳은 것은 아니다. 담배를 제조 및 판매하는 필립모리스의 경우가 그렇고, 포르노잡지를 생산 및 유통하는 플레이보이가 그렇다. 여러분은 어떻게 생각하는가?

기업문화와 기업윤리

그렇다면, 기업문화는 기업윤리와 어떤 관계가 있을까? 좀 더 구체적으로 질문하면, 기업윤리에서 기업문화는 어떤 역할을 하는가? 우리는 이 질문에 답하기 위해 이전에 소개한 몇 가지 주제를 생각해보자. 우리는 1장에서 법과 윤리의 관계를 살펴보았고, 경영자의 윤리적 의사결정과 행동을 보장하기 위해 법을 지키는 것만으로는 불충분하다고 결론을 내렸다. 예를 들어, 미국의 장애인법은 기업에게 장애를 가진 직원을 위한 편의시설을 구비하도록 요구한다. 그러나 이 법은 당뇨병, 알레르기, 우울증, 난독증, 관절염, 난청, 그리고 고혈압이 있는 직원을 위해 기업이 편의시설을 제공해야 하는지에 대해서는 모호하다. 즉, 현실적으로 구체적인 문제에 부딪치면, 법은 구체적인 지침을 주지 못한다. 경영자의 윤리적 의사결정과 행동을 위해 법이 도움을 주지 못할 때, 기업문화는 경영자로 하여금 무엇을 결정할 것인지 도움을 줄 수 있다. 윤리적 기업은 경영자와 직원이 윤리적으로 책임 있는 결정을 하도록 격려하고, 촉진할 방법을 찾아야 한다. 우리는 기업문화가 경영자와 직원의 윤리적 의사결정을 격려하고, 촉진할 수 있다는 것을 인식해야 한다.

윤리적 기업문화는 법이 요구하지 않더라도 경영자와 직원이 윤리적으로 책임 있는 방식으로 의사결정을 하고, 행동하기를 기대하며 경영자와 직원에게 자율적 권한을 준다. 기업문화는 무엇이 옳은지, 어떻게 행동해야 하는지 결정하도록 도움을 주는 기대수준과 규범을 제공한다. 이 장에서 우리는 기업문화의 종류와 기업이 윤리적 의사결정과 행동을 촉진하는 윤리적 기업문화를 만들 수 있는 다양한 방법을 살펴볼 것이다. 하지만 기업문화가 어떤 종류의 행동을 조장하고, 어떤 종류의 행동은 제재하는지 이해하기 위해 미국에서 2005년 9월에 발생한 태풍 카트리나의 피해자와 희생자를 구호하는 활동과 관련된 두 기관의 사례를 생각해보자.

미국연방재난관리기구(FEMA)는 미국에서 발생하는 태풍 등의 재난과 관련된 책임을 가지고 있었다. FEMA는 1979년에 화재예방기관과 민방위기관 등 몇몇 정부기관이 통합되어 만들어진 미국연방재난관리기구이다. FEMA는 나중에 미국연방국가안전보장기구에 소속되었다. 태풍 카트리나가 발생했을 때, FEMA는 관료적이고, 위계적인 기업문화를 가지고 있었다. 의사결정을 위해서는 복잡하고, 까다로운 규정과 절차를 준수해야 했다. 대부분의 결정은 최고관리자의 승인이 필요했다. 태풍이 발생해서 엄청난 피해를 일으킨 후에도 구조대원이 태풍의 피해지역에 가는데 며칠이나 걸린 이유는 작업장에서의 성추행을 예방한다는 규정 때문에 구조대원들이 구조활동을 가기 전, 의무적으로 성추행예방교육에 참석해야 했기 때문이다.

FEMA의 철저한 준비나 계획에도 불구하고, 태풍 카트리나의 규모와 피해는 FEMA가 대응할 수 있는 한계를 넘어섰다. 실제상황이 계획과 다르고, 미리 마련한 규칙이 적용되지 못할 때, FEMA의 관료적이고, 위계적인 기업문화는 전혀 도움이 되지 못했다. 긴급한 구조 활동, 피해자와 희생자에 대한 즉각적 도움이 필요했음에도 불구하고, 최고관리자의 승인을 기다린다고 태풍발생 후 몇 달이 지났는데도 임시주택과 구호물자가 피해지역에 지원되지 못했다. 사람들이 노숙자가 되고, 굶주리고, 각종 질병으로 고생하는데도 임시주택, 음식, 그리고 의료약품 등이 창고에 그대로 쌓여 있었다. TV뉴스에서 많은 피해자들이 모여 고통 받으며 생활하고 있는 모습을 보도한지 며칠이 지나서야, FEMA의 담당국장은 태풍의 피해자에 대해 TV를 보고서야 알았다고 말했다. 누구도 FEMA의 담당국장에게 생존자에 대해 얘기하지 않았기 때문에, 그는 정확한 사실을 알 수 없었다. 결과적으로, 그는 생존자를 위한 어떤 결정도 내리지 않았고, 수천 명의 피해자가 정부로부터 어떤 도움도 받지 못했다. FEMA의 기업문화는 결정권자가 정보를 받지 못하도록 만들었고, 담당자는 스스로 결정할 권한이 없도록 만든 것이다. 이 얼마나 어리석고 안타까운 일인가?

한편, 미국의 해안경비대는 응급상황에서 생존자의 탐색과 구조에 대한 책임이 있는 조직이다. FEMA의 국장은 결국 파면되었고, 해안경비대의 대장으로 좌천되었다. 해안경비대는 민주적이고 수평적인 조직문화를 가진 것으로 유명하다. 해안경비대의 지침은 '먼저 구하고, 나중에 승인 받는다'이다. 해안경비대는 구조요원들에게 상급자의 결정이나 지시를 기다리지 않고, 즉시 문제를 해결할 수 있는 권한을 주었다. 동일한 사람이 서로 다른 기업문화를 가진 이 두 기업에서 일한다면, 어떻게 될 것인지 생각해보자. 그러면, 여러분은 기업문화의 중요성에 대해 알게 될 것이다. FEMA와 해안경비대가 비슷한 임무, 규칙, 그리고 법적 규제를 가진 유사한 조직임에도 불구하고, 두 조직문화는 전혀 다르다. 두 조직의 구성원들이 보여주는 태도, 행동, 기대, 그리고 습관은 두 조직문화의 차이점을 나타낸다.

우리는 2장에서 미덕윤리를 살펴보았고, 미덕을 성격적 특성과 습관으로 설명했다. 윤리적 미덕, 교양, 그리고 습관은 우리가 속해있는 문화를 바탕으로 형성된다. 우리가 윤리적 의사결정과 윤리적 행동에 대해 얘기할 때, 여러 가지의 다양한 대안에 대해 신중히 생각하고, 결과를 생각하고, 무엇이 옳고, 무엇이 그른지 판단하는 과정이 반드시 필요하다. 그러나 미덕윤리의 전통은 우리의 결정과 행동이 종종 신중하지 못하다고 말한다. 우리는 습관적으로 행동하는 경향이 있기 때문에, 잘못된 윤리적 판단을 하고, 행동을 할 가능성이 항상 있으므로, 우리의 습관과 성격이 형성된 문화적 바탕에 대해 살펴보는 것은 매우 중요하다.

우리가 속해있는 문화는 우리로 하여금 특정한 성격이나 습관을 형성하도록 한다. 기업의 경영자도 마찬가지다. 경영자가 한국인이면, 한국문화의 영향을 받아 형성된 몇 가지 특징적 성격이나 습관을 가지고 있다. 예를 들면, 부지런하게 일하고, 빨리 행동하는 것 등이 그것이다. 문화에 의해서 우리의 성격이나 습관이 형성되는 것은 분명하다. 또한 교육과 훈련에 의해서도 우리의 성격이나 습관이 형성된다. 교육과 훈련은 가정, 종교, 사회전체, 그리고 문화 등 우리가 속한 사회 전반에서 일어난다. 또한 적절하고, 기대되는 행동을 가르치는 직장에서도 교육과 훈련이 이루어진다. 의도적이든, 그렇지 않든, 기업은 경영자와 직원으로 하여금 미덕 또는 악덕을 형성할 기회와 환경을 제공한다. 이런 환경에 대해 살펴보는 것은 윤리적 기업문화를 만들고, 유지하기 위해 반드시 필요하다.

윤리적 기업문화는 기업의 의사결정과 행동에 직접적이고, 실질적인 영향을 준다. 윤리적 기업문화가 회사전체에 널리 사용되고, 지지되면, 기업과 관련된 모든 이해관계자의 피해를 예방할 수 있고, 기업의 지속가능성을 향상시킬 수 있다. 그러나 윤리적 기업문화가 기업의 경영자와 직원에 의해 간과되면, 장기적으로 볼 때, 기업의 지속가능성을 위협하고, 저해하며, 나아가 '목적을 위해서는 어떤 수단이든 상관없다' 또는 '결과가 좋으면, 어떤 방법을 써도 괜찮다'와 같은 직원의 태도와 인식을 형성시킨다. 윤리적 기업문화를 만들고, 유지하는 책임은 기업의 경영자에게 있다. 우리는 기업에서 일하는 경영자와 직원의 성격, 태도, 믿음, 가치, 그리고 습관을 형성하는 기업문화의 중요성을 잘 알고 있다. 물론, 사람이 기업문화를 만들고, 형성한다. 그러나 사람이 기업문화를 만들고, 형성하는 것과 마찬가지로, 기업문화도 사람을 만들고, 형성한다.

여러분이 수십 년 동안 한 기업에서 일했다고 상상해보자. 아마도 여러분은 그 기업의 문화에 이미 동화되어 있을 것이다. 그 기업의 문화에서 중요하게 여기는 것을 여러분도 중요하게 여길 것이다. 그 기업의 문화가 빠른 일처리를 강조한다면, 여러분은 아마도 모든 일을 신속하게 처리하는 습관을 가지고 있을 것이다. 그 기업의 문화가 다른 사람을 배려한다면, 여러분은 다른 사람을 배려하는 습관을 자연스럽게 가지고 있을 것이다. 그 기업의 문화가 위계적이고, 관료적이라면, 여러분의 태도 역시 위계적이고, 관료적일 것이다. 예를 들어, 애플의 문화는 월마트의 문화와 매우 다르다. 현대의 문화는 삼성의 문화와 매우 다르다. 여러분이 어떤 사람이 될 것인지와 여러분의 태도, 가치, 기대수준, 사고방식 그리고 습관은 여러분이 일할 기업의 문화에 의해 결정될 것이다. 대학교를 졸업한 후, 여러분은 기업에 취직을 할 것이다. 여러분이 어떤 회사에 취직할지 결정할 때, 여러분이 받을 임금과 기업의 명성도 중요하지만, 무엇보다도 그 기업의 문화를 알아보는 것이 필요하다. 좋은 문화를 가진 기업에 취직하는 것은 여러분의 성공적이고, 행복한 직장생활을 보장할 것이다.

4.4 윤리리더십과 기업문화

　기업문화는 경영자와 직원으로 하여금 가장 효율적으로 윤리적 의사결정을 하도록 돕는 행동의 가치, 기대수준, 그리고 신념을 형성하므로, 기업문화와 리더십은 밀접한 관계가 있다. 기업의 이해관계자는 기업의 경영자에 의해 크게 영향을 받기 때문에, 기업의 경영자는 기업문화를 윤리적으로 형성하고, 올바르게 변화시킬 가장 큰 책임을 갖는다. 기업의 경영자는 생각하고, 말하고, 행동하는데 있어 윤리적으로 분명하고, 명확해야 한다. 만약, 기업의 경영자가 의무를 태만히 하고, 기업의 자원을 함부로 사용하고, 훌륭한 경영능력을 보여주지 못하고, 윤리적으로 부적절한 사건에 연루된다면, 기업의 이해관계자는 이런 경영자를 용인할 수 없을 것이다. 반면, 경영자가 분명하고, 명확하게 윤리적 의사결정과 행동을 실천한다면, 기업의 이해관계자는 이런 경영자를 적극적으로 지지하고 따를 것이다.

　경영자의 리더십은 기업의 모든 자원을 적절히 사용하고, 분배하고, 직원을 독려하고, 효율적이고, 효과적으로 경쟁우위를 추구하고, 경쟁우위를 유지하고, 기업의 생존과 번영을 추구하기 위해 사용된다. 즉, 경영자의 리더십은 기업의 전체 분위기를 만든다고 해도 과언이 아니다. 기업의 윤리적인 경영자는 윤리문제와 윤리의 중요성에 대해 자주 얘기하고, 윤리적으로 행동할 뿐만 아니라, 윤리적 행동을 지지하고, 촉진하도록 기업의 자원을 분배한다. '기업의 예산을 계획하고, 집행하는 것은 기업이 무엇에 가치를 두는가에 달려있다'와 '말한 것을 실천하라'는 표현에 대해 생각해 보자. 한 가지 흥미로운 것은 동양철학의 하나인 양명학(陽明學)이 지행합일(知行合一) 즉, 아는 것을 실천하라고 강조했다는 사실이다. 양명학은 명나라 때 사람인 왕수인(王守仁)에 의해 창시되었다. 왕수인의 호(號)가 양명이라 그가 만든 철학을 양명학이라 한다. 왕수인은 어느 날 도(道)를 깨닫든지, 죽든지, 둘 중 하나라고 결심하고, 산에 올라가 동굴에 누워 식음을 전폐했다. 며칠이 지나 죽음이 눈앞에 다가왔을 때, 왕수인의 머릿속에 문득 한 가지 생각이 떠올랐다. 아는 것을 실천하지 않으면 무슨 소용인가? 이것이 왕수인이 죽음을 무릅쓰고 깨달은 도(道)이다. 왕수인은 기쁨에 겨워 소리를 지르면서 산을 내려왔고, 훗날 이 깨달음을 기반으로 하여 양명학을 창시했다.

미국에서 1990년대 초반에 기업의 윤리담당자제도가 도입되었을 때, 기업에서 그들의 역할과 영향력은 기업의 윤리담당자가 경영자에 의해 얼마나 지원을 많이 받는지에 따라 결정되었다. 만약, 법무담당자가 여유시간에 윤리담당자의 역할을 하고, 그 활동에 대해서는 추가적인 임금을 받지 않는다면, 우리는 그 기업에서 윤리담당자의 역할이 중요하지 않다고 판단할 수 있다. 만약, 전문적이고, 숙련된 사람이 윤리담당자로 고용되고, 윤리담당자가 하는 일에 인력과 예산을 충분히 지원받고 있다면, 우리는 그 기업에서 윤리담당자가 매우 중요한 역할을 하고 있고, 존중받고 있다고 판단할 수 있다. 기업이 직원으로 하여금 윤리적 행동기준에 따라 결정하고, 행동하도록 요구한다면, 이 요구는 기업의 다른 이해관계자에게도 동일하게 적용될 것이다.

윤리리더십의 본질에 관한 연구에 따르면, 기업의 경영자가 윤리적 행동을 솔선수범하는 것이 중요하지만, 이것보다 더 중요한 것은 직원이 자신의 경영자가 윤리적이라고 인식하는 것이다. 직원이 자신의 경영자가 윤리적이라고 인식하기 위해서는 경영자의 수용, 경청, 그리고 솔직함과 같은 특성이 필요하고, 전통적으로 중요하게 생각되는 경영자의 미덕인 진실, 정직, 그리고 신뢰와 같은 특성도 매우 중요하다.

결론적으로, 윤리리더십을 발휘하기 위해서는 경영자가 폭넓은 윤리적 인식, 다양한 이해관계자에 대한 관심, 그리고 윤리적 의사결정 절차를 가지고 있다고 직원에 의해 인식되는 것이 필요하다. 윤리적 경영자로 인식되는 경영자는 전통적으로 경영자가 하는 일(예를 들어, 경영자가 원하는 행동을 하도록 직원에게 지시하고, 경영자가 원하는 기준을 제시하는 것)을 한다. 그러나 전통적인 경영자와 다른 점은 윤리적 경영자는 윤리적 동기에 의해 윤리적 방법으로 의사결정하고, 행동한다. 직원은 윤리적 경영자의 목표를 단지 업무수행이 아니라, 일련의 윤리적 가치와 원칙에 부합하는 윤리적 실천으로 인식한다. 결국, 윤리적 경영자는 모든 의사결정과 실행과정에서 모든 이해관계자를 보살피고, 그들의 윤리적 이익을 생각하고 있다는 것을 보여준다.

하지만, 기업의 경영자가 윤리적이라는 것만으로는 충분하지 않다. 경영자가 윤리적일 뿐만 아니라, 경영자의 모든 윤리적 특성은 행동으로 실천되어야 한다. 만약, 경영자가 윤리적이라 하더라도 행동으로 실천되고, 표현되지 않으면, 직원은 경영자가 윤리적이라는 것을 모르고, 경영자는 직원에 의해 윤리적이라고 인정받지 못할 것이다. 경영자의 윤리적 특성과 행동은 직원에게 알려져야 하고, 직원의 인식에 영향을 주기 위해서는 표면적으로 나타나고, 실행되고, 직원에 의해 인식되어져야 한다.

직원은 경영자가 자신이 말한 것을 실천하고, 사회 전체를 위해 장기적으로 관심을 갖는다는 것을 알아야 하고, 경영자가 단기적 재무성과와 주가에 초점을 맞추지 않고, 장기적 관점에서 윤리적으로 옳은 의사결정을 하고, 실천한다는 것을 알아야 한다. 어렵고, 힘든 기업의 위기상황에서 윤리적으로 용기 있는 의사결정을 하는 것은 윤리적 경영자만이 할 수 있는 윤리리더십을 보여주는 대표적인 사례이다. 기업에게 이익이 되지만, 기업의 윤리적 가치에 어긋나는 사업행위를 거부하기 위해서는 우리가 상상할 수 없을 정도로 큰 경영자의 용기가 필요하다.

4.5 효과리더십과 윤리리더십

　윤리적 경영자로 인식되는 것은 윤리적 기업문화를 만들기 위해 필요한 경영자의 능력 중에서 가장 중요하다. 기업의 이사회는 기업문화를 만들고, 변화시키는 능력을 가지고 있다. 만약, 기업문화가 기업의 윤리적 의사결정에 중요한 영향을 미친다면, 경영자는 윤리적 의사결정이 원활히 이뤄지는 문화적 환경을 만들 책임이 있다. 그러면, 어떤 경영자가 좋은 경영자인가? 한 걸음 더 나아가, 윤리적 경영자란 무엇을 의미하는가? 좋은 경영자와 윤리적 경영자를 구분하는 것은 중요하다. 좋은 경영자는 경영자가 해야 할 일을 잘하는 사람이다. 경영자는 직원을 목적지까지 안내하고, 지휘하고, 때로는 보호한다. 즉, 좋은 경영자는 이런 일을 성공적으로, 효과적으로, 그리고 효율적으로 하는 사람이다. 다시 말해, 기업의 모든 자원을 효과적이고, 효율적인 방식으로 사용해서 가장 많은 이익을 실현하는 사람이다. 탁월한 성과, 높은 이익, 업계 1위 등은 좋은 경영자를 설명하는 표현이다. 그러나 좋은 경영자가 모두 윤리적인 경영자는 아니다.

　애플의 경영자였던 스티브 잡스는 매우 좋은, 탁월한 업적을 이룬, 그리고 효과적이고 효율적인 경영자였다. 그는 애플을 기술을 선도하는 기업, 미디어 업계의 별로 성장시키고, 발전시켰다. 스티브 잡스는 포춘지에 의해 세기의 CEO로 선정되기도 했다. 그는 직원들로부터 충성심을 이끌어 냈고, 상상력이 풍부했고, 창의적인 경영자였다. 그러나 아쉽게도 스티브 잡스는 윤리적인 경영자는 아니었다. 미국 월스트리트의 성공신화로 유명한 버나드 매도프 역시 직원들에게 영감을 주는 창의적인 경영자였지만, 그 역시 윤리적인 경영자는 아니었다. 그러면, 효과적인 경영자와 윤리적인 경영자의 차이점은 무엇인가? 결정적인 차이점 중 하나는 타인에게 동기를 부여하고, 목표를 성취하도록 사용하는 방식이다. 스티브 잡스는 매우 까다로운 경영자로 알려져 있다. 효과적인 경영자는 직원을 위협하고, 압박하고, 괴롭히고, 강요함으로써 그가 원하는 목표를 달성한다. 이에 비해, 윤리적인 경영자는 자신이 직접 직원들에게 솔선수범의 모범을 보임으로써 직원들의 자발적 참여를 이끌어내고, 설득과 같은 민주적이고, 윤리적인 방식으로 직원들에게 동기를 부여함으로써 그가 원하는 목표를 달성한다. 효과적인 경영자는 주로 강압적인 방식을 사용하고, 윤리적인 경영자는 주로 민주적인 방식을 사용한다.

리더십에 대한 연구에 따르면, 윤리리더십 여부를 판단하는 것은 경영자가 직원을 다루는 방식을 보는 것이다. 로버트 그린리프(Robert Greenleaf)는 섬김의 리더십이라는 이론에서 윤리적인 경영자는 다른 사람을 섬기는 모습을 통해서 직원을 지휘하는 탈권위적인 사람이라고 정의했다. 다른 이론도 이와 비슷하게, 윤리적 경영자는 포용적이고, 타협이 가능한 경영자로서 직원들에게 스스로 문제를 해결할 수 있도록 하는 민주적이고, 수평적인 방식을 사용한다고 말한다.

다시 강조하지만, 윤리리더십을 발휘하는 가장 좋은 방법은 경영자 스스로 윤리적인 경영자가 되는 것이다. 직원이 윤리적으로 의사결정을 할 수 있도록 직원에게 권한을 위임하고, 바람직한 윤리적 기업문화를 만드는 것은 윤리적 경영자가 되기 위한 가장 좋은 방법이다. 그러나 직원을 지휘하는 어떤 방식이 다른 방식보다 윤리적으로 좋을 수는 있지만(예를 들어, 강압보다는 설득) 이것만으로는 윤리적인 경영자가 될 수 없다. 즉, 직원을 윤리적 방식으로 지휘하는 것만으로는 윤리리더십을 확립하는데 충분하지 않다. 윤리리더십을 확립하기 위한 다른 요소는 경영자가 설정하는 목표와 달성하는 결과이다.

만약, 경영자가 방향과 목표를 제시하지 못한다면, 그를 경영자라고 할 수 없고, 직원들 또한 그 경영자를 따르지 않을 것이다. 기업에서 생산성, 효율성, 그리고 이익은 경영자가 원하는 가장 본질적이고, 최소한의 목표이다. 기업을 파산으로 이끄는 경영자는 절대로 좋은 경영자로 평가될 수 없다. 생산적이고, 효율적이고, 이익을 내는 기업으로 만드는 경영자는 효과적인 경영자로 평가될 것이다. 그러면, 효과적인 경영자는 모두 윤리적인 경영자인가? 절대로, 그렇지 않다. 바람직한 전망을 제시하고, 윤리적 목표를 설정하고, 직원을 존중하고, 그들이 창의적으로 일할 수 있도록 권한을 위임하는 경영자가 바로 윤리적인 경영자라고 할 수 있다. 그러나 직원에게 권한을 위임하고, 상담과 경청을 통해 직원을 존중해준다고 하더라도, 기업의 경영자가 포르노잡지를 발행하고, 환경을 오염시키고, 테러집단에 무기를 판매한다면, 우리가 그런 경영자를 윤리적인 경영자라고 할 수는 없을 것이다. 즉, 윤리적인 방식으로 직원을 지휘한다고 해서 경영자가 윤리적이라고 판단해서는 안 된다는 것이다. 우리가 경영자를 윤리적인 경영자로 판단하기 위해서는 경영자가 사회적으로 바람직하고, 책임 있는 목표를 추구해야 한다.

그러면, 우리는 다음과 같은 질문을 할 수 있을 것이다. 윤리적인 경영자의 목표로 어떤 것이 바람직할까? 이 질문에 대한 답을 하자면, 직원의 권리존중, 소비자의 안전보장, 윤리적인 판매활동, 다양성의 추구, 그리고 환경에 대한 책임 등과 같은 목표를 설정하고, 추구하는 경영자를 효과적인 동시에 윤리적인 경영자로 평가할 수 있을 것이다. 여러분은 어떻게 생각하는가? 사회적으로 바람직하고, 책임 있는 목표는 무엇인가?

4.6 기업의 핵심가치를 바탕으로 한 기업문화의 조성

기업의 구성원은 아주 천천히 기업문화에 영향을 미치고, 기업문화를 변화시킨다. 물론, 스티브 잡스와 같은 혁신적이고, 강력한 경영자는 기업문화를 급격히 변화시킬 수도 있지만, 대부분의 경우에 경영자나 직원은 혼자서 기업문화를 형성하거나, 변화시킬 수 없다. 설사 그런 경우가 있다고 하더라도, 그 변화의 속도는 매우 느릴 것이다. 기업문화는 기업의 리더십, 통합, 평가, 감독에 의해 형성되고, 변화한다. 윤리적인 기업문화를 만들고, 유지하기 위해 사용할 수 있는 다양한 전략과 방법에 대해 살펴보자.

● 기업의 사명, 행동원칙 그리고 가치

윤리리더십의 핵심특징 중 하나는 기업이 존중하고, 추구하는 가치를 명백하게 표현하는 것이다. 물론, 기업의 가치를 명백하게 표현하기 위해서 우선 무엇이 기업의 가치인지 확정할 필요가 있다. 최고의 이익, 업계 1위, 지식 선도, 혁신, 신뢰, 동반 성장, 윤리 그리고 지속가능성 등은 기업이 가치로 삼을 수 있는 좋은 가치이다. 물론, 기업의 가치가 반드시 경영자가 선호하는 가치일 필요는 없다. 그러나 기업의 가치는 경영자와 직원이 매일 의사결정을 하는데 참고하고, 도움을 받을 수 있는 일련의 원칙이어야 하고, 기업의 가치를 확정하고, 유지하고, 발전시키는 것은 전적으로 경영자의 책임이다.

직원의 의사결정에 참고가 되고, 도움이 되는 문서화된 행동원칙과 기업의 가치는 기업문화에 영향을 준다. 기업의 경영자는 행동원칙과 가치를 확립하기 위해 먼저 기업의 사명이 무엇인지 공식적으로 표명해야 한다. 기업의 사명(Mission)이란 기업이 존재하는 이유이다. 왜 우리 기업이 존재해야 하는지에 대한 대답이 바로 기업의 사명인 것이다. 예를 들어, 소비자행복, 사회공헌, 국가발전, 기술혁신, 그리고 세계평화 등이 기업의 좋은 사명이 될 수 있다. 만약, 다른 적절한 사명이 없다면, 기업이 추구하는 유일한 사명은 이익추구 또는 이익극대화일 것이다. 따라서 기업의 사명은 직원이 반드시 따라야 할 행동원칙과 기업이 존중하고, 추구할 가치를 확정한다. 결과적으로, 기업의 사명, 행동원칙, 그리고 가치는 기업문화를 형성하는 가장 중요한 요소이다. 따라서 기업문화는 기업의 의사결정을 위한 구체적 지침을 제공하며, 위기상황을 극복할 원동력이 되는 것이다. 왜냐하면, 기업문화는 경영자와 직원의 일상적인 의사결정과 행동에 큰 영향을 미치고, 경영자와 직원이 참고할 지침으로 작용하기 때문이다.

미국에서 HP의 창업자인 데이비드 팩커드가 죽었을 때, 공동 창업자인 빌 휴렛은 "데이비드 팩커드가 남긴 최고의 자산은 'HP가 가야할 길'로 알려진 윤리원칙이다."라고 말했다. 우리나라의 유한양행은 창업자인 유일한 박사의 유지에 따라 사회공헌에 전념한다. 방글라데시의 그라민은행(Grameen Bank)은 창업자인 모하메드 유누스(Mohammad Yunus)의 뜻에 따라, 사회적 목표를 이루기 위해 노력한다. 창업자의 소신, 원칙, 그리고 비전이 경영자와 직원에게 감동을 주고, 기업의 사명, 행동원칙, 그리고 가치에 영향을 준다. 결과적으로, 기업의 사명, 행동원칙, 그리고 가치는 기업문화를 형성한다. 경영자와 직원은 일상적 의사결정과 행동에서 기업문화로부터 큰 영향을 받는다. 즉, 창업자의 핵심원칙에 따라, 기업의 사명, 행동원칙, 그리고 가치가 정해지고, 이 영향을 받아 기업문화가 확립되고, 결과적으로, 기업문화는 기업의 모든 의사결정과 행동을 위한 기준과 원칙을 제공한다.

미국의 경우, 1990년대 초부터 기업들이 기업의 행동원칙과 사명을 제정하기 시작했다. 2002년의 조사결과, 미국기업 중 75%가 스스로를 윤리적인 기업으로 생각하는 것으로 나타났다. 이것은 기업의 행동원칙과 사명을 제정하는 것이 얼마나 성공적인지 보여준다. 여러분이 행동원칙과 사명을 설정한다면, 여러분이 무엇을 지향하는지 스스로에게 물어볼 것이다. 기업의 경우도 마찬가지다. 기업의 행동원칙과 사명을 제정할 때, 경영자는 스스로에게 다음과 같은 질문을 할 것이다. 기업은 왜 존재하고, 어떤 목표를 가지고, 그 목표를 이루기 위해 어떻게 행동할 것인가? 경영자가 이 질문에 대한 적절한 답을 찾아낸다면, 다음으로, 직원과 어떻게 공유하고, 직원으로 하여금 어떻게 실천하도록 할 것인지 고민해야 한다.

윤리적 기업을 위한 지침이 되는 원칙을 문서화하는 것이 매우 큰 도움이 된다. 기업의 모든 고객, 직원, 그리고 다른 이해관계자는 기업이 무엇을 지향하고, 실천하는지 이해할 필요가 있다. 기업의 규정은 기업의 본질적 본성은 바꾸지 않지만, 실제로 기업의 경영자와 직원이 행동하는 방식을 분명하게 표현해 준다. 기업의 규정은 경영자와 직원이 기업의 가치를 일상적 의사결정과 행동에 어떻게 적용하는지 잘 보여준다.

다음 단계는 제정된 규정을 실천하는 것이다. 비윤리적 사업행위로 인해 사람들로부터 많은 비난을 받고, 결국 부도가 난 엔론(Enron)의 경우, 놀랄 만큼 세밀한 규정을 만들고, 보유했음에도 불구하고, 경영자가 그 규정을 실천하지 않아, 결국 비극적 결말을 맞이했다. 즉, 아는 것도 중요하지만 실천하는 것이 더 중요하다는 것이다. 이것은 앞에서도 언급했듯이, 동양철학의 하나인 양명학의 핵심적인 가르침이기도 하다. 미국의 윤리자원센터 회장인 스튜어트 길먼은 기업이 윤리적 규정을 제정하고, 인쇄하고, 벽에 붙이고, 간절히 바란다고 해서 저절로 실천되지는 않는다고 말했다. 실천이 무엇보다도 중요하다는 의미이다.

결국, 윤리적 기업이 되기 위해서는 경영자가 윤리적이어야 하고, 회사의 사명, 행동원칙, 그리고 가치를 명백하게 밝히고, 비전을 제시하고, 제정된 규정을 문서화하고, 규정이 실천될 수 있도록 촉진하고, 독려해야 한다. 이런 일련의 과정을 통해, 윤리적 기업문화가 비로소 형성된다. 그러나 기업문화가 형성되었다고 해서 저절로 유지되는 것은 결코 아니다. 경영자가 기업문화가 효과적이고, 성공적이고, 기업의 생존과 번영에 도움이 될 것이라는 신념을 가지고 직원과 공유해야 한다. 만약, 기업 내부에 갈등이 있거나, 윤리리더십이 기업문화의 중심에 있지 못하면, 직원은 윤리적인 기업문화에 대한 믿음과 확신을 갖지 못할 것이다.

● 직통전화, 고충처리담당자, 윤리와 기업문화의 통합

기업은 직원으로 하여금 윤리적 규정을 실천하고, 준수하도록 할 구체적인 방법, 또는 제도를 갖추어야 한다. 윤리적인 또는 비윤리적인 행위에 대해 항상 직원이 질문하고, 논의하고, 필요한 정보를 얻을 수 있어야 한다. 경영자가 윤리를 기업문화에 통합시키고, 직원이 실천할 구체적인 방법을 갖추는 것은 윤리적인 기업문화의 성공적인 정착에 매우 중요하다. 윤리를 기업문화에 통합시키는 것은 다양한 형태로 이루어진다.

경영자와 직원 사이의 의사소통이 없다면, 기업의 목표 또는 의사결정에 우선순위가 없게 된다. 그러므로 윤리를 기업문화에 통합시키는 가장 중요한 요소 중 하나는 경영자와 직원의 의사소통이다. 경영자가 윤리를 기업문화에 잘 통합시키는지 판단하려면, 직원이 윤리적 의사결정을 하면, 장려금을 받거나, 포상을 받는지, 직원의 윤리적 행동이 직원에 대한 업무평가에 반영되는지를 보면 된다. 지출보고서를 윤리적으로 올바르게 작성하는 직원을 매번 포상하는 것은 어렵지만, 그 직원에 대한 적절한 예우와 긍정적 평가와 같은 격려는 언제든지 가능하다. 하지만, 윤리적인 문제에 대해 경영자와 직원이 의사소통하는 것이 말처럼 쉬울지 한 번 생각해보자.

현실적으로, 기업에서 윤리적으로 의심되는 상사나 동료의 행위를 보고하거나 문제를 삼는 것은 매우 어려운 일이다. 동서양을 막론하고, 남의 비밀을 폭로하거나, 남의 잘못을 고자질하는 것은 나쁜 행위라는 인식이 팽배해 있다. 이런 인식은 기업에서 발생하는 상사나 동료의 비윤리적인 행위를 보고하거나, 문제를 삼는데 방해가 된다. 특히, 상사와 관련된 일이라면, 문제는 더욱 심각해진다. 실제로, 상하관계를 막론하고, 다른 사람의 비윤리적인 행위를 고발한 사람들은 엄청난 대가를 치러야만 했다. 그들 중 일부는 좌천되었고, 해고되었고, 이혼을 했고, 약물중독에 시달리고, 심지어 자살하기도 했다. 이것은 기업에서 이뤄지는 비윤리적인 행위에 대한 내부고발(Whistle Blowing)이 얼마나 어렵고, 내부고발자(Whistle Blower) 자신에게 얼마나 엄청난 피해를 주는지를 잘 보여준다. 물론, 그 반대의 경우도 있다. 잘못된 정보로 인한 내부고발로 인해, 무고한 사람들이 소송에 시달리고, 비난 받고, 해고되고, 심지어 자살하기도 했다. 잘못된 내부고발로 인해 멀쩡한 기업이 파산한 사례도 있다. 따라서 기업에서 발생하는 비윤리적인 행위에 대한 내부고발이 중요함에도 불구하고, 일단 회사 밖으로 문제가 밝혀지면, 내부고발자 자신, 비윤리적 행위를 했다고 의심받는 사람, 그리고 회사 모두 엄청난 파장과 영향을 받게 된다. 따라서 내부고발을 하려고 마음먹은 사람은 절대로 경솔해서는 안 되고, 사실의 정확한 확인, 내부고발이 미칠 파장, 그리고 향후에 미칠 영향 등을 신중히 고려해야 한다.

내부고발은 기업윤리에서 다루는 중요한 주제로 우리는 이 책의 7장에서 내부고발에 대해 더 자세하게 살펴볼 것이다. 내부고발은 비윤리적인 행동 또는 불법적인 행동 등 부정행위를 예방하고, 처벌할 수 있는 위치에 있는 사람에게 해당 사실을 알리는 것이다. 내부고발은 비윤리적인 행위를 폭로하는 것으로 끝나지 않고, 피고발자를 불명예스럽게 만들고, 기업에 피해를 줄 수 있고, 내부고발자 자신도 상당한 대가를 치를 수 있다. 엔론의 부사장인 셔론 왓킨스가 경영자인 케네스 레이에게 내부고발을 한 것처럼, 내부고발은 기업내부에서도 발생하지만, 영화 '인사이더'에서 다뤄졌듯 제프리 웨이간드가 자신의 담배회사가 담배의 해로운 영향과 해를 끼칠 가능성이 있는 첨가물 사용을 감추었다고 미국의 TV프로그램인 '60분'에서 폭로한 것처럼, 내부고발은 주로 언론을 통해 발생한다. 또한, 내부고발은 우주왕복선 챌린저호의 발사에 앞서 로켓 기술자 로저 보이스졸리가 미항공우주국(NASA)의 비윤리적인 행위를 고발한 것처럼, 내부직원에 의해 경찰이나 검찰에 고발되는 형식으로 발생하기도 한다.

언론이나 법적 기관을 통한 내부고발은 내부고발자와 기업 모두에게 위험한 결과를 초래하기 때문에, 기업에서 발생하는 비윤리적인 행위는 우선적으로 기업의 내부제도에 의해 처리되는 것이 가장 바람직하다. 하지만, 기업의 내부제도에 의해 처리될 때에도 내부고발자를 보호하는 것이 무엇보다도 중요하다. 또한, 기업은 윤리적인 기업문화를 유지하고, 발전시키기 위해 전문 윤리담당자를 고용하여 윤리문제와 관련된 직통전화나 고충처리담당자와 같은 제도를 운영하기도 한다. 이런 제도는 기업의 경영자와 직원의 비윤리적인 행위와 부정행위를 예방하고, 고발하고, 처벌하는 데 많은 도움을 준다.

● 기업문화의 측정, 평가, 감시

우리가 어떤 것을 중요하게 생각하고, 유지하고, 발전시키기를 원한다면, 우리는 그것을 측정하고, 평가하고, 감시해야 한다. 이것은 기업문화의 경우도 마찬가지다. 만약, 우리가 기업문화를 측정하고, 평가하고, 감시할 수 없다면, 우리는 바람직한 기업문화를 유지하고, 발전시킬 수 없다. 우리가 기업문화를 측정하고, 평가하고, 감시하기 위해 사용하는 기업문화감사는 기업문화에 존재하는 문제점과 약점을 발견하게 한다. 그러므로 기업문화감사는 윤리와 관련된 기업의 위험평가와 예방차원에서 필수적인 역할을 한다. 기업은 기업문화에 대한 감사를 통해, 기업문화에 존재하는 다양한 위험요소를 파악할 수 있다. 그러면, 기업은 기업문화에 존재하는 문제점을 어떻게 파악할 수 있을까? 한 가지 방법은 일반적으로 받아들여지는 기업의 핵심가치에 나쁜 영향을 주는 요소를 찾는 것이다. 또한 기업은 기업문화에 존재하는 바람직하지 않은 요소를 파악할 수 있는 다양한 신호를 감지할 수 있다. 기업이 소비자, 공급업자, 그리고 직원을 어떻게 대하는지, 그리고 기업과 이해관계자의 관계는 어떤지를 살펴보면, 기업문화를 진단할 수 있는 중요한 신호를 포착할 수 있다. 그리고 기업이 자원을 어떻게 사용하는지를 보면, 기업문화를 진단할 수 있다. 물론, 기업이 윤리적으로 사업 활동을 하더라도, 기업은 언제든지 재무적인 위험에 빠질 수 있다. 그러나 기업이 재무와 관련된 의사결정과 행동을 윤리적으로 하고, 재무활동에 대한 정보를 윤리적으로 공개한다면, 이것은 기업의 재무건전성을 보여주는 좋은 지표가 될 것이다.

윤리적인 기업문화를 만들기 위한 기업의 내부장치가 부적절할 때, 법적 제재와 강요가 따른다. 미국형량선고위원회(USSC)는 연방법원에 의해 형량정책을 관리할 목적으로 1984년에 설립되었다. 이전에는 형량판정의 불공정한 차이, 제멋대로의 형량기준, 그리고 형량조작 등이 문제가 되었다. 판결절차에서 미국형량선고위원회를 통해 형량과 관련된 문제점을 해결할 수 있었다.

1987년에 미국형량선고위원회는 개인과 기업에게 적용할 강제적인 연방법원 판결지침서를 만들었는데, 이 지침서는 형량제도에 어느 정도의 형평성과 공정성을 가져왔다. 각종 범죄에 대한 규정은 모든 범죄를 43개의 범죄수준으로 분류했다. 과거의 위법행위와 재발여부를 바탕으로 범죄행위가 분류되었다. 법원은 이 정보를 판사들의 판결에 참조하도록 하고, 범죄에 대한 형량을 결정하게 했다. 하지만 2004년에 벌어진 '미국정부 대 부커'의 소송에 대한 판결에서 대법원은 이 지침서가 가지고 있는 강제성이 미국연방수정헌법 제6조의 배심원이 가진 권리를 위반한다고 판결하고, 지침서의 강제적 요소를 권고적 요소로 변경했다. 그러나 미국 법정은 여전히 이 지침서를 참조하고 있다. 결과적으로, 대법원에 의한 지침서의 강제에서 권고로의 변경은 현실적으로 많은 혼란을 초래했다. 판사들은 보통 새로운 사건에 대해 판결할 때, 지침서를 참조한다. 하지만 과거의 강제적 지침서에 의해 판결한 결과를 참고해서 권고적 지침서에 의해 판결하는 것은 매우 어렵고, 모호한 일이다.

위의 판결지침서가 윤리에 대한 탐구와 윤리적인 기업을 만들려는 경영자의 주도적 노력에 대한 논의와 무슨 관계가 있을까? 미국형량선고위원회는 조정을 통해 합법적이고, 동시에 윤리적인 문화를 만들기 위해 노력했다. 미국의 사베인즈-옥슬리법은 증권 및 회계와 관련된 사기, 사법방해, 법에 대한 기업의 공격에 대해 이 지침서를 참고하도록 요구한다. 미국형량선고위원회의 지침서는 규정준수프로그램과 윤리준수프로그램을 포함한다. 이 지침서는 기업으로 하여금 효과적인 윤리시스템과 규정준수시스템을 갖추도록 요구한다. 이 지침서의 요구사항은 다음과 같다.

- 1. 규정준수에 대한 기준과 절차를 세울 것
- 2. 규정준수와 윤리프로그램에 대한 내용을 구성원에게 널리 알리고 책임질 기관을 정할 것
- 3. 규정준수여부를 감시하고 프로그램에 대한 충분한 권한과 책임을 가지는 특정 고위인 사를 배정해서 이사회 또는 관련기관에 직접 보고하게 할 것
- 4. 비윤리적 행동을 할 위험이 높다고 알려진 사람에게 기업의 중요한 책임을 위임하지 않도록 적절한 주의를 취할 것
- 5. 기업의 모든 이해관계자에게 효과적으로 프로그램을 전달하고 훈련시킬 것
- 6. 효율적으로 범죄활동을 예방하고 보복방지, 익명보장, 비밀보장을 위해 프로그램을 감시하도록 정기적으로 감사를 시행할 것
- 7. 위반한 직원에 대한 지속적인 훈련 등의 프로그램과 윤리적 성과를 높이기 위한 유인책 과 억제책을 마련할 것
- 8. 어떠한 비윤리적 행위에도 즉각적이고 적절하게 대응하고 프로그램의 약점을 지속적 으로 개선할 것

여러분은 이 규정이 효과적이라고 생각하는가? 그렇다면, 엔론의 경우를 상기해보자. 엔론은 다른 어느 회사보다도 더 엄격하고, 잘 만들어진 규정을 가지고 있었다. 그렇다면, 엔론은 왜 파산을 했고, 결국, 역사의 뒤안길로 사라졌는가? 엔론의 경우를 통해 알 수 있듯, 윤리적인 기업문화를 확립시키는 것은 세부적인 규정을 가지고 있는 것만으로는 부족하다. 무엇보다도 정해진 규정을 준수하고자 하는 경영자와 직원의 각오와 실천이 중요하다.

기업뿐만 아니라 인간도 성장과정에서 부모, 가족, 집안, 사회, 그리고 환경으로부터 문화적인 영향을 크게 받는다. 저자가 머리도 본래 별로 좋지 않고, 어려운 환경에서 성장했음에도 불구하고, 나쁜 길로 빠지지 않고, 바르게 성장하면서, 대학교수가 되어 여러분이 읽고 있는 이 책을 쓸 수 있을 정도로 생각이 성숙한 이유는 크게 2가지이다. 하나는 저자의 할머니께서 당신이 100여 년 동안 살아오시면서 직접 배우고, 체득하신 많은 소중한 삶의 지혜를 저자에게 가르쳐주셨기 때문이고, 다른 하나는 저자가 처한 어려운 환경이 저자를 끊임없이 단련시켰기 때문이다. 저자의 할머니께서는 저자가 어려서 어려운 환경을 속상해하고, 비관할 때마다 "보현아, 젊어서 고생은 사서도 한다고 했다."라고 말씀하셨다. 저자가 어렸을 때는 그 깊은 의

미를 미처 알지 못했으나, 저자의 나이가 50이 된 지금은 그 말씀이 참으로 옳다고 생각한다. 고난과 역경은 인간을 단련시키고, 성숙하게 만든다. 어려운 환경에서 살아나가기 위해서는 끊임없이 고민하고 생각해야하기 때문이다. 이 글을 쓰고 있는 지금도 저자는 할머니가 너무나 그립고, 보고 싶다. 참고로, 저자의 할머니께서는 여러분이 예상하는 것처럼 항상 따뜻하고, 다정하기만 한 분은 아니셨다. 어쩌다 저자가 잘못한 일이 있어서 그 잘못을 꾸짖으실 때는 정말로 엄격하고, 무서우신 분이셨다. 옛말에도 있지 않은가? 미운 자식은 떡 하나 더 주고, 예쁜 자식은 매 한 대 더 치라고….

따라서 저자는 학생들이 수업시간에 몰래 문자를 하거나, 거짓말을 하는 등의 잘못을 했을 때, 결코 그냥 넘어가지 않고, 학생들이 무엇을 잘못했는지 예의를 갖추어 엄격하게 꾸짖는다. 어떤 교수님은 강의평가를 잘 받기 위해서 그런 학생들을 못 본채 하고 그냥 넘어간다고 한다. 하지만, 그것은 그 학생의 인생을 망치는 것이다. 따라서 저자의 수업을 수강하는 학생들은 저자가 엄격하게 꾸짖더라도 섭섭하게 생각하지 말고, 저자가 자신의 인생을 위해 그렇게 하는 것이라고 이해하는 태도를 갖기를 진심으로 바란다.

연습문제

01 기업문화를 이해하기 위해서 여러분이 속한 조직에 대해 생각해보자. 여러분의 학교 또는 동아리는 고유한 문화를 가지고 있는가? 있다면, 어떤 문화인가? 그 문화는 여러분의 의사결정과 행동에 어떤 영향을 주는가? 여러분이 만약 다른 학교에 다니거나 다른 모임에 가입하고 있다면, 지금의 여러분과 어떻게 다를 것인가? 여러분의 조직문화 중에서 바람직하지 않은 요소가 있다면, 여러분은 조직문화를 어떻게 변화시켜 나갈 것인가?

02 윤리적 기업이란 무엇인가? 여러분은 어떤 기업을 윤리적 기업으로 평가할 것인가? 여러분이 윤리적인 기업이라고 생각하는 기업을 하나 예로 들고, 비윤리적인 기업이라고 생각하는 기업을 하나 예로 들어보라. 여러분이 그 기업을 윤리적이거나, 비윤리적이라고 판단한 근거는 무엇인가? 이제 인터넷을 검색하여 여러분이 선택한 기업이 윤리적인지, 비윤리적인지 알아보라. 여러분의 첫인상이 정확했는가? 아니면, 수정될 필요가 있는가?

03 기업문화를 변화시키기 위해서 무엇을 준비하고, 어떻게 시작해야 하는가? 기업문화를 변화시키려는 이유는 무엇인가? 기업의 경영자와 직원의 태도와 가치를 어떻게 변화시킬 것인가?

04 여러분이 기업의 경영자라면, 장기적으로 기업에게 이익이 되는 윤리적인 기업문화를 어떻게 확립할 것인가?

05 　기업문화가 직원의 태도와 습관을 형성하지만, 이미 바람직한 태도와 습관을 가진 사람을 고용하는 것이 더 쉬울 것이다. 기업문화에 적합한 직원을 성공적으로 고용할 수 있는 채용과 선발과정을 어떻게 만들 것인가? 기업문화에 순응하지 않는 직원을 어떻게 처리해야 하는가?

06 　기업문화가 경영자와 직원에게 주는 혜택과 손실은 무엇인가?

07 　다른 사람의 비윤리적 행동에 대해 외면하는 것이 좋다는 인식이 만연한 기업문화 속에서 여러분은 어떻게 행동할 것인가? 여러분은 기업문화에 순응할 것인가? 아니면, 기업문화를 변화시킬 것인가? 여러분의 상사와 동료가 여러분을 비난하거나 변화에 불응한다면, 여러분은 어떻게 할 것인가?

08 　여러분이 한 기업을 설립한다고 상상해보자. 여러분은 어떤 경영자가 되고 싶은가? 여러분의 기업을 위해 어떤 사명, 행동원칙, 그리고 가치를 설정할 것인가? 어떤 윤리 또는 규정 준수 프로그램을 만들 것인가? 어떻게 윤리를 여러분의 기업문화에 통합시킬 것인가?

📖 사례 4-1. 은행영업 4시 마감 논란…
'을 vs 을'의 싸움으로 비화? 출처: 헤럴드경제, 2015. 10. 15

행원 "근무시간만 증가", 비은행 "받는 만큼 일해라."

'은행 영업시간 연장'을 둘러싼 논란이 불붙고 있다. "지구상에 오후 4시에 문을 닫는 금융회사가 한국 외에 어디에 있느냐?"는 최경환 경제부총리의 발언이 도화선이 됐다. 놀란 은행들이 '영업시간 파괴' 점포 확대를 추진키로 한 가운데, 은행을 찾는 소비자 상당수는 이번 기회에 모든 은행들이 영업시간을 늘려야 한다는 입장이다. 반면, 은행원들은 자칫 근무시간만 연장하는 결과를 초래할 수 있다며 불만을 표하고 있다. 이런 가운데 논란은 은행원과 비은행권 직장인간 감정싸움으로 비화될 조짐까지 보이고 있다. 실제로 15일 온라인상에는 은행 마감시간 자체에 대한 불만을 넘어 은행원의 급여를 놓고 설전을 벌이는 경우가 상당수다.

영업시간 늘 붐비는 은행
(헤럴드경제 자료사진)

"고액 연봉 받으면서 일 몇 시간 더 하는 게 불만이냐?", "우린 평생 야근에 시달려도 연봉 2200만 원이다." 등의 발언이 주를 이룬다. 강남의 한 외국계 기업에서 일하는 직장인 양 씨(27세)는 "가끔은 은행 볼일 보기가 힘들어 야간 은행이 따로 있었으면 좋겠다고 생각할 정도"라며 "월급도 많이 받는 걸로 알고 있는데 좀 늦게까지 일 해줄 순 없나 야속하다.”고 말했다. 또 다른 회사원 이 씨(31세)는 “4시에 셔터 닫고 바로 퇴근하는 게 아닌 건 알고 있지만, 그래도 주변 은행원들을 보면 다들 6시쯤 퇴근하더라.”면서, “높은 연봉 받으면서 고객을 위해 2~3시간 정도 더 열어달라는 게 그렇게 큰 무리냐?”고 불만을 토로했다. 그러나 은행원들은 답답하다는 반응이다. 종로의 한 시중은행에 다니는 은행원 류 씨(25세)는 “서비스업무 종료 후에도 시재관리, 환원자료관리 등 일이 산적해있다.”며, “은행 업무도 편히 못 보게 하는 회사나 우리 사회 분위기가 문제인데 비난의 화살을 애먼 데 돌리는 것 같다.”고 아쉬움을 보였다. 급기야 일각에서 “일이 힘들면 열등감 표출하지 말고 은행에 입사하라.”는 원색적인 비난까지 쏟아낸다. 은행 마감시간 논란이 ‘을 대 을’의 싸움으로 번져가는 모양새다.

이 같은 논란에 대해 임운택 계명대 사회학과 교수는 “고용이 불안정한 노동자 입장에서 보면 감정적 반응은 있을 수 있지만, 이러한 논쟁은 노동자들 모두에게 좋지 않다.”며, “필요하면 부분적으로 일자리를 나눌 수도 있지만, 연장근무를 한다고 해서 양질의 좋은 일자리가 만들어질 것이라 보긴 어렵다.”고 우려를 표했다. 최 경제부총리의 발언에 대해 아쉬움을 내비치는 직장인들도 적잖다. IT업계에 종사하는 직장인 김 씨(32세)는 “최 경제부총리의 발언으로 우리 사회의 또 다른 골이 깊어지는 것 같아 걱정스럽다.”고 말했다. 한 대형 시중은행에 다니는 은행원 이 씨(29세)는 “정부의 금융 소비자 권익 강화 때문에 은행원들이 통장 개설에만 10장, 대출에만 30~50장의 서류를 작성해야하는 1차원적인 업무를 할 수밖에 없는 상황에서 금융 선진화 퇴보가 은행원만의 문제라고 말할 순 없는 것 같다.”며, 정부의 변화를 촉구했다. 한편, 온·오프라인을 막론하고 여론은 은행에 변형 근로시간제가 필요하다는 데 쏠리고 있다. 변형 근로시간제란 상권 특성에 따라 은행 영업점 운영 시간을 탄력적으로 운영하는 제도다. 예컨대 직장인 밀집 지역 은행은 직장인 퇴근 시간에 맞춰 영업점 폐점 시간을 오후 7시로 늦추는 것이다.

이미 국내에서 전국적으로 120여 곳의 점포가 4시 이후까지 영업을 하고 있으며, 일부 대형마트 입점 점포의 경우엔 주말에도 문을 열고 있지만, ‘아직도 턱없이 부족하다’는 소비자들이 적잖다. 이런 가운데 최 경제부총리의 발언 이후 금융지주 회장으로선 처음으로 김정태 하나금융지주 회장이 “변형 근로시간제 확대를 검토하겠다.”는 의사를 밝혀 변형 근로시간제 확산 가능성은 커질 것으로 보인다.

📖 사례 4-2. LG디스플레이의 '상생'을 통한 동반성장

출처: LG디스플레이 홈페이지, http://www.lgdisplay.com, 2015. 11. 7

LG디스플레이는 '협력사의 경쟁력이 LG디스플레이의 경쟁력'이라는 상생철학을 바탕으로 협력사의 근본적인 경쟁력 강화를 위해 회사 고유의 기술과 노하우를 아낌없이 공유하는 동반성장활동에 앞장서 왔습니다. 그렇다면 LG디스플레이의 상생 철학은 언제부터 시작되었는지, LG디스플레이가 이뤄온 동반성장에는 어떤 것들이 있는지 함께 살펴볼까요?

'상생' 활동, 왜 중요할까?

공장을 둘러보는 관계자
(LG디스플레이 자료사진)

디스플레이 산업은 여러 분야의 협력사 기술과 제품이 집약되어 이루어지는 구조를 가지고 있습니다. 따라서 디스플레이 신규 공장 신설은 항상 관련 업체들과의 동반진출까지 고려해서 이루어지는 경우가 많지요. 그렇기 때문에 업체 간의 유기적인 협력과 공동발전이 무엇보다 중요한데요. 이에 LG디스플레이는 다양한 방법을 통해 협력사와의 상생에 적극적으로 나서고 있습니다. LG디스플레이의 '상생' 철학, 그 첫 시작은 이렇습니다. 지난 2006년, LCD 시장이 공급과잉으로 인해 힘든 시기를

기업윤리

겪게 되자 LG디스플레이는 어려움을 극복해냈던 성공체험과 각종 노하우를 협력회사와 적극적으로 공유해서 협력 회사들의 체질과 역량을 키우는 데 일조하자는 아이디어가 대두되었습니다. 이처럼 협력회사의 내적 역량을 강화하는 데 있어 회사가 어떤 역할을 할 수 있는가에 대한 고민이 LG디스플레이 상생활동의 출발점이었던 셈이죠.

'함께, 더 멀리' LG디스플레이의 상생 활동

LG디스플레이의 상생 활동은 회사가 보유한 역량과 기술을 협력회사와 충실히 공유함으로써 경쟁력을 강화해 협력회사를 글로벌 수준의 공급업체로 육성하고, 이를 통해 다 함께 시장 선도 업체로 거듭나는 것을 목표로 하고 있습니다. LG디스플레이는 동반성장을 실천하는 데 있어 협력사와의 '소통'이 중요하다고 판단하여 매년 협력사와 정기적으로 동반성장 공유회를 갖고 있는데요. 동반성장 추진 방향을 설정하고 VOC를 청취해, 협력사에 보다 구체적이고 실질적인 동반성장 정책 및 프로그램 수립에 반영하고 있습니다.

LG디스플레이의 상생활동은 CEO를 비롯한 경영진부터 직접 나서서 실천하고 있습니다. LG디스플레이 한상범 사장이 지난 7월 올레드 대형 공정라인 자동화 관련 2차 협력사인 오성디스플레이를 직접 방문한 데 이어, 11월 4일에는 LG디스플레이 구매그룹장 김동수 전무가 대화메탈주식회사를 방문해 협력사의 애로사항을 청취하며 현장 경영을 실천했습니다.

한상범 사장은 "LG디스플레이가 시장을 선도할 수 있는 바탕에는 협력사의 경쟁력이 있었으며, OLED 등 미래 성장 동력 사업에서도 협력사와의 긴밀한 협업을 통해 성공의 기반을 다질 것"이라며 "서로 간의 경쟁력 향상에 도움이 되는 의견에 더욱 귀를 기울이고 이는 적극 반영할 것"이라며 서로 간의 소통을 강조했습니다. LG디스플레이는 중소협력사의 재정 부담 해소 및 경쟁력 향상을 위해 협력사 자금 지원에 직접 나서기도 했는데요. 수출 부진 및 내수 경기가 침체되는 상황 속에서 협력사의 재정 부담 분담과 위기 극복을 위해 'You Dream' 프로그램을 신설했습니다.

LG디스플레이 구매그룹장 김동수 전무가 4일 경기도 파주시 문산읍에 위치한 대화메탈주식회사를
방문해 협력사 생산현장을 직접 둘러보며 현장소통을 실천했다.
(왼쪽부터 LG디스플레이 동반성장담당 박홍식 부장, 구매그룹장 김동수 전무, 허영 대화메탈주식회사 대표)
(LG디스플레이 자료사진)

'You Dream' 프로그램이란?

설비 투자를 위한 상생협력자금 및 신기술 개발과 R&D 역량 강화를 위한 기술
협력자금 등으로 나뉘어 운영되며, 설비 투자를 위한 상생협력자금 및 신기술 개발
R&D 역량 강화를 위한 기술협력자금 등을 필요로 하는 협력사는 자금 지원 심의를
거쳐 업체당 최대 10억 원까지 무이자로 빌릴 수 있다. 이 밖에도 LG디스플레이는 협
력사와 함께 머리를 맞대는 오픈 이노베이션(개방형 혁신)에 적극 나서고 있습니다. 미
래 신기술 관련 혁신적인 아이디어를 가진 중소기업 장비업체, 대학 및 연구기관을
대상으로 '신기술장비공모제'를 운영하며 공동 장비 개발 연구를 활발히 전개하고
있습니다.

한편 LG디스플레이는 배려와 경청하는 자세를 통해 진정한 동반성장을 이루겠
다는 취지에서 협력사와의 소통 강화를 위한 동반성장포털(winwin.lgdisplay.com)을 운
영하고 있는데요. 이에 따라 협력사들은 프로그램 담당자를 찾아 지원 방안을 확인
하고 기다리는 등의 시간낭비 없이, 필요할 때 즉시 실질적인 도움을 받을 수 있게
되었지요.

LG디스플레이가 이룬 상생의 결실

LG디스플레이는 앞서 살펴본 것처럼 자금 지원, 경영 역량 강화, 열린 소통 등의 다양한 동반성장 프로그램을 개발·운영하며 시장을 선도하는 기업으로 거듭나기 위해 힘써 왔습니다. 그 결과 지난 6월, 동반성장위원회에서 발표하는 2014 동반성장지수 평가에서 동반성장 최우수기업으로 선정될 수 있었지요.

LG디스플레이는 새해를 맞이해 경기도 곤지암리조트에서 '2015 동반성장 새해모임'을 갖고
협력사들과 지속적인 시장 선도를 위한 동반성장에 대한 결의를 다짐했다.
(LG디스플레이 자료사진)

또 최근에는 TFT, 컬러 필터(Color Filter) 공정 중 마스크에 패턴을 형성하는 사진식각(Photolithography) 과정에 기판을 부상 반송하며 코팅하는 장비인 '초음파 플로팅코터(Ultrasonic Floating Coater)'를 협력사와 공동 개발하는 데 성공해 대면적 디스플레이 생산 경쟁력을 높였습니다. LG디스플레이는 2015년에도 '시장선도 실행의 다짐'이라는 슬로건 아래 협력사와의 동반 성장에 박차를 가할 방침입니다. 또한 1차 협력사뿐만 아니라 2·3차 등 중소 협력사를 대상으로 자금 지원의 규모와 범위를 늘려 협력사들이 경쟁력 증진에 매진할 수 있는 동반성장 환경을 구축해 나갈 것입니다.

📖 사례 4-3. 보조금 21억 빼돌린 '해외 박사' 출신 벤처 사업가들

출처: 연합뉴스, 2015. 12. 20

검찰, 벤처 회사 임원 4명 구속 기소·4명 불구속 기소

첨단 기술 개발 국책 연구과제를 수행하는 과정에서 국가보조금 20여억 원을 빼돌려 가로챈 해외 유명대학 박사 출신 사업가들이 검찰에 적발됐다. 인천지검 외사부(최용훈 부장검사)는 국책 과제 연구 지원금 수십억 원을 빼돌린 혐의(특정경제범죄가중처벌법상 사기 및 보조금 관리에 관한 법률 위반)로 A 씨(57세) 등 벤처기업 3곳의 임원 4명을 구속 기소했다고 20일 밝혔다.

검찰청
(연합뉴스 자료사진)

검찰은 또 같은 혐의로 B 씨(60세) 등 이들 회사 임원 4명을 불구속 기소했다. A 씨 등은 2011년 10월부터 올해 9월까지 허위 서류를 작성해 한국산업기술평가관리원 등 국가 보조금 운용기관 7곳으로부터 연구비 명목으로 21억 원을 받아 가로챈 혐의를 받고 있다. 이들 가운데 A 씨 등 5명은 미국과 영국 유명 대학의 공학 박사학위를 보유한 것으로 드러났다. 나머지 2명은 국내 유명 대학의 공학 석사 출신이다. A 씨 등은 연구·개발(R&D) 분야의 첨단 기술을 개발하는 국책 과제를 신청하면서 과

기업윤리

제명이나 내용 일부만 바꿔 보조금을 여러 곳에서 타낸 것으로 조사됐다.

이들은 페이퍼 컴퍼니와의 위장 거래를 통해 허위 세금계산서 등을 만들어 차명계좌로 연구지원비를 받아 챙겼다. 친인척 등을 허위 연구인력으로 채용한 것처럼 속이기도 했다. 이들 중 일부는 보조금 운용기관의 갑작스러운 현장 실사에 대비해 회사에 저가 장비를 마련해 두는 치밀함도 보였다.

A 씨 회사는 사들인 특허를 이용해 여러 건의 추가 특허를 등록한 뒤 차세대 초전도 기술을 자체 개발한 것처럼 홍보, 개인투자자들을 모집하기도 했다. 검찰 관계자는 "한 번 국책연구과제 수행업체로 선정되면 신뢰도가 높아져 다른 국책과제도 쉽게 선정되는 구조"라며 "전문적인 R&D 분야의 경우 정확한 평가가 어려워 '국가 보조금은 눈먼 돈'이라는 인식이 아직 남아있다."고 말했다. 검찰은 국가 보조금 집행 시스템 문제점을 개선하기 위해 관계 기관과 협의할 예정이다.

📖 사례 4-4. 공매도 척결운동, 이젠 상장사까지 나섰다

출처: 아시아경제, 2016. 2. 5

뿔난 개미
(아시아경제 자료사진)

공매도 세력에 의한 주가 하락에 몸살을 앓던 한 코스닥 상장사 대표가 주주들에 주식 대차서비스를 하지 않는 증권사로 주식을 옮겨달라고 호소하고 나섰다. 공매도를 막기 위해 개인투자자들 사이에서 확산되고 있는 주식계좌 이관운동은 있었지만 상장사가 직접 이를 요청하는 것은 이번이 첫 사례다. 5일 투자은행(IB) 업계에 따르면 모니터 생산업체 토비스의 김용범 대표는 이날 중으로 주주들에게 주식 대차서비스 해지, 대차거래가 지원되지 않는 증권사로 보유주식 이관, 이미 대차한 주식에 대한 상환 등을 공식 요청할 예정이다. 자사 홈페이지엔 이 같은 내용을 담은 호소문을 게재하는 등 앞으로 이를 대대적으로 알릴 방침이다.

토비스가 이 같은 행동에 나선 것은 공매도로 인한 주가 하락 피해가 걷잡을 수 없을 정도로 커졌기 때문이다. 공매도란 주가 하락이 예상되는 주식을 빌려 판 뒤 주가가 내려가면 싼 값에 다시 사들여 빌린 주식을 갚는 방식으로 차익을 얻는 투자 기법이다. 2007년 휴대폰용 모니터 개발업체 네오디스와 합병한 후 코스닥에 상장한 토비스는 2006년 269억 원이던 매출이 2014년 6,095억 원으로 급증했다. 이에 주가도 지난해 2월 6일 최고점인 2만 400원을 기록했지만 급격히 늘어난 공매도에 시달리다 현재 주가는 7,980원으로 3분의 1토막 났다. 증권사들은 공매도를 원하는 외국인과 기관투자자들에게 주식을 빌려주고 이자를 받는 대차서비스로 적잖은 수익을 얻는다. 토비스는 이 서비스가 공매도를 부추긴다고 보고 대차거래를 하지 않는 증권사로 주식을 이관하라고 주주들에 요청하고 있는 것이다. 공매도의 기본이 되는 대차거래의 잔액, 즉 빌린 후 아직 갚지 않은 주식의 잔액은 2012년 말 26조 원에서 전날 54조 원으로 불어났다.

기업윤리

김용범 토비스 대표는 "공매도가 합법적 투자 방법은 맞다."면서도 "하지만 경기 불확실성을 이용해 단기적인 매매차익을 노리는 공매도 세력이 커지면서 우려할 만한 수준에 이른 것도 사실"이라고 말했다. 이 같은 움직임은 앞서 개인투자자들 사이에서 먼저 일어났다. 셀트리온 주주들은 최근 더이상 공매도 세력에 당하지 않겠다고 선언하고 대차서비스를 하지 않는 증권사로 주식계좌를 옮기는 운동을 벌이고 있다. 대차서비스를 하지 않는 KB투자증권에 이달 들어서만 130만 주가 넘는 셀트리온 주식이 옮겨왔다. LIG투자증권으로는 최근 일주일 사이 약 35만 주, 유진투자증권으로는 10만 주 가량의 셀트리온 주식이 이전됐다. 이밖에 호텔신라, SK하이닉스, 바이로메드, 젬백스 등 공매도 비중이 높은 종목들 중심으로 '주식계좌 이관 운동' 캠페인이 진행되고 있다.

전문가들도 이같은 움직임을 우려하며 공매도 투명성을 강화해야 한다고 지적했다. 현재 공매도 공시를 의무화한 관련법(자본시장법개정안)은 여야간 쟁점 법안으로 묶여 3년째 공회전 중이다. 국민연금의 주식 대여를 막도록 하는 법안(국민연금법 일부 개정 법률안)도 국민연금의 반대로 법안심사소위원회에 상정되지 못하고 있다. 금융투자업계 한 관계자는 "최근 소셜네트워크서비스(SNS)를 통해 개인주주들 사이에서 퍼지던 운동이 이제 상장사까지 발 벗고 나서고 있는 것을 보면 그만큼 공매도가 문제가 있다는 것"이라며 "공매도는 합법적이긴 하지만 투명성을 강화해야 주주와 기업들도 이 같은 행동에 나서지 않을 것"이라고 말했다.

📖 사례 4-5. "군대에서도 말보로·던힐 팔게 해달라" 외국계 잇단 소송

출처: 머니투데이, 2016. 4. 8

필립모리스와 브리티시아메리칸타바코(BAT) 코리아가 국방부 국군복지단의 선정 기준에 대해 의문을 제기했다. 이들 회사는 군납 담배 브랜드로 KT&G가 수년째 독점 선정되는 것이 부당하다고 주장하며 국가를 상대로 소송을 걸었다. 지난 1일 던힐의 제조사 BAT는 서울중앙지방법원에 정부를 상대로 '납품품목 선정 결정 무효 확인' 민사소송을 제기했다. 지난달 28일 말보로의 제조사 필립모리스의 소송 이후 두 번째 소송 제기다.

편의점에서 판매중인 외국계 담배
(머니투데이 자료사진)

BAT 측은 "국군복지단의 담배 브랜드 선정 기준이 불투명하다."고 주장했다. 이 회사 관계자는 "사병들 사이에서는 외국산 담배 선호도가 KT&G 제품보다 높은데도 군대 내에서는 KT&G 제품만 판매되고 있다."며 "정부가 국내 담배업체인 KT&G에 특혜를 주고 있다."고 말했다. 앞서 소송을 제기한 필립모리스 역시도 20대 장병들로 구성된 군대의 특성상 필립모리스·BAT코리아·JTI코리아 등 외국계 담배 회사 제품들이 경쟁력을 갖췄음에도 매년 납품업체 선정과정에서 떨어지는 것을 이해하기 어렵다고 주장했다.

이들 외국계 회사는 지난해 국방부 P.X(충성마트) 납품 업체 선정 과정에 참여했

기업윤리

지만 떨어졌었다. 국군복지단은 매년 4월 경쟁 입찰을 통해 충성마트에 납품되는 담배 브랜드를 선정한다. 심사를 통해 20여 종의 담배 브랜드 가운데 4~5종을 퇴출하고 신규 브랜드를 납품하도록 하고 있다.

국방부 복지단의 선호도 조사는 일반 장병부터 장교들까지 각 계급별로의 의견을 취합해 결정한다. 담배 제조업체는 일반 담배시장에서 상당수 20대 소비자들이 외국계 제품을 선호하는 것으로 나타났음에도 국방부 선호도 조사에선 이를 반영하지 않고 있다는 게 이들 외국계 담배업체들의 설명이다.

국방부 관계자는 이에 대해 "심사 과정은 관련 규정과 절차에 따라 공정하게 진행된다."며 "올해도 원칙에 따라 엄격하게 심사하고 있다."고 했다.

한국리서치 조사에 따르면 지난해 만 19세에서 24세 흡연자들의 담배 선호도는 43.6%를 기록한 필립모리스가 가장 높다. 이어 KT&G 31.2%, BAT코리아 12.9%, JTI코리아 12.4% 등의 순이다. 만 25세에서 29세 장병들의 선호도 역시 필립모리스 38.3%, KT&G 33.2%, BAT코리아 18.6%, JTI코리아 9.9% 등의 순으로 조사됐다.

📖 사례 4-6. 김영란법 빠져나갈 '구멍'은 많다

출처: 주간경향, 2016. 9. 13

청탁금지법 요리조리 피해 뇌물 주는 사례 많을 듯

이달 28일 시행되는 청탁금지법, 일명 김영란법을 앞두고 농수산업계는 김영란법이 원안대로 시행될 경우 직격탄을 맞을 것이라며 볼멘소리를 하고 있다. 한국수산산업총연합회는 추석 연휴 동안 팔리는 1조 8,600여억 원의 수산물 중 절반 이상인 1조 1,100여억 원을 김영란법에 의한 피해액으로 추산했다. 한국농축산업연합회는 명절 기간 한우 수요가 절반으로 떨어져 4,150억 원의 손해가 날 것으로 봤다. 또한 식당의 한우 소비 감소로 6,000억 원의 추가 피해를 예상했다.

농수산업계의 우려는 과장이다. 청탁금지법의 주무부서인 국민권익위원회에서 낸 자료만 꼼꼼히 뜯어봐도 김영란법을 피해 3만 원 이상의 식사, 5만 원 이상의 선물, 10만 원 이상의 경조사비를 제공할 방법을 찾을 수 있다.

아래의 4가지 예시는 국민권익위의 청탁금지법 해설집, 교육자료 등에 실제로 등장하는 내용을 바탕으로 했다. 청탁금지법 시행을 반대하는 입장에서는 이 법이 '과도한 규제'로 보일 수 있지만, 실제로는 여러 가지 예외조항을 통해 법에 저촉되지 않는 선에서 청탁을 하고 금품을 제공할 수 있다. 말하자면 4개의 사례는 김영란법의 허점이라 할 수 있다. 이 법을 악용하고자 하는 자들에게 도움이 될 수도 있는 내용이다.

하지만 청탁방지법을 악용하다가 '란파라치'(김영란법 + 파파라치)의 카메라에 포착돼 큰 낭패를 볼 수 있다. 김영란법을 위반한 자에게는 3년 이하의 징역 또는 3,000만 원 이하의 벌금이 부과된다.

허점1. 금품은 가족을 통해 우회적으로 전달하라
　　공직자의 경우, 우회적 금품수수가 들켰을 때 "나는 모르는 일"이라고 잡아떼라

• **사례)** A 시장의 친구인 건설업자 B 씨는 시에서 추진 중인 체육관 건립공사 입찰에 참여했다. 그러던 어느 날, B 씨는 A 시장의 부인인 C 씨가 운영하는 사회복지시설에서 후원의 밤 행사가 열린다는 사실을 알고 그 행사에 참가했다. 여기서 B 씨는 "좋은 곳에 쓰라."며 C 씨가 운영하는 시설에 400만 원을 기부했다.

김영란법에 따르면 공직자의 배우자가 1회 100만 원을 초과하는 금품을 수수한 경우 그 명목과 무관하게 해당 공직자를 처벌(3년 이하의 징역 또는 3,000만 원 이하의 벌금)하게 되어 있다. 다만 해당 공직자(이 경우 A 시장)가 이 사실을 권익위 등에 신고한 경우에는 처벌받지 않는다. 하지만 신고를 할 경우 받은 금품을 돌려줘야 하기 때문에 금품 제공자(이 경우 B 씨)는 아무 효과를 보지 못한다.

권익위에 따르면 공직자의 배우자가 금품을 받았더라도 공직자가 이 사실을 몰랐을 경우에는 제재규정이 적용될 수 없다. 허재우 권익위 청렴총괄과장은 "부부가 별거 중이거나 한쪽이 해외에 거주 중일 경우에는 배우자의 금품수수 사실을 모를 수도 있고, 처벌할 수 없지 않겠나."라며 "위 사례와 같은 일이 실제 발생할 경우, 수사기관에서는 공직자가 배우자의 금품수수를 알고 있었다는 점을 입증하려 할 것이고, 공직자는 입증이 안 되도록 노력할 것으로 보인다."고 말했다.

만약 C 씨가 A 시장의 부인이 아니라 부모 혹은 자녀라면 문제는 간단해진다. 청탁금지법에서는 배우자를 제외한 가족에 대한 규정이 없다. 실제 권익위의 사례집에도 공직자의 대학생 자녀가 해당 공직자의 직속 부하로부터 100만 원이 넘는 선물을 받아도 청탁금지법의 제재 대상이 아니라는 예시가 실려 있다.

공직자에게 수십만 원짜리 한우나 굴비세트 선물을 군이 주고 싶다면 배우자보다는 부모나 자녀를 통하는 것이 좋겠다. 허 과장은 "권익위에서는 배우자뿐만 아니라 가족의 범위를 넓게 보려고 했는데 국회에서 입법자들의 판단으로 배우자만 남게 된 것"이라며 "향후에 문제점이 발생하면 자녀나 부모로 가족의 범위를 확대할 수도 있다."고 말했다.

허점2. 7촌·8촌 등 공직자의 먼 친척을 활용하라

• **사례)** 지자체 공무원 A 씨의 결혼식 날, 많은 이들이 결혼을 축하하며 축의금을 냈다. 하

지만 김영란법 탓인지 친구들조차 10만 원이 넘는 돈은 선뜻 내지 못했다. 그런데 노신사 B 씨가 대담하게 축의금 150만 원을 냈다. 알고 보니 B 씨는 A 씨 아버지의 6촌 동생이었다. 10여 년간의 외국생활 끝에 친척 행사에 참여한 김에 큰돈을 쓴 것이다. A 씨는 기분이 좋으면서도 나중에 법적 문제가 생기지 않을까 조마조마한 상태로 결혼식을 치러야 했다.

청탁금지법 8조 3항의 예외조항 중에는 '친족이 제공하는 금품'이 명시돼 있다. 민법상의 친족은 8촌 이내의 혈족 또는 4촌 이내의 인척을 의미한다.

애인 사이에 주고받은 선물은 예외?

현실에서는 7촌·8촌과는 교류가 거의 없이 지내는 사람이 많다. 과거 관행처럼 공직자에게 수십만 원짜리 와인 한 병 선물하고 싶다면 번거롭더라도 해당 공직자의 7촌·8촌을 찾아내는 것이 좋다. 나중에 들키더라도 '친척이 준 것'이라고 둘러대면 법적인 책임을 면할 수도 있다. 해당 공직자 입장에서도 관계가 소원하던 친척과 더욱 끈끈해지는 계기가 될 수 있지 않을까.

기업윤리

허점3. 애인 사이인 척하라

● **사례)** 대기업 그룹의 정직원 A 씨는 대기업을 감시하는 모 정부 위원회의 사무관 B 씨와 결혼을 앞두고 있다. 결혼 한 달 전 찾아온 B 씨의 생일에 A 씨는 150만 원짜리 명품가방을 선물했다. 엄밀히 따지면 B 씨는 A 씨의 회사와 직무 관련성 이 높은 공무원이다. B 씨는 생일선물에 고마웠지만 한편으로는 김영란법 위반 으로 처벌을 받지 않을까 걱정이 들었다.

청탁금지법은 '사회 상규'에 어긋나지 않은 청탁행위나 금품 제공에 대해서는 처벌하지 않도록 규정하고 있다. 원칙적으로 공직자는 어떤 이유에서건 '1회 100만 원'을 초과하는 금품을 받아서는 안 된다. 하지만 권익위 사례집 등에서는 애인 사이 에서 주고받는 금품의 경우 100만 원을 넘더라도 사회 상규에 어긋나지 않는 것으 로 보고 있다.

이 '사회 상규' 부분은 김영란법에 대한 헌법소원 청구심판에서도 논란이 됐다. 하지만 헌법재판관 9명은 만장일치 의견으로 '사회 상규' 규정을 합헌이라고 봤다. 형법 20조에서도 사회 상규라는 개념을 쓰고 있으며, 그동안 관련 판례가 많이 쌓 였기 때문에 사회 상규라는 표현이 불명확하지 않다는 것이다.

일단 권익위 자료에서는 친한 사이의 사회 상규를 인정하는 경우는 애인 사이 외 에는 찾기 어렵다. 권익위 사례집은 초등학생 때부터 친구사이였던 이가 공직자의 결 혼식에 선물로 110만 원짜리 냉장고를 선물하더라도 형사처벌 대상이라고 보고 있다. 골프채 세트라든지 100만 원이 넘는 선물을 어떻게든 공직자에게 안겨주고 싶다면 해당 공직자의 애인 행세를 하면 된다. 혹여라도 나중에 문제가 될 경우 '애인 사이 에 주고받은 선물인데 사회 상규에 어긋나지 않는다'고 둘러댈 여지가 생긴다.

허점4. 추첨을 활용하라

● **사례)** 구청 공무원 A 씨는 주말에 동네 대형마트에 들렀다가 아내의 권유로 전자회사 경 품행사에 응모했다. A 씨는 응모 사실을 잊고 있다가 사흘 뒤 300만 원짜리 TV에 당첨됐다는 문자를 받고 깜짝 놀랐다.

청탁금지법 8조 3항의 예외조항 중에는 추첨을 받은 상품도 명시돼 있다. 하지만 추첨도 조작이 가능하다. 지난해 7월 모 대형마트 직원은 경품 대행업체와 짜고 지인들에게 자동차 경품 3대를 몰아줬다가 적발됐다. 이 경품업체는 여러 행사를 통해 경품 자동차를 26대나 빼돌려 거래처 대표나 가족들에게 나눠주기도 했다.

동창회·향우회는 적용대상서 제외?

공직자와 끈끈한 관계를 유지하기 위해 자동자 정도는 금품으로 줄 수 있어야 한다고 생각한다면, 경품을 이용하면 법적으로 걸리지 않을 수도 있다. 경품 '추첨'이 끝난 뒤 해당 공직자에게 '새로 뽑은 자동차 어떠시냐'고 언질만 줘도 된다. 눈치가 있는 사람이라면 충분히 당신의 뜻을 알아들었을 것이다.

이외에도 청탁금지법은 다양한 예외조항들을 두고 있다. 예를 들어 동창회나 향우회 등에서 내부 기준에 따라 구성원에게 제공하는 금품의 경우 가액이 1회 100만 원을 넘어도 김영란법의 적용 대상이 아니다. 이 또한 특정 공직자에게 차례가 돌아가기 직전에 회칙을 바꾸는 등의 방법으로 얼마든지 악용은 가능하다.

경연을 통해서 주는 상품도 청탁금지법의 대상이 아니다. 체육대회나 노래자랑에서 특정인에게 상품을 몰아준 뒤에 '경연을 통한 상품 지급이었다'고 악용할 수도 있다.

허재우 권익위 청렴총괄과장은 "아직 법 시행도 안 된 상황에서 악용을 논하기는 이르다."고 말했다. 허 과장은 "우리가 사례로 제시한 그대로 판결이 나온다는 보장은 없다. 구체적인 사건에 대해 법원이 종합적인 상황을 고려해서 판단할 것"이라고 말했다. 애인에게 받은 선물이라고 무조건 문제가 안 되는 것도 아니고, 가족이나 친척으로부터 금품을 받더라도 상황에 따라서는 문제가 될 수도 있다는 의미다. 권익위 사례집은 공직자의 대학생 아들에게 100만 원이 넘는 상품권을 건넨 산하기관 직원의 예를 들고 있다. 만약 아들이 전달자에 불과하고 실제로 금품은 공직자와 산하기관 직원 사이에 오간 것이라면, 이 역시 김영란법에 의해 형사처벌의 대상이 된다.

기업윤리

"법원이 종합적 상황 고려해서 판단할 것"

김정범 변호사(법무법인 민우)는 "만약 동창회에서 특정 공직자를 염두에 두고 행사를 연다든지 하는 방식으로 금품을 지급할 경우 현행법 상으로는 처벌하기 애매할 수도 있다. 하지만 어떤 법이든 악용 가능성을 피할 순 없다. 김영란법은 우선적으로 부패에 대한 경고를 하는 의미가 있다."고 말했다. 그는 "지금도 법망을 피해서 금품을 주는 방법은 많지만 과거에 비해 따져야 할 법적인 부분이 많아졌고, 금품제공자의 비용부담도 늘어났다. 김영란법의 허점을 이용해 금품을 제공하더라도 과거에 비해서는 훨씬 어려워진 것은 맞다."고 말했다.

애초 김영란 전 국민권익위원장이 주장했던 이해충돌방지 부분이 청탁방지법에 들어가야 한다는 주장도 있다. 경제정의실천연합의 김삼수 정치사법팀장은 "국회에서 김영란법이 논의되는 과정에서 이해충돌방지 부분이 빠졌다. 김영란법의 원래 취지를 잘 살리기 위해서는 이해충돌방지 부분이 꼭 들어가야 한다."고 말했다.

이해충돌방지란 공직자가 자신과 친족이 관련된 업무를 할 수 없게 직무에서 배제하는 조치를 뜻한다. 예를 들어 지자체 도로교통국장의 동생이 다니는 건설사가 해당 지자체에 도로를 내려고 할 경우, 해당 국장에 대해서는 일시적이나마 건설허가 업무를 보지 못하게 하는 것이다.

또한 고위 공직자가 지위를 이용해 자녀나 친·인척의 일자리를 알아보는 일 역시 이해충돌의 한 사례다. 김영란 전 위원장의 원안에는 이해충돌방지 조항이 있었으나, 국회 논의과정에서 삭제됐다. 공직자 친족들의 직업 선택의 자유를 해칠 수 있다는 이유에서다. 경실련 김삼수 팀장은 "고위 공직자의 자제들이 취업 특혜를 누리는 등 이해충돌방지 조항의 필요성은 여전한데도 국회에서 토론도 거의 안 되고 있는 것부터가 문제"라고 말했다.

궁극적으로는 김영란법의 적용 범위를 늘려야 한다는 주장도 나온다. 김 팀장은 "시민단체는 왜 청탁방지법의 대상이 아니냐는 얘기가 많은데, 시민단체 관계자들 중 정부나 지자체 위원회에 위원으로 있는 사람들이 상당히 많다."며 "애초 김영란 위원장도 공직사회의 부패를 바로잡은 뒤에는 사회 전체로 확대해야 한다고 말했다. 향후 법안 개정 논의과정에서 사회 전체로 법안을 확대하는 것도 생각해볼 수 있다."고 말했다.

알쏭달쏭 김영란법, 정확히 알아보자

청탁금지법(일명 '김영란법')이 이달 28일부터 시행된다. 여러 언론에서 청탁금지법의 주요 내용을 설명했지만 여전히 헷갈리는 부분이 많다. 1인당 3만 원이 넘지 않는 식사자리라면 문제가 없는 것인지부터 친구 사이에도 선물을 주고받으면 안 되는지 여부 등등을 권익위나 관련 전문가들의 의견을 토대로 정리해봤다.

꼭 알아야 할 김영란법

국민권익위는 9월 6일부터 순차적으로 직종별 청탁금지법 매뉴얼을 발표하고 있다. 권익위 매뉴얼과 그동안 발표한 해설집, 교육자료 등을 바탕으로 특히 학부모들에게 유용한 내용들을 정리했다.

ㄱ고교 동문회에서 졸업 30주년 행사에 모교 교장을 초청하고, 7만원 상당의 음식을 제공했다면.
➡동문회와 모교 교장은 일반적으로 직무관련성이 인정되지 않으므로 청탁금지법 위반 아님.

학부모가 자녀의 작년 담임교사에게 5만원이 넘는 선물을 한다면.
➡일반적으로 학부모와 작년 담임교사 사이의 직무관련성은 인정되지 않지만, 성적이나 수행평가 등과 관련이 있는 경우 법 위반.

학부모가 교직원에게 택배를 통해 선물을 보냈는데, 택배비를 합칠 경우 가액이 5만원을 넘는다면?
➡택배비는 교직원에게 제공되는 것이 아니므로 선물의 가액에 포함되지 않음.

학부모가 교직원을 집으로 초대해 식사를 한 경우는?
➡식사 초대 시 음식물의 가액산정은 재료비 구입 영수증 등 자료를 우선으로 하되, 정확한 액수를 알기 어려운 경우 위반행위자에게 유리한 자료를 기준으로 산정함.

스승의 날을 맞아 ㄴ중학교 1학년 1반 학생 30명의 학부모들이 2만원씩 갹출하여 60만원 상당의 선물을 담임교사에게 했다면.
➡해당 교사는 가액 한도를 넘은 선물을 받았으므로 법 위반. 학부모들의 경우 가액 한도 이내의 돈을 냈으나, 교사와 학부모 사이에는 사교·의례의 목적이 인정된다고 보기 어려울 뿐더러 법 위반행위에 학부모들이 가담한 경우이므로 과태료 부과대상임.

ㄷ사립학교 재단 이사의 부인이 입학을 원하는 학생의 부모로부터 150만원짜리 선물을 받았다면.
➡선물을 받은 이사 부인은 공직자가 아니므로 제재 대상이 아님. 다만 해당 이사는 부인의 금품수수 사실을 안 즉시 관계기관에 신고해야 함. 또한 학부모는 법 위반으로 형사처벌의 대상이 됨.

평소 가깝게 지내오던 9촌 조카의 정교사 임용을 축하하며 120만원 상당의 양복을 선물로 줬다면?
➡친분 여부와 무관하게 민법상 9촌은 친족이 아니기 때문에 해당 교직원은 법 위반.

의과대학 교수 신분이 아닌 세브란스병원 의사 ㄹ씨와 삼성서울병원 의사 ㅁ씨 중 김영란법의 적용 대상이 아닌 것은 누구인가?
➡세브란스병원은 연세대 법인 소속 병원이므로 ㄹ씨가 김영란법 적용 대상임. 삼성서울병원은 성균관대 소속이 아니라 교육협력 관계이므로 ㅁ씨는 법 적용 대상이 아님.

꼭 알아야 할 김영란법
(주간경향 자료사진)

기업윤리

단순한 사교 목적이라면 2만 9,000원짜리 밥을 얻어먹어도
아무런 문제가 없나?

아니다. 권익위의 청탁금지법 매뉴얼에 따르면 금품의 제공자가 직무와 직접적인 관련이 있으면 3만 원 이하의 밥도 얻어먹어선 안 된다. 예를 들어 민원인이 민원 담당 공무원에게 밥을 사거나, 지자체와 계약 협상 중인 회사에서 담당공무원에게 밥을 사는 경우 아무리 싼 것이라 해도 김영란법 위반이다. 선물이나 경조사비도 마찬가지다. 반대로 법 8조 3항에 나오는 예외사유에 해당한다면 3만 원·5만 원·10만 원 기준에 제약받지 않는다.

3만 원이 넘는 음식을 얻어먹었지만 할인혜택을 통해 실제 지불한 가격은
3만 원 미만이라면 문제가 없나?

일단은 맞다. 국민권익위의 허재우 청렴총괄과장은 '할인혜택을 받아서 영수증에 최종으로 나오는 금액이 3만 원이 넘지 않으면 문제가 없다. 다만 공직자라는 이유만으로 받는 특별한 혜택을 통해 가격을 할인받았다면 법에 저촉될 여지가 있다'고 말했다. 향후 판례가 나와야 정확히 결정될 부분이다.

직무 관련성이 전혀 없는 관계라면 100만 원 이하의 선물이나 접대를
받아도 문제 없나?

1회일 경우에만 가능하다. 100만 원 이하의 선물을 여러 번 받아서 1년에 300만 원을 넘는다면 김영란법 위반이다. 소위 '쪼개기'를 통해 100만 원 이하로 금액을 낮추는 것도 통하지 않는다. 예를 들어 1차 식사자리에서 1인당 50만 원, 2차 술자리에서 1인당 60만 원이 나온 경우, 연속성이 있는 행위이기 때문에 '1회'로 간주되어 김영란법 위반이다.

공직자인 친구나 애인에게는 선물도 마음대로 줄 수 없나?

가능하면 100만 원 이하의 선물을 주는 것이 좋다. 김영란법은 사회 상규에 위배되지 않는 경우는 처벌하지 않는다고 되어 있다. 하지만 실제로는 사례에 따라 판단이 달라질 수 있다. 권익위의 청탁금지법 교육자료에 따르면, 공직자가 결혼 상대인 애인으로부터 150만 원짜리 선물을 받는 것은 사회 상규에 어긋나지 않는다. 반면 공직자가 고향 친구로부터 하급 직원들에게 쓰라는 명목으로 150만 원의 격려금을 받았다면 이는 사회 상규에 어긋난다고 보고 있다. 가능하면 선물 액수는 100만 원 이하로 해야 오해의 소지를 없앨 수 있다.

청탁금지법 기준을 초과하는 금품을 받았더라도 사리사욕이 아니라 공익을 위해 사용했다면 문제가 없지 않을까?

아니다. 공직자가 어떤 명목으로든 김영란법을 위반하는 액수의 금품을 이미 받았다면, 소속기관이나 권익위 등에 내용을 신고하고 해당 금품을 제공자에게 돌려주지 않는 이상 처벌 대상이 된다. 1996년 대법원에서도 돈을 받은 공무원이 사리사욕이 아니라 부하직원들을 위해 돈을 썼더라도 뇌물을 받은 것이라 판결한 사례가 있다.

김영란법 위반자를 신고하고 싶어도, 위반자의 소속기관에만 신고할 수 있다면 은폐될 수도 있지 않나?

김영란법 13조에 따르면 위반 공직자가 속한 기관뿐만 아니라 수사기관이나 국민권익위 등에 직접 신고할 수도 있다. 공직자 본인도 자신의 소속기관이 아니라 권익위 등 다른 기관에 신고할 수 있다. 권익위는 신고를 받은 지 60일 이내에 소관 기관에 신고 내용을 이첩해야 한다. 범죄 혐의가 있으면 수사기관, 감사의 필요가 있으면 감사원 등으로 이첩된다. 사건이 종결된 지 10일 이내에 신고자는 조사 결과를 서면으로 받아볼 수 있다."

기업윤리

📖 사례 4-7. 대형마트 의무휴업 5년…
마트 · 전통시장 둘 다 죽었다 출처: 헤럴드경제, 2017. 9. 25

- '규제의 역설' 작용… 민간 소비만 위축돼
- 마트 휴업일에 전통시장 방문 연 1회도 안 돼
- 상생 통해 전통시장 근원적 경쟁력 강화를

　　대형마트 영업규제는 '원하는 쪽으로'의 소비자 발길을 돌리지 못했다. 올해로 대형마트 의무휴업일 도입 5년을 맞았지만 애초 취지인 중소상인 보호 효과는 미미한 것으로 드러났다. 대형마트와 전통시장 모두 소비가 위축됐을 뿐 아니라, 낙수효과의 혜택은 되레 온라인 쇼핑몰에 돌아갔다. 대형마트와 골목상권이라는 이분법적 대립구도 속에서 제3자만 어부지리를 얻고 소비자들의 불편은 오히려 가중된 것이다.

대형마트 · 전통시장 동반 하락 속 온라인 독주

　　2012년 유통산업발전법 개정으로 대형마트 의무휴업 규제가 도입됐지만 실효성 논란은 끊이질 않았다. 소상공인시장진흥공단에 따르면 전통시장의 하루 평균 매출은 규제가 시작된 2012년 4,755만 원에서 2013년 4,648만 원으로 하락했다가 2014년 4,672만 원, 2015년 4,812만 원으로 소폭 증가했다. 물가상승률을 고려하면 사실상 줄어든 셈이다.

　　의무휴업으로 인한 골목상권 소비 증대 효과는 제한적인 반면, 오히려 전체적인 민간 소비경제만 위축시킨다는 조사 결과도 나왔다. 서용구 숙명여대 경영학과 교수는 최근 국회의원회관에서 열린 '농축수산업 및 식품산업 활성화를 위한 대중소 유통 상생협력 방안' 세미나에서 '대형 마트 규제에 대한 효과 분석'을 발표했다. 연구팀이 지난 2012년부터 올해 6월까지 경기 · 대전 지역 6개 상권을 대상으로 대형마트와 인근 상권의 카드 사용액을 조사한 결과 소비금액 증감 그래프는 내리막길을 걸었다.

대형마트의 카드 사용액 비중은 2012년 17.69%에서 2013년 22.98%로 29.9%포인트 반짝 증가했다. 하지만 이후 전년대비 성장률은 2014년 -4.6%, 2015년 -1.6%, 지난해 -6.4%로 지속적으로 하락했다.

전통시장의 사용액 비중은 2012년 2.51%에서 2013년 2.97%로 18.1%포인트 늘어났지만 2014년 성장률은 10.8%, 2015년 2.8%에 그쳤다. 지난해 증감률은 전년대비 -3.3%로 마이너스 성장률을 기록했다. 마찬가지로 기업형 수퍼마켓(SSM)의 지난해 카드 사용액 비중은 전년대비 1.3% 후퇴했고, 개인슈퍼마켓 역시 0.1% 하락했다.

유일하게 사용액 비중 상승세를 이어간 것은 온라인 쇼핑몰로 지난해에도 전년대비 11.5% 성장했다. 대형마트는 물론 전통시장·SSM·개인슈퍼마켓 등이 하락세를 면치 못하는 상황에서 온라인 쇼핑몰만 반사이익으로 고공행진을 이어가는 것이다.

대형마트와 주변 상권은 상호 보완적 관계

대형마트로 인한 이탈 효과보다 집객 효과가 더 크다는 분석도 있다. 대형 마트의 출점이 오히려 전통시장 이용객 수를 증가시킨다는 것이다. 서용구 교수 연구팀이 2012년말 문을 연 롯데마트 청라점과 정서진중앙시장의 카드 매출을 분석한 결과 대형마트 출점 후 전통시장으로 유입된 고객이 더 많았다. 롯데마트 청라점과 정서진중앙시장의 실측거리는 2.7km다.

연구팀에 따르면 롯데마트 청라점 오픈 후 마트 고객의 15.64%는 인근의 정서진 중앙시장을 동시에 이용하기 시작했다. 하지만 정서진 중앙시장 고객 중 대형마트로 발길은 옮긴 고객의 비율은 2.53%에 불과했다.

마찬가지로 롯데슈퍼 부곡점이 출점한 이후 마트 고객의 13.04%가 200m 거리에 위치한 부곡 도깨비시장으로 새롭게 유입됐다. 부곡도깨비시장 고객이 대형마트를 찾은 비율은 1.03%였다. 대형마트가 인근 골목상권을 잠식한다는 인식과 달리 오히려 상권을 활성화시키는 역할을 하는 것이다.

이러한 경향은 사단법인 E컨슈머가 지난해 9월부터 지난 5월까지 서울 광장시장 등 5개 전통시장을 대상으로 진행한 조사 결과에서도 확인됐다. 1km 이내에 위치한 대형마트 영업날 광주 양동시장의 하루 방문객은 4,250명으로 대형마트 휴무일

방문자 3,758명보다 많았다. 서울 광장시장과 부산 남항시장 청주 육거리시장도 대형마트 영업일에 방문자가 더 많았다.

대형마트 VS 골목상권 이분법 구도 안 돼

　　의무휴업 규제가 도입된 지 5년이 지났지만 전통시장 역시 성장하지 못했다. 전국경제인연합회가 지난 2014년 소비자 800명을 대상으로 '대형마트 의무휴업 효과 소비자 조사'를 실시한 결과 소비자들이 대형마트 의무휴업일에 전통시장을 방문한 횟수는 연평균 0.92회에 불과했다. 소비자들이 전통시장을 기피하는 이유는 주차와 교통이 불편하고 편의시설이 부족하기 때문으로 조사됐다.

　　결국 대형마트 대 골목상권이라는 이분법적 대립구도로 유통 규제를 늘려 산업 자체를 옥죌 것이 아니라, 전통시장을 지원할 수 있는 방법부터 찾아야 하는 지적이 나온다. 이인호 서울대 경제학부 교수는 "사람들이 대형마트를 찾는 이유는 상품의 품질이 뛰어나며 끊임없는 혁신을 통해 신규 고객을 유치하기 때문"이라며 "시장의 원리를 거스르는 정책을 펼 게 아니라 전통시장의 경쟁력을 강화할 방법을 찾아야한다."고 했다.

📖 사례 4-8. "담배·술 사와라", "쓰레기 버려달라" 배달원이 심부름꾼인줄 아나 출처: 문화일보, 2018. 1. 4

음식은 맛있는데 요구사항을 안 들어줘서 별 하나 뺍니다

　모바일 배달 애플리케이션(배달앱)이 인기를 끄는 가운데 배달업체를 상대로 "가는 길에 음식물 쓰레기 봉투 좀 버려달라."거나 "오는 길에 담배 사다 달라."는 등 심부름을 시키며 '갑질'하는 진상 소비자가 속출하고 있다.

무리한 요구를 하는 '갑질 소비자' 때문에 곤혹스러운 배달직
(문화일보 자료사진)

- 평범한 가정집의 度 넘은 甲질
- 배달앱 인기속 진상고객 속출
- 안 들어주면 별점 깎는다 협박
- 음식 시킨 그릇엔 쓰레기 수북

　지난해 10월 국민권익위원회가 공개한 자료에 따르면 공정거래위원회가 추산한 배달앱 이용자 수는 2013년 87만 명에서 2015년 1,046만 명으로 급격히 증가했다. 배달앱 시장 거래 규모도 같은 기간 3,647억 원에서 1조 5,065억 원으로 크게 늘어났다.

　서울 서대문구에서 야식집을 운영하는 A 씨(50세)는 4일 "쓰레기를 버려달라는 심부름은 물론이고 특정 브랜드를 골라 담배나 술 심부름을 시키는 경우도 많다."며

기업윤리

"지난번엔 편의점에서 과자를 사다 줬더니 왜 가격이 더 싼 마트에서 안 샀느냐고 뭐라고 하더라."고 토로했다. 그는 "별점을 뺄까 봐 웬만하면 사다 주는데, 그런데도 '배달이 늦는다'고 불평을 하더라."며 "제발 심부름은 심부름 업체에 시켜줬으면 좋겠다."고 말했다. 한 치킨집 업주는 고객이 치킨 배달을 시키면서 과자와 참치 등 식료품은 물론 비타민 영양제까지 사오라고 요구한 화면을 캡처해 업주 커뮤니티에 올리며 황당함을 토로하기도 했다.

중국음식점 등에서는 음식을 시킨 그릇에 자기 집 쓰레기를 버리는 경우가 허다하다고 울상이다. 사정이 이렇다 보니 일회용품 그릇을 쓰는 중식당이 늘게 돼 환경에도 악영향을 끼치는 악순환이 되풀이되고 있다. 서울 성북구에서 수년째 중국음식점을 운영해왔다는 B 씨(48세)는 "음식물 쓰레기를 담아놓는 건 예사인 데다, 그릇을 재떨이로 써서 태워 먹는 경우도 많다."며 "그 정도로 상하면 씻고 새로 쓰기도 어려워 지난해부터는 아예 일회용품으로 바꿨다."고 말했다. 이 같은 업주들의 고충에 배달앱 업체 관계자는 "우리는 통신중개판매업자라 주문 취소 등을 강제할 순 없다."며 "서로의 사정을 양해하고 양보하자는 계도의 말씀 정도를 드릴 뿐"이라고 난감해했다.

임운택 계명대 사회학과 교수는 "배달을 시키는 이들도 누군가에게는 '을'이면서, 자신보다도 덜 보호받는 이들에게 갑질을 하며 카타르시스를 느끼는 것"이라며 "배달원뿐만 아니라 백화점 점원·주차요원·청소용역노동자 등을 보호할 법적 틀을 마련할 필요가 있다."고 강조했다.

📖 사례 4-9. '경영교과서'였던 GE의 몰락⋯ 10조 원 손실에 회계조사까지

출처: 뉴시스, 2018. 1. 25

(뉴시스 자료사진)

제너럴일렉트릭의 내리막길

한때 미국을 대표하는 기업이자 혁신 경영의 아이콘으로 꼽혔던 제너럴일렉트릭 (GE)이 끊없는 내리막길을 걷고 있다. GE는 주력 사업인 제조업에서 벗어나 금융, 헬스케어, 항공, 미디어 등으로 사업 영역을 확장하는 생존 방식을 취해 왔지만 이같은 '선단식 경영'이 오히려 회사의 발목을 잡는 모습이다.

지난해 영업 실적이 크게 악화될 것으로 예상되는데다 미국 증권당국으로부터 보험업 부문에 대한 회계 조사까지 받게되면서 주가는 곤두박질치고 있다.

24일(현지시간) 뉴욕타임스(NYT)와 CNN에 따르면 GE는 이날 실적 발표에서 지난해 4분기 98억 3,000만 달러(약 10조 4,600억 원)의 순손실을 기록했다고 밝혔다.

지난해 매출액은 314억 달러로 전년 대비 5% 감소했고, 시장의 전망치인 340억 달러에도 미치지 못했다.

GE 전체 사업의 약 30%를 차지하는 금융 사업부가 경영에 악영향을 미치고 있다. GE의 보험금융 사업 부문 'GE캐피탈'은 지난해 4분기 62억 달러의 손실을 냈다. GE는 최근 장기요양보험 분야에서 7년간 150억 달러 규모의 추가 충당금 부담이 발생할 예정이라고 밝히기도 했다.

엎친데 덮친 격으로 GE는 미국 증권거래위원회(SEC)로부터 회계조사까지 받게 됐다. GE는 이날 SEC로부터 보험 의무 처리 및 서비스 계약의 회계 처리에 대한 조사를 받고 있다고 밝혔다.

한때 미국을 대표하는 전기제품 업체였던 GE는 '경영의 신(神)'으로 불리는 잭 웰치 전 회장이 지휘봉을 잡은 1980~1990년대 1,000개에 달하는 인수·합병(M&A)을 통해 에너지, 금융, 부동산, 헬스케어, 항공, 미디어 등 다방면으로 몸집을 불렸다.

하지만 이 같은 문어발식 경영이 지금은 GE의 발목을 잡고 있다.

GE의 보험금융 부문은 글로벌 금융위기를 거치면서 그룹 위기의 핵심이 됐다. 현재 GE는 금융 부문에서 많은 사업을 정리했지만 여전히 위험은 남아 있다. GE캐피탈은 단종된 서브프라임 모기지 영업과 관련한 소송에 휘말려 아직까지도 당국의 조사를 받고 있는 상황이다.

GE의 또 다른 문제는 주력 사업인 발전 부문에 있다. GE는 지난 2015년 95억 달러를 투자해 알스톰으로부터 발전 부문을 인수하는 등 석탄화력발전에 집중했다. 하지만 신재생에너지의 부상으로 발전 사업이 크게 위축되면서 지난해 1만 2,000명 규모의 구조조정을 단행하기에 이르렀다.

이에 따라 주가는 곤두박질치고 있다. 이날 뉴욕 증시에서 GE 주가는 전 거래일 대비 2.6% 하락한 16.44달러에 거래를 마쳤다. 지난해 S&P 500지수가 25% 상승하는 동안 GE의 주가는 45%나 하락했다.

📖✏ 사례 4-10. "이제 로또 못판다고?" 편의점이 뿔났다

출처: 헤럴드경제, 2018. 2. 7

온라인 판매 시행··· 판매장 계약 단계적 해지
점주들 "이제 자리잡았는데··· 편의점만 규제"
고객들 "접근성 좋아 편했는데···" 불만

    서울 마포구에서 일하는 직장인 윤 씨(36세)는 회사 앞 편의점에서 로또복권을 종종 산다. 그에겐 무료한 일상에 소소한 즐거움이다. 추첨일을 기다리다보면 한주가 그나마 빨리 가는 것 같기도 하다. 복권 판매점을 찾아가지 않아도 담배나 음료수를 사며 함께 구입할 수 있다보니 거의 매주 잊지 않고 사는 편이다.

    정부가 오는 12월 온라인 로또복권 판매 시행과 함께 법인 판매장 계약을 단계적으로 해지할 방침인 것으로 알려지면서 편의점주들이 술렁이고 있다. 로또 판매 법인은 GS리테일(GS25), BGF리테일(CU), 씨스페이스로, 실제 판매는 가맹본부와 계약한 편의점주들이 하고 있다. 지난 6일 만난 서울 시내 로또판매 편의점주들은 "다른 판매점은 놔두고 왜 편의점만 규제하느냐."고 볼멘소리를 냈다.

서울 서대문구의 한 편의점에서 고객이 로또복권 용지에 숫자를 표기하고 있다. 연말께부터 편의점에서 로또복권 판매가 중단될 것으로 보이면서 일부 고객과 점주들이 불만을 표하고 있다.
(문화일보 자료사진)

    서울 마포구에서 편의점을 운영하는 김 씨(55세)는 "직장인이 많은 동네이기도 하고 근방에 (로또) 파는 곳이 없다보니 수시로 사러온다."며 "경기가 어려울 수록 많이 팔리니까 요즘 (구매자가) 더 많아진 것 같다."고 했다. 그러면서 "판매가 어느 정도 자리잡히니까 이제와 못하게 한다니 어이가 없다."고 했다. 김 씨뿐 아니라 다른 편의점주들도 복권시장이 호황인 시점에서 판매권을 박탈한다는 데 불만을 토로했다.

    7일 기획재정부 복권위원회에 따르면 지난

해 복권 판매액은 4조 1,561억 원을 기록했다. 전년(3조 8,855억 원)보다 7.0% 증가한 것이자 역대 최고금액이다. 복권위는 5년 내 복권 판매액이 5조 원을 넘어설 것으로 예상했다.

로또 판매 수수료는 판매금액의 5%(부가세 포함 5.5%)로, 이를 점주와 가맹본부가 나눠갖기 때문에 판매 자체 수익은 크지 않다. 다만 편의점주들은 단순 수수료 장사보다 로또를 사러왔다가 이것저것 구매해가는 효과를 더 크게보고 있다. 마포구 한 오피스텔 내 편의점에서 일하는 점원 박 씨(42세)는 "로또 사러와서 음료수도 사가고 하니 아무래도 판매 효과가 크다."고 했다.

일부 편의점주는 정부가 자신들을 영세 사업자가 아닌 대기업 프랜차이즈 운영자로만 인식하는 데 불만을 표했다.

서대문구 북가좌동에서 편의점을 운영하는 김 씨(58세)는 "로또 덕분에 편의점에 안 오시던 어르신들이 단골이 됐다. 연초부터 최저임금 때문에 인건비에 뭐에 힘든데 그것(로또 판매)까지 못하게 하면 어쩌라는 거냐. 편의점만 죽어라 죽어라 하는 것 같다."고 했다.

편의점주들이 모인 인터넷 카페에서도 "대기업 체인이라도 편의점 사장들은 다 영세업자인데 점주들만 계속 죽어나간다." 등의 글이 올라왔다.

계상혁 전국편의점협회장은 "사회적배려 대상자가 아닌 법인이 판매권을 가진 것에 문제 제기가 있었던 건데, 판매권은 가맹본사에 있어도 판매는 일반 점주들이 한다. 그간 점주들이 손님 유치를 위해 서비스 차원에서 해왔던 걸 이제와 뺏는다는 건 황당한 일"이라며 "다른 판매점들과 형평성 문제도 있다."고 지적했다. 업계 관계자들은 "점주들의 혼란이 예상되며, 최소 2~3년의 유예기간이라도 둬야 한다."고 입을 모았다.

소비자들도 접근성 높은 로또 구매처가 사라질 수 있다는 데에 떨떠름하긴 마찬가지다.

이날 마포구 한 편의점에서 만난 홍 씨(31세)는 "친구들과 술먹고 들어가는 길에 숙취해소음료 살겸 편의점에 들러 다같이 로또를 사곤 했는데 그런 재미가 사라진다면 아쉬울 것 같다."고 했다.

제 **5** 장

직업의 의미와 가치

○ 학습목표

이 장을 읽은 후 여러분은

- 인간은 왜 일을 해야 하는지 설명할 수 있다.
- 어떤 직업이 좋은 직업인지 설명할 수 있다.
- 어떤 기업이 좋은 기업인지 설명할 수 있다.
- 여러분이 미래에 선택할 직업과 직장에 대한 목표와 가치를 설명할 수 있다.
- 직업이 가지는 다양한 의미와 가치를 설명할 수 있다.
- 기업이 직원들에게 의미 있는 일자리를 제공해야 할 책임에 대해 설명할 수 있다.
- 직원과 관련된 기업의 윤리적 책임을 설명할 수 있다.
- 직원이 가지는 직장에서의 권리와 책임을 설명할 수 있다.

5.1 　서론

　　우리가 1장에서 살펴보았듯, 철학은 우리로 하여금 일상의 생활로부터 한 걸음 뒤로 물러나서 우리의 결정과 행동을 반성하도록 요구한다. 1장은 아주 기본적인 질문으로부터 시작했다. 우리는 왜 기업윤리를 공부해야 하는가? 이 질문은 조금 더 확장될 수 있다. 왜 여러분은 기업윤리 수업을 듣는가? 왜 여러분은 학교에 다니는가? 이런 질문에 대부분의 학생은 다음과 같이 대답할 것이다. "기업윤리 수업을 듣는 이유는 기업윤리라는 과목이 전공필수 과목이기 때문이다. 내가 이 전공을 선택한 이유는 졸업한 후에 좋은 직장을 얻을 수 있기 때문이다. 나는 돈을 많이 벌기 위해서 좋은 직장에 취직하고 싶다. 나는 행복해지기 위해서 많은 돈을 벌고 싶다."

　　여러분이 직면하는 대부분의 문제는 이와 같이 목적과 수단을 연결해서 생각하는 추론방식이 효과적으로 적용될 수 있다. 우리는 수강, 전공, 직업을 대학교 졸업장, 직장, 돈, 그리고 행복과 같은 목적을 위한 수단으로 생각한다. 직업에 대한 우리의 생각은 아마도 이런 방식을 따를 것이다. 우리는 어떤 목적을 얻기 위한 수단으로 일을 한다. 하지만 일 그 자체가 목적이 될 수도 있을까? 여러분에게 일의 의미는 무엇인가? 그리고 여러분이 일을 통해 얻을 수 있는 가치는 무엇인가? 직장에서 여러분이 가질 수 있는 권리와 의무는 또 무엇인가? 기업은 여러분에게 좋은 일자리를 제공할 책임이 있는가?

　　우리는 5장에서 기업이 가지고 있는 구체적인 윤리적 책임을 자세히 살펴볼 것이다. 우리에게 기업은 우리가 일하는 곳인 직장이다. 제품과 서비스를 생산하고, 일자리를 제공하는 것은 기업이 가진 가장 중요한 사회적 기능이다. 우리는 5장, 6장, 그리고 7장에서 직장과 관련된 넓은 범위의 윤리문제를 살펴볼 것이다.

　　우리는 수십억 원의 복권에 당첨된 후에도 현재의 직장에서 계속해서 일을 하겠다는 사람들을 언론매체를 통해 종종 접한다. 사람은 돈을 벌기 위해 일한다는 상식적 생각에서 크게 벗어난 태도를 보여주는 그런 사람들을 통해 우리는 일의 의미에 대해 다시 한 번 생각해볼 필요와 흥미를 느낀다. 많은 사람이 자신이 하는 일에 대해 모순된 감정을 갖는다. 직업은 우리 삶에서 매우 중요하고, 우리가 쉽게 포기할 수 있는 것이 아니다. 그러나 직업에 대해 여러분이 가지고 있는 이미지는 가능하면, 피하고 싶고, 지루하고, 힘든 것이다. 마치 직업을 어쩔 수 없이 해야 하는 필요악처럼 인식하는 것이다.

인류는 옛날부터 직업의 본질에 대해 생각하고, 고민해왔다. 이 매력적인 주제는 직업이 우리에게 영광과 좌절을 준다는 것을 잘 보여준다. 직업은 우리를 격상시킬 수도 있고, 우리에게 행복과 성취감을 줄 수도 있고, 우리를 비하할 수도 있고, 우리를 지루하게 만들 수도 있으며, 우리에게 골칫거리가 될 수도 있다. 성경의 창세기에 나오는 것처럼, 일은 인간의 원죄에 대한 형벌일지도 모른다. 옛날부터 인간은 농사를 짓고, 땅을 개간하고, 정원을 가꿔왔다. 그리스의 위대한 철학자 아리스토텔레스는 우리가 훌륭한 삶을 살기 위해서 반드시 일을 해야 한다고 인식하면서도 일과 관련된 노예근성의 특성 때문에 직업을 폄하했다. 마틴 루터 킹, 존 칼빈, 그리고 벤자민 프랭클린은 직업이 힘들고, 단조로운 것이지만 우리는 반드시 일을 해야 한다고 주장했다. 장 자크 루소는 직업이 인간의 독창성을 발달시킨다고 믿었고, 칼 마르크스는 직업이 우리의 인간성을 표현할 잠재력을 가지고 있지만, 사람들을 직업의 목적으로부터 소외시킨다고 주장했다.

이처럼 직업이 동시에 가지는 긍정적인 면과 부정적인 면은 기업윤리와 관련해 명백한 문제를 제기한다. 직업은 가치 있고, 의미 있고, 행복을 주지만, 동시에 인간성을 말살하고, 비하하고, 억압한다. 직업이 인간에게 행복과 같은 긍정적 영향을 주도록 기업윤리는 좋은 직업과 좋은 직장에 대해 명확하게 설명할 책임이 있다. 직업이 우리가 인생을 살기 위해 반드시 가져야 하는 것이라면, 직업은 공평하고, 정당하고, 인간적이어야 한다.

우리는 5장에서 직업의 의미와 가치에 대한 다양한 이론을 살펴볼 것이다. 직업의 의미와 가치는 우리가 직장을 어떻게 조직하고, 설계할지를 결정한다. 또한 우리는 6장과 7장에서 인간이 직장에서 가지는 다양한 권리와 책임에 대해 살펴볼 것이다. 6장에서 살펴볼 직원의 권리는 직장에서 인간에게 꼭 필요한 여러 가지 본질적 이익을 보호하는 역할을 하고, 7장에서 살펴볼 직원의 책임은 직장에서 인간이 반드시 해야 할 다양한 의무를 규정한다.

직업의 의미

　직업에 대한 우리의 이해는 우리 자신에게, 그리고 우리가 일하는 기업에게 많은 영향을 준다. 직업에 대한 우리의 이해는 일을 대하는 우리의 태도와 직장에 대한 우리의 태도에 영향을 준다. 우리가 일에서 발견할 수 있는 의미와 가치는 우리의 육체적, 정신적 건강뿐만 아니라 우리의 자존감에 영향을 준다. 기업의 경영자가 자신의 직원이 직업에 대해 어떻게 생각하는지 아는 것은 직원의 업무능력, 생산성, 이직률, 급여와 복지, 그리고 잦은 결근에 이르기까지 많은 영향을 준다.

　그러면, 직업이란 무엇인가? 우리는 직업이 다양한 의미로 사용되는 것을 알고 있다. 직업은 인내, 의무, 고역, 진지함, 그리고 집중을 통해 수행하는 생계를 위한 활동을 의미한다. 일하는 것은 휴식을 취하고, 놀이를 하는 것과 정반대의 의미로 사용된다. 일은 성취(예술작품, 판매, 업계 1위, 연구), 일반 업무(숙제, 청소, 관리), 그리고 직업과 고용을 의미한다. 이 중에서 우리가 주목할 부분은 임금을 받는 일 즉, 직업과 고용의 측면에서 우리가 직장에서 하는 일이다.

　사람들은 대기업에서 임원으로 일하고, 공장의 조립라인에서 정규직 또는 임시직으로 일하고, 몇 개의 일을 동시에 할 수도 있다. 예를 들어, 새벽에는 신문배달을 하고, 낮에는 식당에서 일하고, 밤에는 편의점에서 일하는 사람들도 있다. 이 사람들이 얼마나 힘들게 이 세상을 살아가는지 생각한다면, 여러분이 공부를 열심히 해야 할 이유는 충분하지 않은가? 물론, 학생에게는 공부가 이 세상에서 가장 힘든 일일 것이다. 그러나 여러분이 학업을 마치고, 대학을 졸업하고, 취직을 해서 일을 하다보면, 학생시절이 너무나 그리워질 것이다. 여러분은 어떻게 생각하는가? 공부를 열심히 하는 것이 학생인 여러분이 해야 할 일이다. 사람들은 정부기관에서 일하고, 예술가나 장인으로서 작품 활동을 하고, 건설현장에서 일하고, 저자처럼 책과 논문을 쓰고 학생들을 가르치는 일을 한다. 어떤 사람은 출근과 퇴근을 하고, 어떤 사람은 재택근무를 한다. 이 세상에는 너무나 많은 직업과 일이 존재하므로, 우리가 직업의 의미와 가치를 생각할 때, 너무 좁은 시야를 갖지 않는 것이 바람직하다.

　예를 들어, 국내와 국외를 막론하고, 사회보장연금, 실직보험, 결혼과 이혼 등에 관련된 많은 공공정책과 사회프로그램은 여성이 주로 해온 가사와 자녀양육과 같은 일의 가치를 저평가하고, 무시해 온 경향이 있다. 가사와 자녀양육과 같은 일을 하는 여성은 이 일에 대해 급여를 받지 않기 때문에, 사회보장연금과 세법상 여성의 지위는 남성에 비해 상대적으로 저평가되어 왔다. 즉, 전업주부가 일을 하지 않는 것으로 본 것이다. 여성이 직업을 가진 경우에도, 대체로 가사와 자녀양육에 대한 책임이 여성에게 있다고 생각한다. 우리 사회는 여성이 직업을 가지고, 직장에서 일하고, 가사와 자녀양육을 책임지기를 기대한다. 이것은 옳은가? 여러분은 어떻게 생각하는가? 물론, 최근 들어 우리 사회는 이런 관점에 많은 변화가 진행되고 있다. 여성의 의식과 권리가 향상되고, 가사와 자녀양육에 대한 책임이 남편과 아내, 부부 공동에게 있다고 인식하는 경향이 증가하고 있다. 바람직한 일이라고 생각한다. 여러분은 어떻게 생각하는가?

우리가 직업을 돈을 벌기 위한 활동이라고 정의할 수 있지만, 우리는 돈을 버는 것 이외에 직업이 가지는 다양한 의미를 찾아 볼 수 있다. 직업은 일자리, 직종, 경력, 거래, 노동, 업종, 또는 소명 등으로 이해된다. 미국의 문화와 가치에 대해 연구한 사회학자 로버트 벨라(Robert Bellah)는 직업이 가지는 다양한 의미에 대해 논의했다. 벨라는 직업, 경력, 그리고 소명을 구분했다. 벨라에 의하면, 이 세 가지 개념에 따라 사람의 역할정체성이 구분된다. 직업에 의해 한 개인의 정체성이 결정된다는 것은 어떤 의미인가? 우리가 사람을 만날 때, 흔히 묻는 것처럼 '당신의 직업은 무엇입니까?'라는 질문을 생각해보자. 사람들은 직업을 통해 자신과 다른 사람들을 구분하고, 확인한다. 예를 들어, '저는 학생입니다', '저는 회계사입니다', '저는 작은 사업을 경영 합니다', '저는 대학교수입니다', 그리고 '저는 정부에서 일해요' 등과 같이 직업을 밝힘으로써 우리는 자신이 누구인지를 타인에게 알려준다. 다른 사람에게 여러분이 어떤 직업을 가지고 있다고 말하면, 여러분은 여러분의 직업을 통해 여러분 자신의 정체성을 설명하는 것이다. 우리는 어떤 사람이 무슨 일을 하는지 안 뒤에 비로소 그 사람을 안다고 생각한다. 직업은 그만큼 중요한 것이다. 또한 우리는 직업을 통해 자신에 대해 생각하고, 자신의 이미지와 능력을 발전시킨다. 예를 들어, 다국적 기업의 한국지사 사장은 우리로 하여금 그 사람이 그 자리에 오르기 위해 얼마나 많은 노력을 했고, 외국어 및 업무능력이 매우 우수하고, 철저한 자기관리를 했고, 경력관리 또한 효율적으로 했을 것이라는 등의 긍정적 이미지를 떠올리게 한다. 물론, 인간이 노력한다고 모두 성공하는 것은 아니기 때문에 우리는 그 사람이 운도 좋았

기업윤리

을 것이라고 추측한다. 그렇기 때문에, 때때로 직업은 한 개인에 대해 무능력하고, 게으르고, 자신감이 부족할 것이라는 부정적 이미지도 줄 수 있다. 예를 들어, '저는 직업이 없어요' 또는 '저는 아무 일이나 내키는 대로 해요'와 같이 대답하는 사람은 무책임하고, 계획적이지 않다는 부정적 이미지를 줄 것이다.

벨라는 직업의 도구적 가치에 대해서도 설명했다. 한 사람이 직업을 단지 돈을 벌기 위한 수단으로 생각한다면, 그 사람에게 직업은 단순히 돈을 벌기 위한 도구적 수단 그 이상의 가치는 아닌 것이다. 이런 사람은 자신의 직업에 대한 정체성을 가질 수 없고, 그 직업에 대한 애착심 역시 가질 수 없다. 그 사람이 자신의 직업에 대해 긍지나 자부심을 갖기를 기대하는 것은 더욱 어렵다. 예를 들어, 이런 사람은 다음과 같이 생각할 것이다. '어쩔 수 없이 오늘은 이 식당에서 일해야겠다. 하지만 내일은 돈을 조금 더 벌 수 있는 공사장에서 일해야지. 더 좋은 일자리가 있다면, 언제라도 그 일로 바꿔야지. 어떤 일을 하든지 그게 뭐가 중요해? 먹고 살기만 하면 되지.' 이 사람에게 직업은 오직 돈벌이 하는 수단으로서의 도구적 가치만을 갖는다. 과연, 직업은 우리에게 단지 돈을 벌기 위한 수단에 불과한가? 여러분은 어떻게 생각하는가?

경력은 자신이 직업과 관련된 활동을 하면서 쌓아온 역사와 발전을 의미한다. 여러분은 '대학교 졸업 후에 마케팅 관련 직종에서 일을 할 거예요' 또는 '앞으로도 금융업계에서 계속해서 경력을 쌓고 싶어요'라고 말할 것이다. 경력은 직업과 관련된 활동에서의 성취와 발전에 대한 사회적 인정이기도 하다. 우리는 경력을 통해 한 직업에서 다양한 단계를 올라가며, 발전한다. 이 발전의 의미는 경력이 개인에게 사회적 지위와 자존감을 준다는 것을 의미한다. 마치, 견습생에서 장인으로 발전하는 시스템과 같이 우리는 경력을 통해 자신을 발전시킴으로써 사회적 지위와 자존감을 얻는다.

소명은 한 사람의 정체성과 직업적 활동이 도덕적으로 서로 분리될 수 없다는 것을 의미한다. 여러분이 누구인지가 여러분이 무슨 일을 하는 지에 의해 결정된다. 전통적으로, 전문직과 기능직 등이 직업을 소명으로 이해한다. '나는 정치가입니다', '나는 예술가입니다', 그리고 '나는 의사입니다' 등과 같은 표현은 우리에게 그 사람과 그가 하는 일에 대해 많은 것을 알려준다. 소명은 단순한 직업이 아니고, 하늘이 그 사람에게 맡긴 신성한 일이라는 의미를 가진다. 즉, 하늘이 그 사람에게 특별한 재능을 부여하고, 그 일을 하도록 명령했다는 의미이다. 과거에는, 사람들이 보편적으로 소명의식을 가지고 있었지만, 현대에는 과거에 비해 이런 소명의식이 많이 퇴색되었다. 일본에 가면, 수백 년의 역사를 가진 작은 식당을 많이 볼 수 있다. 우리가 볼 때는 비록 보잘 것 없는 작은 식당이지만, 할아버지, 아버지, 그리고 아들까지 집안 대대로 철저한 소명의식을 가지고 자신들의 역할을 묵묵히 다하고 있는 것이다. 이것이 바로 소명이다.

직업에 대한 이와 같은 분류방식은 절대적이지는 않지만, 우리가 직업이 가지는 의미의 복잡성을 이해하는데 매우 도움이 되는 방법이다. 직업이 좋든, 나쁘든, 직업은 우리가 삶을 살아가는데 있어 우리에게 많은 영향을 준다. 먼 훗날, 여러분이 인생을 마감하는 순간에, 여러분은 살아온 인생을 되돌아보고, 여러분의 인생을 평가할 것이다. 그때, 여러분이 무슨 일을 했고, 그 일을 어떻게 했는지가 여러분의 삶이 얼마나 가치 있었는지 판단하는데 중요한 역할을 할 것이다. 또한, 일의 의미와 가치는 여러분이 일하는 곳인 직장의 구조와 직장에서 여러분이 하는 활동에 많은 영향을 준다.

직업에 대한 다양한 이론을 검토하기 전에 먼저 직업이 가지는 다양한 가치를 살펴보자. 우리는 왜 일을 하는가? 그리고 직업은 우리에게 무엇을 주는가? 이러한 질문은 여러분에게 사소한 질문으로 보일지 모르지만, 이런 질문에 대해 생각해봄으로써 우리는 직업과 관련된 광범위하고 다양한 가치를 발견할 수 있다.

우리는 직업을 통해 일을 함으로써 돈을 벌고, 그 돈으로 우리가 살아가는데 필요한 많은 것을 구입할 수 있다. 즉, 직업은 우리로 하여금 음식재료를 구입하고, 대출금을 갚고, 여행을 하고, 옷을 구입하고, 자녀들의 교육을 위해 지출하는 것 등을 가능하게 한다. 직업은 우리에게 각종 보험과 연금을 제공한다. 이런 의미에서 직업이 가지는 가치는 직업의 도구적 가치이다. 즉, 일 그자체가 목적이 아니라, 다른 목적을 달성하기 위한 수단 또는 도구로서의 역할을 의미한다. 우리는 직업을 가지고 일을 함으로써 우리가 살아가기 위해 필요한 재화를 얻을 수 있다. 따라서 직업이 가지는 도구적 가치는 우리에게 매우 중요하다.

직업이 가지는 도구적 가치의 수준은 '우리가 만약 이 일을 그만두면, 우리는 어떻게 될까?' 또는 '우리가 만약 필요한 모든 재화를 가지고 있다면, 이 일을 할 필요가 있을까?'와 같은 질문을 통해 잘 파악할 수 있다. 만약, 직업이 도구적 가치만 가지고 있다면, 현재의 직업보다 더 높은 도구적 가치를 주는 다른 직업이 나타났을 때, 우리가 현재의 직업을 계속 유지할 이유가 없을 것이다. 예를 들어, 여러분이 오직 돈을 벌기위한 목적으로 일을 한다면, 여러분이 만약 수십억 원의 복권에 당첨되거나, 예상치 못한 엄청난 유산을 상속받게 되었을 때, 여러분은 지금 하는 일을 당장 그만 둘 것이다. 굳이 힘들게 일을 할 이유가 없기 때문이다. 일이 가지는 도구적 가치 이외의 가치를 알아보기 위해 우리는 복권에 당첨되거나, 유산을 상속받은 후에도 계속 일을 해야 하는 이유가 무엇인지 신중히 고민해볼 필요가 있다. 과연, 우리는 돈을 벌기 위해서만 일을 하는가? 여러분 중 일부는 그렇다고 대답할 것이다. 여러분 중 일부는 그렇지 않다고 대답할 것이다. 그렇다면, 다시 질문해보자. 엄청난 재산이 있는데, 왜 힘들게 일을 해야 하는가? 이 질문에 대해 기업윤리 수업에 참여한 한 학생이 만약 자기가 복권에 당첨되거나, 엄청난 유산을 받는다면, 재미있는 컴퓨터게임을 하며, 그의 일생을 보낼 것이라고 대답한 적이 있었다. 나는 그 학생에게 단지 시간을 보내기 위해 컴퓨터게임을 하는지, 아니면 그 게임에서 더 높은 점수와 기술을 향상시키기 위해서 컴퓨터게임을 하는지 질문했다. 그 학생은 높은 점수를 얻고, 더 이상 기술이 향상되지 않는다면, 컴퓨터게임 역시 얼마 지나지 않아 지루해 질 것이라고 대답했다. 그 학생은 컴퓨터게임을 좋아하고, 즐기고, 점수를 높이기를 원하고, 높은 수준의 기술을 사용하기를 원하지만, 생계를 위해 일을 할 필요는 없을 것이다. 복권당첨과 유산상속으로 사는데 충분한 돈을 가지고 있기 때문이다.

여기에서 우리는 중요한 점을 깨닫게 된다. 우리가 직업을 가지고 일을 하는 이유는 우리의 삶을 살아가기 위해 필요한 재화를 얻기 위해 돈을 벌기 위한 일의 도구적 가치 때문이다. 그러나 복권당첨이나 유산상속과 같은 엄청난 재산은 일의 도구적 가치를 무력하게 만든다. 더 이상 먹고 살기 위해 일을 할 필요가 없는 것이다. 그러면, 사람들은 먹고 살기 위해서가 아니라 자기가 좋아하기 때문에 일을 할 것이다. 여행, 컴퓨터게임, 스포츠, 봉사, 놀이 등에 자신의 시간과 에너지를 투자할 것이다. 그러면, 엄청난 재산을 가진 사람들은 일을 하지 않고, 자신이 좋아하는 놀이와 여가활동만 할까?

빌 게이츠나 워랜 버핏과 같은 사람들은 우리가 상상할 수도 없을 만큼의 재산을 가지고 있으면서도 왜 계속해서 일을 하는지 생각해보자. 만약, 여러분이 인간의 욕심은 끝이 없기 때문에 그들 역시 재산을 더 늘리기 위해서 계속 일을 하는 것이라고 말한다면, 그들이 엄청난 금액을 기부했다는 사실을 주목할 필요가 있다. 그들이 재산을 더 늘리기 위해 일을 한다는 주장은 별로 설득력이 없어 보인다. 돈과 재산에 대한 욕심이 그들이 일을 하는 동기라면, 그들은 기부를 하지 않고 그만큼 일을 덜 할 수도 있을 것이다.

분명한 것은 우리가 일을 하는 것은 단지 돈을 벌기 위한 것만이 아니라 그 이상의 것이 있다는 점이다. 예를 들어, 인간은 힘든 목표를 달성함으로써 얻게 되는 만족감과 같은 목적을 위해서도 일을 한다. 직업이 인간에게 다양한 목적을 제공한다면, 인간은 돈을 벌 필요가 없어도 계속 일을 할 것이다. 따라서 직업은 돈을 벌기 위한 도구적 가치 이상의 많은 가치를 갖는다. 사람들이 왜 열심히 일하고, 사업을 하고, 목숨을 걸고 위험한 공사장에서 일하고, 아이들을 가르치고, 죽어가는 환자를 돌보고, 경찰, 소방관, 또는 군인이 되는지 진지하게 생각해보자.

기업윤리

사람들은 일을 함으로써 금전적 소득 이외에 무엇을 얻을 수 있는가? 우리가 일을 통해 얻을 수 있는 모든 것을 완전하게 알 수는 없지만, 일반적인 몇 가지를 살펴보자. 직업은 금전적 수입 이외의 많은 것을 얻기 위한 수단이라고 할 수 있다. 우리가 일을 함으로써 직업을 통해 얻을 수 있는 많은 것은 대부분 가격을 매길 수 없는 가치이다. 우리가 직업을 통해 일을 함으로써 얻을 수 있는 것 중 하나로 심리적 혜택이 있다. 심리적 혜택은 만족, 존중, 성취, 자존감, 그리고 행복을 포함한다. 직업은 한 사람의 태도나 성격을 설명해준다. 많은 사람들이 성격과 잘 맞는 일을 찾아서 한다. 즉, 우리는 어떤 사람을 판단할 때, 그 사람의 직업을 통해 그 사람을 판단하기도 한다. 왜냐하면, 직업을 통해 사람의 성격이 형성되기 때문이다. 예를 들어, 기술자는 꼼꼼한 성격의 사람일 것이다. 판사는 엄격하고, 공정하고, 신중할 것이다. 유치원선생님은 자상하고, 따뜻한 성격을 가지고 있을 것이다. 경영자는 계획적이고, 계산적인 사람일 것이다. 변호사는 논리가 정연하고, 시비를 가리기를 좋아하는 사람일 것이다. 어떤 사람은 근면하고, 의욕이 넘치고, 어떤 사람은 진지하고, 어떤 사람은 활동적이고, 어떤 사람은 창의적이고, 독창적이다. 독창적이고, 부지런한 사람이 열심히 일을 하지 않는 것은 게으르고, 무기력한 사람이 열정적으로 일을 하는 것만큼이나 보기 드문 일이다. 이와 같이 어떤 특정한 직업은 특정한 성격과 태도를 필요로 한다. 그러므로 우리는 어떤 직업을 가진 사람에 대해 판단할 때, 그 사람의 성격과 태도와 같은 특성을 그 사람의 직업을 통해 미루어 짐작한다.

　　또한 직업은 인간에게 사회적 의미를 제공하기도 한다. 우리는 직업을 통해 사회적 지위, 영광, 존중, 동료관계, 그리고 동지애 등을 얻을 수 있다. 그리스의 위대한 철학자 아리스토텔레스는 인간이 사회적 존재이고, 직업은 인간의 사회적 본성을 표현한다고 말했다. 이 시점에서, 우리는 여러분이 왜 특정한 직업을 갖기를 원하는지, 즉 회계사가 아니라 선생님이 되기를 원하고, 영업사원이 아니라 사회복지사가 되기를 원하는지 생각해볼 필요가 있다.

　　직업이 도구적 가치 이상의 의미와 가치를 지니고 있다는 것을 잘 보여주는 사례가 있다. 미국의 한 여성은 4대째 집안 대대로 내려오는 작은 회사를 경영한다. 그녀가 이 회사를 경영하기 전에는 대기업에서 성공적인 경력을 쌓으며, 성공적인 직장생활을 하고 있었다. 그녀의 아버지가 늙어서 더 이상 회사를 경영하기 어렵게 되자, 그녀의 아버지는 이 회사를 다른 사람에게 넘기려고 했고, 이 사실을 알게 된 그녀는 그녀의 중조부로부터 시작돼 백 년을 넘게 내려온 회사의 전통을 생각했고, 이 회사를 다른 사람에게 넘길 수 없다고 판단하여 마침내 다니던 대기업을 그만두고, 가업을 승계하기로 결심했다.

우리가 직업을 단순히 도구적 가치로 판단하면, 그녀의 결정은 그리 현명해 보이지 않는다. 왜냐하면, 그녀의 결정은 더 적은 수입, 더 오랜 근무시간, 더 많은 두통과 스트레스, 그리고 더 많은 책임을 감수해야하기 때문이다. 하지만, 그녀의 결정은 그녀의 중조부로부터 내려온 가업을 계승한다는 중요한 의미와 가치를 가지고 있다. 이것을 직업이 가지는 사회적 가치라고 부른다. 이제 여러분은 빌 게이츠나 워렌 버핏이 엄청난 재산을 가지고 있음에도 불구하고, 그들이 왜 계속해서 그들의 기업에 헌신적인 노력을 기울이고, 일을 하는지 설명할 수 있을 것이다.

이 세상의 모든 직업에 귀천이 없다고 하지만, 어떤 직업은 다른 직업에 비해 사회에 공헌하는 가치가 더 크고 보람이 있다. 많은 사람들은 사회에 크게 기여하는 간호사, 보육사, 사회복지사, 경찰, 그리고 군인이 되기를 원한다. 이 직업은 모두 우리가 안정적인 사회를 유지하기 위해 꼭 필요하다. 예술가, 음악가, 농부, 그리고 공예가 같은 직업 역시 그 직업의 본질이나 결과에서 가치가 크다.

예를 들어, 도자기를 만드는 도예가가 있다. 그는 더럽고, 축축한 점토를 가지고 하루 종일 일을 한다. 불가마 앞에서 불을 지필 때, 그의 온몸이 땀에 흠뻑 젖는다. 일하는 시간도 하루 종일이고, 때로는 밤을 새우기도 한다. 이에 비해, 그의 수입은 매우 적고, 불규칙하다. 하지만, 그는 아름답고, 정교한 도자기를 만든다. 또한, 그는 환경을 오염시키지 않는 매우 윤리적인 방법으로 도자기를 만든다. 그의 직업은 말할 것도 없이 우리 사회에서 상당히 중요한 가치를 갖는다. 그리고 도예가라는 직업은 그의 정체성을 잘 설명해준다. 인간은 일을 함으로써, 수입 이외에 생존, 안전, 타인의 인정, 동료와의 관계, 우정, 자존감, 지위, 존중, 창의성, 그리고 자아실현과 같은 매우 중요한 가치를 얻을 수 있다.

직업은 근면과 인내로 행해지는 활동이고, 고용자와 피고용자의 합의에 의한 고용의 결과이다. 우리가 직업이라고 부르는 근면한 활동으로 얻는 가치는 직장에서의 고용을 통해 얻어진다. 이 시점에서, 다음의 질문에 대해 생각해보자. 직업이 우리에게 그렇게 많은 가치를 준다면, 우리가 일하는 대가를 월급의 형태로 지불받을 필요가 있을까? 실제로, 어떤 직업은 그 일을 하는 사람에게 너무나 많은 가치를 주기 때문에 사람들이 돈을 거의 받지 않거나, 전혀 받지 않고 그 일을 한다. 즉, 어떤 직업은 그 직업을 가진 사람에게 매우 중요한 의미와 가치를 준다. 직업의 구조, 임금과 상여금, 특권과 책임, 일자리의 보장, 근무환경, 그리고 사회적 지위 같은 근로 조건은 직업의 가치에 많은 영향을 준다.

지금까지 우리가 살펴본 것처럼, 직업이 인간에게 중요하다면, 직장에서 일하는 모든 사람이 도덕적인, 그리고 합법적인 권리를 가질까? 기업이 모든 직원에게 의미 있고, 가치 있는 일자리를 제공하는 것이 가능할까? 직원에게 그들이 가진 직업의 의미를 더 고취시킬 수 있는 방법은 무엇일까? 기업은 직원에게 의미 있는 일자리를 제공할 의무를 가지고 있는가? 아니면, 기업의 의무는 직원에게 공정한 월급을 지급하는 것만으로도 충분한가?

이러한 질문은 우리가 살펴볼 세 가지 현상과 관련해서 매우 중요하다. 첫 번째 현상은 대부분의 사람이 그들이 일하는 직장에서 매우 열악한 입장에 처해 있다는 점이다. 직원에게 직업은 생계수단이기 때문에 그들은 안정적으로 직업을 유지하기를 원한다. 따라서 사람들은 자기가 원하는 이상적인 근무조건이 아니더라도 어쩔 수 없이 받아들일 수밖에 없다. 두 번째 현상은 현대인이 과거의 사람들보다 일생동안 더 많은 수의 직업을 갖는다는 것이다. 왜냐하면, 과거에는 한 사람이 보통 한 가지 직업에 종사했지만, 현대인은 몇 가지 직업을 가지거나, 한 가지 직업을 가지더라도 여기저기 여러 직장을 옮기기 때문이다. 현대인의 직업 또는 직장의 유동성은 우리의 부모님 세대 또는 조부모님 세대의 유동성보다 훨씬 더 크다. 직업이나 직장을 바꾸는 것은 개인의 선택이지만, 때로는 직원이 충분한 대가를 받지 못한 결과이다. 또한, 어떤 직업은 과거에 비해 직업이 가지는 가치, 수입의 안정성, 그리고 다른 사람들의 인정 등이 현저히 감소했다. 예를 들어, 지금에 비해 옛날의 약사는 동네의 유지였고, 엄청난 재산을 가진 재력가였다. 공인회계사나 변호사 역시 옛날에 비해 지금의 형편은 그들이 그리 만족할만한 상황은 아니다. 세 번째 현상은 시간제 일자리 또는 임시적 일자리가 증가한다는 것이다. 오늘날 많은 일자리가 임시직이거나, 시간제이다. 많은 사람들이 학교에 가고, 아이를 돌보기 위해 시간제로 일하기를 원하기 때문이다. 시간제 직원과 임시직 직원은 정규직 직원에 비해 적은 임금을 받는 것 외에도 정규직직원이 가지는 소속감, 안정감, 동료의식, 또는 사회적 지위와 같은 사회적 가치를 가질 수 없다는 문제가 있다. 여러분은 정규직에 취직하고 싶은가, 임시직 또는 계약직에 취직하고 싶은가? 그 이유는 무엇인가?

직업에 대한 전통적 시각

　전통적으로, 직업은 우리가 살기 위해서 어쩔 수 없이 참고, 견뎌야 하는 것으로 생각되었다. 즉, 직업은 어렵고, 힘들고, 견뎌야 하는 것이다. 전통적으로, 직업이나 노동은 이런 부정적 의미를 가지고 있었다. 이처럼, 직업에 대한 전통적 시각은 우리는 가능하면, 일을 피하고, 어쩔 수 없이 해야 한다면, 무조건 참고, 견뎌야 하는 것이다.

　우리는 직업이나 일을 바라보는 전통적 시각을 두 가지 경향으로 구분할 수 있다. 하나는 고대 그리스 사람들의 관점으로, 일보다 더 의미가 있는 인간의 활동에 초점을 맞추는 것이다. 인간이 일을 피하는 것은 보다 더 가치 있고, 고상한 것을 추구하기 위해서다. 인간에게 좋은 인생이란 반성하고, 심사숙고하는 삶이고, 문화, 예술, 그리고 정치와 같은 더 고상한 즐거움을 즐길 수 있는 삶이다. 아마도, 이 관점은 재산이나 여가활동과 관련된 사회과학자들의 연구에서 보이는 가정과 같을 것이다. 인간은 자신의 필요를 충족시킬 만큼의 충분한 부를 얻으면, 보다 더 가치 있고, 고상한 것을 추구하기 위해서 일하는 시간을 줄일 것이다.

　일에 대한 전통적 관점은 인간이 지적인 존재이고, 일은 물질적인 것으로 간주한다. 인간은 자유로운 존재이지만, 일은 반드시 필요한 것이다. 그러나 일은 인간의 본질과 잠재력을 감소시킨다. 고대에는 일이 노예의 전유물이었다. 교양 있고, 세련된 사람들은 일을 품위가 없다고 생각하고, 기피했다. 고대 로마의 철학자인 플루타르크는 신사는 조각가의 예술작품을 감상만 하면 되고, 땀과 먼지로 뒤덮이면서 스스로 망치와 끌을 사용할 필요는 없다고 말했다. 그리고 20세기의 철학자 이브 시몬과 한나 아렌트는 일에 대한 플루타르크의 이와 같은 주장을 적극적으로 지지했다.

　일을 바라보는 전통적 시각의 두 번째 경향은 쾌락주의적 관점으로, 직업을 삶의 즐거움을 얻기 위해 반드시 필요한 수단으로 간주한다. 사람들은 자신을 행복하게 해 줄 재화를 얻기 위해 일한다는 것이다. 이 관점에 따르면, 직업은 인간이 삶을 살기 위해 필요한 것과 삶을 더 즐길 수 있게 해 주는 것을 얻기 위해서 지불해야 하는 일종의 희생인 것이다. 쾌락주의적 관점은 인간이 원하는 어떤 것도 목적으로 선택할 수 있도록 허용한다. 이런 점 때문에 쾌락주의는 다른 이론으로부터 많은 비난과 비판을 받는다. 전통적 관점에서, 인간의 행복은 다양한 문화적 활동으로부터 얻는 즐거움을 의미한다. 쾌락주의적 관점에서, 인간의 행복은 인간이 원하는 것을 얻는 것이다. 그것이 비록 비윤리적이고, 옳지 않은 것이라고 해도, 쾌락주의적 관점에서는 전혀 문제가 되지 않는다. 전통적 관점과 쾌락주의적 관점 모두 일이 힘들고, 고달프기 때문에, 일은 사람들이 행복한 삶을 사는데 방해가 된다고 간주한다.

　　쾌락주의적 관점에서 말하는 행복은 신고전주의경제의 가정과 함께 꽤 매력적으로 보인다. 인간은 자신이 원하는 것을 선택할 자유가 있고, 인간이 경제적 활동을 하는 목적은 자신이 원하는 것을 얻기 위해서이다. 인간은 시장에서 자신의 만족을 얻기 위한 수단으로 그들의 노동력을 제공한다. 이 관점에서, 일은 그저 목적을 달성하기 위한 수단에 불과하다. 그렇기 때문에, 신고전주의경제의 영향을 받은 현대의 경제는 일을 인간의 행복을 얻기 위한 수단으로 간주한다. 또한, 신고전주의경제의 원칙에 따라 구조화되고, 조직된 직장에서는 직원이 그저 월급을 받으려고 일을 하고, 고용자는 직원을 제품의 생산과 같은 목적을 위한 하나의 수단으로 대하기 때문에, 직원의 불만이 높다는 사실이 그리 놀랍지 않다. 이 관점에서, 일은 그 자체로는 아무런 가치가 없다. 일은 단지 다른 목적을 달성하기 위해 참고, 견뎌야 하는 일종의 필요악인 것이다. 여러분은 이 주장에 동의하는가?

5.5   자아실현관점

일에 대한 두 번째 관점은 일이 인간의 자아를 실현해준다고 간주한다. 이 관점에서 일은 인간의 가장 중요한 활동이고, 인간은 일을 통해 자신의 잠재력을 발전시킨다. 이 관점은 일을 바라보는 전통적 관점과 정반대의 지점에 위치한다. 이 두 관점 모두 일이 인간의 잠재력에 영향을 준다는 것에는 동의한다. 그러나 전통적 관점이 일을 인간의 잠재력을 발전시킬 수 없도록 방해하는 요소로 보는 반면, 자아실현관점은 일을 인간의 잠재력을 발전시키는 중요한 수단으로 생각한다.

그러므로 일을 바라보는 자아실현관점은 인간이 태어나면서부터 본질적이고, 자연적인 잠재력을 가지고 있고, 훌륭한 삶은 발전하거나, 목표를 실현하는 삶이라고 한 고대 그리스 철학자들의 주장과 매우 깊은 관련이 있다. 인간은 누구나 잠재력을 가지고 있다. 잠재력은 아직 발휘되거나 실현되지 못했지만, 언젠가는 발휘되거나, 실현될 가능성을 의미한다. 여러분 모두 다양한 잠재력을 가지고 있다. 일부는 벌써 자신의 잠재력이 무엇인지 발견했을 것이고, 일부는 아직 자신의 잠재력이 무엇인지 모를 것이다. 그러나 조급해 할 필요는 전혀 없다. 다만, 여러분 모두 잠재력을 가지고 있다는 사실을 믿으면, 시간이 해결해 줄 것이다. 여러분 모두 여러분이 원하는 훌륭한 삶을 살 수 있다는 확신을 갖기 바란다. 훌륭한 삶이란, 잠재력이 실현되는 삶이다. 일을 인간의 자아실현을 돕는 수단으로 보는 관점은 일이 인간의 잠재력을 실현해나가는 하나의 과정이라고 간주한다.

우리가 일하지 않으면, 잃게 되는 것이 무엇인지 한 번 생각해보자. 우선, 인내, 근면, 집중을 요구하는 활동을 하지 않을 때, 우리는 어떤 사람이 될 것인지 한번 생각해보자. 그리고 우리가 실직하면, 어떤 일이 일어날지 한 번 생각해보자. 우리는 근면, 인내, 그리고 집중이 어떤 재능이나 능력을 향상시킬 수 있다는 것에 동의할 것이다. 우리의 지적능력은 우리가 집중하고, 업무를 수행하기 위해 무엇을 할지 고민할 때, 비로소 향상된다. 근면, 인내, 그리고 집중은 미덕철학자들이 미덕이라고 부르는 인간의 특성이다. 이런 특성은 인간의 행복을 향상시킨다. 이런 특성을 가지고 일을 한다면, 인간은 자신의 잠재력을 향상시킬 수 있다. 즉, 더 훌륭한 사람이 될 수 있다는 의미이다. 반대로, 아무 일도 하지 않는 사람은 게을러지고, 부주의

하며, 모든 일에 무관심해진다. 일을 잘하는 것은 인간으로 하여금 좋은 습관을 발전시키고, 유능하고, 경쟁력 있으며, 효과적이고, 숙련된 상태에 이르게 만든다. 예를 들어, 부모는 아이들이 인생을 살아가는데 바람직한 성격과 태도를 습득하도록 아이들이 좋은 습관을 갖기를 원할 것이다. 심리학자들의 연구결과, 성공적인 지도자가 되기 위해서는 어린 시절에 형성된 일하는 능력과 자발적인 마음이 선천적 지능, 사회적 지위, 그리고 가정환경보다 더 중요하다고 한다.

직장을 다니던 사람이 일자리를 잃는다는 것은 그 사람이 단순히 돈을 더 이상 벌 수 없다는 것 외에도 다양하고, 혹독한 대가를 치러야 한다. 실직에 따르는 정신적 비용은 우리에게 이미 잘 알려져 있다. 자존감 상실, 스트레스, 화, 우울, 고립감, 무관심 등이 바로 그것이다. 실직에 따르는 사회비용 또한 매우 높다. 대부분 대도시의 가난한 지역의 실업률이 가장 높은 것으로 나타난다. 증가되는 실업의 최종결과는 각종 범죄의 증가로 인한 우리 사회의 파괴이다. 이 얼마나 두려운 결과인가?

직업은 직원에게 자존감과 같은 심리적 혜택과 정신적, 육체적 건강을 위한 기회를 제공할 뿐만 아니라, 자아실현을 위한 기회도 역시 제공한다. 그리고 직업은 직원에게 우정, 동료애, 소속감, 목적의식과 같은 사회적 혜택도 제공한다. 자아실현관점은 심리적이고, 사회적인 혜택이 단순히 주관적이고, 개인적인 선호 그 이상이라고 주장한다. 이런 혜택은 그저 개인이 선택하는 것이 아니다. 직업을 통해 발달된 특성과 성취한 목표는 인간으로 하여금 만족스럽고, 의미 있는 삶을 살 수 있도록 도와준다. 이것은 기업윤리가 지향하는 목표와 정확히 일치한다.

자아실현관점은 모든 직업이 인간의 본질적 잠재력의 발달에 기여하지는 않는다고 인정한다. 우리는 소매치기 또는 강도와 같은 직업이 인간의 본질적 잠재력의 발달에 기여하지 않는다는 것에 전적으로 동의할 것이다. 즉, 윤리적으로 옳은 직업과 직장만이 인간의 본질적 잠재력의 발달에 기여한다. 이 관점은 인간과 일이 상호관계에서 서로 영향을 준다고 주장한다. 인간은 직업에 대한 통제력을 갖지만, 직업 또한 인간에게 지대한 영향을 준다. 따라서 이 관점이 가진 기업윤리와 관련된 문제점은 인간의 본질적 잠재력을 충분히 발달시킬 수 있는 직업을 설명하는 것이다.

직업을 바라보는 쾌락주의관점과 자아실현관점을 한 번 비교해보자. 쾌락주의관점에서는 직업이 인간의 목표를 달성하기 위한 하나의 수단이다. 직업의 가치는 도구적이고, 인간이 관심을 가지는 것은 오직 직업을 통해 무엇을 얻을 수 있는가 하는 것이다. 자아실현관점은 우리에게 다음과 같은 추가 질문을 한다. 이 일은 나에게 무엇을 주는가? 이 일은 나를 위해 무엇을 하는가? 이 일을 통해 나는 어떤 사람이 될 것인가? 일은 인간에게 좋은 혜택도 주지만, 나쁜 영향도 준다. 예를 들어, 어떤 사람은 자신의 일을 위해 자존심을 포기할 것이고, 어떤 사람은 정신적, 육체적 건강을 해치기도 한다. 우리나라에서 최근 들어 감정노동자에 대한 관심이 커지고 있다. 상담원과 같은 감정노동자는 고객의 폭언과 무례함에 항상 노출되어 있다. 그들이 받는 심리적 압박과 모욕은 그들의 정신적, 육체적 건강을 해친다. 앞에서도 이미 언급했듯이, 쉬지도 않고 열심히 이 글을 쓰고 있는 저자 역시 집필로 인한 과로와 수면부족으로 인해 현재 건강이 많이 안 좋다. 일이란 그 일을 하는 사람에게 큰 보람도 주지만, 동시에 그 사람의 건강을 해치기도 한다.

경제학자 에른스트 슈마허(Ernst Schumacher)는 직업이 어떻게 직원에게 나쁜 영향을 주는지 설명하고, 좋은 일이란 어떤 것인지를 잘 제시했다. 그에 따르면, 나쁜 직업이란 기계적이고, 인위적이고, 인간을 본성으로부터 소외시키고, 인간의 잠재력을 제한하는 것이다. 그에 따르면, 나쁜 직업을 가진 사람들이 하는 일은 가치와 도전이 전혀 필요 없고, 자아를 발전시킬 적절한 자극도 없고, 자기발전의 기회도 없고, 미적 요소와 진실이 없는 일로서 단지 생계를 위해 어쩔 수 없이 하는 것이다.

인간의 잠재력이 일에 의해 표출되거나, 억압된다는 생각은 칼 마르크스 역시 가지고 있었다. 그에 따르면, 소외(Alienation)는 일이 인간의 잠재력의 발달을 막아서 생긴 결과이다. 이 상황에서, 인간은 일에 의해 진정한 자신으로부터 분리되고, 고립된다. 자본주의에 대한 마르크스의 주장은 자본주의경제에서 사람들이 불가피하게 소외된 삶을 살 수 밖에 없다는 것을 의미한다. 그에 따르면, 노동자는 자본주의경제에서 생산품으로부터, 창조적 과정으로부터, 그리고 사회적 창조물로부터 소외된다. 마르크스는 인간을 노동을 통해 자신을 표현하는 사회적 존재라고 표현했다. 인간은 일을 함으로써, 제품과 사회를 창조한다. 노동은 반드시 필요한 사회활동이고, 사회적 존재로서 인간은 일을 통해 인간성을 표현할 기회를 갖는다. 사회는 인간의 태도, 믿음, 그리고 가치에 영향을 주고, 일은 인간의 성격을 형성한다. 마르크스에 따르면, 자본주의경제에서 노동자는 노동의 생산품, 일의 활동, 그리고 동료로부터 소외된다. 직원과 노동의 생산품은 이익이라는 목적을 위한 수단으로 이해된다. 직원은 그들이 생산하는 것으로부터 소외되고, 생산품과 생산에 대한 통제를 할 수 없고, 단지 하나의 소모적 부품으로 전락한다. 여러분은 마르크스의 의견에 동의하는가, 동의하지 않는가? 그 이유는 무엇인가?

　일에 대한 또 다른 관점은 1981년 교황 요한 바오로 2세의 회칙에 잘 표현되어 있다. 그에 따르면, 일은 인간과 동물을 구별하는 가장 중요한 특징이다. 오직, 인간만이 일을 할 수 있는 능력이 있고, 오직 의지를 가지고 인간만이 일을 한다. 기업윤리 수업을 듣던 한 여학생이 도발적으로 질문을 했다. "교수님, 동물도 일을 하는데요?" 동물이 먹이를 사냥하고, 집을 짓는 것이 일이라고 생각하는가? 아니면, 일이 아니라고 생각하는가? 여러분은 어떻게 생각하는가? 그 이유는 무엇인가? 우리는 일과 본능을 구분할 줄 안다. 잠을 자고, 밥을 먹는 것이 일은 아니다. 이 세상이 창조되는 과정을 다룬 성경의 창세기에는 인간이 신의 모습을 본떠 창조되었고, 인간은 지구에 정착하고, 지구를 다스리도록 신으로부터 명령을 받았다고 나와 있다. 교황은 일이 인간 본질의 필수요소라고 주장했다.

　이 시점에서, 우리는 다시 인간이 반드시 일을 해야 한다는 점을 명심할 필요가 있다. 그것이 철학적 이론이든, 종교적 명령이든, 인간은 살기 위해서는 반드시 일을 해야 한다. 또한, 일은 인간의 여러 가지 다양한 성격적 특성을 형성한다. 인간은 자신이 필요한 것을 얻기 위해 일을 하고, 일을 통해 자신을 형성하고, 발전시킨다. 또한, 인간은 일을 제도화시키기 위해 노동부나 기업과 같은 사회기관을 만들었다. 따라서 결과적으로 일은 사회를 창조한다고 볼 수 있다. 인간은 사회와 문화를 만들었고, 의식, 태도, 믿음, 가치, 그리고 관심을 만들었다. 이런 의미에서, 인간은 일을 통해 어떤 사람이 될지 결정함으로써 자신을 창조하는 것이다.

　요약하면, 직업을 얻는데 도움이 되는 인간의 잠재력은 무엇인가에 대한 답은 다음과 같다. 직업을 통해 인간은 다양한 선택을 하고, 삶의 방향을 결정함으로써 인간의 자유와 자율성을 발휘한다. 직업은 인간의 재능을 발전시키고, 인간이 창조성을 발휘할 기회를 제공한다. 직업을 통해 인간은 사회와 문화를 창조하고, 자신의 정체성을 창조한다. 그리고 직업을 통해 인간은 사회적 존재로서의 인간의 본질을 표현한다. 직업은 우리로 하여금 유아적이고, 이기적인 삶에서 벗어나 성숙하고, 타인을 배려하는 삶을 살도록 만든다. 데카르트가 "나는 생각한다. 그러므로 나는 존재한다."라고 말한 것처럼, 인간은 일을 하고, 존재한다. 우리는 일을 하고, 자신의 정체성을 찾고, 우리가 하는 일에 의해 남으로부터 인정받는다. 그렇다면, 우리는 어떤 일을 하고, 어떤 직업을 가질지를 선택할 때 매우 신중하게 생각해야 한다. 우리가 할 일이 바로 우리가 어떤 사람이 되고자 하는지를 결정하기 때문이다.

예를 들어, 저자의 직업은 대학교수이다. 저자는 대한민국의 한 대학교에서 학생들에게 기업윤리를 가르치고, 마케팅을 가르친다. 매일, 학교와 집을 왕래하고, 강의준비를 하고, 연구하고, 책과 논문을 쓰고, 학생들을 지도하고, 여러 가지 행정적인 일을 한다. 학생면담도 그 일 중의 하나이다. 저자는 항상 바쁘고, 힘들고, 여유가 없다. 그러나 저자는 저자의 일을 좋아한다. 최선을 다해 저자가 해야 할 일을 한다. 학생들이 무엇인가 새로 배우고, 기뻐하는 것을 보면, 저자는 많은 보람을 느낀다. 저자가 열심히 연구한 논문이 좋은 학술지에 게재될 때, 저자는 기쁨을 느낀다. 저자가 지도한 학생들이 열심히 노력하고, 성장하는 모습을 보면, 마음이 뿌듯하다. 저자는 항상 하늘에 계신 할머니를 그리워하고, 그 분과의 약속을 지키기 위해 열심히 일한다. 굳이, 저자의 직업이 대학교수라고 밝히지 않아도 사람들은 저자의 직업을 쉽게 짐작한다. 매일 책상에 앉아 일하기 때문에, 운동부족으로 인한 뚱뚱한 몸(기뻐해야 할지, 슬퍼해야 할지 모르겠지만, 현재는 당뇨병 때문에 몸무게가 많이 빠졌다), 가꾸지 않은 외모, 촌스런 옷차림, 그리고 논리적이고, 지적인 분위기(이것은 저자의 주관적인 착각인지도 모르겠다) 때문에 사람들은 저자의 직업을 대학교수라고 쉽게 짐작하는 것 같다. 이와 같이, 인간은 직업을 가지고, 일을 하고, 직업은 인간의 성격적 특성을 형성한다. 심지어 외모나 스타일도 일에 의해 많은 영향을 받는다.

직업에 대한 자유주의관점은 직업에 대한 전통적 관점과 자아실현관점의 양끝으로 이루어진 연속선상의 중간쯤에 위치한다. 전통적 관점과 같이, 자유주의관점을 가진 사람들은 인간이 직업을 스스로 선택할 자유가 있다고 주장한다. 사람들은 여러 가지 이유 때문에 직업을 선택한다. 그 중에는 단지 돈을 벌기위한 수단으로서 본인이 원하지 않는 직업을 선택할 수도 있다. 자유주의관점을 가진 사람들은 모든 직업에 공통된 목표가 있다는 사실을 인정하지 않는다. 그럼에도 불구하고, 자아실현관점을 가진 사람들처럼, 자유주의관점을 가진 사람들은 인간이 직업에 의해 영향을 받을 수 있다는 사실을 인정하고, 직업이 어떻게 인간에게 영향을 주는지를 바탕으로, 직업에 대한 윤리적 평가를 해야 한다고 주장한다. 자유주의관점을 가진 사람들은 직업이 사람들의 능력에 영향을 미치고, 사람들의 삶에 영향을 미치고, 인간이 얼마나 자유롭고, 독자적인 결정을 하는지를 판단해야 한다고 주장한다.

노만 보위(Norman Bowie)는 직업에 대한 자유주의관점을 가진 대표적인 철학자로 기업이 직원에게 의미 있는 일자리를 제공할 윤리적인 책임이 있는지 깊이 논의했다. 만약, 일에 대한 전통적 관점 중, 쾌락주의가 주장하는 것처럼, 일이 인간이 결정하는 스스로의 선택이라고 결론을 내리면, 직원은 의미 있는 일을 가질 권리가 없고, 고용자는 직원에게 의미 있는 일자리를 제공할 책임이 없을 것이다. 물론, 쾌락주의를 지지하는 사람들은 직원이 의미 있는 일을 가질 권리가 없다고 결론을 내린다. 그러나 기업은 직원에게 의미 있는 일자리를 제공할 윤리적 책임이 있다고 주장한 보위는 직원과 고용자의 협상을 통한 개인의 자유로운 선택을 지지한다.

인간은 힘들고, 어렵고, 위험하고, 월급이 적고, 심지어 비윤리적인 직업을 가질 수도 있다. 만약, 그 선택에 대한 가능한 대안이 존재하지 않는다면, 우리는 이것을 개인의 자유로운 선택으로 여겨서는 안 된다. 보위는 사람들이 강제로 일할수록, 인간을 존중하고, 안전한 작업환경을 구축할 책임 역시 증가한다고 주장했다. 그러나 자아실현관점과 달리 자유주의관점을 가진 사람들은 모든 사람이 원하는 이상적 인간형을 결정할 실질적이고, 객관적인 규범이 없다고 믿는다. 설사 있다고 하더라도, 보위는 경영자가 이상적 인간형을 설정해야 한다고 주장한다. 직원 자신이 선택하는 자율적 결정이 아니고, 경영자에 의해 강요된 이상적 인간형이 무슨 의미를 가질 수 있는가? 경영자가 직원을 창조적이고, 사회적인 인간이 되도록 강요해야 옳은가? 그렇지 않으면, 직원으로 하여금 그 재능과 능력을 완전히 발달시키도록 강요해야 옳은가? 그렇다면, 누가 이런 문제에 대한 결정권을 가져야 하는가?

자유주의이론은 개인의 자유가 사회정의의 근본이고, 반드시 필요한 요소라고 주장한다. 자유주의자들은 항상 모든 사람이 살아야 하는 삶을 구체화하고, 정형화하는 고전이론을 거부해왔다. 인간의 이상적 삶이 어떠해야 하는지 우리가 구체화할 수 있다고 하더라도, 그것을 성취할 방법은 오직 인간이 스스로 선택해야 비로소 의미가 있다. 자유주의자들은 자유, 자율, 자치, 합리성, 육체적 건강, 그리고 정신적 건강을 지지한다. 이것들은 개인이 추구하길 원하는 다른 목표를 성취하기 위해서 반드시 필요한 것이기도 하다. 일을 하는 과정에서 이런 중요한 가치가 간과되거나 약화되면, 인간이 목표를 달성할 가능성은 줄어들 것이다. 그러므로 자유주의관점은 인간이 직장에서 권리를 가지고, 이 권리는 인간의 중요한 이익을 보호한다고 주장한다. 직원의 권리에 의해 보호되는 이익이란 무엇인가? 아디나 슈와르츠(Adina Schwartz)는 직원이 수동적이고, 정보에 어둡기 때문에, 다른 사람에 의해 결정된 역할만 할 수 밖에 없고, 이런 단순히 규칙화된 일은 직원의 자율성을 박탈한다고 주장했다. 직원이 자율성을 가지면, 직원은 자신이 무엇을 할지, 언제 할지, 그리고 어떻게 할지 등에 대한 결정을 스스로 할 수 있다.

직업의 의미와 가치에 대한 이론은 이제 우리에게 기업이 의미 있는 일자리를 제공할 윤리적 책임을 가지는지에 대해 논의하도록 요구한다. 일에 대한 전통적 관점에서, 인간은 직업이 반드시 있어야 하고, 육체적 노동은 큰 의미가 없기 때문에, 기업이 윤리적 책임을 가질 필요가 없다고 간주한다. 직업은 반드시 정신적 활동을 하고, 여유롭고, 자유로울 때 비로소 의미를 갖는다. 그러나 모든 직업이 이 조건을 충족하지는 않는다.

쾌락주의관점은 직업이 직원의 목적을 달성하기 위해 사용될 때, 비로소 직업이 의미가 있다고 간주한다. 그 목적은 즐거움이다. 즐거움은 적어도 고통이 없는 상태를 의미한다. 물론, 직원은 기업이 제공할 수 없는 또는 제공하지 말아야 할 것을 원할지도 모른다. 여러분은 누구나 높은 지위와 많은 월급을 원할 것이다. 그러나 어떤 기업도 여러분 모두에게 여러분이 원하는 만큼의 높은 지위와 많은 월급을 제공할 수 없다. 아무리 쾌락주의관점을 수용한다 하더라도, 기업이 직원이 원하는 모든 것을 제공할 의무는 없는 것이다. 물론, 쾌락주의관점은 직원에게 직장에서의 행복을 달성할 최고의 기회를 제공할지도 모른다. 하지만, 고용자와 피고용자의 관계에서 어느 한쪽을 일방적으로 우대할 수는 없다. 그것은 전혀 윤리적이지도, 공평하지도 않다. 그러나 우리는 쾌락주의관점에 따라, 고용자와 피고용자가 자신들의 자유로운 선택에 의해 고용관계를 맺는 것에는 동의할 수 있다.

일에 대한 자유주의관점과 자아실현관점의 경계는 우리로 하여금 의미 있는 일자리를 제공할 기업의 책임에 대해 건설적으로 생각할 수 있는 방향을 제공한다. 자유주의관점을 지지하는 사람들은 기업이 직원의 자유, 자율, 자치, 합리성, 육체적 건강, 그리고 정신적 건강과 같은 책임을 갖는다고 주장한다. 여기에는 직원이 중요한 의사결정에 참여하고, 정당한 해고절차, 건강하고 안전한 노동조건, 공정한 급여와 복지, 개인적 발전을 위한 훈련과 교육, 그리고 사생활 보장과 같은 권리가 포함된다.

하지만, 아다나 슈와르츠가 제시한 예를 생각해보자. 직원이 규칙적이고, 일상적이고, 도전이 허용되지 않는 지루한 일을 선호한다고 상상해보자. 고용자는 이런 일을 할 의향이 있는 직원의 의사에 반하여 이런 직원에게도 의미 있는 일자리를 제공할 책임이 있는가? 기업은 군이 직원이 원하지도 않는 의미 있는 일자리를 제공할 필요가 없을 것이다. 만약, 자유주의관점을 지지하는 사람들이 직원이 원하지도 않는 의미 있는 일자리를 제공할 기업의 책임이 있다고 주장한다면, 그들은 직원의 선택만으로는 윤리적인 기업을 만들고, 유지할 수 없다는 것을 스스로 인정하는 것이다.

우리는 지금까지 직업의 의미와 가치를 이해하기 위해 다양한 이론을 살펴보았다. 이러한 이론은 직원이 가지는 권리와 책임뿐만 아니라, 기업의 책임을 평가하기 위한 이론적 체계를 제공한다. 우리가 살펴본 직업의 의미와 가치는 민주주의 사회의 시민으로서 또는 한 기업의 직원으로서 우리가 정부와 기업에게 기대하고, 요구할 수 있는 것을 잘 보여준다. 직업은 인간에게 기본적인 필요와 욕구를 충족할 수단을 제공한다. 그리고 직업은 우리에게 좋은 영향이나 나쁜 영향을 준다. 또한, 직업은 우리의 성격적 특성을 형성한다. 우리는 일을 하면서 윤리적으로 좋은 것을 할 수도 있고, 나쁜 것을 할 수도 있다. 다양한 직업 중에는 의미 있고, 사회에 크게 공헌하는 직업이 있는 반면에, 사회에 해악을 끼치는 직업도 분명히 있다. 직업은 단순히 생계를 위해서 돈을 벌기 위한 수단이 아니다. 따라서 여러분은 미래에 직업을 선택할 때, 여러분의 직업을 신중하게 결정할 필요가 있다. 여러분이 선택할 직업은 미래의 여러분의 모습을 결정하기 때문이다. 우리가 직장이 어떻게 구조화되고, 직원과 고용자의 권리와 책임을 어떻게 이해하는가에 따라 직업이 우리를 위해 무엇을 해야 하는지, 그리고 우리가 직업을 수행하면서 무엇을 해야 하는지가 결정될 것이다. 우리는 6장과 7장에서 직장에서 직원이 가지는 권리와 책임에 대해 자세하게 살펴볼 것이다.

연습문제

01 직업이란 무엇인가? 직업의 의미를 설명하시오.

02 직업, 경력, 그리고 소명은 어떻게 다른가?

03 직업에 대한 전통적인 관점 두 가지는 무엇인가?

04 인간의 잠재력에 대한 그리스의 철학적 개념은 직업에 대한 자아실현관점과
     어떤 관련이 있는가?

05 직업에 대한 자유주의관점에서 어떤 직업이 의미 있는 직업인가?

06 자유주의관점의 지지자는 왜 자아실현관점을 비난하고, 비판하는가?

07 여러분은 어떤 직업을 가지고 싶은가? 그 이유는 무엇인가?

08 여러분이 생각하기에, 이 사회에 가장 크게 공헌하는 직업은 무엇인가?

09 여러분이 생각하기에, 이 사회에 가장 크게 해악을 끼치는 직업은 무엇인가?

📖 사례 5-1. "아쉬울 땐 손 벌렸다가 나중엔 자기 잇속만" 회생 기업 '모럴해저드' 심각

출처: 뉴시스, 2015. 10. 19

산업은행의 저리 혈세로 살아난 기업 정상 이자로 되갚아
사회적 책임을 다하도록 하는 방안 추진

● 1 금호산업은 무리한 사업 확장으로 유동성 위기에 몰리자 채권은행인 산업은행을 찾았다. 산업은행은 법무법인의 자문을 받아 1조 5,000억 원 규모의 출자전환을 단행했고, 금융권 부채에 대해서도 상환도 유예했다. 이자도 최저 수준으로 낮춰졌다. 이후 두 차례의 감자가 단행됐고, 주식 값은 폭락했지만 금호산업은 정상화 됐다. 우선협상권자인 박삼구 금호아시아나그룹 회장은 수조 원이 투입돼 정상화 된 회사의 경영권을 7,228억 원에 되사갔다. 매각 이후 산은 등 채권단은 특정인에게 특혜를 줬다는 비판과 함께 책임론에 휩싸였다.

산업은행
(뉴시스 자료사진)

● 2 김준기 동부그룹 회장이 동부건설의 정상화를 자신하며 산은에 1,000억 원의 추가 지원을 요청했다. 동부건설은 이미 채권단에게 8,200억 원을 받은 상태였으며 채무 역시 유예된 상태였다. 산은 등 채권단은 모두 지원하기는 부담스럽다며 회

망 여신 규모의 절반을 마련할 경우 나머지 500억 원을 지원하겠다는 뜻을 전달했다. 하지만 산은의 입장을 확인한 김 회장은 500억 원의 여유가 없다며 동부건설의 법정관리를 신청했다. 산은 등 채권단은 지원한 금액을 돌려받지도 못할 위기에 놓였지만, 김 회장 일가는 동부화재 주식의 배당으로만 230억 원을 챙겼다. 부실 방만 경영으로 벼랑 끝까지 몰렸다가 정책금융 혜택으로 되살아난 기업과 기업 경영주의 도덕적 해이를 막는 방안이 산업은행에서 논의되고 있다. 19일 금융권에 따르면 최근 산은은 임원급 회의를 열고 경영위기를 맞은 기업이 정책자금을 통해 정상화를 이룰 경우 저리로 투입된 자금 및 밀린 이자를 추가로 받는 방안을 추진하고 있다. 보통 기업이 경영위기를 맞을 경우 채권단의 관리를 받게 된다. 이 과정에서 금리는 0% 수준으로 낮아지고 채무상환은 유예된다.

산은은 필요에 따라 혈세로 이뤄진 정책 자금을 회사 정상화를 위해 제공한다. 또 자금의 상환이 어렵거나 기업의 재무상태에 따라 출자전환이 이뤄지게 되며 이후 감자도 단행된다. 이 경우 활발히 돌아야 할 정책자금은 특정 기업에 묶이게 되며 이자 수익도 줄어든다. 감자를 겪으며 원금마저 손실을 입게 된다. 손실은 법에 따라 정부가 보존한다. 경영은 보통 전 사주가 한다. 회사 상태를 가장 잘 알기 때문이다. 이때 경영자의 도덕적 해이가 발생해 자신이 되사올 수 있을 만큼의 상태로 만들 가능성도 존재한다. 결국 불특정 다수로부터 걷은 세금을 특정 기업에 몰아주는 꼴이다. 산은 관계자는 "관련 내용에 대해 추진을 검토하고 있으며 사례도 많고 복잡해 아직 최종 시행 결정은 내지지 않은 상황"이라고 말했다. 이 관계자는 "부실 방만 경영을 하고도 책임은 지지 않는 모럴 해저드를 바로잡기 위해서라도 회사 정상화 이후 정책자금 혜택 부분에 대해 어떤 식으로든 갚아, 사회적 책임을 다하도록 하는 방안이 필요하다는 공감대가 형성돼 있다."고 전했다.

📖 사례 5-2. 공정위, '광고비 따라 노출순서 조작' 오픈마켓 제재 착수

출처: 연합뉴스, 2015. 11. 16

G마켓 · 옥션 · 11번가 · 인터파크 심사보고서 마무리 단계
객관적 근거 없이 판매량 · 품질 우수한 것처럼 광고

G마켓, 11번가 등 오픈마켓의 불공정행위를 잡아낸 공정거래위원회가 제재 절차에 들어간다. 이들 오픈마켓은 광고비를 받은 상품을 '베스트상품'이나 '파워상품'으로 소개해 소비자를 기만했다는 의혹을 받아왔다. 공정위 관계자는 16일 "G마켓, 옥션, 인터파크, 11번가 등 4개 오픈마켓의 불공정행위에 대한 심사보고서를 마무리하는 단계"라며 "올해 안에 제재 여부를 결정하는 전원회의에 올릴 예정"이라고 밝혔다.

공정위는 지난 6월부터 오픈마켓의 거짓 · 과장 광고와 소비자 기만 방법을 쓴 광고를 집중 감시했다. 오픈마켓들은 광고비를 낸 판매자의 상품을 '플러스상품', '파워클릭', '인기상품' 등으로 분류해 올리고 있다. 광고비를 많이 낼수록 노출 순서가 앞서는 구조다. 구매자들이 일반 상품에 접근하려면 스크롤바를 한참 내려야 한다. 옥션과 G마켓, 11번가는 의류 · 식품 등 분야별 메인화면에 노출되는 '베스트상품' 옆에 작게 '광고'라는 글자를 표기해 넣고 있다. 그러나 소비자들이 주의를 기울이지 않으면 광고 상품을 가장 많이 팔린 상품으로 오인할 소지가 있다.

공정위는 오픈마켓의 이런 행태를 객관적 근거 없이 상품의 품질이나 성능이 우수한 것처럼 광고하는 행위로 보고 있다. 광고비를 얼마나 많이 냈는지에 따라 상품 노출 순위가 결정된다는 것을 소비자들에게 제대로 알리지 않은 점도 문제로 지적됐다. 공정위가 오픈마켓을 집중 점검한 것은 시장 참여자가 많고 판매 규모가 빠르게 커지고 있기 때문이다. 지난해 말 판매액 기준으로 오픈마켓 시장규모는 연간 약 14조 3천 400억 원에 달했다.

점유율은 G마켓이 38.5%로 1위이고 옥션(26.1%), 11번가(32.3%), 인터파크(3.1%)가 뒤를 이었다. G마켓과 옥션을 보유한 이베이코리아가 오픈마켓 시장의 65%를 차지한 셈이다.

오픈마켓은 지난해 광고매출로 2천 835억 원을 올렸다. 페이지 상단 노출, 상품명 확대 등 광고 효과를 높이는 부가서비스를 제공하는 명목으로 벌어들인 금액도 1천 225억 원에 달했다.

전자상거래 소비자보호법은 위반 행위 발생부터 종료 시점까지 매출액의 10%를 과징금으로 부과할 수 있도록 하고 있다. 법 위반 기간이나 위반 행위의 횟수, 소비자 피해에 따른 보상 노력에 따라 과징금은 가중되거나 감경될 수 있다. 그러나 전자상거래법상 과징금 부과 요건이 까다롭기 때문에 오픈마켓이 '과징금 폭탄'을 맞을 가능성은 낮은 것으로 보인다. 공정위는 오픈마켓 관련 안건을 전원회의에 올려 과태료 또는 과징금을 부과하고 시정명령을 내릴지 결정할 예정이다.

📖 사례 5-3. LG디스플레이, 지속가능경영으로 '글로벌 1등 기업' 실현

출처: 아시아타임즈, 2015. 12. 23

'협력사의 경쟁력이 곧 회사의 경쟁력'
자금부터 인력 확보까지, 국경 없는 사회공헌활동으로 어려운 이웃에
희망과 용기 전달

LG 동반성장 공유회
(아시아타임즈 자료사진)

LG디스플레이가 남들이 쉽게 따라올 수 없는 뛰어난 기술력과 품질을 바탕으로 시장을 선도하는 글로벌 1등 기업을 향해 나아가고 있다. LG디스플레이는 올 3분기 기준 글로벌 대형 액정표시장치(LCD) 시장에서 출하량 22.5%를 기록하며 2009년 4분기 이후 24분기, 즉 6년 연속 세계 1위 자리를 지키고 있다. LG디스플레이는 이러한 경영 성과에 안주하지 않고 고객, 협력사, 임직원을 위한 지속가능경영을 실천하고 있다.

'협력사의 경쟁력이 곧 회사의 경쟁력'
자금부터 우수 인력 확보까지 'OK'

LG디스플레이의 상생활동은 회사가 보유한 역량과 기술을 협력사와 충실히 공유해 협력사를 글로벌 수준의 공급업체로 육성하고, 이를 통해 회사의 경쟁력을 강화해 함께 시장 선도 업체로 거듭나는 것을 그 목표로 하고 있다. LG디스플레이는 상생 조직을 중심으로 구매, 생산기술, 모듈 등 관련 전문가 그룹과 협력사와의 협업을 통해 자사가 보유한 성공사례와 주요한 노하우를 협력사에 전파하고 있다. 특히 동반성장 실천하는 데 있어 협력사와의 '소통'이 중요하다고 판단, 매년 협력사와 정기적으로 동반성장 공유회를 갖고 있으며, 협력사 재정 부담을 해소하기 위해 총 2,150억 원 규모의 직·간접적 자금을 지원하고 있다.

'You Dream' 프로그램은 지난 7월 LG디스플레이가 엔화·유로화 약세에 따른 수출 부진과 메르스 타격으로 인한 내수 경기로 어려움을 겪고 있는 협력사의 재정 부담을 분담하고 위기를 함께 극복하자는 차원에서 신설됐다. 설비 투자를 위한 상생협력자금 및 신기술 개발과 R&D 역량강화를 위한 기술협력자금 등을 필요로 하는 협력사에 최대 10억을 무이자로 빌려준다. 협력사와 함께 머리를 맞대는 오픈 이노베이션에도 적극 나서고 있다. LG디스플레이는 기존 협력사 외에도 누구나 참여할 수 있는 열린 아이디어 제안 제도 'e-VOS'를 통해 지난해 말 기준 1,024건의 아이디어 중 146건을 실제 양산에 적용했다.

전경련 경영자문단 컨설팅, 산업혁신운동, 성과공유제, 생산성 혁신 파트너 사업 등 각종 컨설팅을 지원해 협력사의 경영 역량 강화를 적극 돕고 있다. 경북 구미 소재 '구미대학교'에 'LG디스플레이 협력사 채용 특별반'을 신설해 협력사 우수 인력 확보에도 적극 나서고 있다. 이러한 노력을 바탕으로 LG디스플레이는 지난 6월 말 동반성장위원회에서 발표하는 2014 동반성장지수 평가에서 '동반성장 최우수기업'으로 선정됐다.

국경 없는 사회공헌활동으로 어려운 이웃에 희망과 용기를

LG디스플레이는 소외 계층 아동들의 디지털 격차를 해소하고, 아동들에게 최상의 학습 환경을 제공하자는 취지에서 보육원이나 영육아원 등 아동복지시설에 멀

기업윤리

티미디어 기기, 인테리어 등 최신 IT 시설을 마련하는 IT 발전소 조성사업을 진행하고 있다. LG디스플레이 IT발전소는 2008년 경북 김천을 시작으로 경기도, 경상도, 전라도, 충청도, 강원도, 서울 등은 물론 폴란드 법인 인근에 개소한 IT발전소를 포함해 총 34개의 IT발전소를 지원했다. 이를 통해 현재까지 2,000여 명이 넘는 아이들과 지역 이용자들이 IT발전소의 혜택을 누리고 있다.

LG디스플레이는 '전통시장의 디지털화'는 전통시장 활성화 및 대기업과 소상공인의 상생에 기여한다는 점에서 많은 관심을 끌었다. 올 추석을 앞두고 LG디스플레이가 경기도 파주시 문산읍 소재 문산 자유시장에 기증한 47인치 커머셜디스플레이 제품 2대는 세계 최고 휘도인 2,000nit로 한낮에도 선명한 고화질을 즐길 수 있다. 이 기기는 디스플레이는 문산 자유시장 입구에 설치돼 시장, 상점, 주요 행사, 편의시설 등 다양한 정보를 안내한다. 또한, 상세 지도 등 필요한 정보를 출력할 수 있도록 연계해 전통시장을 찾은 손님들이 보다 편리하게 장을 볼 수 있도록 지원하고 있다. LG디스플레이는 올해까지 문산 자유시장의 커머셜 디스플레이 사용현황을 모니터링 한 후, CSV(공유가치창출)의 개념의 사회공헌활동을 확대할 방침이다.

LG디스플레이는 지역사회의 책임 있는 기업으로서, 사업장이 위치한 지역의 특성에 맞게 다양한 국내외 사회공헌 활동을 진행하고 있다. 파주사업장에 마련된 'LGD희망스쿨'은 장애청소년들이 잠재된 능력을 전문자격증을 통해 검증 받을 수 있도록 실무위주의 교육을 제공하고 있다. 구미지역 5개 시설에는 재활승마를 지원해 장애아동들의 자세 교정 및 정서발달 등에 큰 도움을 주고 있다.

서울, 파주, 구미 사업장 인근에 사는 형편이 어려운 아이들로부터 산타 할아버지에게 받고 싶은 선물에 대한 사연을 받아 임직원들이 아이들의 산타로 분해 각 사연에 맞는 선물을 준비하여 아이들에게 전달하고 있다. 최근에는 1군단을 방문해 산하 전투사단에 55인치 TV 5대를 전달하고 DMZ도라전망대에 65인치 TV를 기증하는 등 국토방위를 위해 헌신하는 군 장병들을 위로·격려했다.

📖 사례 5-4. 사상 최저가·마지막 기회…
홈쇼핑 광고 83% '허위·과장' 출처: 연합뉴스, 2016. 3. 8

소비자원 조사 결과 관련 소비자불만 2배로

● "○○○슈즈 최초! 일시불 1만 원 할인 9만 9천 원(무3), 일시 불시 8만 9천 원(슈매니아/한국) 방송 최저가 찬스로 선보입니다. 현재 상담원 연결이 어렵습니다. 먼저 수량을 선점하세요!"

한 TV홈쇼핑 업체는 최근 이런 방송을 내보내며 해당 신발이 최저가인 것처럼 광고했으나 사실 자사 인터넷 쇼핑몰에서는 8만 3,050원에 같은 제품을 판매했다. 또 다른 TV홈쇼핑 업체는 모바일 앱(응용프로그램) 할인과 적립금 등 온갖 할인혜택을 다 포함한 금액을 마치 물건의 실제 판매가격인 것처럼 광고했다.

가격 관련 소비자오인성이 있는 공고 예시 1
(연합뉴스 자료사진)

TV홈쇼핑 업체들이 이처럼 과도한 구매 유도를 하거나 허위·과장 광고를 하는 현상과 관련해 한국소비자원은 8일 소비자피해가 우려된다며 주의를 당부했다. 소비자원이 지난해 9~10월 롯데홈쇼핑, 현대홈쇼핑, CJ오쇼핑, GS홈쇼핑 등 6개 업체의 총 100개 방송을 검사한 결과 70.0%(70개·이하 중복 포함)가 '방송사상 최저가, 단 한 번도 없던 초특가, 방송 종료 후 가격 환원' 등으로 광고했다. 그러나 이 중 82.9%(58

개)는 방송에서만 판다던 물건을 자사 인터넷몰에서 계속 판매하거나, 다른 쇼핑몰의 가격이 더 저렴한 것으로 나타났다.

가격 관련 소비자오인성이 있는 공고 예시 2
(연합뉴스 자료사진)

나아가 6개 TV홈쇼핑 업체들과 제휴한 모바일앱 2개는 일시불, 자동주문, 신용카드 할인 등 할인조건들이 모두 포함된 최저가를 마치 실제 판매가격인 것처럼 표시했다. 한 TV홈쇼핑 업체가 직접 운영하는 모바일앱은 상품 구입 후 쌓이는 적립금까지 할인금액에 포함해 최종 판매가를 표시, 마치 소비자가 할인혜택을 받는 것처럼 표시했다. 아울러 소비자원이 조사한 100개 방송 중 39.0%(39개)는 효능·성능을 과장하고 있었다.

한 TV홈쇼핑 업체는 정수기를 팔면서 '노로바이러스 제거·중금속 100% 제거'라고 광고했지만, 소비자원 확인 결과 이 정수기는 중금속 제거 기능이 없었다. TV홈쇼핑 중 각종 렌탈(대여)이나 여행상품 관련 방송 30개 중 93.3%(28개)는 반품, 위약금, 추가비용 등 계약 체결이나 유지에 불리한 정보를 음성으로 안내하지 않고 자막으로 잠깐씩 내보내는 등 정보를 제대로 제공하지 않았다.

소비자원은 "휴대전화 등으로 렌탈, 여행상품 방송을 보면 글자 크기가 더욱 작아져 거래 관련 정보를 명확하게 인지하기 어려웠다."고 밝혔다. TV홈쇼핑 업체들

이 이렇게 허위·과장 광고를 하거나 중요 정보를 제대로 제공하지 않는 탓에 소비
자불만은 매년 증가하는 것으로 나타났다.

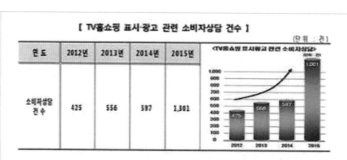

TV홈쇼핑 표시·광고 관련 소비자상담 건수
(연합뉴스 자료사진)

소비자원이 접수한 TV홈쇼핑 광고 관련 상담은 2012년 425건, 2013년 556건,
2014년 597건으로 늘었다. 지난해에는 총 1천 301건의 상담이 접수돼 전년보다 2.2
배 증가했다. 2012년부터 접수된 총 2천 879건의 상담을 분석한 결과 품목별로 식
료품·기호품 상담이 34.2%(986건)로 가장 많았다. 이어 생활용품·가전 12.6%(364
건), 주방용품·가전 12.0%(346건), 화장품 및 이·미용용품 9.9%(286건), 의류 및 신
변용품 9.2%(265건) 등의 순이었다.

소비자원이 최근 1년간 TV홈쇼핑을 이용해 본 소비자 1천 명을 대상으로 설문
한 결과 불만 유형 중 가장 많은 33.0%는 '방송과 다른 상품·서비스'라고 답했다.
다음으로 '중요한 자막정보 확인곤란'이 30.7%, '쇼호스트의 불필요한 소비유발 멘
트'가 30.6%, '상품 및 서비스에 대한 설명 부실'이 27.8%로 나타났다.

기업윤리

📖 사례 5-5. 가습기 살균제 사건은 안방의 세월호 참사

출처: 중앙일보, 2016. 5. 9

가습기 살균제가 사회 문제가 되기 전에 누가 선물로 모 회사 제품 두 통을 줬어. 처음에 아이 방 가습기에 넣고 한번 썼지. 그런데 귀찮더라고. 그대로 벽장 속에 뒀는데 어느날 꺼내보니 유통기한이 지났길래 통째로 버렸어. 정말 내가 게을렀기에 망정이지… 지금도 그 생각하면 아찔해." 최근 가습기 살균제와 관련한 경험담을 털어놓던 선배의 얼굴이 금세 어두어졌다. 실제로 가습기 살균제 사건이 무서운 건 제품을 사서 쓴 사람이라면 누구든지 엄청난 재앙의 피해자가 될 수 있었다는 점이다. 국내에서 가습기 살균제가 개발된 건 1994년이다. 이후 2011년 정부가 공식 확인하기 전까지 옥시 제품을 비롯해 모두 20여 종의 가습기 살균제가 시중에 유통됐다.

재앙을 불러온 가습기 살균제
(중앙일보 자료사진)

환경보건시민센터는 매년 60만 개의 가습기 살균제가 팔렸다고 추산한다. 가습기 살균제에 고농도로 노출된 사람은 2010년 한 해에만 29만 명에 이른다고 추산한다. 실내가 건조해 가습기를 틀었고 가습기에 끼는 때를 없애기 위해 살균제를 썼을 뿐인데, 무고한 사람들이 원인도 모른 채 스러져간 것이다. 올해 4월 4일까지 신고된 가습기 살균제 피해자는 1,528명이다. 이 중 239명이 사망한 것으로 집계된다. 정부의 1, 2차 조사(2013~2015년)에서 확인된 사망자 146명, 3차 피해 조사에서 확인된 사망자 79명, 올해 신고 접수 사망자 14명을 합친 숫자다.

사망자 유족들과 피해자 가족들은 절규한다. "가습기 살균제 사용자들의 죽음은 세월호 승객들이 죽은 이유와 같다. 살해된 것이다."라고. "안전 시험을 하지 않고 죽음의 공기방울을 실내에 살포한 것은 부작위에 의한 살인죄에 해당한다."고. "업무상 과실치사로 어물쩍 넘어갈 일이 아니다."라고. 특히 피해자들 중에는 노인도 있지만 어린 아이와 산모들이 적지 않았다. '안방의 세월호 참사'라는 표현까지 나오는 이유다.

가습기 살균제 제조업체 중 가장 많은 사망자(정부가 공식 확인한 146명의 사망자 중 103명)를 낸 옥시레킷벤키저의 한국법인장 아타 샤프달 대표가 사건 발생 5년만인 지난 2일 공식 사과를 위해 서울 영등포구 콘래드호텔에서 기자회견을 했다. 이 자리엔 휠체어에 탄 만성 폐질환 환자 임성준 군(13세)이 어머니 권미애 씨(40세)와 함께 참석했다.

샤프달 대표의 맞은 편에서 사과하는 장면을 지켜봤다. 임 군은 지난달 27일 서울중앙지법 558호 법정에서 속개된 살균제 손해배상 소송 재판에 코에 산소 튜브를 꽂고 참석했던 그 아이다. 경기도 용인의 한 초등학교에 다니는 임 군은 생후 14개월 때부터 투병 생활을 해왔다. 2004년 마트에서 산 살균제를 가습기에 타서 사용한 게 화근이었다. 지금도 산소통을 단 손수레를 끌고 등하교한다.

"널 위해 튼 가습기에 널… 엄마는 10년째 죄인의 마음"
최근 검찰이 전담수사팀을 구성해 진실 규명에 나서면서 희망

2006년 6월 4일(당시 23개월) 아들 양준호 군을 가습기 살균제의 독기에 떠나보내고 10년째 어린이날과 어버이날을 맞는 부은정 씨(44세)의 가슴은 세월이 흐를수록 더욱 아리다. 부 씨가 옥시레킷벤키저(현 RB코리아)가 시판한 가습기살균제 '옥시싹싹 가습기 당번'을 처음 산 건 2005년 10월께. 준호의 침대 바로 옆에 가습기를 놓고 겨우내 밤부터 아침까지 틀었다. 이듬해 4월부터 준호는 기침을 자주 했다. 어느 날 밤, 갑자기 준호의 입술이 퍼렇게 부어올랐고 서울아산병원 응급실에 입원했다. 담당

의사는 "이런 증상을 보이는 아이들이 최근 많이 들어왔는데 10명 중 6명꼴로 사망한다."고 했다. 입원 13일째 되는 날부터 부 씨는 '병상일기'를 썼다.

준호가 두 번째로 맞은 어린이날(2006년 5월 5일) 일기엔 이렇게 쓰여있다. '너와 함께 웃으며 보내야 하는 어린이날, 자식을 건강하게 키우지 못한 엄마를 용서해줘. 엄마가 좀 더 (가습기살균제에 대해) 공부했더라면 이렇게 되진 않았을 텐데…'

부 씨의 가슴아픈 사연은 "널 위해 튼 가습기에 널… 엄마는 10년째 죄인의 마음"이라는 제목의 기사<중앙일보 3월 17일자 14면>로 소개됐다. 준호의 사인은 폐 섬유화(폐 조직이 딱딱하게 굳는 증상)와 산소포화도 저하 등이었다. 부 씨는 어버이날인 8일 중앙일보 기자와의 통화에서 "상처받는 것에 대한 심리적 치료가 없는 상태에서 혼자 있으면 힘들다."고 말했다. 그는 "며칠 전 어린이날에 준호가 살아 있으면 초등학교 6학년인데 뭘 달라고 했을까. 핸드폰 사달라고 하지 않았을까 생각했어요. 지나가는 남자애들 보면 우리 애도 저만큼 컸을텐데… 사춘기도 오고… 알콩달콩 얘기하며 살았을텐데…"라고 덧붙였다.

● 준호야! 엄마다. 네가 2006년 6월 4일(당시 23개월) 세상을 떠난 뒤 엄마는 10년 가까이 죄인의 심정으로 살고 있다. 피지도 못한 채 시들어 버린 것도 억울한데 가해자 측의 진심 어린 사과 한마디 없이 너의 죽음이 잊혀 가는 현실이 너무나도 원망스러웠다.

소방관 김덕종 씨(40세)는 2009년 5월 초 구미의 병원에서 2005년 10월 태어난 승준이를 떠나보냈다. 승준이는 가습기 살균제로 인해 5월 3일 병원에 입원했다가 5월 5일 급히 큰병원에 가야한다는 진단을 받았다. 김 씨가 다니던 소방서의 구급차를 불러 직접 산소호흡기를 채우고 대구로 달렸다. 김 씨가 다른 시민들을 구할때 그랬던 것처럼… 대구 경북대병원 응급실에 도착한 승준이는 이틀뒤 5월 7일 하늘로 떠났다.

김 씨는 올해 아들 기일을 영국 런던에서 맞았다. 가습기 살균제 피해 규탄을 위해 지난 4일 런던의 레킷벤키저 본사 방문 차 런던에 갔기 때문이다. 김 씨는 기일에 둥근 풍선을 좋아했던 아들 승준이를 위한 이벤트를 마련했다. 꼭 함께 타고 싶었던 런던의 관람차 '런던 아이(London Eye)'에 들러 가족사진을 찍었다. 다른 아이처럼 감기로 병원 구경을 시작한 승준이 기침이 심해 병원에 다녀오는 횟수가 잦아지고… 병원서 돌아오면 엄마랑 아빠는 더 신경써 가습기를 틀어주고 옥시싹싹 살균제를 넣어 주며 이젠 병원 가지 말자고… 이렇게 허망하게 떠난 승준이는 7년만에 런던에서 아빠 손잡고 뭇 아이들 속에서 런던아이를 탑니다."(환경보건시민센터 '런던항의행동13신' 중에서) 이처럼 가슴을 후벼파는 사연들은 숱하다.

옥시의 샤프달 대표는 공식 사과 때 "피해자들과 그 가족분들께 가슴 깊이 머리를 숙여 사과 드린다. 특히 질병관리본부로부터 1등급과 2등급의 피해 등급을 받은 피해자들에게는 우선적으로 보상안을 마련하겠다."고 머리를 숙였다. 옥시 측은 2013년 조성한 50억 원의 기금 외에 추가로 50억 원을 더해 모두 100억 원의 인도적 기금을 마련해 피해자 구제를 위해 사용하겠다고도 했다.

그러나 오랜 기간 켜켜이 쌓여온 피해자들의 불신의 벽은 쉽게 허물어지지 않을 것이다. 언제나 그렇듯이 돈이 중요한 게 아니다. 해결책이 될 수도 없다. 선(先) 진상규명, 후(後) 책임자 처벌, 그 다음에 납득할 만한 보상의 순서로 꼬인 실타래를 풀어가야 할 것이다. 그래도 어처구니없이 스러져간 주검들의 억울함을 풀어주진 못할 것이다. 다만 적어도 '안방의 세월호 참사'의 재발을 방지하는 잠금장치가 될 수 있을지는 모르니 말이다.

📖 사례 5-6. 삼성, 갤노트7 단종 공식화
안전 놓친 삼성의 자성…
품질점검 절차 싹 바꾸겠다

출처: 연합뉴스, 2016. 10. 14

14일 삼성전자가 향후 품질 점검 절차를 개편하겠다고 밝힌 것은 이번 갤럭시노트7 사태를 계기로 안전을 최우선으로 하고 제품 개발 등을 둘러싼 경직된 조직문화를 개선하겠다는 의지로 보인다.

삼성전자는 이날 갤노트7 판매 중단으로 인한 기회손실 전망치를 발표하면서 "향후 제품 안전성 강화를 위해 내부 품질 점검 프로세스를 전면 개편하는 등 안전한 제품을 공급하는 데 역량을 집중할 방침"이라고 밝혔다.

삼성전자
(연합뉴스 자료사진)

삼성전자 관계자는 "당장 어떤 식으로 개편하겠다고 구체적인 방안이 있는 것은 아니지만 방향성을 선언한 것"이라며 "무엇보다 품질에 문제가 생긴 것이기 때문에 이를 바로잡겠다는 강력한 의지가 반영됐다고 볼 수 있다."고 말했다.

아직은 갤노트7 배터리 발화에 대한 명확한 원인이 밝혀지지 않은 상태다. 현재

로서는 사고 원인 규명이 우선이다. 그에 앞서 삼성전자가 절차 개선을 공언한 것은
이번 일을 계기로 자사 제품의 근본 품질과 안전성을 회복하겠다는 메시지가 읽힌다.

8월 초 삼성전자의 야심작으로 화려하게 등장했던 갤노트7은 70일 만에
단종되는 운명

철수하는 갤럭시 노트7
(연합뉴스 자료사진)

　　내부에서도 뼈아픈 자성의 목소리가 잇따랐다. 애플을 의식해 일정에 쫓기면서
제품을 내놓다 보니 안전성을 제대로 확보하지 못한 채 공개하는 경우도 있다는 증
언들이 나왔다. 마케팅 부서의 욕심이 앞서고 개발자의 의견을 무시된 채 기술은 준
비가 안됐는데 무리하게 추진했다는 의견도 있었다.

　　삼성전자는 현재 플래그십 모델을 상반기 갤럭시S, 하반기 갤럭시노트 시리즈
로 연 2회 출시하고 있다. 반년에 한 번씩 새 플래그십 제품이 나오는 상황이다.
　　제품 출시까지 콘셉트 설정과 부품 수급, 시제품 제작, 완제품 생산, 마케팅 전
략 등 일련의 과정을 거쳐야 하는데 일정이 빡빡할 수밖에 없다.

　　경쟁이 심하고 부서별로 단절돼있다 보니 문제가 있어도 덮고 넘어가려는 일이
빈번하게 일어났다는 지적도 나왔다. '기술의 삼성'을 표방했지만, 내부적으로 이런
문제를 안고 있었다는 것은 삼성으로서는 뼈아픈 대목이 아닐 수 없다.

철수하는 갤럭시 노트7
(연합뉴스 자료사진)

더군다나 삼성전자는 지난 3월 스타트업의 빠른 실행력과 소통문화를 조직 전반에 뿌리내리도록 하겠다며 '컬처 혁신'을 선포하고 6월 인사제도 개편안을 발표한바 있다. 삼성전자가 구체적인 개편방안을 밝히지는 않았지만 이번 일을 계기로 속도전을 점검하고 숨고르기에 들어갈 것이라는 전망이 많다.

스마트폰뿐만 아니라 전 사업부문에서 장기개발 과제를 점검하고 제품 개발, 품질관리, 부품공급망에 대해서도 살펴볼 것으로 예상된다. 인력 재배치나 제품 출시 시기 조정 등의 방안도 거론될 수 있다.

이신두 서울대 전기·정보공학부 교수는 "삼성의 과도한 1등주의, 엘리트의식이 장기간 누적돼 이번 사태로 불거졌다."며 "지나치게 성능개선만을 추구하면서 품질점검, 안전점검에는 소홀했을 수 있다."고 지적했다.

이 교수는 "그런 기술의 삼성이 아직 사고의 원인 규명을 못하는 것 자체로도 문제지만 이로 인해 소비자의 불신과 의구심을 키울 수 있다."며 "철저한 원인 규명과 공개를 우선으로 하되 향후 개발 제품은 군용제품 수준으로 강도 높은 안전성 테스트를 거치도록 하는 등 특단의 대책이 필요하다."고 말했다.

📖 사례 5-7. 10명 중 6명 사는
우리시대 아파트란 무엇일까? 출처: 리얼캐스트, 2017. 9. 25

우리시대 아파트란 무엇일까
(리얼캐스트 자료사진)

대한민국은 '아파트 공화국'

　　대한민국은 '아파트 공화국'입니다. 지난해 11월 기준으로 전국 주택수 1,669만
호 가운데 아파트가 1,003만 호로 60.1%를 차지합니다. 10명 가운데 6명이 아파트
에 사는 나라는 전 세계에서 대한민국이 유일합니다.

전국 주택 중 아파트 비중
(리얼캐스트 자료사진)

프랑스 지리학자인 발레리 줄레조(Valerie Gelezeau)는 서울에 즐비하게 늘어선 아파트를 보고 충격을 받아 박사 학위 주제를 '아파트'로 잡았을 정도입니다.

주거공간 그 이상의 의미

주거공간 이상의 의미
(리얼캐스트 자료사진)

대부분의 나라에서 아파트는 서민의 집입니다. 미국이나 영국, 프랑스, 일본 등 선진국에서 고급주택은 정원이 딸린 저택을 말합니다. 물론 뉴욕의 마천루나 일본 도쿄 등지에도 고급 아파트들이 있지만 우리나라의 '아파트'처럼 획일적이지 않습니다. 주택은 가족이 편안히 쉴 수 있는 곳입니다. 위험으로부터의 보호되는 안식처죠. 그런데 우리나라의 대표적인 주택인 아파트는 주거공간 그 이상의 의미를 담고 있습니다. 바로 '투자 상품'입니다. 아파트는 부동산이지만 금과 주식처럼 당장 돈으로 바꿀 수 있는 현물화가 가능합니다. 아마도 전 세계에서 부동산인 아파트가 금과 주식과 같은 반열에 오른 것은 대한민국이 유일할 것입니다.

우리도 시작은 서민의 집이었는데…

우리나라 최초의 아파트
(리얼캐스트 자료사진)

　　사실 우리나라에서도 건립 초기 아파트는 서민의 집이었습니다. 우리나라에 아파트가 처음 건립된 때는 일제강점기인 1930년입니다. 요다 다네오(豊田種雄)는 일본인 임대·거주 목적으로 충정로에 지하 1층~지상 4층 연면적 1,050평 규모의 아파트를 짓습니다. 당시 이 아파트는 서울의 대표적인 건축물로 랜드마크였지만 일반인들의 주거공간으로는 인식되지 않았습니다. 이 아파트는 충정아파트라는 이름으로 지금도 남아 있고 '서울 속 미래유산'으로 지정되어 있습니다. 이후 서울 종암동과 마포, 홍제동 등에 아파트가 들어서면서 본격적인 서민촌이 형성됩니다.

아파트값 천정부지로 솟아오르면서 투기의 대상

투기의 대상이 되어버린 아파트
(리얼캐스트 자료사진)

아파트가 본격적으로 중산층의 사랑의 받게 된 계기는 1968년 대한주택공사(현 LH)의 동부이촌동 한강맨션아파트 분양입니다. 이 아파트는 88㎡(27평형)~180㎡(57평형) 660가구로 구성되어 있고 연탄보일러가 아닌 중앙집중식 난방, 우리나라 처음으로 모델하우스를 지어 분양에 나서 장안에 화제가 됐습니다. 한강맨션아파트가 '완판'되면서 민간 건설사들은 아파트가 돈이 된다고 판단하고 본격적으로 뛰어듭니다. 시장이 과열되면서 위치가 좋은 곳은 프리미엄이 엄청 치솟았죠. 대표적인 것인 현대건설이 매립해 분양한 압구정 현대아파트입니다. 현대아파트는 입주할 때 가격이 분양가의 2배 이상 웃돌면서 1978년 국회의원·고위관료·언론인 등에 특혜분양이 이뤄졌습니다. 결국 검찰이 수사에 착수하면서 사회적으로 큰 파장을 몰고 왔습니다.

아파트 선호로 금과 주식처럼 '환금성' 높아 富 창출

황금 아파트
(리얼캐스트 자료사진)

농경사회에서 부는 토지에서 나왔지만, 산업사회로 넘어오면서 부는 자본에서 나옵니다. 하지만 우리나라에서는 아파트에서도 부가 창출됩니다. 아파트를 쉽게 사고 팔 수 있게 되면서 아파트에는 '날개'를 답니다. 그것이 '아파트 투기'입니다. 사람들이 아파트를 선호하게 되면서 아파트는 단순히 주거 공간을 넘어서 투자 상품이 됩니다. 이후 너도나도 아파트에 몰리면서 투기 광풍이 일어납니다. 투기 광풍에는 '복부인'들의 영향이 컸습니다.

위치·브랜드에 따라 부와 신분 드러내는 현대판 '호패'

신분을 드러내는 아파트 브랜드
(리얼캐스트 자료사진)

아파트는 위치도 중요하지만 어느 건설사가 짓느냐에 따라 가격이 달라지기도 합니다. 2000년부터 시작된 아파트 네이밍(이름짓기)이 붐을 이루면서 삼성물산 건설부문의 '래미안'은 여성들이라면 한 번쯤 살아보고 싶은 '명품 아파트'가 되었습니다. 그만큼 아파트는 위치와 브랜드에 따라 부와 신분을 나타내는 현대판 '호패'가 됐습니다.

우리경제 압축 성장 아파트 가격 상승으로 이어져

급등하는 아파트값
(리얼캐스트 자료사진)

우리 부모세대는 자신의 부모세대처럼 안 먹고 안 쓰면서 재산을 불립니다. 다른 점은 대상이 토지에서 아파트로 바뀐 것이죠. 부모세대는 자린고비 생활을 하면서 모은 돈으로 사글세에서 전세로, 다시 소형평형 아파트에서 중대형으로 옮깁니다. 게다가 우리경제의 압축 성장이 아파트 가격 상승으로 이어지면서 일반인들이 새롭게 다른 아파트에 투자할 수 있었던 영향도 큽니다.

단순 주거공간 넘어 환금성 갖는 재화

불과 50여 년 전만 하더라도 지주는 농지 매입 또는 개간을 통해 천석꾼, 만석꾼이 되었습니다. 그러나 지금의 부자는 토지보다는 아파트를 여러 채 가지고 있는 사람들입니다. 참고로 전국에서 제일 아파트를 많이 가지고 있는 부호는 광주에서 사는 60대로,

환금성의 재화, 아파트
(리얼캐스트 자료사진)

임대주택 2,291채를 포함해 2,312채를 소유하고 있다고 합니다. 아파트가 단순히 주거공간을 넘었다는 강력한 증거입니다. 아파트가 단순히 주거공간을 뛰어넘어 환금성을 갖는 재화가 된 상황에서 정부의 부동산안정대책이 얼마나 실효성을 거둘지 주목됩니다.

📖 사례 5-8. 현대차그룹, 구글 · 테슬라 출신들 손잡고 "자율주행 수소차 승부"

출처: 한국일보, 2018. 1. 4

美스타트업 '오로라'와 기술동맹, 2021년 완전 자율주행 출시 목표
출발 늦은 친환경차 반격 카드

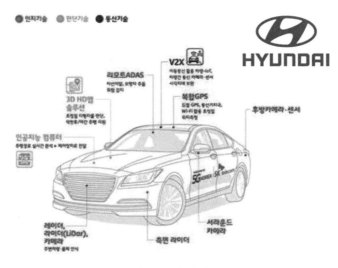

현대자동차의 자율주행차 기술
(한국일보 자료사진)

　　현대자동차그룹이 자율주행차 상용화에 속도를 높이고 있다. 구글, 테슬라 등에서 자율주행차 개발을 주도하던 연구원들이 설립한 스타트업 '오로라'와 기술동맹을 맺고 3년 내 완전 자율주행 수준의 양산차를 내놓기로 한 것이다. 특히 대상차로 평창올림픽에서 공개할 차세대 수소전기차를 선정했다. '자율주행 수소차'로 다소 뒤처진 친환경차 시장에서 대반전의 계기를 잡겠다는 계획이다.

　　4일 현대차그룹에 따르면 이달 8일(현지 시각) 미국 라스베이거스에서 열리는 '2018 CES' 현대차 미디어 행사에서 연구개발총괄 담당 양웅철 현대차 부회장과 오로라의 크리스 엄슨 최고경영자(CEO)가 함께 '현대차그룹 · 오로라 프로젝트'를 발표한다. 양사가 협력해 2021년까지 첨단 정보통신기술(ICT)을 이용해 공공기능을 네트워크화한 일명 '스마트시티'에서 완전자율주행 단계인 레벨4(미국 자동차공학회 구분 기

기업윤리

준) 수준의 자율주행차를 선보이겠다는 게 주된 내용이다. 프로젝트로 축적된 기술은 전 세계 모든 도시에서 얼마든지 활용 가능해 사실상 3년 후면 완전 자율주행차 양산단계에 이르게 되는 셈이다.

오로라는 구글의 자율주행 기술 총책임자였던 크리스 엄슨과 테슬라의 오토파일럿 총괄 스털링 앤더슨, 우버의 인식기술개발 담당 드류 배그넬 등 자율주행 기술 연구자들이 2016년 설립했다. 자율주행 분야 소프트웨어 솔루션 개발과 각종 센서 및 제어기, 클라우드 시스템과 연결돼 정보를 주고받는 백엔드 솔루션 등에서 독보적인 기술력을 보유하고 있어 세계적으로 주목받는 기업이다.

양사는 조만간 자율주행 기술을 테스트하고 적용할 최적의 스마트시티를 전 세계를 후보지로 놓고 선정할 계획이다. 특히 현대차그룹은 자율주행 시스템을 수소전기차에 접목해 미래 친환경시장을 주도하겠다는 계획도 갖고 있다. 수소차는 안정적인 전력공급 및 장거리 주행 등의 장점이 있어 자율주행차로 적합하다는 게 오로라의 판단이기도 하다. 레벨4 수준의 기술을 탑재한 현대차의 차세대 수소전기차는 평창올림픽부터 국내 고속도로와 시내 도로에서 시운전하며 이 결과는 오로라와의 공동연구에 반영된다.

업계 관계자는 "완벽한 자율주행 기술이 갖춰지는 동안 수소차 인프라도 조성될 것으로 보여, 수소차와 자율주행차 결합은 시너지 효과가 매우 클 것"이라며 "현대차는 지난 CES에서 정의선 부회장이 직접 레벨4를 선보였듯이 자율주행 기술은 보유하고 있는 만큼, 앞으로 상용화에 필요한 각종 데이터와 제어 기술을 차량과 어떻게 접목하는 지와 핵심 부품을 얼마나 양산 가능하도록 준비하는지가 남은 과제"라고 말했다.

📖 사례 5-9. 정현에 슈퍼볼까지… 현대기아차 스포츠 마케팅 '대박'

출처: 아시아경제, 2018. 1. 28

　　현대기아차가 스포츠 마케팅 효과를 톡톡히 보고 있다. 호주오픈을 공식 후원 중인 기아차는 정현 선수의 활약으로 올해 막대한 홍보 효과를 거둘 것으로 예상되며 다음달에는 매년 엄청난 광고 효과를 동반하는 미국 슈퍼볼 경기가 예정돼 있다.

　　기아차는 세계 4대 테니스 대회인 호주오픈 대회의 공식 후원을 5년 연장하기로 했다. 기아차는 27일(현지시각) 호주 빅토리아주에 위치한 멜버른 파크에서 기아차 및 호주오픈 관계자 등이 참석한 가운데 호주오픈 최상위 후원사(Major Sponsor) 계약을 2023년까지 연장하는 '호주오픈 후원 계약 조인식'을 가졌다.

　　지난 2002년 첫 후원을 시작한 이후 올해로 17년 연속 호주오픈을 공식 후원해오고 있는 기아차는 이번 재계약을 통해 2023년까지 총 22년간 대회의 유일한 최상위 후원사로 활약하게 된다.

　　호주오픈 공식 후원사로서 기아차는 매년 대회 기간동안 경기장 내 광고판 설치, 대회 공식 차량 전달, 차량 전시 및 홍보 부스 운영 등 다양한 마케팅 활동을 진행해오고 있다. 기아차는 호주오픈 후원 첫 해인 2002년 약 7,900만 달러 가치의 홍보 효과를 거둔 것을 시작으로, 작년 2017년 대회에서는 약 5억 1,000만 달러에 이르는 글로벌 홍보 효과를 거둔 것으로 나타났다.

　　올해는 대회 현장을 찾은 방문객 수가 75만 명을 돌파할 것으로 기아차는 예상하고 있으며 글로벌 홍보 효과 또한 작년 대회 대비 약 10% 증가한 5억 5,000만 달러 이상이 될 것으로 기대하고 있다. 특히 올해 대회에서는 한국 테니스의 간판 정현의 활약으로 호주오픈 대회가 전국민적 관심사로 주목받으면서 국내 홍보 효과도 함께 얻게 됐다. 정현은 이번 호주오픈에서 한국 선수 최초로 메이저 대회 4강 진출이라는 위업을 달성했다.

　　다음달에는 미국 슈퍼볼이 열린다. 슈퍼볼은 미국 프로풋볼리그(NFL) 챔피언 결정전으로 미국 최대 스포츠 행사로 꼽힌다. 미국에서만 연평균 1억 3,000만 명이 시청하는 슈퍼볼은 북미 시장은 물론 전세계 이목이 집중돼 최대의 광고 무대로 꼽힌다. 엄청난 홍보 효과 때문에 기업들이 몰리며 슈퍼볼의 광고단가는 매년 치솟고 있

기업윤리

다. 올해 2월 진행된 슈퍼볼 광고단가는 30초당 500만 달러(약 58억 원)을 넘어 역대 최고치를 경신한 것으로 알려졌다. 지난해 450만~470만 달러(약 51억~53억 원)보다 늘어 1초당 약 2억 원 꼴이다.

기아차는 자동차 업체 중 가장 처음으로 이번 슈퍼볼 광고 참여를 확정지었다. 기아차는 2010년 이후 9년 연속 슈퍼볼 광고에 참여한다. 현대차 역시 올해도 슈퍼볼 광고에 나선다. 현대차는 2008~2014년까지 7년간 슈퍼볼 광고를 진행했으나 2015년에 잠시 중단했다. 그리고 2016년부터 재개해 이번이 10번째 참가다.

기아차는 올해 슈퍼볼에 스팅어를 전면에 내세운다. 기아차 미국판매법인(KMA)은 지난 25일 2018 슈퍼볼에서 선보일 광고의 티저 영상을 유튜브에 공개했다. 30초짜리 티저 영상에는 기아차 스포츠 세단 스팅어 두 대가 황량하게 버려진 듯한 레이싱 트랙 출발선 위에 나란히 놓여있다. F1에서 두 차례 우승하고 인디애나폴리스 500 챔피언에도 두 번 오른 베테랑 카레이서 에머슨 피티팔디와 다른 한 명의 레이서가 나온다. 기아차는 슈퍼볼 경기 3쿼터에 60초짜리 광고 풀영상을 공개할 예정이다.

현대차도 슈퍼볼 마케팅에 시동을 걸었다. 현대차 미국판매법인(HMA)은 미네소타에 제네시스 슈퍼볼 체험존과 NFL 테마파크를 개설했다. 미니애폴리스 컨벤션센터와 슈퍼볼 라이브에서 팬들이 제네시스와 NFL을 동시에 체험할 수 있는 공간을 마련하고 미니애폴리스 도심 니콜렛몰에서는 팬 페스티벌도 연다. 또한 현대차는 총 275대의 차량을 동원해 팀 선수와 스태프, 자원봉사자 등의 이동을 지원한다.

현대차는 최근 공개한 슈퍼볼 티저광고를 통해 "지난해 우리는 3명의 영웅에게 놀라움을 줬다. 올해는 수백만 명에게 놀라움을 선사할 것"이라고 밝혔다. 현대차는 지난해 해외 파병군인들과 그 가족들을 소재로 한 90초 분량의 다큐멘터리 광고를 통해 미국 전역에 감동을 선사했다. 해외에 파병된 3명의 군인들이 기상현실(VR)을 통해 미국에 있는 가족들과 함께 슈퍼볼 경기를 감상하는 내용이었다.

기아차도 지난해 슈퍼볼 광고가 호평을 받았다. 유명 코미디언 멀리사 매카시가 니로를 타고 남극과 초원을 누비며 생태 보존 활동을 벌이는 내용의 '영웅의 여정' 광고로 슈퍼볼 광고 선호도 조사에서 1위를 차지했다. 기아차는 슈퍼볼 광고 선호도 조사에서 가장 영향력 있는 것으로 알려진 USA투데이 '애드미터' 선호도 조사에서 1위를 한데 이어 유튜브 애드블리츠에서도 1위에 올라 두 선호도 조사에서 동시에 1위를 차지한 최초의 자동차 브랜드가 됐다.

📖 사례 5-10. 시민단체 "통신비 4만 원에 유럽은 100GB, 한국은 300MB"

출처: 연합뉴스, 2018. 2. 7

경실련 · 참여연대 "통신3사 과점 때문… 보편요금제 도입해야"

시민단체의 목소리
(연합뉴스 자료사진)

경제정의실천시민연합(경실련) · 참여연대 등 시민단체들은 7일 "우리나라는 같은 가격대 요금제의 데이터 제공량이 외국의 100분의 1도 되지 않는다."면서 가격 경쟁을 위한 보편요금제 도입을 촉구했다.

이 단체들은 이날 오후 광화문광장에서 기자회견을 열고 "보편요금제는 최소한의 정보 격차를 해소하고 보편적 통신권을 보장하는 제도"라며 이같이 밝혔다.

이들은 핀란드 경영컨설팅업체 '리휠(Rehweel)'의 지난달 자료를 인용해 "30유로 (약 3만 9천 원)를 냈을 때 네덜란드 · 스위스 · 덴마크 · 핀란드 · 프랑스 등에서는 데이터를 100GB 이상 주는데 우리나라 통신사들은 300MB도 주지 않는다."고 주장했다.

기업윤리

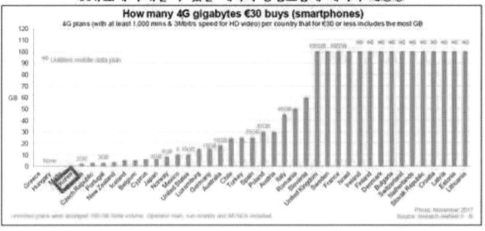

30유로에 구매할 수 있는 데이터 중심요금제 데이터 제공량

How many 4G gigabytes €30 buys (smartphones)
4G plans (with at least 1,000 mins & 3Mbits speed for HD video) per country that for €30 or less includes the most GB

경실련·참여연대 등 시민단체들은 7일 핀란드 경영컨설팅업체 '리휠(Rehweel)'의 지난달 자료(그림)를 인용해 "30유로(약 3만 9천 원)를 냈을 때 네덜란드·스위스·덴마크·핀란드·프랑스 등에서는 데이터를 100GB 이상 주는데 우리나라 통신사들(빨간색 표시)은 300MB도 주지 않는다."고 지적했다. (참여연대 제공 자료)
(연합뉴스 자료사진)

이어 "프랑스 SFR 통신사는 우리 돈 약 2만 1천 원에 유럽 전역 음성통화, 문자 메시지 무제한, 데이터 10GB를 제공한다. 우리나라라면 6만 원을 넘는 요금제를 선택해야 가능한 수준"이라면서 비슷한 해외 사례를 열거했다.

이들은 "우리나라는 통신 3사 과점체제가 오랫동안 유지되면서 5:3:2의 시장 점유율이 고착화했다."며 "통신사들이 과점 이익에 안주해 저가요금제 개발 등 통신비 가격경쟁을 펼치지 않고 있다."고 지적했다.

이어 "보편요금제 도입이 저가요금제 개발을 촉진할 수 있다."면서 "정부가 제시하는 2만 원대 보편요금제는 음성 200분과 데이터 1GB를 제공하는데, 이는 보편적인 이동통신 접근성에 부합하지 않으며 해외와 비교해도 맞지 않는다."며 가계통신비 정책협의회에서 원만히 합의할 것을 요구했다.

보편요금제는 월 2만 원 수준에서 기존 데이터 최저 요금제보다 많은 음성통화 200분 이상, 데이터 1GB 이상 수준을 제공하는 요금제다.

정부는 이동통신 시장의 지배적 사업자인 SK텔레콤이 내년에 보편요금제를 출시하도록 해 연쇄적으로 이동통신 전체의 요금 인하를 유도하겠다는 구상을 갖고 있다. 본격적인 국회 논의를 앞두고 정부와 업계 등이 모인 가계통신비 정책협의회가 이 문제를 논의 중이다.

제 **6** 장

직원의 권리

O 학습목표

이 장을 읽은 후 여러분은

- 직장에서 직원이 가지는 법적 권리, 계약적 권리, 그리고 도덕적 권리를 구분할 수 있다.
- 일할 권리에 포함된 다양한 의미를 설명할 수 있다.
- 공정한 절차에 따른 해고, 중요한 의사결정에 참여, 보건 및 안전, 사생활보호라는 직원의 권리를
  설명할 수 있다.
- 공정한 절차와 임의고용에 관련된 법과 정책의 차이를 구분할 수 있다.
- 직장에서 직원이 가지는 다양한 권리를 정당화할 수 있다.

우리는 5장에서 직업이 가지는 다양한 의미와 가치를 살펴보았다. 직업의 다양한 의미와 가치를 과소평가하는 사람에게도 직업은 다른 목적을 이루기 위한 수단으로서 매우 중요하다. 간단히 말해서, 직업은 인간이 다른 중요한 재화를 얻기 위한 필수 수단이므로, 인간의 활동 중에서 매우 중요하게 인식된다.

대부분의 사람이 삶을 살기 위해서 직업을 가지고, 일을 하는데, 직업은 상하관계와 같은 특정한 관계를 형성하고, 우리는 타인과의 관계를 맺으며 일을 하게 된다. 소수의 고용자를 제외하면, 대부분의 사람은 피고용자의 입장에서, 일을 스스로 통제하기보다는 타인에 의해 통제를 받는다. 우리가 2장에서 살펴보았듯, 도덕적 권리라는 개념은 개인의 중요한 이익을 다른 사람에 의해 침해받는 것으로부터 예방하고, 보호하기 위해 생겨났다. 건강과 안전과 같이 더 중요한 본질적 이익에 대해서는 의무적으로 존중받을 수 있도록 법으로 보장하기도 한다.

우리가 본장에서 살펴볼 직장에서의 도덕적 권리 또는 직원이 가지고 있는 권리의 의미부터 살펴보자. 비즈니스 세계에서 보편적으로 인정되는 직원의 권리는 다음과 같다. 첫째, 입법 또는 사법을 바탕으로 직원에게 주어지는 법적 권리가 있다. 직원은 최저임금, 평등한 기회, 노동조합을 통한 단체교섭 및 행동 등의 법적 권리를 갖는다. 둘째, 고용자와 합의한 계약서의 내용을 바탕으로 직원에게 주어지는 계약적 권리가 있다. 직원은 건강보험에 가입할 수 있고, 유급휴가를 받고, 연금을 받을 계약적 권리가 있다. 마지막으로, 법적 또는 계약적 권리를 초월해서, 인간으로서 직원에게 주어지는 도덕적 권리를 갖는다. 이 권리는 인간에게 마땅히 부여되는 인간의 존엄성을 바탕으로 한다. 법적 또는 계약적 권리도 본장에서 다루겠지만, 우리는 직원의 권리에 대해 법적 또는 계약적 권리보다는 도덕적 권리에 좀 더 초점을 맞출 것이다.

여러분의 이해를 돕기 위해, 법적 권리와 계약적 권리가 어떻게 서로 영향을 주고, 받는지 생각해보자. 보통 고용계약을 하는 고용자와 피고용자는 근로기간과 근로조건에 대해서 협상한다. 고용자는 임금, 복지혜택, 그리고 근로환경을 제공하고, 이에 대한 대가로 직원에게 높은 생산성과 성과를 요구한다. 직원은 자신이 가진 기술과 능력을 제공하고, 그 대가로 고용자에게 임금과 복지혜택 등을 요구한다. 그러나 몇 가지 항목은 법적으로 협상될 수 없다. 고용계약법의 내용을 보면, 고용자는 직원을 성추행하거나, 최저임금보다 낮은 임금을 지불할 수 없다. 법적 권리는 고용계약이 가진 불합리한 항목을 무효로 만든다. 직원이 가지는 법적 권리는 직원을 위한 기본적인 법적인 보호인 셈이다.

최저임금 또는 성추행으로부터의 보호와 같은 직원의 권리는 고용자와 직원의 협상의 대상이 아니다. 그러나 최저임금과 달리 도덕적 권리는 법적 근거에 의한 것이 아니라, 도덕과 윤리를 바탕으로 한다. 우리는 직원의 권리를 직원이 직장에서 가지는 혜택이나, 피해를 입지 않고, 보호받을 권리로 이해할 수 있다. 직원의 권리는 고용자와의 관계에서 적용된다. 직원이 도덕적 권리를 가지는 한, 직업을 유지하고, 주어진 혜택을 마음껏 누릴 수 있다. 기본적인 도덕과 윤리를 바탕으로 한 직원의 권리는 직장에서 어려움이 생길 경우, 직원을 보호하고, 지켜주는 기능을 한다.

우리가 본장에서 다룰 직원의 도덕적 권리는 5장에서 소개한 자유경제모형의 범위 안에서 설명될 수 있다. 고용자와 직원이 협상한 근로조건이 양자의 이익을 존중하도록 공개적이고, 자유롭고, 동등한 상태에서 협상이 이루어져야 하고, 협상내용에 가해지는 몇 가지 근본적인 제약도 필요하다. 근본적인 제약에 의해 보호받는 것은 자유, 평등, 그리고 자율이다. 이것들은 자유경제를 지지하는 관점과 일맥상통한다.

6.2   직장에서 일할 권리

직업이 옷, 음식, 그리고 주택과 같은 인간의 생존을 위해 꼭 필요한 재화를 얻을 수 있는 수단이라면, 직장에서 일할 권리는 인간의 기본적, 도덕적 권리에 속한다고 볼 수 있다. 모든 사람이 직장에서 일할 권리를 가지고 있다고 주장하는 사람들은 직업을 인간의 행복을 위한 필수요소로 간주하고 있다. 직업에 대한 자아실현관점을 가진 사람들을 포함해서 많은 사람이 그렇게 믿는다. 일할 권리라는 잠재적 권리를 평가하는 첫 단계로서 일할 권리가 가진 다양한 의미를 살펴보자.

법적 관점에서, 일할 권리는 노동조합의 가입에 대한 강요를 받지 않고, 자유롭게 일할 수 있는 권리를 의미한다. 노동조합은 직원이 취직을 하면 반드시 노동조합에 가입해야 한다고 규정한다. 이 규정은 노동조합의 일원으로서 부담은 지지 않고, 혜택을 누리고자 하는 무임 탑승자를 가려내기 위한 조치이다. 그러나 노동조합의 가입에 대한 강요를 받지 않고, 일할 권리가 있다는 의미는 고용자가 노동조합에 가입하지 않겠다고 약속한 직원만을 고용하는 것을 방지함으로써, 직원의 단체 교섭력과 단체 협상력을 보호한다. 미국의 일부 주는 노동조합의 가입을 강제하는 규정을 시행하지 못 하도록 노동법으로 제한하고 있다.

우리는 본장에서 노동권의 법적 개념을 깊이 다루지는 않을 것이다. 왜냐하면, 노동권의 법적 개념은 윤리적 문제가 아니라, 법적 문제이기 때문이다. 우리는 직원이 가지는 일할 권리의 윤리적 타당성을 주로 살펴볼 것이다. 노동조합이 있는 회사에 신입사원이 입사했을 때, 신입사원은 노동조합에 반드시 가입해야 하는가? 무임 탑승자와 관련된 주장은 공정성의 원칙을 합리적으로 설명한다. 희생이 필요한 일로부터 혜택을 얻으려면, 희생도 부담하고 감수하는 것이 윤리적으로 공정한 것이다. 다른 직원이 희생을 감수하고, 노동조합에 참여해 일함으로써 얻게 된 개선된 급여와 복지혜택을 노동조합에 참여하지 않은 직원이 동일하게 공유하는 것은 윤리적으로 볼 때 공정하지 않다. 여러분은 어떻게 생각하는가?

직원의 일할 권리를 주장하는 사람은 임금과 혜택이 협상의 주체인 고용자와 직원의 협상을 통해 적절하게 결정된다고 주장한다. 이에 대한 반론은 양자가 동등한 상태일 때만 협상이 공정하다는 것이다. 단체 교섭 또는 단체 협상에서는 양자가 주고, 받기식의 원칙으로 타협하는 상호성이 필요하다. 고용자와 직원이 고용조건을 수락할 것인지, 거절할 것인지, 자유롭고, 동등하게 논의할 수 있어야 한다. 이 경우에 합의는 상호적이고, 유익하고, 양자에게 만족스러울 것이다. 그러나 협상에 참여하는 양자는 한 명의 고용자와 피고용자 전체이기 때문에 공정한 협상은 직원 전체가 협상에 참여할 때에만 가능할 것이다. 그러나 직원 전체가 협상에 참여하는 것은 현실적으로 불가능하다. 그렇기 때문에, 노동조합이 존재한다. 전체 직원은 노동조합에게 권리를 위임한 것이다. 만약, 단체협상이 없다면, 고용자는 직원과 일일이 개별적으로 협상을 해야만 한다. 이럴 경우, 어떤 직원과는 지나치게 좋은 조건으로 협상하고, 어떤 직원과는 지나치게 나쁜 조건으로 협상하는 경우가 생길 수 있다. 이것은 공정성을 위반하는 것이다. 직원이 가진 일할 권리는 흥미롭게도 직원이 일에 대해 도덕적 권리를 가진다는 의미이다. 이 입장은 UN의 인권선언에도 나타나 있고, 많은 사람이 지지한다. 이 주장의 두 가지 근거는 주로 직업의 의미와 가치에 있다. 하나는 직업이 옷, 음식, 그리고 주택 등을 얻기 위한 수단이라는 도구적 가치의 관점이고, 다른 하나는 인간의 자아실현관점에서 직업은 인간의 본성을 표현하고, 본질적으로 잠재력을 발전시키고, 실현시키기 때문에 인간은 일할 권리를 갖는다고 본다.

이러한 관점로부터 직업은 두 가지 유형으로 구분된다. 첫째, 인간은 비록 일이 지루하고, 도전적이지 않더라도, 생활하기 위해서 반드시 돈을 벌어야 하고, 직업을 가져야 한다. 이 세상에 존재하는 많은 직업이 힘들고, 지루하고, 반복적이고, 자아의 발전과 실현에 도움이 되지 못한다. 그러나 사람들은 생계를 위해서 어쩔 수 없이 직업을 선택하고 일을 해야만 한다. 비록 원하지 않더라도, 부족하더라도, 생계를 위해서는 반드시 일을 해야 한다. 둘째, 직업은 인간을 발전시키고, 완성하기 때문에 인간은 직업을 가져야 한다. 이 세상에는 자아를 발전시키고, 실현시키는 많은 일이 존재한다. 어떤 직업이 자아를 발전시키고, 실현시키는가에 대한 평가는 객관적이기보다는 차라리 주관적이다. 즉, 사람마다 다르게 생각할 수 있다는 것이다. 예를 들어, 여러분은 병원에서 환자를 돌보는 간호사라는 직업을 어떻게 평가하는가? 일부는 간호사라는 직업이 월급도 적고, 어렵고, 힘든 직업이므로 단순한 생계를 위한 직업이라고 평가할 것이다. 일부는 간호사라는 직업이 환자를 보살피고, 돌보는 숭고한 직업이고, 많은 보람을 느끼게 하므로 간호사는 인간의 가치를 실현시키는 직업이라고 평가할 것이다. 2018년 2월에 한 대형병원에서 간호사가 자살을 하는 비극적인 사건이 있었다. 아마도 열악한 근무조건과 동료로부터의 괴롭힘이 그 원인이었을 것이다. 간호사라는 직업은 매우 힘든 직업이다. 그러면, 저자의 경우처럼, 대학교수라는 직업은 어떤가? 여러분 중 일부는 대학교수는 단순한 여러 가지 직업 중의 하나일 뿐, 중요한 가치와 의미를 가지지 않기 때문에, 단순히 생계를 위한 직업이라고 평가할 것이다. 한편, 여러분 중 일부는 대학교수는 잠재력이 무궁무진한 대학생들을 가르쳐서 훌륭한 사회의 인재로 발전시키는 막중하고, 숭고한 의무를 수행하고, 연구를 통해 새로운 지식을 추구하는 직업이므로, 대학교수 자신을 발전시키고, 자아를 실현시키는 직업이라고 평가할 것이다. 이와 같이, 어떤 직업이 단순히 생계를 위한 직업인지, 또는 자아를 발전시키고 자아를 실현시키는 직업인지에 대한 평가는 다분히 주관적이다.

이 세상에 가치가 있는 모든 것이 권리로 인정되지는 않는다. 우리는 지금까지 살펴본 바와 같이, 일이 가지는 다양한 의미와 가치에 대해서는 동의할 수 있다. 그렇다고 해서, 당연히 일할 권리를 인정해야 하는가? 이 질문에 답하기 위해서, 먼저 권리에 대해 살펴볼 필요가 있다. 한 사람의 권리는 다른 사람의 의무를 의미한다. 여러분이 음식을 먹을 권리가 있으면, 누군가는 그 음식을 만들어서 제공해야 할 의무가 있는 것이다. 인간이 직업을 가질 권리가 있다면, 누군가는 반드시 직업을 제공해야 할 책임이 있다. 직업을 제공해야 할 책임이 있다면, 당연히 그 책임을 가지고 있는 주체는 직업을 제공할 수 있어야 한다. 철학적 의미로 '해야 한다'는 것은 '할 수 있다'를 반드시 포함하고 있다. 임마누엘 칸트가 "나는 해야 한다. 그러므로 나는 할 수 있다."라고 말한 것처럼, 우리가 할 수 있는 것에 대해 책임을 부여하는 것이 윤리적으로 합리적이다. 그러나 이 세상에서 어느 누가 직업을 모든 사람에게 제공해야 하고, 또 제공할 수 있을까? 이런 책임을 사기업에게 지우는 것은 경제적인, 그리고 윤리적인 측면에서 지나치고, 불합리하다. 사기업의 고용자가 처한 상황을 고려하지 않고, 일방적으로 주장하는 권리는 우리 사회 전체의 혼란을 불러올 것이다. 고용자가 모든 지원자를 고용해야 하는가? 그렇다면, 특정한 직업을 얻기 위한 자격이 전혀 필요하지 않을 것이다. 예를 들어, 많은 사람이 대학교수가 되기를 원한다고 가정해보자. 그러나 대학교수가 되기 위해서는 박사학위가 필요하고, 일정 기간의 연구와 교육 경력이 필요하고, 일정 수준 이상의 연구 업적 또한 필요하다. 무엇보다도, 배우고, 가르치는 것을 좋아해야 한다. 의사는 어떤가? 변호사는 어떤가? 회계사는 어떤가?

아마도, 거의 모든 직업이 특정한 자격이나 능력을 요구할 것이다. 모든 사람에게 일자리를 제공하는 것은 고용자가 할 수 있는 일이 아니고, 경제적으로도 불가능하다.

경제적으로 어렵고, 이익을 내지 못하는 기업은 많은 사람에게 일자리를 제공할 수 없다. 고용자의 권리는 직원의 일할 권리에 반론을 제기한다. 고용자의 사유재산권은 비록 절대적이지는 않더라도, 일반적으로 인정된다. 고용자가 가지는 고용의 자유는 고용자가 직원에게 일자리를 제공할 의무가 있다는 주장에 상당한 제약을 준다. 직원의 일할 권리를 주장하는 사람은 아마도 사기업의 개인 고용자보다는 정부에게 일자리를 제공할 책임을 부여함으로써, 이 문제를 해결할 수 있다고 생각하는 것 같다. 정부는 복지기금을 사용하여 고용을 장려하고, 고용자에게 지원금을 제공하고, 경찰관과 소방대원을 직접 고용함으로써 일자리를 늘릴 수 있다.

정부가 사기업보다 사람들에게 일자리를 제공할 책임을 이행하기에 더 좋은 조건을 가지고 있다는 것은 분명하다. 정부가 일자리를 제공할 책임이 있다는 주장은 개인 고용자가 가지는 권리를 위협하지 않는다. 정부는 모든 시민을 돌볼 책임을 가지고 있다. 그러나 정부에게 일자리를 제공할 책임을 부여하는 관점 역시 개인 고용자에게 일자리를 제공할 책임을 부여하는 경우와 마찬가지로 많은 문제점을 가진다. 정부가 일자리를 원하는 시민에게 직접 일자리를 제공하는 것은 개인 고용자의 경우와 마찬가지로 비효율성을 일으킨다. 비록 경제적 효율성이 정부의 정책을 판단하는 유일한 기준이 아니라고 하더라도, 너무나 큰 비효율성이 발생해서 경제적으로, 그리고 정치적으로 혼란을 일으킬 수 있다. 또한, 현실적으로 정부가 모든 시민에게 직업을 제공할 수는 없다. 모든 시민이 정부에 의해 고용될 수 없으므로, 우리는 정부에게 모든 시민을 고용하도록 요구할 수 없는 것이다.

물론, 일할 권리를 주장하지 않는 사람도 정부가 모든 사람에게 일자리를 제공해야 한다고 주장할 수 있을 것이다. 어쨌거나, 윤리적으로 합당한 주장은 정부가 일을 할 수 있는 능력이 있음에도 불구하고, 일자리를 얻지 못한 사람에게 일자리를 제공할 책임이 있다고 주장하는 것이다. 이 정책은 이미 산업화된 민주주의 국가에서 시행되고 있다. 미국정부는 1930년대 경제대공황 시기에 이 정책을 시행했다. 이와 같은 합리적 주장은 윤리적으로, 그리고 경제적으로 설득력이 있다. 하지만, 극단적인 경우, 정부가 너무 많은 사람에게 일자리를 제공함으로써, 오히려 정부가 노동시장의 기능을 약화시킬 수 있고, 결과적으로, 경제적 어려움과 보다 심각한 실업을 발생시키고, 나아가, 노동시장이 붕괴됨에 따라, 정부는 더 많은 고용을 책임져야 하는 악순환이 반복되면서 경제는 회복불가능한 상태가 될 수도 있다. 다른 방향으로 극단적인 경우는 정부가 일자리를 얻지 못한 사람에게 어떤 경제적인 도움도 주지 않는 것이다. 정부가 실업자에게 직접적으로 일자리를 제공해야 한다고 주장하는 사람들도 정부의 책임은 경제적인 도움을 줄 수 있는 사회안전망을 만들고, 제공하는 것이라는 사실에 동의한다. 다만, 정부의 지원이 직업의 제공이라는 형태가 좋은지, 사기업에게 실업자를 고용하도록 장려금을 지급하는 형태가 좋은지, 실업보험의 형태가 좋은지, 음식구매권제도가 좋은지, 건강보험을 이용해야 하는지에 대한 판단은 상황에 따라 다를 수 있다.

정부는 모든 시민을 위해 재정정책이나 세금감면 등의 혜택을 제공함으로써 사기업의 고용을 장려할 책임과 의무가 있다. 특히, 긴급한 사정의 실업자에게는 정부가 시민을 위해 직접 일자리를 제공할 책임을 갖는다. 그렇다면, 모든 사람이 일할 권리를 가지고 있다고 주장하는 것은 합리적일까? 우리는 인간이 할 수 있는 일의 종류와 근무조건에 초점을 맞출 필요가 있다.

사기업의 고용자에게 모든 사람이 일할 권리를 가진다고 주장하는 것은 고용자 개인에게 지나친 부담을 주는 것이다. 우리는 고용자 개인에게 지나친 부담을 주고, 고용자의 자유와 사유재산권에 심각한 제약을 주면서까지, 일자리를 원하는 모든 사람을 고용하라고 요구할 수는 없다. 우리는 사기업의 고용자에게 모든 사람이 일을 할 수 있는 평등한 기회를 주도록 요구할 수 있다. 그러나 고용자가 모든 사람을 위해서 일자리를 제공해야 한다고 요구할 수는 없는 것이다. 우리가 현대나 삼성의 고용자에게 모든 지원자를 고용하도록 요구하는 것이 옳은가? 여러분은 어떻게 생각하는가?

직원이 가지는 일할 권리의 또 다른 의미는 그들이 일단 고용되면, 어느 정도의 직업안정성을 가지고 해당 직업을 유지할 수 있어야 한다는 것이다. 인간이 일단 직업을 가지면, 해당 직업을 계속 유지할 권리와 정당하고, 충분한 이유 없이 해고되지 않을 권리를 갖는다. 정부의 권위에도 법적인 제한이 있는 것처럼, 우리는 이것을 정당한 절차(Due Process)로 정의한다. 즉, 고용자가 직원을 해고하기 위해서는 정당한 이유가 있어야 하고, 해고하기 위한 정당한 절차를 반드시 따라야 한다는 것이다.

자유주의자는 모든 일에 공통의 목적이 있다는 것을 부인함으로써 자아실현관점을 반대한다. 자유주의자는 우리가 자아를 실현시키는 일과 그렇지 않은 일을 구별할 수 있는 객관적 기준이 없다고 주장한다. 만약 우리가, 의미 있는 일은 오로지 인간의 본질적인 잠재력을 발전시키는 일이라고 한다면, 자유주의자는 일이 가지는 의미를 부정할 것이다. 그럼에도 불구하고, 어떤 유형의 일과 근무조건은 인간에게 윤리적으로 상당한 피해를 준다. 인간은 일을 할 권리를 갖지만, 일단 고용된 후, 부당한 대우를 받는 것을 방지할 권리는 저절로 얻어지지 않는다. 이런 관점에서, 의미 있는 일은 직원의 권리를 존중하는 것이 체계적으로 보장된 일이다.

예를 들어, 노먼 보위는 기업이 가진 도덕적 의무 중 하나가 직원에게 의미 있는 일을 제공하는 것이라고 주장했다. 이것은 기업이 새로운 일자리를 제공할 의무가 있다고 주장하는 것이 아니라 직원(이미 일하고 있는 사람들)의 권리를 보호하도록 직장을 조직하고, 구조화할 의무가 있다는 것을 의미한다. 따라서 직원이 의미 있는 일을 할 권리를 가진다고 주장할 때, 보위는 '의미 있는'이라는 단어를 강조하는 것이지 '일'이라는 단어를 강조하는 것이 아니다. 인간은 일단 고용이 되면, 의미 있는 일을 할 권리가 있다는 것이다. 한 걸음 더 나아가서, 윤리적 기업은 직원이 일을 할 때, 자유와 자율성을 행사할 수 있도록 허용하는 방식으로 직원에게 의미 있는 일을 제공한다.

미국에서 고용과 관련된 법은 자유방임주의를 반대하면서 발전해왔다. 고용기간과 고용조건을 명시한 고용계약서가 없다면, 그것은 임의로 고용된 것을 의미한다. 즉, 임의적으로 고용자의 뜻에 따라 고용된 것이다. 시간제 직업이나 임시직도 엄밀한 의미로 보면, 임의고용의 한 형태라고 할 수 있다. 요즘에도 정식으로 고용 계약서를 작성하는 경우는 의외로 드물다. 임의고용에서 직원은 어떤 이유로든, 언제든지 그만둘 수 있고, 고용자 역시 어떤 이유로든, 언제든지 직원을 해고시킬 수 있다. 고용자는 타당한 이유로, 또는 아무런 이유 없이, 또는 도덕적 잘못으로 직원을 해고할 수 있고, 직원역시 타당한 이유로, 또는 아무런 이유 없이, 또는 도덕적 잘못으로 회사를 그만둘 수 있다. 언뜻 보기에, 임의고용은 매우 매력적으로 보인다. 여러분은 어떻게 생각하는가?

만약, 임의고용에 따라 직원이 법을 위반하지 않고, 도덕적으로도 잘못한 것이 없는데도 아무런 이유 없이 해고된다면, 직원의 권리라는 개념은 적어도 법적으로 의미가 없는 것이다. 직원의 권리는 직장 내 직원의 혜택에 대한, 또는 피해로부터 보호에 대한 정당한 권리이다. 직원이 가진 정당한 권리는 윤리적으로 보호되고, 보장되고, 다른 혜택을 얻기 위해 포기하도록 강요되어서는 안 된다. 예를 들어, 직원이 직장에서 성희롱을 당하지 않을 권리를 가지고 있다면, 고용자는 직원에게 해고와 성희롱 중 하나를 선택하도록 강요해서는 안 된다는 의미이다. 직원이 가지는 권리에 의해 보호받는 직원의 이익은 고용자와 직원 사이의 근무조건에 대한 협상에서 정해진다. 그러나 임의고용의 상황에서는 직원의 어떤 이익도 보호받을 수 없다. 고용자는 임의고용에 따라 언제든지, 어떤 이유로든 직원을 해고할 수 있기 때문이다.

그러나 자유로운 미국에서조차 임의고용은 많은 비난과 비판을 받아왔다. 지난 수십 년 동안, 미국의 법조계와 업계는 임의고용이 가진 윤리적 정당성이 매우 약하다는 점을 인정해왔다. 임의고용은 주로 중소규모의 사기업에게만 적용되었다. 미국의 법은 정부에서 일하는 사람에게 고용자인 정부에 요구할 수 있는 많은 권리를 부여했다. 노동조합법, 연방법, 그리고 주법에 따라 보호받는 사람은 임의고용에서 제외된다. 연방법과 주법은 고용자가 직원을 함부로 해고시킬 수 없도록 법적으로 엄격히 제한하고 있다. 시민권법은 누구든 인종, 성별, 종교 등을 이유로 해고되는 것을 금지하고 있다. 노동조합의 직원, 건강 또는 안전을 요구하는 직원, 그리고 장애인이 와그너법, 산업안전보건법, 그리고 장애인보호법의 보호를 받아 고용자로부터 임의로 해고되지 않는다. 또한, 연방법과 주법은 고용자의 불법적이고, 비윤리적인 행동을 고발하는 내부직원을 법적으로 철저히 보호한다. 미국법원은 임의고용에 대한 다양한 법적 보호 장치를 만들었다. 예를 들어, 직원이 배심원 활동을 하고, 기업내부의 불법적, 비윤리적 행위를 신고하고, 불법적, 비윤리적 관행에 참여하기를 거부한 것 때문에 해고되지 못하도록 법으로 철저히 보호한다.

그럼에도 불구하고, 아직도 국내와 국외를 막론하고, 임의고용이 널리 시행되고 있다. 부당하게 해고되었다고 주장하는 직원은 자신의 해고가 부당함을 증명해야 할 책임을 가지고 있다. 직원은 반드시 자신이 부당한 이유로 해고당했음을 증명해야 하고, 증명을 할 수 없으면, 고용자는 임의로 직원을 해고할 수 있다. 임의고용과 달리, 정당한 절차는 고용자가 정당한 이유가 있을 때에만, 직원을 해고할 수 있고, 정당한 사유를 증명할 책임이 고용자에게 있다. 인간은 일단 고용되면, 범죄를 저지르는 등의 정당한 이유가 없는 한, 자신의 직업을 계속 유지할 윤리적인 권리를 갖는다.

6.4 정당한 절차

정당한 절차는 '법에 따라' 또는 '법에 의해'라는 의미의 마그나 카르타(Magna Carta)에서 발전되었다. 이 개념은 영국의 귀족이 왕의 절대적인 권한을 제약할 필요를 인식함으로써 생겨났다. 즉, 영국의 귀족이 왕의 합법적인 권한을 인정하면서도, 왕의 권한이 제한되어야 한다고 요구한 것이다. 정당한 절차는 권위의 자의적 사용 또는 남용을 예방하는 제약으로 정의할 수 있다. 이 개념은 법적으로 배심원에 의한 재판권, 변호인을 선임할 권리, 침묵할 권리인 미란다원칙 등을 의미한다. 이 법적인 개념의 바탕이 되는 철학적 근거는 합법적 권위라도 마음대로 사용해서는 안 된다는 것이다. 법원, 경찰, 그리고 검찰은 합법적 권위를 가지고 있지만, 그 권위는 오로지 법에 의해 정해진 목적을 위해서, 정해진 방식으로만 행사되어야 한다. 법원은 동전던지기로 피고의 유죄여부를 결정해서는 안 되고, 경찰은 고문이나 강압에 의해 자백을 받아내서는 안 되고, 검찰은 자기의 기분에 따라 기소여부를 결정해서는 안 된다. 아무리 권한을 가지고 있다고 하더라도, 반드시 법에서 정한 범위 내에서, 정해진 절차에 따라 그 권한을 행사해야만 한다.

정당한 절차는 직원이 경영자가 권한을 자의적으로 행사하는 것으로부터 보호받아야 한다는 것을 의미한다. 정당한 절차는 직원이 타당한 이유로는 해고될 수 있지만, 아무런 이유 없이, 또는 비윤리적인 이유로 해고될 수 없다는 의미이다. 정당한 절차는 고용자가 자신의 직원을 해고한 것이 자의적으로 이루어지지 않고, 타당한 이유로 이루어졌다는 것을 증명하도록 요구한다. 이 원칙을 지키는 방법은 무엇인가? 한 가지 방법은 해고사유를 일일이 명시하는 것이다. 무능한 업무수행, 낮은 업무성과, 약물중독, 잦은 무단결석, 절도, 사기, 그리고 경제적 이유와 같은 이유를 일일이 문서화하는 것이다. 이 방법은 해고를 위한 정당한 조건을 미리 정하는 것이다. 그러나 해고를 위해 모든 이유를 미리 정한다는 것은 현실적으로 불가능하다. 따라서 정당한 절차는 고용자가 직원을 해고하기 위해서는 반드시 정해진 절차를 따라야 할 것을 의미한다고 볼 수 있다. 경찰이 피의자를 체포할 때, 법에 의해 반드시 요구되는 미란다원칙은 우리에게 절차의 중요성을 상기시킨다. 법은 경찰의 모든 불법적 권한 행사를 명시하는 대신에 경찰이 미란다원칙과 같은 정당한 절차를 따르도록 요구했고, 이로써 경찰의 부당한 권한의 행사로부터 시민을 보호할 수 있는 것이다.

정당한 절차는 사전경고, 문서화, 표준성과, 유예기간, 이의신청, 소명기회, 그리고 기존 판례 등과 같은 것을 포함한다. 직원은 고용자가 자신에게 무엇을 기대하는지 알고, 기대를 충족시키지 못 하면, 어떤 결과가 발생할지 예상하고, 사전경고를 통해 무엇이 문제인지 인식하고, 사전경고를 받은 후, 자신의 업무 태도를 바꿀 기회를 갖고, 공정한 판단을 위해 소명하고, 호소할 권리 등을 가져야 한다.

직장에서 직원이 가지는 정당한 절차는 직원이 존엄한 인간으로서 존중받아야 하고, 공정하게 대우받아야 한다는 철학적 원칙을 바탕으로 한다. 그러면, 힘과 권한은 어떻게 다른지 그 차이점에 대해 생각해보자. 힘은 다른 사람에게 자신의 의지를 강요할 수 있는 능력으로 정의되고, 권한은 정당성과 합법성을 갖추고 있는 힘으로 정의된다. 총을 든 강도는 여러분의 돈을 빼앗을 힘이 있고, 국세청은 여러분의 돈을 세금추징이라는 형태로 가져갈 권한이 있다. 정당성 없이 자신의 의지를 다른 사람에게 강요하는 것은 다른 사람을 자신의 목적을 위한 수단으로 간주하는 것이므로, 윤리적으로 결코 옳지 않다. 왜냐하면, 다른 사람의 자유를 침해하고, 자율성을 지닌 인간으로서의 존엄성을 침해하기 때문이다. 다른 사람에게 자신의 의지를 강요할 수 있도록 법에서 허용하는 경찰, 검사, 그리고 기업의 경영자조차 정당성이나 합법성을 가지지 못 할 경우, 그들의 힘의 행사는 윤리적으로 부당하고, 법적으로도 불법이다. 기업의 경영자는 직원에게 자신의 의지를 강요할 수 있는 힘과 권한이 있다. 우리 사회는 경영자의 힘과 권한에 대하여 그 정당성을 인정할 수 있는 범위 내에서 허용한다. 직장에서 직원이 가지는 권리인 정당한 절차는 정당한 해고사유(직원은 a, b 또는 c와 같은 이유로 해고될 수 있다)와 절차적 안전장치(직원을 해고하기 전 고용자는 반드시 a, b 또는 c와 같은 절차를 따라야 한다)를 요구한다.

그럼에도 불구하고, 정당한 절차를 비판하는 몇 가지 주장이 있다. 정당한 절차에 대한 반론은 고용자의 자유, 공정성, 사유재산권, 그리고 경영의 효율성을 근거로 제기된다. 첫 번째 반론은 정당한 절차가 고용자가 직원의 근무조건을 정할 수 있는 자유에 과도한 제약을 가한다고 주장한다. 두 번째 반론은 직원이 직장을 언제든지,

자유롭게 그만 둘 권리가 있는 것처럼, 고용자 역시 어떤 이유로든, 언제든지 직원을 해고시킬 수 있어야 공정하다고 주장한다. 세 번째 반론은 정당한 절차가 기업 소유주의 사유재산권에 지나치게 부당한 제약을 가한다고 주장한다. 네 번째 반론은 해고에 대한 걱정이 없으면, 직원이 비효율적이고, 비생산적인 상태가 된다고 주장한다. 따라서 정당한 절차를 비판하는 사람은 임의고용을 지지한다. 이런 주장은 주로 자유시장주의자에 의해 제기된다.

첫 번째 반론은 우리가 자유시장 관점에서 살펴본 내용과 유사하다. 자유시장 주의자는 고용자와 직원이 근무조건에 대해 개별적으로, 자유롭게 협상하는 것이 바람직하다고 주장한다. 그러나 자유로운 협상과정에서 직원은 높은 임금을 위해서 자신의 안전을 포기해야 할지도 모른다. 자유롭고, 경쟁적인 노동시장은 결과적으로, 높은 임금과 안전을 두 축으로 하는 함수의 최적균형을 찾을 것이다. 위험이 높은 일을 하는 사람에게는 높은 임금을 제공해야 할 것이고, 위험이 낮은 일을 하는 사람에게는 낮은 임금을 제공해도 될 것이다. 위험은 높은데 임금이 낮으면, 어느 누가 그 일을 하려고 할 것인가? 위험은 낮은데 임금이 높으면, 모든 사람이 그 일을 하려고 할 것이다.

두 번째 반론은 공정성에 호소한다. 직원이 어떤 이유로 언제든지 직장을 그만 둘 자유를 제한하는 것은 노예제도와 같으므로, 직원은 정당한 사유 없이 언제든 직장을 그만 둘 권리를 가진다. 그렇다면, 공정성 차원에서 고용자 역시 정당한 사유가 없이도 직원을 해고할 자유를 가져야 한다는 것이다. 그러나 패트리샤 워해인 (Patricia Werhane)은 고용자와 직원 사이에 존재하는 본질적이고, 근본적인 불균형을 지적했다. 즉, 일반적으로 말해서, 직원이 갑자기 회사를 그만둠으로써 고용자가 입게 될 피해보다, 직원이 고용자에 의해 갑자기 직업을 잃을 때 입게 될 직원의 피해가 훨씬 더 크고 심각하다는 것이다. 해고된 직원은 과거에 해고를 당했다는 사실 때문에 미래의 취업에도 좋지 않은 영향을 받을 수 있다. 이에 비해, 직원이 갑자기 그만두어서 새로운 직원을 고용하고자 하는 고용자가 이전의 직원이 직장을 갑자기 그만 두었다는 사실 때문에 안 좋은 영향을 받을 가능성은 거의 없다. 또한, 직원과 고용자 사이에 존재하는 불균형은 직원의 '해고될 지도 모른다'는 걱정이 고용자의

'직원이 그만둘 지도 모른다'는 걱정보다 더 크고 심각하기 때문에 고용자보다는 직원이 훨씬 더 불리한 입장에 있는 것이다.

　패트리샤 위해인은 정당한 절차에 대한 세 번째 반론에도 다음과 같이 응답했다. 직장에서 기업의 소유주가 가진 사유재산권이 직원을 소유한다는 것을 의미하지는 않는다. 고용자는 재산이나 물건을 소유할 수는 있지만, 직원을 소유할 수는 없다. 왜냐하면, 인간은 소유하고, 처리하고, 폐기할 수 있는 물질이나 자원이 아니기 때문이다. 더 나아가, 사유재산권은 절대적인 것이 아니고, 다른 윤리적 고려사항에 의해 합법적으로 제한될 수 있다. 정당한 절차는 개인의 사유재산권 사용에 대해 윤리적인 제약을 가할 수 있음을 분명히 한다.

　정당한 절차에 대한 마지막 반론은 임의고용이 정당한 절차보다 더 효율적인 방식이라고 주장한다. 정당한 절차는 기업의 효율성을 저해하고, 고용자와 직원 모두 자신이 가장 선호하는 것을 얻지 못하도록 하고, 오히려 자격이나 능력을 갖추지 못한 비생산적이고, 비능률적인 직원을 보호하는 역할을 한다고 주장한다. 여러분은 이 반론에 동의하는가?

　역설적으로, 노예제도나 어린이노동은 다른 대안보다 오히려 경제적으로 볼 때 더 효율적이고 생산적이다. 그럼에도 불구하고, 이러한 제도는 매우 비윤리적이다. 정당한 절차가 경제적으로 비효율적이고, 임의고용이 경제적으로 효율적이라고 해서, 임의고용을 채택하는 것은 매우 비윤리적인 결정이다. 만약, 경제적 효율성을 얻기 위해서 인간의 존엄성, 직원에 대한 존중, 그리고 공정성과 같은 소중한 가치를 포기해야 한다면, 그것은 매우 비윤리적일 것이다. 우리가 경제적 효율성과 인간존중이라는 가치 중 어느 하나를 포기해야 한다면, 우리는 경제적 효율성을 포기해야 마땅할 것이다.

　낮은 업무성과를 내거나, 능력이 부족한 직원을 해고하는 것은 윤리적으로도 정당하다. 정당한 절차는 모든 직원이 일할 권리를 갖는다고 주장하지는 않는다. 다만, 정당한 절차는 직원을 해고하기 전에 정당한 이유가 제시되어야 하고 정해진 절차를 따라야 한다고 주장한다. 역설적으로, 정당한 절차는 경영자가 능력을 갖춘 직원을 임의로 해고하는 것을 방지함으로써 오히려 기업의 효율성에 기여할 수 있다.

정당한 절차에 의해 보호를 받는 직원이 임의고용의 상황에 있는 직원보다 직업적으로 더 안정성을 가짐으로써, 오히려 더 효율적이고, 더 생산적이다. 직업안정성을 가진 직원은 안심하고, 편안하고, 만족하고, 자신의 일에 최선을 다하는 경향이 있다. 직원을 윤리적으로 대하면, 위협과 통제를 사용하는 것보다 오히려 더 효과적이다. 나그네의 외투를 벗기기 위해서 강하고, 차가운 바람보다는 부드럽고, 따뜻한 햇살이 더 효과적이라는 사실을 명심할 필요가 있다. 정당한 절차와 같은 안전장치가 없다면, 직원은 경영자의 자의적이고, 임의적인 권한의 행사로 인해서 윤리적으로 부당한 피해를 입을 것이다.

6.5 　중요한 의사결정에 참여할 권리

　고용자 또는 경영자의 권한에 윤리적으로 정당한 제약이 필요한지를 살펴보기 위해서 힘과 권한의 차이점에 대해 다시 한 번 생각해보자. 지금까지, 우리는 직원이 직장에서 가지는 정당한 절차와 관련해서 경영자의 권한에 대한 합법성을 인정하면서도, 그 권한의 행사에 일정한 제약을 둘 필요가 있다고 결론을 내렸었다. 지금부터, 무엇이 경영자에게 권한을 부여하는지에 대하여 보다 더 근본적인 질문에 대해 생각해보자.

　민주주의사회에서 정치권력을 정당화하는 것은 무엇보다도 시민의 동의이다. 따라서 정치가는 모든 시민을 자율적인 존재로 윤리적으로 존중해야 한다. 이와 같은 논리로, 경영자의 권한은 직원의 동의에 따라 결정된다. 그러나 정치와 경영이 같을까? 정치적 판단을 기업경영에 적용하는 것이 적절한가? 직장에서도 정치에서와 같이 민주주의가 정당화될 수 있을까?

　기업과 정부는 자신의 의지를 다른 사람에게 강요할 수 있는 힘을 가진 기관이다. 기업과 정부가 힘을 가지는 이유는 돈, 기회, 지위 등 사람들에게 필요한 것을 제공할 수 있기 때문이다. 기업과 정부에서는 역할의 중요도에 따라 누가 힘을 가질지가 결정된다. 역할의 중요도에 따라서 기업의 경영자와 정부의 고위관료가 주로 힘을 가지게 된다. 사회적 정의는 강압적 힘이 아니라 정당화된 힘만을 허용한다. 정당화된 힘이 바로 권한이다. 개인이 자유를 가지고, 자율적 의사결정을 하는 존재로 존중받는 사회에서 힘의 정당화는 힘에 대한 다른 사람의 동의에 의해 이루어진다.

　존 맥콜(John McCall)은 경영자의 권위가 지배를 받는 사람, 즉 직원의 동의로부터 발생된다고 주장했다. 맥콜은 직원이 기업의 의사결정에 참여할 권리를 가져야 한다는 주장을 뒷받침하기 위해서 5개 항목을 제시했다. 인간존중과 공정성에 바탕을 둔 두 가지 주장은 직원이 중요한 의사결정에 참여할 권리를 허용하는 경영자의 의무를 의미한다. 나머지 세 가지 주장은 직원이 의사결정에 참여함으로써, 기대할 수 있는 유익한 결과에 관한 것이다. 맥콜은 직원의 권리가 직원으로 하여금 자율적 존재로 대우받고, 다른 사람으로부터 부당하고, 강압적인 영향을 받지 않도록 한다고 주장했다. 인간의 존엄성은 자신의 삶을 주체적으로 살아가고, 자신의 행동을 통제하는 능력과 결부되어 있다. 그렇지 않을 경우, 직원이 자기 삶의 목적이 아니라 다른 목적을 위한 단순한 수단으로 여겨질 위험성이 있다. 직장에서 인간의 존엄성을 존중하는 것은 직원을 생산과정에 필요하고, 대체가능한 자원으로 여기지 않도록 만든다. 그러므로 직원은 자신의 직장생활에 영향을 주는 중요한 결정을 경영자와 함께 할 권리를 가져야 한다.

모든 사람은 공정한 대우를 받을 기본적인 권리를 갖는다. 기업에서 의사결정이 이루어질 때, 그 결정에 의해 영향을 받는 모든 사람의 이익은 공정하게 고려되어야 한다. 영향을 받는 사람이 모두 참여하도록 하는 가장 효과적인 방법은 직원을 의사결정에 참여시킴으로써 직원의 이익을 반영하고, 보장해주는 것이다.

맥콜은 직원이 의사결정에 참여하는 것은 몇 가지 유익한 결과를 가져온다고 주장했다. 첫째, 직원의 참여는 직원의 자존감을 형성하고, 증진시킨다. 직원의 참여를 장려하는 기업은 직원의 자존감과 자기존중과 같은 심리적인 성과를 얻는다. 둘째, 의사결정에 참여하는 직원은 소외감과 소진현상과 같은 심리적이고, 신체적인 고통을 적게 경험한다. 직원의 참여는 직장생활에 의미와 가치를 부여하는 효과적인 수단이 될 수 있고, 결과적으로, 신체적이고, 심리적인 피해를 완화시키고, 예방한다. 마지막으로, 직원이 의사결정에 참여할 경우, 회사의 정책에 대한 직원의 냉담과 무관심은 사라질 것이다. 맥콜은 직원의 냉담과 무관심을 타파할 효과적인 수단으로 직원의 참여를 독려해야 한다고 주장했다. 직장은 우리의 삶에서 거의 절반의 시간을 보내는 곳이기 때문에 민주적인 직장은 매우 중요하다.

이번에는 기업의 의사결정에 직원이 참여할 권리를 반대하는 세 가지 주장에 대해 살펴보자. 고용자의 사유재산권, 경영자의 전문성, 그리고 경영의 효율성이 반론의 근거이다. 고용자의 사유재산권에 근거한 반론에 대응하기 위해서 사기업과 공기업을 구분하는 것이 도움이 될 것이다. 사기업의 소유주는 경영권을 포함한 기업의 모든 자원에 대한 재산권을 가지고 있다. 그러나 우리가 이전에 살펴보았듯, 사유재산권은 절대적이지 않고, 다른 사람의 권리에 의해 합법적으로, 윤리적으로 제약될 수 있다. 또한 기업의 소유주는 다른 사람에게 피해를 주는 방식으로 자신의 사유재산권을 사용해서는 안 된다. 예를 들어, 여러분이 집을 가지고 있다면, 여러분은 그 집에 대한 소유권을 가지고 있지만, 토지사용제한법은 여러분이 그 집을 사업장으로 사용하는 것을 금지하고, 집의 규모, 형태, 그리고 위치와 같은 것을 규제한다. 기업 소유주의 사유재산권은 소유주가 직원을 단순히 경제적 이익을 위해 관리하고, 사용하는 자원으로 취급해도 된다는 것을 의미하지는 않는다.

사유재산권은 일반적으로 소유주로부터 전문경영자에게 위임된다. 기업에서 소유주가 가지는 재산권은 기업의 자원을 사용하고, 통제할 권한의 형태로 이미 경영자에게 양도된 것이다. 따라서 직원의 의사결정 참여를 반대하기 위해서는 소유주의 사유재산권 이외의 다른 근거를 제시해야 한다. 오히려, 기업의 활동을 통해서 이익을 얻는 소유주의 입장에서는 직원의 의사결정 참여가 더 높은 성과와 생산성을 불러올 수 있다면, 직원의 의사결정 참여를 반대하지 않을 것이다. 그들은 오직 직원의 의사결정 참여가 주주의 이익을 침해할 때에만, 문제를 제기할 것이다. 실제로, 직장에서의 민주주의가 기업의 이익에 도움이 된다면, 소유주 또는 주주는 경영자에게 직원의 의사결정 참여를 장려하도록 요구할 것이다.

두 번째 반론은 직원이 기업의 의사결정에 참여할 전문성과 지식이 부족하다고 주장한다. 그러나 어떤 직원은 의사결정에 필요한 전문성과 지식을 충분히 가지고 있다. 직원이 경영진에 비해 상대적으로 전문성과 지식이 부족한 경우에도, 전혀 문제가 되지 않을 수 있다. 경영자가 재무, 회계, 법률 전문가에게 의사결정을 위한 조언을 구하는 것처럼, 직원 또한 해당 분야의 전문가에게 의사결정을 위한 조언을 구할 수 있다. 예를 들어, 미국의 자동차 회사인 크라이슬러가 재무적 위기에 빠졌을 때, 경영자는 노동조합의 직원에게 기업의 의사결정 참여권을 부여함으로써 성공적으로 그 위기를 극복했다.

세 번째 반론은 직원의 의사결정 참여가 기업에게 비효율성을 가져온다고 주장한다. 어떤 의미에서, 직원이 의사결정에 참여하는 것은 복잡하고, 시간이 더 필요하므로 의사결정을 방해하고, 지연시키고, 비용 또한 더 많이 소요될 것이다. 직원의 의사결정 참여는 직원이 기업의 이익보다 자신의 이익을 위해 의사결정을 할 가능성이 높다는 점에서 기업의 입장에서는 어느 정도 비효율적이다. 그러나 직원의 의사결정 참여가 모든 직원이 모든 결정에 참여해야 한다는 것을 의미하지는 않는다. 직원은 의사결정에 참여할 대표를 선출할 수도 있다. 또한, 직원이 회사의 이익보다 자신의 이익을 위한 결정을 할 위험성이 경영자가 회사의 이익보다 자신의 이익을 위한 결정을 할 위험성보다 결코 더 크다고 할 근거는 없다. 이익을 둘러싼 갈등은 어느 의사결정 과정에서나 발생한다. 만약, 직원이 근시안적인 시각으로 자신의 이익을 위해 기업의 이익을 희생시킨다면, 결과적으로 회사를 위태롭게 함으로써, 자신의 일자리를 위태롭게 하고, 결과적으로 자기 자신에게 피해를 입히게 된다. 여러분은 어떻게 생각하는가?

6.6 건강과 안전

　　직원의 건강과 안전을 보호 하는 것은 기업이 가진 가장 중요한 윤리적 책임 중의 하나이다. 언뜻 보기에, 직원이 건강하고, 안전하게 직장에서 일할 권리에 대한 광범위한 사회적 합의가 있는 것 같다. 그러나 자세히 들여다보면, 이 문제는 우리의 생각보다 훨씬 더 복잡하다. 건강과 안전의 의미에 대해서도 논란이 치열할 뿐만 아니라, 직원의 건강과 안전을 보호하는 방법에 대해서도 상당한 의견 차이가 있다.

　　건강과 안전은 다른 소중한 목표를 얻기 위한 도구적 가치와 함께 그 자체로서 본질적인 가치를 갖는다. 우리는 건강하고, 안전할 때, 우리가 원하는 다른 목표를 얻을 가능성은 더욱 높아진다. 건강과 안전은 이처럼 높은 도구적 가치를 가지고 있으면서도, 그 자체로서 귀중한 본질적인 가치를 갖는다.

　　그러면, 직원의 건강은 무슨 의미인가? 이 세상에 어떤 직장이 안전한가? 직장에서 위험한 경우는 무엇일까? 직원이 건강하다는 의미가 신체적으로 결함이 없고, 정신적으로 행복한 상태를 의미한다면, 이 세상에 완벽하게 건강한 사람은 아무도 없을 것이다. 만약, 안전이 위험으로부터 완전히 벗어난 상태를 의미한다면, 이 세상에 완전하게 안전한 직장은 없을 것이다. 직장에서의 건강과 안전이 불가능한 목표라면, 직원이 건강하고, 안전하게 일할 수 있는 직장을 가질 권리가 있다고 주장하는 것은 논리적으로 불합리하다. 이상적으로 건강하고, 안전한 직장을 제공해야할 윤리적인 책임을 고용자에게 부과할 수 없을 것이다. 그 대신, 직원의 건강과 안전에 대한 논의는 직원이 직면한 상대적 위험과 용인할 수 있는 위험의 수준에 초점을 맞춘다. 이 관점에서, 용인할 수 있을 정도의 위험이라면, 안전한 직장이라고 할 수 있다는 것이다.

　　하지만, 우리가 직원의 건강과 안전보다는 용인할 수 있는 위험의 수준에 초점을 맞출 경우 발생하는 미묘한 변화에 주목할 필요가 있다. 위험은 피해를 입을 가능성으로 정의할 수 있고, 상대적 위험은 다양한 활동과 관련된 피해가능성의 비교로 정의할 수 있다. 따라서 위험과 상대적 위험 모두 자료를 수집하고, 측정하는 것에 의해서 판단될 수 있다. 만약, 직업상 활동과 관련된 피해가능성이 운전하기, 걷기, 운동하기 등과 같은 일상적 활동과 관련된 피해가능성과 비교해 적거나, 같다면, 직업상 활동은 용인할 수 있는 위험 수준을 충족한다고 결론내릴 수 있을 것이다. 따라서 직업을 수행하는 활동이 안전하다는 결론은 일반인보다는 안전 전문가에 의해서 판단되어야 할 것이다.

다음의 사례를 한 번 생각해보자. 유해 폐기물 처리장 주변에 살고 있는 사람이 겪게 될 잠재적 건강상의 위험에 관한 사례이다. 그 지역주민은 다른 지역의 주민에 비해 백혈병에 걸릴 확률이 매우 높다는 것을 알게 되었다. 그러나 폐기물 처리장 근처에 사는 사람이 직면한 위험은 흡연자가 갖는 위험보다 더 낮기 때문에, 정부와 폐기물처리장의 경영자는 지역주민의 걱정이 지나치다고 무시했다. 사람들은 흡연과 관련된 위험을 용인하기 때문에, 안전 전문가가 폐기물 처리장 근처에 사는 위험이 흡연자의 위험보다 더 낮다는 것을 보여준 만큼, 정부와 폐기물 처리장의 경영자는 지역주민이 수용할 수 있는 수준의 위험은 수용해야 한다고 주장했다. 여러분은 이 주장에 동의하는가?

우리가 이 사례를 일반화하고, 이런 방식으로 모든 직장의 건강과 안전기준을 설정한다고 한 번 상상해보자. 이 접근법은 기업으로 하여금 직장이 직면한 위험을 알아내기 위해 안전 전문가를 고용하도록 만들 것이다. 안전 전문가는 각 산업과 업종에서 용인될 수 있는 위험의 수준을 알고 있을 것이다. 안전 전문가는 또한 운전할 때, 고열량과 고지방 음식을 먹을 때, 흡연할 때, 그리고 운동할 때와 같은 일상적인 활동이 가지는 위험의 수준을 알 것이다. 일상적인 활동의 위험 수준과 직장에서의 위험 수준을 비교하면, 안전 전문가는 해당 직업이 가진 위험 수준을 평가할 수 있고, 직업의 상대적 위험 수준을 결정할 수 있을 것이다. 만약, 직장에서의 활동이 일상적인 활동보다 덜 위험하다면, 기업은 건강하고, 안전한 직장을 제공할 책임을 다하고 있다고 결론지을 수 있을 것이다.

하지만, 직장에서 직원의 건강과 안전에 관한 이런 식의 접근방법은 몇 가지 문제점을 가지고 있다. 첫째, 이 접근방법은 직원을 무시하고, 무례하게 대하고 있다.

이 의사결정은 실질적으로 직원을 어린아이처럼 대하고 있는 것이다. 둘째, 이 접근 방법은 직원의 건강과 안전이 다른 가치와 교환될 수 있는 선호의 문제일 뿐이라고 생각한다. 셋째, 이 접근방법은 직장의 위험과 일상적인 활동의 위험 사이에 본질적으로 상당한 차이가 있음에도 불구하고, 직장의 위험과 일상적인 활동의 위험을 동등하게 간주한다. 일상적인 활동의 위험과는 달리 직장에서의 위험은 직원이 자유롭게 선택할 수도 없고, 통제할 수도 없다. 더 중요한 사실은 일상적 활동의 위험과 달리 직장에서 겪는 위험은 위험의 수준을 줄이지 않을수록 오히려 혜택을 보는 사람에 의해서 통제된다는 점이다. 직원이 겪을 수 있는 위험의 수준을 낮추기 위해서는 많은 비용이 들어가야 한다. 이것을 대부분의 경영자가 결코 좋아할 리가 없다. 물론, 윤리적인 경영자라면, 비용보다는 직원의 건강과 안전을 더 중요하게 고려할 것이다. 흡연으로 인한 위험과 비교할 때, 유해 폐기물 처리장 근처에 사는 것은 위험하지 않을 수도 있다. 그러나 중요한 점은 흡연의 경우는 여러분이 직접 위험을 선택하고, 위험을 최소화하거나, 위험을 없앨 수도 있다. 그러나 폐기물 처리장의 경우는 여러분이 그 지역에 계속 거주하는 한, 위험을 결코 피할 수 없고, 위험을 최소화하거나, 없앨 수도 없다. 우리는 직원의 건강과 안전에 대한 다른 접근방법이 필요하다.

우선, 고용자와 직원 사이에 이루어지는 합의를 중요시하는 자유시장이론과 기업의 사회적 책임에 대한 고전모형의 접근방법이 가능할 것이다. 이 관점에서, 고용자는 직원과 합의를 통해 위험의 수준을 자유롭게 선택할 수 있다. 직원은 위험 수준과 임금 수준을 동시에 고려해서, 다양한 임금 수준에서 어느 정도의 위험을 받아들일지를 결정할 것이다. 아마도 최소의 위험(최대의 안전)을 요구하는 사람은 최소의 임금 수준에 만족할 것이고, 최대의 위험(최소의 안전)을 요구하는 사람은 최대의 임금 수준을 요구할 것이다. 경쟁적이고, 자유로운 노동시장에서 이루어지는 협상은 안전 수준과 임금 수준을 적절히 조합할 것이다. 물론, 고용자가 부주의해서 직원에게 피해를 입혔다면, 고용자는 그것에 대한 법적인 책임을 져야 하고, 피해를 입은 직원에게 보상해야 한다. 보상에 대한 부담은 고용자로 하여금 더욱 건강하고, 안전한 직장을 만들도록 할 것이다.

그러나 우리가 앞에서 살펴보았듯, 자유시장 접근법은 몇 가지 문제점을 가지고 있다. 첫째, 노동시장은 현실적으로 우리가 기대하는 것만큼 완전하게 경쟁적이고, 자유롭지 않다. 직원은 자유로운 선택권을 가지고 있지 않다. 예를 들어, 이론적으로 위험이 높은 직업은 자유롭게 선택된 높은 임금을 제공해야 하지만, 현실적으로 직원은 선택권이 거의 없기 때문에, 어쩔 수 없이 매우 낮은 임금을 받고 있다. 우리가 흔히 말하는 3D업종을 생각해보자. 3D는 어렵고(Difficult), 지저분하고(Dirty), 위험한(Dangerous) 직업을 의미한다. 3D업종의 직업은 위험이 매우 높음에도 불구하고, 낮은 임금을 제공한다.

둘째, 직원은 자유시장이론이 요구하는 것처럼, 완전한 정보를 가지고 있지 않다. 만약, 직원이 직업과 관련된 위험을 사전에 충분히 알았다고 하더라도, 직원은 고용에 있어서 약자의 입장이므로 적정 임금을 위해 자유롭게 협상할 위치에 있지 않다. 사람들은 중장비 산업이나 제철소 용광로의 위험에 대해서는 잘 알지만, 직장의 독성 화학물질 또는 공기를 통해 오염되는 물질에 대한 노출정도를 아는 사람은 결코 많지 않다. 직장의 건강과 안전 문제와 관련된 시장의 실패는 직원의 생명을 빼앗는 결과를 불러온다. 물론, 자유시장이론을 지지하는 사람들은 시간이 흐를수록, 시장이 실패에 대해 보상하고, 실패를 바로잡을 수 있다고 주장한다. 시간이 흐를수록, 고용자는 위험한 직업에 직원을 채용하는 것이 어렵다는 것을 알게 되고, 사람들은 모든 직장의 위험 수준에 대해 알게 된다. 하지만 이것은 첫 세대 문제를 일으킨다. 시장이 실패에 대한 정보를 수집하는 유일한 방법은 문제에 노출된 첫 세대가 겪는 피해를 관찰하는 것이다. 따라서 우리는 어떤 여직원이 납중독으로 인해 유산을 하고, 심각한 선천적 장애를 가지고 태어난 아이를 본 후에, 비로소 납중독의 위험을 알게 된다. 우리는 어떤 직원이 폐질환으로 죽은 뒤에, 석면이나 면진에 노출되는 것이 치명적으로 위험하다는 것을 배울 수 있다. 시장은 건강과 안전에 관련된 위험에 대한 정보를 얻기 위해 어쩔 수 없이 첫 세대를 희생시켜야 한다. 이것은 윤리적으로 결코 옳지 않다. 여러분은 어떻게 생각하는가? 여러분이 바로 피해를 입게 될 첫 세대라면 어떻게 하겠는가? 여러분은 다음 세대를 위해 기꺼이 희생을 감수할 것인가? 이런 의미에서, 저자는 염제 신농씨(炎帝 神農氏)를 존경한다. 신농씨는 중국 삼황 중 한 분으로, 본명은 강석년(姜石年)이고, 세계 강 씨의 시조이다. 그는 사람들에게 모든 약초의 효능과 부작용을 알려주기 위하여 목숨을 걸고, 직접 모든 약초를 먹어보았다고 한다. 자신을 던져서 남을 위하는 것, 이것이 바로 옳은 일을 위해 목숨을 버리는 살신성인(殺身成仁)이다. 안중근 의사나 유관순 열사는 어떤가? 옳은 일을 위해서 기꺼이 소중한 목숨을 던졌다. 여러분은 그렇게 행동할 수 있는가? 평범한 사람이라면, 그와 같은 행동을 하는 것이 매우 어려울 것이다. 무섭고, 두렵고, 겁이 날 것이다. 그렇기 때문에, 우리는 살신성인을 보여준 분을 존경하고 기리는 것이다.

다시 본론으로 돌아가서, 다음으로 우리가 살펴볼 문제는 어떤 사안에 대해 개인적인 관점에서 접근할 경우, 사회 정의와 공공정책과 관련된 중요한 가치가 간과될 수 있다는 점이다. 예를 들어, 미국의 경우, 평균적으로 매년 10만 명 중 7명이 폐암에 걸린다고 한다. 그리고 직장에서 다양한 화학물질에 노출된 직원의 경우, 평균적으로 10만 명 중 20명이 폐암에 걸린다고 한다. 폐암에 걸릴 위험이 3배로 증가되었지만, 여전히 위험성은 낮은 편이다. 증가된 폐암에 걸릴 위험은 10만 명당 13명이다. 직장에서 얻는 혜택을 생각하면, 증가된 위험은 비교적 낮은 수준이므로, 직원이 그 일을 계속하는 것이 합리적인 판단일지도 모르겠다. 그러나 산업전체로 보면, 동일한 문제에 직면한 직원 10만 명이 있다. 물론, 통계상 일반인과 비교해 증가된 폐암발생의 위험은 13명이다. 즉, 그 일을 하면, 일반인과 비교해 13명이 추가적인 위험을 가지게 된다. 여러분이라면, 어떤 결정을 할 것인가? 그 직업을 선택할 것인가? 아니면, 포기할 것인가? 증가된 13명의 위험 때문에 10만 명 모두에게 더 높은 임금을 제공해야 하는가? 이 문제에서 우리가 생각해야 하는 것은 공공정책과 관련된 문제를 개인의 관점에서 접근하면, 올바른 해결책을 찾을 수 없다는 점이다. 폐암의 발생가능성을 최대로 낮추는 노출수준과 같은 기준이 있는가? 안전한 기업에게 제공하는 세금혜택과 같은 공공정책이 암의 발병률을 낮출 수 있는가? 공공정책과 관련된 이런 문제는 결국 인간의 삶에 큰 영향을 미치지만, 위험한 일을 하겠다고 선택한 개인은 이 문제에 대해 생각하지 않을 것이다. 따라서 고용자와 직원의 협상은 직원의 건강과 안전과 관련된 공공정책 접근법으로 볼 때 충분하지 않다.

다음으로, 직장에서 직원의 건강과 안전에 대한 정부규제의 역할에 대해 살펴보자. 제정된 정부의 규제는 자유시장이론에 대해 반론이 제기된 문제를 다루고 있다. 합리적이고, 경험적인 과학적 지식에 따라 정부의 규제가 만들어졌다. 따라서 불충분한 정보로 인해 발생되는 시장의 실패를 극복할 수 있었다. 정부의 규제는 직원이 해고와 안전의 두 가지 가치 사이에서 강압적인 선택에 놓이는 상황을 방지한다. 정부의 규제는 피해가 발생한 뒤 보상하기보다는, 예방에 초점을 맞춤으로써, 첫 세대 문제를 해결한다. 마지막으로, 정부의 규제는 자유시장이 외면한 공공정책 문제를 근본적으로 다루는 접근방법이다.

미국은 1970년에 노동안전위생국을 설립했고, 직장에서의 건강과 안전에 대한 기준을 제시했다. 그 후로, 직장의 건강과 안전에 대한 논란은 기준이 어떻게 설정되어야 하는지에 초점을 맞추어 왔다. 핵심 논란은 직장에서 직원의 건강과 안전에 대한 기준을 세우기 위해 편익비용분석(Benefit-Cost Analysis)을 사용하는 것이 타당한지에 대한 것이다. 편익비용분석은 경제학자들이 즐겨 사용하는 방법으로, 어떤 사안에 대해 필요한 여러 비용과 가져다 줄 여러 편익을 비교하여 계산함으로써, 비용이 더 크면, 사안을 실행하지 않고, 편익이 더 크면, 사안을 실행하는 방법이다. 예를 들어, 새로운 국제공항이 필요한지 편익비용분석을 함으로써 새로운 공항을 건설할지를 결정하는 것이다. 우리나라에서도 밀양과 가덕도 둘 중 어디에 신공항을 건설해야 하는지 편익비용분석을 실시했고, 두 곳 모두 경제성이 없다는 이유로 신공항 건설은 포기되었다. 여러분은 어떻게 생각하는가? 과연 편익비용분석의 결과는 신뢰할 수 있는가? 혹시, 편익비용분석이 놓친 부분은 없는가?

미국에서 노동안전위생국이 처음으로 설립되었을 때, 미국정부는 가장 안전하고, 실행이 가능한 기준을 만드는 것을 목표로 했다. 실행가능성분석이 유독한 화학물질에 노출된 직장의 기준을 세우기 위해 어떻게 작용하는지 살펴보자.

첫 단계는 과학자와 화학물질에 전문지식을 가지고 있는 의료 및 보건전문가에 의해서 유독물질의 노출정도를 확인하는 것이다. 전문가는 신체기능의 손상이 유발되는 기준을 밝힐 것이다. 그 후 노동안전위생국은 산업전체를 대상으로 그 기준에 도달하기 위해 기술적으로, 경제적으로 실행이 가능한지 확인할 것이다. 기술적 실행가능성은 기술적 요인이 그 기준에 도달할 수 있는지를 의미한다. 경제적 실행가능성은 경제적 요인이 그 기준에 도달할 수 있는지를 의미한다. 노동안전위생국은 두 가지 가능성을 확인하면, 비로소 기준을 설정한다. 만약, 두 가지 가능성을 충족시키지 못하면, 노동안전위생국은 기술적, 경제적 요인 중 실행이 가능한 낮은 단계로 기준을 세울 것이다. 한 기업이 만들어진 기준을 충족할 수 없다면, 그 기업은 경쟁력을 잃게 되고, 결과적으로 시장에서 도태될 것이다.

건강과 안전에 대한 기준은 기업으로 하여금 기술적으로, 경제적으로 실행 가능한 수준을 요구한다. 이 관점을 비판하는 사람들은 이 접근방법이 오랫동안 지속되지 않을 것이고, 오히려 직원의 건강과 안전을 위협할 것이라고 주장한다. 직원의 건강과 안전에 해를 주지 않으면서, 이 기준을 충족시킬 수 없는 기업은 생존하지 못할 것이다. 이 세상에는 사람의 건강을 해치거나, 매우 위험한 일이 있다. 이 세상이 유지되기 위해서는 누군가는 그런 일을 해야 한다. 예를 들어, 제철소의 용광로 앞에서 일하는 것은 매우 위험하고, 건강에도 좋지 않을 것이다. 그러나 그 일을 하는 사람이 없다면, 우리는 철로 된 제품을 사용할 수 없을 것이다. 실행가능성을 기준으로 하는 것에 대한 반론은 그 기준이 너무 지나치게 높다고 주장한다. 그 기준이 기술적으로, 경제적으로 실행이 가능하더라도, 반드시 편익비용분석을 실시해서 그 결과 비용이 편익보다 크면, 그 기준은 합리적이지 않다고 주장한다. 실행가능성기준을 반대하는 사람들은 노동안전위생국이 실행이 가능한 가장 높은 수준의 실행 가능한 기준보다는 최적의 기준을 설정해야 한다고 주장한다. 여러분은 어떻게 생각하는가? 이 문제에 대해 자신이 처한 입장에 따라 그 판단을 달리 할 것이다. 경영자는 가장 낮은 기준을 원할 것이고, 직원은 가장 높은 기준을 원할 것이다.

기준을 세우기 위해서 편익비용분석을 사용하는 것은 사실상 자유시장이론이 중요시하는 자유로운 개별 협상 접근법으로 되돌아가는 것이다. 자유시장 접근법과 같은 편익비용분석의 사용은 우리로 하여금 심각한 윤리문제를 직면하게 만든다. 이 세상의 모든 일을 비용과 편익으로 계산하고, 판단할 수 있는가? 부모가 자식을 키우는데, 비용과 편익을 따지는 것이 옳은가? 남녀가 서로 사랑하는데, 비용과 편익을 계산해야 하는가? 여러분은 어떻게 생각하는가?

그러나 우리가 적절한 기준을 세우기 위해서 편익비용분석을 사용하는 것을 반대한다고 해서, 이미 정해진 기준을 실행하는데 필요한 비용효율전략 역시 반대하는 것은 아니다. 비용효율전략은 이미 어떤 기준이 설정되었을 때, 그 기준을 달성하기 위해서 가장 낮은 비용과 가장 효율적인 방법을 선택하는 것이다. 편익비용분석은 처음에 기준을 설정하는데 경제적인 기준을 사용한다. 따라서 편익비용분석은 윤리적으로 문제가 많다. 어떤 사안을 평가하는데, 경제적 요인 이외에도 많은 요인이 있다. 편익비용분석은 이런 요인을 고려하지 않기 때문에, 윤리적으로 문제가 되는 것이다. 직장에서의 건강과 안전에 대한 기준을 만들기 위한 편익비용분석은 우리로 하여금 건강과 안전을 개인적 선호로 치부하도록 만든다. 편익비용분석은 건강과 안전을 단순하게 도구적 가치로 취급하고, 건강과 안전이 가진 본질적인 가치를 무시한다. 그리고 편익비용분석은 우리의 삶이 가지는 다양한 요인 중에서 오직 경제적인 가치만을 고려한다. 이것은 결코 합리적이거나, 윤리적이지 않다.

직원은 직장에서 법에 의해 정해진 건강과 안전에 대한 정당하고, 윤리적인 권리를 갖는다. 직원이 직장에서 건강과 안전에 대한 권리를 갖는다는 것은 건강과 안전을 해고 또는 임금과 같은 다른 가치 중에서 선택하도록 강요당해서는 안 된다는 의미이다. 한 걸음 더 나아가, 직원은 직장의 위험에 대해 충분히 알 권리를 갖는다. 만약, 직장에서의 위험이 현실적으로 가능한 최소한의 수준으로 감소하고, 직원이 그 위험수준에 대해 완전히 알고 있다면, 우리 사회는 직원을 인간의 존엄성을 가진 자율적인 존재로 존중하고 있는 것이다.

6.7 사생활보호

　요즘과 같이, 인터넷, 위성추적시스템, 스마트폰, 블로그, 페이스북, 트위터, 카카오톡 등 다양한 정보기술이 발달한 시대에는 직원이 직장에서 가지는 개인의 사생활을 보호하는 것에 대해 이해할 필요성이 점점 증가하고 있다. 특히, 최근 몇 년 동안, 개인의 사생활보호와 관련된 요구가 점점 증가하고 있다. 그럼에도 불구하고, 개인의 사생활보호의 특성, 규모, 그리고 가치에 대한 사회적 합의는 이뤄지지 않고 있다. 이 주제와 관련해서 워낙 다양한 의견이 존재하기 때문이다. 특히, 소셜 네트워크 서비스(SNS)의 발달과 인기로 인해서 다른 사람에게 사사로운 개인의 일정, 느낌, 사진 등과 같은 사적인 정보를 보여주는 경향이 나타나고 있다. 미국에서는 개인의 사생활보호를 인정하지만, 그렇지 않은 나라가 더 많다. 미국에서도 사생활보호에 대한 상당한 의견차이가 존재한다. 예를 들어, 미국헌법에는 사생활보호에 대한 권리가 명시되어 있지 않고, 사생활에 대한 법원의 여러 결정은 많은 논란을 불러일으킨다.

　사생활보호가 가진 두 가지 의미 중 하나는 개인적 공간에서 혼자 있을 권리이고, 다른 하나는 자신과 관련된 정보를 통제할 수 있는 권리이다. 개인적 공간에서 혼자 있을 권리는 미국의 법 제도에서 가장 오랜 역사를 가지고 있다. 지난 수십 년 동안, 증가하는 인구와 기술의 발전은 개인의 혼자 있을 권리를 다양한 방식으로 침해해왔다. 이 관점에서 법원은 개인의 혼자 있을 권리를 보호할 필요성을 인식했다. 미국 대법원은 개인의 사생활보호를 인정해왔다.

　개인의 혼자 있을 권리를 반대하는 사람들은 사생활보호에 대한 이해가 너무 광범위하다고 비판한다. 분명히 현대와 같은 사회에서 완전하게 혼자 있을 수 있는 사람은 없다. 수업시간에 이 얘기를 했더니 한 학생이 "저는 샤워할 때 혼자해요."라고 말해서 다른 학생들을 웃게 만들었다. 우리는 지금 기업윤리에 대해 논하고 있다는 점을 명심하자. 기본적으로, 직장과 같이 다른 사람과의 협동을 바탕으로 일하는 곳에서 혼자 있을 권리는 말이 되지 않는다. 하지만, 개인의 사생활보호와 관련된 주요 사건의 판례를 살펴보면, 법원 역시 개인의 사생활이 완전히 보호되어야 한다고 인정하지는 않는다. 오히려, 법원은 가족, 여가시간, 성생활, 생명유지를 위한 치료와 같이 특정한 개인적 사안을 결정할 때에만, 개인의 사생활이 보호되어야 한다고 결

기업윤리

론을 내렸다. 이런 사법적 판단은 개인과 관련된 특정한 사안과 관련된 결정은 개인의 정체성을 확립하고, 형성하는데 매우 중요하기 때문에 마땅히 사적인 것으로 보호되어야 한다는 의미이다. 예를 들어, 업무와 관련된 문자메시지는 개인의 사생활로 보호될 수도 없고, 보호되어서도 안 된다. 그러나 친구와 사적으로 나눈 개인적인 문자메시지는 개인의 사생활로 당연히 보호되어야 한다. 운동, 잡담, 여행, TV시청, 음악 감상, 영화 감상, 컴퓨터 게임, 기타 연습 등 개인적으로 개인의 여가시간을 어떻게 보낼지는 분명히 개인이 결정할 일이다. 다른 사람이 알 필요도 없고, 알 권리도 없다. 무엇을 했는지 알기 위해서 자백을 강요해서도 안 된다. 그러나 업무 시간에 컴퓨터 게임을 한다면, 우리는 그것을 개인의 사생활이므로 보호하고, 존중해야 한다고 생각하지는 않을 것이다. 결혼을 했는지 여부는 개인의 사생활이다. 그러나 왜 회사에 결근을 했는지는 사생활이 아니다. 개인의 일이라고 해서 모두 사생활로 보호하는 것은 아니라는 것이다. 우리는 보호해야 할 사생활과 보호할 필요가 없는 사생활을 명백하게 구분해야 한다.

혼자 있을 권리로 사생활보호를 이해하는 것은 너무 광범위하다는 주장은 우리로 하여금 사생활보호를 개인과 관련된 정보를 통제할 수 있는 권리로 이해하도록 만든다. 다른 사람들이 이혼이나 입양과 같은 개인정보를 알게 되고, 개인의 문자메시지 또는 메일을 읽고, 도청기를 사용하여 사적으로 나눈 대화를 엿듣고, 위성추적장치를 사용하여 이동경로를 파악하고, 몰래카메라로 은밀한 일상을 엿볼 때, 우리는 사생활침해가 발생했다고 말한다. 이런 행동은 모두 불법적이고, 비윤리적이다. 하지만 직장에서 다른 사람들이 우리의 개인정보를 합법적으로 알 수 있는 경우가 많다.

그러면, 어떤 경우가 사생활을 침해한 것이고, 어떤 경우가 사생활을 침해한 것이 아닌지에 대해 생각해보자. 예를 들어, 여러분이 대출을 받은 은행이 여러분의 신용등급에 대한 정보를 아는 것은 정당하지만, 다른 은행이 여러분의 신용등급에 대한 정보를 아는 것은 법적으로도, 윤리적으로도 옳지 않다. 즉, 여러분이 개인적으로 관계를 맺고 있는 사람 또는 기관만이 여러분의 개인정보에 접근하도록 제한하는 것은 여러분의 인간으로서의 존엄성과 정체성을 유지하기 위한 것이다. 미국에서 실제로 있었던 한 가지 사례에 대해 알아보자. 한 회사의 직원이 가족의 생명이 위급하다고 상사에게 전화로 연락하고, 결근했다. 그날 저녁 상사는 우연히 방문한 그 직원의 페이스북에서 그 직원이 그날 오후 다른 친구들과 함께 신나게 파티를 즐기는 여러 장의 사진을 목격했다. 다음 날, 그 직원은 해고를 당했다. 여러분이 상사라면, 그 직원을 어떻게 하겠는가? 상사가 부하직원의 홈페이지를 방문한 것이 윤리적으로 옳은가? 사소한 거짓말을 이유로 해고한 것이 윤리적으로 옳은가? 해고된 부하 직원이 자신의 페이스북은 사생활이므로 보호받아야 한다고 주장한다면, 여러분은 어떻게 하겠는가?

우리가 사생활보호의 두 가지 의미에 대해 모두 살펴볼 필요가 있다. 개인정보에 대한 통제뿐만 아니라, 어떻게 삶을 살아갈 것인지에 대한 우리의 의사결정은 우리가 고유한 개인으로서의 정체성을 확립하는데 중요한 역할을 한다. 사생활은 개개인 사이의 경계를 설정하므로, 사생활을 보호함으로써 개인의 정체성을 정립할 수 있다. 우리는 사생활보호와 관련된 소송을 수시로 언론을 통해 접한다. 특정한 개인의 결정과 개인정보에 대한 통제권은 우리가 어떤 종류의 사람인지, 그리고 어떤 사람이 될 것인지를 결정하는 역할을 한다. 우리가 개인의 특성을 존중하고, 보호해야 한다면, 특정한 개인의 결정과 개인정보가 개인의 정당한 권리이자, 영역이라는 것을 인정해야 한다. 그러나 다른 권리와 마찬가지로, 개인의 사생활보호도 절대적인 것이 아니다. 예를 들어, 개인적 결정이나 정보라 하더라도, 업무와 연관되어 있다면, 공개되고, 제약되어야 한다. 즉, 회사의 업무와 관련이 있다면, 사생활보호를 주장할 수 없다.

직장에서 고용자와 직원의 관계를 생각해보자. 직원의 사생활은 존중되고, 보호받아야 한다. 한편, 만약, 직원이 임의고용에 의해 일하고, 전적으로 고용자의 요구를 따라야 한다면, 이 관계에서 직원은 직장에서 어떠한 사생활보호도 기대할 수 없을 것이다. 많은 경우에 고용자의 배려로 직원의 사생활보호와 관련된 문제가 해결될 수 있다. 고용자가 직원을 자유, 개성, 자율, 그리고 인간의 존엄성을 가진 인간으로 대우하면, 의외로 사생활보호와 관련된 문제는 쉽게 해결될 수 있다.

우리는 고용자가 고용계약과 무관하게 직원의 사생활을 침해할 때, 그리고 직원의 동의를 얻지 않고, 고용계약과 무관하게 직원의 개인정보를 수집하고, 저장하고, 사용할 때, 직원의 사생활이 침해되었다고 판단한다. 사생활침해 여부는 직원의 동의를 얻었는지에 따라 결정된다.

우리가 직장에서 하는 모든 계약이 유효하기 위해서는 계약에 참여한 양측 모두 자발적으로 필요한 내용을 서로 충분히 숙지하고, 자유로운 합의를 통해 계약이 이루어져야 한다. 계약을 하는 주체는 반드시 자유롭게 결정해야 하고, 계약내용을 충분히 이해하며, 양측 모두 계약조건에 동의해야 한다. 그러므로 직원에게 알리지 않고, 직원이 자발적으로 동의하지 않으면, 직원의 개인정보를 수집하고, 저장하고, 사용하는 것은 직원의 사생활을 침해하는 것이다. 이와 같은 방식으로, 우리는 개인의 어떤 정보가 알려질 수 있고, 누가 이 정보에 접근할 수 있고, 이 정보가 어떻게 사용되고, 어떤 방식으로 개인정보가 수집되는 게 적절한 지에 대하여 논의할 수 있다.

예를 들어, 직원의 직장경력, 학력, 그리고 능력과 관련된 정보는 명백히 직업과 관련이 있으므로 합법적이고, 윤리적으로 요구될 수 있다. 그리고 주민등록번호, 건강보험 가입여부와 같은 필수정보 역시 요구될 수 있다. 그러나 결혼여부, 이혼사유, 가족계획, 그리고 종교와 같은 개인적 정보는 업무와 무관하므로 절대로 요구되어서는 안 된다. 취업면접 시, 이런 질문을 하는 것은 법적으로, 윤리적으로 결코 옳지 않다. 또한, 고용자는 어떤 목적으로도 직원의 정보를 다른 주체에게 판매해서는 안 된다. 그것은 윤리적으로 옳지 않을 뿐만 아니라 범죄행위이다.

다음으로, 우리가 생각해볼 것은 고용자가 직원에 대한 정보를 모으는 방법이다. 최근에는, 거짓말탐지기, 마약테스트, 몰래카메라, 뒷조사, 그리고 심리테스트 등이 직원에 대한 정보를 얻기 위한 수단으로 사용되고 있다. 도청기와 몰래카메라와 같은 장치를 통한 관찰과 감시가 직장에서 발생하는 사생활침해의 대표적인 사례이다. 아마도, 그 기술은 직원의 절도와 횡령과 같은 불법행위를 감시하기 위해 사용되었을 것이다. 심지어 직원의 유전자를 검사하여 정보를 얻는 것이 윤리적으로 문제가 되기도 한다. 너무 지나치다는 것이 사생활보호 전문가의 의견이다.

우리는 여러 가지 개인과 관련된 정보수집 기술에 대해 살펴보았다. 직원의 사생활보호를 위해 우리는 어떤 경우에 이런 기술이 정당하게 사용될 수 있는지 생각해보자. 우선, 이런 기술을 통해 수집된 정보가 업무와 관련이 있어야 한다. 예를 들어, 직원을 해고시키기 위해 의료정보를 얻으려는 유전자 검사는 정당하지 않다. 또한, 고용자의 개인적 흥미와 호기심을 충족시키기 위해 정보를 수집하는 것은 옳지 않다. 직원의 자발적인 동의를 얻어야 하고, 어떤 방법을 사용할지에 대하여 사전에 직원에게 충분히 공지해야만 한다. 임의로 또는 몰래 이런 방법을 사용하는 것은 결코 옳지 않다. 오로지, 합리적인 이유가 있을 때만, 이런 기술의 사용이 법적으로,

윤리적으로 정당화될 수 있다.

예를 들어, 물의를 일으킨 직원만 약물검사를 하는 것은 모든 직원을 임의로 검사하는 것보다는 더 윤리적이고, 합리적이다. 기업에서 직원의 개인정보를 수집할 때, 반드시 다음과 같은 질문을 하는 것이 직원의 사생활보호에 도움이 된다. 직원의 개인정보를 수집하는 것이 업무와 관련이 있는가? 직원이 자신의 개인정보 수집에 대해 자발적으로 동의했는가? 직원이 회사에서 왜 자신의 개인정보를 수집하는지 그 이유를 분명히 알고 있는가? 회사는 수집된 개인정보를 철저히 관리하고 있는가? 개인정보의 유출가능성은 없는가?

우리는 지금까지 직원의 권리에 대해 살펴보았다. 여러분이 명심해야 할 것은 권리가 있다고 해서 함부로 사용해도 된다는 것은 아니라는 것이다. 여러분의 권리는 고용자의 의무이다. 지나친 권리의 행사는 고용자의 의무를 가중시킬 것이고, 결국 그 피해가 여러분에게 다시 돌아갈 수 있다는 점을 명심하자. 최근에 우리 사회에서 문제가 되고 있는 갑질에 대해 살펴보자. 갑과 을의 관계에서 갑은 더 큰 권리와 힘을 가지고 있다. 그렇다고 해서, 약자인 을에게 함부로 힘을 과시해서는 안 된다. 그것은 윤리적으로 옳지 않고, 관계 전체의 측면에서도 바람직하지 않다. 주역에 따르면, 세상은 항상 변화한다. 저자의 할머니께서는 항상 "보현아, 응달이 양달이 되고, 양달이 응달이 된다."고 말씀하셨다. 어둡고 추운 응달에 있다고 기가 죽을 필요도 없고, 밝고 따뜻한 양달에 있다고 뽐낼 필요가 없다는 의미이다. 세상을 살다 보면, 좋을 때도 있고, 힘들 때도 있다. 2017년 4월에 저자의 수업을 수강하는 학생들을 위한 특강을 위해 초대했던 전설적인 가수 이정선의 노래인 '살다보면, 언젠가는'에 이런 가사가 있다. '살다보면, 궂은 날도 가끔 있겠지. 못 견디게 힘든 날도 찾아오겠지. 지금은 너무 힘들어 견디기 어려워도 살다보면, 언젠가는 좋은 날이 돌아올거야'

저자는 여러분이 살면서 힘든 일이 있을 때, 그 위기를 잘 극복하기를 진심으로 바란다.

연습문제

01 직장에서 직원이 가지는 법적 권리와 도덕적 권리의 차이를 설명하시오.

02 일을 할 권리의 의미에 대해 설명하시오. 세 가지 의미 중 어느 것이 직원의 도덕적 권리에 속하는가?

03 임의고용이 가진 법적 한계점을 설명하시오.

04 정당한 절차에 대해 설명하시오.

05 정당한 절차에 대한 반론을 설명하고 평가하시오.

06 기업의 중요한 결정에 직원이 참여할 권리가 있다고 주장하는 관점 중에서 여러분은 어떤 입장을 취할지 설명하시오. 기업의 의사결정에 직원이 참여할 권리를 반대하는 주장 중에서는 어떤 입장을 취할지 설명하시오.

07 건강하고 안전한 직장을 만들기 위해 기업의 사회적 책임에 대한 경제모형은 왜 고용자와 직원 사이의 협상을 선호하는지 설명하시오.

08 고용자와 직원 사이의 관계가 어떻게 사생활보호의 정도를 결정하는지 설명하시오.

📖 사례 6-1. 악성민원에 보험사 '까만 손님 노이로제'

출처: 아시아경제, 2015. 10. 19

보험상품 갈아타는 '승환계약' 허점 노리고,
서명 없는 '불요식 낙성계약' 악용하고…

보험회사 전속 설계사와 보험상품 계약을 체결한 고객 A 씨는 해당 설계사가 최근 독립법인대리점(GA)으로 회사를 옮기게 되자 금융감독원에 민원을 냈다. 설계사가 불완전판매를 했다며 계약을 해지해달라는 이유였다. 설계사도 불완전판매를 인정해 보험사는 금감원의 권유에 따라 민원을 수용했다. 그러나 보험사 측은 억울했다. 가입한 지 5년이 지난 상황에서도 제대로 계약이 유지되고 있었고 불완전판매로 보기 어려웠기 때문이다. 사실 A 씨는 설계사와 짜고 거짓 민원을 낸 것이었다. 평소 자신과 친한 설계사가 회사를 옮기자 그와 계속 계약관계를 유지하기 위해 보험사와 금감원을 속인 것이다.

보험사들이 '블랙컨슈머(악성 민원을 제기하는 소비자)'때문에 골머리를 앓고 있다. 계약의 문제가 전혀 없는 데도 민원 처리의 사각지대를 교묘히 이용하는 수법에 속수무책으로 당하고 있다. A 씨의 경우는 승환계약의 허점을 노렸다. 승환계약은 설계사가 고객의 계약을 해지한 뒤 새로운 회사의 보험계약으로 다시 가입시키는 것을 말한다. 보험사 간 공정경쟁 질서를 위해 보험업법에서 금지하고 있다. 그러나 고객이 불완전판매에 대한 민원을 제기하고 설계사가 이를 인정하면 승환계약이 가능해진다. '불요식 낙성계약'도 블랙컨슈머들의 단골 메뉴다. 설계사인 지인을 통해 보험사의 상해보험 상품에 가입한 B 씨는 최근 납입 보험료를 모두 돌려달라며 금감원에 민원을 냈다. B 씨는 상품에 가입할 때 설계사가 멀리 떨어져 있어 서명을 대신 부탁하고 계약을 체결했다. 이후 생활이 어려워진 그는 보험계약을 해지해 해약환급금을 생활비로 사용했고, 그마저도 바닥이 나자 이번에는 불요식 낙성계약을 미끼로 삼았다. 본인 서명이 아닌 만큼 계약 자체가 무효라고 떼를 쓴 것이다.

기업윤리

불요식 낙성계약이란 설계사와 가입자 간 합의가 있으면 서명이 없어도 정상적인 계약으로 인정하는 보험업계의 관행이다. 하지만 구두 계약을 인지하고 있던 소비자가 뒤늦게 이를 문제 삼으면 보험사는 꼼짝없이 당한다. 결국 금감원의 결정에 따라 보험사는 B 씨의 납입 보험료를 모두 돌려줬다. 보험사 관계자는 "설계사와 계약자가 잘 아는 사이인 경우는 불요식 낙성계약이 종종 이뤄지는데 이를 계약자가 나중에 악의적으로 이용한다면 보험사는 손해를 볼 수밖에 없다."고 토로했다. 보험사들은 블랙컨슈머와 갈등을 소송으로 해결할 수도 있다. 하지만 민원이 발생했다는 자체가 보험사로서는 부담스럽다. 업계 관계자는 "금감원이 민원을 처리하는 와중에 보험사가 소송을 걸면 민원 개수에 따라 페널티를 받는다."며 "고액의 보험금 분쟁이 아닌 소액의 일반적인 민원은 억울하더라도 금감원의 권고를 따르는 게 현실"이라고 말했다. 금융당국에 접수된 보험 민원은 2013년 3만 9,345건에서 지난해 4만 4,054건으로 증가했다. 올해 상반기 보험 민원은 2만 2,782건으로 전체 금융 민원 4만 2,614건 중 53.5%에 달한다.

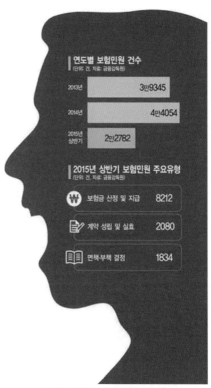

연도별 보험민원 건수와 주요유형
(아시아경제 자료사진)

📖 사례 6-2. LG디스플레이 "협력사와의 동반성장 무엇보다 중요"

출처: 아시아투데이, 2015. 11. 18

LG디스플레이가 '협력사의 경쟁력이 LG디스플레이의 경쟁력'이라는 상생철학을 바탕으로 동반성장 활동에 공을 들이고 있다. LG디스플레이 관계자는 17일 "세계 디스플레이 선도기업으로서 경쟁력을 강화해 나가기 위해서는 협력사와의 동반성장이 무엇보다 중요하다."고 말했다. 경기도 안산에 위치한 풍원정밀은 유기발광다이오드(올레드·OLED) 패널 후면 부품을 생산하는 LG디스플레이 협력사다. 이 회사는 LG디스플레이 상생활동 아래 지속적인 지원을 받아 2014년에 곡면 올레드 TV의 필수부품인 금속박을 제조하는 신기술 개발에 성공했다. LG디스플레이는 2013년에 TV부품을 제조하는 중소협력업체인 '풍원정밀'에게 곡면 올레드 TV의 필수부품인 금속박을 제조하는 신규공법 개발을 제안했다.

올레드는 자체발광하는 유기물로 이루어져 수분과 열에 취약하기 때문에 산소와의 접촉을 차단시키기 위한 박면이 필요하다. 특히 곡면 올레드면 박면도 휘어져야 하는데, 금속박은 바로 휘어지는 박면을 말한다. LG디스플레이는 2013년 9월부터 2015년 6월까지 22개월 동안 풍원정밀에 혁신 및 개발전문가 8명을 파견했다. 공정개선 및 공법개발 노하우를 전수하는 한편 개발자금을 교부하는 등 다방면으로 지원을 아끼지 않았다. 풍원정밀은 2014년 금속박(Metal Foil)을 저렴하게 생산할 수 있는 신규공법 개발에 성공했다. 유명훈 풍원정밀 대표이사는 "직원들이 LG디스플레이와 함께 공정을 개선하고, 안정화가 되는 걸 직접 확인하면서 '우리도 할 수 있다'는 마음가짐을 가지게 됐다."고 말했다.

LG디스플레이
(아시아투데이 자료사진)

📖 사례 6-3. '배고픈' 변호사들, 부동산 중개업도 기웃기웃

출처: 조선일보, 2015. 12. 25

"수수료 10분의 1만 주세요…" 유사 직업군과 무한경쟁
8만 명 공인중개사 시장, 과거엔 쳐다도 안보다가 덤핑 수준 수수료 받고 진입
수임 경매 사이트도 생겨 법무사 · 변리사 · 세무사 등과 밥그릇 싸움 격화

　"10억 원대 아파트 거래 수수료, 99만 원이면 됩니다." 최근 인터넷 포털사이트 블로그에 이런 광고 글이 실렸다. 부동산 중개 수수료를 기존의 10분의 1 수준으로 낮춘다는 내용이다. 광고를 낸 사람은 부동산 공인중개사가 아니라 소규모 법무법인(로펌)의 대표 K 변호사였다. 변호사가 부동산 중개업에 본격적으로 뛰어든 것이다. K 변호사는 부동산 중개 서비스 온라인 홈페이지를 개통하면서 '지금부터 등록한 매물 1,000건은 중개 수수료 무료'라는 이벤트까지 진행 중이다.

　변호사 숫자가 2만 명을 넘어서면서 변호사들이 과거에는 쳐다보지도 않던 분야로 속속 몰려들고 있다. 부동산 중개 업무가 대표적이다. 부동산 중개 시장 규모는 2조 원대를 헤아리지만 개업한 공인중개사가 8만 명, 자격증 보유자가 34만 명을 넘어 레드오션(Red Ocean · 성장이 정체됐지만 경쟁은 치열한 시장)으로 불린다. 변호사가 부동산 중개 업무를 하는 것은 법적으로 문제가 될 소지도 있다.

　대법원은 지난 2006년 "부동산 중개 업무는 변호사의 업무 범위에 포함된다고 볼 수 없다."고 판결한 일이 있다. 그런데도 거의 '덤핑' 수준의 수수료를 받고서라도 이 시장에 뛰어들겠다는 변호사들이 등장한 것이다. 서울 지역의 변호사 숫자는 2004년 4,140명에서 지난해 1만 1,652명이 되면서 3배로 늘었지만 이들이 수임한 사건은 20만 건에서 41만 건으로 2배가 되는데 그쳤다. 건당 평균 수임료가 떨어지면서 변호사 업계에서 통용되던 '최저 수임료 300만 원' 공식도 깨졌다. 2년쯤 전부터는 사건 의뢰인이 수임료를 제시하면 수임을 희망하는 변호사들이 경쟁을 벌이는 '수임 경매' 사이트도 생겨났다. 사무실 유지비는 고사하고 월회비 5만 원도 석 달 넘게 연체한 변호사가 서울에만 800명에 달할 정도로 변호사 업계가 침체하면서 나타난 신(新)풍속도다.

법무사·변리사·세무사 등 유사 직업군과 변호사들의 '밥그릇 싸움'은 갈수록 격화되고 있다. 국회 입법(立法)을 둘러싼 로비와 힘겨루기까지 벌어진다. 과거엔 법무사의 영역으로 분류되던 '아파트 등기 업무'를 둘러싸고 곳곳에서 변호사들과 법무사들 간에 분쟁이 일고 있다. 지난 8월 경남 창원의 신축 아파트 등기대행 업무를 수도권의 한 로펌이 따내자 입찰에 참여했던 법무사가 경찰에 해당 로펌을 고발했다. '업무 실적을 뼁튀기했다'는 이유였다. 충북 지역의 한 로펌은 법무사들이 1건당 15만~20만 원씩 받는 수수료를 2만 원으로 낮춰 신규 입주 아파트 등기 업무를 싹쓸이해 반발을 샀다.

특허업무를 담당하는 변리사들은 올 들어 "변호사 자격증을 따면 변리사 자격증을 자동으로 주는 법 규정을 폐지해 달라."고 요구하며 5만 명 넘게 서명을 받아 국회에 제출했다. 변호사들은 세무사들과는 '세무조정계산서'를 작성할 수 있도록 법 개정을 해달라며 갈등을 빚고 있다. 변호사는 세무사 자격을 자동으로 갖지만, 세무조정계산서는 국세청이 세무사 등록을 받아줘야 작성할 권한이 생긴다. 이 때문에 일부 변호사는 국세청을 상대로 소송을 내기도 했다. 대형 로펌의 변호사는 "과거엔 변리사나 법무사를 변호사가 고용했지만 이젠 거꾸로 고용되거나 직접 변리사·법무사 업무를 해서라도 돈벌이를 할 수밖에 없다."며 "그러다 보니 다른 직업군들과의 갈등을 피하기 어렵다."고 말했다.

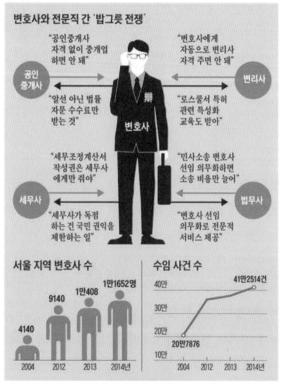

변호사의 멀티플레이
(조선일보 자료사진)

기업윤리

📖 사례 6-4. 롯데, 허위·누락 공시 '최다' 공시위반 174개 사 과태료

출처: 뉴스1, 2016. 3. 10

공정위, 174개사 적발해 8억 1,500만 원 과태료 부과

    대기업 계열사의 절반 가까이가 공시를 누락하거나 허위로 공시하는 등 규정을 위반한 것으로 나타났다. 위반건수는 롯데가 기업집단현황과 비상장사 중요공시에서 가장 많이 위반했다. 10일 공정거래위원회는 60개 대기업집단 소속 397개 회사들을 대상으로 공시이행 여부를 점검한 결과 172개 사(43.3%)가 공시규정을 위반한 것으로 확인돼 총 8억 1,500만 원의 과태료를 부과하고 경고조치했다. 점검대상은 2년 연속 대기업집단에 지정된 60개 집단의 소속사 1,653개 가운데 25%를 추출했다. 해당회사들의 2011년 5월~2015년 5월 공시에 대해 누락여부와 지연·미공시, 허위공시 여부 등을 중점 점검했다.

공정거래위원회
(뉴스1 자료사진)

    대기업집단 공시제도는 기업집단현황 공시와 비상장사 중요사항 공시로 크게 나뉜다. 기업집단현황 공시점검에서는 점검대상 60개 대기업집단 397곳 가운데 44개 집단 143곳(36.0%)이 공시를 위반한 것으로 조사됐다. 위반건수는 316건이다. 위

반 유형별로는 누락공시가 80.1%(253건)로 대부분을 차지했고, 지연공시 12.3%(39건), 허위공시 6.3%(20건), 미공시 1.3%(4건)를 나타냈다. 공시항목별로는 이사회 등 운영현황(52.2% · 165건), 계열사간 거래현황(22.8% · 72건) 등과 관련된 공시위반이 많았다. 공정위 관계자는 "이사회 안건을 일부 누락하고 계열사간 거래에 따른 채권 · 채무 잔액 현황 관련 수치를 잘못 기재한 경우가 있었다."고 설명했다.

위반건수가 가장 많은 기업집단은 롯데로 나타났다. 롯데는 43건을 위반했고, LG와 GS가 각각 25건으로 그 뒤를 이었다. 비상장사 중요사항 공시점검에서는 60개 집단 284개사 가운데 29개 집단 66개사(23.2%)가 공시를 위반했다. 위반건수는 97건이다. 유형별로는 지연공시가 64.9%(63건)로 가장 큰 비중을 차지했으며 이어 기타 미공시 28.9%(28건), 누락공시 6.2%(6건) 순이었다. 항목별로는 임원변동사항(72.1% · 70건) 관련 위반이 대부분이었다.

공정위 관계자는 "일부 임원의 선임이나 사임 사실을 늦게 공시하거나 공시하지 않을 경우가 많았다."고 설명했다. 기업집단별 위반건수는 롯데가 12건으로 가장 많았고, SK(11건), 포스코(10건) 등의 순이다. 올해 점검 대상 기업(397개) 대비 공시 위반 기업(172개)의 비율은 43.3%로 지난해 47.4%에 비해 4.1%포인트 낮아졌다. 공정위 관계자는 "공시제도에 대한 인식과 법 준수의식이 다소 향상된 것으로 평가된다."며 "앞으로 공시 위반 예방을 위해 공시교육을 강화하는 한편 공시 점검도 매년 지속적으로 실시할 예정"이라고 말했다.

📖 사례 6-5. [가습기 살균제 수사] '화학제품 무섭다' 넘어 "정부 · 기업 못 믿겠다." 출처: 헤럴드경제, 2016. 5. 17

- 화학물질 · 먹거리 · 환경 등 일상생활까지 국민 불안 가중
- 정부는 '책임 떠넘기기', 기업은 '모르쇠', "어디까지 믿어야 하나"
- 檢, 홈플러스 실무자 소환… '가습기살균제' 피해자들 100억대 집단소송

"P 제품(탈취제)을 평소 애들 옷에 많이 썼는데 걱정이 됩니다. 우리나라는 제품을 만들면 안전성 검사는 제조사에게 책임이 있는 거라는데 정부는 도대체 어떤 역할을 하고 있는 건가요." (40대 주부 김 씨)

초유의 가습기 살균제 사망 사건에 대한 검찰 수사 파장이 커지는 가운데 생활용품 전반에 대한 국민들의 불안감이 확산하는 모습이다. 이번 사건의 피해자들이 정부와 기업을 상대로 직접 100억 원대 소송을 제기하는 등 관리 · 감독 부실의 책임을 놓고도 상당한 후폭풍이 예상된다.

17일 서울중앙지검 특별수사팀(팀장 이철희)은 이날 오전 홈플러스 법규관리팀 직원 류 씨와 고객서비스팀 직원 이 씨 등 실무자 2명을 참고인 신분으로 소환해 조사에 들어갔다. 수사팀은 이들을 상대로 제품을 처음 개발 · 제조하게 된 경위와 안전성 검사 여부, 당시 민원 접수 상황 등을 면밀하게 확인할 계획이다.

이처럼 검찰 수사가 속도를 내는 속에서 정부와 기업을 향한 국민들의 불신은 날로 커지고 있다. 옥시레킷벤키저(이하 옥시)를 비롯한 당시 제조 · 유통업체들의 '도덕적 해이' 정황이 속속 드러난데다, 정부의 안일한 대응 문제가 도마 위에 올랐기 때문이다.

먼저 일반 생활용품 제조업체들이 불똥을 맞았다. 업계 등에 따르면 이마트의 경우 지난달 27일부터 지난 3일까지 방충제 매출은 13% 감소했고, 방향제 매출은 10% 줄어들었다. 탈취제와 제습제 역시 매출이 각각 13%, 46% 감소했고, 롯데마트에서도 지난달 18일부터 지난 3일까지 같은 상품 매출이 급감했다. 생활용품 제조업체들은 "(이들 제품이) 안전에 큰 문제가 없다."는 입장을 밝혔지만 소비자들의 반응은 냉담하다.

유명 상품인 페브리즈도 안전성 논란이 일고 있다. 환경부는 전날 페브리즈에 포함된 살균제 성분을 공개하는 방안을 판매업체인 한국피앤지(P&G)에 요청했다. 각종 조사에서 문제가 된 화학물질이 페브리즈 등 다른 화학제품군에서 쓰이고 있다는 의혹이 제기됐기 때문이다. 이제서야 정부가 논란이 되는 제품들의 검증 작업에 들어간 점에서 '뒷북 행정'이라는 소비자들의 비난도 이어지는 상황이다.

특히 그동안 먹거리나 환경 등 일상생활에서 정부와 기업에 대한 국민들의 불안감이 높은 가운데, 가습기 살균제 문제까지 불거지면서 그 여파가 일파만파로 확산할 수 있다는 우려도 잇따르고 있다.

서이종 서울대 사회학과 교수는 "기업이 자사 제품에 대해 안전성 문제가 생기자 오히려 학자 등을 동원해 반대의견을 내는 모습들이 쌓이다 보니 국민들에게 '가습기 살균제뿐이겠는가'하는 의구심으로 확산되고 있는 것"이라며 "정부 역시 이런 제품을 허가할 때 객관적 기준에 따라 안전성을 검토하는 역할을 하지 못한 측면이 있다."고 지적했다.

서 교수는 "소비자들이 나서 문제 제품을 퇴출하는 것도 중요한 부분이지만, 더 기본적인 것은 정부와 기업이 국민 건강과 안전을 위해 함께 한다는 기본 전제가 바탕이 돼 있어야 한다."고 덧붙였다.

기업윤리

📖 사례 6-6. 면세담배 매출 3.5배로… 값 올려라? 말라?

출처: 조선일보, 2016. 10. 15

한 갑 2,450원, 불티나게 팔려… 금연정책 강화 여부 놓고 논란
"국가가 국민 건강 해치는 꼴"
국내선 타도 구입 가능한 제주 매출 급증… 면세품목서 빼야

흡연자 "그나마 가끔 싸게 살 기회"
제주 관광 인프라에 주요 재원

작년 1월 담뱃값 인상 이후 국내 담배 판매량은 매년 10~20%가량 감소한 반면 공항 면세 담배는 많게는 세 배 이상 증가한 것으로 나타났다. 애연가는 물론 "대신 사달라."고 부탁받은 사람까지 공항 면세점에 몰리면서 면세 담배가 불티나게 팔리자 "국민 건강을 위해 (판매량 제한 등) 면세 담배 규제를 강화해야 하는 것 아니냐."는 주장이 나온다.

국회 국토교통위 정용기 의원(새누리당)이 한국공항공사 등에서 제출받은 '면세점 담배 매출 현황' 자료에 따르면, 담뱃값 인상 전(2012~2014년) 월평균 130억 1,300만 원이던 인천공항의 면세 담배 매출액이 인상 후엔 221억 2,500만 원으로 1.7배 뛴 것으로 나타났다. 김포·김해공항은 각각 1.3배, 2.2배 상승했다. 이 세 공항과 달리 해외로 출국하지 않아도 면세 담배를 살 수 있는 제주공항(JDC 면세점)은 매출액 증가 폭이 3.5배였다. 월평균 매출이 인상 전 20억 3,687만 원에서 인상 후 71억 8,394만 원으로 급증한 것이다. 제주에선 관광활성화 등 목적으로 국내선 승객에게도 면세품을 판다.

이처럼 면세 담배 판매가 폭발적으로 는 것은 시중에서 파는 일반 담배와 가격 차이가 더 커졌기 때문이다.

예컨대 국산 에쎄 같은 면세 담배는 담뱃값 인상 전엔 한 갑당 1,870원에 팔아

시중 일반 담배 판매가(2,500원)보다 630원 쌌지만, 인상 후엔 일반 담배 4,500원, 면세 담배 2,450원으로 2,050원이나 싸게 살 수 있게 됐다. 이에 국내선 승객에게 한 보루당 2만 4,500원에 면세 담배를 파는 제주공항 JDC면세점 앞은 담배 구입자들이 줄지어 늘어서는 모습이 일상이 되다시피 했다.

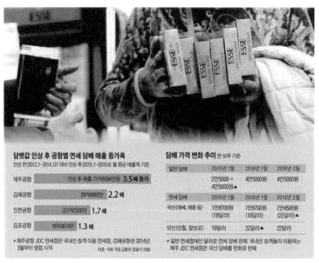

담배값 인상에 따른 변화
(조선일보 자료사진)

면세 담배 급증 "판매 제한해야…"

정부는 올 12월부터 흡연 경고 그림까지 담뱃갑에 넣는 등 금연 정책을 강화하고 있다. '국민 건강 보호'를 명분으로 제시한 금연 정책은 어느 정도 효과를 봤다. 담뱃값 인상 전인 2014년에 비해 일반 담배 판매량은 2015년엔 약 24%, 올 들어 13%가량 감소했다.

하지만 면세 담배 판매량은 오히려 급증하자 금연 단체에선 "금연 정책 효과를 반감한다."는 이유로 "싱가포르처럼 면세 담배에 대해서도 강력한 정책을 펴야 한다."고 주장한다. 주싱가포르 대사관에 따르면 싱가포르는 1991년 이래 반입량에 관계없이 일절 면세를 허용하지 않는다. 홍콩·호주 등은 1보루(200개비)까지 살 수 있는 우리와 달리 면세 담배를 각각 19개비, 50개비로 제한한다.

서홍관 한국금연운동협의회장은 "국가가 국민의 건강을 책임지지 않는 것은 직무유기"라며 "면세점에서 파는 담뱃값을 더 올리든지 담배를 면세 품목에서 제외하는 등 대책이 필요하다."고 말했다. 일각에서는 "적어도 국내선 이용객의 면세 담배 구매만큼은 제한해야 한다."고 주장한다.

"형평성 어긋나고 관광산업 죽이는 일"

반대 논리도 만만찮다. 대부분 나라에서 면세 담배 제도를 운영하는 데다, 우리나라(1보루)보다 후하게 2보루까지 면세 담배를 허용하는 나라(일본·중국·필리핀·베트남 등)도 있기 때문이다. 특히 흡연자들은 "가끔 면세 담배를 살 기회마저 막는 건 과하다."고 주장한다.

제주 지역만 면세 담배 판매를 제한하자는 주장에 대해서도 반발이 크다. 담배 판매 수익(2014년 기준 800억 원)은 제주 관광산업 발전 등의 주요 재원이라는 이유에서다. 제주관광협회 측은 "'1인 한 보루, 연간 6회' 제한 규정이 현재도 있다. 한 명이라도 더 관광객을 유치하려는 제주에서만 면세 담배 판매를 제한하자는 건 황당한 처사"라고 말했다. 복지부 관계자는 "면세 담배가 많이 팔리는 부작용을 어떻게 대처할지 관계 부처, 해당 업체와 적극적으로 협의해 나가겠다."고 말했다.

📖 사례 6-7. 재래시장, '추석' 대목이지만 '썰렁'한 이유

출처: 세계일보, 2017. 10. 1

- 오토바이 지날 때마다 날카로운 소음과 검은 매연
- 카드를 건네면 인상부터
- 시장바닥에는 음식물 찌꺼기
- 생선가게에서는 모기향, 파리채와 파리
- 음식은 보호 덮개 없이 그대로 노출
- 칼과 도마는 행주로 닦기만

"손님도 없고, 돈도 못 버는데… 돈 쓰러 갈 수야 없지 않겠어요. 명절이면 뭐 하나라도 더 팔아야지 살지. 연휴는 길고… 임대료만 나가고 장사가 안 돼 죽을 지경이에요."

민족의 명절 추석이 다가왔지만, 경기 양극화로 재래시장은 여전히 썰렁한 모습을 하고 있다. 대형마트나 백화점에서는 선물세트가 품절이 되는 소식에 재래시장 상인들은 깊은 한숨만 내쉬었다.

지난 28일 서울 한 재래시장을 찾았다. 추석을 며칠 앞둔 재래시장은 더 한산한 해 보였다. 낡은 오토바이와 자전거가 쉴 새 없이 보행자들 사이로 이리저리 피해 질주하고 있었다. 보기에도 맛깔난 시장 밑반찬과 족발, 어묵 등이 시선을 사로잡았다.

어묵을 한입 베어 물고 싶어 지갑을 꺼내 카드를 만지는 순간 '여기는 재래시장이지'라는 생각이 순간 스쳐 지나갔다. 명함보다 조금 큰 지갑에는 카드뿐. 대형마트와 달리 재래시장은 카드보다는 현금을 건네야 한다는 생각에 지갑을 닫았다. "카드가 돼요."라고 묻기에도 혹시나 하는 생각과 불편하게 하는 것이 아닐까 하는 생각에 조심스러웠다.

잠시 어묵 가게 앞에서 서 있는 동안, 짐을 잔뜩 실은 손수레부터 오토바이가 쉴 새 없이 지나고 있었다. 오토바이가 지날 때마다 날카로운 소음과 매연을 내뿜어 인상을 쓰게 만들었다. 오토바이가 지나는 소리에 고개를 돌려 시장 안쪽을 보면 고사리, 시금치 등 각종 나물과 기름에 튀긴 호떡 판매하는 노점상이 길게 뻗어 있었다. 판매대에는 음식을 보호 덮개 없이 노출되어 있었다. 매연을 뿜고 오토바이가 지나가도 아랑곳하지 않고 족발 써는 작업을 이어갔다.

시장 바닥에는 음식물 찌꺼기가 곳곳에 보였다. 버려진 음식물 찌꺼기 위로 시장을 찾은 손님과 오토바이가 밟고 지나다니고 있었다.

생선가게 한 상인은 파리채로 파리를 잡고 있었고, 건너편에는 생선가게 갈치 위에 모기향을 피워 놓고 파리를 쫓아내고 있었다. 대형마트에 익숙해져 가는 현대인들에게는 낯선 장면이다. 갈치 밑에 깔아 둔 얼음은 다 녹아 없어진 상태. 한눈에 봐도 비위생적인 모습이지만 당연한 듯 일상화돼 있었다.

생선가게에서 파리를 쫓고 있던 한 상인은 "하루 이틀도 아니고 구매할 손님들은 구매한다."며 "생선을 손질하고 요리해 먹기 때문에 문제없다."고 말했다. 이어 파리를 쫓아 버리며 "추석이라고 해서 다른 게 없다. 손님은 없고, 이래서 추석을 보낼지 걱정된다."며 씁쓸해했다. 그는 "올 추석이 부쩍 손님이 줄었다."고 탄식했다.

"추석인데 요즘 어떠세요?" 질문에 입을 연 한 상인은 "이때 놓치면 언제 돈 벌지 몰라요. 아들 교육비에 집세를 내야 하는데…"라고 하소연하듯 말했다. 이어 정 씨는 "과거보다 많이 좋아졌고 대형마트보다 가격도 싸다. 재래시장을 찾지 않는지 잘 모르겠다."며 "젊은 사람들은 오지도 않고, 해가 지날수록 재래시장을 찾지 않는 것 같다."라며 힘든 심정을 털어놓았다.

과일가게를 하는 한 상인은 "추석 대목인데… 이때 놓치면 안 됩니다. 장사 잘되던 시절은 지난 지 오래고 최근 몇 년은 파리만 날릴 정도로 심각해요."라고 말했다. 이어 "손님은 거의 없지만 하나라도 상하기 전에 더 팔아야 긴 연휴를 보낸다."고 말했다. 추석 대목치고는 간간이 지나는 손님이 물건을 살펴보기만 할 뿐 구매로 이어지는 경우가 드물었다.

재래시장이 위생문제나 주차문제 등을 따져 봤을 때 대형마트에서 장을 보는 게 편리하기 때문. 한 재래시장 대로변. 불법 주정차한 차량이 왕복 2차로 갓길을 따라 줄지어 서 있었다. 버스승강장, 횡단보도를 아랑곳하지 않고 차를 세워둔 탓에 버스가 중앙선을 침범하는 등 위험천만한 모습도 보였다. 주차 대기 시간을 기다리지 못해 이면도로 등에 주차하는 얌체족 때문에 도로는 마비된 상태였다. 평소에도 불법 주정차로 인해 주민과 시장을 찾은 손님 불법 주차 차량과 씨름을 해야 한다.

　　주부 민 씨는 "재래시장을 생각하면 주차 때문에 고민이 많다."며 "운전도 서툴고… 주차하려고 하면 여간 힘든 게 아니다."고 토로했다. 이어 "제수용품을 일일이 검은 봉지에 담아 장보기도 힘들다. 횡단보도를 건너 주차된 차까지 가려면 팔이 빠질 것 같다."고 말했다. 덧붙여 "가격이 조금 더 비싸긴 하지만 주차비용과 편리를 따져봤을 대형마트가 한결 편리하다."고 말했다.

　　주부 이 씨도 "동네 천 원 카페에서도 카드로 결제를 한다."며 "재래시장은 카드거래가 안 되는 경우가 많고 마트가 서비스의 질이 더 좋아 마트를 선호한다."고 했다.

　　업계 한 관계자는 "전통시장이 경쟁력을 갖추기 위해서는 기본적으로 위생관리가 철저해야 한다. 화장실이나 시장 곳곳에 위생적이지 못한 이미지들이 손님들의 발길을 돌린다."며 "명절 때마다 특별한 이벤트보다는 편의시설인 주차장·쇼핑카트·안전·청결·카드 등 기본에 충실한 것이 재래시장의 활성화의 기본이다."고 설명했다.

📖 사례 6-8. 결국은 인재··· 병원 내 감염 신생아 집단 사망 불렀다

출처: 연합뉴스, 2018. 1. 12

이대목동병원·의료진, '관리소홀' 책임 피하기 어려울 듯
주사제 자체 또는 주사 준비과정 중 오염에 무게

 이대목동병원 신생아중환자실에서 신생아 4명이 잇달아 사망한 사고와 관련, 국립과학수사연구원(국과수)이 신생아의 혈액에서 검출된 시트로박터 프룬디(Citrobacter Freundii)균 감염에 의한 패혈증이 사망원인이라는 부검 결과를 내놨다.

 국과수는 감염경로를 특정하지는 않았다. 다만, 신생아에게 지방산과 열량을 공급하기 위해 주사한 지질영양주사제 자체가 시트로박터균에 오염됐거나 취급 과정에서 오염됐을 수 있다는 게 국과수의 판단이다. 따라서 정확한 감염경로는 의료진을 대상으로 한 경찰 조사를 통해 밝혀질 전망이다.

 하지만 남아있는 경찰 수사결과를 떠나 사망원인이 병원 내 세균 감염으로 확인된 만큼 병원과 의료진이 책임을 피하기는 어려울 전망이다.

이대목동병원 신생아 중환자실
(연합뉴스 자료사진)

 감염원으로는 스트로박터균에 오염된 수액이 가장 큰 의심을 받고 있다. 수액은 모든 미숙아의 영양공급에 필수다. 이런 수액에 항생제 내성균인 '시트로박터 프룬디'가 감염됐고, 이게 동시에 사망 신생아한테 공급됐다면 치명적 사고로 이어질 수 있다는 게 감염내과 전문의들의 대체적인 의견이다.

경찰은 바이알(Vial)에 들어있는 지질영양제 자체가 오염됐거나, 바이알을 개봉해 주사로 연결하는 과정에 오염됐을 가능성에 무게를 두고 있다. 수액이 공장에서 만들 때 오염됐거나, 병원에서 신생아한테 주사하기 위해 작업하는 과정에서 오염이 이뤄졌을 두가지 개연성을 의미하는 대목이다. 신생아 주사의 경우 몸무게에 맞춰 용량을 조절하고 여기에 포도당, 단백질, 비타민 성분을 혼합하는 과정을 거친다.

질병관리본부도 지난달 발표에서 "추정컨대 약제부에서의 환경보다는 신생아 중환자실에서 투여를 준비하는 과정에서 (오염이 일어났을 가능성에) 무게를 두고 조사와 분석을 진행 중"이라며 이런 개연성을 시사했다.

오열하는 부모
(연합뉴스 자료사진)

기업윤리

오명돈 서울대병원 감염내과 교수는 "시트로박터 프룬디는 물이나 흙 등 자연환경과 정상인의 위장에도 정상적으로 존재하는 세균"이라며 "병원 내 자연환경에 존재하는 시트로박터 프룬디가 주사제 등을 준비하는 과정에서 '사고'로 들어갔을 가능성이 크다."고 말했다.

따라서 세균에 오염된 수액이 신생아한테 주사됐다면 즉각적으로 균이 퍼져 동시다발적으로 심장박동에 영향을 줬을 수 있다는 게 감염내과 전문가들의 판단이다. 국과수도 세균감염으로 인해 유사한 시기에 사망에 이르게 된 점은 이례적이지만, 심박동의 급격한 변화와 복부팽만 등의 증세가 동시에 4명에게 나타난 점으로 미뤄 유사시기에 감염돼 유사한 경과를 보였을 가능성이 있다는 의견을 제시했다.

오 교수는 "수액의 오염 가능성을 확인하려면 병원에 공급된 수액을 어디서, 누가, 어떻게 용량을 나눴는지를 확인하고 냉장 상태로 제대로 보관했는지도 추가로 들여다봐야 한다."고 지적했다.

📖 사례 6-9. 지구온난화라면서 왜 이렇게 추울까···
온난화의 역설

출처: 중앙일보, 2018. 1. 29

지난 24일 시작된 올겨울 최강 한파가 일주일째 이어지고 있다. 서울의 최저기온은 지난 28일을 제외하고는 매일 아침 영하 10도를 밑돌았고, 한낮에도 영하의 추위가 이어지고 있다. 혹한을 겪으면서 일부에서는 "지구의 기온이 올라가는 온난화가 문제라는데, 이번처럼 겨울이 더 추워지는 이유는 뭘까?"라고 의문을 제기하고 있다. 이에 중앙일보가 전문가의 도움을 받아 답을 찾아봤다.

올겨울 추위는··· 7년 만의 강추위

1월은 연중 가장 추운 달이다. 올 1월 서울의 일(日) 최저기온 평균은 영하 7.3도 수준이 될 것으로 예상된다. 1~28일은 실제 기상청의 기온 관측값을, 29~31일은 기상청 예보 값을 토대로 중앙일보 취재팀이 1월 전체를 계산한 수치다. 이 같은 기온은 2011년 서울의 1월 최저기온 평균치가 영하 10.5도를 기록한 이후 가장 낮은 기온이다. 이번 겨울 추위는 7년 만의 강추위인 셈이다.

강추위에 얼어버린 한강
(중앙일보 자료사진)

하지만 이번 추위는 1960년대나 1980년대 기록과 비교하면 그렇게 낮은 편은 아닌 것으로 확인되고 있다. 과거 1963년 1월에는 서울의 최저기온 평균이 영하 13도를 기록하기도 했다. 10년 단위로 보면 1960~69년에는 1월 최저기온 평균이 영하

기업윤리

8.1도였다. 또 70~79년에는 영하 5.9도, 80~89년에는 영하 7.4도, 90~99년 영하 5.4도, 2000~2009년 영하 5도, 2010~2018년 영하 6.8도였다.

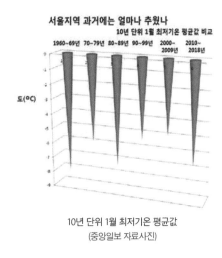

10년 단위 1월 최저기온 평균값
(중앙일보 자료사진)

이를 보면 전반적으로 기온이 올라가는 추세를 보였지만, 80년대와 2010년대에는 추세와 반대로 최저기온이 오히려 낮아졌다. 최근 들어 겨울이 다시 추워진 것은 사실인 셈이다.

1월 추위, 북극진동 지수 영향받아

얼어버린 해안가
(중앙일보 자료사진)

연도별 서울의 1월 최저기온 평균값은 북극진동(AO: Arctic Oscillation) 지수와 연관성이 높은 것으로 확인됐다. 중앙일보가 미국 국립해양대기국(NOAA)에서 제공하는 1960년 이후 연도별 1월의 북극진동 지수 평균값과 기상청의 1월 서울의 최저기온 평균값을 비교한 결과, 1월의 AO 지수가 음수(-)일 때는 1월 최저기온이 낮아지고, 지수가 양수(+)일 때는 최저기온이 올라갔다.

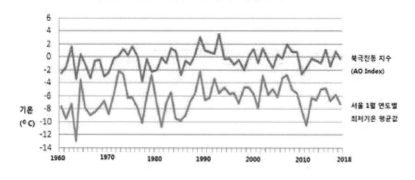

북극진동 지수와 서울의 최저기온 변화 비교
(중앙일보 자료사진)

북극진동은 북극과 중위도 사이의 기압 차이가 주기적으로 커졌다, 작아지기를 반복하는 현상을 말한다. 북극진동 지수가 음의 값을 나타낸다는 것은 북극과 중위도 지방의 기압 차이가 줄었음을 의미한다. 북극의 기온이 상승하면 북극 고기압이 약해지고, 북극과 중위도 지방의 기압 차이가 줄어든다. 온도 차이나 기압 차이가 줄어들면 북극 주변을 도는 제트기류가 약해진다.

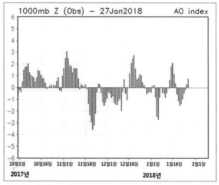

북극진동 지수 변화
(중앙일보 자료사진)

기업윤리

이 제트 기류를 한랭와 혹은 극와류(Polar Vortex)라고 부르는데, 극지방의 추운 공기를 가둬두는 역할을 한다. 제트기류가 동서로 빠르게 흐르지 못하고, 약해지면 원을 그리지 못하고 뱀처럼 구불구불 흐르게 된다. 남북으로 출렁거린다는 얘기다. 극지연구소 김백민 박사는 "10년 단위로 끊어서 볼 때 북극진동 지수와 1월 최저기온과의 상관관계가 높은 시기도 있고, 낮은 시기도 있지만, 전반적으로 상관관계가 높다."며 "북극진동 지수가 음수일 때 북극 한기가 내려오면서 한반도의 겨울이 추워진다."고 말했다.

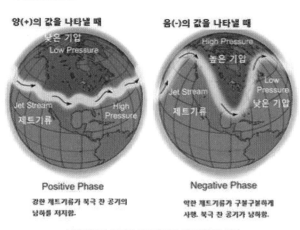

북극진동의 두 가지 모드에 따른 제트기류의 변화
(중앙일보 자료사진)

지구온난화라는데 왜 추운가

당초 전문가들은 지구온난화의 원인물질인 이산화탄소(CO_2)가 증가하면 북극과 적도 지방의 기온 차이가 벌어지고, 북극진동 지수는 강한 양의 값을 나타낼 것으로 전망했다. 북극진동 지수가 양의 값을 보이면 북극 찬 공기가 내려오지 않아 중위도 지방의 겨울은 갈수록 따뜻해질 것으로 예상한 것이다. 하지만 북극진동 지수는 음의 값을 보이고, 찬 공기가 내려오면서 겨울 추위가 오히려 심해진 것이다.

김백민 박사는 "온난화가 빠르게 진행되면서 북극의 기온이 너무 빨리 상승했고, 북극 지방이 온난화에 반응하는 방식이 헝클어졌다."며 "하지만 북극 기온이 상승한 탓에 찬 공기가 쏟아져 내려와도 과거만큼 차갑지는 않다."고 말했다.

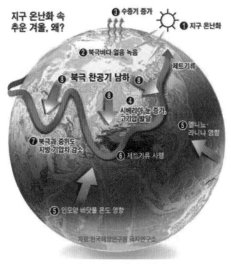

지구 온난화 속 추운 겨울, 왜?

① 지구 온난화
③ 수증기 증가
② 북극바다 얼음 녹음
제트기류
③ 북극 찬공기 남하
④ 시베리아 눈 증가 고기압 발달
⑤ 엘니뇨·라니냐 영향
⑦ 북극과 중위도 지방 기압차 감소
⑥ 제트기류 사행
⑤ 인도양 바닷물 온도 영향

자료:한국해양연구원 극지연구소

지구 온난화인데 추운 이유
(중앙일보 자료사진)

부경대 오재호 환경대기과학과 교수도 "과거에는 북극과 중위도 지방 사이의 온도 차이가 컸고, 제트기류가 한기가 남하하는 것을 막았다."며 "최근 중위도 지방 겨울이 추워진 것은 북극 기온이 15~20도까지 상승하면서 제트기류가 약해진 탓인데, 찬 공기를 가둬두는 '창고(倉庫)의 담벼락'이 무너진 것으로 비유할 수 있다."고 말했다. 한편, 미국 항공우주국(NASA)은 지난 18일(현지시각) "2017년은 지구 평균기온이 2016년에 이어 역사상 두 번째로 높았던 해이고, 만약 2016년처럼 엘니뇨(해수면 온도 상승 현상)가 있었다면 역대 가장 높았을 것"이라고 밝혔다.

NOAA는 지난해 연평균 남극 바다 얼음 면적이 662만㎢로 1979년 관측을 시작한 이래 가장 작았고, 북극 바다 얼음 면적은 646㎢로, 1979년 이래 2번째로 작았다고 지난 21일 발표했다. 상승하는 기온과 녹아내리는 극지방 얼음은 온난화가 진행되고 있음을 말해주는 뚜렷한 증거다. 결국 지구 온난화 속에서도 겨울이 추워지는 것, 그게 바로 '온난화의 역설(Paradox)'인 셈이다.

온난화의 역설
(중앙일보 자료사진)

📖 사례 6-10. 지로용지 발송으로 '납부 의무' 혼동 유도하는 적십사회비

출처: 시사저널, 2018. 2. 8

"공무원 통한 회비 모금은 기부금품법 위반"
지로 용지 발송 위한 개인정보 제공도 문제로 지적

대한적십자사(적십자)의 1차 집중모금기간이 1월 31일로 종료되면서 해묵은 적십자회비 문제가 다시 도마에 올랐다. '반강제 징수' 논란이 있는 적십자의 모금 방식부터, 모금된 돈을 원래 목적과 다른 곳에 사용하거나 늑장 집행하는 적십자의 행태에 대한 비난이 쏟아지고 있기 때문이다. 한 지방자치단체의 경우 공무원들이 적십자회비 모금 행위에 나서도록 압박을 받았다는 주장까지 최근 제기됐다. 관행처럼 굳어진 적십자의 구시대적인 모금 방식과 방만한 운영을 개선해야 한다는 목소리가 높아지고 있다.

시민단체 "반강제성 지로 납부제 폐지해야"

적십자는 매년 연말연시가 되면 25~75세의 모든 세대주에게 지로 용지를 발송해 적십자회비를 납부받고 있다. 적십자회비 지로 용지가 일반 공과금 지로 용지와 비슷하고, 주소와 세대주 이름이 정확하게 적혀 있어 의무적으로 납부해야 한다고 혼동하는 경우가 많다. 지로 용지에는 납부기간도 명시돼 있다. 연체금을 우려해 서둘러 회비를 납부하는 사람들이 적지 않다. 미납한 세대주에게는 지로 용지가 2월에 재발송되기까지 한다. 지로 용지에 '적십자회비는 자율적으로 참여하는 국민성금'이라는 문구가 기재돼 있지만, 의무 납부가 아니라는 충분한 설명이 없어 헷갈리는 사람들이 적지 않다.

실제로 적십자가 지로 용지를 발송해 모금한 2016년 회비는 약 332억 원이다. 적십자 전체 기부금의 32.42%를 차지하고 있다. 적십자는 대한적십자사 조직법을 근거로 국가와 지방자치단체에 세대주 성명과 주소 등 개인정보뿐 아니라, 회비를 납부한 사람의 주민등록번호도 요청할 수 있다. 개인정보를 제공받는 것에 대해서는 어떤 동의도 구하지 않았다.

대한적십자사
(시사저널 이종현 기자 자료사진)

대한적십자사는 연말연시 모든 세대주에게 지로 용지를 발송하고 있다. 적십자 회비 납부는 자율사항이지만, 고지서 형태로 발송되는 점 때문에 의무사항으로 혼동하는 경우가 많다.

최근 개인정보 보호의 중요성이 대두되면서 본인 동의 없이 개인정보가 제공되는 지로 용지에 대한 불쾌감도 커지고 있다. 공공기관으로부터 개인정보를 제공받아 지로 용지를 보내는 방식이 시대에 맞지 않는다는 비판과 함께, 적십자 조직법을 개정해야 한다는 지적이 나오는 이유다.

대구시민단체연대회의는 지난해 초 성명을 내고 적십자의 반강제적 회비모금 방식을 공개적으로 비판하기도 했다. 대구참여연대와 우리복지연합 등이 참여하는 연대회의는 당시 "적십자의 특혜모금 방식에 대해 강력히 항의한다. 행정기관에 개인정보 요구를 중지하고 반강제성 지로 납부제를 폐지하라."고 주장했다.

적십자회비 모금은 1953년 한국전쟁 고아와 전상자들의 구호를 위해 정부가 국민들에게 성원을 당부하는 선포문을 발표하면서 시작됐다. 당시만 해도 국가 예산이 부족했기 때문에 적십자 모금에 국가가 개입했을 수 있었다. 실제 적십자 활동은 많은 도움이 됐다. 하지만 적십자는 60년 이상이 지난 현재까지도 과거와 같은 낡은 방식 그대로 국가행정기관의 손을 빌려 모금활동을 하고 있다. 시민들의 자발적인 모금이 아닌 지로 납부제 모금 방식은 앞으로 계속 저항을 받을 것이고, 모금액 역시 줄어들 것이라고 연대회의 측은 지적했다.

적십자회비라는 명칭이 강제성을 내포하고 있다는 지적도 나왔다. '회비'라고 기부금을 지칭하는 것은 자발적 성금의 성격과는 맞지 않다는 것이다. 연대회의는 "회비는 모임의 개설이나 유지를 위해 회원이 내는 돈이다. 적십자는 회원도 아닌 전 국민의 개인정보를 이용해 반강제적인 지로 용지를 배포하고 있다."며 "회비라는 말을 사용하지 말고 '성금' 등으로 이름을 바꿔야 한다."고 강조했다.

적십자회비는 1996년까지 통·반장들이 집집마다 돌아다니며 수납해 사실상 세금인 것처럼 모금됐다. 이 부분에 대해 문제가 제기되자 지금의 지로 용지 시스템으로 바뀌었다. 하지만 지금도 통장이나 반장, 공무원들이 각 세대나 법인을 찾아 회비 모금을 하고 있다.

지로 용지도 공과금 고지서와 유사하게 납부기한을 명시한 형태인 데다, 통·반장이나 공무원들이 납부를 독촉하기 때문에 준조세(세금은 아니지만 의무적으로 납부해야 하는 부담금)처럼 느껴질 수밖에 없다는 지적이다. 최근 적십자회비 고지서를 받았다는 한 직장인은 "납부 실적이 저조하다면 투명한 경영과 적극적인 홍보를 통해 사람들이 스스로 낼 수 있도록 해야지, 무조건 내라는 식으로 고지서만 발부하면 되는 것이냐."고 비판했다.

우리복지시민연합에 따르면, 전 세계 198개국 적십자 중 세금 같은 지로 용지를 세대주·사업자·법인에 발송하는 방식으로 모금하는 나라는 한국뿐이다. 일본은 적십자 지사에 가입신청서를 제출하거나, 적십자 관계자의 가정방문을 통해 회원가입을 신청한 경우에만 회비를 납부하고 있다. 미국은 공동모금단체(United Way)나 홈페이지를 통해 모금하고 있다. 프랑스·독일 역시 적십자 회원에 한해서만 회비를 받고 있다.

이에 대해 적십자 측은 "여러 문제점을 고려하여 1996년 제도개선위원회를 거쳐 지로제도가 선택됐고 2000년부터 현행의 지로 용지 배부 방식으로 전환된 것"이라며 "지로 용지상에 '적십자회비는 자율적으로 참여하는 국민성금입니다'라고 안내하고 있으며 2018년 2월 중 시행할 2차 모금부터 그 문구를 확실히 인지할 수 있도록 글자 크기를 확대해 정면에 노출할 수 있도록 준비하고 있다.”고 말했다.

"회비 모금 독려 과정에서 압력 가해져"

적십자의 각 지사가 지역별 모금 비율을 지자체에 고지하고 회비 모금을 독려
하는 과정에서, 일선 공무원들에게까지 압력이 가해졌다는 주장도 최근 나왔다. 전
국공무원노동조합 대구경북지역본부는 1월 22일 "공무원을 동원한 불법적인 적십자
회비 모금 행위를 즉각 중단하라."는 내용의 성명을 냈다. 대구시 측이 공무원들에게
적십자회비를 솔선 납부하고, 통장과 반장 등을 통해 아파트에 모금 협조문을 부착
하고 구내방송을 실시하는 등 미납 세대에 대해 납부를 독려하라는 지시를 내렸다
는 것이다. 이들은 "적십자회비 시·도별 모금실적 현황을 첨부해 납부실적이 저조한
구와 군에 무언의 압력을 행사하고 있다."며 "기부금품 모집 및 사용에 관한 법률에
따라 국가나 지방자치단체 및 그 소속 기관과 공무원은 기부금품을 모집할 수 없도
록 규정하고 있다. 엄연한 불법 모금인 것이다."고 강조했다.

관행적으로 이뤄진 공무원들의 적십자회비 모금에 대한 문제가 제기된 것은 이
번이 처음은 아니다. 2012년에도 공무원노조 충북본부가 "공무원을 동원해 적십자
회비를 모금하는 건 기부금법 위반"이라며 적십자 충북지사장과 충북도지사에 대한
고소장을 접수했고, 2014년에는 제주지역본부가 "관권이 개입된 적십자회비 징수에
나서지 않을 것"이라고 주장하며 적십자회비 모금 방식을 자율 방식으로 전환할 것
을 촉구했다.

울산본부의 한 공무원은 "본연의 업무에 충실해야 할 공무원들이 매해 연말이
되면 적십자 고지서를 들고 사업장을 일일이 방문해 납부를 독려하는 '앵벌이'를 하
고 있다. 자율로 이뤄져야 할 회비 납부가 공무원이나 이·통장들의 위계나 사정에 의
해 이루어지고 있다는 사실을 적십자는 스스로 알고 있으면서도 이를 외면하고 있
다."며 기고를 통해 비판하기도 했다.

공무원노조 관계자는 "모금은 자율적으로 하는 것이 중요한데, 반강제 이웃돕
기를 하고 있다. (적십자는) 실적이 떨어지는 지자체장들에게 이야기하고, 지자체는 공
무원들을 압박한다."며 "기부금도 투명하게 쓰이지 않고 있는 데다, 인건비로 많은
돈을 지출하고 있다. 모금을 하는 다른 방법이 있음에도 아직도 지로 용지를 세대별

로 발송하는 것은 구시대적 모습"이라고 지적했다.

메르스 · 태풍 차바 등 재난이 발생한 지역의 적십자 지사가 기부금을 늑장 집행하거나
대체물품 구입을 늦게 했다는 점이 2017년 보건복지부 감사를 통해 드러났다.
(연합뉴스 자료사진)

국가 재난 사태에도 기부금 늑장 집행

적십자 모금에 대한 비판이 제기되는 것은 적십자의 방만한 운영과 내부 비리 때문이기도 하다. 적십자회비가 올바르게 쓰이는지 알 수 없는 데다, 지난해 적십자의 횡령 문제 등이 터지면서 적십자의 투명성에 대해 신뢰하지 못하겠다는 반응도 나온다.

실제로 적십자는 200억 원에 가까운 기부금을 늑장 집행했다가 보건복지부로부터 특별감사를 받았다(시사저널 1448호 '200억대 기부금 늑장 집행했다가 경고 받은 적십자' 기사 참조).

적십자는 이재민 구호사업 등을 기치로 내걸고 있지만, 막상 재해를 입은 지역 적십자의 기부금 집행률은 낮다는 점도 드러났다. 경주에서 진도 5.8의 지진이 발생했지만 적십자 경남지사의 기부금 집행은 당시 24.9%에 불과했다.

태풍 차바(CHABA)의 영향으로 큰 피해를 입은 울산광역시 일부는 행정자치부로부터 특별재난지역으로 선포됐지만, 이 지역을 사업 대상으로 하는 울산지사의 기부금 집행 실적은 사태 초기 38%에 그쳤다. 2015년 메르스 사태가 일어났을 당시에도 열화상카메라 등 대체물품 구입이 늦게 이뤄졌다. 심지어 방호복은 감사가 진행된 2017년 4월까지도 구입되지 않은 것으로 드러났다.

적십자 측은 "기부금 집행률 조사 시점이 10월 말 기준이었고, 실제 연도말 집행율은 본사 80.3%, 전국 지사 합계 86.8%였다."며 "태풍 차바 성금은 당초 지진 안전체험차량을 제작할 계획이었으나 기부자 측과 재협의해 급식차량과 세탁차량으로 변경하여 제작하기로 결정했다. 현재 구매 입찰을 준비하고 있다."고 밝혔다.

국세청과 한국가이드스타에 따르면, 적십자가 2016년 구호 활동·사회봉사 등 목적사업에 사용한 돈은 전체 지출의 59.9%에 불과하다. 3,500명을 고용하고 있는 적십자가 인건비로 사용한 돈은 1,812억 8,078만 원에 이른다.

이에 대해 적십자 측은 "수익사업 지출은 병원, 혈장분획센터, 수품센터 등의 사업비 지출로 공공의료 서비스나 혈액제제 공급 등을 포함한다. 세법상 분류기준을 그대로 적용하여 공시하다 보니 본래의 목적에 쓰이는 비중이 낮다는 오해가 있는 것 같다."고 해명했다.

제 **7** 장

직원의
책임

⭕ 학습목표

이 장을 읽은 후 여러분은
- 직장에서 직원이 가지는 책임의 성격과 범위를 설명할 수 있다.
- 대리인이론 관점에서 직원의 책임을 설명할 수 있다.
- 문지기 또는 경비견으로서의 전문가의 역할을 이해할 수 있다.
- 경영자의 다양한 책임을 설명할 수 있다.
- 다양한 이해관계자의 이익이 충돌하는 이유를 설명할 수 있다.
- 신뢰와 충성심의 중요성을 설명할 수 있다.
- 정직, 내부고발, 그리고 내부자거래와 관련된 윤리적 책임을 설명할 수 있다.

7.1 서론

우리는 6장에서 직원이 직장에서 가지는 몇 가지 권리를 살펴보았다. 권리는 다른 사람으로부터 특정한 방식으로 대우받고, 특정한 재화와 서비스를 얻을 수 있는 것을 의미한다. 한 사람이 가진 권리는 다른 사람의 입장에서 보면, 동일한 크기의 의무가 된다. 따라서 권리를 가지게 되면, 동시에 그 권리에 상응하는 크기의 의무도 가진다는 점을 이해할 필요가 있다. 이 세상에 권리만을 가지고 있거나, 의무만을 가지고 있는 사람은 없다. 권리를 가지면, 동시에 그에 상응하는 의무도 가지고, 의무를 가지면, 그에 상응하는 권리 또한 가진다. 따라서 본장에서는 직원이 직장에서 가지는 책임을 살펴보고자 한다. 책임은 곧 의무이다. 직원은 직장에서 권리를 가지기 때문에 당연히 그에 상응하는 책임도 갖는다.

우리는 다른 사람에게 어떤 책임을 가지는가? 언뜻 보기에, 이 질문은 너무나 광범위하다. 이 질문에 대한 가장 합리적인 대답은 상황에 따라 다르다는 것이다. 그 다른 사람이 누군지에 따라서 우리의 대답은 달라질 것이다. 예를 들어, 저자가 학생에게 가지는 책임은 다른 사람에게 가지는 책임과는 다르다. 직원이 주택담보대출 은행에 가지고 있는 책임은 직장 상사에게 가지고 있는 책임과는 다르다. 논의를 위해서, 다음과 같이 책임과 관련된 세 가지 요소를 생각해보자. 첫째 요소는 A라는 사람, 둘째 요소는 B라는 사람 또는 기관, 그리고 셋째 요소는 A와 B 사이에 존재하는 관계인 R이다. A가 B에게 가지는 책임을 알기 위해서는, R이라는 관계의 속성이 어떤지를 우선 검토해야 한다. 예를 들어, A라는 사람이 B라는 주택담보대출 은행과 맺고 있는 계약적 관계 R은 A가 B에 대해 가지는 의무와 책임의 정도를 공정하고, 분명하게 결정한다. 자녀와 부모 사이에 존재하는 사랑과 의존이라는 관계는 부모가 자녀에게 어떤 책임을 가지는지 규정한다.

그렇다면, 우리는 직장에서 어떤 관계를 가지는가? 언뜻 보기에, 이 질문은 간단해 보일 수 있다. 직장의 고용관계는 고용자가 직원에게 가지는 다양한 의무와 책임을 확정한다. 경제학자 프리드먼은 경영자가 기업의 소유주에 의해 고용되었기 때문에, 소유주에게 직접적인 책임을 가지고, 소유주의 뜻에 따라 기업을 운영하고, 법과 사회적, 윤리적 관습을 지키는 한, 경영자는 최대한 많은 이익을 추구해야 할 책임이 있다고 주장했다. 즉, 경영자는 소유주의 대리인이라는 것이다.

하지만, 엔론의 사례를 보면, 프리드먼의 관점은 너무나 단순하다. 경영자는 당연히 기업의 주주에게 특정한 책임을 가지고 있다. 그러나 동시에 경영자는 기술자, 변호사, 의사, 또는 회계사와 같은 전문직 종사자로서의 책임도 가진다. 셔론 왓킨스는 엔론의 부사장일 뿐만 아니라, 동시에 전문직인 회계사였다. 엔론의 경영자인 케네스 레이에게 보낸 그녀의 편지는 경영자로서의 책임이 전문직 종사자로서의 책임과 상충한다는 점을 잘 보여준다. 엔론의 변호사는 엔론의 직원일 뿐만 아니라, 동시에 법률 전문가이다. 골드만삭스로부터 촉발된 비우량주택담보대출(Sub-Prime Mortgage)로 인한 경제위기를 불러온 전문가들은 모두 한 기업의 직원일 뿐만 아니라, 감사, 회계사, 변호사, 재무평가사, 그리고 투자분석가인 전문직 종사자였다. 그들은 한 기업의 직원으로서 책임을 가질 뿐만 아니라, 전문직 종사자로서의 책임도 가지고 있었다.

이와 같은 사례는 직원이 가족과 친구에게 가지는 책임, 한 기업의 직원으로서 가지는 책임, 그리고 우리 사회의 시민으로서 가지는 책임이 서로 상충될 수 있다는 것을 잘 보여준다.

우리가 가지는 책임이 다른 사람들과 맺고 있는 관계로부터 나온다면, 우리는 고용자와 직원 사이의 관계에 주목할 필요가 있다. 앞에서 언급한 프리드먼의 주장은 협소한 관점에서 본 직원의 책임이라고 할 수 있다. 이 관점에 포함된 고용자와 직원의 관계는 보편적으로 법에 근거를 두고 있고, 우리가 직장에서 직원이 가진 윤리적 책임을 살펴보는데 많은 도움이 될 것이다.

대리인은 일반적으로 다른 사람을 대신해서 행동하는 사람으로 정의된다. 물론, 모든 대리인이 직원은 아니다. 예를 들어, 부동산 대리인이나 투자고문이 대리인이기는 하지만, 직원은 아니다. 그러나 아서 앤더슨에 의해 고용된 회계사는 아서 앤더슨의 직원인 동시에 엔론의 대리인이었다. 미국에서는 모든 직원을 고용자의 대리인으로 간주한다. 직원은 대리인으로서 어떤 특정한 업무를 수행하기 위해 고용되고, 고용자를 대신해서 행동할 의무를 가지고 있다. 기업에서의 관계는 고용자와 직원 모두에게 특정한 책임과 의무를 부여한다. 대체로, 기업은 직원에게 충성, 복종, 그리고 비밀유지의 책임 등을 부여한다. 우리는 직원을 경영자와 일반직원으로 구분하여 살펴볼 필요가 있다. 왜냐하면, 기업의 경영자 역시 소유주에 의해 고용된 직원이다. 다만, 일반 직원에 비해 경영자는 전문성과 막대한 권한을 가진 점이 다를 뿐이다. 고용자와 대리인의 관계에서 대리인이 가지는 의사결정권의 정도에는 많은 차이가 있다.

미국의 경우, 일반 직원은 직장에서 의사결정권을 거의 갖고 있지 않다. 미국의 전통은 고용자와 대리인의 관계를 마치 주인과 하인의 관계로 간주한다. 이 관계에서 고용자는 고용의 속성과 기간에 대해 상당한 통제권을 행사한다. 대리인은 고용자로부터 지시를 받고, 지속적인 감독이 필요한 사람이다. 예를 들어, 비서나 공장 직원은 면밀한 감독 하에 정해진 임금을 받고, 일정한 시간동안 주어진 업무를 하기 위해서 고용된다. 대리인의 책임은 단지 고용자의 지시에 복종하는 것이고, 고용자의 책임은 합의한 임금을 대리인에게 지불하는 것이다.

일반 직원과 달리, 경영자가 가지고 있는 권한이 크고, 경영자는 고용자의 이익을 위해 행동할 책임을 가진다. 경영자는 경영과 기업 운영에 대한 전문성을 가지고 있다. 이 전문성은 경영자가 일반 직원보다 더 많은 권한과 책임을 가지는 것을 정당화한다. 그러므로 경영자는 기업을 대표해서 기업의 자원을 사용하고, 계약을 체결하고, 일반 직원을 고용하고, 해고하는 법적인 권한을 가지고 모든 의사결정을 할 자율성을 가진다. 일반적으로, 경영자는 소유주의 재무이익을 극대화시킬 신탁의무를 갖는다. 신탁의무란 소유주가 경영자를 신뢰해서 모든 자원의 사용에 대한 권한을 경영자에게 위임한 것으로부터 발생하는 경영자의 책임을 의미한다. 일반 직원과 달리, 경영자는 소유주의 일상적 감독으로부터 자유롭다. 소유주가 매일 경영자를 감독할 필요는 없다. 경영자는 단지 경영성과에 대한 최종 책임을 지기만 하면 된다.

고용자와 대리인의 관계는 우리에게 직원의 책임에 대해 많은 시사점을 제공한다. 직원은 고용자에 대해 충성, 신뢰, 복종, 그리고 비밀유지의 책임을 갖는다. 예를 들어, 엔론의 부사장인 셔론 왓킨스가 그녀의 고용자에게 가지는 책임이 그녀로 하여금 증권거래위원회에 경영자의 부적절하고, 비윤리적인 행동을 고발하지 못하도록 막은 것이다. 그녀는 엔론의 직원으로서 경영자의 결정에 복종하고, 신뢰하고, 충성하고, 비밀을 지킬 책임을 가지고 있었다. 물론, 직원이 고용자에게 복종해야 하는 책임이 다른 윤리적, 법적 책임보다 더 중요하고, 우선한다고 말할 수는 없다. 심지어 프리드먼도 법을 지키고 윤리적 관습에 순응하는 책임이, 직원이 고용자에게 복종해야 하는 책임보다 더 우선한다고 인정한다. 직장에서 직원이 가지는 두 가지 이상의 책임이 상충할 때, 상황은 더욱 복잡해진다. 여러 가지 책임 중에서 어느 책임을 우선할 것인가?

여러분은 직원이 직장에서 가지는 책임에 대한 협소한 관점을 윤리적으로 지지할 수 있는가? 이 질문에 답하기 위해서 직원이 직장에서 가지는 책임에 대한 협소한 관점을 먼저 살펴보자. 직원이 고용자에게 복종할 책임을 외면할 수 있을까? 직원은, 특히 관리직 직원인 경영자는 기업에서 자신에게 맡겨진 특정한 역할을 수행한다. 직원은 자신이 맡은 역할을 수행할 때, 오직 고용자에게 복종할 책임만을 생각하면, 다른 윤리적인 고려사항을 소홀히 하게 된다. 이것은 우리가 앞에서 검토했던 공리주의의 경우와 매우 흡사하다. 또한, 소유주의 사유재산권과 직원이 고용자에게 복종하지 않았을 때 고용자가 입을 경제적 피해에 대해 생각하면, 직원은 고용자에게 복종해야 할 것이다. 그러나 이 접근법은 윤리적으로 심각한 문제를 불러온다. 이 문제에 대해 더 자세히 다루기 위해 경영자와 일반 직원의 경우를 각각 생각해보자.

일반 직원의 경우를 보면, 사기나 횡령과 같은 법적인 잘못을 저질렀을 때, 단지 상사의 명령에 복종했다고 해서 법적 책임을 면제해 주지는 않는다. 이에 대한 일반적이고, 극단적인 사례가 전범재판의 경우이다. 여러분은 전범이 상관의 명령에 따랐을 뿐이라고 변명할 때, 그 사람을 용서할 수 있는가? 기업의 공금을 횡령한 사람이 자신은 단지 상사가 시켜서 했다고 말한다면, 여러분은 그 사람을 용서할 수 있는가?

　　언뜻 보기에, 직원은 고용자에게 복종할 책임을 가진다는 협소한 관점은 상당한 윤리적 근거를 가지고 있는 것처럼 보인다. 직원은 고용될 때 고용자에게 복종할 것을 약속한다. 직원이 동의했기 때문에, 고용자의 명령에 복종하는 것은 직원이 자신의 책임을 이행하는 것이다. 그러나 이 주장은 전혀 설득력이 없다. 우선, 동의만으로는 책임을 면제시킬 이유가 충분하지 않다. 예를 들어, 전쟁범죄의 경우 군대에 지원한 사람이 맹목적으로 상사의 모든 명령에 복종할 것을 약속한 것은 아니다. 마찬가지로, 기업에서 모든 직원이 고용자에게 복종해야 할 의무는 고용자의 요구 또는 명령이 업무와 관련되어 있고, 합리적이고, 상식적일 때에만 허용된다. 그렇지 않다면, 그것은 개인의 책임을 비합리적으로 타인에게 떠넘기는 것과 같다. 예를 들어, 직원이 고용자가 지시한 비윤리적 명령에 복종해야 될 윤리적 책임이 있다고 주장하는 것은 비합리적이고, 이치에도 맞지 않다. 여러분은 어떻게 생각하는가?

　　직장에서 고용자와 직원의 관계는 갑과 을의 관계라고 할 수 있다. 즉, 직원이 절대적으로 약자의 입장에 있다. 고용자 또는 경영자는 직원을 고용하고, 임금과 상여금을 주고, 교육과 훈련을 시키며, 승진과 좌천을 할 수 있는 엄청난 힘이 있다. 따라서 직원이 고용되기 위해 고용자에게 복종할 것을 자발적으로 동의했으므로, 직원이 고용자에게 복종할 책임이 있다고 하더라도, 우리는 직원이 고용관계에서 얼마나 자유로운지를 생각할 필요가 있다. 고용자의 명령에 복종하든지, 해고되든지 둘 중 하나를 선택하는 것은 근본적으로 강압적인 상황인 것이다. 따라서 직원의 동의는 전적으로 자유로운 것이 아니라고 결론지을 수 있다. 예를 들어, 엔론의 경영자인 제프리 스킬링에 의해, 비협력적이고 비협조적인 직원은 좌천되거나, 다른 부서로 발령을 받았고, 심지어 해고되기도 했다. 고용자는 직원을 좌천하고, 해고할 막강한 권한이 있으므로, 직원은 비록 경영자가 윤리적으로 옳지 않은 명령을 하더라도 어쩔 수 없이 따를 수밖에 없다. 직원은 경영자의 강력한 권한이 자의적이고, 무분별하게 행사되는 것으로부터 마땅히 보호받아야 한다.

일반 직원은 고용자로부터 받은 업무와 관련된 지시와 합리적인 지시를 따를 책임이 있다. 이 책임은 고용자의 지시가 합법적이고, 윤리적인 의무를 위반하지 않는다는 전제가 충족되어야 한다. 반드시 업무와 관련된 지시라야 한다는 전제조건은 고용자가 직원을 하인과 같이 함부로 대우하는 것을 방지한다. 고용자의 권한은 오로지 업무와 관련된 범위 내에서만 윤리적으로 타당하므로, 오직 업무와 관련된 문제에 대해서만 그 권한이 사용되어야 한다. 예를 들어, 직원은 고용자의 개인적 심부름을 할 책임이 없다. 직원에게 담배를 사오라고 하거나, 음료수를 사오라고 하는 것은 윤리적으로 옳지 않다. 나는 이 주제와 관련해서 기업윤리 수업 시간에 학생들에게 질문을 한 적이 있다. "만약, 내가 여러분에게 담배를 사오라고 하면, 여러분은 어떻게 하겠어요?" 물론, 나는 이 질문을 하면서 학생들이 "교수님의 요구를 거절하겠어요."라고 대답할 것으로 예상했다. 그런데, 학생들의 대답은 의외였다. "사오겠어요."라고 거의 모든 학생들이 대답하는 것이다. 나는 너무나 뜻밖의 대답에 적지 않게 놀랐다. 잠시 후, 나는 다시 질문했다. "담배를 사오라는 요구는 학업과 관련이 없는, 윤리적으로 부당한 요구입니다. 여러분은 내 요구를 거절해야 옳아요. 그런데, 왜 담배를 사오겠다고 대답했죠?" 몇 명의 학생이 대답했다. "교수님을 위해서 그 정도는 할 수 있어요." 이 학생들을 어떻게 사랑하지 않을 수 있겠는가? 그럼에도 불구하고, 업무와 관련되지 않은 윤리적으로 부당한 요구는 거절하는 것이 옳다.

다시 본론으로 돌아가서, 또 다른 전제조건인 고용자의 지시가 합리적이어야 한다는 것은 직원이 고용자의 지시를 수행할 수 있어야 하고, 고용자의 지시가 직원의 통상적 업무 범위에 해당하고, 고용자의 지시가 직원을 위험에 빠뜨리지 않아야 한다는 것을 의미한다. 마지막 전제조건은 고용자가 직원에게 법을 어기게 하거나, 다른 사람에게 피해를 입히거나, 직원의 양심을 훼손하지 않도록 해야 한다는 의미이다. 직원이 비윤리적인 행위를 할 윤리적인 책임을 갖는다고 주장하는 것은 모순이다. 그것은 비상식적이고, 비합리적이다.

직원은 고용자가 바라는 만큼 오래 그리고 최대한 많은 일을 할 책임이 있는가? 고용자는 업무의 양과 질에 대한 기준을 자유롭게 정할 수 있는가? 고용자가 원하는 만큼 일을 하지 않으면, 직원은 책임을 충실히 이행하지 않은 것인가? 분명히 고용자는 직원이 항상 열심히 일하기를 원할 것이다. 그러나 시장이 공공정책을 위한 가장 효율적인 도구라고 생각하는 사람은 이 기대가 매우 비합리적이라고 주장한다. 그들의 주장에 따르면, 노동시장은 효율적으로 직원에게 요구하는 업무정도를 설정한다. 만약, 고용자가 A라는 직원보다 동일한 임금으로 더 오래 또는 열심히 일하는 B라는 직원을 구할 수 있다면, A라는 직원은 경쟁적 노동시장에서 일자리를 잃게 될 것이다. 물론, 직원은 정당한 임금을 받기 위해서 필요한 만큼의 일을 할 책임을 갖는다. 그러나 임금보다 더 많은 일을 하도록 요구하는 고용자가 있다면, 그는 비윤리적인 고용자이다.

직원의 책임에 대한 협소한 관점은 일반 직원의 경우보다는 관리직 직원인 경영자의 경우에 더 타당하다. 경영자는 기업의 소유주를 대신해서 행동할 법적인 권한과 책임을 가진다. 이것은 경영자가 기업의 소유주가 가지지 못한 경영에 대한 전문지식을 가지고 있다는 것에 의해 정당화된다. 전문지식의 불균형과 소유주 대신 행동할 권한과 책임은 대리인이론에서 가장 중요한 개념이다. 여러분은 어떤 목적을 위해서 전문가의 도움이 필요한 경우, 예를 들어, 부동산 중개인이나 변호사와 같은 대리인을 고용할 것이다. 그러나 여러분은 전문지식이 없으므로, 여러분은 약자의 위치에 놓일 수밖에 없다. 권한을 행사할 수 있는 사람으로부터 약자를 보호하는 것과 권한을 가진 사람이 책임을 가져야 하는 것은 약자의 보호차원에서 볼 때, 윤리적으로 매우 중요하다. 관리직 직원인 경영자의 경우, 전문지식을 가진 경영자에 의해 소유주가 피해를 입을 가능성이 크고, 일반 직원의 경우, 전문지식을 가지지 않은 일반 직원이 고용자 또는 경영자에 의해 피해를 입을 가능성이 크다. 기업윤리는 항상 약자의 편에 서서, 강자보다는 약자를 보호해야 한다.

직원의 책임에 대한 협소한 관점은 우리에게 몇 가지 윤리적 고려사항을 제공한다. 만약, 여러분이 여러분의 이름으로 계약을 체결할 수 있는 권한을 다른 사람에게 양도한다면, 여러분은 그 순간부터 분명히 약자의 입장에 처하게 된다. 여러분이 기업 외부의 회계사에게 기업의 재무정보를 공개한다면, 여러분은 여러분의 의사와 관계없이, 여러분의 재무정보가 그 회계사에 의해 다른 용도로 활용될 수 있는 위험에 처한 것이다. 따라서 대리인은 고용자의 이익을 위해 행동해야 하고, 고용자의 자원을 사용해서 자신의 사리사욕을 채우지 않아야 할 책임을 갖는다. 대리인이 가진 전문지식은 결국 고용계약을 할 때, 고용자가 임금이라는 대가를 주고 구입한 것이다. 일반적으로, 기업의 경영자는 고용자의 이익을 위해 행동할 윤리적인 책임을 가진다. 그러면, 소유주의 대리인으로서 경영자의 책임은 언제, 어떤 상황에서 다른 윤리적인 책임보다 우선하는가?

특정한 역할에 요구되는 책임은 일반적인 윤리적 책임보다 우선하는 경향이 있다. 예를 들어, 의사나 변호사의 경우, 환자나 의뢰인의 비밀을 보호할 책임이 다른 어떤 윤리적인 책임보다 우선한다. 즉, 특정한 전문직 종사자에게는 특정한 역할에 대한 특정한 책임이 요구되는 것이다. 예를 들어, 변호사가 고객의 변호 전략에 대한 세부사항을 유출하고, 의사가 환자의 진료기록을 제약회사에 팔아넘기는 것은 매우 비윤리적이다. 마찬가지로, 회계사가 자신의 고객에 대한 책임을 간과할 경우, 회계사는 그것에 대한 법적인 책임을 져야한다. 그러면, 여러분은 기업의 경영자가 의사, 변호사, 회계사와 같은 전문직 종사자로서의 책임을 갖는다고 생각하는가? 예를 들어, 경영자의 역할이 의사, 변호사, 또는 회계사의 역할과 같이, 보통의 윤리적 책임이 면제될 만큼 충분하고도 중요한 사회적인 가치를 제공하는가? 이 질문에 포괄적으로 답하기보다는 구체적인 답이 필요하다. 경영자가 직원에게 가지고 있는 책임은 구체적으로 어떤 것인가? 그 책임이 다른 책임과 충돌할 때, 어떤 일이 발생할 수 있는가?

경영자의 책임이 충돌하는 대부분의 경우는 경영자가 전문직 종사자일 때 발생한다. 변호사나 회계사는 자신의 이익과 기업 소유주의 이익보다 더 중요한 특정한 분야의 전문가로서의 책임을 가진다. 아마도 아서 앤더슨의 사례가 이 쟁점을 가장 잘 보여줄 것이다. 아서 앤더슨의 회계사들은 엔론에 고용되어 일을 했고, 그들이 가진 회계사로서의 책임이 엔론의 경영자와 주주의 이익에 대한 책임과 서로 충돌했다. 기업의 경영자가 우선시해야 하는 전문가로서의 책임을 가지고 있는지 살펴보기 전에 기업에서 회계사나 변호사와 같은 전문가의 역할과 책임에 대해 살펴보자.

7.3 전문가 윤리와 문지기로서의 역할

우리 사회에서 전문가의 책임이 일반적인 윤리적 책임보다 우선하는 경향이 있다. 골드만삭스와 엔론에서 일한 회계사들의 전문가로서의 책임은 다른 사람들의 이익과 상충했다. 예를 들어, 변호사는 비록 다른 사람을 속이더라도, 자신의 의뢰인에 대한 정보를 비밀로 할 책임이 있다. 변호사는 자신의 의뢰인이 범죄를 저질렀다는 것을 알면서도, 경찰에 알리지 않을 책임이 있다. 기자는 누가 언론사에 제보했는지 알면서도, 제보자의 신분을 익명으로 보호할 책임이 있다. 가족이 환자의 병에 대해 알고자해도, 환자가 원하지 않으면, 의사는 비밀을 지킬 책임이 있다. 간호사는 병원의 직원으로서, 병원 경영진의 지시를 따를 책임이 있지만, 동시에 전문가로서, 병원의 재정적 이익과 관계없이 환자를 보호할 책임이 있다.

우리의 책임은 타인과 맺고 있는 관계에서의 역할이라는 관점에서 이해할 수 있다. 우리의 역할은 우리가 다른 사람과 맺고 있는 관계에 의해 결정되므로, 우리가 가지는 책임은 우리가 가진 특정한 역할로부터 발생한다. 현대사회에서 역할은 직업과 깊은 관련이 있다. 우리는 보통 의사, 간호사, 기술자, 그리고 변호사를 전문가로 생각한다. 비즈니스에서는 경영자, 회계사, 재무분석가, 투자분석가 등이 전문가이다.

전문가는 예를 들어, 법학, 의학, 공학과 같은 고도의 전문지식이나 전문성을 가지고 있다는 점에서 다른 일반 직업과 구분된다. 전문가는 공익을 위한 역할을 하고, 공공기관에 의해서 그 자격을 인정받는다. 예를 들어, 공인회계사는 공공기관에 의해 자격을 인정받은 회계사를 의미한다. 전문가는 특정한 법적, 사회적 특권을 누린다. 예를 들어, 의사는 처방전을 쓸 수 있고, 법조인은 법을 집행할 수 있고, 기술자는 설계도를 만들 수 있다. 그리고 항상 그런 것은 아니지만, 전문가는 높은 수입과 사회적 존경을 받는다. 중요한 점은 전문가는 법적, 사회적 특권을 누리는 동시에 공익을 위해 전문가로서 특정한 의무와 책임을 가진다는 것이다.

우리는 보통 전문가의 책임이 전문가가 가지고 있는 특수한 지식이나 전문성과 깊은 관계가 있다고 생각한다. 전문가가 가진 특수한 지식이나 전문성이 사회공익을 위해 중요한 역할을 하고, 특수한 지식이나 전문성이 부족한 일반인은 전문가에 비해 불리한 입장에 처하기 때문에, 우리 사회는 전문가에게 직업과 관련된 특정한 책임을 부여한다. 비즈니스에서도 전문가는 매우 중요한 역할을 한다. 프리드먼과 같이 자유시장경제를 지지하는 사람은 특정 조건이 충족될 때, 시장이 제대로 기능할 수 있다고 믿었다. 시장이 제대로 작동하기 위해서는 법을 준수해야 하고, 완전한 정보를 필요로 하고, 부정행위와 속임수가 존재하지 않아야 한다. 기업에서 일하는 전문가, 예를 들어, 변호사, 감사, 회계사, 그리고 재무분석가는 오직 이런 전제조건이 충족될 때에만 제대로 역할을 수행할 수 있다. 이들은 시장에 진입하는 사람들이 규칙에 따라 활동하는지, 시장이 제대로 기능을 하는지를 진단하고, 감시하는 역할을 하므로 문지기 또는 경비견으로도 불린다. 즉 전문가는 시장의 다양한 주체 사이에서 감시기능을 해야 한다. 회계사는 투자자의 결정이 부정행위와 속임수에 빠지지 않도록, 기업의 재무제표를 검증한다. 투자분석가는 은행과 투자자가 투자를 안심하고 할 수 있도록, 기업의 재무전망이나 신용을 평가한다. 변호사는 의사결정과 거래가 법을 준수하는지에 대해서 조언하는 역할을 한다. 마찬가지로, 기업의 이사회는 기업의 주주와 경영자 사이의 매개역할을 하고, 경영자가 주주의 이익을 위해서 행동하도록 감독하고, 견제해야 한다.

한편, 전문가는 감독해야 할 기업에 의해 고용되고, 임금을 받는다. 아서 앤더슨의 사례가 보여주듯, 아서 앤더슨에서 일하는 회계사는 전문가인 동시에 아서 앤더슨의 직원이었다. 이것이 전문가로서의 책임과 개인적 이익 사이의 갈등을 일으켰다. 자격을 갖춘 공인회계사는 대중에게 전문가로서의 책임을 가지고 있다. 그러나 동시에 그들은 그들에게 금전적 이익을 제공하는 고용자와 고객을 위해 일한다. 그러므로 전문가로서의 책임과 개인의 이익 사이에서 심각한 갈등이 일어난다.

어떤 의미에서는 전문가로서의 책임과 관련된 윤리적인 쟁점이 분명하다. 전문가로서의 책임은 경제적 합법성을 위한 전제조건이기 때문에, 직원으로서 가지는 그 어떤 책임보다 우선한다. 그러나 책임이 무엇인지 아는 것과 책임을 실천하는 것은 별개의 문제다. 앞에서도 언급했듯, 동양철학 중 하나인 양명학은 아는 것과 실천하는 것을 일치시켜야 한다고 주장했다. 즉, 지행합일을 중요한 윤리적 덕목으로 본 것이다. 그러나 여러분은 이것이 얼마나 어려운 지 쉽게 짐작할 수 있을 것이다. 우리는 모든 학생이 열심히 공부해야 하고, 예습과 복습을 하는 것이 좋은 성적을 얻는 데 매우 효과적이라는 것을 이미 잘 알고 있다. 그러나 일부의 학생만이 그것을 실천한다. 우리는 왜 아는 것을 실천하기 어려운 것일까? 여러 가지 이유와 원인이 있을 것이다. 불쌍하고, 가난한 사람을 돕는 것이 윤리적으로 옳다고 알고 있지만, 돈이 없거나, 시간이 없다면, 실천할 수 없을 것이다. 철학자들은 사람들이 어떤 일을 하는 이유에 대해 고찰해왔다. 어떤 의미에서, 이유는 사람의 행동에 대한 합법성과 정당성을 의미한다. 사람이 어떤 행동에 대한 정당한 이유를 가지고 있다면, 그 행동이 합법화되고, 정당화될 수 있다는 것을 의미한다. 예를 들어, 엔론의 감사인 데이비드 던컨은 엔론의 경영자가 회계 상 부정행위를 저지른 것을 알았고, 그것을 고발할 만한 타당한 이유를 가지고 있었다. 따라서 그는 엔론의 경영자를 관계기관에 고발했어야 한다. 그러나 던컨은 그가 고발을 해야 할 타당한 이유를 가지고 있었지만, 동시에 고발을 하지 않아야 할 이유 역시 가지고 있었다. 전문가로서의 책임과 경영자에 대한 충성이라는 책임이 충돌했고, 그는 후자를 선택했다. 그 결과는 윤리적으로, 경제적으로 매우 참혹했다. 여러분이 던컨이라면, 어떤 결정을 하겠는가?

　윤리학은 자기합리화를 경계한다. 우리는 윤리적인 정당성이 있음에도 불구하고, 왜 던컨이 해야 할 일을 하지 않았는지 궁금하다. 이 문제에 답하기 위해서 우리가 1장에서 논의한 개인의 도덕과 사회윤리에 대해 살펴볼 필요가 있다. 개인의 도덕에 대해 살펴보면, 우리가 윤리적 원칙에 따라 행동하기 위해서는 진정한 용기, 훈련, 그리고 의지가 필요하다. 옳은 일을 위해서 때로는 희생이 필요하고, 불의와 싸워야 하므로 용기가 필요하다. 용기가 없다면, 자신이 옳다고 믿는 일을 실행할 수 없다. 다음으로 훈련이 필요하다. 훈련에는 교육도 포함된다. 즉, 이 책을 읽고 있는 여러분과 같이 평소에 기업윤리를 공부하고, 여러 가지 윤리문제에 대해 고민하고, 추론하고, 판단하는 훈련이 필요하다. 여러분이 적절히 훈련이 되어 있다면, 윤리적 딜레마 상황에서 여러분은 신속하고, 옳은 윤리적 결정을 할 수 있을 것이다. 다음으로 필요한 것은 여러분의 의지이다. 의지란 어떤 일이 있더라도, 어떤 희생을 감수하고라도, 어떤 불이익을 받더라도, 그 일을 반드시 하겠다는 결심을 의미한다. 여러분이 옳다고 믿는 윤리적 신념을 위해서는 이 세 가지 요소가 모두 필요하다.

　따라서 미덕윤리는 우리로 하여금 윤리적으로 옳다고 생각하는 방식으로 행동하도록 하는 개인의 습관과 성격을 발달시키도록 요구한다. 아마도 던컨은 용기가 부족했고, 직업을 잃을까 두려웠고, 전문가의 책임을 외면하고 싶었을 것이다. 용기, 두려움, 그리고 무관심은 모두 개인의 성격적 특성이다. 던컨을 비롯한 엔론의 감사들에 대한 윤리적 판단은 그들이 잘못을 알았는지 몰랐는지의 문제가 아니라, 그들의 성격적 특성이 문제인 것이다. 감사들이 회계 상 부정행위가 옳지 않다는 것을 몰랐을 리가 없다. 그들은 잘못인 줄 알았지만, 바로 잡을 용기가 부족했고, 적절하게 윤리적으로 행동하는 성격을 가지고 있지 못한 것으로 보인다.

사람들은 자신의 성격에 책임을 갖는다. 따라서 미덕윤리는 개인의 도덕성 발달과 윤리교육의 중요성을 강조한다. 우리의 습관은 오랜 시간에 걸쳐 형성되고, 발달되고, 주변 환경에 의해 많은 영향을 받는다. 그러므로 우리는 직원이 근무하는 환경과 기업문화의 중요성을 다시 한 번 인식해야 한다. 만약, 아서 앤더슨과 엔론이 원칙이 존중되고, 개인이 윤리적으로 행동해야 할 기업문화를 가지고 있었다면, 아마도 감사들은 그들의 전문가로서의 책임에 따라 행동했을 것이다. 마찬가지로, 골드만삭스의 경우 금융스캔들 이전에는 직원이 고객의 이익을 우선하도록 장려하는 기업문화를 가지고 있었다.

문지기 또는 경비견으로서 전문가의 역할이 자유시장경제의 기능에 필수적이라는 것을 인정한다면, 전문가가 서로 다른 이익의 상충 상황에 적절히 대응하지 못할 경우, 우리 사회가 최종적으로 감시하고, 통제할 책임을 가진다. 예를 들어, 회계사가 기업으로부터 고용되고, 월급을 받는 한, 전문가적 책임과 개인의 이익 사이에서 이익의 충돌이 언제든지 일어날 수 있다. 이것은 공인회계사제도가 유지될 명분이 된다. 그리고 회계사를 고용해서 함께 일하는 경영자보다는 기업의 이사회가 이들을 감시할 필요가 있다. 공인회계사의 급여가 공적 자금으로 지급된다면, 공인회계사가 기업의 경영자를 위해 불법적, 탈법적 회계처리를 묵인하는 경우는 원천적으로 차단될 수 있다. 우리 사회가 전문가를 이익의 충돌로부터 보호하기 위해서는 법적인 장치와 제도를 구축해야 한다. 개인의 도덕성에 대한 문제가 아니라, 사회윤리의 관점에서 보면 전체 제도를 바꾸고, 보완하는 것이 계속되는 회계 관련 스캔들에 일일이 대응하는 것보다는 더 효율적이고, 효과적인 방법이 될 것이다.

7.4 경영자의 책임

　기업의 경영자가 고용자 또는 소유주에게 가지는 책임은 무엇인가? 이 질문에 답하기 위해서 기업주, 소유주, 주주, 투자자 등으로 다양하게 불리는 기업 소유주의 이익에 대해 생각해 볼 필요가 있다. 기업의 소유주를 일컫는 다양한 명칭을 볼 때, 이 문제가 결코 쉽지 않다는 것을 알 수 있다. 기업 소유주의 이익은 대리인으로서 경영자가 가지는 가장 중요한 책임이라는 것은 명백한 사실이다. 여러분이 부동산 중개인을 고용할 때, 여러분의 관심은 오직 빠른 시일 내에 가장 높은 가격으로 여러분의 집이나 땅을 파는 것이다. 그러면, 기업의 경영자는 소유주에게 어떤 이익을 제공해야 하는가? 경영자의 책임에 대한 협소한 관점이 제시하는 대답은 경제학자 프리드먼의 주장과 같이 소유주의 뜻대로 기업을 운영하는 것이고, 그것은 이익을 극대화하는 것이다.

　언뜻 보기에, 매우 간단해 보이는 이 답은 윤리적으로 많은 문제점을 가지고 있다. 작은 규모의 기업에서 소유주는 그 기업의 주인이지만, 오늘날과 같이 거대한 주식회사의 소유주는 주식을 보유한 수많은 개인, 기관투자자, 그리고 외국인투자자, 그리고 미세한 주가의 변동으로 빠른 차익을 얻는 단기투자자에 이르기까지 그 범위가 참으로 광범위하다. 우리가 누구를 엔론의 소유주로 볼 것인지 한 번 생각해보자. 엔론의 주식을 보유한 개인투자자와 엔론의 직원, 엔론의 경영자, 투자회사, 은행, 보험회사, 그리고 기관투자자가 모두 엔론의 소유주였다. 또한, 기업의 주식은 대출을 위한 담보로 이용되고, 다양한 협력관계를 포함한 합작 또는 투자 사업에도 이용된다. 이처럼, 주식을 보유한 사람 또는 기관이 모두 기업의 소유주가 되는 것이다. 이처럼, 다양한 소유주는 각자 나름대로의 다양한 이해를 가지고 있다. 개인투자자는 기업과 제품을 신뢰하기 때문에 주식을 구입할 것이다. 어떤 투자자는 단기이익을 얻기 위해서 주식을 구입할 것이다. 어떤 사람은 주식투자를 기업과 기업이 가진 기술에 투자하는 것으로 생각한다. 어떤 사람은 주식을 단기이익 추구를 위한 하나의 투기수단으로 생각한다. 기업의 소유주가 가진 다양한 이해를 생각하면, 소유주의 이해 사이에 어쩔 수 없이 서로 충돌하는 갈등이 생길 것이다. 대부분의 경우, 기업의 장기적 재무 상태는 소유주가 이익을 기업에 재투자할 때, 건전해지고, 기업의 성과는 재투자로 인해 더욱 향상된다. 그러나 자본, 노동력, 연구 및 개발에 다시 재투자하기 위해서는 기회비용을 포함한 많은 비용이 든다. 단기적으로 보면, 주주에게 더 적은 배당과 더 적은 이익이 돌아갈 것이다. 이런 이유 때문에 주주는 재투자를 좋아하지 않는다. 그러나 기업의 생존과 발전을 위해서는 반드시 재투자가 이루어져야 한다.

기업의 소유주와 경영자의 관계에 대한 더 적합한 이론을 찾기 위해서 우리가 3장에서 살펴본 이해관계자이론으로 돌아 가보자. 이 이론은 기업의 소유주와 투자자를 구별하고, 경영자는 다양한 이해관계자에게 균형적인 책임을 가져야 한다고 결론을 내렸다. 기업은 단순히 개인투자자가 결정한 대로 운영할 수 있는 개인자산이 아니다. 기업은 다양한 이해관계자에게 다양한 이익을 제공해야 하는 사회기관이다. 이 관점에서 기업의 경영자는 투자자의 이익뿐만 아니라, 기업의 진정한 이익을 추구할 책임이 있다. 일반적으로, 기업의 이익은 소비자에게 적정한 가격으로 양질의 제품과 서비스를 제공하고, 직원에게 적정한 임금, 상여금, 그리고 복지혜택을 주고, 주주에게 배당금을 포함하여 높은 투자이익을 제공하면서, 경쟁우위를 확보하여 경쟁력을 갖추고, 재무적으로 안정된 기업으로서 살아남아서, 발전하는 것이다.

미국의 골드만삭스의 경우를 생각해보자. 골드만삭스는 한때 고객의 이익을 최우선으로 생각했다. 그러나 시간이 지나면서 골드만삭스는 고객의 이익을 희생해서라도 기업의 이익을 최대로 추구하는 사악한 기업으로 바뀌었다. 대부분의 경우, 순수한 초심을 잃고 변질되면, 좋지 않은 결말을 맞게 된다. 골드만삭스는 한때 이익률이 가장 높은 기업이었지만, 이익을 최대한으로 추구하는 탐욕에 굴복함으로써 타락했고, 변질되었다.

기업의 경영자가 다양한 이해관계자의 이익을 위해 일할 책임이 있다면, 어떤 경우에 이익이 서로 충돌하는지 살펴보자. 경영자는 기업을 경영할 수 있는 전문적인 능력을 가지고 있기 때문에, 소유주에 의해서 고용되었다. 따라서 경영자가 주주의 이익을 희생시키면서 회사를 경영하는 것은 기업의 소유주에 대한 책임과 충돌한다. 예를 들어, 엔론의 부사장인 왓킨스가 엔론의 경영자에게 잘못된 회계처리에 대해 경고했을 때, 경영자의 관점에서 그녀의 행동은 명백히 상사에게 충성스럽지 못한 태도였다. 그러나 왓킨스가 가진 부사장의 지위는 회계사로서 그녀가 가진 전문적 능력으로 얻은 것이므로, 엔론에 대한 그녀의 책임은 그녀의 전문성을 발휘하는 것이지, 상사를 위해 그녀의 전문성을 희생시키는 것이 아니다. 즉, 그녀는 두 가지 책임이 서로 충돌하는 상황에 처해 있었다. 그녀가 가진 한 가지 책임은 회계사로서 잘못된 회계처리를 비판하고 바로잡는 것이었고, 또 다른 책임은 엔론의 부사장으로서 최고경영자에게 충성하는 것이었다. 여러분이 그녀라면, 어떤 선택을 하겠는가?

우리는 이 문제를 약간 다른 관점에서 생각해볼 수 있다. 기업의 경영자가 하는 모든 의사결정은 누군가의 희생과 고통을 필요로 한다. 희생은 포기하도록 강요된 기회비용이다. 포기하도록 강요된 기회비용은 고통을 의미한다. 이 상황에서 즐거운 사람은 아마도 없을 것이다. 경영자의 의사결정은 의미상 다른 사람에게 비용을 부과하고, 포기하도록 하고, 희생을 강요하는 것이다. 가령 100억 원의 이익을 얻었을 때, 경영자는 100억 원을 주주에게 배당할 수도 있고, 회사의 건물을 새로 짓거나, 사내유보금의 형태로 적립할 수도 있고, 직원에게 상여금을 지급할 수도 있다. 경영자가 이익을 주주에게 배당한다면, 직원의 입장에서는 희생을 강요당하는 것이다. 직원에게 상여금을 지급한다면, 주주의 입장에서는 희생을 강요당하는 것이다. 윤리적이고, 능력 있는 경영자는 기업의 재무안정성을 유지할 목적으로 이익을 회사에 적립함으로써, 다른 이해관계자의 희생을 요구할 것이다. 윤리적으로 책임 있는 경영자는 다양한 이해관계자의 경쟁적 이해 사이에서 적절한 균형을 찾아야 한다. 이것이 바로 경영자가 기업에게 제공할 전문성이고, 이 전문성은 어느 특정한 이해관계자의 협소한 이익을 위해 희생되어서는 안 된다. 경영자는 가끔 직원, 소비자, 또는 다른 이해관계자를 위해서 의사결정을 한다. 이 경우에 경영자는 주주에게 그들이 원하지 않는 희생을 요구해야 한다. 이와 같은 경영자의 의사결정은 주주의 이익을 최우선으로 하는 협소한 관점과 비교해서 윤리적으로 더 바람직하다.

물론, 경영자가 비윤리적으로 이해관계자에게 희생을 강요하는 경우도 있을 수 있다. 다양한 이익에 대한 책임에서 오는 경영자의 갈등은 경영자의 개인적 이익과 경영자로서의 책임이 상충할 때, 빈번히 발생한다. 엔론의 재무책임자인 앤드류 패스토우는 회사의 이익을 위한 결정이 아니라, 자신의 이익을 위한 결정을 내렸다. 경영자의 책임이 전문가로서의 판단을 통해 최적의 의사결정을 하는 것인데, 여기에 비윤리적인 개인의 이익이 개입되면, 이익의 충돌이 발생할 수밖에 없다. 실질적으로, 고용자와 대리인 관계의 특성 상, 대리인이 개인의 이익을 추구할 경우, 고용자는 일 방적으로 피해를 입을 수밖에 없다. 따라서 고용자와 대리인의 신탁관계는 신뢰를 바 탕으로 한다. 고용자는 믿을 수 있는 사람을 대리인으로 고용해야 한다. 대리인 역시 믿을 수 있는 고용자를 위해 일하고자 할 것이다. 믿을 수 없는 대리인이 고용자를 위해 헌신할 리 없고, 믿을 수 없는 고용자를 위해 헌신할 대리인 역시 없을 것이다.

이익과 관련된 경영자의 갈등을 잘 보여주는 또 다른 사례는 뇌물을 주거나, 받 는 경우이다. 지불한 대금이나 납품한 대금의 일정 부분을 사례금의 형태로 다시 돌 려주는 경우가 있는데, 이것은 뇌물로 명백히 불법이고, 비윤리적이다. 예를 들어, 건 설사와 100억 원의 공사계약을 한 경영자가 계약에 대한 보답으로 건설사로부터 지 불대금의 10%인 10억 원을 받았다면, 이것은 뇌물이고, 불법이고, 비윤리적이다. 불 행하게도, 우리 사회에는 이와 같은 관행이 널리 퍼져있다. 이 경우, 경영자는 합리 적이고, 객관적인 판단을 할 수 없다. 경영자가 합리적이고, 객관적으로 판단한다면, 뇌물을 주는 건설사가 아니라 최소의 비용으로 가장 좋은 건물을 지을 수 있는 건 설사를 선정할 것이다. 여러분은 이제 경영자의 의사결정에 개인적 이익이 개입되는 것이 경영자의 합리적이고, 객관적인 의사결정을 방해함으로써 비윤리적이고, 비합 리적인 결과를 불러온다는 것을 잘 알 것이다.

예를 들어, 증권업계에서 소프트머니(Soft Money)로 불리는 후원금에 대해 생각 해보자. 소프트머니는 증권업계에서 널리 퍼진 관행이다. 이론적으로, 소프트머니는 재무분석가가 금융상품에 대해 연구하고, 분석할 목적으로, 기업으로부터 받는 후 원금을 의미한다. 고객에게 제공할 정보를 얻기 위해, 재무분석가가 기업으로부터 후원금을 받는다면, 재무분석가가 고객을 위해 일할 것인가, 아니면 후원금을 준 기 업을 위해 일할 것인가? 여러분은 어떻게 생각하는가? 재무적으로 불안한 기업으로 부터 후원금을 받은 재무분석가는 고객에게 그 회사에 투자하지 말라고 조언해야 옳지만, 후원금을 준 회사에 투자하라고 고객에게 조언할 것이다. 이것이 윤리적으 로 옳은 일인가?

기업의 후원금이 재무분석가의 개인적 이익을 위해 사용될 때, 재무분석가는 비윤리적인 결정을 한다. 1998년에 미국의 증권거래위원회가 금융업계에서 관례적으로 사용되는 소프트머니에 대한 보고서를 발표한 적이 있었다. 보고서에 따르면, 소프트머니는 재무분석가의 사무실 임대료, 사무기기 구입, 여행과 휴가, 사교클럽 회비, 차량 구입비와 유지비 등 지극히 개인적인 목적으로 사용되었다. 이런 상황에서, 고객은 더 이상 재무분석가를 신뢰할 수 없다.

위의 사례는 경영자와 다양한 이해관계자 사이의 관계에서 신뢰가 매우 중요하다는 것을 잘 보여준다. 모든 계약관계에서 신뢰는 중요하고, 특히 어떤 한 쪽이 다른 쪽의 행동에 의해 큰 피해를 입을 수 있는 고용자와 대리인의 관계에서 더욱 중요하다. 경영자가 법적으로, 윤리적으로 다양한 책임을 갖는다면, 기업의 이해관계자는 반드시 경영자를 신뢰할 수 있어야 하고, 소유주는 반드시 신뢰할 수 있는 사람을 경영자로 고용해야 한다.

경영자는 기업의 모든 자원을 사용할 권한을 가지고 있고, 모든 이해관계자는 경영자의 결정을 따라야 하므로, 이해관계자는 경영자를 신뢰할 수 있어야 한다. 경영자를 신뢰한다는 것은 경영자의 판단을 믿고, 의존할 수 있다는 것을 의미한다. 즉, 경영자가 자신의 약속을 지킬 것이고, 다양한 이해관계자에게 피해를 입히지 않을 것이라는 믿음을 의미한다. 우리가 앞에서 살펴본 것과 같이, 골드만삭스의 주식을 보유한 수많은 투자자는 자신을 바보로 여기는 경영자에게 자신들의 소중한 재산을 맡기고 있었다. 그러면, 우리는 어떤 경영자를 신뢰할 수 있는가? 우리는 어떤 인격적 자질 또는 미덕을 가진 경영자를 신뢰할 수 있는가?

우리가 신뢰할 수 있는 경영자는 항상 자신의 전문가적 능력과 전문성을 개발하고, 유지하는 경영자이다. 보통 기술자, 회계사, 변호사, 재무분석가, 컴퓨터 프로그래머 등의 전문가는 전문가에게 요구되는 일정한 기준에 부합하는 능력을 보유하고, 계속해서 유지할 책임이 있다. 여러분은 대학교 학생으로서 어떤 교수를 신뢰하는가? 아마도, 항상 열심히 연구하고, 강의준비를 하고, 우수한 논문과 책을 쓰는 교수를 신뢰할 것이다. 투자자들이 엔론의 감사를 맡은 아서 앤더슨을 신뢰했기 때문에, 아서 앤더슨의 회계사들이 엔론의 회계처리에 대한 철저한 감사를 할 것으로 믿었다. 그 믿음의 결과는 너무나 참혹했다. 그들이 보유한 엔론의 주식은 한 순간에 휴지조각이 되고 말았다.

경영자가 가지는 수없이 많은 책임 중에서 가장 논란이 되는 것은 충성심이다. 충성심은 기업의 이익을 위해, 경영자의 개인적 이익을 희생하고자 하는 의지로 정의될 수 있다. 또한 충성심은 배신하지 않고, 헌신하는 것을 의미한다. 직원은 충성심을 가질 윤리적 책임이 있다. 그러면, 직원은 회사를 위해 어느 정도까지 자신의 개인적인 이익을 희생할 책임이 있는가? 다음의 사례를 통해 충성심을 잘 이해할 수 있다.

미국에서는 매년 여름 초, 대다수의 대규모 은행이 대학을 갓 졸업한 사회 초년생들을 신용분석가로 채용한다. 기업의 채용과정에서 새로운 신입사원들은 몇 달 동안 특별교육을 받는다. 은행은 신입사원을 위해 많은 비용을 지불하고, 전국의 유명

대학교의 금융 및 회계 분야의 저명한 교수를 특별강사로 초빙한다. 또한, 은행은 신입사원이 금융과 회계 분야의 최신정보와 지식을 교육받는 동안, 신입사원에게 적정한 수준의 임금을 지불한다. 신입사원이 교육을 마쳤을 때, 신입사원은 여러 은행이 앞 다투어 서로 데려가고 싶을 만큼 유능한 인력이 되어 있는 것이다. 그중에서 특히 성적이 우수하고, 실력이 뛰어난 신입사원은 원래 채용된 은행에서 받을 것으로 예상되는 임금보다 훨씬 더 많은 임금을 경쟁 은행으로부터 제안 받는다. 이 신입사원이 경쟁 은행에 재취업하기 위해서 원래 채용된 은행을 사직하는 것이 윤리적으로 옳은 일인가? 충성스럽지 못한 것인가? 아니면, 충성심과는 관계가 없는 개인의 합리적인 선택인가? 여러분이 신입사원이라면, 어떻게 하겠는가?

로널드 더스카(Ronald Duska)는 직원이 고용자에게 충성할 책임이 없다고 주장했다. 더스카는 충성심을 상호적으로 도움이 되는 관계에서 서로 상대방을 위해 희생하고자 하는 의지로 정의했다. 사람들은 우리 사회 공동의 이익과 관련된 일에 종사할 때, 상관이나 조직에 충성해야 한다. 더스카의 관점에서, 기업의 고용관계는 집단 내에서 개인의 이익을 얻기 위한 서로간의 계약적 합의에 불과하다. 즉, 기업의 목표는 이익추구이기 때문에, 기업은 충성심의 대상이 전혀 아니라는 것이다. 따라서 직원은 오직 계약상의 책임만 가지고, 그 이상을 희생할 책임은 없다는 것이다. 더스카의 관점에 따르면, 우리가 위에서 논의한 은행 신입사원의 사례에서, 신입사원은 원래 채용된 은행과의 계약을 이행할 필요가 없고, 다른 경쟁 은행으로 이직할 자유가 있다. 이것은 충성심과 아무런 관련이 없다는 것이다. 더스카는 특히 비즈니스에서 충성심이 고용자에 의해 직원에게 너무 일방적으로 강요되고, 악용되는 것을 우려했다. 더스카의 우려와 같이 충성스러운 직원은 기업을 위해 희생하지만, 기업이 직원을 위해 희생하는 경우는 매우 드물다. 더스카는 기업이 능력이 부족한 신입사원을 해고할 수 있다면, 신입사원 또한 더 많은 월급을 주는 직장으로 자유롭게 떠날 수 있다고 주장했다. 엔론의 경영자인 케네스 레이가 자신이 보유한 엔론의 주식을 상당수 팔았음에도 불구하고, 그에게 맹목적으로 끝까지 충성했던 직원의 경우는 더스카가 우려했던 점을 잘 보여준다. 고용자와 직원 사이에 상호적인 충성심이 부족하다는 것은 기업이 충성심의 대상으로 적합하지 않다는 더스카의 주장을 뒷받침한다.

여러분은 더스카가 정의한 충성심에 대해 반론을 제기할 것이다. 더스카는 아마도 희생을 너무 강조한 것으로 보인다. 희생하고자 하는 의지가 충성심의 일부는 될 수 있지만, 충성심의 전부는 아니다. 충성심은 또한 공동의 목표를 이루기 위한 헌신과 변함없는 신념으로 정의될 수도 있다. 현실적으로 드물지만, 어떤 기업은 직원의 이익을 위해 기업의 이익을 희생하기도 한다. 더스카는 이런 가능성을 간과한 것이다. 더스카는 또한, 직원을 위해 희생하고자 하는 기업의 노력도 간과했다. 우리는 은행이 신입사원을 위해 많은 비용을 들여 특별교육을 했다는 점을 상기할 필요가 있다. 이것은 은행이 신입사원을 위해 기꺼이 감수한 일종의 투자이자 희생이다.

그럼에도 불구하고, 더스카의 우려는 중요하다. 충성심에 대한 요구는 종종 기업을 위해 희생하려는 직원의 순수한 마음을 교묘하게 착취하는 수단일지도 모른다. 엔론의 경우, 직원이 오랫동안 경영자에게 충성을 다 바쳤음에도 불구하고, 경영자의 비윤리적인 의사결정으로 인해 회사가 부도나고, 직원이 일자리를 잃게 된 비극적이고, 참혹한 결과를 생각해보자. 충성심에 대한 요구는 특히 힘없는 일반 직원에게 더욱 위험하다. 따라서 기업이 직원을 위해서 먼저 희생하려는 의지를 보여주지 않는 한, 직원이 기업을 위해서 충성할 이유는 없을 것이다. 그러나 조금 더 깊이 생각해보면, 일반 직원과 관리직 직원의 경우는 다르다는 것을 알 수 있다. 경영자로서 관리직 직원은 기업의 이익이 곧 자신의 이익이라고 생각한다. 기업과 기업의 이해관계자는 자신의 이익을 보호하는 경영자에게 의존한다. 그러므로 관리직 직원인 경영자가 기업의 이익을 위해 먼저 충성하고, 희생해야 한다. 즉, 충성심은 일반 직원보다는 관리직 직원인 경영자에게 더 적합한 책임이다. 그러나 이것은 경영자가 전적으로 기업을 위해 헌신해야 할 의무가 있다는 것을 의미하지는 않는다. 기업의 이익 또는 이해관계자의 이익은 여러 가지 다른 윤리적 고려사항과 함께 반드시 균형을 이루는 것이 윤리적으로 바람직하다.

경영자가 충성스럽지 못한 두 가지 경우에 대해 생각해보자. 엔론의 경영자는 엔론의 부사장인 왓킨스를 충성스럽지 못한 직원이라고 생각했다. 그러나 분명한 점은 왓킨스가 충성스럽지 못하다는 비난은 경영자 개인의 이익에서 바라본 주관적인 비난과 비판에 지나지 않는다. 즉, 엔론의 사례는 직원이 충성해야 될 윤리적 책임이 없는 대표적인 경우이다. 우리는 이 사례를 통해, 직원의 충성심이 반드시 좋은 것은 아니라는 점을 잘 알 수 있다. 다음의 사례를 한 번 살펴보자. 기업의 중요한 계약을 협상하는 중, 다른 회사로부터 현재의 직장보다 더 좋은 조건으로 스카우트 제안을 받은 엔론 경영자의 사례이다. 그 계약은 엔론의 재무적 안정성을 향상시킬 것이고, 경영자의 협상기술과 협상능력에 따라 재무적 안정성의 향상 폭은 더욱 커질 수 있었다. 경영자가 다른 회사로 가기 위해 사직하면, 협상은 무산될 것이고, 협상이 무산되면, 엔론은 상당한 피해를 입을 것이다. 경영자는 다른 회사의 제안을 거절하고, 엔론에 남아 회사에 계속 충성할 책임이 있는가? 엔론의 경영자인 앤드류 패스토우는 주저하지 않고, 3천억 원이라는 개인적인 이익을 선택했다. 여러분이 엔론의 경영자라면, 어떤 결정을 할 것인가? 3천억 원이라는 엄청난 금액이 여러분의 윤리적인 결정에 방해가 될 수 있는가?

더스카의 주장에 따르면, 패스토우의 결정은 아무런 문제가 없다. 이 문제는 단순히 기업의 이익과 직원의 이익 사이에 존재할 수 있는 하나의 갈등일 뿐이다. 기업은 결코 경영자에게 충성하기 위해서 기업의 이익을 희생하지 않기 때문에, 경영자 역시 기업을 위해 자신의 이익을 희생할 책임이 없다는 것이다. 그러나 이 선택은 윤리적으로 문제가 있다. 기업과 기업의 이해관계자는 오직 경영자의 의사결정과 행동에 의존한다. 오직 경영자만이 기업과 기업의 이해관계자에게 이익을 제공할 수도 있고, 막대한 손해를 입힐 수도 있다. 엔론의 경우, 이해관계자가 입은 피해는 윤리적으로 부당한 피해였고, 경영자에 의해 예방할 수 있는 피해였다. 이 시점에서 우리가 생각해볼 문제가 있다. 만약, 여러분이 만 원을 희생해서 누군가 백만 원을 얻을 수 있다면, 여러분은 어떻게 할 것인가? 만약, 여러분이 만 원을 얻기 위해서 누군가 백만 원을 희생해야 한다면, 여러분은 어떻게 할 것인가? 이 문제에 대한 정답은 없다. 다만, 이 문제는 여러분으로 하여금 여러 가지 다양한 윤리적 추론을 가능하게 만들 것이다.

다시 본론으로 돌아가서, 만약 충성심이 직원 개인의 이익을 희생하려는 의지를 의미한다면, 더스카의 주장과 같이 직원에게 충성심을 요구하는 것은 윤리적으로 옳지 않다. 우리는 동시에 어떤 사람은 기업을 위해 개인적 희생을 감수한다는 것을 알아야 한다. 직원의 충성심에 대한 적절한 정의는, 충성심이 직원이 개인적 이익을 희생해서라도 자신이 맡은 업무에 헌신하고자 하는 의지라는 것이다. 기업은 직원이 업무에 헌신할 것으로 기대할 수는 있지만, 직원에게 기업을 위해 희생하라고 강요할 수는 없다.

충성심과 관련된 재미있는 역사적 사례가 두 가지 있다. 일본의 춘추전국시대에 가장 먼저 세력을 잡은 사람은 다케다 신겐이다. 그는 산과 같이 움직이지 않는 전술로 모든 전쟁을 승리로 이끌었다. 그 뒤를 이어 세력을 잡은 사람이 오다 노부나가이다. 그에게는 사루(원숭이)라 불리는 신발을 담당하는 하인이 있었다. 어느 추운 겨울날, 오다 노부나가가 외출을 하려고 하는데, 신발이 보이지를 않았다. 사루를 급히 찾았더니 사루가 품속에 그 신발을 품고 있었다. 그 이유를 물으니, 사루가 대답하기를 "날씨가 너무 추워서 주인님의 발이 시릴까봐 제 품에 품고 있었습니다."라고 대답하는 것이었다. 그 일이 있은 후, 사루는 승승장구해서 오다 노부나가의 뒤를 이어 전국을 통일했다. 그가 바로 여러분이 잘 알고 있는 도요토미 히데요시이다.

다음의 사례는, 1970년대 후반, 우리나라에서 있었던 일이다. 박정희 대통령에게는 충성스러운 차지철이라는 경호실장이 있었다. 차지철을 박정희 대통령의 말이라면 무조건 복종하고 따르는 매우 충성스러운 부하였다. 그 맹목적인 충성의 결과는 어떻게 되었을까? 여러분이 잘 알고 있듯, 1979년 10월 26일에 박정희 대통령은 차지철과 함께 부하인 김재규 중앙정보부장에 의해서 비참하게 시해되었다. 이처럼, 충성심은 사람에게 영광과 몰락을 함께 준다. 여러분은 이 두 가지 사례를 통해 충성심에 대해 다시 한 번 신중하게 생각해보기를 바란다.

기업윤리

직원은 직장 안에서 고용자에 대한 책임을 가질 뿐만 아니라, 직장 외부의 사람에 대해서도 책임을 가진다. 지금부터, 직원이 고용자가 아닌 다른 사람들에게 가지는 책임에 대한 몇 가지 대표적인 주제를 살펴보자.

우리가 살펴볼 첫 번째 주제는 정직이다. 직원이 정직해야 할 윤리적인 책임이 있다고 주장하는 것은 어찌 보면, 너무나 당연하다. 그럼에도 불구하고, 비즈니스를 할 때, 필요에 따라 때로는 정직하지 않아도 된다고 생각하는 사람이 많이 있다. 항상 정직하면 이익을 얻지 못하거나, 사업에 성공할 수 없다고 생각하는 사람도 있다. 과연, 그럴까? 여러분은 어떻게 생각하는가? 여러분은 지금까지 살아오면서 항상 정직했는가? 기업윤리 수업시간에 학생들에게 이 질문을 했더니, 대부분의 학생이 자신들의 정직성에 대하여 100점 만점에 70점이라고 대답했다. 여러분은 어떤가? 필요한 경우에 거짓말을 하고, 상대방을 속여본 적이 있는가? 정직했을 때와 그렇지 못했을 때, 여러분은 어떤 결과를 얻었는가? 과연 정직은 우리가 윤리적으로 반드시 지켜야 하는 가치이고, 미덕인가?

우리는 때때로 기업이 제품을 더 많이 팔기 위해 과장으로 광고하거나, 허위로 광고하는 것을 보게 된다. 물론, 이것은 과장광고나 허위광고는 윤리적으로 정직하지 못한 것이다. 대부분의 회계 스캔들에서 허위로 조작된 수치를 장부에 기입하는 사례를 볼 수 있다. 물론, 이것은 정직하지 못한 것이다. 토요타자동차는 자동차 운전석 발판에 큰 결함이 있음에도 불구하고, 소비자에게 그 사실을 숨기고, 리콜조치를 하지 않음으로써, 소비자의 소중한 생명을 잃게 만들었다. 물론, 이것은 정직하지 못한 것이다. 법조계에서는 신의성실의 원칙을 중요하게 생각한다. 비즈니스에서도 정직을 강조한다. 정직은 믿을 수 있는 관계를 형성하게 만드는, 서로 믿을 수 있는 거래를 위한 소중한 가치이고, 미덕이다. 여러분 중에 정직하지 못한 사람과 거래하기를 원하는 사람은 아마도 없을 것이다. 서로 믿을 수 있어야 비로소 거래를 할 수 있다. 즉, 정직해야 신뢰할 수 있는 것이다. 또한, 경영학에서 신뢰(Trust)에 대한 연구가 폭증하는 것도 신뢰가 얼마나 중요한 덕목인지를 잘 보여준다. 정직은 비즈니스

관계에서 가장 중요한 덕목인 신뢰를 가능하게 하는 미덕이다. 그러나 비즈니스에 종사하는 사람은 어떤 경우에 동료, 고객, 경쟁자, 그리고 고용자에게조차 정직하지 않다. 이 시점에서, 우리는 비즈니스에서 어떤 사실을 부풀리는 '과장'과 숨겨서 위기를 모면하는 '은닉'이 윤리적으로 허용될 수 있는지에 대해 살펴보자.

앨버트 카(Albert Carr)는 과장이나 은닉과 같은 속임수가 비즈니스관계에서 자연스럽게 용인될 수 있는 전략이라고 주장했다. 카는 비즈니스가 본질적으로 포커게임과 같이 무엇을 숨기거나, 과장하는 특성을 가지고 있다고 주장했다. 카에 의하면, 과장, 은닉, 거짓말, 속임수, 그리고 왜곡 등은 비즈니스의 성공을 위한 전략으로 자연스럽게 용인될 수 있다. 카는 포커게임이 도덕과는 무관한 놀이인 것처럼, 비즈니스 역시 마찬가지라고 주장했다. 여러분은 카의 주장에 동의하는가?

카의 주장에 대한 설득력 있는 반론이 제기될 수 있다. 예를 들어, 카는 비즈니스에서 발생하는 일부 경우를 지나칠 정도로 확대해서 해석하고 있다. 또한 비즈니스와 포커게임은 다르다. 비록, 비즈니스가 고유한 윤리적 특성을 가지고 있지만, 그 사실만으로는 비즈니스가 일반적인 윤리와 전혀 무관하다고 주장할 수는 없다. 그럼에도 불구하고, 어떤 비즈니스 상황에서는 정직하지 못한 것이 어느 정도 용인되는 경우가 있다. 계약의 협상 과정에서 사실을 과장하는 것에 대해 생각해보자.

계약을 협상하는 사람은 다른 사람이 사실이 아닌 것을 믿도록 유도한다. 예를 들어, 여러분은 월급을 인상해주지 않으면, 다른 직장으로 옮길 것이라고 말할 수 있고, 임금을 올려주지 않으면, 파업을 하겠다고 말할 수 있고, 홈쇼핑에서 자주 등장하는 말처럼, 지금 이 제품을 구입하지 않으면, 다시는 이 가격에 이 제품을 살 수 없을 것이라고 말할 수 있다. 이러한 과장이 비윤리적인가? 아니면, 여러분은 이러한 과장을 용인할 수 있는가? 여러분은 어떻게 생각하는가?

정직에 대한 윤리적인 책임을 설명할 때, 세 가지 이론적 근거가 자주 인용된다. 공리주의적 근거는, 정직하지 못한 것이 사람들의 의사소통을 방해하고, 이로 인해 우리 사회에 부정적인 결과를 가져온다고 설명한다. 정직과 신뢰는 협력적 사회 활동을 위한 필요조건이다. 의무론자는 정직하지 못하고, 남을 속이는 것은 자신의 목적을 이루기 위해 다른 사람을 수단으로 취급함으로써, 다른 사람의 인간으로서의 존엄성을 해치는 것이라고 설명한다. 또 다른 윤리적 설명은 정직하지 못한 것이 다른 사람에게 끼치는 영향이 아니라 정직하지 못한 사람 자신에게 어떤 영향을 주는지에 초점을 맞춘다. 습관적인 거짓말은 한 개인의 고유한 인격과 도덕성을 망친다. 인격과 도덕성은 인간의 정체성을 형성하는 매우 중요한 요소이다. 인격과 도덕성은 또한, 개인의 가치를 확립하는데도 중요한 역할을 한다. 정직하지 못한 사람은 두 개의 인격을 가짐으로써, 그의 인격과 도덕성에 심각한 손상을 준다. 우리는 두 개의 인격을 가진 사람, 즉 겉과 속이 다른 사람, 그리고 진실하지 않은 사람을 결코 좋아하지 않는다. 우리가 그런 사람을 믿을 수 없기 때문이다. 공자는 '신뢰가 없으면, 관계가 유지될 수 없다(無信不立)'고 말했다. 신뢰는 바로 정직으로부터 나온다. 우리는 오직 정직한 사람만을 신뢰할 수 있다. 여러분은 정직한가?

포커게임과 달리 비즈니스는 자신의 의지에 따라 결정할 수 있는 선택권이 없는 경우가 많다. 따라서 비즈니스에서 요구되는 정직성을 포커게임과 비교해서 지키지 않아도 될 윤리적인 책임이라고 주장하는 것은 결코 합리적이지도, 타당하지도 않다. 습관적인 것이 아니라면, 어쩌다 하는 거짓말은 개인의 고유한 인격과 도덕성을 해치지 않겠지만, 거짓말을 용인하고, 장려하고, 지지하는 사회는 결코 윤리적인 완결성을 유지할 수 없다.

엔론의 주가가 계속해서 떨어지는 동안, 경영자인 케네스 레이는 계속 대중을 안심시키기 위해서 거짓말을 했다. 그의 거짓말은 투자자를 속이기 위한 것이었다. 만약, 많은 사람들이 엔론의 재무상태가 안정적이라고 믿어서 주식을 팔지 않으면, 주가는 더 이상 떨어지지 않을 것이고, 결과적으로 엔론의 재무상태는 안정적으로 유지될 수 있을 것이다. 케네스 레이의 행동은 과연 윤리적으로 옳은가? 여러분이 케네스 레이라면, 어떻게 하겠는가?

레이는 당연히 그의 행동이 윤리적으로 옳다고 주장할 것이다. 엔론이 파산할 경우, 많은 사람이 피해를 입기 때문에, 엔론이 파산하지 않도록 하려는 목적에서 이루어진 거짓말은 최대다수의 최대행복을 위한 것이라고 주장할 것이다. 과연 그런가? 여러분은 어떻게 생각하는가? 이것은 최대다수의 최대행복을 얻는 것이 도덕적 선이라고 주장하는 공리주의를 완전히 잘못 이해한 것이다. 레이의 거짓말 때문에, 엔론의 주식을 매입하고, 가지고 있었던 사람들은 적어도 그들이 생각했던 것보다 훨씬 더 큰 피해를 입었다. 이 성공적인 속임수의 결과, 레이를 비롯한 일부 사람들의 최대행복은 달성됐지만, 아무 죄 없는 많은 사람들이 희생됐다. 이것이 윤리적으로 옳은가?

　우리가 다음으로 살펴볼 주제는 내부고발이다. 내부고발은 자신이 근무하는 기업에서 발생한 불법적이고, 비윤리적인 행위를 일반 대중, 신문과 방송을 비롯한 미디어, 또는 경찰이나 검찰과 같은 정부기관에 알리는 것이다. 엔론의 부사장인 왓킨스가 경영자인 레이가 아니라 증권거래위원회에 회계비리 관행을 알렸다면, 그녀는 내부고발을 한 것이다. 그녀가 만약 내부고발을 했더라면, 엔론의 비극적 결말은 일어나지 않았을 것이다. 내부고발은 원래 '호루라기를 분다(Whistle Blowing)'는 의미로 스포츠에서 유래되었다. 심판은 스포츠 경기 중, 선수가 규칙을 위반하거나, 부적절한 행동을 할 때, 주의를 불러일으키고, 경기를 멈추기 위해서 호루라기를 분다. 내부고발은 스포츠 경기와 같이 중립적인 심판이 아니라 자기 팀에 충성을 해야 하는 팀원이 하는 것이므로, 직원의 내부고발을 금지해야 한다는 윤리문제가 제기되기도 한다. 내부고발은 기업의 활동으로 인해 잠재적으로 피해를 보게 될 사람인 제3자에 대한 책임과 고용자에게 충성을 해야 하는 책임이 서로 상충하는 것과 관련된 윤리문제이다.

　내부고발은 또한 내부고발자 자신을 위험에 처하게 할 수 있으므로, 본인 자신과 가족에 대한 책임과도 관련된 윤리적인 우려를 일으킨다. 미국의 경우, 내부고발자의 대부분이 해고되고, 좌천되고, 회사와의 법적 소송에 휘말리고, 경제적으로 어려움에 처하고, 집을 잃고, 이혼을 하고, 우울증에 걸리고, 약물중독에 빠지고, 심지어 살해당하거나 자살을 하기도 한다. 선의의 취지에서 한 행동치고는 뜻밖으로 너무나 비극적인 결말이다. 내부고발이 제3자의 피해를 막기 위한 윤리적 행동이라는 점에는 동의하지만, 내부고발로 인해 내부고발자 자신이 엄청난 불행에 빠지거나, 잘못이 없는 경영자가 오해로 인해 비난을 받을 수도 있고, 기업이 파산함으로써 죄 없는 많은 직원이 일자리를 잃을 수도 있는 등 심각한 부작용도 발생할 수 있다는 사실을 명심해야 한다. 이런 이유로, 가능하면 내부고발을 생각하는 직원은 신중해야 하고, 명백한 증거를 가지고 있어야 하고, 내부고발을 하기 전에 회사 내부의 윤리적인 절차를 거쳐 해결하도록 하는 것이 바람직하다. 저자는 기업윤리 수업시간에 학생들에게 내부고발을 고려할 때는 생각하고, 생각하고, 또 생각해야 한다고 말한다. 내부고발은 백 번을 생각해도 지나치지 않다고 강조한다. 그만큼 내부고발은 신중하게 심사숙고해야 한다.

내부고발은 일반 대중, 고용자, 그리고 내부고발자 자신에 대한 세 가지 유형의 책임과 관련된 것이므로, 세 가지 책임에 대해 적절한 윤리적 균형을 맞추는 것이 중요하다. 내부고발과 관련된 중요한 윤리적인 쟁점은 내부고발의 허용 여부와 내부고발의 책임을 포함한다. 자신의 고용자나 상사를 고발하는 것이 윤리적으로 허용될 수 있는가? 내부고발을 하는 것이 과연 윤리적인 책임인가?

리처드 드조지(Richard DeGeorge)는 내부고발에 대해 자세하게 논의했다. 드조지는 내부고발을 하기 위해서는 반드시 충족되어야 하는 세 가지 전제조건이 있다고 말했다. 첫째, 내부고발이 제기하는 문제가 반드시 상당한 정도로, 실질적으로, 위협이 되는 것이어야 한다. 내부고발 그 자체가 기업과 다른 직원에게 피해를 줄 수 있으므로, 내부고발로 방지하려는 피해가 기업과 다른 직원에게 예상되는 잠재적 피해, 그 이상으로 반드시 더 커야 한다는 의미이다. 둘째, 내부고발자는 우선 기업 내부에 마련된 적절한 방법, 예를 들어 상사에게 건의를 하거나 설득을 하는 것 등을 통해 피해를 예방하려고 최선을 다 해 노력해야 한다. 이 조건은 내부고발이 불러올 수 있는 다른 피해를 최소화하면서, 더 큰 피해를 방지하는 가장 효율적인 조건이다. 셋째, 가능하면, 내부고발자는 피해를 방지하는 모든 내부절차를 철저히 활용해야 한다. 드조지는 기업의 내부제도가 위험을 해결하기에 충분하지 못한 경우가 있을 수 있다고 인정하면서도, 내부고발자는 기업내부에서 최대한 문제를 해결하도록 최선을 다해야 한다고 강조했다. 최대한 노력했는데도 불구하고, 문제가 해결되지 않을 때, 내부고발자의 내부고발은 윤리적으로 허용될 수 있다. 즉, 세 가지 전제조건을 모두 충족했을 때, 내부고발자는 기업에서 발생한 비윤리적이고, 불법적인 관행을 언론에 폭로하거나, 정부기관에 고발할 수 있다는 것이다. 그러나 비윤리적인 내부고발의 경우도 있다는 것을 명심할 필요가 있다. 드문 경우이기는 하지만, 내부고발자가 유명해지려고, 경제적인 이익을 얻으려고, 또는 복수하기 위해 회사를 파산시킬 목적으로 하는 내부고발은 매우 비윤리적일 뿐만 아니라 범죄행위이다.

드조지는 두 개의 추가 조건이 충족되면, 내부고발이 보다 더 윤리적인 것이 될 수 있다고 말했다. 첫째, 내부고발자는 반드시 불법적인, 비윤리적인 피해를 일으키는 증거를 가지고 있어야 한다. 명백한 증거도 없이 무모하게 내부고발을 하는데 따르는 위험을 기꺼이 감수할 필요는 없을 것이다. 둘째, 내부고발자는 내부고발이 효과적으로 피해를 예방할 것이라는 확신을 가지고 있어야 한다. 우리가 확실하지 않은 것을 얻기 위해서 상당한 위험을 감수할 필요는 없을 것이다.

우리가 다음으로 살펴볼 주제는 내부자거래이다. 내부자거래는 보통 기업에서 일하는 경영자 또는 직원이 미공개 정보를 이용해서 주식이나 채권을 사거나, 파는 것을 의미한다. 예를 들어, 엔론의 경영자가 회사의 주가에 영향을 주는 중요한 정보가 공개되기 바로 직전에, 자신이 알고 있는 내부정보를 이용해서 엄청난 양의 주식이나 채권을 판 경우가 바로 내부자거래의 전형적인 사례이다. 이 경우, 정보가 공개되었을 때, 시장에서 형성되는 주가보다 더 높게 팔 수 있기 때문에 내부자거래는 내부정보를 이용해서 부당한 이익을 취할 수 있다. 내부자거래는 내부정보를 개인적으로 이용해서 윤리적으로 부당한 이익을 취한다. 따라서 내부자거래는 경영자와 직원이 기업에게, 주주에게, 그리고 금융시장에게 가지는 윤리적인 책임에 대한 흥미로운 문제를 제기한다.

엔론의 사례는 수많은 윤리적인 문제점을 가지고 있지만, 그중에서도 가장 터무니없는 사건은 2001년에 발생한 내부자거래이다. 엔론의 경영자는 엔론의 재무안정성에 심각한 위험이 있다는 것을 알고 있었기 때문에, 엄청난 양의 주식을 팔았다. 겉으로는 엔론의 재무상태가 매우 안정적이라고 거짓말을 했으므로, 투자자는 계속해서 엔론의 주식을 보유하거나 매입을 했고, 이로 인해 엔론의 주가는 폭등했으며, 엔론의 경영자는 투자자에게 비싼 가격으로 주식을 팔아서 부당한 이익을 취했다. 이것이 윤리적인가? 여러분이 엔론의 경영자라면, 어떻게 하겠는가? 조선시대에는 사농공상(士農工商)이라 하여 선비, 농부, 장인, 그리고 상인의 순서로 직업의 귀천을 가림으로써 상인(장사꾼)을 매우 천하게 여겼다. 지금 시대에 비즈니스맨을 대우하고, 동경하는 것과 비교하면, 참으로 믿을 수 없는 일이다. 아무튼, 상인(장사꾼)을 천하게 여긴 이유는 장사꾼들이 수단을 가리지 않고, 이익을 추구하고, 이익 앞에서는 예의와 경우를 생각하지 않고, 물건을 사면, 간이라도 빼줄 것처럼 굽신거리다가 물건을 안사면, 침을 뱉고 욕을 하는 무례함조차 서슴지 않았기 때문이다. 그러나 그 시대에도 큰 상인은 상도(商道)를 철저히 지켰다. 큰 상인은 엄격한 규칙을 가지고 있었고, 상인이 상도를 지키지 않을 때는 가혹하게 처벌했다. 오늘날에는 상인이 기업가, 경영자, 비즈니스맨으로 불리며, 세상의 존경과 부러움을 받는다. 하지만 엔론의 경영자는 장사꾼이라고 천대를 받더라도 할 말이 전혀 없을 것 같다. 여러분은 어떻게 생각하는가?

어떤 사람들은 내부자거래가 윤리적으로 정당하다고 주장한다. 그들의 주장은 내부자거래가 주식의 진정한 가치에 대한 정확한 정보를 시장에 전파하는 효율적인 역할을 하는 수단이라는 것이다. 내부자가 주식을 많이 사고, 파는 것은 주가의 움직임에 빠르게 반응하는 금융시장에 특정한 정보를 전달한다. 내부자의 주식매매는 금융시장에 긴급한 메시지를 보낸다. 주가는 엔론의 가치를 정확하게 반영하는 균형점을 찾는다. 내부자거래를 허용하는 것이 내부자가 기업의 이익을 최대한으로 추구할 수 있도록 만드는 강력한 유인책이 될 것이라고 주장한다. 과연 그럴까? 여러분은 주장에 동의하는가?

그 주장은 언뜻 듣기에는 그럴 듯하지만, 자세히 들여다보면, 윤리적으로 전혀 설득력이 없어 보인다. 비록 내부자거래가 금융시장을 효율적으로 작동하게 한다고 해도 불공정하고, 비윤리적인 수단으로 부당한 이익을 성취하는 것은 윤리적으로 결코 옳지 않다. 엔론의 경영자인 케네스 레이가 판 주식을 매입한 사람은 모두 사기를 당한 것이다. 거짓말을 해서 주가를 올리고, 주가가 올랐을 때, 팔아버린 엔론의 경영자는 탐욕에 눈이 먼 사기꾼이다. 주식을 매입한 사람은 선의의 피해자였다. 그들은 엔론 경영자의 말을 믿은 죄밖에 없다. 물론, 사기꾼을 믿은 것도 잘못이라면, 그 말에는 어느 정도 동의할 수 있지만, 우리는 피해자보다는 사기꾼을 비난해야 옳을 것이다. 결과적으로, 엔론은 파산했고, 주식은 휴지가 되었다. 엔론의 사례는 보면 볼수록, 기업윤리를 위한 종합선물세트와 같다는 생각이 든다. 저자가 어렸을 때, 명절이면 손님들이 사다주는 종합선물 상자를 기다렸던 기억이 난다. 그 상자에는 과자, 사탕, 껌 등이 몇 가지씩 종류별로 들어 있어, 저자를 행복하게 만들었다. 그 상자 하나만 있으면, 열흘 정도는 행복하게 지낼 수 있었다. 국내 과자업계의 영원한 맞수인 롯데와 해태가 만든 종합선물 상자는 어린이들에게는 명절마다 찾아오는 꿈이었고, 희망이었다. 지금 생각해보면, 웃음이 난다. 참고로, 저자는 요즘 과자를 좋아하지도 않고, 먹지도 않는다. 더군다나 당뇨병이 발병한 이후로는 과자를 입에도 대지 않는다. 아무튼, 엔론의 사례는 너무도 다양한 문제점을 가지고 있어서, 엔론의 사례가 없었으면, 어떻게 기업윤리를 가르쳐야 할지 많은 고민을 했을 것이다. 이런 점에서, 우리는 엔론의 최고경영자에게 감사해야 하는가? 자기희생을 통해 기업윤리의 교육을 가능하게 했으니, 살신성인(殺身成仁)의 전형(典型)이라고 칭송해야 하는가? 여러분은 어떻게 생각하는가?

또한, 내부자거래는 내부자가 기업에 유리한 정보뿐만 아니라, 불리한 정보를 이용해서 이익을 얻기도 하므로, 내부자거래는 기업의 이익에 나쁜 영향을 줄 수도 있다. 엔론의 사례가 잘 보여주듯, 엔론의 직원은 회사의 주가에 나쁜 영향을 줄 정보가 공식적으로 발표되기 전에 내부정보를 이용해서 자신들이 보유한 주식을 모두 팔았다. 내부자거래와 관련된 직원의 윤리적인 책임을 연구하는 사람들은 세 가지 관점에서 내부자거래를 비판한다. 첫째, 기업 외부의 증권거래자는 내부자가 가진 정보를 모르기 때문에 손해를 볼 가능성이 높으므로, 내부자거래는 기업외부에 있는 증권거래자에게 너무나 불공정하다. 둘째, 내부자거래에 이용된 내부정보는 기업의 재산이다. 즉, 내부자가 내부정보를 다른 주주에게 피해를 주는 방식으로 사용하는 것은 비윤리적이다. 셋째, 내부자거래는 우리가 반드시 보호해야 할 가치이고, 미덕인 신뢰를 손상시킨다. 그 결과로써, 우리 사회는 서로를 믿지 못하고, 의심하는 악순환의 고리에 빠지게 된다.

첫 번째 비판인 내부자거래가 불공정하다는 주장은 우리가 생각하는 만큼 설득력이 없을 지도 모른다. 실제로, 금융시장에서는 정보를 가진 사람과 정보를 갖지 못한 사람이 모여서 주식을 거래한다. 대부분의 개인투자자(개미)는 필요한 정보를 가지고 있지 않다. 이에 비해, 기관투자자와 외국인투자자는 주식을 살지, 팔지에 대해 필요한 정보를 충분하게 가지고 있다. 그렇다면, 개인투자자는 윤리적으로 불공정한 대우를 받고 있는 것인가? 또는 기관투자자가 보유하고 있는 정보를 개인투자자에게 공개할 윤리적인 책임이 있는가? 상식적으로 볼 때, 아쉽지만 그렇지 않다. 불평등한 정보, 그 자체로는 윤리적으로 전혀 불공정하지 않다. 기관투자자는 개인투자자에 비해 많은 비용과 인력을 투자해서 필요한 정보를 조사한다. 그 결과, 개인투자자의 이익보다 더 큰 이익을 얻을 수 있다. 따라서 기관투자자가 주식거래에서 이익을 얻기 위해 불평등한 정보를 이용한 것이 윤리적으로 문제가 되지는 않는다. 다만, 윤리적으로 불공정하다는 주장은 누구나 평등하고, 공정하게 접근할 수 없는 내부정보를 이용하는 것에 국한된다. 우리는 내부자거래가 윤리적으로 불공정하다고 인정할 것이다. 여러분도 동의하는가? 내부자거래가 윤리적으로 불공정한 이유는 누군가 단지 내부자라는 이유로 내부정보를 이용해서 부당한 이익을 얻었기 때문이다. 그러면, 공정성을 확보하기 위해, 기업외부의 증권거래자도 기업의 내부정보에 내부자와 동등하게 접근할 수 있도록 해야 하는가?

기업의 내부자가 내부정보를 이용해 거래했기 때문에 피해를 입었다고 주장하는 두 가지 유형의 사람이 있다. 한 유형은 자신이 내부정보를 가지고 있고, 내부자 거래를 통해 이익을 볼 수도 있었는데, 거래를 하지 않아서, 얻을 수도 있었던 이익을 얻지 못했으므로, 결과적으로 피해를 입었다고 주장한다. 그러나 이 주장은 내부자거래 자체가 불법이고, 비윤리적이기 때문에, 전혀 윤리적이지도, 합리적이지도 않다. 다른 유형은 내부자가 알고 있는 내부정보를 모르는 채, 내부자와 주식을 거래한 사람인데, 이 사람의 경우는 주식거래가 어느 한 쪽의 이익이 다른 쪽의 손실을 의미하는 제로섬게임이기 때문에, 윤리적으로 문제가 훨씬 더 심각하다. 엔론의 경영자는 자신의 회계비리가 공개될 것을 알고 있었고, 거짓정보를 흘려 사람들이 안심한 틈을 타서 많은 양의 주식을 팔았다. 그가 가진 모든 주식을 판 뒤, 몇 주 후 엔론의 주가는 폭락했고, 결과적으로 엔론의 경영자는 엄청난 이익을 얻었다. 이와 같은 뜻밖의 이익을 얻을 동등한 기회를 갖지 못했다고 주장하는 엔론의 내부자는 그의 합법적인 권리가 침해되었다고 주장할 수 없다. 그러나 내부자로부터 주식을 매입한 사람은 윤리적으로 부당한 피해를 입었다. 특히, 이 피해는 투자자가 자신에게 윤리적인 책임을 가지고 있는 기업의 내부자에 의해서 의도적으로 발생되었다는 점에서 윤리적으로 매우 심각한 우려를 일으킨다.

즉, 내부자거래는 대리인인 경영자가 기업의 소유주인 주주에게 가져야 할 윤리적인 책임을 위반한 것이고, 이것은 소유주의 사유재산권과 신탁의무에 바탕을 둔 소유주와 대리인의 관계에서 근본적으로 윤리적인 책임을 저버린 매우 비윤리적인 행위이다. 내부자거래에 이용되는 내부정보는 의미상 아직 공개되지 않은 정보이다. 따라서 내부정보는 기업의 재산이다. 경영자는 대리인으로서 기업의 이익을 희생시켜 자신의 이익을 추구해서는 안 된다. 내부정보를 이용해서 주식을 거래하는 것은 기업의 투자자에게 피해를 주는 방식으로 사적인 이익을 추구하는 매우 비윤리적인 행위이다. 투자자가 경영자를 믿고, 의지하는데, 경영자가 내부정보를 부당하게 이용해서 자신의 사적 이익을 추구하는 것은 투자자의 믿음을 저버리고, 투자자의 이익을 위해 최선을 다 해야 할 윤리적인 책임을 위반한 것이다.

지금까지 우리는 직원의 책임에 대해 자세하게 살펴보았다. 책임 또는 의무는 반드시 지켜야 할 약속과 같은 것이다. 책임을 다 하는 것이 본인에게 유리하거나, 불리한지를 계산해서 유리하면 지키고, 불리하면 지키지 않는다면, 우리 사회는 어떻게 될지 생각해보자. 저자는 대학교수이다. 저자의 책임은 최신 이론과 사례를 공부하고, 학생을 잘 가르치고, 열심히 연구해서 좋은 논문과 책을 쓰는 것이다. 때로는 교수로서, 학생면담이나 학생지도를 하기도 하고, 입시 감독과 채점 등의 학교 행정, 그리고 전공주임이나 학술지 논문심사 등의 봉사활동을 하기도 한다. 저자는 지금까지 어떤 일이 저자에게 유리한지, 불리한지를 따지고, 계산해서 그것을 할지, 말지를 결정한 적은 없다. 그저 저자에게 주어진 책임을 성실히 다 할 뿐이다.

예를 들어, 저자가 이 책을 쓰는 것이 그 시간에 논문을 쓰는 것보다 경제적으로, 현실적으로 저자에게 전혀 도움이 되지 않고, 유리하지도 않다. 저서는 논문과 달리 승진 시 인정되는 실적도 아니고, 연말 우수연구업적 장려금의 고려대상도 아니다. 책을 한 권 쓸 시간과 노력이면, 논문 10편 정도는 쓰고도 남을 것이다. 그렇다고, 힘들게 건강을 해쳐가면서 책을 세상에 내놓으면, 책이라도 많이 팔려서 저자가 인세를 많이 받을 수 있을까? 여러분의 예상과 달리, 안타깝게도 현실은 전혀 그렇지 않다. 책의 인세는 책 가격의 10%정도인데, 여기에서 세금을 제하면, 책 가격의 대략 8% 정도가 저자에게 돌아오는 인세수입이다. 그런데, 최근 학생들이 책을 잘 구입하지 않는다. 강의가 파워포인트를 이용해서 이뤄지다보니, 저자는 이 책의 내용을 요약한 강의안을 학생들에게 제공한다. 즉, 군이 책을 사지 않아도 학생들이 강의를 듣는데 아무런 불편함이 없다는 것이다.

설상가상으로, 학교 주변의 인쇄소들이 이 책을 복사하고, 제본을 해서 학생들에게 판매한다. 경제사정이 넉넉지 못한 학생들이 이 책을 사지 않고, 친구의 책을 복사해서 사용하는 것까지는 저자로서 충분히 이해할 수 있지만, 인쇄소가 이 책을 복사하고, 대량으로 제본해서 학생들에게 판매함으로써 윤리적으로 부당한 이익을 취하는 것은 전혀 이해할 수 없다. 심지어, 많은 학생들이 이 책을 복사하고, 제본한 책을 구입해서 한 학기 사용한 후, 후배들에게 다시 중고로 판매하는 참담한 일을 목격하게 된다. 기업윤리를 수강하는 학생들이 너무나 비윤리적인 행동을 하는 것이다.

그렇다고 해서, 윤리적으로 학생들을 가르치기 위해 학생들을 나무랄 수도 없다. 저자가 이 일로 학생들을 꾸짖으면, 학생들이 교수가 책을 팔기 위해 혈안이 되었다고 저자를 비난할 것이기 때문이다. 학생들의 비난이 두려운 것이 아니라, 저자는 이 책을 쓰기 위하여 피와 땀을 8년 동안이나 바쳤다. 학생들의 오해와 윤리적으로 수용할 수 없는 비난조차 저자가 들어야할 이유가 없다고 생각하기 때문이다.

지금까지 논의한 바와 같다면, 저자는 왜 이 책을 썼을까? 현실적으로, 경제적으로 전혀 도움이 되지 않는데도 불구하고, 저자가 이 책을 쓴 이유는 2가지다. 첫째는 기업윤리의 교육을 위해 이 책이 꼭 필요하기 때문이다. 둘째는 이 책의 앞부분 저자소개에서 언급했듯이, 저자가 할머니와 한 3가지 약속 중 2번째 약속을 지키기 위해서이다. 첫째 이유는 저자의 소명이고, 둘째 이유는 저자의 약속이다. 소명과 약속, 두 가지 모두 책임이고, 의무이다. 이 책을 쓰는 것이 저자의 책임이고, 의무인데, 저자가 이 책을 쓰는 것이 당연하지 않은가? 여러분은 어떻게 생각하는가? 7장을 마무리하면서, 저자는 다시 한 번 이 책을 제 값을 치르고, 정당하게 구입한 독자 여러분에게 감사드린다. 여러분은 이 책을 쓰느라고 고생한 저자와 이 책을 만들고, 판매하느라고 고생한 출판사의 노력에 모두 윤리적으로 정당한 보상을 한 것이다. 여러분은 이미 윤리적인 사람이다.

연습문제

01 직원이 직장에서 어떤 책임을 가지는지 살펴보기 위해서 먼저 직원이 어떤 관계를 가지고 있는지 살펴봐야 할 이유는 무엇인가?

02 여러분과 부동산 중개인 또는 변호사의 관계가 기업의 고용자와 직원의 관계와 어떤 점이 유사하고 어떤 점이 다른가?

03 직원의 윤리적 책임에 대한 협소한 관점이 어떻게 윤리적으로 지지될 수 있는가? 이 관점이 가진 약점은 무엇인가?

04 이익의 충돌이란 무엇인가? 그리고 기업에서 이익의 충돌이 발생하는 조건은 무엇인가? 한 사람이 전문가인 회계사면서 동시에 기업의 임원인 부사장일 때 이 사람이 가진 이중역할이 이익의 충돌에 어떤 영향을 주는가?

05 신뢰와 충성심은 왜 중요한가? 모든 직원은 신뢰에 대한 책임이 있는가? 모든 직원은 충성심을 가질 책임이 있는가? 직원의 충성심이 불필요하다고 주장한 철학자 더스카의 주장에 여러분은 동의하는가? 그 이유는 무엇인가?

06 정직이 왜 필요한지 설명하고 비즈니스가 포커게임과 비교해서 어떤 점이 같고 어떤 점이 다른지 설명하시오.

07 내부고발은 무엇이고 어떤 조건에서 윤리적으로 허용될 수 있는가?

08 내부자거래에 대해 설명하고 윤리적으로 무엇이 문제인지 논의하시오

기업윤리

📖 사례 7-1. 진상고객에 무릎 꿇은 스와로브스키 직원, 심리적 고통

출처: 동아일보, 2015. 10. 19

다시는 보고 싶지 않은 장면
(동아일보 자료사진)

최악의 갑질

인천 신세계백화점의 이른바 '갑질 고객' 영상의 당사자 주얼리회사 스와로브스키가 입장을 표명했다. 스와로브스키는 19일 보도자료를 통해 "해당 고객이 법적인 조치를 취할 경우 회사차원에서 대응할 예정이고, 법적 조치를 위해 현재 법무법인과 함께 모든 사실관계에 관해 검토 중"이라고 전했다.

영상 속 무릎을 꿇은 여직원 2명은 지난 17일부터 휴가를 낸 상태로, 대략 일주일간은 출근하지 않을 것으로 알려졌다. 스와로브스키는 "해당 점원들이 현재 많은 심리적 고통과 스트레스를 받고 있는 상황"이라고 말했다. 지난 16일 오후 신세계백화점 인천점 스와로브스키 매장에서는 여성고객이 무상수리 요구에 대한 응대에 불만을 품고, 무릎을 꿇은 여성 점원 두 명을 향해 고성을 질렀다.

지난해 12월에는 현대백화점 부천 중동점 지하에서 모녀 고객이 아르바이트 주차 담당 직원에게 30분 동안 무릎을 꿇게 한 뒤 폭언을 하고 뺨을 때려 결국 모녀는 폭행 혐의로 경찰에 입건됐다. 인천 남동경찰서 관계자는 "고객 이 씨가 무릎을 꿇으라고 시킨 것은 아닌 것으로 확인됐고 양측 모두 현장에서 화해해 정식 수사로 이어지지는 않을 것"이라고 말했다. 네티즌들은 "무릎까지 꿇은 점원이 화해하고 싶어 화해했겠냐?", "백화점 점원들에게 인격적 굴욕을 강요하는 서비스 방식에 문제가 있는 것 아니냐?"는 등의 비난이 빗발치는 중이다.

📖 사례 7-2. 대법 "대형마트 영업시간 제한·의무휴업 적법"

출처: 연합뉴스, 2015. 11. 19

"규제로 얻는 공익 중대한 반면 영업자유 본질적 침해 아니다."
대형마트 손들어준 원심 파기… 지자체·유통업계 송사 일단락

    대형마트 영업시간을 제한하고 의무휴업일을 지정한 지방자치단체의 처분은 정당하다는 대법원 판결이 나왔다. 대형마트 규제의 위법 여부에 대한 대법원 판단은 이번이 처음이다. 이날 판결에 따라 2012년부터 이어진 지자체와 유통업계의 법적 분쟁이 사실상 마무리될 전망이다. 대법원 전원합의체(주심 김창석 대법관)는 19일 이마트·홈플러스·롯데마트 등 대형마트 6개 사가 영업시간 제한 등 처분을 취소하라며 서울 성동구, 동대문구를 상대로 낸 소송에서 원고 승소 판결한 원심을 깨고 사건을 서울고법으로 돌려보냈다.

대형마트의 정기휴무
(연합뉴스 자료사진)

    대법원 전원합의체(주심 김창석 대법관)는 19일 이마트·홈플러스·롯데마트 등 대형마트 6개 사가 "영업시간 제한 등 처분을 취소하라."며 서울 성동구와 동대문구를

상대로 낸 소송에서 원고 승소로 판결한 원심을 깨고 사건을 서울고법으로 돌려보냈다.

19일 오후 서울 서초구 대법원에서 열린 대법원 전원합의체 판결 모습
(연합뉴스 자료사진)

대법원은 "규제로 달성하려는 공익은 중대할 뿐만 아니라 보호할 필요도 큰 반면 대형마트 영업의 자유나 소비자 선택권 등의 본질적 내용이 침해됐다고 보기 어렵다."고 밝혔다. 대법원은 "지자체들이 규제에 앞서 관련 이해당사자에 대한 의견청취 등의 절차를 거쳤고 공익과 사익의 여러 요소를 실질적으로 고려했다."며 영업제한이 재량권 남용이라는 대형마트들의 주장을 받아들이지 않았다. 이마트 등이 유통산업발전법상 '대형마트'의 정의에 맞지 않아 조례 적용대상이 아니라는 원심 판단도 잘못됐다고 지적했다. 대법원은 "일단 대형마트로 개설 등록됐다면 특별한 사정이 없는 한 개별 점포의 실질을 다시 살필 필요가 없다."고 밝혔다.

대법원 관계자는 "국민 경제생활에 중대한 영향을 미치는 대형마트 규제에 관련된 판단기준 등을 정립했다."고 판결 의의를 설명했다. 대법관 11명이 영업시간 제한 등 지자체 처분이 적법하다고 판단했고 2명이 반대 의견을 냈다. 지자체와 대형마트의 소송은 2012년 1월 유통산업발전법 개정으로 대형마트 의무휴업 조항이 생기면서 시작됐다.

지자체들은 신설 조항에 따라 '자치단체장은 오전 0~8시까지 영업시간을 제한

기업윤리

하고 매월 둘째·넷째주 일요일을 의무휴업일로 지정해야 한다'는 내용의 조례를 공포하고 대형마트의 영업을 규제했다. 잇따른 소송에서 법원은 조례가 자치단체장의 재량권을 박탈해 위법하다는 취지로 대형마트의 손을 들어줬다. 영업제한이 정당한지보다는 조례의 절차적 위법성을 지적한 판결이었다. 지자체들은 영업 제한을 '해야 한다'에서 '할 수 있다'로 조례를 개정했다. 이후 제기된 소송에서는 지자체들이 잇따라 승소했다. 대형마트 측은 옛 유통산업발전법이 위헌이라며 낸 헌법소원이 각하되고 행정소송에서도 계속 패소하자 소송을 사실상 포기했다.

영업시간 제한과 관련해 현재 진행 중인 하급심 소송은 롯데마트와 홈플러스가 서울 용산구청을 상대로 서울행정법원에 낸 사건을 비롯한 몇 건이 더 있다. 이날 지자체가 승소 취지 판결을 받은 소송은 항소심 재판부가 1심을 뒤집고 대형마트의 손을 들어줘 대법원까지 갔다. 대법원은 사안의 중요성을 감안해 사건을 전원합의체에 회부하고 공개변론을 열어 각계 의견을 들었다.

📖 사례 7-3. 몽고식품 김 회장은 진정 반성하고 있을까?

출처: KBS, 2015. 12. 26

잔혹한 폭행… 충격의 녹음 파일

"무섭다기보다, 인간이 인간을 대하면서 사람 이하의 개나 동물로 취급한다는 것은, 도저히 생각해도 이건 아니다 싶었어요." 카메라 앞에 선 남성의 표정은 단호했습니다. 불과 한 달 전까지 경남의 대표 향토기업인 '몽고식품' 김만식 회장의 차를 몰던 운전기사였습니다. 그저 평범해 보이는 40대 가장이 겪은 지난 석 달 동안의 이야기는 충격적이었습니다.

"라이터로 때릴 때도 있고 주먹으로 때릴 때도 있는 데, 보이는 데는 다 때립니다. 머리부터 발끝까지 다 때립니다." 자신이 모시는 70대 회장님으로부터 상습적으로 폭행을 당했다는 겁니다. 발로 급소를 차여 정신을 잃기도 했고, 운전 중에도 머리를 맞아 큰 사고가 날 뻔도 했습니다. 이유는 사소했습니다. 김 회장이 가라는 길로 가지 않았다는 이유로, 빨리 안 간다는 이유로 맞았습니다. 한때 사업을 한 적이 있는데, 사업에 실패한 이야기를 하다가도 맞았습니다. 폭행은 때와 장소를 가리지 않았고, 방법 또한 상상을 초월했습니다. "선풍기가 돌아가면 그 앞에다 수박을 던집니다. 그러면 수박이 확 튀잖아요. 그거를 맞고 있어야 해요."

사람으로선 할 수 없는 언행
(KBS 자료사진)

남성은 증거로 회장의 폭언이 담긴 20분 분량의 녹음 파일을 공개했습니다. 녹음 파일에는, 도저히 회장의 말이라고는 믿을 수 없는 심한 욕설과 폭언들이 담겨 있었습니다. 자신이 원하는 곳에 차를 주차하지 않았을 때나 "당구장에 대라고 했지, 카페 앞에 대? ○○○" 입고 온 옷이 마음에 들지 않아도, "○○ 옷도 제멋대로네. 회장을 모시면서 복장이 그게 뭐냐, 나들이 가나? ○○ 같은 ○○" 어김없이 폭언과 욕설이 날아들었습니다.

회장님은 '부재중'

사실 확인을 위해 취재진은 가장 먼저 김 회장에게 전화를 걸었습니다. 수차례 시도 끝에 마침내 통화가 성사됐습니다. 그런데 전화를 받은 것은 뜻밖에 한 중년 여성이었습니다. 얼떨결에 전화기를 넘겨받은 듯 중년 여성은 당황한 기색이 역력했습니다. "당신한테 전화가 왔잖아요? 여보세요 회장님이 저한테 전화를 돌리네요." 취재진은 정중하게 물었습니다. "김 회장님과 통화하고 싶은데, 회장님 안 계십니까?" 그러자 여성은 "회장님 여기 안 계십니다."라고 거짓말을 했습니다. 취재진은 어쩔 수 없이 김 회장의 부인에게 단도직입적으로 폭행 의혹에 관해 물었습니다. 하지만 돌아온 대답은 "저는 아무것도 몰라요."뿐이었습니다. 질문을 계속하자 나중에는 답변을 회사 직원에게 떠넘겼습니다. "회사에 있는 사람들이랑 통화해보세요. 제가 그쪽으로 사람을 보내겠습니다."

몽고식품 창원 공장
(KBS 자료사진)

하는 수 없이 취재진은 몽고식품 창원 공장으로 찾아가 두 시간 넘게 김 회장을 기다렸습니다. 하지만 김 회장은 물론, 회장의 대답을 대신할 누구도 만나지 못했습니다. 이후 거듭된 통화에서도 김 회장은 전화를 받지 않거나, 여직원에게 전화를 떠넘기는 행동을 반복했습니다. 전화를 넘겨받은 여직원은 "회장님 전화로 연락하지 말고 회사 관계자와 통화하라."고만 답했습니다. 회장님의 궁색한 변명이라도 듣길 바랐던 취재진은 허탈할 수밖에 없었습니다.

김만식 회장의 폭행 의혹에 대한 첫 보도가 나간 것은 지난 22일입니다. 그리고 다음 날인 23일 오후 김 회장은 한 언론사와의 인터뷰에서 폭행 의혹을 부인했습니다. 인터뷰 내용을 그대로 옮기자면 "어깨를 툭툭 치는 정도였고, 경상도식으로 '인마'하는 정도였을 뿐이었다."는 겁니다. 그런데 폭행 의혹을 부인한 바로 그 날, 온라인상에서 파문은 일파만파로 번져갔습니다. 언론보도를 통해 김 회장의 폭행 소식은 빠르게 번져갔고, SNS와 댓글 등을 통해 김 회장의 행동을 비난하는 댓글이 폭주했습니다. 분노한 여론은 쉽게 수그러들지 않았습니다. '불매운동'을 하자는 성토가 줄을 이었습니다.

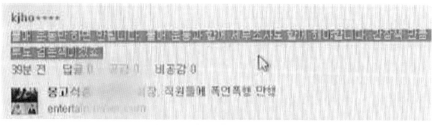

불매운동을 하자며 분개하는 네티즌
(KBS 자료사진)

그리고 다음 날 새벽 회사 홈페이지에는 난데없는 게시글이 하나 올라옵니다. 김 회장의 아들인 대표이사 명의의 사과문이었습니다. 회사 명예회장의 불미스러운 사태에 진심으로 머리 숙여 사죄드린다며, 김만식 회장이 사태를 책임지고 명예회장직에서도 사퇴하겠다는 내용이었습니다.

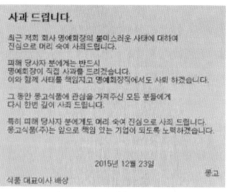

김 회장의 아들인 대표이사의 사과문
(KBS 자료사진)

취재진은 곧바로 운전기사에게 전화해 사과를 받아들일 용의가 있는지 물었습니다. 운전기사는 '싫다'고 했습니다. 폭행 의혹을 부인한 지 불과 하루 만에 입장을 180도 바꿔, 언론사 카메라 앞에서 사과하겠다는데, 과연 그 사과가 얼마나 진정성이 있겠느냐고 되물었습니다. 운전기사는 취재진에게 말했습니다. "언론 보도가 나가기 전 수차례 회사를 찾아가 말했습니다. 많은 것을 바라는 게 아니다. 나는 그냥 회장님이 직접 와서, 미안하다고 사과만 한다면 모든 것을 접겠다." 하지만 끝끝내 김 회장은 운전기사에게 사과하지 않았습니다. 하지만, 언론 보도가 나오고 불매 운동 움직임이 일자 뒤늦게 홈페이지를 통해 사과하겠다고 나선 겁니다.

국민들이 분노한 까닭은?

석 달 동안 회장으로부터 잔혹한 폭행과 참기 힘든 수모를 겪고도 왜 가만히 있었는지를 물었습니다. 운전기사는 담담하게 '생계' 때문이라고 말했습니다. 그는 한 가정의 가장이었고, '몽고식품'은 그 가장의 소중한 밥벌이였던 겁니다. 먹고 살기 위해 자존심을 짓밟히고, 열정을 착취당하는 우리시대 수많은 '을'이 처한 현실도 다르지 않습니다. 지난해 대한항공 조현아 전 부사장의 '땅콩회항' 사건에 이어, 올해 몽고식품 김만식 회장 사건에 이르기까지. 두 사건 모두, 대중들이 분노했던 건 폭행 그 자체만은 아닙니다. 조 전 부사장과 김 회장이, '을'의 비루한 현실을 볼모로 잡았기 때문입니다. 부당한 대우에도, 살아남기 위해 묵묵히 견뎌낼 수밖에 없는 '을'의 처지를 악용해 '갑질'을 했기 때문입니다. 그리고 그 밑에는 '을'은 때리고 욕해도 돈만 주면 될 거라는 생각, 권력과 돈만 있으면 무슨 짓을 해도 된다는 우리 사회 상류층, 지도층들의 오래된 악습과 부도덕이 자리 잡고 있습니다.

몽고식품 공장에서 볼 수 있는 문구
(KBS 자료사진)

　이번에도 회장님은 돈만 있으면 '적당히' 넘어갈 수 있을 거라 생각했을지도 모릅니다. 하지만, 누군가의 말처럼 '배가 고파도 밥상을 엎을 수 있는 것이 사람'입니다. 분노하는 우리 시대 '을'들은 더 이상 당하고만 있지 않습니다. 운전기사와 같은 처지에 놓인 수많은 '을'들은 서로의 처지에 공감하고, 함께 분노합니다. SNS를 통해 많은 이들이 몽고 식품을 먹지 않겠다고 선언했습니다. 세무조사를 하라는 요구도 빗발칩니다. '을'의 처지를 악용한 회장님의 도 넘은 갑질은 110년 전통의 국내 최장수 기업 '몽고식품'에 부메랑이 되어 돌아오고 있습니다.

📖 사례 7-4. AI 세계대전 최강자가 구글?
열 받은 원조 IBM
출처: 아시아경제, 2016. 3. 14

롭 하이 IBM 최고기술책임자 방한… 앞선 기술력 · 성과 등 제시 전망
구글에 뺏긴 세계 이목 되돌리기… 대장암 진단서 98% 정확도 보여
딥마인드 CEO 허사비스의 도발 "IBM의 딥블루는 진정한 AI 아냐."

　구글 인공지능(AI) 알파고와 이세돌 9단과의 대국 직후 AI의 원조격인 IBM '왓슨'의 최고 기술책임자(CTO) 롭 하이(Rob High)씨가 방한한다. 구글과 IBM은 AI 분야의 주도권을 놓고 경쟁을 벌이고 있는 기업이다. 알파고와 이세돌간의 대국으로 구글이 전 세계의 주목을 한 몸에 받자 몸 달은 IBM이 적극적인 대응에 나선 것으로 보인다.

　이번 대국으로 전세계인의 관심이 집중되고 있는 한국에서 롭하이 CTO가 어떤 보따리를 풀지 관심이 집중되고 있다. 하이 CTO는 오는 16일 미래창조과학부와 한국 연구재단이 공동으로 주최하는 인공지능 국제 심포지움의 기조연설자 자격으로 한국을 찾는다. 하이 CTO가 방한하는 것은 2014년 열린 서울디지털포럼(SDF) 참석에 이어 두 번째다. 에릭 슈미트 알파벳(구글 지주회사) 회

IBM '왓슨'의 최고 기술책임자(CTO) 롭 하이
(아시아경제 자료사진)

장, 세르게이 브린 구글 공동창업자가 이번 대국을 직접 관전하기 위해 방한한 직후여서 한국에서 AI에 대한 열기가 더욱 고조될 것으로 보인다. 하이 CTO는 1981년 IBM에 입사한 이후 35년간 IBM에 근무한 정통 IBM맨이다. IBM의 SOA(Service Oriented Architecture)재단 최고 설계자, 웹스피어 최고 설계자를 거쳐 2012년부터 왓슨의 CTO를 역임하고 있다. 하이 CTO는 심포지움 기조연설에서 IBM이 그동안 AI 분야에서 이룬 성과와 현황, 향후 전망 등을 소개할 것으로 알려졌다.

IBM은 이 9단과의 대국을 계기로 구글이 AI 분야에서 조명을 받는 것에 대해 내심 불만을 가지고 있는 것으로 전해지고 있다. IBM이 구글보다 훨씬 이전부터 AI 에 대한 연구를 진행해 왔고, 실제 구글보다 앞선 기술을 보유하고 있는 것으로 알려져 있다. IBM 입장에서 보면 구글에 선수를 빼긴 셈이다. 구글은 이번 대국으로 금액으로 산정할 수 없을 정도의 마케팅 효과를 거뒀다는 평가를 받고 있다. 하이 CTO는 구글에 빼앗긴 관심을 다시 IBM 쪽으로 돌려놓는데 역점을 둘 것으로 보인다. IBM의 AI 슈퍼컴퓨터 '딥블루'는 1997년 체스 챔피언인 개리 카스파로프를 상대로 승리를 거둔 바 있다. 또 IBM의 왓슨은 2011년 미국의 유명 퀴즈쇼 제퍼디에 참가해 브레드 러터(금액 기준 사상 최대 우승자), 켄 제닝스(74번 연속 승리)와 대결해 우승하기도 했다.

이후 IBM은 인간과의 대결보다는 왓슨을 실생활에 적용하는 쪽에 주력하고 있다. IBM은 미국 MD앤더슨 암센터와 협력, 헬스케어 서비스를 제공하고 있다. 빅데이터를 활용, 왓슨이 만든 헬스 프로그램을 인간에게 적용하고 있는 것이다. 미국 종양학회에 따르면 왓슨을 이용한 암진단 정확도는 대장암 98%, 방광암 91%, 췌장암 94%, 자궁경부암 100%로 전문의 초기 오진비율(20%)보다 높은 정확도를 자랑한다. 또 호주 뉴질랜드은행(ANZ), 싱가포르개발은행(DBS)은 왓슨을 이용해 투자 자문 서비스를 제공하고 있다. 고객 정보와 상품, 시황, 각종 보고서를 기반으로 고객 개개인에게 최적화된 금융 상품 및 정보를 제공하는 것이다. 미국 군인전문보험회사(USAA)는 왓슨을 활용해 군대 전역 후 사회 적응과 관련한 상담 서비스를 제공한다. 일본 소프트뱅크가 선보인 인간형 로봇 '페퍼'에도 왓슨이 탑재돼 있다.

구글 딥마인드 CEO 데미스 하사비스
(아시아경제 자료사진)

인간과의 바둑 대결에서 승리한 구글 역시 AI를 다양한 분야에 활용하는 방안을 찾고 있다. 알파고를 개발한 구글 딥마인드는 알파고가 범용AI라는 점을 강조하고 있다. 구글은 바둑에 이어 스타크래프트에 도전장을 낸 상태이며 이미 헬스케어 분야에 적용하기 위한 연구를 시작

기업윤리

했다고 밝혔다. 데미스 하사비스 구글 딥마인드 CEO는 카이스트 강연에서 "게리 카스파로프를 이긴 IBM의 딥부루는 한가지 기능만 수행할 수 있는 시스템으로 우리는 이를 진정한 AI로 보지 않는다."며 "알파고는 다양한 여러 상황에서도 사용될 수 있는 범용인공지능(AGI)"이라고 강조하기도 했다.

📖 사례 7-5. 예고된 산재, 삼성 에어컨 수리 기사의 죽음

출처: 시사IN, 2016. 7. 13

　　6월 23일 아침은 평소와 다르지 않았다. 삼성전자서비스 서울 성북센터 수리기사인 진 씨(44세)는 아침 회의가 끝나자마자 사무실을 빠져나왔다. 그는 주차장 대신 서비스센터 앞에 차를 세워놓곤 했다. 서둘러 출발해 최대한 빨리 수리 업무를 시작하기 위해서다. 동료 박제호 씨는 진 씨를 보며 '커피를 한잔하든지, 담배라도 한 대 피우지 또 바쁘게 나가네'라고 생각했다. 그것이 박 씨가 기억하는 진 씨의 마지막 모습이었다.

　　그날 오후 2시 30분, 진씨는 에어컨 실외기를 수리하던 도중 빌라 3층에서 추락했다. 진 씨는 실외기를 고치기 위해 의자를 받쳐놓고 창 바깥으로 몸을 굽혔다. 몸이 닿자 낡은 난간은 무게를 버티지 못했다. 난간이 통째로 뜯겨 나가면서 그는 실외기와 함께 9m 아래로 떨어졌다. 병원으로 옮겨졌지만 간이 심하게 파열돼 의사도 손을 쓸 수가 없었다.

　　진 씨는 23년차 베테랑 수리기사였다. 군대 제대 직후 삼성 가전제품 수리 일을 시작했다. 진 씨가 떠난 자리에는 아내와 초등학교 5학년 아들, 2학년 딸이 남았다. 차 뒷좌석에는 아내가 싸준 도시락이 놓여 있었다. 황망한 죽음 앞에서 아내는 '무슨 말을 해야 할지 모르겠다'라며 울음을 터뜨렸다. 엄마를 대신해 두 아이가 말을 전했다. 진 씨의 아들과 딸은 '우리 가족 걱정하지 마시고 저한테 맡기세요', '우리를 놔두고 가시면 어떡해요. 그러니까 하늘에서 편안하게 쉬세요. 꼭꼭꼭'이라는 메시지를 포스트잇에 써서 아빠에게 보냈다.

실외기 작업을 하는 에어컨 수리기사
(시사IN 자료사진)

진 씨가 사망하고 닷새 뒤, 영화감독 진모영 씨를 만났다. 노부부의 사랑과 이별을 담은 영화 <님아 그 강을 건너지 마오>를 연출한 진 감독은 진 씨의 사촌 형이다. 진 감독은 1997년부터 1998년까지 1년간 그와 함께 살았다. 진 감독은 사촌 동생이 출근하던 모습이 또렷이 기억난다고 했다. '동생은 항상 단정하게 와이셔츠를 입었다. 그 밑에는 검정 정장바지를 받쳐 입고 정장 구두를 신었다. 한 손에는 커다란 공구가방을, 다른 한 손에는 도시락을 들고 나갔다.' 동생 진 씨는 항상 바쁜 사람이었다. 아버지 제사에도 번번이 늦었다. 진 감독은 '일이 많아서 늦었다고 하더라. 특히 여름에는 에어컨 고치느라 너무 바쁘다고 했다'라고 말했다.

진 씨는 성북센터에서 콜(수리 접수)을 가장 많이 받는 사람 중 한 명이었다. 다른 사람들보다 하루에 보통 3~4건은 더 뛰었다. 수리기사들은 한 달에 기본급으로 130만 원을 받는다. 건당 수수료 제도로 월 60건 이상 수리를 해야 그 이후부터 한 건당 수당이 붙는다. 진 씨와 16년을 같이 일한 박제호 씨는 '정말 일을 열심히 한 사람이다'라고 말했다. 진 씨는 에어컨 실외기 수리처럼 다른 기사들이 꺼리는 업무나, 어려운 수리도 마다하지 않았다. 집안에 잔치가 있어도 급하게 콜이 들어오면 중간에 나와 수리를 하고 다시 돌아갔다. 쉴 틈 없이 바쁜 중에도 후배들이 어려워하는 수리가 있으면 그 집에 들러서 후배를 도와주고 자기 업무를 보러 갔다. 진 씨는 담배도 피우지 않고 술도 거의 마시지 않았다. 노동조합에 가입하지도 않았다. 박 씨는 '회사가 원하는 사람이 있다면 바로 그 친구일 거다'라고 말했다. 진 감독은 '동생이 어렸을 때 집안이 매우 가난했다. '열심히 일해서 이 가난의 고리에서 벗어나야 한다. 내 아이들은 여유롭게 키워야 한다는 생각이 무척 강했던 것 같다'라고 말했다.

우수 직원의 죽음 앞에 삼성전자서비스 성북센터는 '안전장비를 지급하고 안전교육을 시행했다'라며 책임 소재에 대한 선을 그었다. 그러나 박 씨는 '회사에서 지급한 안전장비는 사실상 쓸모가 없다'라고 말했다. "안전벨트를 주기는 하는데 건설 현장에 적합한 장비이지 우리처럼 실내에서 작업하는 사람에게는 맞지 않는다. 가정집에는 안전벨트 끝에 있는 고리를 걸 수 있는 곳이 거의 없다."

유일한 대책은 이동식 발판을 갖춘 스카이차를 이용해 외부에서 작업하는 것이지만 현실적으로는 불가능에 가까웠다. 무상 수리 기간이 끝난 이후에는 15만 원에 달하는 스카이차 비용을 고객이 부담해야 하기 때문이다. 또 스카이차를 부르면 작업 시간이 배 이상 늘어난다. 회사가 한 시간에 한 건 처리를 기준으로 작업 일정을 짜놓은 탓이다. 결국 직원들은 위험을 무릅쓰고 작업을 할 수밖에 없었다. 금속노조 산하 삼성전자서비스지회는 '진 씨가 아닌 다른 직원이 그 수리 작업을 맡았더라도 죽을 수밖에 없었다'라고 규탄했다.

안전이냐 생계냐 양자택일

진 씨가 사경을 헤매고 있는 와중에도 회사에서는 계속해서 마감 독촉 단체 문자가 휴대전화로 왔다. '현재 시간 외근 미결이 위험 수위로 가고 있음'(오후 4시 41분), '금일 처리 건이 매우 부진함. 늦은 시간까지 1건이라도 뺄 수 있는 건은 절대적으로 처리'(오후 6시 52분). 진 씨는 이날 밤 9시에 숨을 거뒀다.

동료 박제호 씨는 '한 시간 안에 수리를 못 마치면 다른 집에 갔다가 일과 시간 이후에 다시 가는 경우가 많다. 저녁 9시, 심하면 밤 12시에 방문할 때도 있다'라고 말했다. 그렇게 일을 해도 미결(처리하지 못한 접수)은 발생한다. 금속노조 삼성전자서비스지회에 따르면 수리기사들의 휴대전화에 깔린 애플리케이션 '애니존(Any Zone)'을 통해 수리 처리 건수가 회사(서비스센터)와 원청인 삼성전자서비스에 실시간으로 보고된다. 삼성전자서비스센터 본사는, 지역 센터는 독립법인 형태로 협력업체 관계라고 말한다. 하지만 금속노조 삼성전자서비스지회는 본사가 실고용주라고 주장하며 근로자지위확인 소송을 진행하고 있다.

삼성전자서비스는 실적을 집계해 전국에 있는 서비스센터의 등급을 매긴다. 미결률이 높은 서비스센터에는 심한 압박이 들어온다. 원청에서 실적 압박을 받으면 그 압박은 서비스센터 직원들에게 그대로 전달됐다. 삼성전자서비스 홍보팀 관계자는 '애니존 애플리케이션을 보급한 건 맞지만 삼성전자서비스에서 실시간으로 보고받지는 않는다'라고 밝혔다.

회사의 독촉이 외부에서 오는 구속이었다면, 건당 수수료 제도는 수리기사 스스로를 옭아매게 만들었다. 한 수리기사는 '여름철 성수기에 무리해서라도 콜을 최대한 많이 받아야 가장으로서 가족을 책임질 수 있을 정도가 된다. 안전이냐 생계냐 양자택일이 되는 거다'라고 말했다. 원청인 삼성전자서비스와 협력업체인 서비스센터가 만들어놓은 시스템은 '비용 절감'과 '고객 만족'을 추구했다. 공고한 체계 속에 수리기사의 안전을 위한 완충제는 없었다. 진 씨는 이 길을 지독히도 성실히 따랐을 뿐이었다.

수리 처리 애플리케이션과 건당 수수료 제도로 인해 수리기사들의 안전이 위협받는다는 지적에 대해 삼성전자서비스 홍보팀 관계자는 '협력사와 함께 안전 대책을 고민하고 있다. 스케줄이 빡빡하다고 하지만 1건당 1시간이 걸리지 않는 수리도 많다'라고 말했다.

6월 26일 화장터에서 가족들은 맥주와 마른 오징어를 준비했다. 진 씨가 딱 하나 즐기는 게 퇴근 후 맥주였다. 진모영 감독은 '하루 종일 빌라와 아파트를 오르내리며 땀을 흘린 후 집에 와서 마시는 맥주 한 캔이 어떤 맛이었을까'라며 한동안 말을 잇지 못했다. 한 줌 재로 돌아온 아들 앞에서 진 씨의 어머니는 넋두리처럼 말했다.

"불쌍한 내 새끼. 평생 종노릇만 하다 갔다."

진 씨에게 보내는 가족들의 메시지(좌), 진 씨의 도시락 가방(우)
(시사IN 자료사진)

📖 사례 7-6. 대통령-재벌총수 '독대' 청산되지 못한 흑역사

출처: 한겨레신문, 2016. 12. 6

전두환·노태우, 청와대와 인근 안가서 삼성·현대 회장 만나 돈 받아
미르재단 닮은꼴 '일해재단' 부실수사… 뇌물공여 유죄 이건희 등 사면

박근혜 대통령이 지난해 7월 24일 오전 청와대 영빈관에서 열린 창조경제혁신센터장 및 지원기업 대표 간담회에서
관련 동영상을 본 후 환하게 웃고 있다. 박 대통령이 이날 대기업 총수 7명을 독대한 사실이 뒤늦게 드러났다.
(한겨레신문 자료사진)

　　6일 국회에서 열리는 '박근혜 정부의 최순실 등 민간인에 의한 국정농단 의혹
사건 진상규명을 위한 국정조사특별위원회'에는 이재용 삼성전자 부회장을 비롯해
정몽구(현대차)·최태원(에스케이)·구본무(엘지)·신동빈(롯데)·김승연(한화)·조양호(한
진)·손경식(씨제이) 회장 등 박 대통령과 개별 면담을 한 것으로 알려진 8대 대기업의
총수들이 증인으로 출석합니다. 지난해 7월과 올해 2월 박근혜 대통령은 청와대 인
근 안가에서 8대 재벌 총수를 만나 '문화산업 활성화' 지원을 당부했다고 하는데요.
5일 <한겨레>는 재벌 총수들이 박 대통령과의 독대 자리에서 사업 관련 민원을 전
달했다고 보도했습니다. 대통령과 재벌 총수가 각자 원하는 것을 주고받은 것 아니
냐는 의구심이 드는 대목입니다. 과거 독재정권은 권력을 유지할 자금 융통이 쉽도록
일방적으로 재벌을 키웠고, 재벌은 이러한 정권에 돈을 내는 방식으로 국민들에게

모두 돌아가야 마땅한 일정한 이득을 거머쥐었습니다. 국회에 출석하는 총수들의 아버지·할아버지대 이야기인데요. 1981년부터 한화그룹을 이끌어온 김승연 회장의 경우엔 전두환 정권 시절 청와대 대통령 접견실을 찾아 70억 원을 건네기도 했습니다. 대통령과 재벌 총수의 결탁, 그 청산되지 못한 흑역사를 짚어 보았습니다.

1988년 12월 14일 국회에서 열린 '일해재단 비리 청문회'에서
(왼쪽부터) 정주영 현대그룹 명예회장, 장세동 전 청와대 경호실장, 양정모 전 국제그룹 회장이
증인 선서를 하고 있다.
(한겨레신문 자료사진)

1989년 김기춘 '일해재단'에 면죄부

정경유착의 실체가 시민들 눈 앞에 처음으로 모습을 드러낸 건 민주화 이후인 1988년입니다. 그해 4월 총선에서 여당인 민주정의당은 전체 299석 가운데 절반에 크게 못미치는 125석만 차지하는 참패를 당합니다. 두달 뒤, 국회법이 전면 개정되면서 '청문회'가 도입됐는데요. 헌정 사상 첫 청문회는 전두환의 제5공화국 정권 비리를 규명하기 위해 열렸습니다. 미르·케이(K)재단의 닮은 꼴인 '일해재단(현 세종연구소)'에 이목이 집중된 것도 당시 청문회를 통해서였습니다. 일해재단은 전두환 전 대통령이 1983년 10월 버마 아웅산 폭발사고 유가족을 지원하기 위해 만들려던 공익법인에 뿌리를 두고 있다는데요. 1984년 3월~1987년 12월까지 재벌 등으로부터 목표액 3백억 원보다 2배 가까운 598억 5천만 원의 기금을 모았습니다. 1988년 11월 국회 5공비리조사 특위의 일해재단 청문회 증인으로 나온 현대그룹 정주영 명예회장

은 일해재단 기금 조성에 강제성이 있었다고 했습니다.

"아웅산 참사 직후 유족들을 위한 성금 23억 원은 나라를 위한 마음으로 냈고 84년도 1차 기부금 137억 원은 이치가 맞아 협력했다. 그러나 85년 이후 기부금은 내라고 하니까 내는 게 마음이 편하다고 생각해 냈다."(《한겨레》 1988년 11월 10일자)

전두환 정권의 비리 의혹에 대한 국민들의 분노가 높아지자, 검찰총장 직속으로 5공비리 특별수사부가 설치돼 수사에 돌입합니다. 그런데 여기서, 뜻밖의 인물이 등장합니다. 당시 검찰총장은 바로 김기춘 전 청와대 비서실장이었습니다. 1988년 김기춘 신임 검찰총장은 기자회견을 통해 전두환은 수사 대상이 아니라고 선을 긋습니다.

"국가 원수의 정치행위는 사법적 처리대상이 아니라 국민의 정치적 심판 대상일 뿐이다."(《한겨레》 1988년 12월 14일자)

1989년 1월, 검찰은 5공 비리 수사결과를 발표했는데요. '졸속·부실' 수사라는 비판이 거셌습니다. 전 전 대통령이 재임 당시 재단을 설립했음에도, 기업들의 기금 출연을 강요한 사실이 없다고 보았습니다. 돈을 낸 기업에 특혜를 주었는지도 밝혀지지 않았습니다.

대법, 전씨 무기 확정

노씨 17년 2,628억 추징금 선고…박준병씨 원심대로 무죄
내란종료 81년 1월24일로 제한…재벌총수 상고 모두 기각

미르재단 수사도 '일해재단' 꼴 날까
김영삼 정부시절 불거진 두 전직 대통령의 부정축재는 한국의 정경유착을 상징하는 대표적 사건 중 하나다.
(1997년 4월 18일자 1면 한겨레 기사) (한겨레신문 자료사진)

노태우 뇌물 받고, 재벌은 이권 청탁

정경유착에 대한 사법적 처벌이 이루어진 건 군사정권이 막을 내린 이후입니다. 5공 비리를 묵인한 노태우 전 대통령은 헌정 사상 처음으로 재임 중 범죄로 구속된 전직 대통령이 됐습니다. 1995년 11월 당시 검찰은 노 전 대통령이 재벌 총수 등 35명의 기업 대표로부터 2,838억 9,600만 원의 뇌물을 받은 혐의(특정범죄가중처벌법상 뇌물수수)로 구속합니다. 재벌 총수들이 줄줄이 검찰에 불려나가는 흔치 않은 광경이 펼쳐지기도 했지요. 검찰은 이들 가운데 당시 재계 1위 삼성그룹 이건희, 대우그룹 김우중 회장 등 재벌 총수 8명을 뇌물을 준 혐의(특정경제범죄가중처벌법상 뇌물공여)로 기소합니다. 뇌물을 건넨 모든 재계 인사가 기소된 건 아닌데요. 이에 대해 검찰은 "뇌물과 특정 사업 사이에 대가 성격이 있거나 특혜성 사업을 받은 기업 관계자는 기소했으며 그렇지 않은 경우는 국민 경제와 대외 경쟁력에 미치는 부작용, 해당 업체 종사자와 가족들의 생활안정 등을 참작해 불입건했다."고 했습니다.

뇌물을 주고 받은 혐의로 법정에 선 재벌 총수들과 노 전 대통령에 대해선 유죄가 확정됩니다. 법원은 동아 최원석 회장에 징역 2년 6월, 대우 김우중·진로 장진호 회장·한보 정태수 총회장에 징역 2년의 실형을 선고합니다. 이건희 회장은 징역 2년에 집행유예 3년, 동부 김준기 회장은 징역 1년 6월에 집행유예 2년, 대림 이준용·대호건설 이건 회장은 징역 6월에 집행유예 3년을 선고 받았습니다.

12·12 및 5·18사건과 전두환·노태우 권력형 부정 축재사건에 대한 1심 판결문을 보면, 노태우 전 대통령은 '청와대 접견실·집무실, 청와대 인근 안가'에서 정주영 현대그룹 명예회장을 비롯해 삼성 이건희·럭키금성(엘지) 구자경·롯데 신격호·한진 조중훈·효성 조석래·금호 박성용·선경(에스케이) 최종현·코오롱 이동찬·두산 박용곤·미원(대상) 임창욱·해태 박건배·태평양(아모레퍼시픽) 서성환 회장 등을 만나 직접 돈을 받았습니다. 1988년 3월 청와대 인근 안가에서 이건희 회장으로부터 경제 정책, 금융·세제 등과 관련해 경쟁 기업보다 우대를 받거나 불이익이 없도록 선처해 달라는 취지로 20억 원을 받은 것을 시작으로 1992년까지 청와대 접견실에서 삼성 계열사 사장을 8차례 만나면서 삼성으로부터 총 250억 원의 뇌물을 받습니다. 현대 정주영 명예회장도 비슷한 취지로 1988년~1991년 6차례에 걸쳐 250억 원의 뇌물을 건넸습니다. 동아 최원석 회장도 6차례 노 전 대통령을 만나 진해

잠수함기지 건설, 아산만 해군기지 건설공사를 수주할 수 있도록 영향력을 행사해 달라는 등의 취지로 모두 230억 원을 주었습니다.

1997년 대법원은 노태우 비자금 상고심에서 재벌 총수들이 정치자금 명목으로 건넸다고 주장한 돈의 성격을 '뇌물'이라고 못 박았습니다. 당시 대법원은 판결문에서 "정치자금·선거자금·성금 등의 명목으로 이루어진 금품 수수라 하더라도 정치인인 공무원(대통령)의 직무행위에 대한 대가로서 실체를 갖는 한 뇌물"이라고 판시했습니다.

전두환 재임 중 기업서 거둔 돈 9,500억 원

청와대에서 대통령이 재벌 총수를 직접 만나 뇌물을 챙긴 건, 5공 때도 마찬가지였습니다. 1996년 1월 검찰은 전두환 비자금 수사 결과를 발표합니다. 전 전 대통령이 재임기간 중 기업들로부터 받은 돈은 무려 9,500억 원에 달했습니다. 검찰은 9,500억 원 가운데 2,259억 5천만 원을 세무조사 무마·국책사업자 선정 등 각종 이권을 청탁하기 위한 '뇌물'로 판단했습니다.

12·12 및 5·18사건과 전두환·노태우 권력형 부정 축재사건에 대한 1심 판결문에 따르면, 전두환은 1982년~1987년까지 '청와대 혹은 인근 안가'에서 현대 정주영 명예회장을 7차례 만나 원자력발전소 건설공사 등 대형 국책사업자 선정·금융 및 세제 운용과 관련해 다른 기업보다 우대하거나 불이익 없도록 선처해 달라는 취지로 현대 정주영 명예회장으로부터 220억 원을 받았습니다. 1983년부터 1987년까지 청와대를 8차례나 찾은 삼성 이병철 회장도 220억 원을 건넸고요. 한진 조중훈 회장은 1980년~1987년 항공운송사업에 대한 규제 등 기업 경영에 불이익이 없도록 해달라거나 세무조사 완화를 청탁하는 취지로 160억 원을 냈습니다. 선경 최종현·롯데 신격호 회장 150억 원, 럭키금성(LG) 구자경 회장 100억 원, 한국화약(한화) 김승연·금호 박성용 회장이 각각 70억 원의 뇌물을 주었습니다. 전두환에게 뇌물을 준 재벌 총수들은 기소되지 않았는데요. 공소시효(5년)이 지났다는 이유였습니다. 당시 검찰은 재벌 총수들을 참고인 자격으로 검찰청사가 아닌 제3의 장소에서 조사합니다.

'경제 살리자' 특별사면 된 재벌총수들

1997년 대법원은 전두환·노태우 두 전직 대통령에 대해 추징금 2,205억 원, 2,628억 원을 선고합니다. 노 전 대통령은 확정판결 13년 만인 2013년에서야 추징금을 완납합니다. 전 전 대통령은 아직도 약 1천억 원의 추징금 내지 않았습니다. 두 사람에게 뇌물을 준 사유로 처벌을 받은 재벌 총수는 노태우 비자금 사건에 연루된 8명뿐입니다. 이들 가운데 7명은 대법원 확정판결 여섯달 만에 '특별사면·복권' 됩니다. 김영삼 정부는 1997년 개천절 특별사면자 명단에 뇌물공여 혐의로 유죄를 선고받은 이건희·김우중 회장 등 7명을 포함시켰는데요. 명분은 역시나 '경제살리기'였습니다. 침체된 경제에 활력을 불어놓고, 활동에 어려움을 겪은 재벌 총수들에 대한 사기진작 차원이라는 겁니다. 전직 대통령에 뇌물을 준 기업들에 대한 세무조사나 비자금을 관리해 준 금융기관 특검 등 재발 방지를 위한 조처들도 시행되지 않았습니다. 재벌 총수들을 사면한 지 두달 만인 1997년 12월 김영삼 대통령과 김대중 대통령 당선자는 '국민 대화합'을 이유로 전직 대통령를 비롯해 12·12 및 5·18 사건 관련자들을 특별사면합니다. 앞서 한국 정부는 국제통화기금(IMF)에 구제 금융을 신청했는데요. 외환위기의 단초는 재벌의 잇따른 도산이었습니다. 국내·외에서 재벌 개혁이 필요하단 요구가 이어졌습니다. 그러나 김대중·노무현·이명박 그리고 박근혜 정부에 이르기까지 '총수 마음대로' 경영이 아닌, 투명·전문 경영을 자리잡게 할 재벌 개혁은 아직 이루어지지 않았습니다. 청산되지 않은 채 우리 사회를 배회하던 정경유착은 최순실-박근혜 게이트로 다시 그 모습을 드러냈습니다. 20년 전인 1996년 1월 노태우 비자금 공판에서 검찰은 이렇게 주장합니다.

막강한 영향력을 갖고 있는 대통령과 이를 이용하고 싶어하는 기업주가 비공식적으로 은밀하게 만난 것이 이 사건 범행 장소가 된 개별면담 자리였습니다. 기업현황·정책건의 등에 관한 의견을 직접 청취한다는 명분이었지만 실제로는 특정 사업 수주나 신규사업 인·허가 특혜를 바라거나 포괄적으로 기업운영 전반을 선처해 달라는 취지로 금품을 주고 받는 계기가 되어왔던 것입니다. "기업하는 사람이 돈이 남아돌아 그렇게 많은 돈을 대통령에게 갖다 줄리가 있겠습니까. 대통령과 독대했다는 소문만 나도 관련 부처에서 알아서 모시기 때문입니다."라는 어느 피고인 고백이 바로 이 사건의 진실 그 자체라고 보아야 할 것입니다.(《한겨레》 1996년 1월 30일자)

아직 박근혜 대통령 등에 대해선 뇌물 혐의가 적용되지 않았습니다. 그동안 정경유착의 깊고 넓은 뿌리를 통째로 뽑는데 실패한 우리 사회는, 어떤 선택을 할까요?

📖 사례 7-7. "수소차 주도권 되찾는다"
내년 양산카드 꺼낸 현 · 기차 출처: 디지털타임스, 2017. 11. 21

현대차, 제네시스 'GV80 콘셉트' 공개
내년 2세대 수소차 양산, 기아차도 대량 양산 계획 마련
"SUV 기반 수소차에 집중할 것"

현대자동차 FE(프로젝트명) 차세대 수소전기차
(현대자동차 자료사진)

현대 · 기아자동차가 도요타에 빼앗긴 수소연료전기차(FCEV) 주도권 되찾기에 나선다. 현대차가 내년 1분기 2세대 수소차 양산을 시작할 예정인 가운데, 기아차도 쏘렌토를 기반으로 한 수소차 양산 계획을 잡았다.

기아자동차 쏘렌토
(기아자동차 자료사진)

20일 업계에 따르면 기아차는 오는 2020년 말 쏘렌토의 후속모델을 기반으로 수소차 양산을 시작할 계획이다. 구체적인 생산물량은 검토 중이지만, 4,000여 대 수준인 현대차와 비슷할 것으로 관측된다. 기아차가 수소차를 대량 양산하기로 한 것은 이번이 처음이다. 과거 스포티지, 모하비 등의 차량을 기반으로 연구개발용 차량을 내놓은 적은 있으나, 실제 판매를 위한 양산으로 이어진 적은 없었다.

이에 따라 기아차 쏘렌토 FCEV와 현대차 FE(프로젝트명) 차세대 수소차는 도요타에 내줬던 수소차 주도권 찾기의 '쌍두마차' 역할을 하게 될 전망이다. 현대차는 2013년 세계 최초로 수소차 상용화에 성공했지만 높은 차량 가격과 국내 충전 시설 부족 등으로 판매에 어려움을 겪어왔다. 해외에서도 1년 늦은 2014년 양산에 들어간 일본 도요타에게 판매량을 추월당하는 수모를 겪었다. 도요타는 수소차 미라이를 앞세워 올 9월까지 4,268대를 팔아 투싼 ix35(834대)를 앞질렀다.

현대·기아차는 시장에 불고 있는 스포츠유틸리티차(SUV) 열풍을 반영해 SUV 기반의 수소차에 집중한다는 계획이다. 현대·기아차뿐만 아니라 제네시스가 올해 4월 열린 뉴욕 국제오토쇼에서 수소연료전지 SUV 콘셉트카 'GV80 콘셉트'를 공개한 것 역시 이와 같은 맥락으로 풀이된다.

시장조사업체 IHS에 따르면 소형(B세그먼트) SUV 시장은 2010년 48만 5,000여 대에서 지난해 463만 7,000대로 6년 만에 10배 성장했다. 올해 역시 전년보다 19.4% 불어난 553만 8,000대로 확대될 것으로 전망된다.

현대차 고위 관계자는 "세계 자동차 판매의 흐름은 SUV"라며 "굳이 세단(승용차)에 집착할 필요가 없다."고 말했다.

📖 사례 7-8. 가맹본부, "치킨값 안 올린다"
가맹점주, "우리는 올린다"

출처: 세계일보, 2018. 1. 13

최근 치킨업계 한 고위 관계자는 기자와 만나 "당분간 치킨값을 올리기가 쉽지 않을 것 같다."며 이같이 말했다. 그는 "지난해 6월 한 치킨업체가 가격을 올렸다가 공정위 직권조사를 받았다."며 "섣불리 치킨값을 인상했다가 무슨 일을 당할지 모른다."고 우려했다. 치킨값을 올리지 않겠다는 것으로 읽힌다.

"우리가 총대를 멜 수 없다."
(세계일보 자료사진)

올 들어 치킨업계는 17년 만에 최대폭으로 오른 최저임금 인상에
고정비 부담이 커져 가격 인상 카드를 만지작 거렸다.
(세계일보 자료사진)

한 치킨 프랜차이즈 업체 관계자는 "상당수 업체들이 짧게는 3년에서 길게는 8년까지 메뉴 가격을 올리지 못했다."며 "올해는 최저임금 대폭 인상에 따른 인건비 부담까지 커지면서 가맹점주들이 메뉴 가격을 인상해달라고 아우성치고 있는 상황"이라고 전했다.

상황이 이런대도 치킨값 인상은 쉽지 않아 보인다.

최근 물가관리 담당 부처인 기재부와 농림축산식품부, 공정거래위원회 등을 중심으로 외식업계를 상대로 한 전방위적 압박이 가해지고 있는 것으로 확인됐다. 농식품부의 외식업계 담당 국장은 최근 한국외식산업협회 관계자를 만나 최저임금 인상의 취지와 일자리 안정자금 제도를 설명하면서 치킨 등 서민의 체감 물가에 미치는 영향이 큰 품목의 가격 인상을 자제해 달라고 요청했다.

사실상 정부가 민간단체에 가격통제를 하고 나선 것이다. 문제는 가맹점주들의 불만이 폭발 직전에 있다는 점이다. 한 치킨 가맹점주는 "본사에 아무리 가격을 올려달라고 얘기해도 '분위기상 가격을 올리기가 어렵다'는 말만 되풀이한다."며 "임대료와 인건비, 배달수수료 등이 올라 역마진이 발생하고 있는 만큼 자체적으로라도 가격을 올리겠다."고 말했다.

치킨 프랜차이즈 매장의 메뉴 가격은 대체로 본부가 정해주는 권장 소비자가에 따라 정해지지만, 강제성이 있는 것은 아니어서 가맹점주들이 상권별 임대료 차이 등을 고려해 본부에 고지한 뒤 자체적으로 가격을 올리거나 내릴 수 있다. 다만 점포마다 주요 메뉴 가격이 다를 경우 가격이 더 낮은 업체에만 배달 주문이 몰리는 등의 부작용이 나타날 수 있어 주요 치킨 프랜차이즈들은 가급적 점주들이 동일한 가격을 유지하도록 권장하고 있다.

A 치킨 가맹본부 관계자는 "가맹점주들이 임의로 가격을 올리면 가맹본부의 존재가 없어진다."며 "상당수 치킨 가맹점들이 적자에 직면해 있는 만큼, 이들에 대한 정부의 관심과 배려가 필요하다."고 당부했다.

📖 사례 7-9. 테슬라, 美서 또 충돌사고…
오토파일럿 안전성 논란

출처: 엔카메거진, 2018. 1. 29

테슬라 자동차가 또 다시 자율주행 기능 사용 중 추돌 사고를 냈다.
(엔카메거진 자료사진)

잇달아 사고에 휘말리면서 테슬라의 무분별한 자율주행 정책이
심각한 안전 사고를 유발할 수 있다는 지적이 제기되고 있다.

지난 1월 23일, 미국 캘리포니아 주 컬버 시티 소방당국은 테슬라 모델 S가 자율주행 기능인 '오토파일럿'을 사용하던 도중 도로변에 정차해 있던 소방차를 들이받았다고 밝혔다.

사고 당시 소방차는 도로변의 고장난 승용차에 대한 구호 활동을 하고 있었던 것으로 알려졌다. 도로 중앙 긴급차로에 정차해 있던 소방차를 모델 S 차량이 시속 65마일(약 104km/h)로 추돌한 것. 다행히 인명피해는 없었으나, 소방차 주변에는 여러 사람이 있어 자칫하면 대형 사고로 번질 수 있었다.

운전자는 사고 직후 차량이 오토파일럿 기능을 사용 중이었으며, 운전에 집중하지 않았다고 밝혔다. 컬버 시티 소방당국은 "자율주행 기능 유무와 상관없이 운전 중에는 전방을 주시하라."고 당부했다.

주행 중인 테슬라 자율주행 자동차
(엔카메거진 자료사진)

이번 사고는 지난주 캘리포니아에서 일어난 두 건의 오토파일럿 관련 사건 중 하나다. 지난 주말에는 샌프란시스코에서 만취 상태의 운전자가 오토파일럿 기능 사용 중 체포됐다. 운전자는 경찰에 "오토파일럿을 사용 중이었으므로 술을 마셔도 상관 없다."고 주장했으나, 경찰은 이 같은 주장을 받아들이지 않았다.

이번 사고로 테슬라의 무분별한 오토파일럿 허용 정책에 대한 논란이 재점화됐다. 지난 2016년 모델 S가 대형 트럭을 인식하지 못해 추돌, 사망 사고가 발생한 이래로 테슬라 오토파일럿의 안전성 문제는 꾸준히 제기되어 왔다.

미국 국가운수안전위원회(NTSB)는 테슬라가 오토파일럿의 불완전성을 제대로 알리지 않고 있다고 지적했다. 테슬라는 홈페이지에서 자사 차량들이 "인간보다 뛰어난 자율주행 기능을 활용할 수 있는 하드웨어가 전 모델에 기본 탑재돼 있다."며 마치 오토파일럿이 완벽한 자율주행인 것처럼 소개할 뿐, 실제로는 운전자가 주의를 기울여야 한다는 경고를 기재하지 않고 있다.

이런 지적이 계속되자 테슬라는 오토파일럿 관련 사고가 발생할 때마다 "운전자가 항상 운전에 집중해야 한다."고 성명을 내고 있지만, 여전히 고객에게 오토파일럿의 위험성을 알리는 데에는 소극적이라는 게 전문가들의 지적이다.

미국 자동차 전문지 '로드 앤 트랙'은 "일론 머스크 CEO가 2019년까지 잠을 자거나 다른 일을 하면서도 이동할 수 있는 오토파일럿을 완성하겠다고 선언했지만, 목표 달성은 요원해 보인다."고 비판했다.

기업윤리

인간보다 뛰어난 자율주행 기능이 탑재되어 있다고 홍보하는 테슬라
(엔카메거진 자료사진)

📖 사례 7-10. 털어도 털어도 끝나지 않는 해외 부실…
건설업계 해외 악몽 여전
출처: 조선비즈, 2018. 2. 9

건설업계, 해외 저가 수주의 악몽에서 깨어나지 못하고 있다

2009~2012년 주요 건설사 해외 수주 실적(단위: 달러)
(조선일보 자료사진)

    호반건설이 해외손실을 이유로 대우건설 인수를 포기하면서 건설업계에 해외 사업 부실 공포가 다시 밀려들기 시작했다.

    해외 사업을 하는 건설사들은 2010년을 전후로 경쟁이 치열해진 중동 사업을 따내기 위해 저가 수주에 나섰다. 하지만 이 사업들의 부실이 터지면서 일부 회사들은 많게는 1조 원대의 영업손실까지 봤다. 부실을 많이 털어냈다고는 하지만 여전히 이 프로젝트들은 건설사들을 불편하게 하고 있다. 업계는 대우건설 사례로 미뤄볼 때 아직 잠재 위험이 완전히 사라지지 않았다고 보고 있다.

    대우건설은 2016년 4분기 해외사업 부실을 모두 털어내는 '빅배스(Big Bath)'를 단행했다. 대우조선해양 회계 분식 사태로 수주산업 회계에 대한 경각심이 커지면서 2016년 3분기 안진회계법인이 감사의견 '거절'을 냈기 때문이다. 하지만 이런 조치에도 대우건설은 지난해 4분기 모로코에서 3,000억 원의 손실이 발생했다. 일회성이라

고는 하지만, 여전히 잠재 부실이 남아있는 것이 아니냐는 우려가 나오고 있다. 대우건설은 42개국에서 300여 개의 프로젝트를 수행 중이다.

삼성엔지니어링과 GS건설도 지난해 4분기 해외에서 손실을 봤다. 삼성엔지니어링은 지난해 4분기 68억 원의 영업이익을 기록하는데 그쳤는데, 아랍에미리트(UAE) 카본블랙(CBDC) 정유공장에서 1,400억 원의 손실을 본 여파 탓이다.

GS건설은 지난해 4분기 1,029억 원의 영업이익을 기록하며 선방했다. 하지만 국내 매출총이익률은 16.7%인 반면 해외는 마이너스(-) 12.6%를 기록했다. 이집트 ERC 현장에서 809억 원 손실이 났던 것이 원인이다.

해외 저가 수주 악몽은 여전히 현재진행형이다. 선영귀 한국기업평가 평가전문위원은 "해외부문의 수주 회복과 손실 축소가 올해 건설업계 실적에 주요 변수로 작용할 것"이라고 말했다. 실제로 상황은 녹록지 않다. 한기평이 지난해 9월에 낸 '해외건설, 장마는 지나갔지만 땅이 마를 시간이 필요하다'라는 보고서를 보면 지난해 3월 말을 기준으로 현대건설, 현대엔지니어링, 대림산업, 포스코건설, GS건설, 대우건설, SK건설, 한화건설 등 해외사업을 하는 8개 업체의 180개 사업 중 131개 사업이 잠재위험 사업으로 집계됐다. 한기평은 공사지연이 의심되는 사업, 회사가 공기 변경을 공시한 사업을 잠재위험 사업으로 봤다.

잠재위험 사업의 계약금액과 공사잔고는 각각 97조 3,000억 원, 42조 4,000억 원에 이른다. 잠재위험 사업 비중은 72.8%로, 2016년 9월 말보다 소폭 증가했다. 특히 2016년 9월 말 적정공정률이 25% 미만이었던 최근 수주 사업의 상당수가 2017년 3월 말에는 잠재위험 사업으로 분류되며 공정률 괴리 발생사업 비중이 커졌다고 한기평은 지적했다.

한기평은 "지난해 상반기에도 비건축부문에서 원가조정을 통한 손실반영이 이어지는 등 해외사업의 손실 위험이 완전히 해소되지 못하고 있다."며 "해외사업 수주 부진과 저조한 채산성이 지속되고 최근 수주 물량에서 손실 발생 가능성이 확대되는 등 해외 실적 부진이 중장기적으로 이어진다면 건설사 신용등급에 부정적인 영향을 미칠 것"이라고 말했다.

제 **8** 장

환경에 대한 책임

○ **학습목표**

이 장을 읽은 후 여러분은
- 기업이 가지는 환경에 대한 책임을 이해하고 설명할 수 있다.
- 지속가능성의 의미와 중요성을 설명할 수 있다.
- 지속가능한 경제와 지속가능한 개발을 설명할 수 있다.
- 지속가능한 경제와 전통적 경제모형을 비교하여 설명할 수 있다.
- 환경문제에 대한 시장중심의 해결책을 설명하고 비판할 수 있다.
- 지속가능한 경제모형의 강점과 약점을 설명할 수 있다.
- 자연자본주의를 설명할 수 있다.
- 자연자본주의가 현대기업에게 주는 여러 가지 의미를 설명할 수 있다.

8.1 　서론

　　우리가 3장에서 다룬 기업의 사회적 책임을 설명하는 경제모형은 기업의 환경적 책임을 분석하는 데에도 많은 도움이 된다. 기업의 사회적 책임을 설명하는 경제모형이 어떻게 기업의 환경적 책임을 설명하는지 알아보자. 경제모형의 관점에서는 밀턴 프리드먼의 주장과 같이, 기업이 가진 유일한 책임은 법의 테두리 안에서 이익을 추구하는 것이다. 기업은 이익추구를 극대화하기 위해, 소비자의 선호를 만족시키는 제품과 서비스를 제공한다. 즉, 경제모형의 관점에서는 기업이 법을 지키면서 이익을 추구하고, 기업소유주의 재산권을 보장하는 책임이 가장 중요하다.

　　하지만, 법의 테두리 안에서 이익을 극대화하는 것을 기업의 책임으로 보는 것은 기업이 가진 사회적 책임을 너무나 협소하게 정의하는 것이다. 기업이 일으키는 환경문제를 포함한 다양한 시장실패의 사례를 살펴보면, 우리는 시장이 다양한 사회문제를 해결하기가 적절하지 않다는 점을 인정해야만 한다. 우선 첫 번째 시장실패의 유형은 외부성(Externality)이다. 대표적인 외부성의 예로 환경의 오염문제를 들 수 있다. 온실가스 배출, 대기 오염, 지하수 오염, 지하자원 고갈, 토양 침식, 그리고 핵폐기물 처리 등은 엄청난 비용을 수반하는데, 이 비용이 일반적으로 거래에 직접적으로 참여하지 않은 제3자인 외부인에게 윤리적으로 부당하게 전가된다. 여기에서 외부인은 환경오염으로 인한 피해지역의 영향권에 살고 있는 사람들, 주변 이웃, 또는 미래 세대를 의미하는데, 환경오염으로 인한 피해는 윤리적으로 매우 불공정하게도 이 외부인에게 전가된다. 자유시장 거래에서는 환경오염의 문제가 우려될 때, 기업이 많은 비용을 들여서 거래에 참여하지 않은 제3자인 외부인을 위해 환경오염을 예방하고, 해결하기 위한 최선의 노력을 할 것이라고 기대할 수 없다. 여러분이 그 회사의 경영자라면, 어떻게 할 것인가? 거래와 아무 상관이 없는 제3자를 위해서 많은 비용을 지불할 용의가 있는가? 지불할 용의가 없다면, 여러분은 솔직하고, 상식적인 것이다. 지불할 용의가 있다면, 여러분은 너무나 윤리적이다.

　　시장실패의 두 번째 유형은 우리의 삶에 중요한 공공재의 가격이 존재하지 않는다는 것이다. 멸종위기의 동물과 식물, 아름다운 경치, 희귀 동물과 식물, 그리고 생물의 다양성 등은 일반적으로 개방되고, 자유로운 시장에서 거래될 수 없는 공공재이다. 그러나 코뿔소의 뿔, 호랑이의 발톱, 코끼리의 상아, 그리고 마호가니 나무와 같은 희귀한 생물이 암시장에서 거래되기 때문에, 희귀 생물의 생존이 위협받고, 멸종위기에 처해 있다. 마찬가지로, 안정적인 기후, 깨끗한 공기, 토양 등의 공공재도 공식적으로 정해진 시장 가격이 없다. 시장의 특성상, 공식적으로 정해진 가격이 없는 거래에 대해 시장은 본질적인 목적을 효율적이고, 효과적으로 달성하기 위한 적절한 기능을 하지 못한다.

시장실패의 세 번째 유형은 공공재에 대한 결정을 개인이 해서는 안 된다는 것이다. 우리가 공공재에 대한 정책결정을 개인의 선택에 맡기면, 우리가 반드시 생각해야 할 중요한 윤리적이고, 정책적인 사항을 간과하게 된다. 우리가 3장에서 살펴본 것과 같이, SUV를 구입하는 것과 관련된 경우를 다시 살펴보자. SUV를 구입할지에 대한 개인적 의사결정과 행동은 사회적으로 대기오염과 천식이나 알레르기 등의 대기 오염관련 질환을 크게 증가시키는 결과를 보여준다. 오염 및 오염관련 질환을 예방하고, 억제할 수 있는 몇 가지 정책적 대안이 있는데, 예를 들어, SUV의 판매를 제한하고, 연료인 경유에 세금을 더 부과하고, 차량 관련법에 명시된 기준에 따라 연비를 계산할 때, SUV를 소형 트럭이 아닌 승용차로 취급하는 것 등이 있다. 이런 대안은 우리가 시장중심의 해결에 의존할 경우, 절대로 논의되지 않는 것이다. 이와 같은 중요한 윤리적 고려사항이 시장에서 해결되지 않은 채 남아 있으므로, 사회 전체를 위한 시장중심의 접근방법은 효과가 없다. 즉, 어떤 개인에게 좋고, 합리적인 결정이 사회 전체에도 반드시 좋거나, 합리적이지 않을 수 있다는 것을 명심해야 한다. 개인에게는 SUV를 구입하는 것이 경제적으로 최선의 결과지만, 사회적으로는 그렇지 않다. 환경오염과 공해로 인한 여러 질환이라는 바람직하지 않은 결과를 가져오기 때문이다.

따라서 최근에 미국의 테슬라를 시작으로, 세계 여러 자동차회사의 전기차 생산과 판매가 급증하고 있다. 전기차는 기존의 휘발유 또는 경유를 연료로 사용하는 차에 비해, 환경오염의 가능성을 혁신적으로 줄일 수 있다. 이런 이유로 국가 또는 지방자치단체에서는 전기차를 구입할 때, 보조금을 주거나 세금을 감면해주는 유인책을 적극적으로 실시하고 있다. 국내 굴지의 자동차 회사인 현대 · 기아자동차에서 수소전지연료차를 광고하면서 '달리면서 오직 물만을 배출한다.'는 표현을 사용하는데, 향후에는 거의 모든 사람이 수소연료를 사용하는 자동차를 사용할 것으로 예상된다.

　이와 같이, 시장실패를 통해 우리는 시장이 적절한 환경정책을 결정하기 위한 수단으로 그 효과성이나 효율성에 심각한 문제를 갖는다는 것을 알게 되었다. 기업의 사회적 책임을 설명하는 경제모형을 지지하는 사람들도 환경문제에 관심을 가지고 있다. 그들은 외부성과 관련된 비용을 내재화하고, 희귀생물과 같이 개인이 소유할 수 없는 공공재에 재산권을 부여하면, 환경문제를 해결할 수 있다고 주장한다. 그러나 시장실패를 해결하기 위한 그들의 두 가지 방법이 적절해 보이지만, 사실 환경적으로는 그리 바람직하지 않다. 한 가지 이유는 시장실패가 초래하는 첫 세대 문제 때문이다. 시장은 시장실패를 통해서 제공되는 정보를 얻기 위해 첫 세대를 희생시켜야 한다. 그 정보를 통해 앞으로 예상되는 피해를 방지할 수 있다. 그러나 이미 첫 세대는 피해를 입게 된다. 예를 들어, 북대서양에서 물고기가 떼죽음을 당하고, 어류를 포획하기 위해 무분별하게 서로 경쟁하면서 대구, 황새치, 대서양 연어, 바다가재 등의 개체수가 급격히 감소한다는 사실을 알았을 때는 이미 늦었다. 즉, 우리는 시장실패에 대해 배우고, 정보를 얻기 위해 첫 세대를 희생시켜야만 한다. 그래야 비로소 미래의 피해를 막을 수 있기 때문이다. 공공정책이 멸종위기 생물, 희귀 생물, 그리고 우리 모두의 건강과 안전과 같이 다른 무엇으로도 대체할 수 없는 공공재를 다루기 때문에, 시장은 이 문제에 있어서는 그 역할이 매우 제한적이다.

　우리는 이런 여러 가지 문제를 통해서 기업이 협소한 자유시장 관점보다는 더 넓은 범위의 환경적인 책임을 가져야 한다고 생각한다. 우리가 다음으로 검토해볼 접근방법은 정부의 규제이다.

　　미국의 경우, 이미 1970년대부터 시장중심의 접근방법이 환경문제를 다루는데 적합하지 않다는 것을 인정해왔다. 시장에게 환경문제를 맡기지 않고, 정부의 규제를 통해 환경문제를 다루는 것이 더 적절하다고 본 것이다. 미국정부는 환경문제를 해결하기 위해 1970년에 대기오염방지법(1977년 개정), 1972년에 연방수질오염방지법(1977년 수질오염방지법으로 개정), 그리고 1973년에 멸종위기생물보호법을 제정했다.

　　환경문제를 해결하기 위해 제정한 법은 공통적인 접근방식을 갖는다. 이 세 가지 법이 제정되기 전에는 오직 환경문제로 인한 피해자만이 환경문제를 해결하기 위해 법적 조치를 할 수 있었다. 즉, 대기오염과 수질오염으로 인해 피해를 입었다는 것을 증명할 수 있는 사람만이 환경오염에 대한 법적 소송을 제기할 수 있었다. 이런 접근방식은 피해를 입은 사람에게 지나친 부담을 줬고, 사실여부에 대한 확인이 이루어진 뒤 오랜 시간이 지난 후에야 비로소 피해에 대한 보상이 이루어졌다. 보상이 지연되는 문제보다 더 심각한 문제는 이 접근방법은 피해가 발생하기 전 또는 피해가 발생한 뒤 초기에 환경문제를 해결할 수 없고, 오직 피해가 발생한 뒤, 오랜 시간이 지난 다음에야 보상 위주로 문제를 해결한다는 것이다. 기업의 과실에 대한 명백한 증거를 확보하는 것이 어렵기 때문에, 공공정책은 시장이 환경문제를 결정하도록 한 것이다. 멸종위기생물이 스스로 법적인 소송을 제기할 수 없으므로, 동식물의 생명에 직접적으로 해를 끼치는 것은 법적으로 전혀 문제가 되지 않았다. 이런 이유로, 이전의 공공정책은 동식물의 생명에 해를 끼치는 환경문제를 해결하고, 예방하는데 아무런 효과가 없었던 것이다.

　　미국에서 1970년대 이후에 제정된 환경문제 관련법은 환경문제의 과실 여부에 대한 증명의 책임을 피해자로부터 가해자로 변경함으로써, 효율적이고, 효과적인 기준을 마련했다고 평가된다. 미국정부는 피해여부를 확인한 후, 피해자에게 보상을 하는 방식보다 더 적극적인 방식인 환경문제의 발생과 생물의 멸종을 사전에 방지하기 위한 규제를 강력하게 시행했다. 이런 정부의 규제는 깨끗한 공기, 맑은 물, 그리고 희귀생물을 보존하기 위한 최소한의 기준을 설정한 것이다. 기업은 정부가 제시하는 최소한의 기준을 준수하는 한, 자유롭게 이익을 추구할 수 있다. 이런 합의가 도출된 것은 기업의 환경적 책임을 확립할 기회를 마련했다는데 그 의의가 있다고 하겠다. 소비자로서 개인은 시장에서 환경 친화적인 제품을 요구할 수 있게 되었다. 우리 사회의 구성원이자 시민으로서, 개인은 환경관련 법규를 지지할 수 있게 되었다. 기업이 시장에 반응을 보이고, 법을 준수하는 한, 기업은 환경적인 책임을 다하는 것이다. 만약, 소비자가 오염물질을 대량으로 배출하는 SUV와 같은, 환경적으로 바람직하지 않은 제품을 요구하고, SUV의 생산이 법적으로 허용된다면, 기업은 SUV를 생산하고, 홍보함으로써 이익을 추구할 수 있는 좋은 기회를 결코 포기하지는 않을 것이다.

정부의 규제는 기업이 가진 환경적인 책임을 확정함으로써, 기업의 환경적 책임에 대한 법적이고, 윤리적인 정당성을 인정하기 때문에, 협소한 관점보다는 조금 더 개선된 접근방법이라고 평가할 수 있다. 시민으로서 우리는 우리가 가진 소비자로서의 욕망을 규제하고, 제한하는 법을 만들 수 있다. 소비자로서의 선택뿐만 아니라, 법을 통해 표현된 시민으로서의 믿음과 가치는 우리가 경제적 목적을 추구하는데 있어 법적인 제약으로 작용한다. 또한, 이 접근방식은 시민이 환경목표를 설정하기 위해 민주적 절차를 따르도록 요구한다. 시민은 또한 소비자로서 기업이 환경적으로 바람직한 제품과 서비스를 생산하고, 제공하도록 요구할 수 있다. 그러나 법이나 소비자의 요구가 없을 때, 기업이 환경적인 책임을 이행할 필요가 없게 된다. 그리고 정부규제라는 접근방식은 법이나 시민이 미처 인식하지 못하는 여러 환경적인 문제를 예방하거나, 해결할 수는 없다.

이 접근방법과 관련된 몇 가지 문제점은 정부규제를 통한 환경문제의 해결방식이 장기적으로 볼 때, 완전하지 않다는 점을 잘 보여준다. 첫째, 이 접근방법은 기업이 법의 제정에 주는 영향력을 지나치게 과소평가한다. 우리가 앞에서 살펴본 SUV의 연비와 유해물질에 대한 법적 기준은 기업이 법의 제정에 어떤 영향을 줄 수 있는지를 잘 보여주는 사례이다. 정부는 법적 규제를 통해, 합리적으로 차량의 연비를 개선함으로써, 차량의 배기가스로 인한 환경오염을 줄이려고 했다. 그러나 자동차회사들은 이 법적 기준에서 소형트럭과 SUV를 제외시키도록 집요한 로비활동을 했다. 소형트럭과 SUV가 당시 자동차 산업에서 가장 매출이 높고, 이익을 많이 내는 대표적인 차종이었기 때문이다.

둘째, 정부규제를 통한 접근방식은 소비자의 인식과 행동에 영향을 주는 기업의 능력을 지나치게 과소평가한다. 소비자가 기업에게 환경적인 책임을 지라고 요구하면, 기업이 환경적인 책임을 이행할 것이라는 주장은 기업이 소비자의 여론 형성에 주는 영향력을 지나치게 과소평가한 것이다. 미국에서만, 해마다 2조 달러가 기업의 광고비로 사용된다. 따라서 기업이 수동적으로 소비자의 요구를 따르고, 소비자가 기업이 전하는 메시지에 의해 영향을 받지 않는다고 주장한다면, 그것은 전혀 사실이 아니다. 기업이 제품을 홍보하고, 소비자의 인식에 영향을 미치고, 정부에게 로비 활동을 하는 한, 정부규제를 통한 환경문제의 해결은 여러분이 생각하는 것처럼 그렇게 효과적이지 않다.

셋째, 만약 우리가 환경을 보호하는 법에만 의존한다면, 환경보호는 법적 효력이 유효한 동안에만 이루어질 것이다. 따라서 대부분의 환경문제, 특히 오염문제는 법적으로 해결되기가 어려울 것이다. 예를 들어, 미국의 뉴욕주는 제조공장의 배기가스를 엄격하게 규제하는 법을 통과시켰다. 그러나 제조공장이 뉴욕주가 아니라 주변에 위치해있는 오하이오주나 더 멀리 떨어진 다코타주 또는 와이오밍주에 세워진다면, 뉴욕주는 계속해서 산성비의 영향으로 고통을 받을 것이다. 마찬가지로, 환경문제에 대한 어느 한 국가의 규제는 국제적 환경문제와 관련해서는 효력이 그리 크지 않을 것이다. 국제적 합의가 세계적 환경문제를 해결할 것이라는 희망이 있지만, 세계기후변화의정서의 실패사례는 환경문제에 대한 국제적 합의가 결코 쉽지 않다는 것을 잘 보여준다.

마지막으로, 정부규제를 통한 접근방법은 환경적으로, 윤리적으로 큰 효과를 기대하기가 어렵다. 정부규제는 기업의 이익추구에 제약을 주고, 기업이 그 범주에서 벗어나지 않는 한, 기업이 어떤 방식을 선택하든, 그것은 윤리적이고, 합법적인 것이다. 우리가 이 주장에서 간과할 수 있는 부분은 법의 제약 안에서 기업이 이익을 추구하는 방법이 매우 다양하고, 많다는 사실이다. 이익추구를 위한 다양한 방법은 각기 다른 환경적인 결과를 가져온다. 기업의 환경적인 책임을 다루기 위한 보다 합리적이고, 효과적인 접근방법은 기업의 경제목표와 환경목표를 연계하거나 일치시키는 것이다.

환경에 대한 정부규제는 시장경제에 대한 최소한의 기준과 제약을 설정한다. 또한, 세계의 많은 국가들이 환경을 보호하기 위해서 공동으로 노력한다. 예를 들어, 자외선을 차단하는 지구대기권의 오존층을 보호하기 위해 프레온가스의 제조와 사용을 제한하는 몬트리올의정서와 온실효과를 발생시켜 지구온난화를 촉진시키는 것으로 알려진 이산화탄소의 배출을 제한하는 교토의정서와 같은 국제협약은 얼마든지 가능하다. 물론, 모든 나라가 이 의정서에 가입한 것은 아니다. 다만, 이런 규제가 보편적으로 수용되고, 지켜진다면, 그것은 공정하고, 개방되고, 자유로운 경쟁에 대한 장벽이 아니라, 오히려 지속가능성을 통해 기업이 자유로운 경쟁을 지속할 수 있도록 도와줄 것이다.

8.3　지속가능한 경제

　　지속가능한 개발 및 생태경제를 주장한 헤르만 달리(Herman Daly)에 의해서, 환경문제를 해결하기 위한 시장중심의 접근법과 관련된 포괄적인 문제가 제기되었다. 달리는 보편적 경제성장을 초월하는 생태학적인 개발의 필요성을 주장했다. 달리의 주장은 경제성장이 생물학적이고, 물리적이고, 그리고 윤리적인 제약을 갖는다는 것이다. 우리가 경제활동에 대한 근본적인 이해를 바꾸지 않고, 사업을 하는 근본적인 방식을 바꾸지 않는 한, 결국 우리는 우리가 가진 환경적인 책임을 다하지 못한다는 것이다. 달리에 의하면, 우리가 경제활동을 이해하는 패러다임을 근본적으로 바꿀 필요가 있다. 우리는 거의 모든 경제학 교과서에서 경제활동과 경제성장을 이해하는 기준으로 사용되는, 흔히 순환모형으로 불리는 경제학적인 사고방식과 이론적인 틀을 배워왔다. 전통적인 순환모형에 따르면, 기업은 가계의 시장수요에 반응해서 재화와 서비스를 생산한다. 이 재화와 서비스의 대가로 가계는 기업에게 돈을 지불한다. 이 대금은 다시 임금, 월급, 임대료, 이익, 이자의 형태로 가계에 돌아간다. 기업이 재화와 서비스를 생산하기 위해서 사용하는 가계의 노동력, 토지, 자본, 그리고 기술에 대한 대가를 가계에 지불하는 것이다.

　　순환모형은 몇 가지 문제점을 가지고 있다. 천연자원은 생산을 위해 투입되는 다른 요소와 별 다른 차이가 없음에도 불구하고, 순환모형에서는 천연자원에 대해서는 전혀 언급하지 않는다. 천연자원은 노동력, 자본, 그리고 기술과 같이 기업에게 공급되는 것과 마찬가지로 가정에도 공급된다. 줄리안 시몬(Julian Simon)에 따르면, 우리는 자원 그 자체가 아니라 자원의 사용에 관심이 있는 것이다. 천연자원은 생산에 투입되는 다른 요소와 같이 다양한 방식으로 제공될 수 있다. 시몬은 천연자원이 무한하다고 여긴다. 과연 그럴까? 여러분은 어떻게 생각하는가?

　　우리가 다음으로 주목할 점은 순환모형이 우리경제가 계속해서 성장할 수 있다고 믿는다는 것이다. 인구가 성장하면, 경제는 반드시 성장해야 한다. 증가된 인구가 동일한 생활수준을 영위하려면, 경제는 반드시 성장해야 한다. 그리고 전 세계적으로 문제가 되고 있는 가난, 기아, 그리고 질병을 해결하기 위해서도 경제는 반드시 성장해야 한다. 순환모형에서 경제가 계속해서 성장할 수 없다는 가능성은 철저히 배제되어 있다.

세 가지 문제점이 순환모형이 가지고 있는 한계점을 잘 설명해준다. 첫째, 오늘날 세계인구의 대부분을 차지하는 사람들이 가난한 생활을 하고 있다. 세계인구 중에서 약 20%에 해당하는 사람들은 극도로 비참한 환경에서 살고 있다. 그리고 약 8억 명의 사람들이 영양부족으로 고통을 받고 있다. 분명한 것은 수억 명의 사람들의 기본적인 생존 욕구조차 충족시키지 못하는 현실이다. 놀랍게도, 산업화된 국가에 살고 있는 전 세계 인구의 약 25%의 사람들이 세계자원의 약 80%를 소비하고 있다. 최근 경제학자들은 향후 개발도상국의 경제성장을 통해서 이 문제를 해결하려고 한다. 그러나 세계인구의 75%에 해당하는 사람들의 기본적인 생존욕구를 충족시키기 위해서는 앞으로 수십 년 동안 현실적으로 불가능한 수준의 상당히 높은 경제성장이 지속되어야 한다. 향후 약 50년 동안, 현재 개발도상국의 국민이 산업화된 국가의 국민이 누리는 생활수준을 누리기 위해서는 약 50% 이상의 경제성장률이 필요하다고 알려져 있다. 이것이 현실적으로 가능한가? 여러분은 어떻게 생각하는가?

둘째, 세계 인구는 향후 약 50년 동안 계속해서 증가할 것이고, 특히 이미 고도로 인구가 밀집된 지역에서 인구가 더욱 증가할 것이다. 비록, 일부 국가의 인구가 줄어들고 있는 추세를 감안하더라도, 세계 인구는 향후 50년까지 그 수가 2배로 증가할 것이라고 전문가들에 의해 예측된다. 그러므로 가까운 미래에 세계인구의 기본적인 생존욕구를 충족시키기 위해서는 매우 높은 경제성장이 요구된다.

셋째, 우리의 모든 경제활동을 위한 자원은 지구가 가진 천연자원이다. 이 자원 중에서 많은 것이, 예를 들어, 깨끗한 공기, 마실 수 있는 물, 신선한 음식 등은 토지, 노동, 자본과 같은 다른 생산요소로 결코 대체할 수 없다. 우리는 숨을 쉬고, 마시고, 먹기 위해서, 반드시 공기, 물, 그리고 음식이 필요하다. 세계의 환경이 이미 인간의 경제활동으로 인해 상당부분 훼손된 상태이기 때문에, 지금 당장이라도 변화가 일어나지 않는 한, 미래에 대한 전망은 암담하고, 우울하다. 이런 현실을 생각하면, 우리는 경제성장 과정에서 환경을 파괴하지 않으면서, 세계인구의 기본적인 욕구를 충족시킬 수 있는 경제시스템을 만들어야 한다. 이것이 바로 달리가 주장하는 지속가능한 경제이고, 지속가능한 개발이다.

달리는 경제정책의 목표로 경제성장을 강조하면서도, 신고전주의 경제학은 경제시스템이 지구라는 생명체에 존재하는 하부시스템이라는 것을 외면하기 때문에 다양한 문제를 결코 해결하지 못한다고 주장했다. 경제활동은 지구생명체 안에서만 가능하므로, 달리는 인간의 경제활동이 지속가능한 지구의 생명력을 넘어서는 순간, 경제시스템은 현재와 같이 유지될 수 없다고 주장했다. 천연자원, 자본, 기술, 노동력과 같은 생산을 위한 모든 요소는 궁극적으로 지구에서 나온다. 만약, 인간의 경제활동이 지구의 생명력이나 생산에 따른 쓰레기나 부산물을 흡수하는 능력을 초과하면, 기존의 경제모형은 아무런 의미가 없을 것이다. 그러므로 우리는 장기적으로 지속해서 사용이 가능하고, 생산과정에서 나오는 쓰레기와 부산물을 재활용하고 재사용하도록, 천연자원을 활용하는 경제시스템을 개발할 필요가 있다.

달리의 경제모형은 전통적 순환모형과는 근본적으로 다르다. 달리는 지구전체를 에워싸는 한정된 지구의 생명권 안에 경제시스템이 존재한다고 인식했다. 열역학 제1법칙인 물질 및 에너지 보존의 법칙에 따라, 우리는 물질이나 에너지가 저절로 만들어지지 않는다는 것을 잘 알고 있다. 물질과 에너지는 오로지 한 형태에서 다른 형태로 전환될 뿐이다. 또한, 에너지는 모든 경제활동 단계에서 소멸된다. 열역학 제2법칙에 따르면, 폐쇄된 시스템에서 엔트로피는 결국 증가한다. 엔트로피는 불안정한 정도를 의미한다. 따라서 지구생명권에서 사용 가능한 에너지는 시간에 따라 결국 점점 줄어든다. 즉, 무한하지 않다는 의미이다. 지구생명권의 유일한 에너지의 원천은 태양이다. 또한, 천연자원은 더 이상 설명이 불가능한 요소로 간주되지 않는다. 마지막으로, 경제활동의 각 단계에서 생산되는 폐기물은 적절하게 흡수되거나, 처리되어야 한다.

달리의 모형에서 주장하는 내용은 의외로 단순하다. 지구가 생명력을 유지시킬 수 있는 능력을 상실하지 않도록, 자원과 에너지를 대체하거나, 폐기물을 흡수할 수 있도록, 우리의 경제활동은 적절한 수준에서 에너지를 사용하거나, 폐기물을 생성해야만 한다. 달리는 경제활동과 경제성장에 대한 적절한 수준을 성장한계로 정의했다.

지구생명권은 인간의 경제활동이 어떤 특정한 범위와 속도 내에서 이루어질 때만, 자원을 생산하고, 폐기물을 흡수할 수 있다. 특정 범위와 속도 내에서 경제활동을 하는 것이 바로 달리가 주장한 지속가능한 개발의 목표이다. 경제활동의 유형과 속도를 찾아내고, 지속가능한 비즈니스모형을 만드는 것은 기업의 환경적인 책임에 대해 우리가 추구해야 할 최종 목표이다. 이 목표는 우리가 오염과 폐기물을 줄이고, 자원을 분별력 있게 사용하고, 환경적인 변화에 민감한 지역을 보호하고, 생물의 다양성을 보호함으로써 달성할 수 있을 것이다.

지속가능한 개발

기업의 지속가능성을 판단하기 위해서 세 가지 기준이 사용된다. 지속가능한 개발은 경제적인, 환경적인, 그리고 사회적인 기준을 충족해야 한다. UN의 산하기관인 세계환경개발위원회에 따르면, 지속가능성은 경제적으로는 미래세대의 자원개발 및 욕구를 충족시킬 능력을 침해하지 않는 선에서 현세대의 욕구를 충족시킬 수 있어야 한다. 환경적으로는 장기간에 걸쳐 지속가능한 지구생명권의 능력을 손상시키지 않는 선에서 이루어져야 한다. 사회적으로는 적절한 음식과 물을 섭취하지 못하고, 생필품이 부족한 많은 사람들이 겪고 있는 문제를 해결해야 한다. 기업은 효율적인 방식으로 일자리, 임금, 재화, 서비스 등과 같은 사회의 경제적인 기대를 적절하게 충족시켜야 한다. 그리고 기업은 장기적으로 인간과 지구상의 모든 생물이 지속적으로 삶을 영위할 수 있도록 보호해야 한다. 또한 기업은 사회적인 정의를 따라야 한다.

자연자본주의(Natural Capitalism)는 자연과 자본주의를 결합한 개념이다. 즉 자본주의를 바탕으로 자연을 고려하고, 배려한다는 개념이다. 자본주의는 이익추구를 최우선으로 하므로 자연을 파괴하고, 훼손한다. 자연자본주의는 자연을 고려하고, 배려하고, 보호하는 자본주의이기 때문에, 기업이 가진 환경적인 책임을 설명할 때, 매우 유용한 개념이다. 자연자본주의는 비즈니스를 새롭게 구성하는 4가지 원칙을 다음과 같이 설명한다.

첫째, 천연자원의 생산성을 증가시켜야 하는 생태효율성(Eco-Efficiency)이다. 둘째, 생물체의 특성을 연구해서 일정한 방식으로 모방함으로써, 인류의 과제를 해결하고자 하는 생체모방(Bio-Mimicry) 또는 폐쇄된 고리디자인(Closed Loop Design)은 기업이 생물의 생명기전을 본받아야 할 필요성을 제기한다. 폐기물, 오염물, 부산물 등은 반드시 제거하거나, 생산과정에 재투입하거나, 지구생명권에 반환해야 한다. 셋째, 기업을 제품의 생산자로 간주하는 전통적 경제모형을, 기업을 서비스의 제공자로 생각하는 경제모형으로 대체해야 한다. 전통적 경제모형에서는 기업이 소비자의 전등과 카펫에 대한 수요가 있을 때, 전등과 카펫을 생산해서 공급했다. 기업은 소비자가 얼마나 오랫동안 전등과 카펫을 사용하는지에 대해서는 관심이 없었다. 그리고 소비자가 전등과 카펫을 다 사용하고 난 후, 전등과 카펫을 어떻게 폐기하는지에 대해서도 관심이 없었다. 그러나 소비자가 조명서비스와 바닥보호서비스를 필요로 하고, 기업이 그런 종류의 서비스를 제공한다고 가정하면, 전혀 다른 현상이 발생한다. 기업은 가능하면 소비자가 오랫동안 전등과 카펫을 사용하도록 연구하고, 개발하는 노력을 할 것이다. 전등과 카펫에 문제가 생겼을 때, 지금까지 해온 것처럼, 헌 제품을 버리고 새 제품을 사용하는 것이 아니라, 앞으로는 헌 제품을 고치고 수리해서 다시 사용하려고 할 것이다. 기업을 제품의 생산자에서 서비스의 제공자로 바꿔서 생각하는 것만으로도 우리는 지속가능성을 대폭적으로 향상시키는 놀라운 효과를 얻을 수 있다. 넷째, 기업은 반드시 자연에 투자해야 한다. 모든 경제학 교과서는 기업이 생존하고, 발전하기 위해서는 자본에 투자해야 한다고 강조한다. 전통적 경제모형에서는 자연의 중요성을 간과했기 때문에, 당연히 자연에 투자하는 것을 언급조차 하지 않았다. 환경적으로 책임이 있는 경제라면, 반드시 천연자원의 고갈문제를 고민하고, 철저하게 대비해야 한다.

생태효율성과 생체모방 모두 새로운 경제패러다임에서 매우 중요한 개념이다. 생태효율성을 바탕으로 한 기업은 자연자본이 감소되는 속도를 줄일 방법을 찾을 것이다. 자연자본주의는 제품과 생산방식 모두 자원효율성을 5배, 10배, 또는 100배까지 증가시킨 다양한 사례를 보여준다. 우리가 5배에서 10배에 달하는 경제성장을 이룩한다면, 세계인구의 약 75%의 생존욕구를 충족시킬 수 있다고 한다. 생태효율성을 바탕으로 하는 비즈니스는 효율성을 향상시킴으로써, 동일한 목표를 달성하면서도, 필요한 자원의 소모량을 1/5에서 1/10 정도로 절약할 수 있다.

우리는 생태효율성의 예를 많은 분야에서 찾아 볼 수 있다. 경영자는 반드시 적은 자원으로 수요자의 욕구를 충족시킬 수 있는 효율적인 방법을 찾아야 한다. 예를 들어, 기존의 틀에 박힌 건물로 동네를 구성하는 주택개발 대신, 주거복합체, 녹색 공간, 친환경 복도, 그리고 자전거용 도로를 포함해서 동네를 설계하는 주택개발이 더욱 생태효율적이다. 두 가지 개발유형 중, 전자는 환경파괴적이다. 에너지사용은 특히 생태효율성을 더욱 필요로 한다. 카펫 제조업체인 인터페이스(Interface)는 산업의 공급망시스템(Supply-Chain System)을 재설계한 결과, 에너지사용을 획기적으로 줄일 수 있다는 것을 잘 보여주었다. 즉, 기존의 에너지 사용량에 비해 1/12 수준의 에너지만을 사용한 것이다. 이것이 바로 생태효율성이다. 에너지효율적인 창문, 전등, 그리고 단열장치로 이루어진 건물은 인터페이스의 생산목표를 충족시키면서도, 전반적인 에너지 사용을 획기적으로 줄인 것이다. 물론, 생태효율성 하나만으로는 환경문제에 대한 완전한 해결책이 될 수 없다. 따라서 생체모방은 심지어 생태효율적인 생산 과정을 거쳐서 제조된 제품의 폐기물까지도 제거하려고 노력한다. 따라서 환경에 대한 책임을 가진 경영자라면, 폐기물을 생산 과정에 재투입하고, 폐기물을 생물학적으로 유익한 요소로 전환시키고, 지구생명권이 폐기물을 흡수하는 속도보다 더 느린 속도로 폐기물을 만들 수 있는 방법을 찾아야만 할 것이다.

생체모방의 궁극적인 목표는 폐기물을 줄이거나 아주 없애는 것이다. 만약, 우리가 진정으로 생물학적인 과정을 모방할 수 있다면, 예를 들어, 나뭇잎이 이산화탄소를 흡수해서 산소를 만들어내는 광합성과 같은 과정을 그대로 모방할 수만 있다면, 제품의 생산 과정에서 발생하는 폐기물을 태양에너지를 흡수해서 다른 과정의 생산자원으로 전환하고, 재활용할 수도 있을 것이다. 생체모방은 다음과 같은 단계를 거친다. 첫째, 기업이 자원을 지구로부터 가져오고, 자원을 활용하여 제품을 만들고, 다 사용한 제품과 폐기물은 버린다. 둘째, 기업이 요람에서 무덤까지 제품의 생애를 책임지는 것이다. 제품의 평생책임(Lifetime Responsibility)으로 불리는 이 접근법은 이미 널리 사용되고 있다. 제품의 평생책임은 비즈니스가 제품을 판매한 후에도, 다 사용한 제품의 처리를 비롯해서 제품을 끝까지 책임져야 한다는 의미이다. 예를 들어, 제품의 요람에서 무덤까지 책임을 져야한다는 관점은 비즈니스가 매립지에 폐기물을 매립한 이후에도, 제품으로 인해 지하수오염이 발생하면, 기업이 책임을 져야 한다고 주장한다. 제품의 평생책임은 환경에 대한 기업의 책임을 더욱 폭 넓게 가져야 한다고 주장한다. 기업이 제품의 폐기물과 부산물을 다시 생산과정에 포함시켜야 할 책임이 있다는 것이다. 이 주장은 결과적으로 기업으로 하여금 제품이 더 효율적이고, 쉽게 재활용될 수 있도록, 제품을 설계하게 만들 것이다. 기업이 제품의 평생책임을 이행할 때, 우리 사회가 얻을 수 있는 경제적이고, 환경적인 이점은 많다. 물론, 단기적인 관점에서 보면, 기업은 상당한 수준의 비용증가로 인해 손해를 감수해야 할 것이다. 그러나 장기적인 관점에서 보면, 기업은 재무적으로, 환경적으로 많은 이점을 얻게 된다. 한 가지 대표적인 사례로, 포드자동차의 공장재설계사례를 살펴보자. 약 20억 달러 상당의 공장재설계는 지속가능성을 세계에서 가장 큰 산업단지에 적용한 최초의 사례이다. 자본에 투자하는 것은 모든 경영자의 기본적인 책임이다. 포드자동차가 경제적인, 환경적인, 그리고 사회적인 책임을 충족하는 방식으로 공장을 재설계한 것은 모든 기업의 모범이 되고 있다.

다음으로, 전통적인 제조업체는 제품을 생산하는 것에 초점을 맞추었다. 그러나 새로운 관점은 제품을 생산하는 기업을 서비스를 제공하는 기업으로 변화시킨다. 이 변화는 자연자본주의에 따라, 생태효율성과 생체모방 모두를 가능하게 만든다. 전통적 경제모형은 소비자의 수요를 제품에 대한 수요(예를 들어, 세탁기, 카펫, 전구, 가전제품, 에어컨, 자동차 그리고 컴퓨터)로 이해했다. 그러나 기업을 서비스의 제공자로 보는 경제모형은 소비자의 수요를 서비스에 대한 수요(예를 들어, 옷 세탁, 바닥보호, 조명, 오락, 시원한 공기, 교통 그리고 문서의 작성)로 이해한다. 자연자본주의에 따르면, 이 관점의 변화는 기업으로 하여금 더 오래 사용할 수 있고, 더 쉽게 재활용할 수 있는 제품을 만들도록 할 것이다.

카펫산업에서 지속가능성을 실천 중인 인터페이스는 이 분야에서 잘 알려진 기업이다. 인터페이스는 카펫을 파는 것에서 바닥에 카펫을 깔아주는 서비스를 제공하는 것으로 비즈니스모델을 변화시켰다. 전통적 경제모형에서는 새 카펫이 카펫의 색상이나 스타일에 불만이 있거나, 카펫이 손상되었거나, 카펫을 폐기처분한 소비자에게 팔렸다. 이 상황에서는 카펫을 제조하는 기업이 오래 사용할 수 있거나, 쉽게 재활용이 가능한 카펫을 생산할 필요가 전혀 없다. 인터페이스는 카펫을 제조해서 판매하는 기업에서, 바닥에 카펫을 깔아주는 서비스를 제공하는 기업으로 변신했다. 그 결과, 오래 사용할 수 있고, 교체하기 쉽고, 재활용이 가능한 카펫을 생산할 필요가 발생했다. 인터페이스는 카펫에 대한 평생책임을 받아들였다. 인터페이스가 카펫에 대한 소유권을 가지고 있고, 카펫의 유지에 대한 책임이 있기 때문에, 카펫을 생산할 때, 전체를 교체하는 방식이 아닌 부분별로 쉽게 교체될 수 있도록 카펫을 만들었고, 더 오래 사용할 수 있고, 궁극적으로 재활용될 수 있는 카펫을 생산하게 되었다. 인터페이스가 제조 및 판매업체에서 서비스 제공업체로 변신한 것은 인터페이스의 생산효율성을 높였고, 결과적으로 자원과 에너지의 사용량을 크게 감소시켰다. 또한 소비자는 카펫을 구입하고, 유지하는 것과 관련된 큰 부담 없이, 저렴한 가격으로 카펫을 사용할 수 있었다. 앞으로는 거의 모든 제품이 구입보다는 빌려서 사용하는 리스의 형태로 이용될 것이다.

환경에 대한 책임이 있는 경영자는 전통적인 경제모형에서 간과한 자연자본에 투자할 윤리적인 책임을 가진다. 이 원칙은 간단하지만, 그것을 실천하는 것은 여러분의 예상과 같이 결코 간단하지가 않다. 이 원칙은 기업이 지구생명권이 수용할 수 있고, 재생될 수 있는 속도보다 더 느리게 자원을 사용할 책임을, 특히 지구생명권 자체의 생산능력을 손상시키지 않을 책임을 갖는다는 의미이다. 지구생명권의 생산능력은 공공재이기 때문에, 시장실패와 개인의 무책임한 행동으로 인해 손상되기가 쉽다. 따라서 자연자본에 대한 투자는 정부의 엄격한 규제를 필요로 할 것이다. 기업의 경영자는 자연자본에 투자해야 하지만, 경쟁시장에서 그렇게 하는 것은 결코 쉽지 않다. 장기적으로, 기업과 환경 모두에게 이익이 되겠지만, 기업은 우선 단기적인 손실을 감수해야 한다. 따라서 자연자본에 대한 투자를 장려하기 위한 유인책과 한정된 천연자원의 사용에 세금을 높게 부과하는 것은 효과적인 정책이 될 것이다.

포드자동차 공장의 지붕은 기업이 자연자본에 투자한 매우 좋은 사례이다. 이 지붕은 담쟁이 넝쿨과 같은 식물로 뒤덮여서, 마치 공장이 식물처럼 이산화탄소를 산소로 바꾸는 작용을 한다. 따라서 자연자본에 대한 투자로 인해서 기업이 단기적으로 손해를 볼 때, 그 기업에게 세금을 면제하거나, 줄여주는 것은 매우 윤리적이고, 합리적인 정책이다.

8.5 　지속가능성의 실천

　　지속가능성(Sustainability)은 이미 모든 비즈니스 분야에서 기업 활동의 핵심전략으로서 자리 잡고 있다. 우리는 지속가능성이 기업의 사회적 책임을 설명하는 전략모형의 주요 원칙이라는 것을 3장에서 간략하게 살펴보았다. 그리고 지속가능성은 제품의 평생책임에 초점을 맞춘 마케팅이론의 바탕이 되었다. 또한 지속가능성은 우리가 10장에서 살펴볼 세계화와 관련된 중요한 개념이다.

　　어떤 사람들은 지속가능성을 경영학 분야의 최신유행으로 보지만, 지속가능성은 이미 상당히 오래전부터 진행되어 왔고, 중심으로서 자리매김을 해왔다. 우리에게 샴푸로 친숙한 유니레버의 최고경영자인 패트릭 세스코는 2007년에 지속가능성이 유니레버의 핵심목표라고 선언했다. 여기에서 중요한 점은 지속가능한 비즈니스모형이 기업의 환경적인 책임과 경제적인 책임을 따로 떼어놓지 않는다는 사실이다. 이 관점은 경영자로 하여금 지속가능한 의사결정과 지속가능한 실천을 추구하고, 친환경제품을 생산해서 판매하도록 만들었다. 실제로 지속가능성은 많은 사회적인 기업과 창조적인 기업이 추구하는 목표이다.

　　지속가능성이란 신중하고, 장기적인 전략이다. 세계적으로, 인구와 소비가 증가하면서 우리의 생활을 위해 필요한 자원이 감소되었고, 자원에 대한 수요는 증가했다. 따라서 장기적으로 볼 때, 기업은 반드시 지속가능성을 실천해야만 한다. 이것은 선택의 문제가 아니라 우리의 생존을 위한 정언명령이다. 자원이 감소하고, 수요는 증가하는 환경에 적응하지 못하는 기업은 생존이 위태롭게 될 것이고, 결국 적자생존의 원칙에 따라 시장에서 도태될 것이다.

　　개발도상국의 경제에서 충족되지 않는 시장의 욕구는 오로지 지속가능한 방식으로만 충족될 수 있다. 다양한 제품과 서비스를 필요로 하고, 요구하는 수십억 명의 사람들에게 제품과 서비스를 제공할 기회가 존재한다. 경제피라미드의 밑 부분은 인간의 역사 상 가장 빠르게 성장해왔다. 예를 들어, 만약 중국이 미국에서 소비되는 석유의 양과 동일한 양의 석유를 소비한다면, 이 두 국가의 석유소비량은 전 세계가 매일 생산하는 석유의 양보다 더 많은 양을 소비할 것이고, 이산화탄소배출량은 지금의 세 배로 증가될 것으로 전망된다. 새로운 지속가능한 기술과 제품은 중국의 늘어나는 수요를 맞추기 위해서라도 반드시 필요하다.

지금까지 우리가 논의한 바와 같이, 상당한 정도의 자원절약이 지속가능성의 실천을 통해서 달성될 수 있다. 세계경제는 이미 생태효율성을 통해 상당한 비용을 절약하고 있다. 에너지와 자원의 사용량을 절약하는 것은 환경폐기물을 줄일 뿐만 아니라, 소비로 인한 폐기물의 양도 줄여준다. 폐기물을 최소화하는 것은 환경적인 이유에서 뿐만 아니라, 경제적인 이유에서도 윤리적이고, 합리적일 것이다.

지속가능한 비즈니스는 경쟁우위를 갖는다. 지속가능성을 실천하는 기업은 환경적으로 의식이 있는 소비자에게 제품과 서비스를 제공할 수 있고, 혁신적이고, 윤리적인 기업에서 일한다는 자부심과 만족을 얻으려는 우수한 직원을 유인함으로써 경쟁우위를 확보할 수 있다.

마지막으로, 지속가능성은 기업의 위험관리(Risk Management)를 위해서도 반드시 필요한 전략이다. 지속가능성을 실천하는 것은 미래의 정부규제를 피할 수 있는 이점을 제공한다. 또한 지속가능성을 실천하는 기업은 향후 기업의 환경적 책임에 대한 기준을 제시할 수도 있다. 가까운 미래에 환경에 대한 정부규제가 만들어질 때, 지속가능성을 실천하는 기업은 무엇이 규제되어야 할지를 결정하는데 중요한 역할을 할 것이다. 지속가능하지 않은 제품으로 인한 법적 책임을 피할 수 있는 것도 지속가능성을 실천하는 또 다른 잠재적인 이익이다. 환경에 대한 사회적인 인식이 바뀌면서, 법적 제도는 지속가능성을 실천하지 않는 기업을 규제하고, 처벌할 것이다. 지속가능하지 않은 기업에 대한 소비자의 불매운동과 저항 역시 기업이 피해야 할 위험이다. 이미 포스코, 월마트, 유니레버, 그리고 나이키와 같은 기업은 지속가능성을 자신들의 비즈니스모형의 핵심에 두고 있다. 기업의 경제적인, 환경적인, 그리고 사회적인 책임을 통합한 지속가능성은 우리의 미래를 위한 거부할 수 없는 원칙일 것이다.

지금까지 우리는 기업이 가지고 있는 환경에 대한 책임을 살펴보았다. 환경에 대한 책임은 기업만 가지는 게 아니다. 여러분 역시 이 지구상에서 살아가는 구성원으로서 환경에 대한 책임을 가진다. 지금까지 여러분은 환경에 대한 책임을 인식해본 적이 있는가? 환경을 보호하기 위하여 어떤 노력을 했는가? 여러분에게 이상하게 들리겠지만, 저자가 성장하던 1970년대에는 지금과 비교하면, 오히려 공기가 좋지 않았다. 그 당시에 우리나라는 중공업을 중심으로 후진국에서 개발도상국으로 성장하려고 많은 노력을 하고 있었다. 따라서 많은 공장이 굴뚝으로 시커먼 매연을 뿜어냈다. 그때와 비교해서, 시간이 많이 흘렀음에도 불구하고, 우리 사회는 환경오염에 대한 인식을 바탕으로 환경을 보호하기 위한 많은 노력을 기울였다. 그 결과, 오히려 요즘의 공기가 1970년대와 비교해서 더 깨끗한 것이다. 물론, 요즘 언론에 자주 등장하는 미세먼지 문제는 우리에게 새로운 과제를 던져주었다. 문제를 인식하고, 그것을 개선하기 위해 노력한다면, 우리는 많은 문제를 슬기롭게 극복할 수 있을 것이다. 저자와 함께 여러분도 하나뿐인 이 지구를 깨끗하게 만드는데 동참해보지 않겠는가? 우리가 살고 있는 이 지구를, 우리의 후손들에게 깨끗하게 물려줘야 할 책임이 우리에게 있다. 지금부터라도 우리가 할 수 있는 가능한 노력을 계속해 나간다면, 상황은 점점 더 좋아질 것이다. 물론, 언젠가는, 칼 세이건(Carl E. Sagan)이 예상한 것처럼, 인류가 광속으로 여행할 수 있는 초고성능 우주선을 타고, 인간이 살기에 적합한 새로운 행성을 찾아, 그 행성을 인간의 새로운 거주행성으로 삼을 수도 있을 것이다. 여러분은 어떻게 생각하는가? 그렇다고 하더라도, 그때까지는 우리는 이 지구를 최선을 다해 지키고, 보호해야만 한다.

저자의 할머니께서는 기관지가 약하셔서 잦은 기침과 가래로 고생하셨다. 할머니께서는 길을 걸으시다가 가래가 나오면 항상 손수건에다 뱉으셨다. 그냥 길에다가 뱉으실 법도 한데 굳이 번거로움을 감수하셨다. 저자의 할머니께서는 그런 분이셨다. 환경보호는 거창한 것이 아니다. 작고 사소한 일부터 실천하는 것이 중요하다. 여러분은 어떻게 생각하는가?

연습문제

📖 사례 8-1. 스탠퍼드 경영대의 뒤얽힌 불륜 막장 드라마: 부인과 학장의 불륜에 소송 제기한 남편 해직

출처: 연합뉴스, 2015. 10. 24

스탠퍼드대 경영전문대학원이 부부 교수와 학장이 얽힌 '막장 드라마' 같은 사건과 소송으로 시끌시끌하다. 유대인인 학장과 유부녀 교수가 불륜 관계가 됐고, 하버드대 출신의 흑인인 남편 교수는 소송을 제기했다가 학교에서 해직됐다. 연인 관계가 된 학장과 여교수가 남편 교수에 대해 입에 담기 어려운 끔찍한 얘기를 문자메시지 등으로 나눈 사실도 소송 과정에서 공개됐다. 미국 연예지 '배니티 페어'는 12월호에 실릴 '스탠퍼드대 경영대학원의 점입가경 섹스 스캔들 속을 들여다보다'(Inside Stanford Business School's Spiraling Sex Scandal)라는 제목의 기사를 23일(현지시간) 인터넷에 공개했다.

보도에 따르면 스탠퍼드대 경영대학원 소속 데버러 그루엔펠드 교수는 자신을 감독하는 가스 샐로너 경영대학원장과 2012년부터 정신적·육체적 연애 관계를 맺어 왔다. 그루엔펠드 교수의 남편인 제임스 필스 교수도 같은 대학원에 소속돼 있었다. 샐로너 학장은 2012년 6월 부인과 사별했으며, 똑같은 달에 그루엔펠드는 남편과 그 사이에서 낳은 두 딸과 함께 살던 집에서 나가서 별거를 시작했다. 그루엔펠드와 샐로너의 관계가 시작된 것이 필스—그루엔펠드 부부가 별거하기 전인지 후인지는 양측 주장이 엇갈리고 있다. 필스는 별

스탠퍼드 교내
(연합뉴스 자료사진)

거 전에 그루엔펠드와 샐로너가 로맨틱한 관계를 시작했다고 주장해 왔으나 두 사람은 이를 부인해 왔다. 다만 2012년 여름과 가을 3개월에 걸쳐 그루엔펠드와 샐로너 사이의 로맨스가 빠르게 발전하는 동안 필스가 두 사람의 관계를 눈치 채고 두 사람 사이의 이메일, 문자메시지, 페이스북 대화 등을 저장해 둔 것은 확실하다. 여기에는 두 사람이 남들에게 들키지 않도록 데이트 장소를 신경 써서 고르는 등 생생한 내용이 담겨 있다. 당시 필스의 컴퓨터와 아이패드에는 부인 기기의 암호가 저장돼 있었고, '컴맹'이던 그루엔펠드는 스마트폰이 잘 작동하지 않으니 고쳐 달라며 별거 중이던 남편 필스에게 이를 건네기도 했다. 결국 필스는 2012년 12월 그루엔펠드를 상대로 이혼소송을 냈고, 학교의 고위 당국자 일부도 샐로너와 필스로부터 얘기를 듣고 세 사람 사이의 관계를 알게 됐다.

법원 소송 과정에서 제출된 기록에 따르면 그루엔펠드와 샐로너는 문자메시지와 이메일 등으로 필스에 대해 욕설을 써 가며 심한 험담을 늘어놓기도 했다. 필스에 대해 그루엔펠드는 "우리에 넣고 사람들이 보는 앞에서 ○○를 잘라 버리고 싶다."고 말했고, 샐로너는 "칼. ○○. 마을 광장. 알았어."라고 맞장구를 쳤다. 그루엔펠드는 남편이 과거에 올림픽 레슬링 선수였다는 점 등을 근거로 "위협을 느낀다."며 6개월간 접근금지 명령을 법원으로부터 받아냈다. 필스도 그루엔펠드가 연구 데이터를 조작했다고 털어놓은 적이 있다고 주장하면서 학교 당국에 이를 고발하는 등 반격에 나섰다. 이어 필스는 2014년 4월 결혼 상태, 성별, 인종 탓에 차별을 받았다며 스탠퍼드대와 샐로너를 상대로 손해배상소송을 냈다. 그러나 스탠퍼드대는 바로 다음날 그에게 해직을 통보하고 맞소송도 제기했다.

필스는 샐로너와 그루엔펠드가 연애를 시작하면서 자신이 불이익을 받았다고 주장했다. 학교 당국이 자신에게 비중 있는 강의를 배당하지 않았으며, 부부와 딸들이 함께 살았던 캠퍼스 내 주택의 대출금 25만 달러를 1년 미만의 짧은 기간에 당장 갚도록 무리하게 요구했다는 것이 필스의 주장이다. 당시 필스는 스탠퍼드대에서 휴직하고 애플의 사내교육기관인 '애플 유니버시티'에서 강의를 하고 있었는데, 그가 애플에서 받는 돈이 한 해에 170만 달러라는 사실도 소송 과정에서 공개됐다.

그는 1999년 그루엔펠드와 결혼한 후 2000년 부인과 함께 스탠퍼드 경영대학원교수로 임용돼 재직해 왔으나, 부인과 달리 종신임기(테뉴어) 보장을 받은 교수는 아니었다. 스탠퍼드가 스타 학자였던 부인 그루엔펠드를 채용하면서 남편 필스를 '덤으로' 채용했고, 부부에게 캠퍼스 내 주택과 대출을 제공한 것도 부인을 채용하기 위한 인센티브였다는 게 학교 관계자들의 전언이다. 한동안 당사자인 세 사람 모두가 이런 사연이 알려지는 것을 원치 않았기 때문에 학교 내에서도 아는 사람이 많지 않았으나, 지난달 중순 샐로너가 내년 6월에 학장직을 그만두겠다고 발표한 것을 계기로 세상에 널리 알려지게 됐다.

배니티 페어의 취재가 시작되자 세 명의 당사자 중 이에 응한 사람은 필스가 유일했다. 보도에 관한 입장을 묻는 연합뉴스 특파원의 질문에 스탠퍼드대 공보실은 이메일 성명서로 "필스가 스탠퍼드대에서 차별 대우를 받았다는 증거가 없다."며 "학장은 형성중이던 (그루엔펠드 교수와의) 관계를 대학 지도부에 통보했고, 그 시점부터는 필스에게 영향을 주는 어떤 결정도 내리지 않았다."는 입장을 밝혔다.

스탠퍼드대는 "사적(私的) 대화는 그냥 사적 대화일 뿐"이라며 이는 필스의 고용에 영향을 주지 않았다고 주장하고, "필스는 애플에 계속 고용되는 쪽을 최종적으로 택했으며, 그곳에서 스탠퍼드대에서 받던 봉급보다 훨씬 많은 돈을 받았다."고 덧붙였다. 이 대학은 9월 발표문에서 필스에게 학계의 관행대로 '박사'(Dr.)라는 학위 칭호를 붙였던 것과 달리, 이번 성명서에서는 '씨'(Mr.)라는 칭호를 사용했다. 서로 관계가 더욱 악화했음을 시사하는 대목이다.

📖 사례 8-2. 도서정가제 1년, 가격은 내렸지만 매출은 제자리

출처: 연합뉴스, 2015. 11. 20

최근의 서점가
(연합뉴스 자료사진)

'가격' 대신 '가치' 경쟁으로 선회 평가… 기대 못 미친다는 비판 여전

　　책값 할인율을 최대 15%로 제한한 새 도서정가제가 오는 21일로 도입 1주년을 맞는다. 그동안 제외됐던 실용서와 학습 참고서, 발행 1년 6개월이 지난 구간을 포함한 모든 책의 할인율을 15%로 제한한 이 제도는 무분별한 할인 경쟁에서 중소 출판사와 서점을 보호하고 소비자에게 이익을 돌리자는 취지로 도입됐다. 그러나 시행 1년을 맞은 시점에도 여전히 도서정가제 효율성을 놓고 의견이 팽팽하게 맞선다.

　　출판계의 출혈 경쟁이 사그라지고 전반적인 책값이 내려가는 효과를 거뒀다는 평가가 전반적이지만 출판시장 회복이 기대에 못 미치고 낮은 할인율에 대한 소비자들의 불만도 여전하다.

기업윤리

신간 평균가 내려… '가격 경쟁' 대신 '가치 경쟁'으로 선회

　　새 도서정가제가 전반적으로 업계 전체를 공멸로 이끌던 출혈 경쟁을 완화하는데 도움이 됐다는 부분에선 출판업계도 전반적으로 동의하는 분위기다. 신간 가격 하락, 중소 서점의 경영 개선 등의 측면에서도 긍정적인 평가가 우세하다. 문화체육관광부가 지난해 11월 21일부터 지난달 말까지 출판시장 변화 추이를 모니터링 해 발표한 결과를 보면 신간 단행본의 평균 정가는 1만 7천 916원으로 지난해 같은 기간 출간된 유사도서의 1만 9천 106원에 비해 6.2% 내렸다. 특히 신간의 평균 가격이 도서정가제 시행 100일 당시의 평균 가격보다 2.1% 하락했고, 그동안 가격을 비싸게 매겨 출간한 뒤 높은 할인율로 판매하는 관행이 있던 유아·아동도서 분야의 평균 정가는 무려 18.9% 싸졌다. 문체부는 베스트셀러 순위권에 포함된 도서 중 신간 비중이 높아진 것도 도서정가제 시행의 긍정적인 효과를 보여준다고 밝혔다. 베스트셀러 순위 20위 안에 포함된 도서 중 신간 비중이 90%에 이르는데 이는 도서정가제 시행 이후 출판시장이 '가격 경쟁'에서 '가치 경쟁'으로 돌아섰기 때문으로 문체부는 평가했다. 특히 지역단위 중소서점의 수익성이 개선됐다고 문체부는 강조했다.

　　표본 설문조사 결과 지역 단위 중소서점의 매출과 영업이익이 다소 증가했다는 것이다. 출판사 1천여 곳 종사자를 대상으로 한 설문조사에서 67%가 현 도서정가제 유지 또는 강화에 찬성한 것도 도서정가제에 대한 긍정적인 평가가 우세한 근거로 문체부는 손꼽았다. 문체부의 설문조사가 다소 긍정적인 결과를 부각하는 측면이 있다고는 하나 출판계도 전반적으로 도서정가제의 긍정적인 효과를 부정하지는 않는다. 440여 개 출판사를 회원으로 둔 출판인회의의 윤철호 회장도 연합뉴스와 전화통화에서 "내부적으로 의견 수렴을 해보면 의외로 70% 이상이 도서정가제를 지지했다."고 밝혔다.

출판사·소비자 불만도 여전… "온라인 서점만 배불려"

　　그러나 출판사나 소비자들의 불만은 계속되고 있다. 출판사는 가격이 떨어졌다고 판매량이 늘어나지는 않았다는 부분을 지적한다. 오히려 할인폭이 줄면서 온라인 서점의 영업이익만 눈에 띄게 개선됐을 뿐 정작 출판사들은 기대만큼의 이득을 보지 못했다는 것이다. 실제로 단행본 출판사 모임인 한국출판인회의가 회원사를 상대로 조사한 결과 전체 114개 출판사 중 71%가 매출이 작년보다 줄었다고 밝혔다. 소비자들은 가격 하락을 체감하지 못한다는 지적이 많다. 구간의 무제한 할인이 금지돼서다. 또한 어린이책이나 참고서 가격을 비싸게 느꼈다. 할인율을 제한한 대신 구간을 값을 새로 매겨 판매할 수 있도록 한 재정가 제도가 있지만 실효성이 떨어지고 사은품 증정 등의 편법으로 가격 할인 효과를 대체하는 사례가 있다는 지적도 나온다.

무엇보다 출판시장 침체가 지속되는 점이 문제로 손꼽힌다. 그러나 이는 제도상의 문제라기보다는 전반적인 독서량 감소가 원인으로 관측된다. 출판인회의 윤철호 회장은 "출판 수요 창출을 위해선 독서문화를 친숙하게 만들어야 한다. 이를 위해선 독서 교육이 활발히 진행돼야 하고 도서관 예산 확보 등을 통해 독서 교육이 이뤄져야 한다."고 말했다. 윤 회장은 이를 위해 정부의 보다 적극적인 지원을 촉구했다. 윤 회장은 "문체부가 제도 도입 전 도서관 예산을 늘리기로 했으나 오히려 줄었다."고 지적했다. 아울러 "출판사는 어린이책이나 참고서 가격을 보다 적극적으로 내려야 한다."고 말했다.

📖 사례 8-3. 임성기 회장, 전직원에 주식 1,100억 + 성과급 200% 선물

출처: 연합뉴스, 2016. 1. 4)

직원들 대박… 1인당 평균 4천 500만 원 안팎 수령 전망

지난해 제약업계 최대 주식부호로 올라선 임성기 한미약품 회장이 개인 보유 주식 1천 100억 원어치를 전직원에게 무상으로 선물한다. 한미약품 그룹은 임성기 회장이 보유한 한미사이언스 주식 약 90만 주를 한미약품 그룹 직원 약 2천 800명에게 지급한다고 4일 밝혔다.

이는 임 회장이 보유한 개인 주식의 약 4.3%, 한미사이언스 전체 발행 주식의 1.6%에 해당하는 물량이다.

이에 따라 한미약품, 한미사이언스 등 한미약품 그룹의 임직원은 월 급여의 1천%에 해당하는 금액을 주식으로 지급받는다. 증여되는 주식 수량은 지난해 장 마감일 종가(2015년 12월 30일 · 12만 9천 원)를 기준으로 결정됐다고 한미

한미약품
(연합뉴스 자료사진)

약품은 설명했다. 한미약품 그룹 계열사 직원들은 이번 주식 증여와 별도로 성과급(급여의 200%)도 지급 받을 예정이다. 주식과 성과급을 합치면 1인당 평균 4천 500만 원 안팎을 수령하게 될 전망이다.

임성기 회장은 "허리띠를 졸라매고 땀 흘려가며 큰 성취를 이룬 주역인 한미약품 그룹의 모든 임직원들에게 고마움과 함께 마음의 빚을 느껴왔다."며 "이번 결정이 고난의 시기를 함께 이겨낸 한미약품 그룹 임직원에게 조금이나마 위로가 됐으면 한다."고 밝혔다. 한미약품은 "한미약품그룹 모

임성기 한미약품 회장
(연합뉴스 자료사진)

든 계열사의 전직원이 증권계좌를 개설하고 있다."며 "주식과 성과급은 모두 금주 내로 지급 완료될 예정"이라고 설명했다. 한미약품은 2015년 한 해 동안 글로벌 제약기업인 일라이릴리, 베링거인겔하임, 사노피, 얀센 등에 총 8조 원 규모의 기술 수출 계약을 체결했다. 계약이 발표될 때마다 한미약품, 한미사이언스의 주가는 크게 뛰었다. 지난해 1월 2일, 주당 1만 5천 200원이던 한미사이언스는 지난해 말 기준 12만 9천 원으로 올랐다. 한미사이언스 주식 약 2천만 주를 보유하던 임성기 회장은 1년 동안 2조 원이 넘는 평가 차익을 거둬 제약업계 최고 주식 부호가 됐다.

📖✍ 사례 8-4. LG, 협력사에 8,432억 원 지원 상생 생태계 구축

출처: 머니투데이, 2016. 3. 15

LG 공정거래 협약식 개최
정재찬 공정거래위원장, 박진수 LG화학 부회장, 협력사 대표 등 참석

풍원정밀은 LG디스플레이의 협력사다. 커브드 올레드 패널의 후면 부품 중 산소와의 접촉을 막아주는 금속박의 높은 제조비용으로 인해 가격 경쟁력이 떨어지는 상황이었다. 이에 LG디스플레이는 2013년 9월부터 22개월간 혁신 및 개발전문가 8명을 풍원정밀에 파견, 공정 개선 및 개발 노하우를 전수했다. 그 결과 2014년 신규공법 개발에 성공했고 풍원정밀의 매출액은 2013년 54억 원에서 지난해 224억 5,000만 원으로 약 300% 넘게 증가했다. LG가 협력사에 8,000여억 원을 지원하고 신기술 개발을 장려하는 등 상생 생태계 구축을 강화에 나선다.

LG는 15일 서울 여의도 LG트윈타워에서 정재찬 공정거래위원장과 박진수 LG화학 부회장, 정도현 LG전자 사장, 박종석 LG 이노텍 사장 등 주요 경영진, 주요 협력사 대표 등 총 300여 명이 참석한 가운데 'LG 공정거래 협약식'을 개최했다고 이날 밝혔다. 협약식에는 LG전자, LG디스플레이, LG이노텍, LG실트론, LG화학, LG하우시스, LG생활건강, LG유플러스, LG CNS 등 9개 계열사가 977개의 협력회사와 공정거래 협약을 체결했다.

정재찬 공정거래위원장은 "우리 경제가 저성장 위험을 극복하고 한 단계 더 도약하기 위해서는 경쟁력 강화를 위한 대·중소기업간 상생협력에 보다 많은 노력을 해야 한다."고 말했다. 박진수 LG화학 부회장은 "공정거래협약 이행을 통해 협력회사와 함께 신기술 개발에 주력하여 우리나라의 미래 경쟁력을 강화해나가겠다."고 강조했다. LG전자 협력사인 '진양'의 조영도 사장은 "LG가 공정거래협약을 통해 협력회사들이 기술개발에 전념할 수 있는 환경을 만들어준 만큼, 세계시장에서 당당히 겨룰 수 있는 신기술로 보답할 것"이라고 말했다.

이번 공정거래 협약에 따르면 LG는 상생협력펀드 등을 통해 7,382억 원, 충북 창조경제혁신센터 투자 펀드 1,050억 원 등 총 8,432억 원을 협력사에 지원한다. 2차

협력회사에 대한 대금지급 조건도 개선된다. LG는 '상생결제시스템'에 보다 많은 1차 협력회사들이 참여토록 유도해 이를 통한 결제 규모를 1,000억 원까지 확대한다. 상생결제시스템이란 1차 협력사가 2·3차 협력사에 지급하는 물품대금을 대기업 신용으로 결제할 수 있도록 해 적은 수수료로 신속하게 현금화할 수 있는 결제시스템이다.

지난해 LG가 상생결제시스템을 통해 2·3차 협력사에 결제한 대금규모는 국내 주요기업 중 최대치인 600억 원이었다. LG는 또 중소 벤처기업에 개방한 5만 2,400건의 특허를 LG와 거래중인 2만여 개의 모든 협력사에 개방하는 한편 기업별 맞춤형 멘토링, 해외 진출 지원 등 특허로 인한 신기술 개발에 어려움을 겪고 있는 협력회사에 실질적 도움을 줄 예정이다.

아울러 협력회사들이 개발한 신기술을 보호할 수 있도록 '기술자료 임치제' 활용을 적극 장려하고 대·중소기업 협력재단에 협력회사가 지급하는 임치수수료를 전액 부담할 계획이다. 기술자료 임치제란 중소기업의 기술자료를 대·중소기업협력재단에 보관하고, 해당 기술에 대한 특허 분쟁 등 논란 발생 시 대·중소기업협력재단이 기술보유사실을 입증하는 제도다.

이밖에 LG는 협력사에 사내 기술인력을 파견해 신기술 개발을 지원하는 '생산성 혁신 파트너십' 프로그램을 지속 운영하는 한편 경남대, 창원대 등과 연계해 협력사 임직원들을 대상으로 교육 프로그램도 실시한다.

📖 사례 8-5. 구의역 김군을 죽음으로 몰아넣은
10가지 배후

출처: 한겨레, 2016. 8. 3

5월 28일 저녁 5시 51분, 지하철 2호선 구의역 승강장 5−3지점 승강장안전문(스크린도어) 수리를 마친 19살 김 군은 9−4지점으로 향하며 전화통화를 했습니다. 올해 고교를 졸업한 그는 서울메트로로부터 스크린도어 유지보수 업무를 위탁받은 하청업체 은성피에스디(PSD) 계약직 직원이었습니다. 김 군은 동료 직원과의 통화에서 '구의역에서 수리한 뒤 고장 신고가 들어온 을지로4가역까지 1시간 안에 도착해야함을 걱정'했습니다. 통화를 마친 김 군은 승강장 9−4 지점 스크린도어를 열고 선로쪽으로 들어가 장애물검지센서 청소를 시작했습니다. 24시간 동안 14회나 장애 발생 기록이 있던 곳이었습니다. 그리고 불과 1분도 지나지 않아 김 군은 구의역으로 진입하던 열차와 스크린도어 사이에 끼여 숨졌습니다. 김 군은 왜 마지막 순간까지 시간에 쫓기며 홀로 참혹한 죽음을 맞아야 했을까요? 서울시가 민−관 합동으로 구성한 '구의역 사고 진상규명위원회'(진상규명위) 조사결과 보고서를 토대로 구의역 비극의 배후를 하나씩 꺼내 다시 짚어보았습니다.

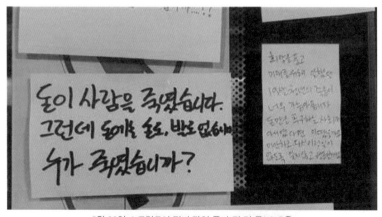

5월 28일 스크린도어 정비 작업 중 숨진 김 군(19세)을
추모하기 위해 시민들이 구의역에 남긴 포스트잇 메시지
(한겨레 자료사진)

5월 28일 구의역 승강장 9-4지점에서 사고가 발생해 안전문이 열린 화면.
김 군은 구의역에 도착해 숨질 때까지,
소속 업체나 서울메트로의 관리·모니터링 없이 홀로 방치됐다.
(한겨레 자료사진)

① 서울메트로만 없는 스크린도어 종합관제시스템

김 군이 선로쪽에서 작업을 하고 있었음에도 열차는 왜 멈추지 않았을까요?

지하철 5~8호선을 운행하는 서울도시철도공사나 부산·대구 등 주요 도시 지하철 운영기관과 달리, 서울메트로는 종합관제소에서 스크린도어 정보를 수집해 안전사고 위험이 있는 경우 이를 기관사에게 알려주는 시스템(스크린도어 종합관제시스템)이 마련돼 있지 않습니다. 그러니 스크린도어 열림 등 이상 상황이 발생해도 관제사가 열차 기관사에게 비상 상황을 알릴 수 없습니다. 안전사고 위험이 커지는 거죠. 서울메트로는 2013년 성수역 스크린도어 정비업체 직원 사망 사고 이후 종합관제시스템 구축을 검토했으나 본사 이전 및 서울 1~9호선 통합관제 사업 향방에 따라 발생할 수 있는 비용 및 호환성 문제 등을 우려해 유보했습니다. 이듬해 4호선 총신대입구역에서 60대 여성이 스크린도어와 전동차 사이에 끼여 숨지는 사고가 발생합니다. 당시 서울메트로는 2016년부터 스크린도어 종합관제시스템을 운영하겠다고 했습니다. 그러나 이러한 대책안은 결재 과정에서 흐지부지됩니다.

결국, 스크린도어 수리를 안전하게 하려면 정비 용역업체 직원·기관사·역무원·서울메트로 안전관리본부 종합관제소·기술본부 전자운영실 등이 그때그때 기민하게 연락을 주고 받아야만 합니다. 김 군이 숨지기 1시간 전, 구의역 스크린도어 이상을 보고 받은 종합관제소는 이러한 사실을 은성PSD와 구의역 역무실 직원에게 통보합니다. 그러나 역무실 직원은 폐회로텔레비전(CCTV) 모니터링 담당자인 부역장에게 이 사실을 보고하지 않습니다. 사고 10분 전인 5시 45분 구의역에 도착한 김 군은 곧바로 역무실에 들러 어느 스크린도어에 문제가 있는지 확인했습니다. 출동 사실을 역무실에 알리지 않았지만, 당시 부역장과 마주쳤습니다. 부역장은 '김 군에게 정기점검이냐고 물었고 김 군이 확인할 것이 있다며 나갔다'고 진술했습니다. 김 군은 역무실에 보관된 스크린도어 열쇠를 갖고 승강장으로 향했습니다. 부역장은 김 군이 역무실을 나간 이후 어떤 작업을 했는지 적극적으로 들여다보지 않았습니다. 구의역 도착 뒤부터 숨질 때까지 김 군은 소속 업체나 서울메트로의 관리·감독없이 홀로 방치됐습니다.

② 탁상공론으로 만들어진 안전 매뉴얼

서울메트로는 아래와 같은 '승강장안전문 장애처리 절차 매뉴얼'을 가지고 있습니다.

하청업체 '2인 1조' 출동 지시 → 정비 직원, 출동 사실 전자운영실에 통보 → 역무실과 전자운영실에 작업시작 통보 → 역무실 내 안전문 열쇠 꺼내고 대장에 기록 → 장애현황 파악 뒤 2인 이상 필요시 지원요청 → 선로쪽 작업인 경우 시설관제로부터 승인. 시설관제, 운전관제와 전자운영실에 통보 → 운전관제, 기관사들에게 선로쪽 작업사실 알려 진입시 주의 운전 → 역무원, 시시티브이(CCTV)로 수리작업 모니터

하지만 사고 당일에는 정작 '2인 1조 출동'부터 지켜지지 못했습니다. 인력 부족·잦은 고장·열차 지연을 최소화해야 하는 상황·원−하청의 불평등한 관계 등 현실적으로 지키기 어려운 휴지조각 매뉴얼이었기 때문입니다.

6월 7일 박원순 서울시장이 서울시청 브리핑룸에서
사고와 관련해 사과하고 있다.
(한겨레 김태형 기자 자료사진)

③ 하청 쥐어짜기

사고 발생일 오후로 돌아가보겠습니다. 김 군은 은성PSD 강북사무소 주간 A조 소속입니다. 주간 A조 인원은 모두 11명이지만, 이날 출근자는 6명뿐이었습니다. 교대로 쉬어야 하는 휴무자가 5명이었기 때문입니다. 6명 가운데 1명은 사무실 근무를 맡았고, 나머지 5명이 1~4호선 48개 역을 나누어 맡았습니다. 평소에도 4~6명이 48개 역을 담당했습니다. 애초 2인 1조 근무는 불가능했다는 이야기입니다.

2011년 서울메트로는 97개 역 스크린도어 유지보수 업무를 서울메트로 퇴직자들이 설립한 은성PSD에 맡깁니다. 당시 서울메트로가 필요하다고 계산한 현장 점검 인력은 125명. 하지만 계약 과정에서 125명에 행정인력 15명도 포함돼 버립니다. 그러니까 원청업체가 필요하다고 생각한 현장인력 숫자보다 부족한 인원이 작업에 투입된 겁니다.

2015년 서울메트로는 스크린도어 유지관리 위탁 계약을 맺으면서 '점검을 철저히 하면 유지보수가 불필요하다'며 점검·유지보수·청소 업무 중 연평균 1만 2,619건에 달하는 유지보수 부분을 용역비에 반영하지 않습니다. 결국 은성PSD는 2011년 계약 당시보다 연 14억 4,000만 원을 덜 받게 되었습니다. 인력충원이 쉽지 않았을 겁니다.

또 서울메트로는 용역대금이 적합하게 쓰이는지, 야간 점검은 제대로 되고 있는지, 2인 1조 원칙은 제대로 되고 있는지 현장에는 가보지 않은 채 업체가 제출한 서류로만 확인했습니다. 지난해 말 감사원은 서울메트로가 안전 절차를 위반한 스크린도어 유지보수 업체를 감독 · 제재하지 않는다고 지적했습니다.

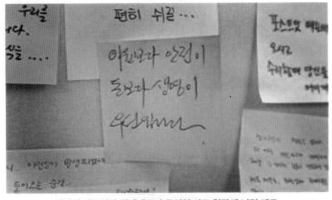

정진석 새누리당 원내대표가 구의역 사고 현장에 남긴 메모.
정 원내대표는 8월 2일 "세월호 특조위가 막대한 예산만 낭비했다."며
"활동 기간 연장을 절대 수용할 수 없다."고 밝혔다.
(한겨레 자료사진)

④ 원칙없고 무분별한 외주화

스크린도어는 어떤 의사 결정과정을 거쳐 유지 · 보수 부문까지 외주화 됐을까요? 2008년 서울메트로는 정부와 서울시 경영효율화 정책에 따라 유실물센터 운영 · 차량기지 구내운전 · 자동차 경정비 · 모터카 및 철도장비 운영 등 4개 분야를 1차로 외주화했습니다. 2011년 스크린도어 설치 업체의 무상보증기간이 끝나면서, 유지보수 업무도 외주화하기로 합니다. 외주화 이유에 안전성에 대한 평가나 고려는 없었습니다. 이 과정에서 서울메트로 퇴직자들이 은성PSD를 세웠고, 2011년 말 서울메트로는 이 업체와 3년간 업무협약을 맺습니다. 당시 전체 직원 125명 중 서울메트로에서 조기퇴직하는 대신 정년연장 등을 보장받고 은성PSD로 옮긴 전적자는 90명이었습니다.

구의역에서 숨진 김 군의 가방에 있던 스패너 등의 작업공구와
컵라면, 스테인리스 숟가락, 일회용 나무젓가락
(한겨레 자료사진)

⑤ 계약직 · 취업약자 착취와 차별

2015년 서울메트로는 스크린관리 유지보수 위탁 업체를 선정하는 과정에 2011년 은성PSD로 자리를 옮긴 전적자 가운데 남은 38명에 대해 고용 승계 및 서울메트로와 동일한 수준의 복리후생 보장 등을 조건으로 내겁니다. 이 때문에 업체들의 입찰 참가는 저조했고 은성PSD가 다시 업무를 맡게 됩니다. 용역비가 축소된 데다 그마저도 비효율적으로 쓰이면서 그 부담은 다시 취업약자, 계약직들이 지게 됐습니다. 은성PSD 직원 10명 가운데 8명은 계약직이었는데요. 이 회사는 2014년 11월부터 비용절감을 위해 고등학교 실습생을 활용하기 시작합니다. 2015년 10월 고등학생이었던 김 군도 '실습생'으로 스크린도어 관리 업무를 시작해 3개월 뒤 계약직으로 입사했습니다. 그가 올해 1월부터 숨지기 전까지 받은 급여는 매달 평균 143만 2,688만 원(세후)이었습니다. 시간당 급여로 치면 6,459원으로, 올해 최저임금 기준(시간당 6,030원)을 겨우 넘겼습니다.

⑥ 안전관리 회피하게 만든 고용형태

서울메트로는 스크린도어 유지보수를 도급(하청 · 용역) 방식으로 은성PSD에 맡깁니다. 도급이란, 독립된 하청사업자가 자기 책임 아래 업무를 한 뒤 그 결과물을 원청에 주는 겁니다. 반면, 파견은 파견업체 노동자가 특정 사업장에서 사업주 명령을 받아 근무하는 제도로 허용 업종과 계약 기간에 제한이 있습니다. 김 군의 업무는 도급이라기보다는 파견으로 봐야 한다는 건데요. 불법파견으로 볼 여지가 있었던 고용관계는 안전의 필수 요건인 '소통'을 회피하게 만들었습니다. 서울메트로 직원들은 "외주업체(은성PSD) 직원들에게 직접 지휘·명령을 하는 경우 불법파견으로 판정될 위험이 있다."는 경고를 받아 하청업체 직원들과 직접적인 연락을 되도록 하지 않았다고 했습니다.

2015년 9월 강남역 스크린도어를 수리하던 직원이 전동차와 스크린도어에 끼여 숨진 사건과 관련해
민주노총, 전국철도지하철노동조합협의회 등 회원들이 서울메트로에 안전업무 외주화 중단을 촉구했다
(한겨레 자료사진)

⑦ 비극 재발해도 대책은 퇴보

　김 군 사고와 닮은 꼴 비극은 서울메트로 지하철에서만 두 번이나 있었습니다. 2013년 1월 성수역 승강장 10-3지점에서 스크린도어 장애물 검지센서를 점검하던 은성PSD 직원 심 씨(당시 37세)가 열차에 치여 숨졌습니다. 이후 서울메트로는 수리현장 통제를 역무원에게 맡깁니다. 이를 위해 역무원이나 전자운영실 증원이 필요했지만 후속 조처는 없었습니다.

　2년 뒤 같은 사고가 재발합니다. 2015년 9월 강남역 승강장 10-2지점에서 유진메트로컴(서울메트로 24개 역 스크린도어 설치·관리 업체) 직원 조 씨(당시 29세)가 스크린도어 장애물 검지센서를 홀로 수리하다 열차와 스크린도어 사이에 끼어 숨졌습니다.

서울메트로는 역무원 관리 권한을 보다 강화하고 하청업체 직원들에게 나눠준 스크린도어 열쇠를 역무원이 관리하도록 하는 대책안을 마련합니다.

그러나 역무원들이 속한 고객사업본부에서 스크린도어 유지관리 업무는 기술본부 소관이라며 대책안에 반대하고 나섰습니다. 결국, 역무원들에게 안전수칙을 지키지 않은 경우 작업을 중지시킬 권한을 부여하지 않았고, 열쇠의 관리 주체도 정하지 않은 땜질 처방이 시행됐습니다. 그리고 불과 1년도 지나지 않아 구의역 사고가 발생합니다.

2013년 성수역 사고 이후, 서울메트로는 스크린도어 장애현황을 전자운영실에서 실시간으로 볼 수 있도록 '승강장안전문 장애현황 수집시스템'도 마련합니다. 그러나 120개 역사 가운데 63개 역의 통신연결이 불가능함에도 서울메트로는 이를 방치했습니다. 모니터링 담당자도 정해지지 않았고요. 구의역 사건 당일, 전자운영실 모니터에는 김 군이 선로에서 작업을 하는 상황이 떠 있었습니다. 알람도 울렸습니다. 그러나 이러한 상황을 지켜본 이가 아무도 없었습니다.

2000년대 중반부터 승객들의 안전을 위해 스크린도어가 설치됐으나
이 과정에서 특정업체에 대한 특혜·부실시공 논란이 끊이지 않았다
(한겨레 자료사진)

⑧ 부실하게 태어난 스크린도어

김 군이 태어난 1997년, 한국 사회는 외환위기를 겪습니다. 자살이 급증하면서 지하철 선로로 뛰어드는 사람이 늘었고 지하철 노선이 확대되면서 선로 추락사고도 잇따랐지요. 이 때문에 2000년대 중반부터 스크린도어가 설치되기 시작합니다. 지

하철 1~4호선에 설치된 스크린도어는 121개 역사 9,536개 입니다. 이 가운데 97개 역사 안전문을 김 군이 속했던 은성PSD가 관리합니다. 나머지 24개 역은 유진메트로컴이 관리하고 있는데요. 이 업체는 스크린도어를 설치하고 유지보수를 하는 대신 스크린도어 광고 수익권을 22년이나 유지하는 계약을 따내면서 '특혜' 의혹이 불거진 상황입니다.

안전을 위한 스크린도어는 애초 '안전'하게 설계되지 않았습니다. 서울메트로는 2006년~2010년 아홉차례에 걸쳐 스크린도어 설치 사업을 발주합니다. 이 가운데 4개 사업을 최저가 공사비를 써낸 곳에 맡겼습니다. 부실시공 우려가 있는 방법이었습니다. 진상규명위 조사 결과, 저가 낙찰로 설치된 스크린도어 고장률은 상대적으로 높았습니다.

게다가 수리·점검 과정에서 선로쪽 진입을 최소화해야 사고 위험도 줄어드는데요. 김 군이 선로쪽으로 들어가 점검하던 장애물 검지센서는 항상 진동과 충격에 노출되므로 내구성이 특히 중요합니다. 하지만 서울메트로는 검지센서 설치 환경에 대한 고려를 하지 않았고, 시공업체들은 진동 및 충격 내구성을 검증받지 않은 센서를 설치했습니다. 스크린도어 주요 부품들은 교체 주기가 지났음에도 그대로 사용되는 경우가 많았습니다.

지하철 2호선 을지로입구역에서 승객들이 열차를 기다리고 있다.
스크린도어 관리 용역업체 직원들은 배차간격 동안 수리를 해야한다
(한겨레 자료사진)

⑨ 신고 1시간 내 출동제

김 군은 왜 마지막 순간까지 시간에 쫓기며 작업을 했을까요?

은성PSD－서울메트로 간 용역계약서에는 '모든 고장신고 접수 뒤 1시간 이내 출동완료', '고장처리 24시간 이내 미처리시 지연배상금 부과' 등의 무리한 조건이 붙어 있습니다. 서울메트로가 정시운행을 강조하기 때문입니다. 김 군 같은 하청업체 직원들은 열차가 지나가고 그 다음 열차가 오기 전, 배차 간격을 이용해 수리를 마무리해야 합니다. 수리가 끝나지도 않았는데, 다른 역에서 고장 신고가 들어올 경우 심리적 압박은 클 수밖에 없습니다. 스크린도어 고장으로 인한 열차 지연도 안전사고 건수에 포함시켜 부서 및 직원 평가에 영향을 미친다고 합니다. 스크린도어를 수리한다고 열차를 멈출 수는 없다는 겁니다.

지하철을 이용하는 서민 대다수는 시간에 쫓기며 살아가고, 열차 운행이 지연되면 불만을 쏟아낼 수 밖에 없습니다. 이러한 사회는 다시 19살 김 군의 숨통을 죄고 말았습니다.

⑩ 시민을 위한 공공의 부재

서울시 도시교통본부는 '서울메트로 설립 및 운영에 관한 조례'에 따라 서울메트로 노후시설, 예산지원, 안전관리 업무 등을 감독해야 합니다. 이미 두 차례 유사한 사고가 있었던 서울메트로가 스크린도어 안전대책을 제대로 시행하고 있는지 점검해야 했습니다. 그러나 서울시는 인력부족·감독권 행사 범위가 모호하다는 이유로 손을 떼고 있었습니다. 2014년 총신대입구역 승객 사망 사고 이후 서울메트로가 스크린도어 종합관제시스템을 운영하겠다는 대책을 수립했다가 이를 임의로 백지화했지만, 서울시는 확인조차 하지 않았습니다. 진상규명위는 서울시에 "후속 대책에 대한 지속적 검토와 이행 여부 확인을 위해 제3자 위치에서 감시와 평가가 가능한 구조를 마련할 것"을 권고했습니다.

📖 사례 8-6. 6.25 전쟁 중에도…
정부별로 살펴본 정경유착의 역사　출처: SBS, 2016. 12. 11

리포트+

정경유착의 역사

익숙한 얼굴들
(SBS 자료사진)

　　1988년 국회에서 열린 '제5공화국 청문회' 이 자리엔 재벌 그룹 총수들이 불려 나왔습니다.

　　삼성 이건희 회장, 선경(SK) 최종현 회장, 롯데 신격호 회장, 현대 정주영 회장, 럭키금성그룹(LG) 구자경 회장, 한진 조중훈 회장 등이었습니다.

　　28년이 흐른 지난 6일, '최순실 국정농단 사건'으로 인해 국회에는 또다시 재벌 총수들 9명이 출석하게 됐습니다. 세대교체만 됐을 뿐, 앞서 나온 6개 회사는 그대로였습니다.

　　삼성 이재용 부사장, SK 최태원 회장, 롯데 신동빈 회장, 현대 정몽구 회장, LG 구본무 회장, 한진 조양호 회장 등입니다.

　　이렇게 세대를 넘어 이어지는 '정경유착'은 우리 역사에 너무나 오랜 시간 이어져 왔습니다. 찾지 못하는 게 더 어렵고, 다 나열하기도 어려울 정도입니다.

　　오늘 '리포트+'에서는 주요 사건 위주로 정경유착의 역사를 살펴봅니다.

닮아도 너무 닮은 꼴
(SBS 자료사진)

이승만 정부

　6.25 전쟁이 한창이던 지난 1952년 6월, 이승만 정부에 의해 건국 이후 첫 정경유착 사건이 터집니다.

　중석을 일본에 부정 수출한 문제, 이른바 '중석불 사건'입니다. '중석불'이란 당시 우리나라의 대표 수출품이던 중석(텅스텐)을 수출하고 벌어들인 달러를 말합니다.

　중석불로는 양곡이나 비료수입이 금지되어 있었는데 정부는 대한중석·고려흥업·남선무역 등 13~14개 상사에 중석불을 불하했습니다.

　이 돈으로 상사들은 밀가루 9,940톤, 비료 11,368톤을 수입했고, 이후 정부와 상사가 결탁해 궁핍한 농민들에게 팔아 폭리를 취했습니다.

　상사들이 거머쥔 무려 5백여억 원에 달하는 부당이득은 자연스럽게 다시 정치권으로 흘러들어 갔고, 이승만 대통령 재선에도 이 돈 일부가 쓰인 것으로 알려졌습니다.

나중에 이런 사실이 들통나 조사에 들어갔지만, 여당인 자유당에서 벌인 일이기도 하고, 휴전 상황이라는 배경도 영향을 미치면서 전말에 대한 조사는 흐지부지됐다는 평가입니다.

결국 한국 최초의 '정경유착' 의혹 사건은 1957년 4월 대구고등법원에서 징역 6월 집행유예 1년이라는 싱거운 판결로 끝났습니다.

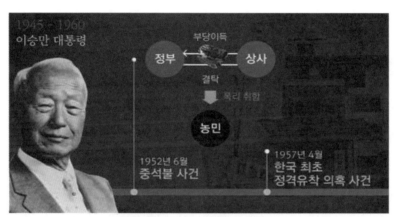

우리나라 최초의 정경유착 의혹 사건
(SBS 자료사진)

박정희 정부

본격적인 정경유착의 뿌리는 박근혜 전 대통령의 아버지인 박정희 전 대통령의 집권시기였던 1960년대로 거슬러 올라갑니다.

당시 박 전 대통령은 대기업 위주의 경제성장정책을 펼쳤고, 기업들은 엄청난 속도로 몸집을 불렸습니다. 무엇보다도 박 정권은 1961년 전경련을 설립해 정부와 기업간 공생관계의 발판으로 삼았습니다.

72년에는 '8·3긴급경제조치'로 대기업이 짊어진 사채를 모두 신고토록 해 사채금리를 낮추고 상환기간을 연장해 주기까지 했습니다.

그만큼 굵직한 정권유착 사건도 많았습니다. 대표적인 사건이 '현대아파트 특혜분양' 사건입니다.

현대건설은 압구정 현대아파트의 1,512가구 중 952가구를 현대의 무주택사원에게 분양한다는 조건으로 당국의 건설 허가를 받았지만, 무주택 사원에게 돌아가야 할 952가구 중 661가구가 국회의원, 고위공직자, 언론인 등에게 분양됐습니다.

이병철 삼성회장의 재계 은퇴를 부른 '한국비료 사카린 밀수사건'도 있었습니다. 1966년 4월 이병철 삼성회장이 박 전 대통령의 묵인하에 부산 세관을 통해 무려 60톤에 이르는 사카린 원료와 현찰 100만 달러 등을 밀반입한 겁니다.

같은 해 9월 15일 <경향신문>이 이를 대서특필하자 박 대통령은 "해당 사건은 자신과 무관하다."고 발뺌했습니다.

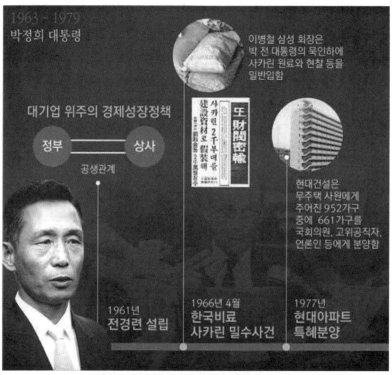

우리나라 본격적인 정경유착의 뿌리 박정희 전 대통령
(SBS 자료사진)

전두환 정부

전두환 전 대통령은 집권 당시 기업 경영인들을 청와대로 직접 불러 비자금을 받은 것으로 유명합니다. 드러난 뇌물금액만 해도 2천 259억 5천만 원에 달합니다.

일해재단(현 세종연구소) 모금에 대기업을 동원해 598억 원을 걷은 일도 빼놓을 수 없습니다.

비자금을 후하게 낸 덕에 삼성은 율곡사업, 차세대 전투기, 반도체 등의 사업 진출에 혜택을 받으며 승승장구했습니다.

반면 정치자금과 관련해 밉보였던 일부 기업들은 하루아침에 문을 닫는 경우도 있었습니다.

지금까지도 회자 되는 당시 재계순위 7위였던 국제그룹이 정부의 일방적인 발표로 해체된 사건입니다. 93년 현 헌법재판소인 헌법재판사무소는 국제그룹 해체사건에 위헌 판정을 내렸습니다.

희대의 사기 사건이었던 이철희 · 장영자 어음사기 사건(1982)도 이때의 일입니다. 사채시장의 큰손으로 불리던 장 씨가 거액의 사기사건을 벌일 수 있었던 배경엔 전 전 대통령의 처삼촌 이규광 씨(장 씨의 형부)가 있었습니다.

전두환 씨
(SBS 자료사진)

노태우 정부

민주화 바람이 불었던 노태우 정권 시기에도 정경유착의 고리는 여전했습니다. 노 전 대통령 역시 전 전 대통령처럼 재벌들로부터 막대한 비자금을 챙겼습니다. 노

전 대통령은 약 5천억 원이라는 천문학적 비자금을 조성한 것으로 드러났습니다.

막대한 비자금을 제공한 대우, 삼성, 현대, LG 등은 정부로부터 다양한 영역에서 각종 특혜를 받았습니다. 특히 SK그룹은 노태우 정권 당시 '사돈 특혜'로 급성장한 기업입니다.

노 전 대통령의 딸 노소영씨가 SK의 최태원 회장과 결혼한 것을 계기로 SK는 제2이동통신 사업자로 선정되는 등 국내 5대 재벌에 드는 발판을 마련했습니다.

SK가 사돈 특혜로 성장했다면 한보그룹은 탁월한 로비로 성장했습니다. 그러다가 결국 당대를 뒤흔든 '수서비리'의 주인공이 됐습니다.

강남의 노른자 땅 강남구 수서·대치지구에 아파트 건설을 추진하기 위해 노 전 대통령을 비롯한 정관계 인사들에게 150억 원을 주며 수서택지개발지구 중 일부를 수의계약 형식으로 특별 분양 받을 수 있도록 해달라고 청탁한 겁니다.

1991년 세계일보의 보도로 수서비리가 세상에 드러나 수많은 공직자들이 옷을 벗고 정태수 회장이 구속되며 사건은 일단락됐습니다.

노 전 대통령의 부인 김옥숙 여사의 고종사촌 동생인 박철언 전 의원은 김영삼 정부 초기 슬롯머신 사건에 휘말리기도 했습니다.

검사 출신이었던 박 전 의원은 '6공 황태자'로 불리며 정권 실세로 부상했으나 이 사건으로 의원직을 상실하고 1년 6개월을 복역했습니다.

국민들의 민주화 바람이 불었던 노태우 정권 시기에도 여전했던 정경유착의 고리
(SBS 자료사진)

김영삼 정부

군부 출신이 아닌 최초의 민간인 출신 정부라는 뜻에서 '문민정부'라 불린 김영삼 정권은 초반부터 '부정부패 척결'을 강조하며 재벌과 고위공직자들의 불법행위를 제재할 수 있는 금융실명제, 출자총액제한제 등의 정책들을 도입했습니다.

군사정권이 막을 내리고 정경유착에 대한 사법적 처벌이 이뤄진 것도 이때가 처음입니다.

1995년에는 노태우 전 대통령의 대선 때 비자금을 제공한 재벌 총수들이 줄줄이 재판에 넘겨져 유죄를 선고받았습니다.

5공 비리를 묵인한 노 전 대통령은 헌정 사상 처음으로 재임 중 범죄로 구속된 전직 대통령이 됐습니다.

97년 대법원은 전두환·노태우 두 전직 대통령에 대해 추징금 2,205억 원, 2,628억 원을 선고합니다.

하지만 김 전 대통령 역시 정경유착 문제에서 자유롭지 못했습니다. 한보비리, 김현철 게이트, 세풍 사건들이 줄줄이 터졌습니다. 아들 현철 씨가 '소통령'으로 대접받으며 위세를 떨치다 1997년 한보 사태가 터지면서 기업인들로부터 금품을 수수한 사실이 드러나 조세포탈 등의 혐의로 사법처리된 것으로, 기업과 대통령 친인척이 연관된 사건이 계속 밝혀진 겁니다.

부정부패 척결을 강조했지만 역시 경경유착 문제에서 자유롭지 못했던 김영삼 전 대통령
(SBS 자료사진)

김대중 정부

집권 첫날부터 '재벌개혁'을 강조한 김대중 정권. 하지만 '재벌 개혁'은 자본을 가진 기득권들의 격렬한 반대와 경제 불황으로 '용두사미'로 끝났고, 정경유착으로 인한 각종 비리까지 터졌습니다.

특히 이른바 '홍삼 트리오'로 불린 홍일, 홍업, 홍걸 형제는 대형비리 사건에 잇따라 연루됐습니다. 2002년 김 전 대통령이 총애했던 최규선 씨가 김 전 대통령의 3남 홍걸 씨를 등에 업고 각종 이권에 개입했던 '최규선 게이트'에 대통령의 차남 홍업 씨가 47억 원을 받은 혐의로 입건된 '이용호 게이트'도 있었습니다.

세 아들의 비리 사건
(SBS 자료사진)

노무현 정부

노무현 전 대통령은 '재벌개혁'의 필요성을 곧잘 언급했던 것과 달리 정권 후반 기업에 유리한 정책을 펼쳤다는 비판을 받습니다. 노 대통령의 임기 시기는 '삼성공화국'이라는 말이 처음 생긴 시기와 겹치기도 하죠.

또 노 전 대통령의 친형 건평 씨는 세종증권 매각 과정에 개입해 금품을 받은 혐의로 철창신세를 졌습니다. 건평 씨는 세무공무원 출신으로 국세청 인사 때마다 '비선 개입' 구설에 올랐습니다.

노 전 대통령 퇴임 이후 세종증권 매각사건을 조사하던 검찰은 노무현 대통령과 사건의 핵심인물인 박연차 태광실업 회장이 연루된 정황을 발견했습니다.

결국 노 전 대통령의 아내 권양숙 여사가 박 회장으로부터 600만 달러, 우리 돈 약 67억 원을 받은 혐의로 조사를 받게 됐습니다.

권 여사의 금품수수 수사 10일 뒤 노 전 대통령은 스스로 목숨을 끊었습니다.

주변인들의 비리 혐의
(SBS 자료사진)

이명박 정부

CEO 출신답게 대선후보시절부터 친기업 성향을 보이던 이명박 대통령은 정권을 잡은 후 노골적으로 기업친화적인 정책을 펼쳤다는 평가를 받습니다.

금융위원회는 당시 금산분리 제도를 완화하기 위해 기업이 출자한 사모펀드나 연기금 등이 은행을 소유할 수 있도록 했고, 공정위도 상호출자 금지제도 축소, 출자총액제도 폐지, 채무보증 금지제도 축소, 공정위 직권·현장조사 축소 등 선진국에서 엄격히 적용하고 있는 기업에 대한 규제를 대폭 완화했습니다.

이명박 정부는 특히 롯데와 관련된 의혹이 무성한 상태입니다. 이전 노태우, 김

대중, 노무현 정부 때에는 인근 서울공항의 이착륙 항공기 안전 문제로 인허가가 떨어지지 않았던 제2롯데월드.

하지만 이 대통령은 제2롯데월드의 건설을 전향적으로 검토하라고 지시했고, 활주로 방향까지 틀면서 건설 인허가가 났습니다. 이에 반대한 공군참모총장까지 내쳐졌죠.

또 지난 2009년 OB맥주 인수에 실패한 롯데칠성이 맥주공장을 짓겠다고 한 '무모한 발표'도 같은 해 이명박 대통령이 '주류 제조업 면허 기준 대폭 완화'를 발표하면서 이후 실제 이루어집니다.

'비선 실세'를 통한 정경유착의 모습도 나타났다는 평가입니다. 친형 이상득 전 의원이 실세 역할을 해 '만사형(兄)통'이란 신조어를 낳았고, 이 전 의원은 2011년 저축은행 비리 사건에서 불법 자금을 수수한 혐의로 구속됐습니다.

결국 구속된 이명박 전 대통령
(SBS 자료사진)

기업윤리

박근혜 정부

　박근혜 정부에 살고 있는 우리는 '최순실 국정농단 사건'으로 또다시 계속되는
정경유착의 역사를 실감하고 있습니다.

구속 수감 중인 최순실과 박근혜 전 대통령
(SBS 자료사진)

　지우고 싶은 흑역사는 과연 언제쯤 끝나게 되는 걸까요?

📖 사례 8-7. '총기 난사 충격 벌써 잊었나'
美하원, 총기규제 완화법 가결 출처: 연합뉴스, 2017. 12. 7

총기소지자 이동 편하게 법 개정 추진… 민주 "뻔뻔하다, 꼼수" 비판

美 총기 광고 배너
미국의 전미총기협회(NRA)가 지난 4월 27일(현지시간) 애틀랜타 주 조지아에서
개최한 행사 전시장에 걸린 대형 총기 광고 배너 앞을 한 시민이 지나가고 있다.
(연합뉴스 자료사진)

　　불과 한두 달 전 발생한 라스베이거스·텍사스 총기 난사 사건의 충격이 여전한
가운데 미국 연방 하원이 공화당의 주도로 총기규제 완화법을 통과시켰다. 6일(현지시
간) AP통신과 미 의회 전문지 더 힐에 따르면 미 하원은 이날 다수당인 공화당이 입
법 추진한 '컨실드 캐리'(Concealed Carry) 완화 법안을 표결에 부쳐 찬성 231대 반대
198로 가결했다. '컨실드 캐리'는 공공시설에서 가방 등에 총기를 넣어 남에게 보이
지 않는 방식으로 휴대하는 것을 일컫는다.

　　지금까지 총기 소지자는 거주하는 주(州)에서 '컨실드 캐리' 허가를 받았더라도
여행 등을 위해 다른 주로 이동할 때는 해당 주의 허가증도 받아야 했다. 이 법이 발
효하면 앞으로는 허가를 갖고 있는 사람의 경우 다른 주의 허가증을 받지 않아도 자

기업윤리

유로운 총기 소지가 가능해진다.

　이날 표결에서는 공화당에서 반대표가 14표 나왔지만, 민주당에서 중도파 6명이 당론을 이탈해 찬성표를 던졌다. 이 법안은 향후 상원에서도 격렬한 논란을 빚을 전망이다.

　공화당은 최근 잇따른 총격사건 이후 의회에 발의된 '총기 구매 희망자 신원조회 강화 법안'에다 컨실드 캐리 법안을 포함해 처리하겠다는 방침인 것으로 전해졌다. 민주당은 상원에서 법안을 필사적으로 저지하겠다는 전략으로 보인다.

　앞서 민주당 낸시 펠로시(캘리포니아) 하원 원내대표는 "컨실드 캐리 완화는 전미총기협회(NRA)가 그동안 1순위로 처리되길 희망해온 법안"이라며 "공화당이 뻔뻔스럽게 NRA에 가장 큰 크리스마스 선물을 주려고 한다."고 비판했다.

　같은 당 제럴드 네이들러(뉴욕) 의원은 "민주당이 찬성하는 신원조회 강화 법안과 하나로 묶어서 처리하겠다는 것은 민주당이 반대표를 던지게 하려는 속셈"이라고 주장했다. 신원조회 강화 법안 처리를 막으려는 꼼수라는 것이다. NRA는 미 최대 로비 단체로, 지난 대선에서 총기소유 옹호론자인 도널드 트럼프 대통령을 공개적으로 지지했다.

📖 사례 8-8. [최저임금 대격변] 무인시대 성큼…
편의점에 사람이 없어졌다

출처: 헤럴드경제, 2018. 1. 13

미국 시애틀의 무인점포 매장 '아마존 고(Amazon Go)'
(아마존 동영상 캡쳐 사진)

- '아마존 고' 이후 일본, 중국 등에 무인화 바람
- 국내서도 최저임금 인상과 맞물려 무인 매장 증가

'Just walk out(그냥 걸어 나가세요)'

미국 시애틀의 무인점포 매장 '아마존 고(Amazon Go)'를 상징하는 광고문구다. 스마트폰에 등록된 QR코드를 스캔해 매장에 입장해 원하는 상품을 장바구니에 담아 나오기만 하면 된다. 인공지능 딥러닝 알고리즘과 센서기술 등이 어떤 물건을 골랐는지 파악해 자동으로 결제가 이뤄진다. 'No Lines, No Checkout(줄 서지 않음, 계산대 없음)'라는 문구가 실감나는 점포다.

세계 첫 무인(無人) 매장 아마존 고가 문을 연지 1년 반. 전세계적으로 '무인 점포'는 더 빠르게 확산되고 있다. 일본 편의점 5개 사는 오는 2025년까지 현지 모든 점포에 무인계산대를 도입하겠다고 선언했다. 후발주자인 중국은 무인형 '차세대 편의점' 분야를 주도하고 있다. 대표적으로 과일 배달 업체에서 출발한 빙고박스는 이미 2016년 스마트폰 인식을 통해 입장하고 전용 계산대에 상품을 올리면 자동 계산해주는 무인편의점을 선보여 무인점포 대중화의 가능성을 보여줬다.

서울 송파구 잠실 롯데월드타워 세븐일레븐 시그니처점,
한 고객이 정맥의 굵기와 모양을 레이저로 인식하는
'핸드페이(Hand Pay)' 시스템을 통해 무인 편의점에 들어서고 있다.
(연합뉴스 자료사진)

국내 유통가에서도 무인화 바람이 불고 있다. 특히 올해 최저임금 인상과 맞물리면서 편의점, 패스트푸드점을 비롯한 오프라인 업체의 무인화가 더욱 탄력받고 있다. 아직 시범 운영 수준이지만 직원이 아예 없는 전면 무인 점포도 속속 등장하고 있다.

13일 업계에 따르면, 롯데그룹 계열사 코리아세븐은 지난해 5월 서울 잠실 롯데월드타워에 업계 최초로 무인편의점을 선보였다. '세븐일레븐 시그니처'에서는 신용카드나 돈을 꺼낼 필요가 없다. 소비자가 상품을 고른 뒤 계산대에 올려놓으면 무인계산대가 360도 전방향 스캔을 통해 바코드를 인식한다. 상품 스캔이 완료되면 손을 갖다 대기만 하면 된다. 사전에 등록한 핸드페이 정맥 인증 절차를 통해 자동으로 신용카드 결제가 이루어진다.

현재 세븐일레븐은 현재 두 번째 무인 매장을 열기 위해 입지를 물색하고 있다. 세븐일레븐 관계자는 "최대한 빠른 시일 내에 1호점처럼 '인오피스(대형 오피스 내 입주)' 형태로 2호점을 오픈할 것"이라고 했다.

지난 7일 오후 서울 중구,
한 고객이 무인화 편의점인 이마트24 조선호텔점에 들어가고 있다.
(연합뉴스 자료사진)

신세계그룹의 이마트24도 지난해 6~9월 직영 매장 4곳을 잇따라 무인 편의점으로 바꿨다. 현재까지 전주 교대점, 서울 조선호텔점, 성수백영점, 장안메트로점 등 4개 직영매장을 무인 편의점으로 시범 운영중이다. 출입구 앞에 부착된 단말기에 신용카드를 찍고 들어간 뒤 무인계산대에서 셀프 결제하는 방식이다. 서울 성수백영점과 장안메트로점은 야간에만, 서울조선호텔점과 전주 교대점은 24시간 무인 점포로 운영된다.

GS25를 운영하는 GS리테일은 빅데이터와 AI등 첨단기술을 결합한 미래형점포 개발에 공을 들이고 있다. GS리테일은 지난해 KT와 함께 미래형 스마트 편의점 개발을 위한 '태스크포스팀(TFT)'를 구성했다. 양사는 향후 ● 점포 ICT 환경 인프라 혁신 ● 인공지능 헬프데스크 구축 등을 통해 유통 혁신을 주도한다는 계획이다.

BGF리테일이 운영하는 편의점 CU도 비(非)대면 결제 시스템인 'CU 바이셀프' 시스템을 일부 매장에 적용하고 있다. 바이셀프는 스마트폰으로 상품 스캔부터 결제까지 고객 스스로 할 수 있는 시스템이다. 전용 앱을 실행해 매장 고유 QR코드와 구매 상품의 바코드를 스캔하면 앱으로 결제가 완료된다. CU는 희망 가맹점주에 한해 바이셀프 설치 매장을 1분기 중 확대한다는 방침이다.

한편 편의점업계는 무인 편의점 상용화가 예상보다 더딜 것이라고 관측하고 있다. 업계 관계자는 "아직 무인편의점은 시범 운영 단계"라며 "대중적 상용화를 위해서는 기술적으로 보완해야할 부분이 많다."고 말했다.

📖 사례 8-9. 더티머니에 눈 먼 폭스바겐…
생체실험 어떻게 했나?

출처: 머니투데이, 2018. 1. 30

조작된 차량 배기가스를 원숭이와 사람에게…
'클린디젤' 환상이 만들어낸 무리수

폭스바겐의 차량 테스트 모습 (이 사진은 기사와 관계 없음)
(폭스바겐 그룹 자료사진)

'클린(청정)디젤'이라는 환상이 원숭이와 인간을 대상으로 한 생체실험으로 이어
졌다. 폭스바겐을 중심을 한 독일 자동차 기업은 디젤 차량의 무해성을 입증하기 위
해 배기가스를 원숭이와 인간이 들이마시게 했다. 실험 과정서 폭스바겐은 유해 가
스가 나오지 않도록 조작된 차량을 사용했다.

29일(현지시간) 독일 슈투트가르트자이퉁 등에 따르면 2012~2015년 독일 자
동차 제조사인 폭스바겐·다임러·BMW가 만든 '유럽 운송분야 환경보건연구그
룹'(EUGT)은 디젤차량이 친환경적이라는 주장을 입증하기 위해 25명을 대상으로 디
젤 차량 배기가스 흡입 실험을 실시했다.

앞서 뉴욕타임스와 넷플릭스 다큐멘터리 '검은돈; 클린 디젤의 배신'은 2014년
EUGT가 약 73만 달러를 후원한 러브레이스 호흡기 연구소(LRRI)에서 원숭이를 대상
으로 비슷한 실험이 진행됐다고 밝혔다. 원숭이를 대상으로 한 연구도 본래는 인간

을 대상으로 했다는 의혹이 제기된다.

이 문제를 조사한 마이클 멜케르젠 변호사는 다큐멘터리에 출연해 "실험 계획서에는 인간이 참가하도록 설계가 돼 있었다."며 "배기가스를 마신 사람을 검사해 건강에 어떤 영향을 받았는지 검사하려고 했다."고 말했다. 사람이 실내에서 운동용 자전거를 타면서 배기가스를 마시는 방식이다.

폭스바겐 미국법인에서 임원으로 재직한 스튜어트 존슨은 인간을 대상으로 한 연구에 대해 "돌이켜보니 여론에 반하는 연구였다."고 답했다. 하지만 폭스바겐은 연구를 포기하지 않았고, 실험대상을 사람에서 원숭이(NHP)로 바꿨다.

폭스바겐의 차량 테스트 모습 (이 사진은 기사와 관계 없음)
(폭스바겐 그룹 자료사진)

배기가스 마신 원숭이… 실험 어떻게 진행됐나?
실험의 목적은 폭스바겐 차량의 배기가스가 인체에 무해하다는 것을
입증하는 것이었다.

LRRI는 폭스바겐 클린디젤이 예전보다 훨씬 더 친환경적임을 보여주기 위해 기존의 차량과 비교하는 방식을 사용했다. 비교차량에는 2013년식 폭스바겐 '비틀'과 2004년식 포드 픽업트럭 'F-250'이 사용됐다. 실험은 미국 뉴멕시코 앨버커키에 있는 LRRI에서 진행됐다.

실험은 실내 동력계에 해당 차량을 올려놓고 차량을 구동하면 나오는 배기가스

를 원숭이가 들어간 밀폐된 챔버(우리)에 주입하는 방식으로 진행됐다. 10여 마리의 원숭이는 만화영화를 보면서 배기가스를 3~4시간 동안 마셨다. 실험에 동원된 원숭이는 TV만화를 보도록 사전에 훈련을 받았다.

　문제는 실험에 사용된 폭스바겐 '비틀'에는 배기가스 조작 장치가 설치돼 있었다는 점이다. 실내 실험에서는 유해한 배기가스가 나오지 않도록 조작된 차량이었다. 당시 실험에 사용된 실내 동력계는 폭스바겐이 제공했고, 폭스바겐은 실험 결과에 실시간으로 접근할 수 있는 권한을 갖고 있었다.

　원숭이들이 조작된 '비틀' 외에도 출시된 지 10년이 된 포드 'F-250'의 배기가스를 그대로 마셔야 했다. 실험에 동원된 원숭이들은 혈액과 폐조직 샘플 채취를 당했다. 실험을 감독했던 LRRI의 제이크 맥도널드는 실험에 동원된 원숭이들의 이후 행방에 대해 "모른다."며 "안락사는 하지 않았다."고 답했다.

　미국에서 원숭이 실험이 진행되는 동안 독일에서는 인체 실험이 실시됐다. 독일 슈투트가르트자이퉁은 EUGT가 25명의 인간을 대상으로 디젤 차량 배기가스 흡입 실험을 실시했다고 보도했다.

　독일 아헨공대 실험실에 진행된 이 실험은 건강한 사람이 수 시간 동안 이산화질소를 주기적으로 흡입했을 때 신체적 반응을 관찰했다.

폭스바겐의 차량 테스트 모습 (이 사진은 기사와 관계 없음)
(폭스바겐 그룹 자료사진)

클린디젤의 허상… 판매와 수익을 위한 생체실험
폭스바겐이 클린디젤의 무해성에 목을 맨 이유는 결국 회사의 수익 때문

폭스바겐은 모델 노후화와 품질 문제 등으로 1990년대 큰 위기를 맞았다. 1993년 1조 원 이상의 영업손실을 기록하며 파산직전까지 몰렸다.

당시 상황에서 폭스바겐이 꺼낸 무기가 디젤 엔진이다. 대형트럭이나 트랙터에나 사용되던 디젤 엔진을 일반 승용차에 확대 적용한 것이다. 폭스바겐은 TDI(Turbo Diesel Direct Injection)I 엔진을 적용한 소형 디젤차를 내놓기 시작했다.

디젤 차량은 가솔린 차량보다 연비가 좋았고, 이산화탄소 배출량도 적었다. 또 토크(힘)를 중심으로 한 주행성능도 뛰어났다. 출시 직후 소비자들에게 큰 호응을 얻었다.

하지만 디젤차량은 대량의 녹스(질소산화물, NOx)를 배출하는 문제가 있었다. 세계보건기구(WHO)는 녹스를 기관지염이나 천식, 호흡기 감염, 폐 기능 저하 등을 일으킬 수 있는 물질로 규정하고 있다. 또 오존과 만나 스모그와 산성비의 원인이 되기도 한다.

이에 미국과 유럽에서 규제가 강화되자 2000년대 폭스바겐은 자사가 녹스 배출량을 대폭 줄인 클린디젤을 만들었다고 대대적으로 홍보했다. 폭스바겐은 2014년 1,014만 대를 판매하면서 그룹 역사상 최초로 연간 판매량 1,000만 대 시대를 열었다.

하지만 클린디젤은 허구였다. 폭스바겐은 2015년 9월 미국 환경보호청(EPA)에 의해 디젤 차량의 배기가스 배출 성능 조작 사실이 드러났다. 폭스바겐은 차량의 성능 검사가 진행될 때만 배기가스 저감장치가 작동해 환경기준을 충족하도록 만들었다.

폭스바겐은 미국에서 판매된 50만 대의 디젤차량을 재매입하기로 결정했고, 미국 연방정부와 3조 원의 벌금을 내기로 합의했다. 이와 별도로 2016년 6월 미국 소비자들에 대한 배상금으로 17조 9,000억 원을 물기로 결정했다. 한편, 동물실험과 관련, 우리나라의 경우는 지난해 2월부터 식품의약안전처가 동물실험을 거친 화장품의 유통과 판매를 금지하고 있다.

세계보건기구(WHO) 등도 불가피한 경우 3R 원칙에 따라 '개체 수를 줄이거나 (Reduction), 고통을 최소한 해야 하고(Refinement), 최대한 다른 실험으로 대체해야 한다(Replacement)'고 권고하고 있다. 폭스바겐은 동물실험은 자사의 윤리기준에 위배된다며 잘못을 인정했다.

📖 사례 8-10. 설 앞둔 베트남서 한국업체 또 야반도주 근로자 1천 900명 반발

출처: 연합뉴스, 2018. 2. 11

　　베트남에서 '뗏'(Tet)으로 불리는 최대 명절인 설을 앞두고 한국 섬유·의류업체 경영진이 잠적하는 일이 또 벌어져 현지 근로자들이 반발하고 있다.

　　11일 온라인매체 베트남넷 등 현지 언론에 따르면 베트남 남부 동나이 성에 있는 한 한국 투자기업의 대표를 비롯한 한국인 임직원들이 지난 8일 근로자 월급을 체납한 채 베트남을 떠났다.

　　2015년 섬유·의류업 허가를 받은 이 업체는 약 1천 900명의 근로자에게 지난 1월 월급 137억 동(6억 6천만 원)을 주지 않았으며 사회보험료 175억 동(8억 4천만 원)도 체납한 것으로 동나이 성 지방정부는 파악했다.

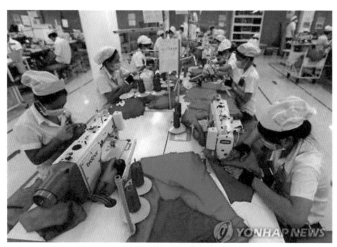

베트남의 한 섬유의류업체(이 사진은 기사와 관계 없음)
(연합뉴스 자료사진)

　　이 회사의 근로자 응우옌 티 민은 "경영진이 1월 급여를 설 전에 주겠다고 했는데 아무것도 받지 못했고 이들이 한국으로 떠났다는 말을 들었다."고 말했다.

　　그는 "월급 500만 동(24만 원)으로 기본 생활비를 충당하고 있다."며 "설 준비뿐만 아니라 식료품과 월세 비용은 어떻게 하란 말이냐."고 덧붙였다.

　　현지 지방정부는 경찰, 유관기관과 함께 이번 사건을 조사하고 있다. 또 근로자들에게는 월급의 절반을 지방정부 예산으로 일단 지급하기로 했다.

지난 1월에는 베트남 남부 경제도시 호찌민의 외곽에 있는 한국 섬유업체 대표가 월급을 주지 않고 잠적해 근로자 600여 명이 대책 마련을 요구하는 파업을 벌였다.

또 다른 한국 의류업체 공장들에서는 근로자들이 보너스 인상이나 추가 근무수당 지급 등을 요구하는 파업을 하기도 했다.

베트남에 진출한 한국인 상공인들 사이에서는 섬유·의류 업계의 경쟁 심화와 일부 업체의 자금난으로 이런 일이 발생하는 것으로 보고 최대 외국인 투자자인 한국에 대한 부정적 인식이 커질 수 있다는 우려의 목소리가 나온다.

한 상공인은 "임금 분쟁이나 야반도주 같은 문제가 계속 생기면 베트남 정부의 관리 감독 강화로 한국 업체들의 애로가 커질 수 있다."고 말했다.

기업윤리

제 **9** 장

직장에서의 다양성과 차별

○ **학습목표**

이 장을 읽은 후 여러분은
- 다양한 배경을 가진 직원이 한 직장에서 근무하는 이유, 강점, 그리고 약점에 대해 설명할 수 있다.
- 직원들의 다양성과 관련된 윤리문제를 설명할 수 있다.
- 직장에서 여성과 소수민족이 겪는 다양한 차별에 대해 설명할 수 있다.
- 여성과 소수민족을 위한 평등한 기회, 차별철폐조치, 그리고 고용우대조치를 설명할 수 있다.
- 직장에서 발생하는 성희롱 또는 성차별의 윤리적인 문제점과 그 예방 및 해결방법에 대해 설명할 수 있다.

우리나라가 과거에는 단일민족으로 구성된 나라였는지 모르지만, 최근 들어 외국인들의 이민과 국제결혼의 증가로 인해서 우리 사회도 다문화 사회에 접어들었다. 사회의 변화에 따라, 기업도 과거에는 같은 문화를 가진 직원으로 구성된 기업문화에서 다양한 문화를 가진 직원으로 구성된 기업문화로 변화했다. 이런 이유로, 과거에는 전혀 발생하지 않았던 윤리적 문제가 종종 발생하곤 한다. 물론, 의심의 여지없이 다양성은 기업의 성과에 긍정적인 영향을 주지만, 동시에 부정적인 영향도 함께 준다. 우리나라의 경우보다 훨씬 더 다양한 인종과 문화로 구성된 미국의 경우, 우리나라보다 다양성으로 인한 장점과 함께 문제점 역시 더 많이 가지고 있다. 전통적으로, 미국에서 가장 문제가 된 것은 흑인과 백인 사이의 흑백갈등이었다. 미국사회가 다양한 이민자로 구성되었기 때문에, 다양성에 있어서 세계에서 가장 다양성이 높은 국가이므로, 다양성으로 인한 긍정적 측면과 함께 부정적 측면이 미국 사회에서 가장 잘 나타나는 것이다.

미국의 2010년 인구조사자료에 의하면, 노동자 계층이 점점 더 다양해지고 있는 것으로 나타났다. 2012년의 미국 노동부보고서는 지난 10년 동안의 노동자 계층과 비교해서, 더 고령화되고, 민족적으로나 인종적으로 더 다양해지고, 여성의 참여가 훨씬 더 높아졌음을 잘 보여준다. 이런 경향은 미래에도 계속될 것으로 전망된다. 미국의 2010년 통계청 인구조사자료에 의하면, 백인남성을 제외한 모든 인종과 소수민족이 계속해서 증가하고 있다. 민간부문의 노동력에서 여성의 비중이 48%로 증가했다. 여성은 전체기업의 40%를 소유하고, 임원의 43%를 담당함으로써, 여성이 미국 내에서 경영자 또는 관리자의 지위를 차지하는 비율이 역사상 최고를 기록하고 있다. 이제 더 이상 옛날처럼, 백인남성이 미국노동력의 절대 다수를 차지하지 못한다.

미국정부는 오랜 기간 동안 법적인, 정치적인 개혁을 통해 여성과 소수민족에게 동등한 기회를 부여했음에도 불구하고, 아직까지 전반적으로 경제적으로, 사회적으로 불평등이 존재하고, 문제가 되고 있다. 기업은 사회로부터 많은 영향을 받기 때문에, 기업 역시 동일한 문제를 겪고 있다. 노동자 계층이 다양해졌음에도 불구하고, 높은 지위를 차지하는 사람들이 다양해지거나, 계층 간 혜택과 임금이 동등해지거나, 권력과 특권이 다양한 계층에게 고르게 분배되는 현상은 아직까지 쉽게 찾아 볼 수 없다. 이것은 아직까지 다양한 사람들에게 동등한 기회가 주어지는 것이 보편 적인 현상은 아니라는 사실을 잘 보여준다.

직장에서 여성의 평등에 대한 미국의 자료를 살펴보면, 상당히 많은 여성들 이 전문직을 가지고 있는 것으로 나타났다. 1970년대와 1990년대 사이의 20년 동 안, 여성 의사의 비율이 7.6%에서 16.9%로 두 배 이상 늘었다. 1973년과 1993년 사 이 여성 변호사와 여성 판사가 5.8%에서 22.7%로 늘었고, 여성 기술자는 1.3%에서 8%로 늘었다. 그럼에도 불구하고, 여성은 주로 임금과 지위가 낮은 일을 하고, 고소 득 관리직은 남성에 비해 상대적으로 그 수가 매우 적다. 여성의 40%는 주로 경영자 를 보조하거나, 서비스를 하고 있는 반면에, 남성은 오직 16%만이 그 일을 하고 있 다. 민간 기업에서 백인 남성이 65%, 백인 여성이 25%, 소수인종 남성이 6.5%, 그 리고 소수인종 여성이 4%의 비율로 관리직을 맡고 있다. 보통의 경우, 약 5% 이하 의 여성들이 대기업의 고위 관리직을 맡고 있다. 여전히 성별과 인종차이로 인한 임 금의 격차는 심각하다. 전반적으로, 오늘날의 여성은 남성에 비해 약 77%의 임금을 받고 있는 것으로 나타났다. 이것은 1979년에 약 63%의 임금을 받은 것에 비하면, 많이 개선된 것이다. 1993년에 백인 여성은 백인 남성의 70.8%의 임금을 받았고, 흑 인 여성과 히스패닉 여성은 각각 63.7%, 53.9%의 임금을 받았다.

우리는 이 시점에 다음과 같은 질문을 할 필요가 있다. 남성에 비해 여성의 자 격, 능력, 일하는 양과 질, 그리고 업무성과가 동일한가? 동일하지 않다면, 임금의 격차는 윤리적으로 정당한 것이고, 동일하다면, 임금의 격차는 윤리적으로 정당하 지 못한 것이다. 전반적으로, 남성과 똑같은 수준의 교육과 훈련을 받고, 자격을 갖 춘 여성이 남성과 비교해서 임금을 적게 받는 것으로 나타났다. 따라서 여성과 남성 이 받는 임금의 격차는 윤리적으로 결코 옳지 못하다. 시대가 지나도 여성과 남성의 임금격차는 사라지지 않고 있다. 미국의 의사협회는 40세 미만의 여성 의사는 동료 남성 의사 임금의 66.6%를 받고, 40세 이상 49세 이하의 여성 의사는 58.4%를 받으 며, 50세 이상의 여성 의사는 66.4%를 받는다고 밝혔다.

미국에서 시작된 2008년 세계경제위기 이후, 2010년에 이르는 경제침체기 동안 소수민족의 상황은 더 나빠졌다. 1940년에 백인 남성과 비교해 흑인 남성은 40%의 임금을 받았다. 1990년에 흑인 남성의 임금이 백인 남성 임금의 75%까지 상승했고,

1998년에 76%까지 상승했다. 그러나 물가상승률이 고려된 흑인 남성의 실질임금은 1975년 이후 전반적으로 낮아지고 있다. 더 나아가 흑인 남성의 실업률은 백인 남성의 2배이고, 흑인 남성의 노동참여도는 백인 남성의 참여도보다 훨씬 낮다. 2011년 흑인 실업률은 백인 실업률의 2배였다. 우리는 여성의 경우와 동일한 질문을 할 수 있다. 흑인의 자격, 능력, 일하는 양과 질, 그리고 업무성과가 백인에 비해 낮은가? 그렇다면, 흑인과 백인의 임금격차는 윤리적으로 정당하다. 그렇지 못하다면, 흑인과 백인의 임금격차는 윤리적으로 옳지 않다.

우리나라는 남녀임금격차가 경제협력개발기구(OECD) 회원국 가운데 1위라는 불명예를 10년 넘게 가지고 있다. 우리나라는 2012년 기준으로, 남녀임금 격차가 37.4%에 달해, 비교 대상 11개 회원국 중 가장 컸다. 이것은 남성 근로자의 임금이 100만 원일 때, 여성 근로자는 그보다 37.4%가 적은 62만 6,000원의 임금을 받는다는 의미이다. 일본은 26.5%로 한국보다 남녀 임금격차가 10%포인트 이상 낮았고, 미국 19.1%, 캐나다 18.8%, 영국 17.8%, 슬로바키아 16.0%, 체코 15.1%, 호주 13.8%, 헝가리 11.3% 순으로 10%대 격차가 있었다. 노르웨이 (6.4%)와 뉴질랜드 (6.2%)는 성별 임금격차가 10%도 되지 않았다. 우리나라는 OECD의 남녀 임금격차 통계가 시작된 2000년부터 13년째 부동의 1위를 기록하고 있다. 임금격차의 완화속도가 상대적으로 느리기 때문이다. 한국은 2000년 남녀 임금격차가 40.4%였고, 12년 동안 3%포인트 하락하는 것에 그쳤다. 이에 비해, 일본은 같은 기간 동안 7.4%포인트, 영국은 8.5%포인트로 좁혀졌다. OECD 평균은 2000년 19.2%에서 2011년 14.8%로 7.4%포인트가 낮아졌다. 이 결과는 여러분의 예상과 달리, 우리나라도 남녀의 차별문제에 있어서 결코 자유롭지 못하다는 사실을 잘 보여준다.

9.2 차별, 평등한 기회, 차별철폐조치

오늘날, 노동력을 구성하는 계층이 점점 더 다양해지는 추세는 기업에게 기회인 동시에 문제가 된다. 기업의 입장에서는, 직원채용을 할 때, 노동력이 다양해지는 것이 보다 넓은 범위에서 다양한 재능, 실전 경험, 그리고 능력을 갖춘 직원을 채용할 수 있으므로, 더 우수한 직원을 채용할 수 있다는 점에서는 매우 좋은 기회이다. 또한, 직장 내에서 인력이 점차 다양해짐으로써, 직원끼리 서로 간의 다양성을 직접 체험하고, 다양한 관점을 가지며, 통찰력을 기를 수 있다. 따라서 기업이 창의적이고, 혁신적인 것을 추구할 수 있는 좋은 방법은 다양한 직원을 고용하는 것이다. 다양한 직원을 채용하고, 고용하고, 유지하는 기업은 직원이 고객의 다양한 언어를 이해하고, 질적으로 더 좋은 서비스를 제공할 수 있어서 시장에서 경쟁우위를 가질 수 있다.

이와 같은 몇 가지 장점에도 불구하고, 점차 증가하는 노동력의 다양성은 기업에게 문제로 작용하기도 한다. 다양한 인력은 성별, 인종별, 또는 문화적 차이로 인해서 효율적이고, 평화로운 직장분위기를 저해하는 주요한 장벽으로 작용한다. 더나아가, 직장은 사회의 하부조직이므로, 직장에서 일어나는 불평등과 차별문제는 직장 밖에서 일어나는 사회 현상과 동일하다. 직장 내 다양성은 또한 인종적 관점에서 몇 가지 문제를 일으킨다. 우선, 다음의 질문에 대해 생각해보자. 고용자는 의도적으로 직장 내 다양성을 유지해야 될 책임이 있는가? 직장 내 다양성이 노동력의 질적, 양적 향상과 고객의 언어를 잘 이해하고, 더 좋은 서비스를 제공하기 위한 것이라면, 이것을 충족시키기 위해서 군이 인종적 다양성으로 접근할 필요가 있을까? 고용자는 자신과 다른 문화적 배경을 가진 소수민족의 직원을 채용해야 될 책임이 있을까? 고용자가 평범한 이성애자와 성적 소수자인 동성애자에게 동등한 취업의 기회를 제공하는 것이 윤리적으로 옳은 것일까? 여러분은 어떻게 생각하는가?

직장에서 노동력의 다양성이 급격하게 증가하고 있는 상황에서 발생하는 윤리문제에 대해 살펴보자. 혹시, 여러분은 기업이 인종차별, 성차별, 또는 민족차별과 같은 다루기 힘든 문제를 책임져야 하는 것이 불공정하고, 불합리하다고 생각하는가? 어떤 기업이 지원자들에 대한 평등한 대우와 평등한 기회를 제공한다면, 그 기업은 차별과 관련된 법적이고, 윤리적인 책임을 이행한 것이다. 우리가 생각해볼 첫 번째 주제는 평등이다. 미국에서 1960년대까지만 해도 많은 주(州)들은 법으로 공공장소와 학교에서 인종차별을 허용했다. 여성들은 1920년에 선거권을 획득한 이후에도, 수십 년 동안 많은 직업, 전문직, 그리고 학교에서 배제되었다. 우리는 다른 형태의 차별이 오늘날의 직장에서도 계속되고 있다는 것을 알 필요가 있다. 20세기에는 차별이 공개적으로 일어났다면, 21세기는 차별이 은밀하게 일어나고 있다. 사람들에게 동등한 경제적 기회를 제공하는 평등한 대우에 대한 합의는 적어도 북미, 유럽, 그리고 많은 국가들에서 이루어졌다. 이 합의의 윤리적 토대는 모든 윤리이론에서 발견되고, 인간의 도덕에 대한 기본 가정에서도 발견된다.

모든 인간은 동등한 도덕적 지위를 갖는다. 차별에 대한 기업의 윤리적 책임에 대해 우리는 기회균등이라는 윤리적 원칙에 따라, 인간의 모든 활동에 차별적 제한을 두지 말아야 한다고 생각한다. 이것은 차별에 대한 소극적 정책으로 정의된다. 기업은 지원자와 직원을 차별하지 않는 한, 이 윤리적으로 소극적인 책임을 이행한 것이다. 우리가 생각해볼 다음 문제는 기업이 한 걸음 더 나아가서 적극적으로 차별철폐조치를 취할 책임이 있는가에 관한 것이다. 즉, 평등한 기회라는 접근방식이 직장 내 차별문제를 효과적으로 다룰 수 있는가에 대한 우려이다. 이 질문에 답하기 위해서, 우리는 문제가 정확히 무엇인지 구체적으로 생각해볼 필요가 있다. 우선 차별은 그 자체로 항상 나쁜 것은 아니다. 차별은 대개 여러분이 음식이나 음악에 대한 기호에 차이를 두어 구별하는 것과 마찬가지로, 고용자가 지원자나 직원을 차이를 두어 구별하는 것을 의미한다. 우리는 직장에서 고용자나 경영자가 고용할 지원자와 고용하지 않을 지원자를 구별하고, 승진할 직원과 승진하지 못할 직원 사이에 차이를 두는 것에 대해서는, 윤리적으로 당연하게 받아들인다. 이러한 구별에 대한 기준이 비윤리적이거나, 불공정할 때에만 윤리적으로 문제가 된다.

예를 들어, 경영자가 회사 홈페이지를 만들고, 유지할 사람을 고용한다고 가정해 보자. 지원자 중에서 컴퓨터를 다루는 능력과 홈페이지를 만들고, 유지하는 경험을 가진 지원자를 우대하고, 그렇지 못한 지원자와 차별하는 것은 너무나 당연하다. 이것은 윤리적으로 아무런 문제를 일으키지 않는다. 경영자가 직업이나 직종과 관련된 기준을 바탕으로 차별을 했다면, 경영자는 윤리적으로 행동한 것이다. 모든 지원자가 어떤 일자리에 지원할 동등한 기회는 있지만, 지원자 중 자격을 가장 잘 충족하는 지원자만이 고용된다. 다른 예를 생각해보자. 고용자는 일자리를 위한 자격을 갖춘 지원자 중에서 한 사람을 채용하려고 한다. 지원자 중 한 명이 고용자와 같은 대학 출신이라고 가정하자. 모교를 사랑하는 고용자는 모교를 사랑하는 마음으로, 모교 출신의 지원자에게 일자리를 제공하기로 결정했다. 고용자는 이 지원자가 다른 지원자보다 더 유능하다고 생각하지는 않지만, 단지 모교출신의 지원자를 선호한 것이다. 고용자가 직업과 관련된 기준보다는 개인적 선호를 기준으로 직원을 선별한 것이다. 이 고용자의 결정은 윤리적으로 옳은가? 여러분은 어떻게 생각하는가? 여러분이 고용자라면, 어떻게 할 것인가?

다른 예를 생각해보자. 고용자의 선호가 백인 남성을 고용하는 것이라고 가정해보자. 모교 출신의 사람을 고용하는 것과 백인 남성을 고용하는 것 사이에 차이가 있는가? 둘 다 옳은가? 어느 하나만 옳은가? 아니면, 둘 다 옳지 못한가? 다음으로, 고용자가 현재 직원의 가족을 고용하는 것을 선호한다고 가정해보자. 회사에 충성을 다하는 직원에 대한 보상이 평등한 기회의 원칙보다 우선할 수 있는가? 만약, 고용자가 이성애자를 고용하고, 동성애자를 차별한다면, 이것이 윤리적으로 잘못된 것인가? 여러분은 어떻게 생각하는가?

우리는 이 문제에 대해 일반적인 윤리적 접근방법에 대해 생각해보자. 경제효율성을 추구하는 공리주의자들은 이 문제에 대해 협소하게 바라볼 것이다. 고용자는 지원자가 작업을 효율적이고, 능숙하게 수행할 수 있는 지에 따라 채용을 결정해야 한다고 주장할 것이다. 그러나 장기간 근무한 직원의 가족을 채용하려는 고용자의 호의와 같은 요소도 고려되어야 마땅할 것이다. 고용자의 재산권과 자유를 강조하는 자유주의는 채용 시 고용자의 재량에 따라야 한다고 주장할 것이다. 윤리는 모든 인간이 공정하고, 평등하게 존중받도록 요구하기 때문에, 이 두 가지 접근방법은 윤리적으로 모두 문제가 있는 것 같아 보인다.

현실적으로, 한국이나 미국에서 고용자와 같은 대학교 출신의 지원자를 고용하는 채용결정이 흔하다는 사실을 인정한다면, 여러분은 지원자들의 조건이 동일할 때, 고용자가 보다 폭 넓은 재량권을 가져야 한다고 생각할 것이다. 물론, 고용자가 가진 재량권의 정도는 기업이 사기업인지 공기업인지에 따라 다를 것이다. 그리고 고용자의 재량권은 채용공고에서 어떻게 명시되었는지에 따라 달라져야 한다. 임직원의 가족을 우대한다고 밝힌 공개채용은 다른 지원자들의 오해와 기대를 방지할 것이다. 채용되지 않은 다른 지원자들이 이 사실을 미리 알고 있었다면, 이것은 윤리적으로 아무런 문제가 없다.

이와 달리, 특정한 대학교의 출신자를 선호하는 경우에 대해 생각해보자. 고용자의 모교가 아닌 다른 대학교 출신의 지원자들은 업무와 관련된 기준이 아닌 고용자 개인의 선호에 따라 채용을 결정하는 것이 불공정하다고 이의를 제기할 것이다. 그들은 채용과정에 공개되지 않은 의도가 있었고, 그들이 지원하는 것에 대해서는 동등한 기회를 가졌지만, 채용되는 것에 대해서는 공정한 기회를 갖지 못 했다고 주장할 것이다. 고용자 모교 출신의 지원자를 이기기 위해서, 다른 지원자들은 더 뛰어난 자질을 가져야만 한다.

그러면, 한 걸음 더 나아가 여성, 소수민족, 동성애자와 같은 사람들의 경우는 어떤지 생각해보자. 인간은 자신의 인종, 성별, 그리고 민족을 선택할 수 없다. 여러분은 어떤가? 여러분은 한국인, 한민족(韓民族), 그리고 여성 또는 남성이 되고 싶다고 스스로 선택했는가? 아니면, 태어나보니 한국인, 한민족(韓民族), 그리고 여성 또는 남성이 되어 있는가? 이런 점에서, 인간은 이와 같은 특성에 따라 사회적 혜택이나 비용에 차별을 받아서는 안 된다. 이런 차별은 윤리적으로 옳지 않다. 그러나 현실은 어떤가? 인종에 따라, 성별에 따라, 민족에 따라, 피부색에 따라, 기타 여러 가지 이유로 다양한 차별이 행해져 왔다. 예전과 달리, 우리나라의 경우도, 이 문제에서 결코 자유롭지 못하다. 그리고 이런 종류의 문제가 흔히 일어나는 곳이 바로 미국이다.

미국에서, 백인 남성이 누리고 있는 직장에서 성공할 기회를 법적인 방법만으로 여성이나 소수민족에게 공정하게 제공하는 것은 어렵다. 백인 남성을 선호하는 고용자의 인식이 전통적이고, 의식적이고, 의도적인 편견의 결과이기 때문이다. 그러나 고용자 개인의 선호 또는 일자리에 대한 적합성처럼, 겉으로 보기에 윤리적으로 옳은 것 같은 기준은 숨겨진 편견의 결과이다. 기업의 임직원과 인맥이 있고, 가족이나 친구로부터 추천을 받고, 좋은 학교를 졸업한 것은 겉으로 보기에는 객관적이고, 중립적이고, 윤리적으로 문제를 일으키지 않는 것처럼 보이지만, 사실은 편견이다. 특히, 여성과 소수민족을 차별하는 것은 윤리적으로 그 문제가 더 복잡하고, 심각하다.

차별에 대한 법적 해결과 수동적인 차별금지정책은 그 효과가 별로 없어서 미국에서 차별을 금지하는 시민법이 통과된 지 50년이 지났음에도 불구하고, 아직도 여성과 소수민족에 대한 불평등한 대우가 경제 전반에 걸쳐, 그리고 사회 전반에 걸쳐 만연하다. 따라서 단지 평등한 기회를 제공하는 것만으로는 여성과 소수민족을 차별하는 문제를 해결하지 못한다. 우리가 위에서 논의한 여러 가지 불평등의 사례를 생각해보면, 우리에게 두 가지 가능한 선택이 있다. 한 가지는, 우리 사회가 여성과 소수민족에게 평등한 기회와 차별금지를 제공하는 것이다. 다른 한 가지는, 우리 사회가 여성과 소수민족에 대한 불평등을 해결하기 위해 능동적이고, 적극적인 조치를 취하는 것이다.

차별철폐조치는 차별을 금지하는 단순한 법적 규정이나 수동적 차별금지를 넘어서 기업으로 하여금 적극적으로 차별을 없애는 조치를 취하게 함으로써, 보다 더 평등한 근무환경을 만들면서도, 고용기준 자체는 변화시키지 않는 것이다. 그러므로 차별철폐조치는 지금까지 차별로 인한 불이익을 받아온 여성과 소수민족에게 적극적으로 이익과 혜택을 제공하면서도 고용기준 자체를 바꾸거나 낮추지 않는 방식으로 시행되어야 한다.

회의 평등, 차별철폐조치, 특혜 또는 우대, 그리고 역차별의 개념은 차별에 대한 문제의 토론과 논란에서 자주 사용된다. 그러나 그 의미는 사람에 따라 모호한 경우가 많다. 예를 들어, 여성이나 소수민족에 대한 우대정책을 지지하는 사람들은 우대정책을 단순히 차별철폐조치에 따라 제공하는 동등한 기회로 이해함으로써, 상대적으로 이익을 볼 것이다. 우대정책을 비판하는 사람들은 우대정책을 백인 남성에 대한 역차별로 인식함으로써, 우대정책을 평등한 기회라기보다는 비윤리적인 역차별로 이해한다. 차별의 반대개념인 평등한 기회는 성별, 인종별, 또는 민족적 배경과 관계없이, 동등한 기회를 제공해야 하는 법적인 접근방법이다. 이것은 수동적 비차별로 이해될 수 있다. 인종이나 성별에 따라 차별을 하지 않는 것이 바로 평등한 기회인 것이다. 모든 윤리적 전통과 현대의 정치철학 모두 인간에게 주어지는 평등한 기회를 인정하고, 지지한다.

　　차별철폐조치는 수동적으로 차별하지 않는 것을 넘어서 불평등한 대우를 없애기 위해 적극적으로 조치를 취하는 것을 의미한다. 우리는 차별철폐조치가 기존에 존재하는 고용에 대한 기준이나 자격을 바꾸지 않는 것에 한정된다는 점을 이해할 필요가 있다. 예를 들어, 여성과 소수민족의 지원자를 더 많이 채용하기 위해, 기업의 인사담당자는 그들이 지원하도록 장려하고, 언론을 통해 여성과 소수민족에게 홍보하고, 채용결정 과정에서 여성과 소수민족의 지원자를 우대하고, 이미 고용된 여성과 소수민족을 후원한다면, 바로 그것이 차별철폐조치이다. 이렇게 백인 남성에게 제공되는 기회보다 여성과 소수민족에게 더 많은 기회를 제공하는 조치를 취하는 것이 바로 차별철폐조치이다. 차별철폐조치의 가장 좋은 방법은 직업에 필요한 자격을 갖춘 여성과 소수민족의 지원자를 우대해서 채용하는 관행을 확립하는 것이다. 차별철폐조치는 여성과 소수민족 사람들에게 특혜 또는 우대를 제공하는 적극적이고, 긍정적인 조치이기 때문에, 단순한 의미의 평등한 기회를 넘어선다. 이런 이유로, 이 정책을 반대하는 사람들은 이 정책이 백인 남성에 대한 역차별이라고 비판한다.

　　분명, 차별철폐조치는 백인 남성을 여성과 소수민족 지원자에 비해 상대적으로 불리한 입장에 놓이게 한다. 차별철폐조치가 시행되는 상황에서 백인 남성 지원자가 일자리를 얻을 가능성은 낮아진다. 이런 이유로, 어떤 사람들은 백인 남성이 피해를 입는다고 주장한다. 백인 남성에 대한 역차별이라는 것이다. 이 주장은 윤리적으로 매우 설득력이 있다. 왜냐하면, 여성과 소수민족에 대한 배려는 지금까지 그들이 입은 불이익과 피해에 대한 보상차원의 혜택이다. 그렇다면, 그들에게 불이익과 피해를 준 가해자는 누구인가? 분명한 것은 과거의 백인 남성이지, 지금의 백인 남성 지원자는 아니라는 점이다. 즉, 과거의 백인 남성의 잘못으로 인해, 지금의 백인 남성이 불이익과 피해를 당하는 것 역시 윤리적으로 옳지 않다. 또한 백인 남성으로부터 피해와 불이익을 입은 사람은 과거의 여성들과 소수민족 사람들이지, 현재의 여성 지원자 또는 소수민족 지원자는 아니다. 다른 사람의 피해와 불이익에 대해 보상을 받는 것 역시 윤리적으로 옳지 않다. 여러분은 어떻게 생각하는가?
　　여성과 소수민족 지원자와 직원을 지원하기 위해 채택된 차별철폐조치는 백인 남성의 평등한 기회라는 권리를 침해하기 때문에, 이것 역시 윤리적으로 논란의 여지가 있다. 미국에서는 실제로 고용자가 구인란에 정보를 게재할 때, '평등한 기회를 제공하고, 차별철폐조치를 취하는 기업'이라고 소개하는 것을 볼 수 있다. 이와 같은 공지가 흔하다는 것은 차별철폐조치에 대한 미국사회의 합의를 잘 보여준다.

윤리적으로, 정치적으로, 더 논란이 되는 것은 이전에 불이익을 당한 사람들에게 우대혜택을 제공하는 방식으로 직업의 자격 또는 채용기준에 영향을 줌으로써, 여성이나 소수민족에게 특혜를 부여하는 정책이다. 즉, 여성과 소수민족에 대한 특별대우 또는 고용우대정책이다. 이 정책을 비판하는 사람들은 이것이 백인 남성에 대한 명백한 역차별이라고 주장한다. 이 정책을 지지하는 사람들은 이 정책을 차별철폐조치로 보는 경향이 있고, 그것보다는 조금 더 강력한 조치로 간주한다. 논란의 여지가 있는 이 정책에 대해 다음 절에서 조금 더 자세히 살펴보자.

9.3 　고용우대

　　표면적으로, 여성이나 소수민족의 사람에게 고용의 특혜 또는 우대를 주는 것이 평등한 기회라는 윤리적 원칙을 위반하는 것처럼 보인다. 그러나 고용우대가 항상 비윤리적인 것은 아니다. 한 걸음 더 나아가, 또 다른 윤리적인 책임을 이행하기 위한 수단으로 여성이나 소수민족을 우대하는 것이라면, 윤리적으로 옳을 수 있는 것이다. 고용우대 또는 고용특혜에 대한 찬반논란을 다루기 전에, 우선 고용우대가 취할 수 있는 다양한 형태에 대해 살펴보자.

　　차별철폐조치와 가장 유사한 고용우대정책은 지원자들이 모두 동등한 자격을 갖췄을 경우, 지금까지 피해나 불이익을 받아온 지원자에게 우대나 특혜를 주는 것이다. 이것은 동등한 자격을 갖춘 지원자 중에서 지금까지 피해나 불이익을 당해온 사람들에게 우대 또는 특혜를 제공함으로써, 사회적인 불평등을 해소하는 방식이다. 차별철폐조치는 자격을 갖춘 지원자들의 범위를 늘리고, 가장 우수한 자격을 가진 여성과 소수민족의 사람이 고용될 가능성을 증가시킨다. 고용우대정책의 첫 번째 유형은 백인 남성과 동등한 자격을 갖춘 여성과 소수민족을 백인 남성에 우선하여 고용하는 것이다. 고용우대정책의 두 번째 유형은 비록 더 유능한 백인 남성지원자가 있더라도, 여성이나 소수민족에게 채용우대와 채용특혜를 주는 것이다. 이것은 피해나 불이익을 당해온 집단의 한 사람이라는 신분을 그 자체로 일자리를 얻기 위한 특별한 자격으로 인정하는 것이다. 고용우대정책의 세 번째 유형은 피해나 불이익을 받아온 집단의 구성원에게 자격요건 중 최소한의 요건만을 요구해서 채용하는 것이다. 이 유형은 직원 중 여성과 소수민족의 비중을 높이려는 기업이 선호하는 정책이다. 예를 들어, 직원 중 여성이나 소수민족의 비중을 높이려는 고용자는 백인 남성지원자의 수 또는 능력과 상관없이 특정한 비율로 여성이나 소수민족의 사람을 고용할 것이다. 고용우대의 세 가지 유형 중에서 세 번째 유형이 여성이나 소수민족의 비율을 늘릴 수 있는 방법 중 가장 강력하고, 효과적인 방법이다.

　　첫 번째 유형의 고용우대정책은 윤리적으로 크게 문제가 되지는 않는다. 물론, 첫 번째 유형의 고용우대정책으로 인해서 일자리를 얻지 못 한 다른 지원자들은 이

것이 불공평하다고 주장할 것이다. 이 정책이 불공정성 측면에서 완전히 자유로울 수는 없다. 하지만, 첫 번째 유형의 고용우대정책으로는 직장에서 여성과 소수민족이 받는 불평등한 대우를 거의 해결할 수 없다는 점을 알아둘 필요가 있다. 이 정책은 차별철폐조치보다 약간 더 발전된 것이다. 따라서 차별철폐조치가 지난 50년 동안 불평등과 차별의 문제를 거의 해결하지 못한 점을 생각할 때, 이 정책 역시 사회적인, 경제적인 불평등과 차별을 효과적으로 해결하지는 못한다. 두 번째와 세 번째 유형의 고용우대정책은 우리가 그 효과를 인지할 수 있을 정도로 불평등과 차별을 크게 개선할 수 있다. 사실, 여성이나 소수민족과 같이 특정 집단에게 채용을 할당하는 제도는 빠른 시간 안에 효과를 발휘할 것이다. 만약, 모든 고용자가 여성과 소수민족에게 일정비율의 채용할당을 한다면, 전체 인구에서 여성과 소수민족이 차지하는 비율과 같이 직원의 구성이 일치함으로써, 완전한 고용평등이라는 결과를 가져올 것이다. 그러나 이 정책은 가장 심각한 윤리문제를 일으킨다. 두 정책은 모두 평등한 대우 및 평등한 기회의 윤리적 측면에서 백인 남성의 권리를 위반하고 있다. 고용우대정책이 실질적으로 백인 남성의 권리를 침해한다면, 이 정책을 정당화할 다른 윤리적인 근거는 무엇인가?

2003년에 미국 대법원은 이 문제에 대해 중요한 의미가 있는 판결을 내렸다. 물론, 소송이 제기된 내용은 대학입학과 관련된 것이었지만, 이 판결을 통해 대학입학정책을 포함한 차별철폐조치와 비즈니스에서 발생하는 고용우대정책의 기준이 확립되었다. 법원의 판결은 첫 번째와 두 번째 유형의 고용우대정책을 허용한다. 판결에 따르면, 인종, 민족, 성별은 채용을 위한 하나의 자격요건이고, 다른 모든 요인이 동일한 경우에, 채용결과에 영향을 미칠 수 있다는 것이다. 대법원 판결 이전에는 대학의 지적인 발전에 기여할 수 있는 지원자의 능력을 중시하는 입학정책이 일반적이었다. 미국의 미시건대학교는 학교가 다양한 학생들로 이루어지는 것이 대학교의 교육목표에 기여할 것이기 때문에, 소수민족 학생들을 우대해서 입학시키는 것이 필요하다고 판단해 입학지원자의 인종을 입학사정 시 반영했다. 시험성적이나 추천서와 같은 요건이 주로 대학교의 입학을 결정하는데 중요한 요인이었지만, 인종도 그 중 하나의 자격요건이 된 것이다. 이 결과로, 입학하지 못 한 두 명의 백인 여학생이 성적과 시험결과가 자신들보다 낮은 소수민족 학생들이 입학한 것이 자신들이 가진 평등하게 대우받을 권리를 침해당한 것이라고 주장하면서 법원에 소송을 제기한 것이다.

이 사건은 학교뿐만 아니라 기업들도 상당한 관심을 가졌다. 미국의 자동차회사인 GM(General Motors)은 미시건대학교의 입학정책을 공개적이고, 적극적으로 지지했다. GM은 인종적으로, 민족적으로, 다양한 학생들이 필요하다고 주장했다. 또한 GM은 미국의 비즈니스와 경제의 미래가 다양한 인재들에게 달려있다고 주장했다. GM은 비즈니스 경험을 통해 잘 교육받고, 다인종, 다민족, 다종교, 그리고 다문화 배경을 가진 사람들로 이루어진 생산적이고, 창의적으로 일하는 기업은 세계경제에서 경쟁력을 유지할 수 있다고 주장했다. 미국의 대법원은 학생들의 인종적 다양성이 대학교의 발전에 상당한 기여를 할 것으로 판결했다. 이 판결은 민간 부문의 고용정책에도 새로운 기준을 제시했다.

미시간대학교 사례의 경우, 대법원이 다양한 학생집단을 만들기 위해 차별철폐조치를 허용했지만, 이것을 기업의 고용자가 반드시 따라야 할 강제성은 없다. 왜냐하면, 법원은 기업의 고용자가 미시건대학교와 유사한 차별철폐프로그램을 지켜야하는지 여부는 판결하지 않았기 때문이다. 그러나 기업의 고용자가 직장 내 직원의 다양성을 기업의 중요한 목표라고 주장한다면, 법원은 그것을 적극적으로 지지하고, 인정할 것이다.

다양한 철학적 주장은 고용우대에 관한 윤리적 정당성을 지지하거나 비판한다. 어떤 사람들은 권리, 의무, 정의, 공정성과 같은 원칙에 입각해서 호소한다. 예를 들어, 고용우대정책이 백인 남성의 권리를 침해하기 때문에 부당하다고 주장한다. 어떤 사람들은 고용우대정책이 불이익을 받아온 피해를 보상하는 우리의 의무라고 주장한다. 어떤 사람들은 고용우대정책이 우리 사회에 유익하거나 해로운 결과를 불러온다고 주장한다. 어떤 사람들은 고용우대를 젊은 여성과 소수민족에게 희망을 주는 수단이라고 지지한다. 어떤 사람들은 고용우대정책이 성별이나 인종에 대한 반발을 초래하여 더 심각한 차별을 일으킨다고 반대한다.

백인 남성이 자신의 권리가 침해되었다고 주장하는 것은 의무론 또는 원칙을 바탕으로 하는 철학의 관점에서 가능하다. 첫 번째 주장은 고용우대정책이 고용될 수 있는 백인 남성의 권리를 침해한다고 주장한다. 두 번째 주장은 고용우대정책이 백인 남성의 평등한 존엄성과 평등한 기회를 가질 권리를 침해한다고 주장한다. 이것은 고용우대정책이 백인 남성에 대한 역차별이라는 주장이다.

고용우대정책을 지지하는 의무론 또는 원칙을 바탕으로 하는 철학의 관점에서도 두 가지 주장이 있다. 첫 번째 주장은 고용우대정책이 과거에 여성과 소수민족이 입은 피해를 보상하는 수단이라는 주장이다. 과거에 입은 차별에 대해 보상하지 않는 것은 윤리적으로 부당하고, 불공정하다. 두 번째 주장은 고용우대정책이 불이익을 받아온 사람들에게 직장 안에서의 평등을 확보해주는 수단으로서 반드시 필요하다고 주장한다.

　　고용우대에 대한 논란은 업무에 필요한 자질이 아닌 다른 요소인 성, 인종, 그리고 민족을 고려해서 채용을 결정하기 때문에, 윤리적으로 옳지 않다고 주장한다. 이 관점에서는 가장 우수한 지원자가 해당 일자리를 가질 자격이 있으므로, 자질이 아닌 다른 요소를 고려해서 자질이 가장 우수한 지원자를 탈락시키는 것은 윤리적으로 옳지 않다고 보는 것이다. 따라서 이 관점에서는 여성과 소수민족을 위한 고용우대정책은 윤리적으로 정당하지 않다.

　　이 주장이 윤리적으로 적절한 지 판단하기 위해서, 다음의 4가지 측면을 살펴보자. 첫째, 우리는 이 주장이 윤리적으로 정당한 주장인지 생각해볼 필요가 있다. 둘째, 일자리를 얻기 위한 자격요건은 공정하고, 모두에게 사전에 공개되어야 한다. 셋째, 우리는 어느 지원자가 업무에 필요한 자격을 가지고 있는지 결정하는 합리적인 방법을 가져야 한다. 마지막으로, 우리는 다양한 인종 또는 성별이 직업을 수행하기 위한 자격의 역할을 할 수 있는지를 생각해 볼 필요가 있다.

　　어느 직업에 가장 적격인 지원자를 명확하게 밝히기 위한 자격요건에 대해 공정하고, 객관적인 결정이 이루어진다고 가정하자. 고용자는 일자리를 위한 자격요건이 공개되고, 공채를 통해 필요한 직원을 채용할 때, 이미 공개된 자격요건을 가장 잘 충족하는 최고로 우수한 지원자를 채용할 윤리적인 책임이 있다. 물론, 기업이 개인소유의 사기업인지, 국가소유의 공기업인지에 따라 상황은 다를 것이다. 예를 들어, 사기업의 고용자가 자신의 자식을 고용하는 경우는 허용될 수 있지만, 공기업의 고용자가 자신의 자식을 고용하는 경우는 결코 허용될 수 없다. 그러면, 우리가 앞에서 살펴본 것처럼, 고용자의 모교 출신의 지원자를 고용하는 경우는 어떤? 여러분은 어떻게 생각하는가? 고용자가 지원자 중에서 자격요건을 가장 잘 충족하는 우수한 사람을 채용하는 것이 윤리적으로 옳은 것이라면, 현실을 고려할 때, 우리 사회에는 불의 또는 비리가 만연해 있는 것이다.

　　가장 적격의 지원자가 일자리를 얻을 합법적이고, 윤리적인 권리를 가지고 있다고 주장하는 것은 일자리를 기업소유주의 사유재산으로 보지 않고, 공정성이 요구되는 사회의 재화 또는 공공재로 보는 것이다. 우리가 5장과 6장에서 논의한 것과 같이, 기업의 사회적 책임이라는 관점에 따라, 기업의 일자리는 사회의 재화, 즉 공공재다. 공리주의자들은 가장 적격의 지원자가 일자리를 얻는 것이 옳다고 주장한다. 최대다수를 위한 최대행복과 결과주의 원칙에 따라, 가장 적격의 지원자가 일자리를 얻는 것이 최선의 결과를 얻을 수 있다고 보는 것이다.

그러면, 채용을 위한 자격요건에 대해 생각해보자. 보통의 경우, 채용을 위한 자격요건은 교육, 성적, 영어점수, 근무경험 등과 같이 대부분 과거에 이루어진 것이다. 합리적이고, 상식적인 고용자라면, 지원자가 과거에 얼마나 훌륭한 성과를 냈는지 보다는 앞으로 얼마나 훌륭한 성과를 낼지에 대해 더 관심을 가질 것이다. 여러분은 어떻게 생각하는가? 과거에 잘한 사람이 앞으로도 잘할 것인가? 과거에 잘한 사람이 앞으로는 못할 것인가? 과거에 못한 사람이 앞으로도 못할 것인가? 아니면, 과거에 못한 사람이 앞으로는 잘할 것인가? 상식적으로, 과거에 잘한 사람은 앞으로도 잘할 것으로 예상된다. 그러나 우리는 반드시 그렇다고 장담할 수는 없다.

그러면, 채용을 위한 자격요건이 어느 정도로 공정하고, 개방되어 있는가? 이 질문에 대한 답은 우리의 생각과 같이 그리 명확하지 않다. 물론, 채용에 필요한 자격요건을 목록으로 만들기는 쉽다. 직업에 따라 자격은 단순노동직을 위한 최소한의 자격요건부터 대기업의 기획 업무를 위한 매우 까다롭고, 복잡한 자격요건에 이르기까지 다양한 범위가 존재한다. 모든 지원자가 업무와 관련된 자격을 얻기 위한 동등하고, 공정한 기회를 가지고 있는지에 대해서도 생각해보자. 채용을 위해 필요한 다양한 자격 중에서 얼마나 많은 것들이 공정한지, 노력하면 얻을 수 있는지, 노력해도 얻을 수 없는지에 대해서도 생각해보자. 인간은 부모와 가정을 선택해서 태어날 수 없다. 어떤 사람은 부유한 가정에 태어나고, 어떤 사람은 가난한 가정에 태어난다. 어떤 사람은 좋은 부모를 만나고, 어떤 사람은 그렇지 못하다. 세상에 존재하는 수많은 사람들만큼, 그들이 처한 사회적인, 경제적인 상황은 제각각이다. 어떤 사람은 부유한 가정에 태어나, 부모로부터 따뜻한 보살핌을 받으며, 많은 혜택을 누리고 산다. 어떤 사람은 그렇지 못하다. 즉, 출발선이 다른 것이다. 출발선이 각각 다른데, 결승선에서 동등하게 평가하고, 판단하는 것이 윤리적으로 옳은가? 여러분은 어떻게 생각하는가?

우리는 채용을 위한 자격요건에 의구심을 가질 수 있다. 좋은 대학교를 졸업하고, 좋은 인맥을 가지고, 소개서나 추천서를 받는 등 한마디로 말하면, 현재의 직원과 잘 맞을 것으로 판단되는 것이 채용을 위한 자격요건이다. 앞에서도 잠깐 언급했듯, 모두 과거와 관련된 사실이다. 미래를 보장할 수 있는 것은 아무것도 없다. 다만, 사회통념상 과거에 좋은 대학교를 다녔다면, 성실하고, 우수할 것이라고 예상하고 기대하는 것이다. 그렇다면, 채용에 필요한 자격을 결정하는 공정하고, 합리적이고, 객관적인 방법이 있는가? 자격요소 목록을 작성해보면, 근무경험과 같이 거의 모든 요건 즉, 우리가 자격이라고 생각하는 것은 모두 과거의 사실이다. 과거보다는 지원자의 미래의 성과를 예측할 수 있어야 하지만, 아마도 미래에 가장 좋은 성과를 낼 것으로 예상되는 지원자를 결정하는 적절한 방법이 현실적으로 없을 것이다. 여러분은 어떻게 생각하는가?

컴퓨터과학 전공이나 연수프로그램에서 남성의 수가 여성보다 약 2배 더 많다고 알려져 있다. 일반적으로, 이런 종류의 직업에 지원하는 사람 중에는 여성보다 남성이 많을 것이고, 결과적으로, 남성은 여성보다 컴퓨터 분야에서 근무한 경험을 더 많이 가질 것이다. 빠르게 변화하는 분야의 경우에 직업연수는 직원의 경력과정에서 발생한다. 이 경우에 자격요건은 무엇인가? 컴퓨터관련 전공수업이나 연수프로그램을 이수한 과거경험은 개인이 직업을 얻기 위한 자격을 부여한다. 따라서 컴퓨터 분야에서 남성이 여성보다 많은 경험이 있고, 연수를 받았기 때문에, 남성이 여성보다 해당 분야의 직업에 보다 더 적합한 자격을 가지게 된다. 그러나 과거경력은 일을 더 빨리 쉽게 배우는 능력과 융통성과는 전혀 무관하다. 만약, 여성이 과거의 연수경험이나 근무경험은 없지만, 남성보다 일을 더 빨리, 쉽게 배우는 능력과 융통성을 갖고 있다고 가정해보자. 이 경우에, 남성과 여성 중에서 누가 자격을 갖춘 사람인가? 여러분이 고용자라면, 누구를 채용할 것인가?

다음의 질문에 대해 생각해보자. 지원자의 성별, 종교, 그리고 인종이 직업을 얻기 위해 필요한 자격요건인가? 예를 들어, 기독교재단에서 설립한 여자대학교의 경우에, 기독교 신자이며 여성인 사람만을 고용하는 것이 윤리적으로 옳은가? 병원에서 산부인과 의사를 채용할 때, 오직 여성 의사만을 채용해야 하는가? 소수민족을 대상으로 사업을 하는 기업은 소수민족 사람만을 채용해야 하는가? 과연, 성별과 인종의 다양성이 기업의 성과에 긍정적으로 기여할 수 있는 자격요건이라고 주장할 수 있는가?

위 질문들은 대답하기가 매우 어려운 질문이다. 고용우대를 다룬 사건의 판결에서, 미국 대법원은 인종이 대학입학을 위한 많은 자격요건 중 하나로 활용될 수 있다고 명시했다. 미국대법원은 학생들의 다양성이 학교의 전반적인 학업수행에 기여한다는 주장을 받아들였다. 지금까지의 많은 연구가 여성이나 소수민족이 기업의 성과에 긍정적인 기여를 할 수 있다는 것을 보여준다. 따라서 기업은 채용 시 모든 지원자를 동등하게 대우하고, 성차별을 하지 않으며, 인종이나 종교에 따른 차별을 금지해야 한다. 백인 남성이 지금까지 누려온 사회적인, 경제적인 혜택을 생각하면, 백인 남성 지원자를 선호하는 채용방식은 없어져야 한다. 미국의 경우와 달리, 우리나라의 경우는 미국에 비해 인종에 따른 차별은 적지만, 성별에 따른 차별문제는 미국보다 더욱 심각하다. 또한 이민과 국제결혼의 증가로 인해 인종문제가 증가하고 있는 추세이다. 미국과 달리, 우리나라에만 존재하는 특이한 차별도 존재한다. 바로 수도권과 비수도권 대학교 출신에 대한 차별이 그것이다. 각 나라의 문화적 전통과 특징에 따라 차별을 하는 요소가 달라지는 것이다.

여성과 소수민족에게 고용을 우대하는 정책에 반대하는 다른 주장은 평등한 대우라는 윤리적 원칙에 호소한다. 지원자들을 차별하는 것은 그 자체로는 윤리적으로 문제가 없다. 다만, 직업과 관련되지 않은 기준에 근거하여 만들어진 차별의 경우에는 윤리적으로 옳지 않다. 그들은 여성과 소수민족을 위한 고용우대정책이 백인 남성에게 동등한 존중과 대우를 받을 윤리적인 권리를 박탈한다고 주장한다. 여성과 소수민족을 고용하기 위해 특혜를 주는 정책은 같은 일자리를 두고 경쟁하는 백인 남성이 평등하게 대우받을 윤리적인 권리를 위반하는가? 여러분은 어떻게 생각하는가? 첫째, 여성과 소수민족을 우대하는 고용정책과 성별, 인종, 그리고 민족적인 배경을 기준으로 차별하는 것은 윤리적으로 다르다. 여성과 소수민족에 대한 과거의 차별은 인간에 대한 공평한 대우를 체계적으로 부정한 것이다. 여성과 소수민족이 공평한 기회를 박탈당한 이유는 백인 남성이 여성과 소수민족을 열등하고, 가

기업윤리

치가 없다고 여겼기 때문이다. 고용우대정책이 실질적으로 여성과 소수민족을 선호하더라도, 백인 남성은 과거에 여성과 소수민족이 겪었던 체계적인 차별대우를 받지는 않을 것이다. 백인 남성의 공평하게 대우받을 권리를 제한하는 이유는 과거 여성과 소수민족이 차별을 받은 이유와 윤리적으로 전혀 다르다.

그럼에도 불구하고, 지원자는 자신이 통제할 수 없는 성별, 인종, 그리고 민족과 같은 이유로 공평한 기회를 박탈당한다. 언뜻 보기에, 이것은 평등한 기회라는 권리를 위반하는 것이고, 윤리적으로 옳지 않은 것 같다. 그러나 성별, 인종, 또는 민족의 다양성이 업무성과의 향상에 기여하고, 직업과 관련 있는 자격요건으로 인정되고 있다. 하지만 백인 남성에게 아무런 배려도 하지 않는 여성과 소수민족 고용할당제도는 윤리적으로 불공정하다. 여성과 소수민족 고용할당제도는 백인 남성에 대한 역차별이라는 주장이 윤리적으로 어느 정도 설득력이 있다.

우리는 다음 절에서 여성과 소수민족에 대한 고용우대를 지지하는 주장을 검토할 것이다. 고용우대정책을 지지하는 사람들도 이 정책이 백인 남성이 가진 동등한 대우를 받을 윤리적인 권리를 침해한다고 인정한다. 그러나 그들은 타인의 권리를 단순히 침해하는 것과 보다 더 중요한 윤리적인 목표를 위해 타인의 권리를 침해하는 것의 차이를 구분해야 한다고 주장한다. 비록 백인 남성이 가진 평등하게 존중받을 권리가 침해되더라도, 이 침해가 다른 윤리적인 목적을 달성하기 위한 수단으로 사용되었다면, 윤리적으로 문제가 되지 않는다고 주장한다. 하지만, 이 주장은 '목적이 수단을 정당화시켜서는 안 된다'고 믿는 칸트주의자들의 비난을 피하지 못할 것이다.

여성과 소수민족을 위한 고용우대를 지지하는 주요 주장 중 하나는 이 정책이 과거에 피해를 입은 사람들을 보상하기 위한 윤리적인, 합법적인 수단이라는 것이다. 평등의 원리를 바탕으로 하는 보상적 정의(Compensatory Justice)에 따라, 제품의 잘못된 설계 및 생산에 의해 피해를 입은 소비자에게 기업이 보상하는 것처럼, 이 정책은 차별적 고용으로 인해 과거에 피해를 입은 여성과 소수민족에게 해당 피해에 대해 보상을 해야 한다고 주장한다. 보상하지 않는 것은 차별을 당한 희생자들에게 윤리적으로 부당한 불이익의 관행을 지속시키고, 백인 남성의 윤리적으로 부당한 이익을 지속시키는 것이라고 주장한다. 우리는 이 주장을 적절하게 평가할 필요가 있다. 보상적 정의에 따르면, 보상은 피해자가 입은 피해에 비례해야 하고, 보상하는 측이 피해에 책임이 있는 가해자이며, 보상 받는 측이 반드시 피해를 입은 피해자라야 한다. 따라서 우리의 윤리적인 판단은 보상적 정의의 세 가지 필수 요건을 여성 및 소수민족을 위한 고용·우대정책이 충족하는지 여부에 달렸다. 언뜻 보기에, 고용·우대정책은 상대적으로 직접적이고, 비례적인 방식으로 피해를 보상하는 것처럼 보인다. 과거에 여성과 소수민족은 평등한 기회를 침해받았으므로, 채용에 우대를 함으로써, 그동안 입은 피해를 보상하는 것은 합리적인 것처럼 보인다. 장기적인 관점에서, 여성과 소수민족을 위한 고용·우대정책은 현재의 비정상적인 상황을 바로잡고, 향후에 차별이 재발하지 않도록 하는 작용을 한다.

어떤 사람이 천만 원을 사기를 당해 잃었다고 가정해보자. 보상적 정의는 이 사람이 천만 원을 돌려받아야 한다고 주장한다. 다른 측면의 정의는 아마도 위로금을 추가해서 천만 원보다 더 받아야 한다고 주장할 지도 모른다. 아무튼, 보상적 정의에 따라, 정의라는 저울의 균형을 다시 맞추는 것이다. 물론, 고용·우대정책은 여성과 소수민족이 입은 경제적인 피해 이외의 또 다른 피해를 보상해주지는 못한다. 예를 들어, 고용·우대정책은 여성과 소수민족이 입은 자존심의 상처나 우울증과 같은 정신적인 피해는 보상하지 못한다. 그러나 이 정책은 과거에 직장에서 일어났던 부당한 피해에 대해서는 합리적으로 보상할 수 있다.

보상적 정의의 두 번째 조건은 보다 더 많은 논란의 여지가 있다. 평등한 대우를 받을 권리를 박탈당한 현재의 백인 남성이 과거에 여성과 소수민족을 차별한 것에 대한 직접적인 책임이 없다는 것이다. 결국, 과거와 달리 현재에는 백인 남성이 여성과 소수민족에 비해 직장에서 역으로 차별을 당하는 것이다. 현재의 백인 남성이 과거에 발생한 차별에 대해 직접적인 책임이 없기 때문에 현재의 백인 남성에게 피해를 고스란히 돌려주는 것은 윤리적으로 옳지 않다.

고용우대정책을 보상이라고 주장하는 사람들은 현재의 백인 남성이 피해를 본다는 것을 부정한다. 겉으로 보기에 백인 남성이 이전에 누렸던 경쟁우위를 박탈당해 피해를 입은 것처럼 보이지만, 그들은 단지 윤리적으로 불공정한 경쟁우위를 잃은 것이다. 사회가 평등한 기회를 추구하기 위한 정책을 채택함으로써 백인 남성이 지금까지 윤리적으로 부당하게 차지했던 경쟁우위를 잃은 것이다. 고용우대정책을 지지하는 사람들은 현재의 백인 남성들이 과거에 여성과 소수민족이 입은 피해에 대한 직접적인 책임은 없지만, 적어도 여성과 소수민족에 대한 차별로부터 혜택을 얻었다고 주장한다.

따라서 진정한 보상적 정의는 중년 또는 노년의 백인 남성이 과거에 여성과 소수민족이 입은 피해에 대해 보상하도록 요구하는 것일 것이다. 보상적 정의의 마지막 측면은 보상을 받는 사람이 직접적으로 피해를 입은 사람과 일치해야 한다는 것이다. 예를 들어, 교통사고에서 입은 부상에 대해서 보상이 이루어져야 하고, 부상을 입지 않은 행인에게 보상하는 것은 합리적이지 않다. 즉, 고용우대정책으로 인해 혜택을 얻는 현재의 여성과 소수민족은 과거에 차별로 인한 피해를 입은 직접적인 당사자는 아니라는 것이다. 이 주장의 근거는 다음과 같다. 첫째, 차별의 진정한 피해자는 과거의 여성과 소수민족이었다. 현재의 고용우대정책은 현재의 세대에게 혜택을 주기 때문에, 이 정책은 차별로 인해 피해를 본 사람들을 보상하지 않는다는 것이다. 둘째, 고용우대정책은 차별이 현재 세대에게 피해를 주는 정도에 대해서만, 그리고 사회적 약자 중에서 꼭 혜택을 받아야 할 필요가 있는 사람들에게만 선택적으로 적용되어야 한다고 주장한다. 과거와 현재의 차별로부터 가장 고통 받는 사람들은 가난하고, 교육을 못 받고, 권리를 박탈당한 여성이나 소수민족이다. 노동시장에서 백인 남성보다도 더 선호되는 여성과 소수민족도 있다. 그들은 잘 교육받고, 훈련되고, 지적이고, 능력이 우수하다. 무조건 여성과 소수민족이라고 해서 고용우대를 하는 것은 윤리적으로도, 상식적으로도 옳지 않다는 것이다. 마지막으로, 성별, 인종, 그리고 민족이 고용우대를 결정하는데 있어 부적합한 기준이라는 것이다. 이 관점에서, 경제적 지위나 사회계층이 보다 더 적합한 기준일 것이다. 경제적으로 유복한 가정에서 태어나 교육을 잘 받은 흑인 여성과 가난한 도시에서 태어나 어린 나이에 아버지를 잃고, 어머니에 의해 양육된 백인 남성 중, 누가 더 고용우대 혜택을 받아야 하는가? 여러분은 어떻게 생각하는가? 모든 여성과 소수민족에게 고용우대를 제공하는 것은 옳지 않다. 왜냐하면, 모든 여성과 소수민족이 차별로 인해 불이익을 당하지 않았기 때문이다.

보상적 정의를 주장하는 사람들은 보상이 필요한 피해가 과거에 입은 피해가 아니라 현재 여성과 소수민족 지원자들이 입고 있는 피해라고 주장한다. 인구조사 통계가 보여주듯, 차별대우는 우리 사회 전반에 걸쳐 만연해있다. 미국의 경우, 여성 임금이 남성임금의 76%에 불과한데, 보상적 주장을 하는 사람들은 이와 같은 차별 현상을 해결하는 유일한 수단이 여성에게 고용과 승진을 위한 우대 또는 특혜를 부여하는 것이라고 주장한다. 한 사람이 어느 집단의 구성원이라는 이유로(여자이기 때문에, 흑인이기 때문에) 차별로 인한 피해를 입는다. 그러나 그 집단의 모든 구성원이 동일한 정도의 피해를 입는 것은 아니다. 예를 들어, 어떤 여성들은 평균 남성들보다도 더 경제적으로 여유롭고, 더 높은 지위와 권력을 누리면서 살아간다. 소수민족의 경우도 마찬가지이다. 만약, 보상이 피해여부와 관계없이 모든 구성원에게 주어진다면, 이것은 윤리적으로 정당화될 수 없는 매우 부당한 혜택이다. 이 부당한 혜택을 위해 다른 사람의 평등한 기회와 권리를 희생시키는 것은 윤리적으로 결코 옳지 않다.

고용우대정책을 지지하는 두 번째 주장은 평등하게 대우받을 권리에 호소한다. 평등하게 대우받을 권리는 무엇인가? 평등은 무조건 동등하게 대우하는 것을 의미하는 것은 아니다. 보다 더 자격을 갖춘 지원자를 고용하는 것은 다른 지원자들을 동등하게 대우한 것이다. 여기에서 중요한 점은 합리적이고, 윤리적인 기준에 따른 차별은 윤리적으로 정당하다는 것이다. 평등에 호소하는 주장은 진정으로 공정한 기회가 지원자 모두에게 주어져야 하고, 불공평하거나 윤리적으로 부당한 불이익으로 인해 고통 받지 않아야 한다고 주장한다. 동등하지 않은 것을 동등하게 대하는 것은 오히려 평등을 위반하는 것이다. 두 명의 100m 달리기 선수가 있다. 한 명은 자신의 의지와 상관없이 부득이하게 경기를 하는 내내 무거운 짐을 등에 지도록 요구받았다고 가정하자. 여러분은 어떻게 생각하는가? 윤리적으로 불공정한 짐을 없애기 위한 많은 사람들의 노력에도 불구하고, 여전히 세상에는 무겁고, 불공정한 짐이 존재한다. 또한, 우리가 불공정한 짐을 진 선수가 평균적으로 달리기 경쟁이 끝났을 때, 짐을 지지 않은 선수에 비해 75%밖에 완주할 수 없다는 사실을 알고 있다고 가정해보자. 그렇다면, 불공정하게 짐을 지는 선수에게 출발선에서부터 완주거리의 25% 앞서서 달릴 수 있도록 하는 것이 공정하지 않겠는가? 두 선수에게 동일한 위치에서 출발하라고 요구하는 것은 불평등을 지속시키는 것이다.

자신의 의지와는 상관없이, 여성과 소수민족은 직장 내 불공정한 차별로 고통받아 왔다. 이런 불이익을 간과하는 고용과 승진정책은 성별과 인종에 따른 차별을 평등이라는 이름으로 불평등한 기회의 관행을 지속시키는 것이다. 여성과 소수민족에게 고용우대를 하는 정책은 윤리적으로 공정하다고 할 수 있다.

9.6 성희롱

　최근 들어, 우리나라에서도 직장 내 성희롱이 크게 문제가 되고 있다. 2018년 초반, 미국을 시작으로 우리나라에서도 과거에 성희롱이나 성폭력을 당한 경험을 폭로하는 미투(Me Too)운동이 확산되었다. 성희롱과 함께 관련 개념인 성추행, 성폭행, 성접대, 그리고 성상납 등이 직장을 비롯한 사회 전반에 걸쳐 법적으로, 윤리적으로 크게 문제가 되고 있다. 1964년에 미국에서 제정된 시민법은 직장 내 부당한 차별에 대해 금지하고 있다. 즉, 인간은 인종, 피부색, 종교, 성별, 그리고 출신국가를 이유로 차별받아서는 안 된다는 것이다. 이 법은 고용에 있어 평등이라는 윤리적인 원칙을 명시적으로 보여준다. 인간은 인종, 피부색, 종교, 성별, 출신국가 등 업무의 수행과 무관한 요인을 이유로 고용기회를 박탈당해서는 안 된다. 최근 들어, 우리나라에서도 법적으로, 윤리적으로 크게 문제가 되고 있는 성희롱은 성차별의 한 유형으로 이해될 수 있다. 1980년에 미국의 고용기회평등위원회(EEOC)는 불법적인 성희롱을 다음과 같이 정의했다.

- 상대방이 원하지 않는 성적인 행위를 요구하는 것.
- 성적인 내용을 언어나 신체로 표현하는 것.
- 고용, 승진, 거래계약을 조건으로 성적 행위를 요구하는 것.
- 성적인 표현이나 요구를 함으로써, 개인의 업무수행을 방해하고, 겁을 주고, 적대적인, 또는 공격적인 업무환경을 만드는 것.

　이 정의는 그동안 많은 법학자들이 관찰하고, 서술한 성희롱의 두 가지 유형을 체계적으로 정리한 것이다. 대가성 성희롱은 고용을 조건으로 성적 행위를 요구할 때, 발생한다. 적대적이고, 공격적인 근무환경은 직장 내 여성에게 성희롱과 협박을 할 때 발생한다. 법적으로, 윤리적으로 성희롱은 성차별의 한 형태로 이해된다. 단지, 여성이라는 이유로 직장에서 성적으로 희롱을 당하고, 성적인 괴롭힘이 여성의 업무능력을 방해하는 경우는 성희롱이 왜 성차별의 한 형태인지를 잘 보여준다. 직장 내 성희롱은 수없이 많은 윤리적인, 법적인 문제를 가지고 있다. 기업윤리 수업

시간에 저자는 학생들에게 성희롱이 왜 나쁜지를 물었다. 학생들은 그냥 나쁘다고만 대답할 뿐, 확실한 이유를 말하지 못했다. 왜 성희롱이 나쁜가? 그것은 바로 성희롱이 여성이 가지고 있는 인간으로서의 존엄성을 침해했기 때문이고, 존엄한 인간을 성적 대상의 노리개로 전락시켰기 때문이고, 성적 자율권을 침해했기 때문이다.

대가성 성희롱은 위협(성관계를 하지 않으면, 당신을 고용하지 않겠다 또는 해고하겠다)이나 제안(성관계를 하면, 승진을 시켜주겠다 또는 계약을 하겠다)과 같은 형태를 취한다. 위협과 제안, 두 가지 모두 강제와 강요이다. 가장 적절한 예는 원하지 않는 부하직원 또는 동료와 성적 관계를 가지기 위해, 직장 내 자신의 지위와 권한을 악용하는 것이다. 그러나 위협과 제안이 성적인 것과 연관되지만 않는다면, 그 자체로서 나쁜 것은 아니다. 위협과 제안은 직장에서 흔하게 사용된다. 경영자는 종종 위협(시키는 대로 하지 않으면 해고시키겠다)이나 제안(이 일을 완수하면 승진시켜주겠다)을 사용해서 직원을 관리하고, 통솔한다. 물론, 윤리적이고, 합리적인 경영자는 위협이나 제안보다는 격려와 동기부여를 통해 직원을 관리하고, 통솔한다. 여기에서 중요한 점은, 위협이나 제안이 성적인 것과 결부될 경우, 법적으로, 윤리적으로 문제가 심각해진다는 것이다.

우리는 다음의 문제를 생각해볼 필요가 있다. 성희롱은 성차별인가? 미국 대법원의 판결에 의하면, 대가성 성희롱이 성별 때문에 일어났거나, 성적인 것과 관계되어 발생했다면, 성희롱은 성차별이 된다. 직장에서 동등하지 않은 대우를 받은 여성이 성차별을 당했다고 소송을 제기한 것에 대해 미국 대법원은 그녀가 받은 차별대우가 그녀의 성별 때문이라기보다는 그녀가 그녀의 상사와의 성적인 관계를 거부한 것에 따른 것이기 때문에, 성차별은 아니라고 판결했다. 즉, 성희롱이지 성차별은 아니라는 것이다. 미국 대법원은 그녀의 상사가 한 행동을 윤리적으로 용납할 수 없는 성희롱으로 보지만, 시민법에 의해 금지된 불법적 성차별은 아니라고 판결한 것이다.

이 경우 '성 때문에'라는 표현이 모호성을 갖는다. 성은 남성, 여성과 같은 성적 구별을 의미하지만, 한편으로는 성행위 자체를 의미하기도 한다. 미국 대법원은 여성이라는 이유로 여성이 차별받을 때, 성차별을 당한 것으로 해석한다. 성차별은 성별을 이유로 동등하지 않은 대우를 받은 경우에 해당한다. 여성이 단순히 여성이라는 이유로 직장에서 동등하지 않은 대우를 받는 것은 법적으로, 윤리적으로 옳지 않다.

그러나 미국 대법원이 간과한 한 가지 사실이 있다. 상사의 성적 요구를 거절했다는 이유로 불이익을 당했다면, 그녀가 여성이기 때문에 그녀의 상사는 그녀에게 성적 요구를 한 것이므로, 명백하게 성차별이다. 심지어 인간의 자율적 판단에 따라야 할 성관계가 상사의 의해 요구되는 것 자체가 윤리적으로 허용될 수 없는 것이다.

그렇다면, 직장에서 일어나는 성적인 속성을 가진 모든 성희롱이 성차별이라는 의문이 제기될 수 있다. 악의 없는 성적인 농담이나 집적거림은 비록 달갑지 않거나, 잔인할 지라도 성차별이라고 볼 수는 없다. 남성 부하직원을 성희롱하는 양성애자인 남성 경영자의 경우도 비록 성적이지만 성별이 같기 때문에 성차별이라고 볼 수 없다. 심각한 강압이나 강요는 비윤리적이고, 불법이지만, 이것 역시 성차별은 아니다. 반면에, 여성에게는 직장에서 성희롱보다 더 윤리적으로 심각한 장벽이 있을 수 있다. 여성에 대한 심각한 차별대우는 성적인 욕망 때문에 일어나지만, 이 경우보다 더 심각한 경우는 여성에 대한 적개심에 바탕을 둔 불공정한 차별의 경우이다. 이 경우는 대가성 성희롱의 범주에 속하지 않는다. 일부의 남성들은 유전적인 이유, 심리적인 이유, 성장 배경, 교육, 편견 등으로 인해 여성에 대한 적개심을 가지고 있다고 한다. 그들은 단지 여성이라는 이유로 여성을 무시하고, 차별한다. 이 현상에 대한 해결책은 본서에서 다뤄야할 범위가 아니므로, 더 이상 논의하지는 않을 것이다. 여성에 대한 적개심에 대해 자세한 내용이 궁금한 독자들은 사회학, 심리학, 정신의학 등의 전문 자료를 참고할 것을 추천한다.

학자들은 성희롱과 관련해서 대가성 성희롱모형과 함께 적대적인 또는 공격적인 근무환경모형을 제시했다. 특정한 성적 속성의 언어적, 신체적 행동은 비록 공공연한 성적 제안이나 위협의 형태가 아니라도, 여성의 업무능력을 방해해서 차별수준의 괴롭힘을 불러올 수 있다. 이것은 윤리적으로나, 법적으로 명백한 지침은 아니다. 이것은 성희롱의 범주에 있는 많은 사소한 사례들을 모두 성차별로 인정하는 것처럼 보인다. 즉, 비교적 가벼운, 별 다른 의도가 없는 농담이나 집적거림을 모두 부당하고, 불법적인 성차별로 간주할 수 있다. 불법적 성차별로 판정하기 위해서는 남성의 어떤 행위가 여성의 업무능력을 방해하려는 목적이 있어야 하고, 그 행위로 인해 여성이 실질적으로 업무에 피해를 본 결과가 있어야 한다.

그러나 현실적으로 성희롱에 대한 판단은 객관적인 기준이 아니라 피해자의 주관적인 판단에 따라 결정된다. 예를 들어, 점잖은 중년 여성은 젊은 여성이 아무렇지도 않게 받아들이는 말이나 행동에 대해서도 심한 불쾌감을 느낄 수 있다. 이런 경우에도, 여성이 남성의 행위로 인해 업무에 방해가 될 정도의 불쾌감을 느낀다면, 남성이 의도했든, 의도하지 않았든, 성희롱으로 인정된다. 성희롱과 성차별을 바라보는 시각은 미국과 우리나라가 약간 다른 것 같다. 미국은 성차별을 더 심각하게 받아들이고, 한국은 성희롱을 더 심각하게 받아들이는 것 같다. 아마도, 미국의 경우는 다인종국가이고, 역사적으로 성차별이 만연했기 때문에, 성차별을 더 심각한 문제로 받아들이는 것 같다. 미국에 비해, 우리나라는 비교적 성차별에 대한 인식이 아직은 조금 부족하기 때문에 성차별보다는 성희롱을 더 심각하게 받아들이는 것 같다.

아무튼, 성희롱 여부를 판단하는 기준이 피해자의 주관적인 판단이므로, 여성이 매번 성희롱을 당했다고 느낄 때마다 법적으로 책임을 물을 경우, 기업의 경영자는 너무 지나친 부담을 가지게 된다. 이것 역시 윤리적으로 부당하다. 이 문제를 다루기 위해서, 미국 대법원은 '합리적 인간기준'이라고 불리는 전통적인 기준에 의존한다. 이 기준에 따르면, '합리적'이라는 말은 남성의 행동이 반드시 여성의 업무에 부당하게 개입하거나, 방해한 결과가 있어야 한다는 점을 강조한다. 이 기준은 피해자의 인식만이 성희롱을 결정하는 유일한 기준이 되는 것을 보완한다. 이 기준에 따르면, 합리적이고, 상식적인 사람이 판단하기에 남성의 성적 언어나 행동이 여성의 업무를 상당한 정도로 방해했다면, 명백하게 성희롱인 것이다.

그러나 이 기준은 윤리적으로 심각한 문제점을 가지고 있다. 성적인 속성을 가진 언어나 행동을 판단하는 기준에 있어 남성과 여성이 같은가? 다른가? 같다면, 문제가 없지만, 다르다면, '합리적 여성의 기준'은 '합리적 남성의 기준'과 매우 다를 것이다. 그렇다면, 어느 기준이 성희롱 여부를 결정하기 위해서 사용되어야 하는가? 더 나아가 '합리적 인간'이라는 기준 자체가 모호하다. 물론, 합리적 인간이라면, 문제를 객관적이고, 조심스럽게 다룰 것이고, 사람들이 수용할 수 있는 정상적이고, 객관적인 판단을 할 것이다. 이 기준은 평균적이고, 정상적인 사람의 기준으로 이해되지만, 현실적으로 인간이 항상 사려 깊고, 모든 사실을 충분히 인지하고, 언제나 합리적으로 생각하지 않는다는 것이 문제이다. 따라서 우리는 '합리적 인간기준'을 이해하기 위해 매우 합리적인 남성, 평균적으로 합리적인 남성, 매우 합리적인 여성, 그리고 평균적으로 합리적인 여성의 네 가지 경우를 구분해야 할 것이다. 우리는 이 네 가지 중에서 어떤 기준을 가지고 직장 내 성희롱을 판단해야 하는가?

우리가 합리적 인간에서 합리적 여성으로 기준을 변화시켜야 할 명백한 이유가 있다. 합리적 인간은 그동안 합리적 남성을 대변하는 기준으로 작용해왔다. 대부분의 경우에서, 남성의 입장을 지지해온 것이다. 우리 사회에서 특히, 남성이 지배하는 직장에서 합리적 인간의 기준은 성희롱 문제를 개선하고, 바로잡기에 충분하지 않다. 미국 대법원은 우리가 합리적 여성의 기준을 받아들이지 않을 경우, 역사적으로, 전통적으로, 뿌리 깊게 지속되는 성희롱을 뿌리 뽑을 수 없다고 판결했다. 우리가 이 기준을 채택해야 하는 두 번째 이유는 실질적으로 성적인 것과 성적 관계에 대해 여성과 남성은 다르게 인식하기 때문이다. 인종과 민족에 따라 동일한 사실이 다르게 인식되는 것처럼, 성적인 속성의 언어와 행동도 남녀에 따라 다르게 인식되는 것으로 밝혀졌다. 그렇다면, 우리 사회는 피해자인 여성의 판단을 존중해야 한다. 비록, 다른 사람들에 의해 우리의 언어와 행동이 어떻게 해석될지 모르지만, 우리는 우리가 하는 말과 행동에 책임을 져야한다. 그러나 합리적 여성의 판단을 기준으로 하는 것은 한 가지 윤리적인 우려를 일으킨다. 비윤리적, 비합리적 여성에 의해 악용될 소지가 바로 그것이다. 여성이 윤리적이고 합리적이라면, 그녀의 판단은 윤리적이고, 합리적일 것이다. 그러나 그녀가 비윤리적이고, 비합리적이라면, 여러분은 어떤 결과가 예상되는가? 억울하게 법적으로 책임을 지고, 윤리적으로 비난을 받는 남성이 생길 수 있다. 만약, 비윤리적 여성이 어떤 사악한 목적을 가지고, 남성을 곤경에 빠뜨리려고 한다면, 이것이 윤리적으로 옳은가? 만약, 비합리적 여성이 오해를 해서, 남성을 곤경에 빠뜨린다면, 이것이 윤리적으로 옳은가? 여러분은 어떻게 생각하는가?

합리적 인간에서 합리적 여성의 기준으로 전환하는 것은 합당하지만, 동시에 몇 가지 문제가 있다. 첫째, 합리적 여성의 기준은 우리가 지양해야 할 성역할에 대한 편견과 가부장제를 오히려 강화시킬 수 있다. 여성은 남성보다 예민하고, 약하고, 섬세하므로, 거칠고, 험난한 직장에서 보호를 받아야 할 존재로 인식될 가능성이 있다. 이것은 직장 내 여성을 곤란한 상황에 처하게 한다. 여성이 직장에서 보호가 필요한 섬세한 존재로 인식됨으로써, 힘든 건설현장과 같은 거칠고, 남성적인 직업은 가지지 못하게 될 것이다.

두 번째 이유는 이 기준이 남성에게 불공정한 상황을 유발하는 것이다. 만약, 여성과 남성이 성과 관련된 상황을 다르게 인식한다면, 예를 들어, 남성이 진짜로 여성을 성희롱하지 않았음에도 불구하고, 여성이 성희롱을 당했다고 인식한다면, 이것은 남성이 의도하지도 않았고, 잘못하지도 않은 행동에 대해 책임을 지게 하는 것이므로, 윤리적으로 불공정하다. 만약, 남성과 여성의 인식차이가 해결되지 않고, 남성이 여성의 관점을 이해하려고 하지 않거나, 진짜로 이해하지 못 한다면, 자신이 성희롱이라고 인식하지 못한 언행에 대해 남성에게 책임을 묻는 것은 윤리적으로 불공정하다. 만약, 남성과 여성의 인식차이가 해결되고, 남성이 여성의 관점을 이해할 수 있다면, 남성에게 자신이 한 언행에 대해 책임을 부여하는 것은 윤리적이고, 합리적이다.

그럼에도 불구하고, 우리는 합리적 여성의 기준에 따라 비록 남성이 본인의 언어와 행동이 성희롱이라는 것을 이해하지 못했다 하더라도, 남성이 사려 깊게 행동하도록 책임을 물어야 한다. 법과 윤리는 항상 약자의 편이기 때문이다. 남성이든, 여성이든, 행동하기 전에 신중하고, 합리적으로 생각하는 것이 옳으므로, 합리적 여성의 기준은 윤리적으로 적절하다고 할 것이다.

이 세상에 여성으로 태어나고 싶었던 여성은 아마도 없을 것이다. 저자의 할머니께서도 다시 태어나신다면, 남자로 태어나고 싶다고 말씀하셨을 정도로 우리 사회의 여성은 그동안 많은 제약과 불이익을 당해왔다. 남성과 여성이 서로를 존중하고, 배려하는 것만이 앞으로 상황을 개선시킬 수 있는 유일한 해결책이 될 것이다. 남성이든, 여성이든, 본인이 원해서 남성 또는 여성으로 태어난 것이 아니다. 그렇다면, 성별에 의해 차별을 받아서도 안 되고, 우대를 받아서도 안 된다. 인간은 오직 자신의 노력과 업적에 의해 평가되고, 대우 받아야 한다. 자신의 선택과 무관한 이유로 차별을 받아서도, 대우를 받아서도 안 된다.

남녀평등에 관해 토론이 과열되면, 꼭 등장하는 말이 있다. 남성은 여성에게 "여자도 군대에 가야 된다."라고 말하고, 여성은 남성에게 "남자도 애를 낳아야 된다."고 말한다. 어리석은 논쟁이다. 남성과 여성은 분명히 다르다. 그것이 신의 섭리이고, 자연의 이치이다. 그러나 다르다고 해서 우열이 있는 것은 아니다. 남성이든, 여성이든, 오로지 한 인간으로서 어떤 노력을 했는지, 그리고 어떤 업적을 이루었는지가 중요한 것이다. 우리나라 역사상 여성임에도 불구하고, 많은 제약과 불이익을 감수하고도, 훌륭한 업적을 이룬 사람들이 많다. 유관순 열사는 어떤가? 여성이고, 어린 나이임에도 불구하고, 목숨을 던져 조국의 독립을 외쳤다. 임진왜란 때 적장과 함께 흐르는 강물에 몸을 던진 논개는 어떤가?

이 책의 앞부분에 있는 저자소개에는 저자가 할머니와 한 세 가지 약속이 소개되어 있다. 여러분은 매우 궁금할 것이다. 왜 저자는 할머니의 성함으로 된 장학금을 만들겠다고 할머니와 약속을 했을까? 저자의 할머니께서는 1910년에 태어나셨다. 우리나라 전체가 일본제국주의에 의해 강제로 식민통치를 당할 때였으므로, 매우 어수선하고, 혼란한 시기였다. 할머니께서 8살 때쯤, 친구들과 함께 학교에 가고 싶어서 어른들께 학교에 보내달라고 졸랐는데, 어른들은 여자가 무슨 학교에 가느냐고 끝내 허락하지 않으셨다고 한다. 대신 훈장을 집으로 모셔와 할머니에게 한학(漢學)을 가르치셨다고 한다. 그런 이유로, 저자의 할머니께서는 단지 여자라는 이유로 한자(漢字)는 아셨지만, 한글을 모른 채, 평생을 가슴 속에 학교에 가지 못하고, 공부를 하지 못한 한(恨)을 품고 사실 수밖에 없었다. 그런 사정이 있어서, 그 어려운 환경에서도 저자에게 공부를 해야 한다고 늘 격려하시고, 다독이셨던 것이다. 만약, 저자의 할머니께서 저자에게 돈을 벌어야 한다고, 저자를 학교에 보내지 않으시고, 공장에 보내셨다면, 저자는 지금 이 책을 쓰지 못할 것이고, 여러분은 이 책을 읽지 못할 것이다. 저자는 지금도 근검하게 살면서, 한 푼, 두 푼 아껴서 할머니의 성함으로 된 '박순애 할머니 장학금'을 만들기 위해서 돈을 모으고 있다. 그렇게 하는 것이 할머니의 한을 조금이라도 풀어드리는 것이라고 믿으면서.

연습문제

01 직장에서 노동력의 다양성이 가지는 긍정적 영향과 부정적 영향에 대해
    설명하시오.

02 직장에서 남녀의 임금차별, 고용차별, 그리고 직위차별은 윤리적으로 옳은가?

03 평등한 기회, 차별철폐조치, 그리고 고용우대에 대해 설명하시오.
    여러분은 이 중에서 어느 것이 가장 효과적이라고 생각하는가?

04 성별, 종교, 그리고 인종에 따른 차별은 윤리적으로 정당한가?

05 직장에서의 차별이 정당화될 수 있는 경우는 언제인가?

06 성차별과 성희롱은 어떻게 구분되는가?

07 왜 성희롱이 법적으로, 윤리적으로 문제가 되는가?

08 직장 내 성희롱에 대한 판단기준은 무엇인가?

09 합리적 여성의 기준과 합리적 남성의 기준은 동일한가? 차이가 있는가?
    여러분은 어느 것이 더 합리적이라고 생각하는가?

📖 사례 9-1. 씨티, 4억 달러 금융사고, 은행 위험관리 도마

출처: 연합뉴스, 2015. 10. 26

씨티그룹이 4억 달러(4천 536억 원가량) 규모의 금융사고에 연루된 것으로 알려지면서 은행들의 위험 관리 시스템이 다시 도마 위에 올랐다. 25일(현지시간) 월스트리트저널(WSJ)은 소식통을 인용, 씨티그룹이 지난 2분기 런던의 한 헤지펀드와의 금융거래에서 시스템 오류로 최대 4억 달러 규모의 손실을 입을 위험에 노출됐다고 보도했다. 소식통에 따르면 헤지펀드들과 거래하는 씨티의 프라임브로커리지 사업부는 런던의 소규모 헤지펀드 LNG캐피털과 거래하는 도중, 시스템 오작동으로 LNG캐피털이 보유한 계좌에 채권의 가격을 의도한 가격보다 더 높게 책정하는 오류를 범했다.

시티은행
(연합뉴스 자료사진)

대다수 거래는 취소됐으나, 일부 거래가 수주간 청산되지 않으면서 씨티는 LNG캐피털에 대한 신용을 실수로 계속 연장해 LNG캐피털이 정상적인 위험관리 수준에서 허용하는 범위의 5배까지 증권 매수를 할 수 있게 방치했다. 씨티는 이 문제를 7월초 인지해 LNG캐피털에 4억 달러 가량을 요구했으나 LNG캐피털은 이를 거부해, 씨티는 LNG캐피털이 포지션을 청산할 때까지 기다린 것으로 알려졌다. 씨티는 지난 7월 1억 7천 500만 달러를 관련 거래에 유보했으며, 모든 돈을 회수할 것으로 예상된다고 밝혔다.

씨티그룹 대변인은 이번 문제와 관련해 남아있는 익스포저(위험노출액)는 없다고 밝혔다. 그는 "정기 검토 과정에서 해당 문제를 인지하자마자 고위 경영진에 보고, 즉시 유사한 문제가 발생하지 않도록 추가적인 조치를 취했다."고 설명했다. 지난 6월 독일 최대 은행인 도이체방크 역시 헤지펀드와의 외환거래에서 실수로 60억 달러를 내줬다가 되찾는 촌극을 벌인 바 있다. 거래 실수에 따른 손실금은 다음날 바로 되돌려 받았으나 거래 규모가 커 은행들의 시스템 관리 문제가 이슈화됐다.

지난 8월에는 뉴욕멜론은행이 소프트웨어 결함으로 1천 개 이상의 뮤추얼펀드 및 상장지수펀드(ETF)의 가격을 제대로 책정하지 못해 논란을 불러일으켰다. 은행은 즉시 이를 사과하고 유사한 문제가 재발하지 않도록 원인을 분석하겠다고 해명했다.

📝 사례 9-2. 아니면 말고~ 소비자 우롱하는 '홈쇼핑 보험'

출처: 조선일보, 2015. 11. 19

[공정위 전수조사 결과] "머리부터 발끝까지 암 보장" 재발·전이암은 보장 안 돼
허위·과장 방송 일삼으며 年 수천억 원 수수료 수입…
필수 사항은 날림으로 안내
당국, "생방송 폐지하고 사전심의 거치는 방안 검토"

"머리끝부터 발끝까지 암의 종류가 약 300가지입니다. 모든 암을 보장합니다."
(롯데홈쇼핑) "55, 60, 65, 70세 연금 개시 이후 100세 보증 지급형 상품입니다. 연금이 끊기는 날은 고객님의 사망일이세요."(GS홈쇼핑)

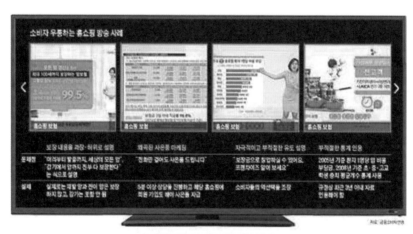

소비자 우롱하는 홈쇼핑 방송 사례
(조선일보 자료사진)

홈쇼핑 업체들이 보험 상품을 판매할 때 보장 내용을 과장하거나 지나치게 자극적인 표현을 일삼아 소비자를 우롱하고 있는 것으로 나타났다. 이 같은 결론은 금융소비자연맹(이하 금소연)이 공정거래위원회의 의뢰를 받아 지난 8월 한 달간 GS·롯데·현대·CJO·NS 등 5대 홈쇼핑사들의 생명·손해보험 상품 21종에 대한 보험 판매 방송(38회)을 전수조사한 데 따른 것이다. 조사 결과 이 기간 중 생명·손해보험협

회의 광고 규정을 위반한 사례는 43건에 달했다. 이기욱 금소연 사무처장은 "홈쇼핑 업체들이 보험 상품 판매 과정에서 과도하게 구매를 유도하거나 소비자들이 전혀 이해를 못 하거나 오인할 만한 정보를 잘못 전달하고 있다."고 지적했다.

보험 상품, 과장 · 왜곡해 판매하는 홈쇼핑 업체

TV 홈쇼핑사들은 입담이 좋은 쇼호스트를 등장시키고 째깍째깍하는 초시계 소리를 틀어가며 보험 상품 판매를 극대화하는 마케팅 기법을 쓰고 있다. 그 결과 연평균 140만여 명이 홈쇼핑을 통해 보험에 가입하고 있고, 홈쇼핑사들은 판매수수료로 매년 4,000억 원 가까운 수입을 올리고 있다. 그런데 TV 홈쇼핑들이 허위 · 과장 방송을 일삼는 바람에 불완전 판매가 갈수록 늘고 있다. 홈쇼핑의 보험 상품 불완전 판매에 의한 민원 건수는 2013년 7,149건에서 2014년 1만 2,522건으로 대폭 늘었다.

보험사들이 홈쇼핑 업체에 지급한 수수료와 홈쇼핑 업체들이 낸 과태료

자료 : 금융감독원, 금융소비자연맹

연도	보험사들이 홈쇼핑 업체에 지급한 판매수수료	홈쇼핑 업체들이 보험 방송 기준을 위반해 낸 과태료
2011	3853억	500만원 (1건)
2012	3766억	3750만원 (5건)
2013	3998억	600만원 (1건)
2014	3830억	3500만원 (4건)
2015	1881억	4000만원 (2건)
합계	1조7328억	1억2350만원

보험사들이 홈쇼핑 업체에 지급한 수수료와
홈쇼핑 업체들이 낸 과태료
(조선일보 자료사진)

조사에 따르면 롯데 · GS · 현대 · CJO 등은 8월 한 달간 암보험 상품을 팔면서 '감기에서 암까지 보장', '세상의 모든 암을 보장한다'고 네 차례 방송했다. 그러나 실상은 재발암과 전이암은 보장되지 않고, 감기도 보장 내용에 포함되지 않은 것으로 나타났다. 현대홈쇼핑은 치아보험을 팔면서 "가입 여부에 상관없이 전화를 걸면 모두에게 반찬용 찬기 세트를 사은품으로 지급한다.”고 방송했다. 그러나 설명과 달리 5분 이상 상담을 받고 홈쇼핑 회원 가입을 해야 사은품이 지급됐다. “보험금으로 창업하세요.”, “치료비로 쓰고 남은 보험금으로 생활비로 쓰세요.” 등 소비자를 호도하는 설명이 난무했다. 홈쇼핑 업체들은 최근 3년 이내에 발표된 관련 통계를 사용해야 하는 규정을 위반하고, 2005년 암 환자 1인당 비용 부담금, 2008년 초 · 중 · 고교생 평균 충치 개수 등 7~10년 전 낡은 자료를 인용했다.

금융 당국, “사전 심의 거친 녹화방송만 허용 검토”

홈쇼핑 업체들은 보험 상품을 판매할 때 방송 시간을 한 시간으로 편성하지만 보험 상품의 기본 내용에 대해 숙지하기 어렵게 방송을 구성하고 있는 것으로 조사됐다. 예컨대 한 시간 중 광고에만 평균 15분(25%)을 할애했고, 보험료 · 진단비 · 납입 기간 · 해약환급금 등 반드시 안내해야 할 20개 항목에 대한 ‘필수 안내 사항’은 깨알 같은 자막과 ‘속사포’ 음성으로 평균 1분 49초만 방송했다. 금소연 조사원들이 안내 자막을 차근차근 읽은 결과 평균 3분 30초, 이해하고 읽는 데는 4분가량 소요되는 내용을 날림으로 안내하고 있는 것이다.

이와 관련, 금소연 측은 “30%를 차지하는 광고 시간을 10~15%로 낮추고, 필수 안내 사항 시간을 더 늘려야 한다.”고 지적했다.

홈쇼핑 업체들의 날림 판매가 계속되는 이유는 손해 · 생명보험협회들의 부실 심사 때문이다. 보험협회들은 미리 녹화분인 ‘필수 안내 사항’만 사전에 심의하고, 쇼호스트의 즉흥적 대사가 포함된 생방송은 사후 심의를 한다. 규정을 위반하면 홈쇼핑 업체에 구두 경고를 하고, 2회 이상 반복되면 최대 5,000만 원(광고는 1억 원)까지 과태료를 물릴 수 있지만 보험사들의 이익 단체인 보험협회에서 방송을 심의하고 제재하기 때문에 처벌이 미미하다. 2011년부터 최근까지 홈쇼핑 업체에 물린 과태료는 1억 2,350만 원(13건)에 불과하다. 금융 당국 관계자는 “문제가 개선되지 않아 홈쇼핑 보험의 생방송을 폐지하고 사전 심의를 거친 녹화분만 방송하는 방안을 검토하고 있다.”고 말했다.

📖 사례 9-3. 6개 시멘트사, 담합행위 '철퇴'
과징금 2,000억

출처: 머니위크, 2016. 1. 5

쌍용양회 등 6개 시멘트업체가 가격담합으로 적발돼 2,000억 원 규모의 과징금을 물게 됐다.

공정거래위원회는 쌍용양회공업, 동양시멘트, 한일시멘트, 성신양회, 아세아, 현대시멘트 등 6개 시멘트업체가 각사의 시장점유율과 시멘트 가격을 함께 결정한 행위에 대해 과징금 1,994억 원을 부과하기로 결정했다고 5일 밝혔다.

공정위에 따르면 이들 6개 시멘트업체는 85%에 달하는 시장점유율을 바탕으로 지난 2011년 2월부터 약 2년간 가격을 담합했다. 6개사 영업본부장들은 모임 등을 통해 2011년 3월과 12월 등 2차례에 걸쳐 시멘트 가격을 인상키로 합의하고 이를 실행에 옮겼다. 이들은 담합에 대한 의심을 피하기 위해 인상폭과 인상시기, 공문 발송일자 등을 다르게 하는 방법으로 가격을 올렸다.

대형 시멘트 업체
(조선일보 자료사진)

특히 6개사는 2011년 2월 각 사의 시장점유율을 쌍용 22.9%, 동양 15.1%, 한일 14.9%, 성신 14.2%, 아세아 8.0%, 현대 11.4% 등으로 담합하고 이를 지키지 않은 업체에 불이익을 줬다. 또 2011년 3월과 같은 해 12월 등 2차례에 걸쳐 영업본부장 모임을 갖고 담합을 통해 시멘트 가격을 올렸다.

대형 레미콘사들이 가격 인상을 받아들이지 않자 2011년 5월 말부터는 약 15일 간 시멘트 공급을 중단하는 방법으로 업체들을 압박했다. 이런 담합 행위로 인해 2011년 1분기 1t당 4만 6,000원이던 시멘트 가격은 2014년 4월 1t당 6만 6,000원으로 43%나 올랐다. 시멘트업체들의 가격담합행위는 아세아가 협의체를 탈퇴한 2013년 4월까지 이어졌다.

쌍용양회 직원 A 씨는 공정위의 현장조사 과정에서 자신의 PC를 다른 직원의 것과 바꿨고, B 씨는 조사공무원이 사무실에 진입하자 부하 직원에게 서류를 치우도록 지시하다 적발됐다. 또 한일시멘트 직원들은 임원인 C 씨의 지시에 따라 사무실에 있던 자료들을 여자화장실과 지하주차장에 주차된 차량에 숨기다가 적발됐다. 이에 따라 공정위는 2개 업체와 임직원 3명에 대해 과태료 1억 6,500만 원을 부과했다.

📖 사례 9-4. 현재 모든 상담원 연결이 어렵다고? 그럼 언제 가능한데?

출처: 세계일보, 2016. 3. 30

TV홈쇼핑 업체들이 '사상 최저가', '초특가' 등의 광고문구로 소비자들의 시선을 끌어 모으고 있지만, 이 중 상당수는 거짓인 것으로 나타났습니다. 자동주문이나 제휴카드 할인 등을 모두 적용해야 가능한 최저가를 마치 기본 판매가인 것처럼 표시하는 경우도 부지기수였는데요. 대부분은 TV홈쇼핑 방송 종료 후에도 다른 인터넷 쇼핑몰 등에서 동일한 수준이거나 더 저렴한 가격에 판매되고 있었습니다. TV홈쇼핑 업체들이 사실상 소비자들을 우롱했다고 해도 과언이 아닌데요. TV홈쇼핑 업체의 소비자 우롱 행태가 근절되지 않는 주된 이유는 솜방망이 제재 탓으로 보입니다. 지난해 가짜 백수오 사태에도 별반 달라진 게 없는데요. 이제 정부는 과징금을 대폭 인상하는 등 보다 강력한 제재가 필요하며, 소비자를 기만하는 행위는 엄벌로 다스려야 한다는 주장이 설득력을 얻고 있습니다.

갈고리 마우스
(세계일보 자료사진)

주부 김 씨(40세)는 한 TV홈쇼핑에서 '국내에서 가장 싸다'라는 광고를 믿고 믹서기를 구입했다. 하지만 제품을 받은 뒤 인터넷쇼핑몰에서 같은 상품이 더 저렴한 값에 판매되고 있다는 사실을 알게 됐다. 김 씨는 TV홈쇼핑 업체에 항의했지만 '온라인쇼핑몰은 예외'라는 식의 황당한 답변을 받았다. 그는 "TV홈쇼핑의 설명만 듣고 구입해 낭패를 봤다."며 "자기네 책임이 아니라는 식의 태도에 너무 화가 난다."고 울분을 토했다.

"아무개 슈즈 최초, 일시불 1만 원 할인 9만 9,000원(무3), 일시불 시 8만 9,000원 방송 최저가 찬스로 선보입니다. 현재 상담원 연결이 어렵습니다. 먼저 수량을 선점하세요!"

한 TV홈쇼핑 업체는 최근 이런 방송을 내보내면서 해당 신발이 최저가인 것처럼 광고했지만, 사실 자사 인터넷쇼핑몰에서 8만 3,050원에 같은 제품을 판매했다. 또 다른 TV홈쇼핑 업체는 모바일 앱(애플리케이션) 할인과 적립금 등 온갖 할인혜택을 다 포함한 금액을 마치 물건의 실제 판매가격인 것처럼 광고했다.

방송 사상 최저가, 단 한 번도 없던 초특가?

이처럼 TV홈쇼핑 업체들이 과도한 구매 유도를 하거나 허위·과장 광고를 하는 현상과 관련해 한국소비자원은 최근 소비자 피해가 우려된다면서 주의를 당부했다. 소비자원이 지난해 9~10월 6개 업체의 총 100개 방송을 검사한 결과 70.0% (70개·이하 중복 포함)가 ● 방송사상 최저가 ● 단 한 번도 없던 초특가 ● 방송 종료 후 가격 환원 등으로 광고했다.

그러나 이 중 82.9%(58개)는 방송에서만 판다던 물건을 자사 인터넷몰에서 계속 판매하거나, 다른 쇼핑몰의 가격이 더 저렴한 것으로 드러났다. 나아가 TV홈쇼핑 업체들과 제휴한 모바일앱 2개는 일시불·자동주문·신용카드 할인 등 할인조건들이 모두 포함된 최저가를 마치 실제 판매가격인 것처럼 표시했다.

홈쇼핑의 단골 꼼수
(세계일보 자료사진)

한 TV홈쇼핑 업체가 직접 운영하는 모바일앱은 상품 구입 후 쌓이는 적립금까지 할인금액에 포함해 최종 판매가를 표시, 마치 소비자가 할인혜택을 받는 것처럼 표시했다. 아울러 소비자원이 조사한 100개 방송 중 39.0%(39개)는 효능·성능을 과

기업윤리

장하고 있었다. 한 TV홈쇼핑 업체는 정수기를 팔면서 '노로바이러스 제거·중금속 100% 제거'라고 광고했지만, 소비자원 확인 결과 이 정수기는 중금속 제거 기능이 없었다.

TV홈쇼핑 중 각종 렌탈(대여)이나 여행상품 관련 방송 30개 중 93.3%(28개)는 반품·위약금·추가비용 등 계약 체결 및 유지에 불리한 정보를 음성으로 안내하지 않고 자막으로 잠깐씩 내보내는 등 정보를 제대로 제공하지 않았다. 소비자원은 "스마트폰 등으로 렌탈·여행상품 방송을 보면 글자 크기가 더욱 작아져 거래 관련 정보를 명확하게 인지하기 어려웠다."고 밝혔다. TV홈쇼핑 업체들이 이렇게 허위·과장 광고를 하거나 중요 정보를 제대로 제공하지 않는 탓에 소비자 불만은 매년 증가하는 것으로 밝혀졌다.

업체에 불리한 내용, 작은 자막으로만 잠깐 노출

소비자원이 접수한 TV홈쇼핑 광고 관련 상담은 ● 2012년 425건 ● 2013년 556건 ● 2014년 597건으로 늘었다. 지난해에는 총 1301건의 상담이 접수돼 전년보다 2.2배 증가했다. 2012년부터 접수된 총 2,879건의 상담을 분석한 결과 품목별로 ● 식료품·기호품 상담이 34.2%(986건)로 가장 많았다. 이어 ● 생활용품·가전 12.6%(364건) ● 주방용품·가전 12.0%(346건) ● 화장품 및 이·미용용품 9.9%(286건) ● 의류 및 신변용품 9.2%(265건) 등의 순이었다.

소비자원이 최근 1년간 TV홈쇼핑을 이용해 본 소비자 1,000명을 대상으로 설문한 결과 불만 유형 중 가장 많은 33.0%는 '방송과 다른 상품·서비스'라고 답했다. 다음으로 '중요한 자막정보 확인곤란'이 30.7%, '쇼호스트의 불필요한 소비유발 멘트'가 30.6%, '상품 및 서비스에 대한 설명 부실'이 27.8%로 나타났다.

한편, 소비자들은 건강을 지키기 위해 관련 기능 식품을 사먹지만 정작 그 효과에 만족하는 사람은 3분의 1수준에 그친다는 조사 결과가 나왔다. 소비자자시민 모임은 지난해 8월 전국 20~60대 소비자 1521명을 대상으로 건강기능식품에 대한 의식을 조사한 결과를 공개했다. 이 중 건강기능식품을 먹어본 소비자 980명에게 섭취 이유를 물은 결과 ● '건강 유지 목적'이 77.2%로 가장 많았다. ● '질병 개선·치료'는 7.9%, • '심리적 안정'은 7.0%로 뒤를 이었다.

소비자 65.8% "건강기능식품 효과 불만족"

　　그러나 건강기능식품의 효과에 대해 만족한다는 소비자는 34.2%에 그쳤다. 효과가 보통이었다는 응답은 54.2%, 만족하지 않는다는 의견은 11.5%이었다. 소비자들은 건강기능식품의 문제점에 대해 가장 많은 24.9%가 '효능·효과에 대한 허위·과장광고'라고 답했다. 이어 • 제품의 안전성(20.7%) • 효능·효과의 객관적인 입증 부족(19.6%) • 인증 받지 않은 제품의 유통(11.8%) • 신뢰할 수 있는 정보 부족(11.4%) 순으로 나타났다.

　　특히 지난해 4~5월 '가짜 백수오' 사태와 관련된 상품을 팔았던 TV홈쇼핑 업체의 광고에 대해 응답자 중 83.7%는 '지나치게 과장되었다'고 답했다. 소비자들의 74.5%는 가짜 백수오 사건이 건강기능식품 구매에도 영향을 미쳤다고 대답했다. 나아가 건강기능식품은 질병 치료에 직접적 효과가 있다는 광고를 할 수 없음에도 응답자의 69.8%는 이런 내용의 광고를 본 적이 있다고 응답했다.

지난해 문제가 되었던 가짜 백수오 사태
(세계일보 자료사진)

📖 사례 9-5. 폭염보다 더 사람 잡는 전기요금

출처: 시사IN, 2016. 8. 25

　　기온이 치솟았다. 폭염이 계속되자 전력 사용량이 증가했다. 에어컨 등 냉방용 전력 사용이 늘었기 때문이다. 언론에 '전기요금 폭탄'이라는 용어가 등장했다. 불합리한 주택용 전기요금 누진제를 합리적으로 개선해야 한다는 내용이 신문 사설에도 실렸다. 에너지 관련 시민사회단체 등이 모여 전기요금 누진제에 관한 긴급 토론회가 열렸다. 요즘 얘기가 아니다. 폭염이 뜨거웠던 2012년 9월에 있었던 일이다.

　　2016년 8월, 전기요금 누진제 논란이 판박이처럼 일고 있다. 4년 만이다. 불만의 강도는 더해졌다. 기온은 4년 전보다 올라갔다. 여기에다 법무법인 인강이 한국전력공사를 상대로 낸 '전기요금 부당이득 반환 청구' 소송이 기폭제가 되었다. 주택용 전기요금 누진제를 규정한 한전의 전기 공급 약관이 부당하니 더 걷어간 전기요금을 돌려달라는 것이다. 2014년 8월 20여 명이 소송을 시작했는데 올여름에 신청자가 급증했다. 법무법인 인강은 8월 10일 '소송에 참여하겠다고 신청한 이가 1만 명을 넘었다'고 밝혔다. 더불어민주당, 국민의당, 정의당 등 정치권도 주택용 전기요금 누진제를 바꾸자고 나섰다. 하지만 산업통상자원부는 부자 감세 효과, 소비 증가에 따른 전력대란 우려 등을 이유로 누진제 개편에 반대한 바 있다.

아파트 세대마다 설치되어있는 에어컨 실외기
(시사IN 자료사진)

주택용 전기요금 누진제, 왜 시행되었나

먼저 주택용 전기요금 체계를 알 필요가 있다. 주택용 전기요금은 '기본요금 + 전력량 요금 + 부가가치세 + 전력산업기반기금'으로 나뉜다. 사용량에 따라 100kWh를 기준으로 6구간으로 구분되어 있다. 주택용 전기에는 누진요금이 적용된다. 기본요금은 구간마다 차등이 있다(아래 〈표 1〉 참조). 전력량 요금표를 보면, 주택용 (저압)의 경우 가장 비싼 6구간 요금이 가장 낮은 1구간 요금의 11.7배다. 가령 한 달에 150kWh를 사용했다고 치자. 이는 2단계 구간에 속한다. 이럴 경우 기본요금은 2단계 해당 기본요금을 낸다. 전력량 요금은 100kWh는 1단계 요금(60.7원)을, 나머지 50kWh는 2단계 요금(125.9원)을 각각 곱해 더하면 된다. 2단계 구간에 있다고 해서 전력소비량에 모두 2단계 요금을 곱하는 게 아니다.

그러면 이런 주택용 전기요금 누진제는 왜 만들어진 것일까. 주택용 전기요금제는 에너지 상황과 전력 수요에 따라 변화해왔다. 1973년 11월까지는 전력소비량이 높은 구간에서 전력량 요금이 오히려 낮아지는 역진적인 요금제가 적용되었다. 그러다가 1973년 12월부터 모든 사용 전력량에 같은 요금을 곱하는 단일요금제를 1년 동안 시행했다.

〈표1〉 주택용 전기요금 현황(2015년 월평균)

	100kWh 이하	101~200	201~300	301~400	401~500	500kWh 초과
기본요금(원)	410	910	1600	3850	7300	12940
kWh당 요금(원)	60.7	125.9	187.9	280.6	417.7	709.5
사용 가구 비율(%)	18.8	22.6	30.3	22.6	4.5	1.2

자료: 한전 사이버지점

<표 1> 주택용 전기요금 현황
(시사IN 자료사진)

지금과 같은 주택용 전기요금 누진제가 도입된 것은 1974년 12월이었다. 제1차 석유파동이 원인이었다. 유가 급등이 부담스러운 상황이었다. 그래서 전기를 절약하고 저소득층의 전기요금 부담을 낮추자는 취지로 전기요금 누진제가 시작되었다. 처음에는 3단계 구간으로 최대요금과 최저요금의 비율은 1.58배 수준이었다. 이후 에너지 시장 상황에 따라 구간이 확대·축소되었다. 2차 석유파동으로 유가가 급등했던 1979년에는 누진단계가 12단계로, 누진배율이 19.68배로 확대되기도 했다. 지금

기업윤리

의 주택용(저압) 전기요금 누진배율 11.7배는 2005년 12월부터 유지되어왔다.

에너지경제연구원의 한 보고서(《주택용 전력수요의 계절별 가격탄력성 추정을 통한 누진요금제 효과 검증 연구》, 조성진·박광수)에 따르면, 월평균 전력 소비가 300kWh인 가구의 경우 총괄원가의 90% 정도의 단가를 지불하는 것으로 추정된다. 전력 소비가 적은 가구의 전기요금은 낮은 편이다. 전력 소비가 많은 가구에 높은 누진요금을 적용해 '보조'를 받는 셈이다. 월평균 전력 소비가 300kWh 이하 가구는 전체 가구 중 71.4%이다(2014년 기준).

주택용 전력 수요는 겨울과 여름에 높다. 2013년을 제외하고 2010년, 2011년, 2012년, 2014년에는 동절기에 더 많은 전력을 쓴 것으로 나타났다. 전기 난방 수요가 컸다. 소득을 기준으로 살펴보면 전력 소비는 소득이 높을수록 증가하는 경향이 뚜렷하다. 상대적으로 소득이 높은 가구에서는 냉방 수요가 난방 수요보다 더 크게 나타난다. 가구 유형으로는 1인 가구의 전력 소비가 가장 적었고, 주택 면적이 증가할수록 전력 소비도 증가했다. 현재의 주택용 전기요금 누진제는 1인 가구, 저전력 소비 가구에 유리한 측면이 있다. 여름철 가정에서 에어컨 사용을 자제하는 것은 누진요금의 영향이라는 점 또한 부인하기 어렵다.

전력량계를 확인하는 시민
(시사IN 자료사진)

이런 누진제에는 허점과 한계가 있다. 제도 설계 때보다 1인 가구가 대폭 증가하는 등 가구 유형이 달라졌는데 이를 반영하지 못하고 있다. 가구원 숫자가 많을수록 전력 소비가 많은 편인데, 소득이 적으면서 가족이 많은 가구가 상대적으로 많은 요금을 내는 문제점도 있다. 누진제 유지를 지지하는 환경단체 등에서도 큰 틀은 유지하고 일부 구간의 기준을 미세 조정하는 것에는 공감하는 분위기다.

산업용 전기에는 왜 누진제 적용하지 않나

전기요금 체계는 용도에 따라 주택용·일반용·교육용·산업용·농사용·가로등용·심야전력 등 6개로 구분된다. 판매량 비중은 산업용(55.9%), 일반용(21.5%), 주택용(13.9%), 심야전력(3.5%), 농사용(2.9%), 교육용(1.75), 가로등용(0.7%) 순서다(2014년 실적 기준). 주택용 전기요금에는 누진제가 적용되고, 산업용·일반용 전기 등에는 계절별·시간대별 차등요금이 적용된다.

왜 주택용 전기에만 누진제가 적용되느냐며 형평성 문제를 제기하는 목소리도 있다. 하지만 에너지 전문가들에 따르면 산업용·일반용 전기는 구조상 누진요금을 적용하기 어렵다. 영세업체와 제철소 같은 대기업 사업장은 전력 소비 차이가 무척 크기 때문에 구간을 정해 누진요금을 적용하기가 기술적으로 어렵다는 것이다. 또 산업용 전력의 경우 공장을 짓는 순간 전력소비량이 일정하게 정해지기 때문에 (전기를 더 쓰면 요금을 더 내게 하자는) 누진제와 어울리지 않다는 설명이다. 그래서 세계적으로도 산업용 전기에 누진제를 적용하는 나라는 없다.

2012년 그해 여름은 어땠나?

〈표 4〉
2011년 8월과 2012년 8월 구간별 가구수 비중

	2011년 8월	2012년 8월
100kWh 이하	13.7%	13.4%
101~200	20%	17.6%
201~300	25.4%	21.8%
301~400	26.4%	24.1%
401~500	11.2%	15.6%
500kWh 초과	3.4%	7.5%

자료:한국전력공사

<표 4> 2011년과 2012년 비교 자료
(시사IN 자료사진)

런던 올림픽이 열린 2012년 여름에도 폭염으로 인해 누진제 논란이 뜨거웠다. 기상청에 따르면 2012년은 1981년 이후 여섯 번째로 더운 여름이었다. 당시 주택용 전기 사용량의 변화는 어땠을까. 2012년 8월의 누진구간별 가구수 비중을 살펴보면 2011년 8월에 비해 1, 2, 3, 4단계 구간의 가구수 비중은 줄었다(1단계 13.7% → 13.4%, 2단계 20% → 17.6%, 3단계 25.4% → 21.8%, 4단계 26.4% → 24.1%). 반면 전력 소비가 많은 5단계와 6단계 구간의 가구수 비중 증가가 두드러졌다(5단계 11.2%→15.6%, 6단계 3.4% → 7.5%, 왼쪽 〈표 4〉 참조). 이해 8월 무더위로 '전기요금 폭탄'을 맞았다고 알려진 계층은 6단계에 포함되었을 것인데, 이 구간에 새롭게 진입한 가구는 90만 가구 정도이다. 이는 전체 가구(2,161만 가구)의 4.2%에 해당한다. '혹여 여름철 전기요금 폭탄을 맞지 않을까' 모든 가구가 걱정하지만, 그 시기에 실제로 전기요금이 다른 가구에 비해 급격하게 증가한 가구는 일부라는 것이다(《전기요금과 사회적 정의 그리고 탈핵 에너지전환》, 한재각).

누진제 완화하면 살림살이 나아질까

전기요금 누진제에 대한 여러 보고서는 현행 누진배율(11.7배)이 과도하게 높은 측면이 있다고 밝히고 있다. 정치권에서도 전기요금 누진제 구간과 배율을 축소하는 법안을 마련하고 있다.

이뿐 아니라 주택용 전기요금 누진제에 대한 민심은 부정적인 편이다. 8월 9일 여론조사 기관 리얼미터가 전국 성인 518명을 대상으로 조사한 결과에 따르면, 국민 10명 중 8명은 이 제도를 폐지하거나 완화해야 한다고 답했다(폐지 41.3%, 완화 39.6%). 이런 조사 결과에는 누진제를 폐지하거나 완화할 경우에 여름철에 전기요금 걱정 없이 에어컨을 켤 수 있으리라는 바람이 담긴 것으로 보인다.

8월 11일 정부와 새누리당은 긴급 협의회를 열어 올해 7~9월 누진제를 한시적으로 조정하기로 했다. 현행 6단계인 누진제 구간의 폭을 50kWh씩 높이는 방식으로 상향 조정하기로 했다. 그리고 이후 전체적인 전력요금 체계 개편을 위해 태스크포스를 구성하기로 했다.

이번에 한시적인 조정을 통해 일시적으로 전기요금이 줄어들 전망이다. 하지만 이후 누진구간·누진비율을 축소하는 안을 마련할 경우, 이번처럼 전기요금이 줄어들지는 미지수다. 기준을 어떻게 정할지 그 설계 방법에 따라 달라지겠지만 기존 시뮬레이션 결과를 보면 적어도 전기 저소비 가구에서는 전기요금이 상승할 가능성이 높다. 2012년 국회 전기사업법 일부개정법률안 검토보고서에는 참고할 만한 데이터가 담겨 있다. 누진제를 3단계, 3.6배 수준으로 완화했을 경우를 가정해 시뮬레이션한 결과가 실려 있다(아래 〈표 2〉 참조). 이 경우에 전기를 적게 사용하는 기존 1·2·3 구간 가구의 전기요금은 월평균 2,000~3,000원 상승하는 것으로 나타났다. 반면 전력 사용량이 많은 6구간 가구는 월평균 4만 원 넘게 전기요금이 줄어드는 것으로 나타났다. 국회의 검토보고서도 '누진제 완화 시 현행 전기요금 수준을 유지하기 위해서는 오히려 서민층(전기 저소비 가구)의 부담이 증가하여 형평성 문제를 야기할 가능성이 있다'고 지적했다.

2009년 9월 당시 지식경제부도 5단계 누진제 개선안을 내놓은 적이 있다. 1·2·3단계 구간을 150kWh를 기준으로 해서 2단계로 조정하고, 최고 누진율은 9.7 배로 하는 안이었다. 이렇게 할 경우 개편 전 6개 전 구간에서 전기요금이 오르는 것으로 나타났다(아래 〈표 3〉 참조).

〈표 2〉 주택용 누진제 완화(3단계, 3.6배 수준) **시뮬레이션 결과 가구당 월평균 요금** (단위:원)

주택용(저압)	현행	개편 후	증감액
100kWh 이하	3,858	6,176	+2,318
101~200	12,792	16,120	+3,328
201~300	25,177	28,872	+3,695
301~400	46,930	42,870	−4,060
401~500	80,747	75,170	−5,577
500kWh 초과	195,392	150,588	−44,804

자료: 국회 전기사업법 일부개정법률안 검토보고서(2012.11)

<표 2> 주택용 누진제 완화 시뮬레이션 결과
(시사IN 자료사진)

〈표 3〉 2009년 지식경제부 5단계 누진제 개편안 (단위:원)

주택용(저압)	현행		개편 후		가구당 증감(평균 4.5%)
	기본요금	전력량 요금	기본요금	전력량 요금	
100kWh 이하	370	55.1	1,130	66.1	+1,465(53.5%)
101~200	820	113.8			+1,036(8.3%)
201~300	1,430	168.3	2,560	135.9	+891(3.4%)
301~400	3,420	248.6	5,590	254.1	+1,682(3.5%)
401~500	6,410	366.4	8,980	369.1	+4,416(5.5%)
500kWh 초과	11,750	643.9	14,050	643.9	+9,621(5.6%)

자료: 옛 지식경제부

<표 3> 2009년 지식경제부 5단계 누진제 개편안
(시사IN 자료사진)

누진배율을 축소하는 경우 현재 원가보다 크게 낮은 전기요금을 내던 저전력 소비 가구의 요금 상승은 불가피하다. 1인 가구, 일부 저소득 가구의 전기요금이 늘어나리라 보인다. 지난해 월평균 주택용 전기요금 현황을 보면 전력 소비가 많은 5·6구간의 가구수 비중은 각각 4.5%, 1.2%에 불과하다. 누진제 완화로 전기요금이 줄어드는 혜택은 주로 이들에게 돌아갈 가능성이 크다(아래 〈표 1〉 참조).

〈표1〉 주택용 전기요금 현황(2015년 월평균)

	100㎾h 이하	101~200	201~300	301~400	401~500	500㎾h 초과
기본요금(원)	410	910	1600	3850	7300	12940
㎾h당 요금(원)	60.7	125.9	187.9	280.6	417.7	709.5
사용 가구 비율(%)	18.8	22.6	30.3	22.6	4.5	1.2

자료:한전 사이트페이지

<표 1> 주택용 전기요금 현황
(시사IN 자료사진)

📖✍️ 사례 9-6. 100억 기부 강석창 회장 "재산 99%도 마저…"

출처: CBS 김현정의 뉴스쇼, 2017. 4. 13

CBS 라디오 김현정의 뉴스쇼
(CBS 김현정의 뉴스쇼 자료사진)

방송: CBS 라디오 〈김현정의 뉴스쇼〉 FM 98.1 (07:30~09:00)
진행: 김현정 앵커
대담: 강석창 (미네랄바이오 회장)

'나는 기부를 하기 위해 사업을 한다' 화장품 회사를 운영하는 회장님의 기부 철학입니다. 지난 20년간 기부한 돈만 해도 100억 원이 넘는데요. 사업을 그만두면 전 재산의 99%를 내놓겠다 이런 공언까지 했습니다. '꽃을 든 ○○' 하면 떠오르는 그 화장품, 그 화장품 회사의 창업주입니다. 강석창 회장. 오늘 화제 인터뷰에서 직접 만나보죠. 강 회장님, 안녕하세요.

● 강석창: 안녕하세요. 강석창입니다.
○ 김현정: 아니, 20년 동안 기부하신 돈이 정말 100억 원이 넘습니까?
● 강석창: 네, 100억 조금 넘습니다.
○ 김현정: 아니, 그래서 저는요. 회장님이 원래 타고난 부자, 재벌 2세쯤 되는 분인 줄 알았어요. 그런데 전혀 아니에요. 1980년대에 중졸에 영업사원부터 출발을

하셨다고요?

● 강석창: 87년부터니까 20대 초반부터 했다고 보면 되겠습니다.

○ 김현정: 사실은 최종학력이 중졸인 영업사원이면 월급이 기부를 할 정도로 충분하진 않았을 걸로 생각이 되는데요. 기부를 어떻게 시작하게 되셨어요?

● 강석창: 처음에 기독교방송이 그때 언론 탄압을 받으면서 일반 청취자들이 기부하고 이런 것들 보고, 정말 기독교방송이 그렇게 어려운가 해서 찾아갔었거든요.

○ 김현정: 아, 저희 CBS요?

● 강석창: 그렇죠. 그게 기부의 시작이었던 것 같습니다.

○ 김현정: 저는 몰랐어요. 이거 처음 듣는 이야기인데요? CBS를 돕는 기부부터 시작하신 거예요? CBS가 언론 탄압받고 있던 그 시절에?

● 강석창: 네. 하지만 지금은 좀 더 어려운 데를 선정해서. (웃음)

○ 김현정: 맞습니다. 괜찮습니다.

● 강석창: 그때는 정말 (CBS가) 어려우셨던 것 같아요.

○ 김현정: 그렇게 시작한 기부가, 회사를 직접 창업하면서는 매년 매출의 1에서 2%를 기부하겠다 약속을 하고 많을 때는 순수익의 30%까지 기부하신 적도 있다면서요?

● 강석창: 네, 회사 창업은 1992년도에 창업했습니다. 그때는 이익이 3%, 2%밖에 안 났었습니다. 그때는 1% 내는 것 자체가 이익금의 50%도 되고 그래서 지나놓고 계산해 보니까 이익금으로 계산하면 기부한게 한 30% 되더라고요.

○ 김현정: 아, 그렇게.

● 강석창: 그동안 낸 거 역산해 보니까 30%쯤 이익으로 계산이 되길래 기부 금액을 이익금의 30%로 바꾸게 된 겁니다.

○ 김현정: 대단하세요. 제가 실례되는 말씀인지 모르겠습니다마는 워낙 또 드러내놓고 말씀하시니까 말씀드립니다마는 최종학력이 중졸이신거죠?

강석창 회장
(미네랄바이오, 노컷뉴스 자료사진)

- 강석창: 고등학교도 다니긴했는데 제가 3학년 한 달 다니고, 건강이 너무 안 좋아서 중간에 스스로 자퇴를 했습니다.

○ 김현정: 건강이 안 좋아서?

- 강석창: 네. 그래서 그것 때문에 거꾸로 화장품을 하게 됐으니까 그게 역으로 보면 행운이 된 걸로 볼 수도 있겠죠.

○ 김현정: 그거는 무슨 말씀이세요? 그것 때문에?

- 강석창: 공부를 했으면 은행 들어갔을 거거든요. 어디까지 올라갈지 모르겠지만 그래도 화장품 회사에서 1,200억 매출 하는 것보다는 못하지 않겠습니까? 결과적으로 그런 건데. 전화위복이 와서 새옹지마라고 할 수 있겠는데, 나쁜 어려움이 있더라도 그걸 잘 극복하면 오히려 큰 기회가 되는 경우가 많이 있더라고요.

○ 김현정: 그렇군요. 미네랄바이오의 강석창 회장 지금 만나고 있습니다. 그런데 여러분 여기서 끝이 아닙니다. '내가 사업을 그만두게 되면 전 재산의 99%를 기부하겠다' 이런 약속을 또 하나 하셨어요?

- 강석창: 네, 그런데 신문에 그게 좀 잘못된 거 같은데 '손 떼면' 이렇게 되어 있거

든요. 그런데 제가 주변에 보면 나중에 하겠다는 분들은 제대로 하는 분들이 별로 없더라고요. 단계적으로 해야죠. 나중에 한다는 얘기는 언제 마음이 바뀔지 모르지 않겠습니까?

○ 김현정: (웃음) 그럼 손을 다 떼게 되면 그때 99%가 아니라, 지금부터 차근차근 단계적으로 해서 99% 하겠다 이런 말씀이세요?

● 강석창: 당연히 그래야 되겠고요. 한꺼번에 99% 다 하면 회사는 문을 닫아야 되니까 이거를 주식을 기부하게 된다면 배당금이 그쪽으로 가게 될 거고 그러면 계속 회사 이익이 기부하는 게 되겠죠, 이익으로.

○ 김현정: 네. 그런데 본인은 그렇게 생각하셨어도 솔직히 가족들은 좀 서운해 할 수도 있을 것 같은데요?

● 강석창: 그런 얘기도 좀 있었죠.

○ 김현정: 아, 있었어요?

● 강석창: 그런데 요즘에 가족들도, 기부라는 것이 결국은 내가 복을 받는 길이거든요. 제가 많이 평상시 많이 이야기를 하고 있거든요. 그래서 아이들도 많이 받아들인 상태고요. '열심히 일해서 연봉 많이 받으면 되는 거 아니냐' 이렇게 제가 방향을 주고 있습니다.

○ 김현정: 네가 열심히 해서 네가 많이 벌면 되지 뭘 그러냐? (웃음)

● 강석창: 그렇죠. 노력하지 않고 벌리게 되면 대부분 잘못되더라고요, 일반적으로.

○ 김현정: 그렇군요. 지금 말씀하시면서 그러셨어요. '결국은 내가 나눠주는 게 다시 내 복으로 돌아오더라' 퍼주고 퍼주고 또 퍼주는 게 결국은 나한테 돌아오는 겁니까?

● 강석창: 마케팅도 그렇게 봅니다. 제가 미네랄바이오를 통해서는 우리 제품을 무료로 막 주려고 합니다.

○ 김현정: 고객들한테요?

● 강석창: 네, 이것도 하나의 일종의 기부가 아닐까.

○ 김현정: 그렇군요. 지금 들으시는 분들 중에 '사실 나도 기부하고 싶어. 기부하고 싶지만 이게 실천이 어렵다. 또 내가 지금 당장 손에 쥔 돈이 너무 적다. 회장님은 많이 버시니까 그렇지만 나는 지금 당장 살기가 어렵다. 어떻게 기부해야 합니까?'라고 묻는 분들에게 뭐라고 하시겠어요?

- 강석창: 네. 그런데 기부가 이게 보니까 또 습관인 것 같더라고요. 주변에 보면 돈을 많이 벌게 되면 하던 기부도 못하시더라고요.

- 김현정: 대부분 '나 많이 벌면 그때 나눌 거야, 그때 할 거야' 말하는데 실제로 많이 벌면 그렇게 안 됩니까?

- 강석창: 돈을 많이 벌면 쓸 데는 더 많아지더라고요.

- 김현정: (웃음) 희한하죠. 많이 벌면….

- 강석창: 공장도 지어야 되고. 그러다 보면 못할 수가 있겠더라고요.

- 김현정: 그렇죠, 그렇죠. 그래서 '기부는 습관이다' 100원 벌면 100원 버는 대로, 1만 원 벌면 1만 원 버는 대로 거기서 조금이라도 떼내서 기부하십시오, 이런 말씀이시군요?

- 강석창: 그리고 더 중요한 거는 기업해서 돈을 벌게 되면 이걸 내 돈이라고 생각할 수 있는데 사실은 고객의 주머니에서 나한테 가지고 온 거거든요.

- 김현정: 물론입니다.

- 강석창: 그중의 한 30% 정도는 가난한 고객한테 돌려준다면 (사회적으로도) 부의 분배라든지 공유경제하고 딱 맞다는 생각을 해 봤습니다.

- 김현정: 참… 회장님, 감사드리고요.

- 강석창: 네, 감사합니다.

- 김현정: 기부를 그냥 많이 하셔서 감사드린다기보다는 그런 철학을 여기저기에 알려주고 다니시는 저는 그 점이 더 존경스럽습니다. 앞으로도 좋은 일 많이 해 주시고요. 오늘 귀한 인터뷰 고맙습니다.

- 강석창: 감사합니다.

- 김현정: 전 재산의 99%를 내놓겠다, 그리고 지금까지 100억 원이 넘게 기부를 한 기부왕입니다. 미네랄바이오 강석창 회장이었습니다.

📖 사례 9-7. "수박이 아니라 집을 사는 것처럼 기부를 하자"

출처: 노컷뉴스, 2017. 12. 9

"기부포비아 시대… 기부도 잘 알아보고 꼼꼼히, 그리고 통 크게 하자"

- 이영학 사건 등으로 '기부 포비아' 현상
- '믿을 수 없으니 안 한다'가 아니라 '이젠 잘 알아보고 하자'
- 국정농단, 새희망씨앗, 이영학 사건 등으로 기부문화 위축 걱정스러워
- 자기가 낸 기부금이 어떻게 쓰이는지 꼼꼼히 따져보는 기부문화 필요

CBS 라디오 시사자키 정관용입니다
(CBS 라디오 시사자키 정관용입니다 자료사진)

방송: FM 98.1 (18:30~19:55)
방송일: 2017년 12월 8일 (金) 오후
진행: 정관용 (한림국제대학원대학교 교수)
출연: 비케이 안 소장(한국기부문화연구소)

○ 정관용: 한국기부문화연구소 비케이 안 소장님을 연결해서 이야기 들어보겠습니다.
　　　　　 소장님 안녕하세요.
● 비케이 안 소장: 네, 안녕하세요.
○ 정관용: 연탄은행도 올해 후원이 한 15% 내지 20% 줄어들었다는데.
● 비케이 안 소장: 그렇다네요.

○ 정관용: 지금 다른 곳들도 대체로 그렇습니까? 비케이 안 소장님 파악하신 바가 어때요?

● 비케이 안 소장: 저도 15~20곳 정도로 봤는데 어쨌든 작년보다 못하다는 거는 확실한 것 같고요.

○ 정관용: 거의 모든 단체가?

● 비케이 안 소장: 그렇죠. 그런데 이제 더 낫다고 하는 단체는 제가 못 들어봤고요. 문제는 이제 실제 온도차하고 체감온도 차이가 크니까 심리적으로 마침 너무나 기부 한파라고 그럴까요? 이러니까. 더 걱정입니다, 심리적으로.

○ 정관용: 소위 '어금니 아빠' 사건이 영향을 크게 미쳤다고 생각하세요, 어떻게 생각하세요?

● 비케이 안 소장: 물론이죠. 이런 비유가 어떤지 모르겠지만 작년도 국정농단 사건 같은 경우는, 우리 기부자가 맷집이 그렇게 좋지 않거든요, 우리 한국 기부자들이. 그런데 머리를 맞은 거나 마찬가지고. 얼마 전에 새희망 씨앗이라는 재단이 걸렸던 문제가 바로 사람의 가슴을 친 거였고요.

○ 정관용: 새희망씨앗이 100억 원대인가요

● 비케이 안 소장: 그렇죠. 126억 횡령한 사건 있었죠. 그다음에 이번에 이영학 사건 같은 경우는 배꼽 밑의 사람의 급소를 친 거나 마찬가지이기 때문에 이렇게 짧은 시간에 세 사건이 벌어진, 한꺼번에 있었던 사건은 저 자신도 경험을 못했기 때문에 우리 많은 기부자들이 어떤 패닉에 빠졌다고 할까, 집단 트라우마에 있는 지경인 것 같습니다.

○ 정관용: 그 영향이 직접적으로 모든 단체에 15% 내지 20% 위축, 이 숫자로 나타나고 있는 거군요?

● 비케이 안 소장: 그렇지만 아직까지는 잘 모르죠. 아까 말씀하신 대로 금년을 더 두고 봐야 되는데.

○ 정관용: 연말에 집중되니까.

● 비케이 안 소장: 그렇죠. 우리 국민성이 막판 뒤집기라는 게 있지 않습니까? 앞에서도 똑같은 얘기를 하다가 막판에 10일, 20일 남겨놓고 해서 결국은 온도 게이지가 차는 경우가 많이 봤기 때문에 저도 그런 기대를 하고

있습니다.

○ 정관용: 우리 비케이 안 소장께서는 외국의 기부 문화도 많이 접하시고 비교, 검토하고 계시지 않습니까? 소위 기부 선진국이라고 하는 나라들도 이런 비리사건들이 가끔 터집니까? 어떻습니까?

● 비케이 안 소장: 맞습니다. 우리나라보다 더 끔찍한 사건들이 사실 많이 있고요.

○ 정관용: 그래요?

● 비케이 안 소장: 그런데 이런 거 아무리 기부 선진국이라도 전혀 이런 사건이 없을 수가 없는데 문제는 이런 사건에 어떻게 대응하느냐가 더 큰 문제죠. 이제 아무래도 우리나라 같은 경우는 이런 기부 문화가 민낯을 그대로 보여줬지만 이걸 어떤 교훈으로 삼고 다시 이런 일들이, 똑같은 일들이 반복되어선 안 되지 않습니까? 그래서 가히 문제가 좀 있습니다. 사람들이 너무 감시가 소홀하다고 생각했는지 규모면에서도 이런 문제가 점점 더 커지고 집중적으로 발전되고 있어요. 13% 정도, 미국도 전체 모금의 13% 정도가 이렇게 후원금 유용으로 드러나는 걸로 나와 있습니다, 통계상으로.

○ 정관용: 무려 13%나요?

● 비케이 안 소장: 그렇죠. 우리나라 같은 경우는 이것보다 더 많을 것으로, 불행히도 더 많을 것으로 보죠, 우리는.

○ 정관용: 우리는 13%보다 더 많을 수도 있다?

● 비케이 안 소장: 네.

○ 정관용: 그런데 기부 선진국이라고 하는 나라들은 거기서도 그런 비리가 터졌을 때 어떻게 대처합니까? 지금 대처가 중요하다고 하셨기 때문에.

연말이 되면 눈에 띄는 구세군 모금함
(CBS 노컷뉴스 자료사진)

- 비케이 안 소장: 그분들은 대처하는 방법에 대해서는 좀 유연하죠. 아무래도 어떤 스캔들이 일어나면 우리나라 같은 경우는 반응이 상당히 빠르고요. 물론 바운스 백도, 반응속도도 상당히 굉장히 빠르기는 합니다만.

- 정관용: 다시 회복도 되기는 하지만.

- 비케이 안 소장: 미국 같은 경우는 그런 스캔들이 일어나면 반응이 한 1년 반이나 2년 뒤에 나타나요, 서서히. 그래서 뒤끝이 있어서 그런지 또 어떤 문제가 생긴 데는 끝까지 찾아가서 찾아내고 그렇게 하는데. 재미난 예를 들면 어떤 단체에서 얼마 전에 한 1억 정도 횡령사건이 일어났는데 그 문제가 발각돼서 자살까지 했어요, 담당자. 그런데 단체에서는 가족을 대상으로 고소를 해서 결국 돈을 찾아낸 케이스도 있는데. 이런 자료도 나오죠. 그래서 끝까지 찾아서 자기들은 다 토해내게 한다 그런 의지도 있고. 일반 상법에서 충분히 잡아낼 수 있다고 보는 거죠. 우리나라 같은 경우는 쉽지는 않지만.

- 정관용: 그럼 우리도 그런 비리가 발견된, 잘못 쓰여진 기부금을 환수할 수 있는 제도가 있나요?

- 비케이 안 소장: 있습니다. 국세청에서도 이걸 충분히 알고 있고요. 일부는 많이 돈이 남아 있다면 충분히 돈을 환수할 수 있지만 남아 있지 않을 경우에는 민간 소송에 의존하는 수밖에 없죠. 그러나 이것도 결국 악마는 디테일에 있다고 결국은 이 제도가 있긴 있습니다만 촘촘하지 못해요. 전문성도 떨어지고 이번 기회에 좀 더 우리가 제도 문제를 다뤄야 될 것 같습니다.

- 정관용: 그렇죠. 지금 얘기가 급하게 나가서 비리를 저지른, 잘못 쓰여진 기부금 같은 거 환수 얘기까지 먼저 가버렸습니다마는 그 전에 이렇게 잘못 쓰여지지 않게 횡령이나 비리로 줄줄 새지 않게 감시, 감독하는 체제가 중요할 것 같은데 그건 선진국과 우리랑 어떤 차이가 있습니까?

- 비케이 안 소장: 선진국은 기부금 단체가 자세한 지출 명세를 모두 내게끔 되어 있죠.

- 정관용: 그게 뭡니까?

- 비케이 안 소장: 국세청에 자기들이 어떤 식으로 기부금을 받았고 어떻게 쓰여졌고 심지어는 안에 있는 CEO나 직원들의 월급까지 다 쓰게끔 되어 있습

니다. 누구든지 국세청에 내고 국세청에서는 그걸 발표를 해야 되고 기부자가 만약에 원한다면 그 단체를 뒤져서 상황이 어떤지를 볼 수 있죠. 기부를 결정하는 데 큰 도움이 되기는 합니다마는 그런 방법으로 어떤 모니터링을 할 수 있는 장치가 어느 정도 되어 있죠.

○ 정관용: 우리는요? 우리는 그런 게 없어요?

● 비케이 안 소장: 노력은 많이 하고 있어요. 예를 들면 가이드스타 같은 경우도 미국 모델을 만들어서 우리도 국세청에서 받은 자료를 가지고 공표를 하고 있습니다마는 그 반응들이 뜨겁지는 않아요. 이번 기회에 많은 분들이 그런 가이드스타 같은 것을 이용해서 감시망을 더욱 촘촘히 만드는 그런 기회가 됐으면 좋겠습니다.

○ 정관용: 한국적 기부문화의 특징은 뭡니까?

● 비케이 안 소장: 아무래도 저희는 정에 관한 게 있고요. 흥도 좀 있어야 되고. 그런데 주로 이런 개인 기부보다는 주로 기업 기부, 단체적으로 하는 기부들이 많이 있고요. 주로 주고받는 거죠. 그냥 주는 것이 아니라 어떤 무언가를 바라는 그런 기부가 많이 있기 때문에.

○ 정관용: 세제혜택 같은 거.

● 비케이 안 소장: 그렇죠. 그다음에 아까 말씀드린 대로 이런 스캔들에 취약하고 그런 우리 특이한 문화가 있습니다. 아시다시피 비영리기관하고 영리기관은 달라요. 영리기관은 어떤 문제가 있으면 한 회사가 문제 있는 것으로 되면 되는데, 비영리는 한 문제가 있으면 전체, 전체 기관이 문제가 되거든요. 그래서 이런 경우엔 취약하게 되죠.

○ 정관용: 우리 개인이 기부를 할 때 최근에 이런 일련의 비리사건을 접하고 난 다음에 아유, 이제 기부하지 말아야지, 그럴 것이 아니라 제대로 돈을 걷어서 투명하게 돈을 쓰는 기관을 찾아서 정기적으로 기부하는 이런 게 중요하지 않을까요?

● 비케이 안 소장: 그렇습니다. 그래서 이제는 기부자들도 마치 우리가 수박을 사는 게 아니라 집을 사는 것처럼 기부를 하자, 따져서. 옛날에는 우리가 주면 됐지 그걸 따지는 건 나쁜 일이 아닌가 이렇게 오해를 하시는 분위기인데 이제는 우리도 따지고 준 뒤에도 알아도 보고 챙겨도 보고

이렇게 해야 됩니다.

○ 정관용: 기부하면서 내가 기부한 돈이 잘 쓰이고 있는지 잘 보여달라, 챙기고 묻고.

● 비케이 안 소장: 그렇죠. 지금 정부에 의존하기도 힘들고요. 단체 윤리성 자체도 그렇고 미디어도 열심히는 하고 있습니다마는 다 기대할 데가 없기 때문에 남아있는 기부자들이 우리나라는 특히 기부자들끼리 모임이라든지 협회라는 게 없지 않습니까? 목소리를 못 내고 있지만 이번 기회에 자기가 각자 자기가 낸 기부금이 어떻게 쓰이는지를 꼼꼼히 따지는 그런 문화가 필요할 것 같아요.

○ 정관용: 그렇게 시민들이 따지고 들수록 아주 투명하게 잘 활동하는 단체들이 점점 더 규모를 키우고 문제 많은 단체는 저절로 사라지고 이렇게 되는 것 아니겠습니까?

● 비케이 안 소장: 자연적인 비영리 시장의 논리죠, 그게.

○ 정관용: 그렇죠. 비록 좀 불미스러운 사건들이 있었지만 차제에 좋은 기관 찾아서 기부하기운동, 이런 게 펼쳐졌으면 좋겠네요.

● 비케이 안 소장: 물론입니다. 반드시 필요합니다.

○ 정관용: 여기까지 말씀 들을게요. 고맙습니다.

● 비케이 안 소장: 네, 감사합니다.

○ 정관용: 한국기부문화연구소 비케이 안 소장이셨습니다.

📖 사례 9-8. 미래 전기차 시대를 바라보는 현실적 고민, 전기차 유지비는 어떻게 변할까?

출처: HMG저널, 2018. 1. 12

성큼 다가오고 있는 전기차 시대,
미래에는 전기차 유지비가 어떻게 변할까요?

가까워지는 전기차 시대, 유지비에 대해 생각해 보자.
(HMG저널 자료사진)

전기차 시대가 성큼 다가오고 있습니다. 조용하고 편안한 승차감과 저렴한 연료비, 매연 억제 등 다양한 장점 덕분에 전기차는 선택이 아닌 필수가 될 가능성이 높습니다. 하지만 전기차가 다수가 됐을 때, 우리는 현실적인 고민과 마주하게 될 겁니다. '미래에는 전기차 유지비가 어떻게 변할까? 그때도 전기차 유지비가 지금처럼 저렴할까?' 그 질문에 대한 답을 함께 생각해보고자 합니다.

내연기관 자동차와 전기차의 구조적 차이

전기차에서는 엔진과 변속기, 연료탱크 등 기존 파워트레인이 하던 일을 배터리와 모터가 담당합니다. 엔진과 변속기의 역할은 작고 간소화된 모터가 맡고, 연료탱크의 역할은 배터리가 대신합니다. 덕분에 전기차에서는 연료 계통 부품이 사라지고 변속 부품의 구조도 간단합니다. 이러한 특징은 차체 디자인의 자유도를 높여 공력 특성을 더 좋게 만들 수도 있고, 공간효율도 높이는 등 다양한 장점으로 이어집니다.

전기차는 매우 단순한 파워트레인 구조를 가지고 있다.
(환경부 자료사진)

전기차의 현실적 부품 유지비

전기차가 가진 다양한 장점 중 하나는 저렴한 유지비입니다. 전기차의 유지비가 일반 자동차보다 저렴하다는 것은 익히 알려진 사실입니다. 연간 20,000km를 주행한다 가정했을 때, 전기차의 충전 비용은 30만 원 정도에 불과합니다. 굉장히 낮은 가격이죠.

전기차와 일반 자동차의 연료 유지비는 연간 약 10배에 가까운 차이가 난다.
(환경부 자료사진)

점검항목	일일점검	매 1만	매 2만	매 3만	매 4만	매 6만	매 8만	매 10만	매 12만	매 14만	매 16만
냉각수량 점검 및 교체	○	최초 교체: 20만km 또는 10년, 최초 교체 후: 매 4만km 또는 매 2년 마다 교체									
각종 오일 누유, 냉각장치의 누수 여부	○										
배터리 터미널 조임 상태 점검	○										
배터리 터미널 녹 발생 점검	○										
배터리 고정 상태 점검	○										
각종 전기장치 점검				○							
감속기 오일						○			○		
브레이크 액	○				●						
타이어 공기압, 마모상태	○										
타이어 위치 교환		●									
브레이크 호스 및 라인의 누유, 파손여부			○								
브레이크 패드 및 디스크, 캘리퍼		○									
조향계통 각 연결부, 기어박스, 부트 손상여부		○									
드라이브 샤프트와 부트		○									
휠 너트의 조임상태		○									
브레이크 페달 유격		상태에 따라 수시 점검 및 수정									
현가 장치 점검 (볼트 및 너트 조임 토크)		○									

● 교체　○ 점검, 조정, 보충 청소 또는 필요시 교체

전기차의 정기 점검표는 내연기관 차에 비해 굉장히 심플하다.
(환경부 자료사진)

　부품의 유지비를 따지면 차이는 더욱 벌어집니다. 전기차는 내연기관 차량에 비해 관리 항목이 2~3배 정도는 작습니다. 내연기관 자동차는 엔진 하나만 해도 각종 밸브, 벨트, 필터 등 정기적으로 관리하고 교체해야 할 부품들이 많죠. 하지만 전기차는 상대적으로 파워트레인에서 관리가 필요한 부품이 적습니다. 차량에 들어가는 부품이 적다는 것은 그만큼 관리해야 할 것들이 적다는 뜻이며, 이것은 고스란히 높은 경제성으로 이어집니다. 현재 판매중인 전기차의 주행거리별 권장 점검표만 봐도

내연기관의 점검주기와 비교하면 굉장히 심플한 것을 알 수 있습니다. 신경 쓸 일도, 비용을 들 일도 적다는 뜻이죠. 배터리나 모터는 모듈형인 경우가 많아 수리가 아닌 교체의 방식으로 이뤄지기 때문에 정비가 더 쉽다는 것도 전기차의 장점 중 하나입니다.

미래 전기차의 유지비는 어떻게 변할까?

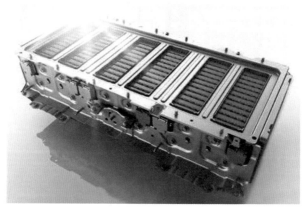

미래에는 전기차용 배터리 용량과 가격이 지금보다 더 낮아질 것으로 예상된다.

(환경부 자료사진)

미래 전기차 유지비의 최대 관건은 배터리 가격과 용량입니다. 다행스럽게도 전기차의 핵심 부품인 배터리는 가격이 계속 떨어질 것으로 예상됩니다. 해외 사례를 기준으로 보자면 2009년 1kWh 당 1,100달러였던 배터리 가격이 2013년에는 700달러, 2016년에는 273달러까지 떨어졌습니다. 이 추세대로라면 2030년에는 1kWh 당 70달러 정도로 떨어질 것으로 전문가들은 예상하고 있습니다.

위험요소가 없지는 않습니다. 리튬 배터리의 원재료인 니켈·코발트·망간 등의 가격 문제로 인해 배터리 가격이 단기적으로 오르기도 하기 때문이죠. 특히 지난해 1월부터 가격이 급상승한 코발트 가격 때문에 배터리 업체들이 비상상황을 맞기도 했습니다. 하지만 최근 주요 배터리 공급업체는 배터리 완제품 가격을 낮추기 위한 기술 개발과 생산 설비 확충을 준비하고 있어 현재의 가격 인상 문제는 곧 해결될 것으로 전망됩니다. 물론 배터리 가격 하락은 미래 전기차의 차량 가격과 유지비 인하로 이어지게 될 것입니다.

기업윤리

전기차 무선 충전 시스템

※ 자료출처: 한국전기연구원

플러그가 접하지 않아도 전자 유도에 의해서
전력을 전송할 수 있는 구조

전자 유도에 의한
무선 충전

더 편리해진 전기차는 오히려 가격 인상을 초래할 가능성도 있다.
(환경부 자료사진)

　　물론 전기차 유지비가 늘어날 가능성도 있습니다. 플러그를 꽂아 충전하는 현재 충전 방식을 벗어나 무선충전, 모듈형 배터리 교체 방식 등 다양한 방식이 상용화를 위한 연구 중에 있습니다. 이런 기술들이 상용화되면 전기차의 구조 역시 지금보다는 더 복잡해질 것이고 그만큼 유지보수에 더 많은 비용이 발생하게 될 가능성도 있죠. 또한 다양한 방식으로 확충될 충전 인프라의 비용부담이 전기차로 전이되지 않게끔 제도적인 준비도 필요해 보입니다.

　　전기차의 유지비를 결정지을 또 다른 요소는 전기요금입니다. 해가 지날수록 조금씩 인상되고 있는 전기요금은 전기차 보급이 늘어남에 따라 더욱 인상폭이 커질 것으로 예상됩니다. 특히 전 세계적으로 시행되고 있는 원자력 발전소 감소, 단가가 높은 태양광, 풍력, 조력 발전 등 신재생 에너지의 설비 및 사용량 증가, 에너지 세제 개편안 등 이미 도입됐거나 앞으로 도입될 여러 제도들에 의해 전기요금 인상은 앞으로도 계속될 전망입니다.

　　에너지 요금이 매년 오르고 있습니다. 하지만 전기는 여전히 가장 저렴한 에너지가 될 것입니다

　　하지만 석유 등 다른 에너지원의 가격 인상폭에 비하면 전기요금의 인상폭은 매우 적습니다. 전기요금 인상이 계속된다 해도 전기는 여전히 가장 저렴한 자동차용

에너지가 될 가능성이 높습니다.

에너지 요금 인상폭
※ 가격추이 (2005 = 100%)
※ 자료출처: 한국전력공사

에너지 요금 인상폭
(환경부 자료사진)

결국 전기차 시장이 확대된다면 차량 유지비 측면에서 비용 절감을 이룰 수 있을 것이라는 것이 많은 전문가들의 공통된 의견입니다. 앞서 설명한 전기차 유지비를 결정짓는 다양한 요소들이 안정적으로 자리한다면, 더 많은 이들이 더 저렴한 비용으로 전기차를 이용할 수 있게 될 것입니다. 전기차는 환경을 생각하는 친환경차의 역할뿐 아니라 '더 많은 이들이 더 편하게 이동할 수 있는 이동수단 확대'라는 큰 그림을 그릴 수 있게 하는 미래 자동차 시장의 핵심인 것입니다.

CES 2018에서 공개된 니로 EV 신형 콘셉트의 모습
(HMG저널 자료사진)

📖 사례 9-9. 계획없다던 삼성전자, 왜 깜짝 액면분할하나?

출처: 연합뉴스, 2018. 1. 31

서울 서초구 삼성전자 사옥 전경
(연합뉴스 자료사진)

삼성전자가 31일 50 대 1의 주식 액면분할 결정을 전격 발표하면서 그 배경에 관심이 모아지고 있다. 삼성전자의 주가는 전날 종가 기준으로 국내 상장사 주식 중 가장 비싼 249만 원이다. 이를 50 대 1의 비율로 액면분할 하면 산술적으로 주가는 50분 1인 약 5만 원으로 떨어지면서 주식 1주가 50주로 늘어난다. 주가는 낮아지지만, 주식 수는 크게 불어나는 것이다.

그동안 시장에서는 삼성전자 주식에 대한 액면분할 요구가 많았다. 주당 가격이 너무 비싸 거래에 부담이 됐기 때문이다. 그러나 삼성전자는 "계획이 없다."는 반응을 보여왔다.

이번 액면분할 결정에 대한 삼성전자의 공식 입장은 주주가치 제고 조치의 연장 선상이라는 것이다.

그간 자사주 매입으로 주가를 끌어올리고, 배당 확대로 주주 환원을 실행하는 데 집중했다면 이번에는 그 수단으로 액면분할을 택했다는 설명이다.

삼성전자 관계자는 "그동안 삼성전자 주가가 너무 고액이다 보니 개인투자자들은 여기에 투자하기 힘들었다."며 "일반 투자자에게 문턱을 낮춰 더 많은 사람이 삼성전자 주식을 보유하고 투자할 수 있게 하려는 것"이라고 말했다. 요컨대 삼성전자 주식에 대한 투자자들의 진입 장벽을 낮춘다는 것이다.

이상헌 하이투자증권 연구원도 "주식 가격이 낮춰지면 외국인 투자자를 중심으로 한 '그들만의 리그'가 아니라 일반 투자자들도 접근성이 높아질 것"이라고 말했다.

시장에서는 삼성전자 주식이 액면 분할될 경우 시가총액이 증가하는 효과가 있을 것으로 보고 있다. 주식 수가 50배 늘어나는 것에 비례해 주식 가치가 50분의 1로 쪼그라드는 게 아니라 이 과정에서 주식 가치가 상승할 수 있다는 것이다. 삼성전자로서는 유동성 증가 효과도 있을 것으로 보인다.

삼성전자 주가 상승 (PG)
(연합뉴스 자료사진)

실제 이런 기대감의 반영으로 이날 삼성전자 주가는 액면분할 결정 발표 후 5% 가까이 오르는 등 급등세를 보이고 있다. 삼성전자는 정관상 발행할 수 있는 주식 수가 총 5억 주인데 실제 발행된 주식은 약 1억 4천 700만 주이다. 이 중 의결권이 있는 보통주는 약 1억 2천 900만 주다. 액면분할을 거치면 발행된 주식 수는 현재의 50배로 늘어난다.

재계에서는 삼성전자의 액면분할 결정이 다른 고가주를 보유한 기업에도 영향을 끼칠 수 있다고 보고 있다. 다만 투자 접근성이 확대된 만큼 주주도 크게 늘면서 경영 참여나 간섭이 늘어날 수 있다. 다양한 주주들이 다양한 목소리를 내면서 이것저것 요구할 수 있기 때문이다. 그동안 시장에선 삼성전자가 이런 이유때문에 액면분할을 주저하는 것 아니냐는 관측이 나돌았다. 액면분할로 인해 주가가 상승할 경우, 이재용 부회장의 경영권 승계를 위한 비용이 늘어날 수 있다는 점도 삼성전자에게는 고민거리가 될 것이란 추정도 있었다. 이상헌 연구원은 "액면분할을 해도 삼성전자의 펀더멘털에는 변화가 없다."며 "주주 제안을 하려 해도 일정한 지분율을 확보해야 하기 때문에 단순히 주주 수가 늘어나는 것만으로 주주들의 경영 간섭이 크게 늘지는 않을 것"이라고 말했다. 그는 또 "액면분할 결정이 승계 작업에 미칠 영향은 크지 않아 보인다."고 덧붙였다.

실제 액면분할은 일러야 5월께 이뤄질 것으로 보인다. 우선 3월 23일에 열릴 주주총회에서 액면분할에 대한 승인을 받아야 하기 때문이다. 주총을 통과할 경우 일정한 절차를 거쳐 5월께 액면분할이 이뤄질 전망이다.

📖 사례 9-10. GM 부실 책임 규명도 없이
'지원 요청'부터 받아든 정부

출처: 경향신문, 2018. 2. 12

- 한국 철수 결정 땐 막을 방법 없어, 협력업체까지 30만 명 일자리 흔들
- 부실기업 지원 기준 오락가락에 지원해도 회생 보장할 수 없어
- "경영 부실 원인 조사부터" 목소리

한국지엠 지분구조   단위 : %

상하이차 (중국) 6.02

산업은행 17.02

GM (미국) 76.96

한국지엠 적자 규모   자료 : 한국지엠
단위 : 원

2014	2015	2016	2017년
3534억	9868억	6314억	6000억 (추정)

한국GM 지분구조
(경향신문 자료사진)

GM이 자회사인 한국지엠의 경영난을 해소하기 위해 한국 정부에 지원을 요청하면서 정부의 고민이 깊어지고 있다. 부실기업에 대한 자금 지원에는 대주주의 책임부터 따져온 정부였지만 GM의 자금 지원 요구에는 이 같은 분위기는 감지되지 않고 있다. 자금 지원 여부를 결정하기에 앞서 한국지엠의 부실 원인과 GM의 책임부터 철저히 가려내는 작업이 먼저 이뤄져야 한다는 지적이 높다.

일자리 볼모로 자금 지원 요구하는 GM

11일 기획재정부와 산업통상자원부 등에 따르면 GM 본사가 요구한 한국지엠에 대한 재정 지원 방안을 놓고 경제부처들이 협의 중인 것으로 알려졌다. 최근 배리 앵글 GM 본사 해외사업부문 사장은 최근 고형권 기재부 제1차관을 만나 한국지엠에 대한 한국 정부의 재정 지원 등을 요청했기 때문이다. 앵글 사장은 한국지엠 2대 주주인 산업은행에 3조 원 규모의 유상증자 참가도 요구한 것으로 알려졌다. 산업은행 지분대로라면 5,100억 원가량을 출자해야 한다.

한국 정부가 이 같은 요구를 거절할 경우 GM이 한국에서 철수할 가능성도 있다. 실제로 앵글 사장은 최근 한국지엠 노조와 만난 자리에서 "정부의 도움이 없으면 현재 (한국지엠의 부실 경영을) 해결할 방법이 없으며, 인원 감축과 구조조정 및 한국 철수 등 모든 가능성을 열어놓고 있다."는 입장을 밝힌 것으로 알려졌다.

그러나 현재로서는 한국 철수를 막을 방법이 전무한 실정이다. 산업은행이 한국지엠 매각 등에 대한 거부권을 갖고 있었지만 이 권리는 지난해 10월 종료됐다. 이럴 경우 당장 1만 6,000여 명에 이르는 한국지엠 노동자들이 일자리를 잃을 수 있다. 한국지엠에 부품 등을 공급하는 3,000여 개의 1~3차 협력업체까지 고려하면 30만 개 가까운 일자리가 위협을 받는다. GM이 '꽃놀이패'를 들고 한국 정부를 압박하고 있다는 지적이 나오는 배경이다. 실제 GM은 2014년 호주 정부의 지원이 중단되자 GM홀덴 공장을 폐쇄하고 호주에서 철수한 바 있다.

이번에도 갈팡질팡하는 정부

그동안 정부의 부실기업 대책은 그때그때 달랐다. 대우조선해양에는 '밑 빠진

독에 물붓기'라는 비난에도 지원이 이뤄졌지만 한진해운은 해운산업 붕괴 우려에도 지원을 거부했다. 이 때문에 한국지엠에 대한 지원 여부가 어떻게 결론 날지는 아직 안갯속이다.

그러나 한국지엠에 대한 지원을 놓고 벌써부터 부실기업에 대한 정부 지원이 타당한가에 대한 논란이 불거지고 있다. 특히 정부나 산업은행이 지원하더라도 한국지엠이 회생할 수 있다는 보장이 없다는 지적이 많다. 한국지엠은 2014년부터 2016년까지 3년간 약 2조 원의 누적 손실을 기록했다. 지난해에도 6,000억 원의 적자를 낸 것으로 추정됐다. 이 같은 적자는 상품성이 떨어지는 제품을 생산·판매한 탓이 크다.

GM 본사가 경영이 부실한 한국지엠을 상대로 투자는 하지 않고 '이자 놀이'를 해왔다거나, 완성차 수출입 과정에서 한국지엠은 손해를 보고 본사나 해외 계열사는 이익이 나는 구조로 경영해왔다는 의혹도 끊이질 않고 있다. 이런 의혹이 풀리기도 전에 정부가 재정 지원이라는 GM의 요구를 먼저 검토하는 모양새가 됐다. 이 때문에 정부 지원은커녕 GM과 한국지엠이 비도덕적이고 불합리한 경영을 해왔는지에 대한 관계당국의 조사나 감찰이 먼저 실시돼야 한다는 목소리가 나온다.

실제 GM이 유럽 사업을 철수하면서 크루즈 등 한국지엠이 유럽에 수출하던 물량이 20만 대 가량 빠지면서 막대한 손실을 봤다. 군산공장 가동률이 20% 아래로 떨어졌지만 GM은 유럽 수출 물량을 보충할 신차를 한국에 배정하지 않고 있다.

제 10 장

다국적 기업과 세계화

○ 학습목표

이 장을 읽은 후 여러분은
- 다국적기업이 직면하는 윤리적인 문제를 설명할 수 있다.
- 다국적기업과 관련된 윤리적 상대주의가 가진 문제점을 설명할 수 있다.
- 다국적기업이 가진 윤리적인 책임에 대해 설명할 수 있다.
- 세계화와 관련된 윤리적인 문제를 설명할 수 있다.
- 세계화된 경제에서 다국적기업의 역할과 책임을 설명할 수 있다.

10.1 서론

지금의 시대는 기업이 특정한 한 국가의 경제 범위에 머무르지 않고, 국경을 넘어 여러 국가를 무대로 사업 활동을 하는데, 이와 같은 기업을 다국적기업이라고 한다. 삼성과 현대와 같은 기업은 우리나라에만 머무르지 않고, 미국, 영국, 중국, 일본 등 세계 여러 국가에서 활발하게 생산과 판매를 하는 비즈니스 활동을 하고 있다. 따라서 삼성과 현대와 같은 기업은 다국적기업이다. 일본의 도요타자동차, 미국의 애플, 마이크로소프트, 그리고 구글, 중국의 하이얼 등은 모두 세계적인 다국적기업이다. 다국적기업이 국제무대에서 윤리적으로 요구되는 역할을 적절히 수행하는 지에 관해 윤리적인 문제가 제기된다. 1970년대부터 널리 알려진 많은 사례가 다국적기업과 관련된 몇 가지 윤리적인 문제점을 부각시켰다. 1972년에 미국의 다국적기업인 ITT(International Telephone & Telegraph)가 민주적 절차에 의해 수립된 칠레정부를 공산정부라는 이유로 수단과 방법을 가리지 않고, 정권퇴진운동을 전개함으로써, 세계 각국으로부터 윤리적으로 부당한 내정간섭을 한다는 이유로 많은 비난을 받았다. 네슬레는 전 세계의 개발도상국에서 비윤리적인 마케팅활동을 함으로써, 전 세계적인 불매운동을 경험했다. 1970년대와 1980년대 사이에 미국의 다국적기업은 인종차별을 하는 남아프리카공화국을 반대함으로써, 남아프리카공화국으로부터 철수해야만 했다. 1977년에 미국 연방정부는 다국적기업이 해외에서 사업을 하면서 뇌물을 주는 것을 법으로 금지하는 해외부패방지법을 통과시켰다. 광범위한 부패와 뇌물 스캔들이 법을 제정한 직접적인 원인이었다. 부패관행을 지속한 일본과 이탈리아 정부는 결국 물러났다. 1990년대에는 나이키가 생산하고, 케이마트가 판매하는 스포츠 신발 및 의류의 제조와 관련해서 노동착취와 어린이노동에 반대하는 시위가 세계적으로 일어났다. 2001년에 일어난 전 세계적인 시위는 AIDS치료약이 아프리카에서 판매되는 방식을 바꿨다. 1990년대 후반부터 2000년대 초반 사이에는 시애틀을 비롯한 세계의 주요 도시에서 세계은행(World Bank)과 국제통화기금(IMF: International Monetary Fund)의 정책을 반대하는 시위가 일어났다. 세계은행과 국제통화기금이 G8 선진국들로 하여금 저개발 국가의 노동과 자원을 착취하도록 허용하면서 다국적기업의 이익을 보호하기 때문이었다.

우리는 본장에서 다국적기업과 관련된 윤리문제에 대해 검토할 것이다. 간단히 말하면, 이런 윤리문제는 크게 두 가지 유형으로 나뉜다. 첫 번째 유형은 다국적기업이 다른 국가의 영토에서 사업을 할 때, 본국의 윤리기준을 적용할 것인지 여부와 관련된 윤리문제이다. 이런 종류의 윤리문제는 윤리적 상대주의와 관련된 것이다. 두 번째 유형은 세계화와 관련된 윤리문제이다. 세계화와 관련된 다국적기업의 문제는 단순히 개별기업과 개인사업자에게 영향을 미칠 뿐만 아니라, 전 세계 모든 국가의 국민에게도 영향을 준다.

기업윤리

10.2 문화적 상대주의와 윤리적 상대주의

아마도, 외국에서 사업을 하는 경영자가 직면하는 가장 일반적인 문제는 서로 다른 문화가 가지는 서로 다른 가치체계일 것이다. 문화적 가치가 충돌할 때, 기업은 자국의 가치와 관행을 따를 것인지, 해당 국가의 가치와 관행을 따를 것인지를 결정해야 한다. 양성평등, 소수민족, 인종, 직원의 건강, 안전기준, 뇌물과 리베이트, 환경기준에 대해 여러 국가들은 다양한 법적인, 윤리적인 기준을 가지고 있다. 우리나라와 미국의 기준이 다르고, 중국과 일본의 기준이 다르다. 대체로, 선진국의 기준은 개발도상국가나 후진국가의 기준과 비교해서 매우 엄격하다. 다국적기업이 현지 국가의 윤리적인 관행을 따를 경우, 본국의 엄격한 기준을 따르는 것보다 더 많은 이익을 얻을 수 있다는 점을 감안하면, 기업이 문화적 상대주의와 같이 윤리적 상대주의를 따르는 것도 나쁘지 않은 것처럼 보인다. 과연, 그런가? 여러분은 어떻게 생각하는가?

문화적 상대주의에 따르면, 세계의 다양한 문화가 지니는 가치체계는 서로 다르기 때문에, 어느 한 쪽의 가치체계가 다른 쪽보다 반드시 더 합리적이고, 옳다고 할 수 없다. 간단히 말하자면, 우열을 가릴 수 없다는 의미이다. 따라서 문화적 상대주의를 인용하면서, 다국적기업은 다른 국가의 영토에서는 그 국가의 문화와 관습을 따르는 것이 옳은 것이라고 주장한다. 다국적기업은 비록 성차별, 인종차별, 아동에 대한 노동착취, 그리고 뇌물 등 선진국인 본국의 기준으로는 옳지 않은 사업행위라 할지라도, 현지 국가에서 허용된다면, 그런 행위를 해서 이익을 극대화하는 것이 옳다고 주장한다. 이것은 다국적기업이 문화적인 상대주의를 확장해서 윤리적인 상대주의로 해석하고 있는 것이다. 즉, 로마에서는 로마사람이 하는 대로 행동하라는 격언과 동일한 의미이다. 우리나라에서는 어린이노동이 금지되지만, 동남아시아에서는 허용되기 때문에, 그 나라에서 사업을 하면서 어린이들을 직원으로 고용하는 것이다. 아마도, 성인노동자와 비교해 어린이노동자는 매우 낮은 임금을 원할 것이므로, 다국적기업은 매우 낮은 임금을 지급하면 될 것이다. 이런 이유로, 다국적기업은 문화적 상대주의를 윤리적 상대주의로 확장해서 현지 국가의 윤리적 기준을 따르려고 한다. 다시 한 번 말하지만, 대부분의 일반적인 경우, 현지 국가의 윤리적인 기준이 다국적기업 본국의 윤리적인 기준보다 매우 낮기 때문이다. 다국적기업의 이런 태도는 윤리적으로 옳은가? 여러분은 어떻게 생각하는가? 여러분이 다국적기업의 경영자라면, 어떻게 하겠는가?

그러나 윤리적인 상대주의를 따르는 것은 윤리적으로 신중하고, 세심한 검토를 필요로 한다. 문화마다 다른 가치체계를 가지고 있다는 말은 서로 충돌하는 규범가치 사이에서 어떤 것이 옳은 지 판단하기 위한 객관적 기준이 없다는 것을 의미하지는 않는다. 즉, 우리가 문화적인 상대주의를 인정한다고 해서, 윤리적인 상대주의 또한 받아들여야 하는 것은 아니다. 우리가 2장에서 검토한 것처럼, 윤리적인 상대주의는 윤리적으로 심각한 몇 가지 문제점을 가지고 있다.

우선, 우리는 세계의 다양한 문화가 저마다 다른 윤리적인 가치를 가지고 있다고 성급하게 결론을 내려서는 안 된다. 즉, 문화가 다르다고, 윤리적인 기준도 다를 것이라고 성급한 결론을 내려서는 안 된다. 철학적으로, 우리가 가장 경계해야 할 것은 성급한 일반화의 오류(Fallacy of Hasty Generalization)이다. 인도네시아에서 수하르토 대통령 집권 시기에 다국적기업이 인도네시아에서 사업을 하려면, 인도네시아의 기업들과 반드시 전략적으로 제휴해야만 했다. 다국적기업과 제휴한 인도네시아의 기업은 대부분 수하르토 대통령의 소유이거나, 그의 가까운 동료 또는 가족이 운영하고 있었다. 수하르토 대통령 집권 시기에 인도네시아에서는 뇌물, 리베이트, 그리고 경제적 착취 등이 흔하게 발생했다. 그러나 지금은 인도네시아에서도 이런 관행이 윤리적으로, 법적으로 문제가 되고, 법적으로도 처벌을 받는다. 인도네시아에서 그 당시 흔하게 일어났던 부패관행은 인도네시아에 널리 퍼져 있었지만, 그렇다고 해서 그런 부패관행이 인도네시아에서 법적으로, 윤리적으로 허용되었다고 말할 수는 없다. 보통의 평범한 인도네시아 사람들은 권력층의 요구와 지시를 거부하거나, 반대할 수 없어서, 부패관행을 그저 암묵적으로 받아들인 것이다. 수하르토 정권이 붕괴된 이후, 인도네시아에서 반부패개혁이 일어난 것을 보면, 인도네시아 사회도 우리나라와 미국과 같은 윤리적인 가치를 가지고 있다는 것을 잘 알 수 있다. 이와 유사한 사례로, 멕시코 일부 지역에서 뇌물수수관행이 광범위하게 퍼져 있지만, 이것이 멕시코에서 부패관행이 윤리적으로, 법적으로 허용되는 것을 의미하지는 않는다.

일본정부와 이탈리아정부를 무너뜨린 부패스캔들 사례를 보면, 해당 국가에서 일부 정치인과 기업인에 의해 뇌물과 리베이트가 성행한 것이었지, 해당 국가 전체적으로 그런 비윤리적인 행위가 발생한 것은 아니었다. 어느 한 나라의 정치 권력층과 경제 엘리트층이 부패하고, 비윤리적인 행위를 했을 때, 비록 그들이 부패행위를 통해 이익을 얻었다고 해서, 그 나라에서는 비윤리적인 행위가 윤리적인 행위로 인정된다고 볼 수는 없다.

우리는 윤리원칙과 윤리원칙의 적용을 반드시 구분해야 한다. 주어진 조건과 상황이 다르다면, 동일한 윤리원칙임에도 불구하고, 윤리원칙을 적용하는 것은 다를 수 있다. 예를 들어, 우리는 계획된 살인과 과실치사를 법적으로 구분한다. 그렇다고 해서, 우리가 윤리적 상대주의를 지지해야 한다는 것은 아니다. 예를 들어, 부패한 정권이 통치하는 국가에서 사업을 하는 현지기업의 경우와 다국적기업의 경우가 왜 다른지에 대해 생각해보자.

한 부패한 국가가 있고, 그 국가에서 전화를 설치하기 위해서는 반드시 그 국가의 국영 전화회사에 뇌물을 줘야 한다고 가정해보자. 뇌물을 주지 않으면, 전화를 설치하는데 시간이 오래 걸릴 것이다. 현지기업의 입장에서 뇌물을 주지 않으면, 전화를 설치할 수 없어 사업 활동을 할 수 없으므로, 어쩔 수 없이 뇌물을 줄 것이다. 현지기업은 다른 선택권이 없기 때문에, 뇌물을 줄 수밖에 없고, 이 상황에서 현지기업이 뇌물을 준 것은 변명이 될 수 있고, 그것이 비록 옳은 것은 아니지만 어쩔 수 없었을 것이라고 동정을 받을 수 있을 것이다. 그러나 비윤리적 행동을 변명하는 것과 그것을 윤리적으로 정당화하는 것은 다르다. 우리는 뇌물수수 또는 경제적 착취가 윤리적으로 정당화되거나, 허용되어서는 안 된다고 생각한다. 다만, 현지기업이 전화를 설치하기 위해서 뇌물을 준 특수한 상황은 이해될 수 있고, 용서받을 수 있다는 것이다. 그러나 다국적기업의 경우는 현지기업의 경우와 전혀 다르다. 왜냐하면, 다국적기업은 현지기업과 같이 절박한 상황에 처해 있지 않다. 따라서 다국적기업이 전화를 설치하기 위해 뇌물을 주었다면, 그것은 이해될 수도 없고, 용서를 받을 수도 없을 것이다. 다국적기업은 뇌물이외의 다른 방법을 사용하거나, 해당 국가에서 사업을 철수하는 등, 현지기업에 비해 선택과 대안의 폭이 매우 넓다. 또한 다국적기업의 강력한 협상력을 활용해서 현지국가의 비윤리적인 관행을 바꿀 수도 있다.

직원의 노동을 착취하는 공장에서 지급하는 낮은 임금과 직원의 건강에 해로운 작업환경문제도 이와 유사한 경우가 있을 수 있다. 간신히 생활할 정도의 소득을 올리는 현지국가의 농장 주인이 일꾼들에게 적은 임금을 지불하는 경우와 엄청난 수익을 추구하는 다국적기업이 일꾼들에게 적은 임금을 지불하는 경우는 전혀 다른 상황이다. 다국적기업의 본국 직원에게는 절대로 적용하지 않을 열악한 근무조건을 현지국가의 직원에게 적용한다는 사실은 중국에 있는 애플의 하청공장인 팍스콘(Faxconn)의 사례를 통해서 우리에게 잘 알려져 있다. 현지국가의 기업들의 열악한 근무조건이 허용된다고 해서, 다국적기업의 열악한 근무조건이 윤리적으로 정당화될 수는 없다.

우리가 다음으로 살펴볼 문제는 다국적기업의 도덕성에 관한 것이다. 현지국가가 다국적기업의 윤리가치와 다른 윤리가치를 가지고 있는 경우에도, 다국적기업은 고유한 도덕성을 포기해서는 안 된다. 도덕성은 고유한 정체성과 가치를 유지하는 미덕이다. 한 사람의 도덕성은 그 사람 자신의 가장 핵심적인 정체성을 유지하도록 한다. 현지국가의 도덕성이 다국적기업의 도덕성과 반대되거나, 다르다고 해서, 다국적기업이 자져야 할 고유한 도덕성을 포기하는 것은 윤리적으로 옳지 않고, 정당화될 수도 없다.

예를 들어, 세계적인 다국적기업이 여성을 열등한 존재로 인식하는 현지 국가에서 사업을 한다고 가정해보자. 이 나라에서 사업을 하려면, 다국적기업은 어쩔 수 없이 가장 하위직에만 여성을 고용해야 할 것이다. 왜냐하면, 여성 직원은 직접 현지기업과 협상할 수 없고, 남성과 동반할 때는 얼굴을 천으로 가려야 한다. 그렇지 않으면, 여성 직원은 어떤 자리에도 참석할 수 없기 때문이다. 이런 상황에서, 다국적기업은 자신의 고유한 윤리적 가치관을 버리고, 현지문화에 순응을 하거나, 자신의 고유한 윤리적 가치관을 지켜서 현지국가에서의 사업을 포기해야 한다. 도덕성은 윤리적으로 어느 한 가지를 쉽게 선택할 수 없는 곤란한 상황을 의미하는 윤리적인 딜레마의 상황에 처했을 때, 두 가지 대안 중에서 어느 것을 선택할지 결정하는데 도움을 준다. 그렇다고 해서, 다양한 윤리가치와 무조건 타협하거나, 다른 윤리가치를 무조건 무시하라는 의미는 아니다. 도덕성은 경제이익이나 결과에 따라 판단되는 것이 아니다. 윤리는 우리에게 올바른 원칙에 따라 행동하도록 요구한다. 현지국가에서 사업을 하는 것이 비록 경제적으로 많은 이익을 얻을 수 있다고 하더라도, 남성과 여성을 동등하게 대우하는 것이 윤리적으로, 도덕적으로 옳은 것이라면, 다국적기업이 현지국가에서 사업을 철수하는 것이 옳은 것이다. 물론, 옳은 것을 실천하기 위해서는 많은 용기가 필요하다. 앞에서도 언급했듯, 아는 것과 실천하는 것은 별개의 문제이다.

다음으로, 우리가 살펴볼 것은 국제 비즈니스에서 문화적인 상대주의에 대해 많은 논란이 일어나는 것과 관련하여, 다른 국가의 문화적인 가치가 본국의 문화적인 가치와 다르다고 해서, 다른 국가의 문화적인 가치가 틀린 것이 아니라, 단지 본국의 문화적인 가치와 다른 것이라는 점을 다국적기업이 명심해야 한다는 점이다. 문화를 논리적인 것과 비논리적인 것으로 구분하고, 옳은 것과 틀린 것으로 구분하는 사고방식은 산업화된 서양 국가의 관점을 따르는 것이다. 저자는 1970년에 태어났다. 그러므로 저자는 개띠이다. 그리고 저자의 이름은 보현(普賢)이다. 여러분이 불교 신자라면 잘 알겠지만, 보현은 바로 부처님의 이름이다. 절에 가본 사람은 알겠지만, 대웅전에 세 분의 부처님이 모셔져 있다. 가운데 석가모니부처님이 계시고, 왼쪽에 문수보살부처님, 그리고 오른 쪽에 보현보살부처님이 계신다. 그래서일까? 저자는 개고기를 먹지 않는다. 그러나 저자가 개고기를 먹지 않는다고 해서 개고기를 먹는 사람들을 비난하거나, 그 사람들이 나쁘다고 생각하지는 않는다. 여러분이 좋아하든, 싫어하든, 우리나라는 옛날부터 개고기를 먹는 식문화를 가지고 있다. 세계적으로 많은 국가의 사람들이 한국이 가지고 있는 식문화를 비판한다. 2018년 2월, 평창 동계올림픽에 출전해서 메달을 수상한 네덜란드 선수가 한국의 개고기를 먹는 식문화를 시상식에서 공개적으로 비난해 물의를 일으킨 일이 있었다. 이와 같이, 현지국가의 가치와 다국적기업의 가치가 서로 충돌할 때, 다국적기업은 본국의 가치가 현지국가의 가치보다 더 우수하다거나, 더 옳다는 편견을 버려야만 한다. 현지국가의 문화적 가치를 존중하고, 배려하는 자세가 윤리적으로 볼 때 더욱 바람직하다. 이제 현지문화가 다국적기업이 가지고 있는 가치와 충돌할 때, 이것을 타협하는 방법에 대해 한 번 생각해보자.

이 문제는 본장의 후반부에서 조금 더 자세하게 검토할 것이다. 지금은 우선 이 문제가 어떻게 문화적 상대주의와 관련되는지 생각해보자. 지금까지 다국적기업이 현지국가와 현지문화의 가치를 따르지 않을 경우, 현지 국가에서 하고 있는 사업을 포기해야 하는 상황에서, 다국적기업이 가지고 있는 본국의 가치를 포기하는 사례가 많았을까? 어떤 사람들은 이런 상황이 일어날 수 있는 다양한 경우를 생각할 것이다. 스페인의 몬드라곤 지역과 유럽의 다른 많은 지역에서는 직원 소유의 협동조합과 직장에서의 민주주의적인 전통이 보편적이다. 아시아의 많은 국가에서는 평생고용의 전통이 있다. 전 세계의 농업지역이 오랫동안 지속가능한 농업 및 임업기술을 시행해오고 있다. 전 세계의 많은 문화가 공동체를 위한 사회복지를 중요하게 여긴다. 그러나 다국적기업이 현지사업장에서 현지의 문화관행을 따르기 위해서, 본국의 가치를 포기하는 경우는 매우 드물다.

또한, 다국적기업이 현지의 가치와 관행을 따랐을 뿐이라고 자신들의 비윤리적인 행위를 정당화시키는 것에 대해서, 여러분은 다국적기업이 현지국가에서 사업을 하려면, 어쩔 수 없이 현지국가와 현지문화가 가진 가치와 관행에 따라 비윤리적인 행위를 할 수 밖에 없었을 것이라고 생각할 수도 있을 것이다. 이런 호소는 현지국가와 현지문화의 가치와 관행이 기업의 의사결정에 결정적으로 영향을 주는 경우에 한해서 공감될 수 있고, 받아들일 수 있을 것이다. 결론적으로, 현지의 문화가치와 다국적기업의 문화가치가 다를 때, 다국적기업은 이익을 추구하기 보다는 본국의 고유한 도덕성을 포기하지 않는 것이 윤리적으로 매우 바람직할 것이다. 맹자도 이로움보다는 어진 마음과 옳은 마음이 중요하다고 역설했다(孟子見梁惠王 王曰 不遠千里而來 亦將有以利吾國乎 孟子對曰 王何必曰利 亦有仁義而已矣).

　　우리가 윤리적인 상대주의를 따르지 말아야 한다면, 한 가지 의문이 제기될 수 있다. 그렇다면, 다양한 국가와 문화를 초월해서 적용할 수 있는 합리적인 가치가 존재하는가? 절대주의자들은 그렇다고 답한다. 토머스 도널드슨(Thomas Donaldson)은 이 질문에 대해 두 가지 대답으로, 최소관점(피해를 주지 않는 최소한의 윤리적 의무를 수행하는 태도)과 최대관점(피해를 주지 않고, 피해를 예방하며, 나아가 혜택을 주는 최대한의 윤리적인 의무를 수행하는 태도)을 제시했다.

　　도널드슨에 따르면, 최소관점은 기업이 사업을 수행하는 과정에서 피해를 주지 않을 윤리적인 책임을 위반하지 않는 한, 기업은 경제적인 이익을 마음껏 추구할 수 있다는 것이다. 우리가 3장에서 다룬 것처럼, 기업의 사회적 책임을 설명하는 접근방식 중, 최소한의 도덕이론과 흡사한 관점이다. 최소관점을 지지하는 사람들은 오로지 아무런 피해를 주지 않는 윤리적인 책임만을 인정한다. 일단, 최소한의 윤리적인 의무만 충족하면, 기업은 제품, 서비스, 그리고 일자리를 제공하고, 소비자, 직원, 그리고 주주의 이익을 위해 경제적인 목표를 마음껏 추구할 수 있다. 이 관점과 달리, 최대관점은 다국적기업이 가지고 있는 영향력, 힘, 그리고 자원 등을 고려할 때, 현지국가에 긍정적인 혜택과 지원을 제공할 윤리적인 책임이 있다고 간주한다. 두 관점을 지지하는 사람들은 모두 국가와 문화를 초월해서 적용되는 윤리적인 기준이 있다는데 동의한다. 여러분은 이 두 가지 관점 중 어느 것을 지지하는가? 그 이유는 무엇인가?

　　도널드슨은 최소관점에 대해서, 인간의 기본권에 대하여 국제적이고, 윤리적인 책임과 관련된 기준이 잘 정립되어 있다고 주장했다. UN의 인권선언서를 바탕으로, 도널드슨은 문화를 초월한 보편적인 가치에 대하여 포괄적인 합의가 가능하다고 주장했다. 인간이 가진 보편적인 가치는 국제 비즈니스의 윤리적인 책임에 대하여 지침을 제공하는데, 도널드슨이 제시한 인간의 보편적인 권리는 다음과 같다.

- 신체활동의 자유에 대한 권리

- 사유재산 소유의 권리

- 고문을 당하지 않을 권리

- 공정한 재판을 받을 권리

- 차별대우를 받지 않을 권리

- 신체적 안전의 권리

- 언론과 집회의 자유에 대한 권리

- 최소한의 교육을 받을 권리

- 정치 참여에 대한 권리

- 생존에 대한 권리

도널드슨은 이 권리를 적용하거나, 각 권리의 구체적인 세부사항을 정할 때, 논란의 여지가 있다는 점을 인정했다. 그럼에도 불구하고, 이 권리는 다른 사람, 기업, 그리고 정부에게 책임을 부여한다. 한 사람의 권리는 다른 사람의 의무이고, 한 사람의 의무는 다른 사람의 권리라는 사실을 명심하자. 최소관점이 가진 문제는, 이 권리에 대한 책임을 왜 다국적기업에게 부여하는지에 대해서는 설명하지 못 한다는 것이다. 이 권리에 대한 책임은 대부분 정부에게 부여하는 것이 적합하고, 사기업인 다국적기업에게 강요하는 것은 윤리적으로 불합리한 것처럼 보인다. 한 걸음 더 나아가, 이 권리는 이론상으로는 가능하지만, 실제의 현실 세계에서 문화적인 가치가 충돌하는 상황에서, 최소관점은 갈등을 해결하는데 그리 많은 도움을 주지는 못하는 것 같다. 기업윤리는 다국적기업의 경영자가 본국의 가치와 현지국가의 가치가 충돌하는 상황에서 직접적으로 참고하고, 따를 수 있는 실질적인 지침을 제공해야 한다. 따라서 사람들은 최소관점보다는 최대관점을 더 지지한다.

리처드 드조지(Richard DeGeorge)는 문화를 초월해서 다국적기업에게 적용될 수 있는 열 가지 윤리적인 지침을 다음과 같이 제시했다.

- 의도적이고 직접적인 피해를 주지 말아야 한다.
- 상대국을 위하면서 이익을 추구해야 한다.

- 사업 활동을 통해 상대국의 발전에 기여해야 한다.
- 현지 직원의 인권을 존중해야 한다.
- 현지국가의 문화를 존중하고 따라야 한다.
- 정당한 세금을 납부해야 한다.
- 기반시설을 개발하기 위해 현지국가의 정부에 협력해야 한다.
- 기업의 활동에 따른 실패 또는 문제에 대해 윤리적인 책임을 져야 한다.
- 근무환경은 안전해야 하고 안전하게 운영해야 한다.
- 위험한 기술을 저개발국가에 가져갈 때 그 기술이 해당 국가에서 안전하게 사용될 수 있도록 필요한 모든 조치를 강구해야 한다.

이 지침이 단순히 최소관점의 의무를 더 확장한 것이라고 볼 수도 있다. 예를 들어, 신체적 안전에 대한 권리에서 파생된 의무가 위험물질 또는 위험한 기술을 다루는 기업으로 하여금 위험을 예방하거나, 최소화하도록 하는 것이다. 이 점에서 최소관점은 최대관점의 기본방향을 제시한다. 최대관점은 최소관점의 권리와 의무에 대해 다국적기업에게 더 자세한 세부사항을 제시하고 있다고 볼 수 있다.

최대관점에 대한 해석은 다국적기업이 가지는 책임이 다국적기업과 현지국가 간의 암묵적인 계약에서 파생한다는 것이다. 따라서 위의 책임들은 암묵적인 계약의 일부분인 것이다. 어떤 계약이든지 양측이 그 계약으로부터 합리적으로 이익을 기대할 수 있을 때에만, 계약의 체결이 가능하다. 다국적기업은 이익을 기대할 수 있을 때에만, 현지국가에 진출할 것이고, 현지국가 역시 이익을 기대할 수 있을 때에만 다국적기업의 진입을 허락할 것이다.

10.4 세계화와 국제 비즈니스

　　지금부터 다국적기업의 국제적인 책임에 대해 보다 더 거시적인 분석을 해보자. 세계화를 둘러싼 윤리문제는 과거부터 국제 관계에서 논란이 되어 왔다. 다국적기업이 가지는 윤리적인 책임은 무엇이고, 다국적기업은 어떤 역할을 해야 하는가? 최근에, 세계화와 국제무역에 대한 논란은 기업윤리 수업에서 흔하게 다루어진다. 국제관계는 전통적으로 오로지 국가 간 관계의 관점에서 이해되었다. 이것은 비즈니스보다는 정치사회학과 거시경제학의 주제이기도 하다. 그러나 이 접근방법은 현대 시대에는 더 이상 적절하지 않다. 기업이 결정한 것은 정부가 결정한 것만큼 국제사회에 막대한 영향을 준다.

　　그러면, 세계화는 무엇인가? 가장 간단한 의미로, 세계화는 국제적인 경제통합을 의미한다. 국제무역과 협력이 인류역사를 통해 존재해왔지만, 세계화는 단지 십여 년 전부터 진행되어 왔다. 관세 및 무역에 관한 일반협정(GATT: General Agreement on Tariffs and Trade)과 북미자유무역협정(NAFTA: North American Free Trade Agreements)은 자유로운 무역을 보장하며, 경제적으로 세계의 국경을 개방했다. 2002년을 시작으로 단일통화를 채택한 유럽연합(EU: European Union)의 경제통합은 유럽을 본질적으로 하나의 경제단위로 만들었다. 세계은행은 전 세계적으로 많은 개발 프로젝트를 지원했다. 국제통화기금(IMF)에 의해 만들어진 통화정책은 자본이 국가들 사이에 더 원활하게 이동할 수 있도록 만들었다. 이민정책은 사람과 노동의 국제적인 이동을 더욱 쉽게 만들었다. 일본과 미국의 최근 경제적 불황은 멕시코와 아르헨티나의 통화가치 절하로 더욱 악화되었고, 그리스, 스페인, 아일랜드, 이탈리아 등의 국가 부채는 세계 경제에 악영향을 줌으로써, 세계경제가 상호 의존적이라는 사실을 증명했다.

　　자유롭고, 열린 경쟁을 보호하는 사회 및 경제협약 안에서 가장 높은 이익을 추구하기 위해서 우리 사회는 이익을 가장 높게 만드는 일을 하는데 필요한 자원을 할당할 것이고, 최대다수의 최대행복을 얻을 수 있는 방식으로 그 자원은 배분될 것이다. 세계화는 국경을 넘어서 자유롭고, 열린 경쟁을 확장시키는 과정이다. 노동력과 직업, 상품과 서비스, 천연자원, 그리고 자본을 위한 국제 경쟁은 시간이 흐름에 따라, 모든 사람의 전반적인 생활수준을 향상시킬 것으로 기대된다.

이 관점이 마주하게 되는 두 가지의 필연적인 결과는 우리가 살펴볼 만한 가치가 충분히 있다. 첫째, 보다 더 자유롭고, 열린 무역으로 인한 경제성장과 개발은 세계에서 가장 빈곤한 사람들의 생활수준을 향상시키는 가장 효율적인 방법이다. 세계화를 지지하는 사람들의 말에 따르면, 국제적인 경제통합은 전 세계적인 경제성장 과정에서 필수적이고, 오직 경제성장만이 세계의 빈곤문제를 해결할 수 있다. 둘째, 세계화를 지지하는 사람들은 경제통합이 다양한 갈등을 예방한다고 주장한다. 국가들이 경제적으로 협력할수록 정치적으로, 군사적으로 갈등은 줄어들 것이다. 그러므로 세계화는 가난과 전쟁가능성을 모두 줄일 것으로 기대된다.

그러나 이 주장과는 상반되게 세계화를 반대하는 시위가 전 세계적으로 지속되고 있다. 왜 그럴까? 세계화가 정치적인, 군사적인 갈등도 줄이고, 빈곤을 해결하는데 왜 그 좋은 것을 반대하는 것일까? 우리가 놓치고 있는 무엇인가가 세계화의 이면 속에 숨어있다는 말인가? 노동조합, 환경주의자, 인권단체, 그리고 민주주의를 지지하는 사람들은 세계화의 윤리적인 합법성을 거부한다. 그들의 주장을 윤리적으로 타당한지 여부를 분석하기 위해서, 우리는 그 주장을 세 가지 항목으로 정리할 필요가 있다. 첫째, 세계화는 빈곤을 해결하는 것이 아니라 오히려 세계에서 가장 가난한 사람들에게 피해를 준다. 둘째, 세계화는 환경, 건강, 안전, 그리고 근무조건과 관련되어 반드시 필요한 규제를 완화시키거나 또는 폐지시킨다. 셋째, 세계화는 윤리적으로 부당하게 개인 또는 개별 국가의 결정권과 평등권을 침해한다. 우리는 다음 절에서 이 주장들을 자세히 살펴볼 것이다.

10.5　세계화와 빈곤

　　시장을 기반으로 하는 경제관점에 따르면, 자유경쟁과 국제적으로 개방된 시장은 더 효율적으로 최적화된 상품과 서비스를 생산할 것이다. 더 많은 사람들이 원하는 것을 얻을 수 있고, 결과적으로 더 많은 사람들이 부유하게 살 수 있을 것이다. 이 주장이 옳은가? 여러분은 어떻게 생각하는가? 이 주장에 동의하는가?

　　우리는 이 주장에 대해 경험적으로, 이론적으로 검토할 필요가 있다. 경험적으로 검토하기 위해서, 우리는 다음의 질문을 할 수 있다. 세계화, 즉 국제적인 경제통합이 빈곤층과 저개발국가의 생활수준을 향상시켰는가? 이론적으로 검토하기 위해서 우리는 다음의 질문을 할 수 있다. 사람들이 경제성장으로 인해 부유하게 살 수 있는가? 경험적 질문에 대한 답은 매우 모호하다. 경제이론에서 예측하는 일이 실제로 노동시장에서 일어난다고 가정해보자. 가난한 국가의 사람은 산업화된 국가의 사람보다 적은 임금을 받고, 산업화된 국가에서 일자리를 얻을 것이다. 이것은 곧 산업화된 국가에 살고 있는 가장 낮은 임금을 받는 사람들이 직업을 잃게 된다는 것을 의미한다. 가난한 국가의 구직자 중에서 전문기술을 가지고 있거나, 많은 자본을 가지고 있는 사람은 거의 없을 것이다. 결국, 산업화된 국가의 최저임금은 이런 이유로 하락할 것이다. 경제이론은 선진국에서 직업을 잃은 사람들이 소비자로서는 가난한 국가에서 수출한 저렴한 비용의 상품과 서비스를 소비함으로써 이익을 본다고 주장한다. 그러나 세계화로 인해 선진국의 최저임금 노동자들은 직업을 잃는 고통을 감수해야만 한다.

　　세계화로 인한 유익한 결과의 수혜자는 공리주의자들의 주장과 같이, 최대다수의 사람들이고, 이 과정에서 개인에게 일어날 수 있는 피해를 간과하고 있다. 비록, 이론적으로는 우리 사회가 전반적으로 이익을 얻을 수 있다고 하더라도, 실제로 많은 개인과 가족이 세계화의 과정에서 심각한 피해를 입을 수 있다. 경험적으로, 노동력의 국제이동에 의해 많은 사람이 피해를 입는다고 인식하는 사람이 많이 있다. 우리가 이론적으로 가질 수 있는 의문은 사람들이 세계화로 인한 경제성장으로부터 혜택을 얻어서 과연 경제적으로 부유하게 살 수 있는지 여부이다. 또한, 우리가 가질 수 있는 윤리적인 의문은 세계화의 이익이 과연 세계화의 피해보다 더 큰지 여부이다.

세계화로 인해 선진국의 빈곤층 노동자들이 고통을 받는 것은 분명하다. 그렇다면, 가난한 국가의 사정은 어떨까? 자유무역으로 인해서 가난한 국가의 사람들이 과연 이익을 얻을 수 있을까? 자유무역을 지지하는 사람들은 가난한 국가의 사람들이 새로운 일자리를 얻어서 과거에는 누릴 수 없었던 경제적인 부유함을 누릴 수 있다고 주장한다. 그러나 자유무역을 비판하는 사람들은 자유무역을 통해 만들어진 일자리는 겨우 연명할 정도의 임금만을 지불하고, 결과적으로 가난한 국가의 사람들이 가지고 있는 노동력과 천연자원을 착취할 뿐이라고 비난한다. 이 문제는 개인적인 수준과 국가적인 수준 두 가지 모두에 해당된다.

시장경제이론은 새로운 일자리를 얻은 가난한 국가의 사람들이 이전보다 경제적으로 부유해질 것이라고 주장한다. 이것은 어떤 의미에서는 분명한 사실이다. 비록, 노동착취를 당하거나, 최저임금으로 장시간 노동을 해야 하지만, 가난한 국가의 사람들은 그런 일을 하려고 할 것이다. 일단, 그런 일이라도 한다면, 직업을 가지지 않는 것보다는 경제적으로 부유해질 것이다. 그러나 열악한 환경에서 일하는 것은 노동 강요 또는 노동 착취에 지나지 않는다. 노동 강요나 노동 착취는 국제 비즈니스가 따라야 할 윤리적인 기준이 결코 아니다. 강도에게 돈을 내주는 선택이 강도에게 돈을 내주지 않음으로써 살해를 당하는 것보다는 더 나은 선택이라고 하더라도, 우리가 강도의 행위를 윤리적으로 정당화시킬 수는 없다.

그렇다면, 다국적기업이 현지국가의 직원에게 가져야 할 윤리적인 책임은 무엇인가? 우리는 이 책임이 본국의 직원에게 가져야 할 책임과 동일하다고 결론내려야 한다. 그러나 이 결론으로부터 한 가지 의문이 제기될 수 있다. 만약, 본국과 현지국가의 직원에 대한 임금과 복지혜택이 동일하다면, 다국적기업은 군이 다양한 종류의 위험을 무릅쓰고, 본국을 떠나 외국으로 진출할 이유가 없을 것이다. 다국적기업이 외국, 특히 저개발국가에 진출하는 이유는 본국보다 저렴한 노동력을 얻기 위해서라는 사실을 명심하자. 그러나 우리는 인간이 노동시장에서 수요와 공급에 의해 그 가치가 결정되는, 생산을 위한 하나의 요소가 아니라는 점을 명심할 필요가 있다. 본국에서 직원에게 제공하는 임금과 복지혜택과 현지국가의 직원에게 제공하는 임금과 복지혜택은 똑같을 수는 없지만, 어느 정도 비슷한 수준을 유지할 필요가 있다. 한 가지 현명한 방법은 본국과 현지국가 사이의 생활수준에 존재하는 차이를 고려해서, 그 비율만큼 현지국가의 직원에게 임금과 복지혜택을 지불하는 것이다. 이 방법은 경제적으로, 윤리적으로 매우 합리적인 방법이다. 이 접근법은 다국적기업이 이익을 얻을 수 있게 하는 동시에, 현지국가의 직원도 공정한 임금과 복지혜택을 받을 수 있도록 만든다.

그러나 실제로 많은 다국적기업은 현지국가의 직원을 직접 채용하지 않고 있다. 많은 다국적기업이 현지국가의 기업과 중개업자에게 직원의 채용을 맡긴다. 다국적기업이 그렇게 하는 것은 다 이유가 있다. 그 이유는 매우 비윤리적이다. 현지국가의 직원을 고용하는데 현지국가의 소개업체를 이용하는 것은 직원에게 정당한 임금과 복지혜택을 줘야 할 윤리적인 책임을 피하기 위해서이다. 이 문제에 대하여 윤리적으로 합리적인 주장은 다국적기업이 현지국가의 저렴한 노동력을 통한 혜택을 얻으려면, 반드시 현지국가의 직원을 직접 고용함으로써, 직원에 대한 완전하고, 직접적인 책임을 져야 한다는 것이다.

그렇다면, 전반적으로 현지국가의 경제는 세계화로 인한 다국적기업의 진출로 인해 피해를 입는가, 이익을 얻는가? 한 걸음 더 나아가, 세계의 많은 빈곤 국가가 자유무역과 세계화를 통해 빈곤을 극복할 수 있는가? 우리가 기업의 환경에 대한 책임에 관해 살펴본 지속가능한 경제개발은 이 문제에서 중요한 시작점이 될 수 있다. 시장경제는 빈곤 국가의 경제성장을 도울 수 있는 가능성을 가지고 있다. 다국적기업은 현지국가의 경제성장을 통해 이익을 추구하면서, 현지국가의 노동력과 천연자원을 착취하지 않을 윤리적인 책임이 있다.

비록, 자유무역과 국제적인 경제통합이 일부 빈곤 국가의 경제적 수준을 향상시킬 수 있을지는 몰라도, 모든 국가의 경제수준을 향상시키지는 못 한다. 한 가난한 국가가 수출을 통해 국내경제를 향상시킬 수는 있어도, 모든 가난한 국가가 수출을 통해 경제를 향상시킬 수는 없다. 개별 국가에게는 이익을 줄 수 있는 정책이라 하더라도 그 정책을 동시에 모든 국가에게 적용할 경우, 오히려 모든 국가에게 피해를 줄 수 있는 경우가 얼마든지 있을 수 있다. 경제는 여러분이 짐작하는 것과 같이 그리 단순하지 않고, 우리가 상상하는 것보다 훨씬 더 복잡하고, 미묘하다. 이런 말이 있다. "모든 경제예측은 반드시 틀린다."

10.6　규제완화 및 철폐

　　국제적 경제활동과 관련된 두 번째 윤리문제는 자유무역과 경제통합이 환경, 노동, 건강, 그리고 안전에 대한 현지국가의 규제를 완화시키거나, 철폐하도록 만든다는 것이다. 왜냐하면 환경, 노동, 건강, 그리고 안전에 대한 현지국가의 규제는 다국적기업이 현지국가에 진출하는데 장벽을 만들기 때문에, 다국적기업과 외국자본을 유치하려는 현지국가의 정부는 환경, 노동, 건강, 그리고 안전에 대한 규제를 줄이거나, 없애야 하는 강한 동기를 가지게 된다. 즉, 너도 나도 앞 다투어 규제를 완화하거나, 철폐하는 것이다. 물론, 과도한 규제와 현실성이 없는 규제는 완화되거나, 없어져야 하지만, 적정한 규제와 필요한 규제는 그렇지 않다. 적정한 규제와 필요한 규제가 완화되거나, 없어질 경우, 많은 문제가 발생할 것이다. 여러분은 어떻게 생각하는가?

　　예를 들어, 미국노동안전위생국의 '직장에서의 건강과 안전에 관한 규제'에 대해 생각해보자. 이 규제는 미국에서 비즈니스를 하는 기업의 비용을 상승시켰다. 따라서 미국의 기업들은 이 규제가 없는 외국으로 기업과 공장을 옮길 강한 동기가 생긴 것이다. 기업은 외국에서 낮은 원가로 생산한 동일한 제품을 본국에 낮은 가격으로 다시 들여오는 효과를 볼 수 있다. 경제이론에 따르면, 이런 상황에 처한 국가는 규제의 결과로 인해 비정상적으로 낮은 가격을 상쇄하기 위한 수단으로서 외국에서 제조하여 본국으로 다시 들어오는 상품에 대해 높은 관세를 부과한다. 그러나 세계무역기구(WTO: World Trade Organization)에 의한 자유무역협정 때문에 관세를 통한 방법은 더 이상 허용되지 않는다. 결과적으로, 가난한 국가는 관세를 통해 자국의 산업과 기업을 보호할 수 없으므로, 자유무역의 상황에서 더 효율적으로 경쟁하기 위해 규제를 완화하거나, 철폐할 수밖에 없게 된다. 왜냐하면, 현지국가의 규제는 세계무역에서 경쟁력을 갖는데 큰 장벽으로 작용하기 때문이다.

　　환경에 대한 규제가 어떻게 자유무역에 장벽으로 작용하는지 생각해보자. 아주 재미있는 사례가 있다. 1992년에 미국의회는 돌고래를 보호하는 방식으로 참치를 포획하도록 하고, 이 방식을 사용하지 않고, 포획한 참치를 판매하는 것을 금지하는 법을 통과시켰다. 기술적으로 돌고래는 빠져나가지만, 참치는 걸리도록 그물의 간격을 만들면 가능하다. 그런데 문제는 돌핀프리(Dolphin Free)표시가 붙은 그물은 일반그물에 비해 매우 비싸다는 것이다. 1999년에 국제무역기구(WTO)는 이 법이 세계의 참치산업에 불공정한 장벽을 만든다는 이유로, 이 법이 시행되지 못하도록 결정했다. 미국은 이것이 자유무역에 대한 불공정한 제재라고 주장하면서, 이 결정이 부당하다고 탄원했다. 또 다른 예는 유럽연합이 호르몬을 포함한 사료를 먹여서 키운 소의 고기판매를 금지하는 법을 통과시켰지만, 국제무역기구(WTO)는 이 법이 소고기산업에 불공정한 장벽을 만든다는 이유로 이 법이 시행되지 못하도록 결정했다. 유럽연합이 '호르몬 소고기 유통금지법'을 철폐하지 않으면, 국제무역기구로부터 강력한 무역제재를 받을 위험에 처해 있다.

환경, 노동자, 열악한 국내산업, 그리고 소비자를 보호하기 위한 윤리적인 이유로 경제활동에 규제를 부과하는 것이 어떤 의미에서는 자유무역에 대한 장벽으로 간주될 수 있다. 자유무역협정이 전 세계적으로 합의되는 것을 생각하면, 규제를 완화하거나, 철폐해야 할 강한 동기가 분명히 있는 것 같다. 이것을 이론적으로 이해하는 것은 그리 어렵지 않다. 그러나 역설적으로, 세계화가 확장됨에 따라 환경, 노동, 건강, 그리고 안전에 대한 규제가 가난한 저개발 국가와 부유한 선진 국가, 양쪽 모두에서 줄어들기보다는 오히려 증가하고 있다. 가난한 국가의 환경, 노동, 건강, 그리고 안전에 대한 규제의 완화 및 철폐에 대한 강한 동기가 존재하는 동시에, 자유무역협정은 그 규제를 완화시키거나, 철폐하도록 압력을 가한다. 물론, 다국적기업은 현지국가의 규제를 완화하거나, 철폐하기를 바랄 것이다. 심지어 규제완화와 철폐를 위해 현지국가의 정부에게 부당한 압력을 가하거나 로비활동을 하기도 한다.

국제 비즈니스의 경영자가 가져야 할 윤리적으로 바람직한 태도는 본국에서 지켜야 할 윤리적인 규제를 현지국가에서도 그대로 준수하는 것이다. 다국적기업은 현지국가의 규제가 존재하거나, 존재하지 않거나, 윤리적으로 옳은 것을 실천해야 한다. 본국에서 어린이노동이 금지되어 있으면, 현지국가에서 법으로 금지하지 않더라도 아동에게 노동을 시켜서는 안 된다. 또한 세계은행, 국제무역기구, 국제통화기금과 같은 세계화를 촉진하는 기관은 자유시장과 자유무역이 공정성과 사회정의를 고려해서 적절히 규제되어야 한다는 사실을 인정해야만 한다. 시장경제이론은 완전한 이론이 아니다. 예를 들어, 이 세상은 현실적으로 완전한 경쟁시장이 될 수 없다. 완전한 정보를 가질 수도 없다. 따라서 세계은행, 국제무역기구, 국제통화기금과 같은 세계화를 촉진하는 기관은 자유시장과 자유무역을 무조건 강요하기보다는 공정성과 사회정의 등과 같은 윤리적인 가치를 존중하고, 현지국가의 상황을 고려하고, 배려하는 자세가 바람직할 것이다.

환경에 대한 정부규제는 시장경제에 대한 최소한의 기준과 제약을 설정한다. 또한, 세계의 많은 국가들이 환경을 보호하기 위해서 공동의 노력을 기울인다. 예를 들어, 자외선을 차단하는 지구대기권의 오존층을 보호하기 위해, 프레온가스의 제조와 사용을 제한하는 몬트리올의정서, 온실효과를 발생시켜 지구온난화를 촉진시키는 것으로 알려진 이산화탄소의 배출을 제한하는 교토의정서 등과 같은 국제협약은 얼마든지 가능하다. 물론, 모든 나라가 환경을 보호하기 위한 의정서에 가입한 것은 아니고, 의정서에서 요구하는 것을 충실히 지킬지도 의문이다. 다만, 이런 규제가 보편적으로 수용되고, 지켜진다면, 그것은 공정하고, 개방된 자유경쟁에 대한 장벽이 아니라, 오히려 지속가능성을 통해 자유경쟁을 지속할 수 있도록 도와줄 수 있다는 점을 인식할 필요가 있다.

만약, 사회적인 규제가 시장거래에 최소한의 수용 가능한 기준과 제약을 설정하는 것이라면, 그리고 이 규제가 시민의 윤리적인 합의를 반영한다면, 다국적기업은 이런 정책에 영향을 주는 어떤 노력도 하지 말아야 한다. 우리 사회는 정치적인, 법적인 기관을 통해, 다국적기업의 활동을 적절히 규제하는 윤리적인, 법적인 기준을 마련해야 한다. 이것은 국내적으로 뿐만 아니라, 국제적으로도 반드시 필요한 일이다.

10.7 민주주의, 문화, 그리고 인권

　　세계화에 대한 또 다른 비판은 급증하는 세계 경제통합이 비경제적인 가치도 위협한다는 것이다. 세계화를 비판하는 사람들은 국제무역기구, 세계은행, 그리고 국제통화기금과 같은 기관이 가난하거나, 이미 산업화된 국가 둘 다에게 민주주의라는 정치적인 가치를 위협하고, 비민주적인 관료체계를 구축하고 있다고 비난한다. 더 심각한 문제는 종종 다국적기업이 합법적 정부를 대신해서 국제적 사안에 대한 의사결정자로서 행동한다는 것이다. 이것은 월권이다. 한 걸음 더 나아가, 자신의 제품을 더 많이 팔기 위해서 세계시장을 확장하려는 다국적기업에 의해 추진되는 세계화는 현지국가의 문화와 전통마저 위협하고 있다. 문화는 다양성을 가질 때, 가장 바람직한 것이다. 즉, 전 세계에 통일된 한 가지의 문화가 존재하는 것이 좋은 것은 결코 아니라는 얘기다. 예를 들어, 세계에서 가장 많은 다국적기업을 가진 미국의 문화가 세계 각국의 다양한 문화를 하나로 통합하는 것은 결코 바람직하지 않을 것이다. 여러분의 생각은 어떤가?

　　세계은행과 같은 세계화를 추진하는 기관을 비판하는 사람들은 그런 기관의 경제정책이 국제적 재정지원을 요청하는 빈곤 국가의 자기결정권을 약화시키거나 무력화시킨다고 비판한다. 가난한 국가에 대한 재정적 지원은 칼럼니스트이자 작가인 토마스 프리드먼(Thomas Friedman)이 말한 것처럼 '황금으로 된 속박'이다. 겉으로는, 경제적 지원을 받아 풍요롭고, 화려하지만, 속으로는, 자기결정권과 같은 자유를 억압당한다는 의미이다. 일단, 경제적 지원을 하면, 세계은행과 국제통화기금은 지원을 받은 국가의 정부에게 공기업을 민간 기업으로 전환시켜 민간부문을 경제성장의 원동력으로 만들고, 정부의 규모를 줄이고, 재정균형을 유지하고, 관세를 없애거나 줄이고, 해외투자에 대한 규제를 없애고, 할당제 및 독점을 없애고, 수입을 증가시키고, 통화를 개방할 것 등을 요구한다. 결과적으로, 경제적 지원을 받은 국가의 경제는 성장하지만, 해당 국가의 정부는 정책에 관한 자기결정권을 잃게 된다. 우리나라가 1990년대 후반, 국제통화기금으로부터 받은 대접이 바로 이것이다.

가난한 국가와 선진국 모두에게 미치는 국제무역협정의 영향에 대해 세계화를 비판하는 사람들은 이것과 비슷한 결론에 도달한다. 국제무역협정은 현지국가의 의사결정권을 약화시킴으로써, 지원을 받은 국가의 자기결정권과 민주주의를 약화시킨다. 세계화를 비판하는 사람들은 세계은행, 국제통화기금, 그리고 국제무역기구와 같은 기관이 비민주적이고, 비밀스럽게 의사결정을 한다고 비판한다. 그 기관은 선거를 통해 선출되지 않은 사람들이 의사결정을 하고, 논의 내용이 전혀 공개되지 않으며, 시민의 질문과 궁금증에 결코 대답하지 않는다. 이런 결정은 주로 다국적기업의 이익을 대변하기 때문에, 다국적기업이 은밀하게 의사결정을 조종한다고 비난한다.

　　황금으로 된 속박이 현지국가의 자기결정권과 민주주의를 약화시킨다는 비난에 대해 세계화를 지지하는 사람들은 현지국가가 가난을 극복하고, 번영을 얻으려면, 지원을 제공한 기관의 제약과 통제를 따라야 한다고 주장한다. 속박을 받지 않으려면, 해당 국가는 세계은행과 같은 기관으로부터의 지원을 결코 기대해서는 안 된다고 주장한다. 과연, 그런가? 여러분의 의견은 어떤가? 물론 가난한 국가는 황금속박을 거부할 수 있지만, 거부할 경우, 국가경제의 부도라는 끔찍한 결과를 감수해야 한다. 도와주었다고 해서 강제하고, 속박하는 것이 윤리적으로 옳은가? 여러분은 어떻게 생각하는가?

　　세계화를 지지하는 사람들은 세계화가 여러 규제를 완화하거나, 폐지하도록 만든다는 비난에 대해 실증적인 증거는 없다고 주장한다. 사실 환경, 노동, 건강, 그리고 안전에 대한 규제는 선진국에서 감소하기보다 오히려 증가하는 것으로 나타났다. 역사적으로, 대부분의 민주주의 국가는 보다 더 자유로운 시장과 무역에 찬성하는 경향을 보여 왔다. 세계화를 지지하는 사람들은 또한 세계은행, 국제통화기금, 국제무역기구 등의 기관이 모두 개별국가에 의해 창설되고, 유지되며, 의사결정을 한다고 주장한다. 그 기관이 막강한 권한을 가지도록 여러 국가가 합의했기 때문에, 이 기관이 존재하며, 권한도 가지고 있다고 주장한다. 여러 국가가 자발적으로 그 기관을 설립하는 협약에 자유롭게 동의했다는 것이다.

　　다음으로, 세계은행과 국제통화기금과 같은 기관이 의사결정과정에서 비밀스럽고, 비민주적이라는 비난에 대해 생각해보자. 그들의 의사결정은 주로 비공개로 이루어지고, 대중은 그들의 정책이 언론에 발표된 후에야 비로소 알 수 있다. 그런데 문제는 이런 결정을 하는 사람들이 선거를 통해서 선출되지 않았을 뿐만 아니라, 어떤 동의나 검증도 거치지 않고, 판단과 결정을 한다는 것이다. 세계의 모든 시민에게 영향을 주는 중요한 결정에 윤리적인 공정성이 결여된 것이다. 그러나 세계화를 지지하는 사람들은 이 기관이 입법부가 아니라, 사법부의 형태를 가진다고 주장한다. 사법부에서 하는 대부분의 결정은 갈등의 해결, 협상, 그리고 타협을 목적으로 한다. 즉, 이 기관이 공공정책을 제정하는 입법부가 아니라, 여러 관련단체의 의견 충돌을 해결하는데 도움을 주는 중재자와 같은 역할을 한다는 것이다. 이런 이유로, 비공개와 비밀유지 방식은 상호 간에 서로 수용할 수 있는 적절한 의사결정을 더 쉽게 도출하도록 만든다고 주장한다.

우리가 의심할 여지없이, 세계은행, 국제통화기금, 그리고 국제무역기구 등과 같은 국제기관의 영향력과 정책에 대해 윤리적으로 정당한 우려가 제기된다. 그들의 정책은 적어도 단기적으로는 좋은 것으로 보인다. 시장자본주의와 소비주의는 이 기관에 의해 도입되고, 확산되는 경제적인 구조이며, 결과적으로 수반되는 많은 변화는 분명히 토착문화와 전통을 본질적으로 변형시킨다. 또한, 전 세계적인 빈곤, 사회적 질병, 그리고 세계인구의 증가로 인한 여러 문제를 해결하기 위해서는, 선진국 대부분이 개발도상국의 자원과 시장에 의존하고 있다는 것을 인정하고, 선진국이 개발도상국의 빈곤을 해결하고, 경제를 발전시키기 위한 적절한 조치를 취해야 한다. 이것이 선진국의 시민과 다국적기업이 반드시 실천해야 할 윤리적인 책임이고, 의무이다.

산업화되고, 부유한 국가가 가난한 국가의 빈곤퇴치와 경제성장을 도와줄 의무가 있다는데 동의한다면, 그 다음으로 이것을 구체적으로 실천하기 위한 적절한 방법을 모색해야 할 것이다. 많은 사례를 통해 확인된 바로는, 선진국이 후진국에 직접적으로 재정지원을 하고, 식량과 재화를 제공하는 것은 단기적으로는 필요하지만, 장기적으로는 효과적인 전략이 아니다. 퍼주기 방식의 기부가 현지국가의 시장을 무한경쟁으로 내몰면서 현지국가의 농업 및 산업의 근간을 뒤흔들 수도 있다. 세계은행, 국제통화기금, 세계무역기구의 정책은 경제성장으로 인해 안정적인 자급자족의 내수경제를 성장시킬 수 있다고 보기 때문에, 경제성장을 매우 중요하게 간주한다. 여기에 함축된 논리는, 경제성장정책이 대부분의 현지국가의 경제에 도움이 된다는 것이다. 이런 접근방식이 가지는 문제점은 현지국가에 경제적 이익을 줄 수 있는 구체적인 방안을 찾기가 어렵고, 다국적기업과 해외자본의 유입으로 발생한 피해를 예방하거나, 최소화시키는 방법을 찾기가 어렵다는 것이다.

여러분은 세계적인 기업의 최고경영자가 되고 싶은가? 그렇다면, 여러분이 세계적인 기업의 최고경영자가 될 수 있는 방법은 무엇인가? 우리는 동양의 고전인 대학(大學)에서 그 비결을 찾을 수 있다. 대학에 따르면, 세상을 평정하기 위해서는 나라를 먼저 잘 다스려야 하고, 나라를 잘 다스리기 위해서는 집안을 먼저 가지런히 해야 하고, 집안을 가지런히 하기 위해서는 먼저 자신의 몸을 잘 갈고 닦아야 한다. 여러분이 세계적인 기업의 최고경영자가 되기 위해서는, 그 시작으로서 먼저 여러분 자신을 잘 갈고 닦아야 한다. 기업윤리에 대해 생각하고, 배우고, 익혀야 한다. 여러분 자신을 윤리적인 존재로 만들어야 한다. 그 다음에 여러분의 기업을 윤리적인 기업으로 만들어야 한다. 여러분의 기업이 윤리적이고, 모범적인 기업이 되면, 자연히 여러분의 기업은 우리나라에서 인정을 받을 것이다. 여러분의 기업이 우리나라에서 윤리적이고, 모범적인 기업으로 인정을 받게 되면, 비로소 여러분의 기업은 세계적인 기업으로 발전할 수 있다. 세계적인 기업의 최고경영자라는 거창한 목표의 시작은 무엇보다도 여러분 자신을 윤리적인 존재로 만드는 것이다.

우리는 '왜 기업윤리를 공부해야 하는가?'라는 질문으로부터 시작해서 지금까지 총 10장에 걸쳐서 기업윤리에 관한 10가지 주제에 대하여 참으로 많은 논의를 해왔다. 참으로 힘든, 길고도 먼 여정이었다. 이제 긴 여정의 대단원을 마무리하면서, 저자는 참으로 궁금하다. 이 책을 읽고 있는 여러분이 저자가 이 책을 쓰면서 바라는 것처럼, 기업윤리가 무엇인지에 대해 잘 알게 되고, 저자가 여러분에게 전하고 싶은 인생의 깊은 깨달음을 얻었는지를. 저자는 여러분이 이 책을 읽고, 기업윤리에 관한 단순한 사실과 기업윤리와 관련된 단순한 지식만을 얻기를 바라지는 않는다. 저자가 50년 동안 살아오면서 저자가 알게 된 사실, 얻게 된 지식, 깨달은 교훈, 그리고 인생과 관련된 지혜를 모두 이 책에 아낌없이 쏟아 부었다. 이 책의 전반에 걸쳐 군데군데 등장하는 저자와 할머니의 일화는 여러분에게 많은 깨달음을 줄 것으로 확신한다. 여러분이 이 책을 읽고 난 후, 여러분의 인생에 많은 변화가 있기를 저자로서 진심으로 바란다. 여러분의 앞날에 행운과 성취가 함께 하기를, 하늘에 계신 저자의 할머니와 함께 여러분을 축복하면서 대단원을 마무리한다.

하늘이 장차 사람에게 큰 임무를 내리려고 할 때

반드시 먼저 그 마음과 뜻을 힘들게 하고

그 근육과 뼈를 괴롭게 하고

그 몸과 피부를 굶주리게 하고

그 몸이 행동하는데 궁핍하게 하고

그 하는 바를 어렵게 만든다.

이렇게 하는 이유는 마음에 인내심을 생기게 함으로써

그 부족한 능력을 크게 만들기 위함이다.

-맹자-

연습문제

01   국가와 문화를 초월해서 적용될 수 있는 윤리적 가치가 존재하는가?
존재한다면, 몇 가지 예를 들어보라.

02   국제비즈니스에서 '로마에 가면 로마사람이 하는 대로 행동하라'는 격언이 어떻게
실천될 수 있는지 설명하시오.

03   다국적기업이 개발도상국의 아동노동을 이용하는 것은 윤리적으로 정당화될 수
있는가?

04   사람들이 세계화를 지지하거나 반대하는 이유는 무엇인가?
여러분은 세계화를 지지하는가?

05   세계화가 현지국가의 규제를 완화하거나 폐지하도록 만드는 이유는 무엇인가?

06   세계경제의 피라미드에서 하층을 구성하고 있는 사람이 미국의 소비자와 같은
생활수준을 하는 것이 가능한가? 가능하다면, 그것은 좋은 것인가?
그 이유는 무엇인가?

📖 사례 10-1. LG그룹, 10년 공들인 친환경 차 부품 빛 본다

출처: 뉴스1, 2015. 10. 27

친환경 자동차 부품을 설명하는 LG 관계자
(뉴스1 자료사진)

LG가 지난 10여 년간 공을 들인 친환경 자동차 부품 사업이 빛을 보기 시작했다. LG는 지난 2000년대 후반부터 친환경 자동차부품을 미래 신성장동력으로 집중 육성하고 있다. LG전자가 스마트카 부품 및 차량용 인포테인먼트 부품을, LG화학이 전기차 배터리를, LG이노텍이 차량용 센서 및 LED 등을 생산하고 있다. 차체를 뺀 친환경 자동차 전 부품을 공급할 역량을 갖췄다.

27일 업계에 따르면 LG전자는 지난 21일 미국 자동차 회사 GM의 쉐보레 볼트 EV에 핵심부품 11종을 공급하는 계약을 체결했다. LG전자가 볼트 EV에 공급하는 핵심 부품과 시스템은 ● 구동모터(구동축에 동력을 제공하는 장치로 GM 설계) ● 인버터(직류를 교류로 변환하고 모터를 제어하는 장치) ● 차내충전기 ● 전동컴프레서(차량 공조시스템 냉매 압축장치) ● 배터리팩 등이다.

이외에 ● 전력분배모듈(배터리 전원을 분배하는 장치) ● 배터리히터(저온 조건에서 배터리가 안정적으로 작동하도록 가열하는 장치) ● DC-DC컨버터(고전압을 저전압으로 변환해 주변

기기용 전원을 공급하는 장치) ● 급속충전통신모듈 ● 계기판(IPS 기반의 LCD 계기판) ● 인포테인먼트 시스템 등도 공급한다. 차체의 강판을 제외한 사실상 거의 모든 부품을 LG전자가 공급하는 셈이다.

LG전자는 2013년 7월 LG CNS의 자회사 'V-ENS'를 합병해 VC(Vehicle Components)사업본부를 신설하고 자동차 부품 사업을 본격 확대했다. VC사업본부는 차량용 오디오 비디오 내비게이션 기기 등 인포테인먼트 시스템, 지능형 안전편의 장치로 불리는 첨단운전자지원시스템, 차량용 공조 시스템/전기차 배터리팩 등의 사업을 전개해 왔다. 이번에 GM과 핵심 부품 공급 계약을 맺으면서 본격적으로 사업을 확대하게 된다.

GM의 글로벌 제품개발 및 구매 총괄 마크 로이스 부사장은 "GM은 전기차 분야에서 리더십을 공고히 하기 위해 파괴적 혁신이 필요했다."며 "쉐보레 볼트와 스파크 EV에서 구축한 GM의 기술력과 LG의 경험을 살려 장거리 운행이 가능한 전기차를 합리적 가격으로 상용화 하겠다."고 밝혔다.

LG전자 VC사업본부 이우종 사장은 "GM의 전기차 개발 파트너로 선정된 것을 계기로 미래 자동차의 핵심부품 개발사로 발돋움 할 수 있을 것"이라며 "GM과 협력을 발판으로 IT 기업인 LG전자가 전기차 시장에 기여할 수 있을 것"이라고 말했다.

LG전자는 지난 3월 제네바 모터쇼서 이탈디자인이 공개한 컨셉트카 '제아'에 전장부품을 공급하기도 했다. GM의 커넥티드카 핵심 부품도 공급하기로 했으며 메르세데스벤츠와 스테레오 카메라 시스템 개발 양해각서도 맺었다. 스테레오카메라 시스템은 무인주행 자동차의 핵심 부품이다.

구글이 개발하는 자율주행자동차에도 배터리팩을 공급키로 했으며 미국 반도체 업체인 프리스케일과 '첨단운전자지원시스템(ADAS)'도 공동개발하고 있다. 이외 인도 타타 자동차, 중국 둥펑 자동차와도 친환경 자동차 부품 공급 계약을 맺은 바 있다.

LG디스플레이는 유럽, 미국 등 세계 유수의 자동차 업체에 정보 안내 디스플레이, 계기판 등 자동차용 디스플레이 제품을 공급해오고 있다. LG디스플레이는 초고해상도 광시야각 기술과 한 단계 진일보한 터치 기술 등을 바탕으로 자동차에 최적화된 디스플레이를 양산하고 있다.

한상범 LG디스플레이 사장은 지난 1월 열린 CES2015에서 "자동차용 디스플레이 분야에서 현재 16%의 점유율로 3위권 수준인데 내년에는 23%까지 점유율을 끌어 올려 1위 자리에 오를 것"이라며 "독일 미국 등 주요 자동차 업체를 대상으로 이미 80% 이상의 수주 물량을 확보한 상태"라고 밝혔다.

LG이노텍은 소재부품분야 핵심 기술을 융복합하며 차량 전장부품 라인업을 빠르게 다변화하고 있다. 차량용 모터와 센서, 차량용 카메라모듈, 차량용 무선통신 모듈, LED, 전기차용 배터리 제어시스템(BMS: Battery Management System), 전력변환 모듈 등 보유하고 있는 제품군이 20여 종에 이른다. LG이노텍은 2007년 독자 기술력으로 개발한 브레이크 잠김 방지장치(ABS: Anti-lock Brake System) 모터와 전자식 조향장치(EPS: Electric Power Steering System) 모터를 시작으로 차량 전장부품시장을 공략해 왔다. 지난해에는 세계 최초로 희토류가 없는 차량용 듀얼클러치 변속기(DCT)용 모터 개발에 성공했고 세계 최고 수준의 무선통신기술을 바탕으로 블루투스 와이파이 콤보모듈 등 차량용 통신모듈도 양산하고 있다.

LG화학은 전기차 배터리 분야에서 글로벌 시장을 선도하고 있다. LG화학은 2011년 4월 충북 오창에 세계 최대 규모의 배터리 공장을 준공한 데 이어, 지난해부터는 미국 미시간주 홀랜드 공장도 가동을 시작했다. 최근 중국 남경에 배터리팩 공장을 준공해 연간 10만 대 규모의 전기차 배터리 공급을 추가할 예정이다. 남경 배터리팩 공장은 이미 100만 대의 공급 물량을 확보한 상태라 준공과 함께 동시에 100% 가동에 들어갈 전망이다. LG화학은 한국의 현대 · 기아차를 비롯해, 미국의 GM, 포드, 유럽의 다임러, 아우디, 르노, 볼보, 중국의 상해기차, 장성기차, 체리자동차 등 20여 곳에 이르는 완성차 업체를 고객사로 확보하고 있다. LG화학은 현재 절대우위의 R&D 경쟁력을 바탕으로 한 번 충전에 320km 이상 주행이 가능한 배터리를 개발, 양산을 앞두고 있으며, 지속적인 추가 수주를 바탕으로 경쟁사와 격차를 더욱 벌려 전기차 배터리 시장 선도의 지위를 더욱 공고히 해나갈 계획이다.

　　LG 관계자는 "LG의 자동차 부품 사업은 계열사 최고 기술력을 결집해 전기차 배터리, 전장부품, LED 등 통합 솔루션을 고객에게 제공할 수 있다는 장점을 갖고 있다."며 "기존 주력사업인 스마트폰과 스마트 TV, 디스플레이 등의 IT 역량과 새롭게 속도를 내고 있는 IoT(사물인터넷) 기술을 친환경 자동차부품에 적용해 기존 업계 경쟁사와 차별화된 가치도 만들 수 있다."고 밝혔다.

📖 사례 10-2. 국내 기업들의 다양한 사회적 책임활동

출처: Business Watch, 2015. 11. 22

대한항공, SNS 회원들을 대상 신규 항공기 견학 행사 개최

　대한항공은 지난 21일 인천시 중구 운서동 대한항공 정비 격납고에서 자사 소셜네트워크서비스(SNS) 회원들을 초청해 올해 하반기 신규 도입한 B747-8i 차세대 항공기를 견학하는 행사를 가졌다고 22일 밝혔다. 이번 행사에는 평소 항공기에 관심이 많은 60여 명의 SNS 회원들이 참가했다. 대한항공 직원의 안내에 따라 항공기의 조종석을 둘러보고 종전보다 개선된 B747-8i의 좌석을 체험하는 기회를 가졌다. B747-8i 퍼스트클래스에는 코스모 스위트 2.0 좌석이 설치됐다. 슬라이딩 도어(미닫이식 문)와 개인용 옷장, 좌석과 함께 높이가 변하는 팔걸이 등으로 승객 사생활과 쾌적함을 배려한 좌석이다. 프레스티지클래스의 프레스티지 스위트 좌석 역시 개인용 칸막이와 등받이 없는 쿠션 의자인 오토만(Ottoman)이 설치됐다.

　대한항공은 항공분야에 관심이 많은 SNS 회원들을 대상으로 항공 시설 견학의 기회를 지속적으로 제공할 예정이다. 대한항공은 지난 2011년부터 '사랑나눔 일일 카페' 행사를 통해 SNS 회원들과 함께 나눔 활동도 진행하고 있다.

대한항공 B747-8i 차세대 항공기 견학 행사
(비지니스워치 자료사진)

LG전자, 금천구 가산동에 위치한 MC연구소에서
'LG전자와 함께하는 UI · UX 공모전' 최종 프레젠테이션 및 시상식 개최

LG전자 UI · UX 공모전
(비지니스워치 자료사진)

이번 공모전에는 LG전자의 미래 스마트폰에 적용되었으면 하는 대학생들의 창의적인 아이디어가 400건 이상 접수 되었으며, 디자인뿐만 아니라 컴퓨터, 경영, 특수교육 등 다양한 전공의 학생들이 참여했다. LG전자는 최종 프레젠테이션에 올라온 10개팀 가운데 구체성, 완성도, 창의성, 현실성, 접근 방법 등 5가지 기준으로 대상 1개 팀과 최우수상, 우수상 각 2개 팀씩 총 5개 팀을 선정했다. 대상은 사진 관련 UX 아이디어를 제시해 창의성에서 높은 점수를 받은 '뽀소빠레'팀이 수상했다. 최우수상은 웨어러블 UX와 헬스 UX에 관한 아이디어로 각각 응모한 두 팀에게 돌아갔다.

LG전자는 수상팀에게 총 2,200만 원의 상금을 수여하고, 대상 및 최우수상 팀에게는 LG전자 인턴십 기회도 제공한다. LG전자는 지난 9월 1일부터 10월 5일까지 ● 스마트워치 등을 활용한 웨어러블 아이디어(New Wearable) ● 휴대폰에 적용해 시너지가 발휘될 수 있는 아이디어(Expandable Experience) ● 기존 UX를 업그레이드 할 수 있는 아이디어(Next Mobile UX) ● 모바일 UI · UX 자유 주제 등 4개 분야에서 공모를 진행한 바 있다.

삼성전자, 'K-세일데이(K-Sale Day)'에 적극 동참

삼성전자 S 골드러시 패밀리 세일 행사
(비지니스워치 자료사진)

지난 2일부터 실시하고 있는 '삼성전자 S 골드러시 패밀리 세일'의 행사 기간을 연장하고 대상 제품도 확대한다. 삼성전자는 이번 'K-세일데이'에 맞춰 '패밀리 세일' 기간을 기존 11월에서 12월까지 한 달 연장하고, 행사 제품 수도 기존 20개에서 총 35개로 확대해 소비자 선택의 폭을 더욱 넓혔다. 또 한정판매 수량을 늘리는 등 연중 최대 규모의 할인 혜택을 제공해 삼성전자의 인기 있는 가전제품 구매를 위한 최적의 기회를 제공한다. 냉장고 부문에서는 이번 패밀리 세일 동안 판매 돌풍을 일으키고 있는 지펠 'T9000' 한정 판매 모델뿐 아니라 지펠 '푸드쇼케이스' 총 4개 모델을 추가해 최대 100만 원 할인 혜택을 제공한다. TV는 기존 할인 품목에 2015년 인기 제품인 40형·48형·55형 커브드 TV를 추가해 약 20% 할인해 준다.

이밖에도 김치냉장고·세탁기·청소기·노트북 등 인기 제품들도 특별 기획 제품을 확대하고 20~40% 수준의 할인 혜택을 제공한다.

LG디스플레이, 사랑의 김장 나눔 행사

LG디스플레이 사랑의 김장나눔 행사
(비지니스워치 자료사진)

　　LG디스플레이는 20일 경기도 파주시에 위치한 파주사업장에서 한상범 사장을 비롯해 200여 명의 임직원이 참여한 가운데 '사랑의 김장 나눔' 행사를 가졌다. 이날 LG디스플레이는 5,000여 포기의 김장김치를 파주사업장 인근의 지역아동센터 및 노인복지센터 등 50여개 복지시설과 저소득 가정 240세대에 직접 전달했다. 어려운 이웃들의 겨울나기를 돕기 위해 6년째 이어온 '사랑의 김장 나눔' 행사는 장애인 직업재활 시설인 '교남어유지동산'과 연세 많은 어르신들이 직접 운영하고 있는 '문산 하스영농조합'에서 김장 재료인 배추, 무, 고춧가루를 구입함으로써 지역경제 활성화에도 기여하고 있다. 한편 LG디스플레이는 오는 25일 구미사업장 인근의 경운대학교 실내체육관에서 임직원 100여 명이 참석해 5,000여 포기 김장을 담그고, 인근의 결연세대를 직접 방문해 배달할 예정이다.

삼성전자, '서비스 기술 경진대회' 개최

삼성전자 서비스 기술 경진대회
(비지니스워치 자료사진)

　　삼성전자서비스가 최고의 서비스 전문가 선발 대회인 '서비스 기술 경진대회'를 18일과 19일 이틀간 경기도 수원과 충남 아산에서 개최했다. 올해로 20회째인 '서비스 기술 경진대회'는 수리 엔지니어와 콜센터의 기술상담 전문가들이 고객서비스 전문성과 역량을 겨루는 대회로, 삼성전자서비스의 서비스 품질 향상에 기여해왔다. 이번 '서비스 기술 경진대회'는 총 12개 부문에서 103명이 참가해 치열한 경합을 펼쳤다. 삼성전자서비스 본사에서는 서비스 혁신과 개선 사례가 담긴 수리기술 연구논문 발표, 수리를 편하고 안전하게 할 수 있는 'JIG 제작 발표' 등 4개 부문에 47명이 참가했다. 협력사에서는 휴대폰, TV, 냉장고, 세탁기, 에어컨, 컴퓨터 제품 등 제품 수리 기술능력과 기술 전문상담능력 등 8개 부문에 56명이 참가했다. 이번 '서비스 기술경진대회'는 본사 4개 부문 12개의 상, 협력사 8개 부문 24개의 상을 시상했으며, 협력사 부문의 금상 수상자들에게는 고용노동부장관상과 국제기능경기대회 협회장상이 수여됐다. 고용노동부장관상은 가전부문에 출전한 김봉관 주임(전주서비스㈜), 이형민 대리(동래스마트서비스㈜)가 수상했으며, 국제기능경기대회 협회장상은 전형빈 사원(강동지피에이㈜)이 수상했다.

KCC, 대한상공회의소 회장상 수상

최우수 보고서로 선정된 '2014 지속가능성 보고서'
(비지니스워치 자료사진)

KCC는 지난 19일 서울 중구 대한상공회의소에서 열린 '제3회 대한민국 사랑받는 기업 정부포상' 시상식에서 대한상공회의소 회장상을 받았다. 이는 지난 7월 발간한 '2014 지속가능성 보고서'가 최초 발간 보고서 중 최우수 보고서로 선정돼 대한상공회의소 회장상을 수상한 이후 두 번째다. KCC가 이번에 수상한 상은 기업의 지속가능경영을 넘어 사회로부터 사랑받는 기업에 대한 관심을 환기시키고, 우수 경영사례를 발굴 및 포상하는 것이다. 산업통상자원부와 중소기업청이 주최하고 대한무역투자진흥공사, 대한상공회의소, 산업정책연구원, 한국표준협회, 지속경영학회가 공동 주관한다. KCC 관계자는 "올해 처음으로 발간한 지속가능성 보고서가 최우수보고서 선정은 물론 정부포상까지 받아 영광"이라며 "앞으로도 기업의 사회적 책임과 사회 및 경제적 가치를 추구하는 다양한 노력을 지속해 나갈 것"이라고 말했다.

효성, '영락애니아의 집'에 내의 전달과 봉사활동

서울 용산구 후암동 중증장애아동 요장시설을 방문한 효성 조현상 부사장
(비지니스워치 자료사진)

　　효성은 지난 20일 자사 소재인 '에어로웜' 및 '크레오라'로 만든 내의 약 200벌
을 구매해 서울 용산구 후암동에 있는 중증장애아동 요양시설 영락애니아의 집에
전달했다. 이 봉사활동은 조현상 효성 산업자재PG장(부사장)의 제안으로 2012년 처
음 시작됐다. 임직원들은 매달 식사 도우미 활동 외에도 함께하는 체육대회, 찾아가
는 클래식 음악회를 아이들과 함께 한 바 있다. 조 부사장은 "추운 겨울을 앞두고
효성의 원사로 만든 내복을 아이들에게 선물할 수 있게 돼 뿌듯하다."며 "지난 4년
동안 함께한 영락애니아의 집과 따뜻한 인연을 이어갈 수 있도록 노력하겠다."고 말
했다.

삼성전자, '삼성 페이' 통해 전통시장 활성화 지원

한국우편사업진흥원과 삼성전자의 업무제휴 협약식
(비지니스워치 자료사진)

　삼성전자가 모바일 결제서비스 '삼성 페이'를 통해 전통시장 활성화를 지원한다. 삼성전자는 20일 미래창조과학부 산하 한국우편사업진흥원과 전통시장 활성화를 위한 핀테크 간편결제 사업 업무 협약을 체결했다. 이번 전략적 제휴는 현재 미래창조과학부가 창조경제 비타민 프로젝트의 일환으로 전통시장 활성화를 위해 개발 중인 '마켓 페이'가 '삼성 페이'에 탑재되는 방식이며, 전통시장 핀테크 서비스와 관련된 다양한 분야에서 협력할 예정이다. 미래창조과학부의 '마켓 페이'는 소비자들이 전통시장에서 스마트폰을 통해 쉽고 간편하게 결제할 수 있는 새로운 서비스로 내년 상반기 서비스를 목표로 개발 중이다.

📖 사례 10-3. 개미가 사면 폭락? 공매도 공포 사실로

출처: 헤럴드경제, 2016. 1. 6

개인 순매수 상위 50개 중 8종목, 외인·기관 공매도 최고 50%하락,
현대상선·대우조선해양등 손실 커, '공매도공시제' 3년째 국회서 낮잠 중

　　개미(개인투자자)들이 큰손(기관·외국인)들의 공매도에 피눈물을 흘리고 있다. 지난
해 개미들이 집중 투자한 종목 대다수가 큰손들의 거센 공매도 공세로 폭락했기 때
문이다. '내가 사면 떨어진다'는 개미들의 푸념과, 그 원인을 기관의 공매도에서 찾는
개미들의 설명이 상당부분 상관관계가 있는 것으로 입증된 셈이다.

큰손의 공매도에 피눈물 흘리는 개미(개인)투자자
(헤럴드경제 자료사진)

　　상황이 이런데도, 개미들의 투자 피해를 최소화하기 위해 각 증권·운용사들의
공매도 규모 공시를 의무화한 관련 법안은 정쟁으로 일손을 놓은 국회에서 낮잠만
자고 있다.

작년, 공매도 공세 거셌다

6일 증권업계에 따르면 지난 한 해 동안 개인투자자 순매수 상위 종목 상당수가 공매도 공세로 몸살을 앓은 것으로 나타났다. 개인 순매수 상위 50개 종목 가운데 8곳이 외국인과 기관의 공매도로 많게는 50%, 적게는 10% 넘는 하락률을 기록한 것으로 집계됐다. 이는 한국거래소로부터 개인투자자들의 순매수 상위 종목과 평균 매수가를 금융투자협회로부터 대차거래 잔고 상위 종목 리스트를 받아 교차 체크한 결과다.

개인 순매수 상위 및 대차거래			단위: 원, %	
종목	평균매수가	대차거래 잔고(억원)	현재가	추정손실률
SK하이닉스	38550	4579	30600	-20.6
LG디스플레이	26696	4855	23800	-10.8
삼성중공업	15980	4807	10550	-34.0
현대상선	7116	2211	3860	-45.8
두산인프라코어	8234	1431	4445	-46.0
BNK금융지주	12221	4569	8400	-31.3
대우조선해양	11973	1097	5010	-58.2
한진해운	6406	859	3505	-45.3

* 2015년 1월2일~2016년 1월 4일　　　　자료: 한국거래소, 금융투자협회

개인 순매수 상위 및 대차거래
(헤럴드경제 자료사진)

재정건전성 문제로 자회사 매각 등 특단의 방안을 강구하고 있는 현대상선은 지난해 초 1만 원 안팎에서 주가가 움직였으나, 현재는 3분의 1 수준인 3,000원대로 폭락했다. 개인투자자들의 현대상선 평균 매수가와 비교하더라도 추정 손실률은 45%를 넘어선다. 현대상선의 대차거래 잔고는 2,000억 원대를 넘어서고 있고, 이는 특정 이슈가 있을 때 현대상선의 주가를 급락시킬 기관과 외국인들의 '무기'로 활용될 수 있다.

외국인과 기관의 이득만큼 개미들에겐 손해가 나는 구조다. 원유가격 폭락으로 극심한 불황을 겪고 있는 조선업종도 공매도 공세 사정권에 들었다. 대우조선해양과 삼성중공업은 지난해 개인 순매수 4위, 10위에 각각 올라있다. 매수 금액은 각각 4,910억 원, 3,263억 원 규모다. 손실률로 개인투자자들의 손실금액을 추정하면,

대우조선해양 투자자들은 3,000억 원대의 손실을, 삼성중공업 투자자들은 1,000억 원에 가까운 투자금을 고스란히 날린 것으로 분석된다. 이들 외에도 SK하이닉스와 LG디스플레이, 한진해운 등도 공매도에 따른 주가 폭락으로 개인 투자자들에게 수백억~수천억대의 손실을 끼쳤다.

한 자산운용사 관계자는 "주식 시장에 변동성이 커져야 외국인과 기관에게는 투자 수익 기회가 생기게 된다. 특정 이슈가 있을 때 쏟아낼 수 있는 실탄 역할을 할 수 있는 것이 바로 대차잔고"라고 말했다. 특히 지난해 6월 하루 주가 상하제한폭이 30%로 확대된 이후엔 개별 종목들의 주가 '널뛰기' 현상이 더욱 거세진 것도, 개인 투자자들의 피해 규모가 커진 원인 중 하나로 분석된다.

'공매도 공시제' 낮잠 중

거센 공매도 탓에 개인투자자들의 피해가 눈덩이처럼 커지고 있지만 공매도 공시를 의무화한 관련법(자본시장법개정안)은 여야간 쟁점 법안으로 묶여 3년째 공회전 중이다. 해당 법안 소관 상임위는 정무위원회다.

정무위 여당 간사 김용태 의원실 관계자는 "공매도 공시제는 정무위 쟁점 법안 80여 개 가운데 하나다. 여당이 요구하는 법안, 야당이 요구하는 법안 등이 복잡하게 얽히고 섥혀 한 발짝도 움직이지 못하고 있는 상황"이라고 말했다. 해당법안은 3년 전 새누리당 김종훈 의원이 발의했지만, 19대 국회 마지막 해인 올해까지도 여전히 처리가 불투명한 것이다. 19대 국회가 종료되면 해당법안은 자동폐기 수순을 밟게 된다.

현재 자본시장법 등 국회 정무위원회 쟁점 법안에는 법정 최고 이자율을 제한한 대부업법, 불공정 대리점 거래 관행을 금지한 대리점업법, 한국거래소의 지주사 전환을 골자로 한 자본시장법 개정안 등이 복잡하게 얽혀 있는 상태다. 여당 요구 법안과 야당 요구 법안이 하나씩 엇갈리고, 논리 싸움과 감정싸움이 보태지면서 법안심사소위 일정마저 석달 가까이 잡히지 않고 있다. 공매도 공시제가 시행되면 모든 투자자들은 공매도 물량이 전체 발행주식의 0.5% 이상일 경우 공매도 잔고를 공시토록 규정하고 있다. 당초 0.1% 규정에서 0.5%로 공시 의무가 완화됐다. 제도가 시행되면 각 증권사와 외국인은 개별로 공매도 규모를 금융감독원에 보고해야 하고, 이를 어겼을 경우 과태료 처분을 받게 된다. 자산운용 업계에선 투자 위축을 우려하는 목소리가 제기되고 있으나, 미국과 유럽연합(EU) 등에서도 유사 취지의 제도 마련이 돼 있다는 반론이 더 힘을 받는 상황이다.

📖 사례 10-4. 벤츠코리아와 세무당국의 악연…
계속되는 탈세 논란

출처: 아시아경제, 2016. 3. 30

메르세데스-벤츠코리아와 세무당국의 악연이 계속되고 있다. 수익성은 물론 이미지 악화 우려 등으로 올해 수입차 업계 1위 탈환이라는 목표에도 제동이 걸렸다. 30일 업계에 따르면 벤츠코리아는 최근 국세청으로부터 법인세를 제대로 내지 않았다는 이유로 501억 9,400만 원을 추징당했다. 서울지방국세청 국제거래조사국은 지난해 7월 벤츠코리아의 세금 탈루 여부 조사에 착수했다. 이전가격(해외 본사와 한국 법인 사이에 오가는 제품, 용역 등에 적용되는 가격) 조작을 통한 탈루 여부를 집중적으로 살펴본 것으로 알려졌다. 벤츠코리아가 할부 금융 자회사인 메르세데스벤츠 파이낸셜서비스코리아를 이용해 세금을 적게 냈을 가능성에 대한 조사도 이뤄진 것으로 전해졌다.

디미트리스 실라스키 벤츠코리아 사장
(아시아경제 자료사진)

이번에 추징 통보된 금액은 역대 국내 수입차 업계에 부과된 추징 세금 중 가장 많은 액수다. 벤츠코리아 관계자는 "(추징액이 과도하다는 판단으로) 이 사안에 대해 과세전적부심사청구를 제출했다."며 "과세전적부심사가 진행 중이어서 이와 관련해 언급하는 것은 적절하지 않은 것 같다."고 말했다. 수입차 업계에서는 벤츠코리아가 세금을 적게 내기 위해 독일 본사에서 자동차를 사 오는 가격을 부풀렸다는 의혹이 끊이지 않았다. 이 경우 국내 법인의 이익은 줄지만 본사로 넘어가는 차익분이 크게 늘어난다.

벤츠코리아는 2007년에도 서울지방국세청으로부터 세무조사를 통보받았다. 당시 회사측은 회사설립 5년이 지남에 따라 이뤄지는 정기세무조사라고 밝혔지만 같은 차량을 미국이나 일본보다 훨씬 높은 가격에 수입하고 비싼 가격에 판매했다는 의혹이 제기됐었다. 벤츠코리아는 지난해 수입차 업체로는 처음으로 매출 3조 원을 돌파했지만 독일 본사에서 차량을 수입해오는 비용이 급격히 올라가 수익성은 악화됐다. 지난해 매출 3조 1,415억 원을 올려 전년 2조 2,045억 원 대비 42.5% 늘었다. 그러나 영업이익은 1,111억 원으로 9.0% 줄고 순이익도 887억 원으로 8.4% 감소했다. 반면 독일 본사에서 차량을 수입하면서 지급하는 매입비는 지난해 2조 9,718억 원으로 전년 2조 1,057억 원보다 42.5% 증가했다. 이익은 감소했지만 주주에게 전달된 배당금은 규모는 커졌다. 벤츠코리아의 주주는 독일 벤츠 본사(51%)와 말레이시아 화교 자본(49%)이 국내에 세운 투자법인인 스타오토홀딩스다. 지난해 순이익의 66%에 해당하는 585억 원을 배당했다. 2014년에는 순이익 969억 원의 절반에 달하는 484억 원을 주주에게 배당했다. 이는 2013년 173억 원과 비교해 3배나 늘어난 수치다.

업계 관계자는 "벤츠코리아는 한국 시장에서 돈은 많이 벌면서 높은 배당금에 비해 기부금 등 사회 기여도는 부족하다는 지적도 나오고 있다."며 "이런 분위기에서 세금 탈루 논란은 올해 내수판매 5만 대와 1위 탈환이라는 목표를 세운 상황에서 부정적인 영향을 미칠 것으로 보인다."고 말했다.

📖 사례 10-5. "주식사라" 1만 3,089건 vs "팔라" 달랑 1건
증권사, "그래도 할 말 있다"

출처: 헤럴드경제, 2016. 8. 29

국내 증권사들은 일방적으로 '주식을 사라'는 리포트만 내놓고
'주식을 팔라'는 리포트는 내놓질 않아 투자자를 기만하고 있다는 지적이
어제오늘 일은 아니다

  금융정보업체 에프앤가이드에 따르면 올 들어 이달 말까지 발행된 국내 주요 증권사의 기업 리포트는 1만 6,154개인데 이중 '주식을 사라'며 목표주가를 높인 매수 리포트가 1만 3,089건(81.03%)에 달했다. 반면 '주식을 팔라'고 한 매도 리포트는 달랑 1건(0.01%)뿐이다.

게다가 증권사 애널리스트는 통상 6개월 이후 주가를 내다보고 리포트를 내고 있는데
증권사의 목표주가 설정이 지나치게 장밋빛인 경우가 많다.
(아시아경제 자료사진)

  분석에 따르면 연초에 증권사가 529개 코스피·코스닥 종목에 대해 제시한 목표주가를 6개월 지나(8월 19일 기준) 따져보니 목표에 도달했거나 목표 주가를 웃돈 종목은 10개 중 1개꼴(51개·9.64%)에 불과했다. 나머지 478개 종목은 목표 주가에 도

달하지 못했다. 목표 주가보다 1~20%가량 낮은 종목은 110개, 20~40% 낮은 종목은 243개, 40~60% 낮은 종목이 110개였다. 목표 주가의 30%도 안 되는 종목도 4개나 됐다.

하지만 증권사들이 매도 리포트를 쓰지 않는 속사정도 있다

대기업의 경우 '괘씸죄(?)'로 낙인 찍혀 불이익을 볼 수 있고 중소기업에는 매도세가 몰려 자금난에 빠지면 책임 논란이 생길 수도 있다고 생각하기 때문이다. 매도 종목으로 선정한 기업의 주식 투자자들이 격렬하게 항의하는 것도 이유중의 하나이다.

올해 상반기 증권사 직원 1인당 보수는 소폭 증가한 반면
임직원수는 줄어든 것으로 나타났다.
(아시아경제 자료사진)

증권사들이 금융감독원에 제출한 반기보고서를 살펴보면 10대 증권사(자기자본 기준)의 상반기에 지급된 평균 급여는 5,164만 원으로 집계됐다. 이는 작년 상반기에 지급된 평균 급여 5,024만 원에 비해 2.8% 늘어난 것이다.

올해 상반기 기준으로 1인당 급여가 가장 많은 곳은 메리츠종금증권으로 6,553만 원을 기록했다. 이어 미래에셋대우(6,100만 원), 한국투자증권(6,056만 원), 신한금융투자(5,400만 원), 하나금융투자(5,400만 원), 현대증권(5,000만 원), NH투자증권(4,800만

원), 삼성증권(4,625만 원), 대신증권(4,200만 원) 등으로 나타났다. 미래에셋증권의 상반기 직원 평균 급여는 3,510만 원으로 가장 낮은 것으로 나타났다.

순항하는 증권사 직원들의 급여
(아시아경제 자료사진)

증권사의 임직원수는 작년에 비해 줄어들었다. 올해 상반기 말 기준 10대 증권사의 임직원수는 2만 1,487명으로 작년 말 기준 2만 1,544명에 비해 57명 감소했다. 특히 정규직은 줄고 계약직은 늘어 전반적으로 증권산업 고용의 양과 질이 모두 나빠진 것으로 나타났다. 정규직은 6개월 사이 1만 7,238명에서 1만 7,002명으로 줄었고, 계약직은 4,306명에서 4,485명으로 늘어났다.

증권사별로 살펴보면 전체 직원수가 감소한 증권사는 NH투자증권, 미래에셋대우, 한국투자증권, 신한금융투자, 대신증권 등으로 나타났다. 반면 현대증권, 삼성증권, 미래에셋증권, 하나금융투자, 메리츠종금증권 등은 직원수가 증가했다.

이 기간 동안 계약직 직원이 가장 많이 늘어난 증권사는 미래에셋증권(110명)이었고, 이어 현대증권(71명), 메리츠종금증권(39명), 하나금융투자(27명), 신한금융투자(16명), 한국투자증권(5명) 순으로 많았다.

이러한 통계는 증권산업이 철저한 성과주의 위주로 바뀌고 있다는 것을 의미한다. 과거에는 직원들에게 안정적 직장과 고용을 보장하는 게 큰 성과를 낼 수 있다는 분위기였으나 지금은 회사 사정이 어려워지자 성과주의 중심으로 바뀌고 있는 것이다.

📖 사례 10-6. 햄버거병 4세 여아의 변호사
덜 익은 패티 내부 제보 다수 확보

출처: 동아일보, 2017. 7. 6

'햄버거병' 피해자 측, 맥도날드 한국지사 검찰에 고소

햄버거를 먹은 뒤 신장장애 2급 판정을 받은 이른바 '햄버거병' 피해자 측이 맥도날드 한국지사를 검찰에 고소한 가운데 피해자 측 법률 대리인이 "덜익은 패티 관련 내부 제보가 많이 들어오고 있다."고 밝혔다. 앞서 황다연 변호사는 5일 서울중앙지검 청사 앞에서 기자회견을 열고 "햄버거를 먹기 전까지 건강했던 A 양(4세)이 덜 익힌 패티가 든 맥도날드 햄버거를 먹고 '햄버거병'이라 불리는 HUS(용혈성 요독증후군)에 걸렸다."며 맥도날드 한국지사를 고소했다.

'햄버거병' 피해자 측 법률 대리인인 황다연 변호사는 6일 MBC 라디오 '신동호의 시선집중'에서 4세 피해 아동의 현재 상태와 재판 진행과정 등을 설명했다.

그는 피해자를 검진한 병원 두 곳의 햄버거병(HUS·용혈성 요독증후군) 진단에 대해 "처음부터 어떤 걸 의심할 수 없었다. 병원에 가서 뭘 먹고 이렇게 됐느냐고 물어보니까 계속 문진에 대해서 답을 했던 상황"이라며 "아주대학교 응급실에서 아이의 임상 증상을 계속 보고 '이거 햄버거병이다. 당장 집중치료하고 투석을 하지 않으면 위험할 수 있다'고 했다. 또 삼성서울병원으로 전원을 시키고 거기서 확실하게 진단(햄버거병 판정)을 내린 것"이라고 말했다.

황 변호사는 '명백하게 햄버거에 문제가 있어서 발병된 것이다. 이것을 증명해야하지 않나'라는 진행자의 말에 "소비자 입장에서는 주방에서 어떤 일이 일어났는지 자기가 먹는 음식이 어떻게 처리가 되고 있는지 알 수 없는 한계가 있다."면서도 "그런데 그 부분에 있어서 어느 정도 입증하면, 인과관계가 추정된다고 볼 수 있다고 보인다."고 답했다.

이어 "어떤 소송이든 어려움이 없다고 단정 지어서 말씀드리긴 어렵다. 앞으로

입증에 대해서도"라면서도 "내부자료·제보가 저희한테 많이 들어오고 있다. 햄버거 패티를 굽는 기계를 그릴이라고 하는데 그릴 설정해서 굽는데, 그릴 설정 과정에서 패티를 넣는 그릴 사이에 간격, 그걸 갭이라고 하는데 그게 높을 경우에는 덜 익게 된다. 그건 내부 자료로도 나와 있다."고 설명했다.

또한 "(맥도날드 내부 제보에 따르면) 햄버거 패티를 놓는 위치가 정해져 있는데 그 위치에 안 놓을 경우에 바깥 쪽 있는 패티는 빨갛게 덜 익은 상태로 나오게 된다. 또 전직 매니저 분께서 얘기해준 내용에 의하면 손님이 많은 시간대에 햄버거 패티 제대로 돌려도 기계에 패티를 여러 장 굽다 보면 그릴 온도 자체가 전체적으로 내려간다고 한다. 그래서 덜 익게 된다고 하더라."라고 부연했다.

이밖에도 황 변호사는 미국에서 햄버거병과 관련해 보고된 사례를 언급했다. 그는 "2000년에 미국 위스콘신 주에 있는 프랜차이즈 매장에서 장염이 많이 발생했고 그중에서 4명의 환자가 용혈성 요독증후군(HUS·햄버거병)에 걸렸다."며 "그때 3살짜리 아이가 죽었는데 그 회사와 이제 1,350만 달러, 우리 돈으로 약 155억 원에 합의를 한 사례가 있다."고 말했다.

앞서 황다연 변호사는 5일 서울중앙지검 청사 앞에서 기자회견을 열고 "햄버거를 먹기 전까지 건강했던 A 양(4세)이 덜 익힌 패티가 든 맥도날드 햄버거를 먹고 '햄버거병'이라 불리는 HUS(용혈성 요독증후군)에 걸렸다."며 맥도날드 한국지사를 고소했다.

맥도날드 측은 입장문을 내고 "조사를 통해 정확한 원인이 밝혀지기를 바라며, 앞으로 이뤄질 조사에 적극 협조하도록 하겠다."고 밝혔다.

A 양은 최근 맥도날드 한국지사의 햄버거를 먹어 용혈성 요독증후군에 걸려 신장 기능의 90%를 상실했으며, 계속 투병 중이다.

📖 사례 10-7. 낙상 노인에 호흡기 꽂아놓고…
"죽을 때까지 뽑아먹는 거죠"

출처: 경향신문, 2017. 12. 19

요양병원 불법의료, 유통기한 3~4년 지난 '향정신성약품' 약사 안 거치고 투약

사무장과 병원장이 구속됐던 남양주의 한 요양병원에서 지난달 15일,
70대 약사(왼쪽)가 간호조무사와 함께 환자에게 투약할 약을 조제하고 있다.
이 약사는 구속된 사무장이 행정원장으로 근무할 당시에도 일했다고 했지만
당시 한방과장이었던 박현준 한의사는 "약사를 보지 못했다."고 했다.
(경향신문 자료사진)

　　세월호 참사의 충격이 채 가시기도 전이다. 2014년 5월 전남 장성군의 효실천사
랑나눔 요양병원에서 불이 나 중풍·치매 등으로 거동이 불편한 환자 22명이 숨지는
참사로 번졌다. 의료 인력과 비상대피 시설만 제대로 갖춰졌다면 막을 수 있던 사고
였기에 '육지의 세월호'라는 말이 나왔다. 이 요양병원은 비(非)의료인이 운영한 '사무
장병원'이었고, 600억여 원의 요양급여를 부당지급 받은 것으로 드러났다.

　　한의대 졸업 후 5년간 사무장병원의 쳇바퀴를 돌다 한의사의 꿈을 포기한 박
현준 씨(41세)의 증언(경향신문 12월 18일자 1·4·5면 보도)은 사무장병원이 이렇게 독버섯
처럼 전국에 퍼져 있음을 보여준다. 회원 수 4,500여 명의 '요양병원 한의사' 카페를
운영하는 그는 "회원들 제보를 토대로 볼 때 전국 1,400개 요양병원 중 700곳은 사

무장병원일 것이라는 의심이 들고 이 중 100여 곳은 사무장병원이라고 확신한다.”고 말했다. 육지의 세월호가 장성에만 있는 게 아니라는 것이다. 그는 2014년 경기 남양주시의 한 요양병원에서 일하면서 끔찍한 사고를 경험했다.

“침 치료를 좋아해 저랑 가까이 지낸 최○○ 환자가 계셨어요. 그런데 그분이 간병인 도움 없이 화장실을 가다 넘어져 골절상을 입고 ‘코마’(의식불명)가 왔어요. 노인들에겐 낙상이 위험한 게 뼛조각들이 심혈관을 찌를 경우 바로 응급상황이 올 수 있거든요. 그런데 주치의인 병원장은 응급실로 이송하지 않았어요.”

그는 산소호흡기를 끼고 사실상 방치되다 숨진 최 씨의 마지막 모습을 지금도 생생하게 기억했다.

“일반 병실의 4분의 1 크기쯤 될까. 계단 밑에 그런 공간이 있었어요. 최 씨는 ‘집중치료실’로 불리는 그 공간에 들어가서 마지막을 보냈어요. 산소호흡기도 없어 외부에서 대여를 했고요. 가족들에게는 일주일 정도 지나서 연락을 했을 거예요. 병원은 죽을 때까지 뽑아먹을 것은 다 뽑았죠. 중증환자다 보니 청구액은 더 올라갔고요.”

박 씨는 남양주 병원으로 오기 전 2013년 경기 화성시의 한 요양병원에서도 집중치료실에서 죽을 날만 기다리던 수많은 환자들을 직접 목격했다고 했다. 그는 “본인부담금이 밀렸거나 보호자가 더 이상 나타나지 않는 환자들은 집중치료실로 이동했다.”며 “집중치료는 다름 아닌 마약성 약물의 집중 투여에 불과했다.”고 말했다.

2013년 한의대를 졸업하고 의료인의 꿈과 열정을 키우던 첫해와 다음해, 말로만 듣던 화성과 남양주의 사무장병원은 무력감을 절감케 했다. 박 씨는 “요양병원 환자들은 급여수익을 노린 ‘가짜환자’이거나 치료 효과가 별로 없는 노인환자들이었다.”며 “사무장 입장에서 제대로 진료할 의사보다 자기 말을 고분고분 잘 듣는 의사만 있으면 될 뿐이었다.”고 했다. 자연스레 재취업이 힘든 은퇴한 의사나 개인채무가 많은 의사, 한의대를 갓 졸업한 한의사들이 주로 사무장병원의 먹잇감이 됐다.

남양주 요양병원에는 부당급여 청구와 보험사기를 위한 ‘가짜환자’ 외에도 중풍·당뇨·치매 등 만성질환에 시달리는 환자 90여 명이 입원해 있었다. 하지만 의사는 고작 4명. 그나마 실제로 환자를 진료할 수 있는 사람은 박 씨와 30대 가정의학과 A 과장뿐이었다.

박 씨에 따르면 병원장 B 씨(60세)는 재활의학과 출신이었지만 진료는 주로 다른 의사들에게 미루고 외래환자가 오면 잠시 안수기도를 하거나 병원에서 예배 보는 일에 몰두했다. 병원장은 박 씨와 대화 중에 "내가 건강이 좋지 않아 병원 경영에 별 도움을 주지 못해서 행정원장(사무장)에게 늘 미안하다."고 말하곤 했다. 병원장은 행정원장 눈치만 주로 살필 뿐, 정상적인 진료의사 역할을 기대하기 어려웠다. 다른 양방의사인 비뇨기과 의사는 80세가 넘어 보청기를 껴도 일상적인 대화가 불가능했다. 환자들 사이에선 '3초 진료'라는 별명이 붙었다. 자연히 '오진'이 빈발할 수밖에 없었다. 박 씨는 "방사선실장에게 들은 바로는 당시 보청기 의사분이 폐결핵을 폐렴으로 진단해 3개월 동안 엉뚱한 치료를 받다 X레이상으로 결핵균이 폐 전체에 퍼지고 난 후 긴급이송당한 환자가 있었다."며 "폐렴균이 3개월간 병원에서 창궐했을지 모르는데 아무도 문제 삼지 않았다."고 했다.

유일하게 자신과 함께 환자들을 진료하던 가정의학과 A 과장은 고가의 비급여 시술에 관심이 많았다. 박 씨는 "A 과장은 행정원장과 인센티브 계약을 맺고 한 건에 150만 원씩 하는 신의료기술을 자주 시술했다."며 "정식으로 허가가 나지 않거나 비급여 항목에도 포함되지 않은 시술이었다."고 했다. 병원 내부엔 A 과장이 전에 있던 병원에서 빚을 많이 졌다는 소문이 돌았다.

양방의사들이 제대로 진료의사 역할을 하지 못하자 박 씨의 어깨가 무거울 수밖에 없었다. 그는 오전 8시부터 오후 8시까지 잠깐 점심을 먹는 것을 빼고는 하루에 50~60명의 환자들을 진료했다. 병원의 실제 주인인 행정원장도 흡족해했다. 한약 처방이 늘어날수록 병원 수익도 늘어났기 때문이다. 하지만 박 씨도 소신껏 진료하기는 힘들었다. 간호조무사인 사무장 아내가 병원이사라는 이유로 일일이 의사들의 진료에 개입했기 때문이다.

"사무장 처는 간호조무사 자격증을 걸어놓고 정작 간호업무는 보지 않았어요. 환자 입원 시 가격 협상을 하고 병원을 돌아다니며 온갖 간섭을 했습니다. '한방치료와 재활치료를 동시에 받는 날은 청구비가 비싼 재활치료 청구액이 삭감된다'며 '환자를 가려서 치료하고 청구를 똑바로 하라'고 호통치기도 했지요." 병원 운영과 환자 치료를 의사들이 아닌 행정원장과 그의 처가 사실상 좌지우지했다는 것이다.

병원 건물주도 "병원장은 로봇이고, 병원은 행정원장과 이사(행정원장 처)가 다 주물렀다."고 했다. 박 씨는 양방진료부를 간호조무사인 사무장의 처가 다른 사람은 접근하지 못하도록 자신의 방에 보관한 것도 심각한 문제로 지적했다.

환자별로 양방 주치의 진료 결과를 알 수 없으니 의사들 간 협진은 물론 중대한 의료과실을 견제할 방법이 없었다는 것이다. 80세 보청기 의사가 폐결핵 환자를 폐렴으로 오진한 후 3개월 넘도록 다른 의사들이 알 수 없던 것도 사무장 처가 양방진료부를 독점관리한 데 원인이 있었다.

환자 건강에 가장 심각한 문제는 향정신성의약품의 무단 투여였다. 박 씨는 남양주 요양병원에 있을 때 약사를 보지 못했고 병원에 약제실도 없었다. 박 씨가 2015년 9월 이 요양병원을 포천경찰서에 신고해 압수수색이 이뤄지기 전까지 유통기한이 지난 향정신성의약품이 창고에 가득 쌓여 있었다. 하지만 양방진료부를 볼 수 없는 박 씨 입장에서는 개별 환자에게 어떤 약물이 투입됐는지 알 길이 없었다.

"중풍 후유증으로 약간의 치매가 있는 장○○ 환자가 계셨어요. 고향이 전남 장성인데 매일 장성에 밭매러 가겠다고 야단이셨죠. 자연히 병원에서 관리하기 힘들고 옆에 환자들도 불평이 많았죠. 그런데 어느 날부터 이분이 말수가 적어지고 침을 놓으려 할 때마다 '그 침 맞으면 나 또 잠들죠' 하는 거예요. 신경안정제를 투여받는 것 같은데 양방진료부를 볼 수 없으니 환자에 대해 알 수 있는 정보가 없었죠."

박 씨는 포천경찰서의 압수수색이 이뤄진 후 남양주 요양병원에서 유통기한이 1~2년도 아닌 3~4년이 지난 싸구려 1세대 향정신성의약품을 사용했다는 사실을 전해들었다. 그제야 사무장의 처가 양방진료부를 굳이 혼자서 보관하려 했던 이유도 짐작할 수 있었다. 박 씨는 그즈음 2013년에 근무했던 화성의 요양병원에서도 '우리도 약사 없이 향정신성의약품을 사용한다'는 말을 전해들었다. 박 씨는 "2014년 참사가 발생한 장성 요양병원에서 왜 환자들이 신속한 대피를 할 수 없었는지 밝혀지지 않은 다른 원인이 있을 수 있다."고 말했다. 경찰 조사 결과 장성 요양병원에서 약사는 주 1~2회만 출근했고 약사가 없는 날에는 간호조무사가 향정신성의약품을 조제한 것으로 밝혀진 바 있다.

📖 사례 10-8. 치킨 시키면 그냥 주던 콜라·치킨무,
더 이상 공짜 아니다

출처: 뉴스1, 2018. 1. 21

무료빵 서비스도 중단, 피클·치킨 무·소스 등에 요금 부과 논의
최저임금·임대료·배달료까지 올라… 불가항력 호소

예전만큼 쉽지 않은 치킨 배달
(뉴스1 자료사진)

직장인 A 씨(34세)는 금요일 퇴근 후 '치맥'을 하기 위해 동네 치킨집에 배달을 시켰다. 그런데 항상 따라오던 치킨 무와 콜라가 보이질 않았다. 최저임금 인상에 배달 대행료까지 오르면서 더 이상 무료 서비스를 제공하기 힘들다는 대답이 돌아왔다.

최저임금에 이어 배달 대행료까지 인상되면서 동네 가게들의 공짜 서비스가 자취를 감추고 있다. 대형 프랜차이즈 가맹점 역시 그동안 무료로 제공해 왔던 치킨 무와 콜라는 물론 피클과 각종 소스를 유료화하는 방안을 검토하기 시작했다.

여기에 임대료까지 오르고 있어 무료 서비스는 더 빠른 속도로 자취를 감출 것이란 전망도 나온다. 개인이 직접 운영하는 외식업체들 중 상당수는 상품 가격을 인상했지만 가맹본부의 통제를 받는 프랜차이즈 가맹점들은 본사가 정부의 눈치를 보고 있는 실정이라 값을 올리지 못한다고 하소연한다.

21일 관련업계에 따르면 국내 최대 규모 프랜차이즈업체가 운영 중인 유명 패밀리레스토랑은 기존 무료로 제공해 온 식전빵 서비스를 이달부터 중단했다. 최근에는 일부 대형 치킨프랜차이즈들도 최저임금과 배달대행료 인상을 이유로 콜라 등 무료 음료 서비스 중단을 검토하고 있다.

서울지역에서 통상적으로 적용돼 온 배달거리 1.5km당 대행료는 3,000원이었

으나 올해부터는 대다수 업체들이 1.5km당 3,500원으로 올렸다. 약 16.7% 인상된 셈이다. 경기도권 배달대행업체의 경우 서울보다 인상 폭은 크지 않았지만 인상 대열에 합류했다. 지난해 2,800원 수준에서 올해는 3,000원으로 200원(약 6.7%) 인상했다. 또다른 업체들은 통상적으로 치킨 한 마리를 주문하면 무료로 제공하는 355㎖ 콜라 한 캔에 500원씩 값을 부과하는 방안을 검토 중이다.

치킨 및 피자 프랜차이즈들은 기본으로 제공해 온 소스나 피클 등도 소량 포장 제품 당 200~500원씩 받는 방안을 가맹본부 차원에서 논의 중이다. 커피 1잔을 구매할 때마다 도장을 찍어서 10개를 모으면 1잔을 무료로 제공하는 서비스도 없애는 추세다. 이들이 잇따라 '궁여지책'을 내놓고 있는 것은 가맹점주들이 협의회를 통해 반발하고 있는데도 가맹본부가 가격 인상에 선뜻 나서지 않고 있어서다.

업계 관계자는 "콜라나 치킨 무를 제공하지 않는 곳은 아직 일부에 그치고 있다."며 "하지만 최저임금 인상에다 배달료와 임대료까지 오르고 있어 빠르게 확산될 수 있다."고 내다봤다. 통상적으로 가격 인상이 부담스러운 상황에서 가맹점주들의 거센 요구가 있을 경우 가맹본부들은 상품을 리뉴얼한다는 명목으로 재료만 조정해 값을 올리는 경우가 많다.

하지만 현재는 정부와 소비자들의 감시가 강화된 상황이어서 리뉴얼을 통한 가격 인상 '꼼수'도 사용하기 어렵다. 실제 지난 11일 기획재정부는 "과다하게 가격을 올리거나 편법적으로 값을 올리는 사례를 방지하겠다."고 경고를 한 상황이다.

가격 인상을 바라보는 소비자들의 부정적인 시선이 많아진데다가 정부에서도 가맹본부들이 값을 올리지 못하도록 꾸준히 압력을 넣고 있어 프랜차이즈 본사는 이러지도 저러지도 못하고 있다. 국내 대형프랜차이즈 관계자는 "서비스를 줄이는 것이 최저임금 인상과 관련이 없다고 말하기는 어렵다."면서도 "임대료와 배달료 인상분도 영향이 크다."고 말했다.

또 다른 관계자는 "리뉴얼하면서 값을 올리는 방법은 이제 안통한다."며 "꼼수를 쓰면 소비자들이 더 잘 알기 때문에 난감한 상황"이라고 호소했다.

📖 사례 10-9. 서민은 점심 한 끼도 버겁다…
외식비 상승률 23개월 만에 최고

출처: 연합뉴스, 2018. 2. 3

김밥 6.3%↑ 구내식당 3.2%↑ 짬뽕 4.9%↑ 도미노 인상
정부 "최저임금에 편승한 인상 우려… 인플레이션 확산에는 선제적 대응"

　　지난달 소비자물가지수 상승률은 낮았지만, 외식물가는 23개월 만에 가장 큰 폭으로 올랐다. 게다가 올해 최저임금이 16.4% 오르면서 그러지 않아도 들썩거리는 서민 먹거리 가격이 이에 편승해 줄줄이 인상될 수도 있다는 우려도 나온다.

　　3일 통계청의 소비자물가조사 결과에 따르면 올해 1월 구내식당 식비는 1년 전과 비교해 3.2% 상승했고 도시락 가격은 2.3% 올랐다. 김치찌개 백반 2.8%, 된장찌개 백반 2.3%, 해장국 1.9%, 짜장면 4.2%, 짬뽕 4.9%, 라면 3.9%, 김밥 6.3%, 학교급식비 1.9%의 상승률을 기록하는 등 서민이 즐겨 먹는 점심 메뉴의 지난달 가격은 작년 1월과 비교해 대부분 올랐다.

2018년 1월 4일 서울시내 한 분식점 메뉴판에 가격이 수정돼 있다.
(연합뉴스 자료사진)

　　이 밖에 비빔밥(2.5%), 설렁탕(4.1%), 갈비탕(4.8%), 치킨(1.0%), 햄버거(2.7%), 떡볶이(4.2%) 등도 가격이 올랐다. 이런 영향으로 지난달 전체 외식물가는 1년 전보다 2.8%

상승했다. 전년 동기와 비교한 외식물가 상승률은 2016년 2월 2.9%를 기록한 후 23개월 만에 가장 높았다.

지난달 외식물가 상승률은 최근 5년간 외식물가 연평균 상승률보다 높았다. 외식물가 연평균 상승률은 2017년 2.4%, 2016년 2.5%, 2015년 2.3%, 2014년 1.4%, 2013년 1.5%였다. 재료 가격 인상, 인건비 변화 등 복합적인 요소가 외식비 가격 상승에 영향을 줬다는 분석이 나온다.

올해 일부 메뉴의 가격을 100~200원 정도 올린 도시락 프랜차이즈업체 ㈜한솥 관계자는 "재료 가격과 임대료 상승 등 인상 요인이 많았음에도 그간 원가 절감으로 가격 인상을 자제했으나 작년에 쌀·육류 등 원재료 가격이 오르고 가맹점주의 부담이 커져서 4년 만에 최소한의 수준으로 가격을 올린 것"이라고 설명했다. 그는 "점주가 혼자서 운영하는 소규모 형태의 매장이 많아서 최저임금 인상 등과 관련된 문제는 아니다."고 덧붙였다.

그럼에도 당국은 최저임금 인상 등에 편승해 일부 업체가 과도하게 가격을 올려 서민의 부담을 키울 것을 우려하고 있다. 정부의 한 관계자는 외식비 인상에 관해 "인건비 상승 때문이라고 얘기하는데 '과연 그럴까' 하는 생각을 한다. 식당에 인건비가 많이 들지만 아직은 재료비가 더 많이 든다."며 "분위기에 편승해 올리는 경향이 없지 않은 것 같다."고 말했다.

짜장면
(연합뉴스TV 자료사진)

당국은 최저임금 인상, 설, 평창 올림픽 등을 계기로 서민들의 물가 부담이 커지지 않도록 가능한 모든 수단을 동원한다는 계획이다. 고형권 기획재정부 1차관은 외식물가 등 상승과 관련해 "최저임금 인상에 따른 영향은 제한적"이라며 "최저임금 인상을 계기로 한 인플레이션 심리 확산 가능성에 대해서는 선제적으로 대응하겠다."고 1일 열린 물가관계 차관회의에서 밝혔다.

올해 1월 소비자물가지수는 1년 전보다 1.0% 상승했으며 전년 동기와 비교한 상승률은 2016년 8월 0.5%를 기록한 후 17개월 만에 가장 낮은 수준이었다.

📖 사례 10-10. GM 적자에도 성과급,
전 세계 사업장 중 한국이 유일

출처: 중앙일보, 2018. 2. 14

- 경영진도 노조도 화 키웠다
- GM, 수익 불가능한 구조 10년 방치
- 공장 멈춰도 노조원 임금 80% 보전

- 르노는 판매량 급감 때 자금 투입, 노조와 힘 합쳐 '최고 실적' 부활

한국GM이 올해 5월 말까지 군산공장의 차량 생산을 중단하고
공장을 폐쇄하기로 결정했다고 13일 밝혔다.
군산공장 정문으로 차량이 들어가고 있다.
(뉴스1 자료사진)

한국GM이 군산공장 폐쇄를 결정한 건 근본적으로 제너럴모터스(GM)가 다른 국가에서 운영하는 공장 대비 생산성이 낮기 때문이다. "한국에서의 사업 성과를 개선하기 위해 긴급한 조처를 했다."는 배리 엥글 GM 총괄부사장 겸 GM인터내셔널 사장의 발언도 같은 맥락이다.

하지만 생산성을 끌어올리기 위한 노력을 이행하지 않고 무작정 공장부터 폐쇄했다는 점에서 비판의 목소리가 나온다. 군산공장을 폐쇄하기 전까지 GM 경영진은

생산성을 높이려는 경영 조치를 거의 취하지 않았다. 한국GM의 매출액 대비 원가율은 2009년부터 90%를 넘어섰다. 예컨대 자동차를 3,000만 원에 판다면 이 중 원가가 2,700만 원이 된다는 얘기다.

GM 경영진은 이렇게 수익이 날 수 없는 구조를 10년 동안 방치했다. 2조 원이 넘는 누적적자를 두고 '경영진 무능론'이 부각되는 배경이다. 이는 부산에서 자동차 생산공장을 운영하는 르노삼성차의 경영과 극명히 대조된다. 2012년 15만 대였던 르노삼성차의 판매량은 2012년 판매량이 3분의 1토막(5만 9,000대) 났다.

한국GM 경영진이 손을 놓고 있던 것과 달리 위기가 닥치자 르노자동차그룹은 부산공장에 1,700억 원의 긴급자금을 투입했다. 또 계열사인 닛산자동차의 준중형 스포츠유틸리티차량(SUV) 로그를 부산공장에서 생산하도록 물량을 몰아줬다. '부품 국산화 정책' 등 경영혁신책도 주효했다. 덕분에 르노삼성차는 지난해 27만 6,808대를 판매하며 역대 최고 수출 기록(17만 6,271대)을 경신했다.

GM이 "군산공장 폐쇄는 자구 노력의 일환"이라고 발표한 것도 논란이다. 자구 노력은 비용 절감이나 수익성 강화 등을 위한 조치다.

현재 시점에서 공장을 폐쇄한 것이 시기적절한 조치였는지도 의문이다. 한국 GM 노사는 지난 7일 2018년 임금 및 단체협상을 시작했다. 노사가 인건비 절감 등 비용을 줄이는 방안을 찾고 생산효율성을 끌어올리는 방법을 논의하는 자리다. 비용 절감을 위한 자구 노력을 아직 논의조차 하지 못했다는 의미다.

두 회사 노동조합의 태도도 극명히 다르다. 한국GM 노조는 2조 원의 적자가 누적된 지난해에도 과도한 임금·성과급을 요구하고 나섰다. 위기 상황에서도 지난해 임금교섭에 231일을 허비한 뒤 1월 9일 겨우 협상을 마무리했다. 한국GM은 "지난해 전 세계 GM 사업장 중 적자인데 성과급을 지급한 곳은 한국이 유일하다."고 말했다. 반면 르노삼성차는 지난해까지 3년 연속 무파업으로 임금협상을 마쳤다.

경영진·노조의 엇갈린 태도는 극명한 생산성 차이로 이어졌다. 한국GM 군산 공장이 GM 글로벌 사업장 중 최저 수준의 생산성을 기록하며 폐쇄한 반면 르노삼성차 부산공장은 생산성 지표(HPU·차량 1대를 생산하는 데 걸리는 시간)에서 세계 최고 수준으로 상승했다.

이해관계자와 의사소통이 부족했다는 지적도 나온다. 군산공장 폐쇄 의사 결정은 9일 한국GM 부평공장에서 열린 한국GM 이사회가 결정했다. 이 자리에서 배리 엥글 사장, 카허 카젬 대표 등 임원진은 군산공장 폐쇄 안건을 통과시켰다. 물론 배리 엥글 사장이 방한해 기획재정부·KDB산업은행·지방자치단체 관계자를 만났지만 구체적인 설명은 없었다. 이해관계자는 모두 "구체적인 내용은 듣지 못했다."고 일관되게 진술하고 있다. 이남석 중앙대 경영학부 교수는 "자구 노력이 실패하면 그 결과로 공장 폐쇄가 뒤따를 수는 있지만, 공장부터 폐쇄해 놓고 '자구 노력'이라고 주장하는 건 문제가 있다."고 지적했다.

한국GM 차량 공장 현황

공장(위치)	인원(면적)	생산제품(생산량) ※2017년 기준	가동률
부평1·2공장 (인천 부평구 청천동)	1만여명 (99만1740㎡)	아베오·캡티바· 알페온·말리부·트랙스 (34만 대)	1공장: 10% 2공장: 70%
창원공장 (경남 창원시 성주동)	2000여명 (72만7276㎡)	스파크·다마스·라보 (15만 대)	70%
군산공장 (전북 군산시 소룡동)	2000여명 (122만3146㎡)	크루즈·올란도 (3만4000 대)	20% 미만

위기의 한국GM, 철수 논란까지

2002년 5월	GM, 대우자동차 인수(GM대우오토앤테크놀로지)
2005년 10월	GM대우, 대우인천자동차(구 대우자동차 부평공장) 인수 합병
11월	군산 디젤엔진 공장 준공·생산 개시
2009년 10월	GM 투자로 4912억원 유상증자 실시
2011년 3월	한국GM으로 회사명 변경 및 쉐보레 브랜드 전면 도입
2014년 12월	연간 영업손실 1193억원 기록, 적자 전환
2017년 9월	카허 카젬 대표 부임
10월	산업은행, 한국GM에 대한 특별결의거부권(비토권) 상실
2018년 2월	**GM, 한국정부에 지원요청, 군산공장 폐쇄 결정**

ⓙ중앙일보

한국GM 차량 공장 현황(위), 위기의 한국GM(아래)
(중앙일보 김경진 기자 그래픽 자료)

Reference

참고문헌

◉ 강보현(2015), 기업윤리, 도서출판 라온.

◉ 이기동(2014), 대학 · 중용강설, 성균관대학교 출판부.

◉ 이기동(2013), 논어강설, 성균관대학교 출판부.

◉ 이기동(2010a), 주역강설, 성균관대학교 출판부.

◉ 이기동(2010b), 맹자강설, 성균관대학교 출판부.

◉ 칼 세이건(2013), 코스모스, 사이언스 북스.

◉ Ali Yawar, Sadaat and Stefan Seuring(2017), "Management of Social Issues in Supply Chains: A Literature Review Exploring Social Issues, Actions and Performance Outcomes," Journal of Business Ethics, 141, 621−643.

◉ Bendell, Bari L.(2017), "I don't Want to be Green: Prosocial Motivation Effects on Firm Environmental Innovation Rejection Decisions," Journal of Business Ethics, 143, 277−288.

◉ Bentham, Jeremy(1907), An Introduction to the Principles of Morals and Legislation, Oxford, Clarendon Press.

◉ Bowie, Norman(1999), Business Ethics: A Kantian Perspective, Oxford, Blackwell.

◉ Carr, Albert Z.(1968), "Is Business Bluffing Ethical?" Harvard Business Review, 46 (Jan-Feb).

◉ Collins, James and Jerry Porras(1994), Built to Last: Successful Habits of Visionary Companies, New York, HarperCollins.

◉ Daly, Herman(1996), Beyond Growth, Boston, Beacon Press.

◉ DeGeorge, Richard(1993), Competing with Integrity in International Business, New York, Oxford University Press.

◉ Deng, Xinming and Yang Xu(2017), "Consumers' Responses to Corporate Social Responsibility Initiatives: The Mediating Role of Consumer-Company Identification," Journal of Business Ethics, 142, 515−526.

◉ DesJardins, Joseph(2014), An Introduction to Business Ethics, Fifth Edition, New York, McGraw−Hill.

○ Diallo, Mbaye Fall and Christine Lambey—Checchin(2017), "Consumers' Perceptions of Retail Business Ethics and Loyalty to the Retailer: The Moderating Role of Social Discount Practices," Journal of Business Ethics, 141, 435—449.

○ Donaldson, Tom(1997), International Business Ethics, Oxford, Blackwell.

○ Ferrell, O. C., John Fraedrich, and Linda Ferrell(2016), Business Ethics: Ethical Decision Making and Cases, 11e, South—Western College Pub.

○ Duska, Ronald(1990), Whistle—blowing and Employee Loyalty, Belmont, Wadsworth.

○ Friedman, Milton(1970), "The Social Responsibility of Business Is to Increase Its Profits," The New York Times, September 13.

○ Friedman, Thomas(1999), The Lexus and the Olive Tree, New York, Farrar, Straus, and Giroux.

○ Ghillyer, Andrew W.(2012), Business Ethics Now, New York, McGraw—Hill.

○ Ghillyer, Andrew W.(2010), Business Ethics: A Real World Approach, 2e, New York, McGraw—Hill.

○ Graafiand, Johan(2017), "Religiosity, Attitude, and the Demand for Socially Responsible Products," Journal of Business Ethics, 144, 121—138.

○ Kadic—Maglajlic, Selma, Maja Arslanagic—Kalajdzic, Milena Micevski, Nina Michaelidou, and Ekaterina Nemkova(2017), "Controversial Advert Perceptions in SNS Advertising: The Role of Ethical Judgement and Religious Commitment," Journal of Business Ethics, 141, 249—265.

○ Miles, Samantha(2017), "Stakeholder Theory Classification: A Theoretical and Empirical Evaluation of Definitions," Journal of Business Ethics, 142, 437—459.

○ Mill, John Stuart(1979), Utilitarianism, ed. George Sher, Indianapolis, Hackett Publishing Company.

○ Murphy, Steven A. and Sandra Kiffin—Petersen(2017), "The Exposed Self: A Multilevel Model of Shame and Ethical Behavior," Journal of Business Ethics, 141, 657—675.

○ Oh, Hannah, John Bae, and Sang—Joon Kim(2017), "Can Sinful Firms Benefit from Advertising Their CSR Efforts? Adverse Effect of Advertising Sinful Firms' CSR Engagements on Firm Performance," Journal of Business Ethics, 143, 643—663.

○ Sturm, Rachel E.(2017), "Decreasing Unethical Decisions: The Role of Morality—Based Individual Differences," Journal of Business Ethics, 142, 37—57.

○ Werhane, Patricia(1984), Individual Rights in Business, ed. Tom Regan, New York, Random House.

기업윤리 이론과 사례

초판발행	2018년 9월 1일
중판발행	2020년 5월 30일

지은이	강보현
펴낸이	안종만·안상준

편 집	김상윤
기획/마케팅	장규식·정성혁
표지디자인	김연서
제 작	우인도·고철민

펴낸곳	(주) **박영사**
	서울특별시 종로구 새문안로 3길 36, 1601
	등록 1959. 3. 11. 제300-1959-1호
전 화	02)733-6771
f a x	02)736-4818
e-mail	pys@pybook.co.kr
homepage	www.pybook.co.kr
ISBN	979-11-303-0594-3 93320

정 가   35,000원